উতল রোমন্থন

উতল রোমন্থন
পূর্ণতার সেই বছরগুলো

রেহমান সোবহান

Los Angeles | London | New Delhi
Singapore | Washington DC | Melbourne

Originally Published in 2016 in English by
SAGE Publications India Pvt Ltd as *Untranquil Recollections: The Years of Fulfilment*

This edition published in 2018 by

SAGE Publications India Pvt Ltd
B1/I-1 Mohan Cooperative Industrial Area
Mathura Road, New Delhi 110 044, India
www.sagepub.in

SAGE Publications Inc
2455 Teller Road
Thousand Oaks, California 91320, USA

SAGE Publications Ltd
1 Oliver's Yard, 55 City Road
London EC1Y 1SP, United Kingdom

SAGE Publications Asia-Pacific Pte Ltd
3 Church Street
#10-04 Samsung Hub
Singapore 049483

Published by Vivek Mehra for SAGE Publications India Pvt Ltd, Translation Project Coordinated by Content Respondus Pvt Ltd, Kolkata.

ISBN: 978-93-528-0656-0 (PB)

Translator: Amitava Sengupta
SAGE Team: Sumona Kundu
Disclaimer: All images used in this book are for representative purpose only. Some images may be of poor quality.

আমার নাতি নাতনি সাহিল, শামিল, সামানা এবং শায়িস্তাকে ...
শুরু কোথায় সেটা তোমাদের জানাতে

সেই প্রভাতে বেঁচে থাকা ছিল আশীর্বাদ, কিন্তু তারুণ্য ছিল স্বর্গীয়।

উইলিয়াম ওয়ার্ডসওয়ার্থ, *The French Revolution as it appeared to enthusiasts at its commencement*

বিষয়সূচি

সংকেতাক্ষর তালিকা

এডিসি	অ্যাডিশনাল ডেপুটি কমিশনার
এডিএম	অ্যাডিশন্যাল ডিস্ট্রিক্ট ম্যাজিস্ট্রেট
এএফপি	এজেন্সি ফ্রান্স-প্রেস
এজে	আলিজুন
এএল	আওয়ামী লিগ
আসিয়ান	অ্যাসোসিয়েশন অফ সাউথইস্ট এশিয়ান নেশনস
বিএআরডি	বাংলাদেশ অ্যাকাডেমি অফ রুরাল ডেভোলাপমেন্ট
বিবিসি	ব্রিটিশ ব্রডকাস্টিং কর্পোরেশন
বিসিএল	ব্যাচেলর অফ সিভিল ল
বিসিএস	বেঙ্গল সিভিল সার্ভিস
বিডি	বেসিক ডেমোক্রেসিস/বেসিক ডেমোক্র্যাটস
বিইএ	বাংলাদেশ ইকনমিক অ্যাসোসিয়েশন
বিআইসি	বাংলাদেশ ইনফরমেশন সেন্টার
বিআইডিএস	বাংলাদেশ ইন্সটিটিউট অফ ডেভোলাপমেন্ট স্টাডিস
বিএনআর	ব্যুরো অফ ন্যাশানাল রিকন্সট্রাকশন
বিপিসি	বেসিক প্রিন্সিপ্যালস কমিটি
বিএসএফ	বর্ডার সিকিউরিটি ফোর্স
বিডবলুপি	বাংলাদেশ ওয়ার্কার্স পার্টি
সিএ	কন্সটিটিউয়েন্ট অ্যাসেম্বলি
সিইএনটিও	সেন্ট্রাল ট্রিটি অরগ্যানাইজেশন
সিআইএ	সেন্ট্রাল ইন্ট্যালিজেনস এজেন্সি
সি-ইন-সি	কমান্ডার-ইন-চিফ
সিএলআই	কমার্স লেবার অ্যান্ড ইন্ডাস্ট্রিজ
সিএম	চিফ মিনিস্টার
সিএমআই	ক্রিশ্চিয়ান মাইকেলসেন ইনস্টিটিউট
সিএমএলএ	চিফ মার্শাল ল অ্যাডমিনিস্ট্রেটর
সিওপি	কম্বাইনড অপোজিশন পার্টি অফ পাকিস্তান
সিপিডি	সেন্টার ফর পলিসি ডায়ালগ

সিপিআই (এম)	কমিউনিস্ট পার্টি অফ ইন্ডিয়া (মার্ক্সিস্ট)
সিআরএল	কলেরা রিসার্চ ল্যাবরেটরি
সিএসপি	সিভিল সার্ভিস অফ পাকিস্তান
সিএসএস	সেন্ট্রাল সুপিরিয়র সার্ভিসেস
সিটিসি	ক্যালকাটা ট্রামওয়েজ কোম্পানি
সিইউসিএ	কেমব্রিজ ইউনিভার্সিটি কনজারভেটিভ অ্যাসোসিয়েশন
ডিএসি	ডেভালাপমেন্ট অ্যাডভাইসরি সেন্টার
ডিসি	ডেপুটি কমিশনার
ডিএইচসি	ডেপুটি হাই কমিশনার
ডিআইটি	ঢাকা ইমপ্রুভমেন্ট ট্রাস্ট
ডিএনএফ	ঢাকা নবাব ফ্যামিলি
ডিএসই	দিল্লি স্কুল অফ ইকনমিক্স
ডিইউসিএসইউ	ঢাকা ইউনিভার্সিটি সেন্ট্রাল স্টুডেন্টস ইউনিয়ন
ইডিবিও	ইলেক্টিভ বডিস ডিস্কোয়ালিফিকেশন অর্ডার
ইপিআইডিসি	ইস্ট পাকিস্তান ইন্ডাস্ট্রিয়াল ডেভালাপমেন্ট করপোরেশন
ইপিআইডব্লুটিএ	ইস্ট পাকিস্তান ইনল্যান্ড ওয়াটার ট্রান্সপোর্ট অথরিটি
ইপিআর	ইস্ট পাকিস্তান রাইফেলস
ইপিআরডব্লুপি	ইস্ট পাকিস্তান রুরাল ওয়ার্কস প্রোগ্রাম
ইপিএসএল	ইস্ট পাকিস্তান স্টুডেন্টস লিগ
ইপিএসইউ	ইস্ট পাকিস্তান স্টুডেন্টস ইউনিয়ন
এফএ	ফুটবল অ্যাসোসিয়েশন চ্যালেঞ্জ
এফআইআর	ফার্স্ট ইনফর্মেশন রিপোর্ট
এফআরসিএস	ফেলো অফ দ্য রয়্যাল কলেজ অফ সার্জেনস
এফআরইউ	ফোরাম রিসার্চ ইউনিট
জিএইচকিউ	জেনারেল হেডকোয়ার্টার
জিওসি	জেনারেল অফিসার কমান্ডিং
এইচএজি	হার্ভার্ড অ্যাডভাইসরি গ্রুপ
এইচএসসি	হায়ার স্কুল সার্টিফিকেট
আইএসি	ইন্ডিয়ান এয়ালাইনস কর্পোরেশন
আইএএস	ইন্ডিয়ান অ্যাডমিনিস্ট্রেটিভ সার্ভিস
আইবি	ইন্টারন্যাশানাল ব্যাক্কালরিয়া

আইসিআই	ইম্পিরিয়াল কেমিক্যাল ইন্ডাস্ট্রিজ
আইসিএস	ইন্ডিয়ান সিভিল সার্ভিসেস
আইডিবিপি	ইন্ডাস্ট্রিয়াল ডেভোলাপমেন্ট ব্যাঙ্ক অফ পাকিস্তান
আইডিএস	ইনস্টিটিউট অফ ডেভোলাপমেন্ট স্টাডিস
আইএফএস	ইন্ডিয়ান ফরেন সার্ভিস
আইআইই	ইন্টারন্যাশানাল ইনস্টিটিউট অফ এডুকেশন
আইএলও	ইন্টারন্যাশানাল লেবার অফিস
আইএমএফ	ইন্টারন্যাশানাল মানিটারি ফান্ড
জেএফকে	জন এফ কেনেডি
জেএমপি	জন মৈত্রী পরিষদ
কেডিএ	করাচি ডেভোলাপমেন্ট অথরিটি
কেআইটি	করাচি ইম্প্রুভমেন্ট ট্রাস্ট
কেএসপি	কৃষক শ্রমিক পার্টি
এলএফও	লিগ্যাল ফ্রেমওয়ার্ক অর্ডার
এলজে	লেসলি জোন্স
এলএসই	লন্ডন স্কুল অফ ইকনমিক্স
এমএসি	মুজাফফর আহমেদ চৌধুরী
এমসিএ	মেম্বার অফ দ্য কনস্টিটিউয়েন্ট অ্যাসেম্বলি
এমসিসি	মেরিলিবোন ক্রিকেট ক্লাব
এমসিসিআই	মেট্রোপলিটন চেম্বার অফ কমার্স অ্যান্ড ইন্ডাস্ট্রি
এমজিএম	মেট্রো-গোল্ডউইন-মেয়র
এমআই	মিলিটারি ইন্টালিজেন্স
এমআইটি	ম্যাসাচুসেটস ইনস্টিটিউট অফ টেকনোলজি
এমএনএ	মেম্বার অফ ন্যাশানাল অ্যাসোসিয়েশন
এমপি	মেম্বার অফ পার্লামেন্ট
এমআরএ	মোরাল রিয়ারমেন্ট
এনএপি	ন্যাশানাল আওয়ামি পার্টি
এনএএসইপি	ন্যাশানাল অ্যাসোসিয়েশন ফর সোশ্যাল অ্যান্ড ইকনমিক প্রগ্রেস
এনএটিও	নর্থ আটালান্টিক ট্রিটি অর্গানাজেশন
এনডিএফ	ন্যাশানাল ডেমোক্রেটিক ফ্রন্ট
NKVD	Narodnyy Komissariat Vnutrennikh Del
এনএসএফ	ন্যাশানাল স্টুডেন্টস ফেডারেশন
এনডব্লুএফপি	নর্থ-ওয়েস্ট ফ্রন্টিয়ার প্রভিন্স অ্যান্ড
পিসিএস	পাঞ্জাব সিভিল সার্ভিসেস

পিইএ	পাকিস্তান ইকনমিক অ্যাসোসিয়েশন
পিইসিএইচএস	পাকিস্তান এমপ্লয়িজ কোঅপারেটিভ হাউজিং সোসাইটি
পিএফএস	পাকিস্তান ফরেন সার্ভিস
পিআইএ	পাকিস্তান ইন্টারন্যাশানাল এয়ারলাইন্স
পিআইডিসি	পাকিস্তান ইন্ডাস্ট্রিয়াল ডেভালাপমেন্ট কর্পোরেশন
পিআইডিই	পাকিস্তান ইন্সটিটিউট অফ ডেভালাপমেন্ট ইকনমিক্স
পিএল	পাব্লিক ল
পিএলও	প্যালেস্টাইন লিবারেশন অর্গানাইজেশন
পিএম	প্রাইম মিনিস্টার
পিপিই	পলিটিক্স ফিলসফি অ্যান্ড ইকনমিক্স
পিপিপি	পাকিস্তান পিপলস পার্টি
পিআরসি	পিপলস রিপাব্লিক অফ চায়না
কিউইএইচ	কুইন এলিজাবেথ হাউস
কিউএমএল	কায়ুম মুসলিম লীগ
আরওকে	রিপাব্লিক অফ কোরিয়া
আরপিডবলুপি	রুরাল পাব্লিক ওয়ার্কস প্রোগ্রাম
আরটিসি	রাউন্ড টেবিল কনফারেন্স
এসএসিইপিএস	সাউথ এশিয়া সেন্টার ফর পলিসি স্টাডিস
এসডিও	সাব-ডিভিশনাল অফিসার
এসডিওপি	সাব-ডিভিশনাল পুলিশ অফিসার
এসইএটিও	সাউথ ইস্ট এশিয়া ট্রিটি অরগ্যানাইজেশন
এসপি	সুপারিন্টেন্ডেন্ট অফ পুলিশ
টিঅ্যান্ডটি	টেলিফোন অ্যান্ড টেলিগ্রাফ
ইউডিআই	ইউনিল্যাটরাল ডিক্লারেশন অফ ইন্ডিপেন্ডেন্স
ইউএন	ইউনাইটেড নেশনস
ইউএনইএসসিএপি	ইউনাইটেড নেশনস ইকনমিক অ্যান্ড সোশ্যাল কমিশন ফর এশিয়া অ্যান্ড দ্য প্যাসিফিক
ইউএসআইআই	ইউনাইটেড স্টেটস ইনফরমেশন সার্ভিস
ভিসি	ভাইস চ্যানসেলর
ডবলূএফপি	ওয়ার্ল্ড ফুড প্রোগ্রাম
ডব্লুআইডিইআর	ওয়ার্ল্ড ইনস্টিটিউট অফ ডেভালাপমেন্ট ইকনমিক রিসার্চ

কথামুখ

আমার ঘটনাবহুল জীবনের ফেলে আসা সময়ের দিকে ফিরে তাকালে আমি দেখতে পাই, বেশ কিছু ঐতিহাসিক ঘটনার সাক্ষী আমি। নিজের সামান্য যোগ্যতার সম্বলে খুব কাছে থেকে এমন বেশ কিছু উল্লেখযোগ্য ঘটনা দেখার ও অনুধাবনের সুযোগ পেয়েছি আমি। নিঃসন্দেহে এর মধ্যে সবচেয়ে উল্লেখনীয় হল স্বাধীন রাষ্ট্র হিসেবে বাংলাদেশের জন্ম।

স্মৃতিচারণ হোক, অথবা ইতিহাস-কথন, আরও অনেকেই লিখেছেন সেসব ঘটনার বিবরণ। আমি বলতে চাই অন্যভাবে, ইতিহাসের বিবরণ থেকে সরে এসে আমি শোনাতে চেয়েছি নিজের গল্প। এ বই লেখার ক্ষেত্রে ঘটনাগুলোর ইতিহাস লেখা আমার উদ্দেশ্য ছিল না। আমার গল্প এক সাধারণ মানুষের কাহিনী - যার কাছে জীবন পথচলার শুরুতে সে যে বিন্দুতে ছিল, সেখান থেকে বাংলাদেশ নামের নতুন একটি রাষ্ট্র সৃষ্টির রাজনৈতিক লড়াইয়ে জড়িয়ে যাওয়ার মতো চূড়ান্ত বিন্দুতে পৌঁছাতে পারাটা নিজের কাছেই অলীক মনে হয়েছে।

সমাজের সুবিধাভোগী অংশে আমার জন্ম। পড়াশোনা দার্জিলিং সেন্ট পল'স স্কুল, লাহোরের এইচেসন কলেজ, এবং কেমব্রিজ বিশ্ববিদ্যালয়ের মতো অভিজাত শ্রেণীর জন্য তৈরি শিক্ষাপ্রতিষ্ঠানে, যেখানে লেখাপড়ার একমাত্র মাধ্যম ছিল ইংরেজি। প্রথমবার ঢাকায় থাকতে এলাম ১৯৫৭ সালে, একুশ বছর বয়সে। তখন বাংলা বলতে পারতাম না। আমি যে পরিবারে মানুষ, বাংলার সমৃদ্ধ সংস্কৃতির সঙ্গে তাদের পরিচয় ছিল না। ইলিশের রসাস্বাদন তখনও পাইনি আমি। রবীন্দ্রসঙ্গীত প্রায় শুনিইনি। রবীন্দ্রনাথ বা নজরুল ইসলামের কবিতায় প্রাণিত হইনি। কেমব্রিজে তিন বছর কাটিয়ে ঢাকায় পদার্পণের সময় আমি রীতিমতো এক বাদামি সাহেব - পারিবারিক এবং প্রাতিষ্ঠানিক শিক্ষাদীক্ষা অনুসারে যার জন্য মানানসই ছিল বিদেশে অথবা পাকিস্তান সিভিল সার্ভিসে (সিএসপি), অথবা করাচির কোন বহুজাতিক সংস্থার হেড অফিসের এক্সেকিউটিভ পদে চাকরি করা।

১৯৫৬ সালে কেমব্রিজ ছাড়ার সময়ই কিছু গুরুত্বপূর্ণ সিদ্ধান্ত আমি নিয়েছিলাম, যেগুলো পরবর্তী ৫৯ বছর আমার জীবনের পথ নির্দেশ করেছে। সে সময় আমি স্বেচ্ছায় ঢাকায় বসবাস করার সিদ্ধান্ত নিই, যা আজও অপরিবর্তিত রয়েছে। ঠিক করি, সরকারি কাজ অথবা বিশ্ববিদ্যালয়ের অধ্যাপনা, যাই করি না কেন, পেশায় অর্থনীতিবিদ হবো। যে দেশটার সঙ্গে আমি একেবারেই

অপরিচিত, তার মানুষগুলোর জন্য আমার সামর্থ্যকে উৎসর্গ করবো; সেই দেশের রাজনৈতিক কর্মকাণ্ডে নিজেকে দায়বদ্ধ রাখবো, এমনকি তা খুব সুস্পষ্ট না হলেও। কেমব্রিজ ছাড়ার আগেই আমাকে পেশোয়ার বিশ্ববিদ্যালয়ে অর্থনীতি বিভাগের রীডার হিসেবে যোগ দেওয়ার প্রস্তাব করা হয়। আমি তা ফিরিয়ে দিই, কারণ আমি ততদিনে ঠিক করে ফেলেছিলাম সাবেক পূর্ব পাকিস্তান, বা অধুনা বাংলাদেশেই কাজ করবো। ফলে অন্য কোথাও আর চাকরি খুঁজতে যাইনি। জীবনের ওই পর্যায়ে আমার কাছে আমার এই পাতানো স্বভূমি ছিল শুধু একটা ধারণার মতো, বাস্তব নয়। ঢাকাকে আমি আমার ঘর হিসেবে বেছে নিয়েছিলাম কোনো পরিস্থিতির চাপে নয়, জন্ম অথবা উত্তরাধিকার সূত্রেও নয়, বরং শুধুমাত্র নিজেকে বাঙালি হিসেবে প্রতিষ্ঠিত করার নীতিগত সিদ্ধান্তের কারণে।

আমার মা ঢাকা নবাব পরিবারের মেয়ে; বাবা ভারতীয় ইম্পিরিয়াল পুলিশ সার্ভিসের সদস্য – স্যান্ডহার্স্ট একাডেমিতে ফিল্ডমার্শাল আইয়ূব খানের সমসাময়িক। কলকাতার এক অভিজাত নার্সিং হোমে ব্রিটিশ ডাক্তারের হাতে জন্ম হয়েছিল আমার। সেইখান থেকে শুরু করে এক অভাবনীয় পথচলা অনুসরণ করতে চেয়েছে এই স্মৃতিকথা। কেন, কীভাবে, কোন পরিস্থিতে, নবাব আহসানুল্লাহর নাতনির নাতিকে পাকিস্তান রাষ্ট্রের বিরুদ্ধে মারাত্মক বিশ্বাসঘাতকতার দায়ে গ্রেপ্তার করার পরোয়ানা নিয়ে পাকিস্তান সেনাবাহিনী ২৭ মার্চ ১৯৭১ তার ঢাকার বাড়ি আক্রমণ করলো – তাই ব্যাখ্যা করার চেষ্টা করেছে আমার গল্পের মূল কাহিনী।

আমি ভাগ্যবান, জীবন কক্ষপথের এই রূপান্তরের খোঁজে আমার নিজস্ব অভিজ্ঞতালব্ধ বেশ কিছু গুরুত্বপূর্ণ ঐতিহাসিক ঘটনা এবং এসব ঘটনাপ্রবাহে প্রভাব ফেলা ছোট-বড় বিভিন্ন ব্যক্তিত্বকে হাজির করতে পেরেছি। আমার এ গল্পে যতটা সম্ভব নিজের অভিজ্ঞতার কথাই বলবো। পাশাপাশি যাদের বিশ্বাস করি, যারা স্বয়ং এই ঘটনাস্রোতে জড়িত ছিলেন, যার বর্ণনা তাদের নিজেদের স্মৃতিকথায় তারা দিয়েছেন অথবা ব্যক্তিগত আলাপচারিতায় আমায় বলেছেন এমন কিছু বিবরণেরও সাহায্য নেব। কয়েকটি বিরল ক্ষেত্রে বাংলাদেশের উত্থানের বিষয়ে কিছু পাণ্ডিত্যপূর্ণ কাজের উল্লেখ করবো, যেগুলো হয়তো আমার কাহিনীর তাৎক্ষণিক নজর-নাগালের বাইরে রয়ে যাওয়া দিকগুলোর ওপর আলোকপাতে সহায়ক হবে।

প্রত্যাশিতভাবেই বর্ণিত ঘটনাবলীর মধ্যে সন, তারিখ, লজিস্টিকস, সরবরাহ, কর্মকাণ্ড এবং ব্যাখ্যায় কিছু অসংলগ্নতা পাওয়া যেতে পারে। এর মূল্যায়ন এবং বৈসাদৃশ্যগুলো আরও পাণ্ডিত্যপূর্ণ কাজের পরিধিতে মিটিয়ে দেওয়ার ভার ঐতিহাসিকদের উপর ছেড়ে দিচ্ছি আমি। সেক্ষেত্রে আমার এসব ব্যক্তিকেন্দ্রিক চিন্তন শুধুমাত্র প্রাথমিক অভিজ্ঞতা হিসেবেই বিবেচিত হোক।

আমার এ বইয়ের গল্প শেষ হয়েছে বাংলাদেশের স্বাধীনতা লাভের সঙ্গে, যখন স্বাধীন বাংলাদেশের বিশেষ দূত হিসেবে ন'মাস বিদেশে কাটিয়ে ৩১ ডিসেম্বর ১৯৭১ আমি ঢাকায় ফিরে আসি। ছত্রিশ বছর বয়সে সেই মুহূর্তে এমন এক পূর্ণতার বোধ পেয়েছিলাম আমি, পরবর্তী তেতাল্লিশ বছরে আর কখনও যা অনুভব করার সৌভাগ্য আমার হয়নি। আমার জীবনের সেরা মুহূর্তে তাই এই গল্পের সমাপ্তি।

আমি এবং আমার প্রজন্মের সকলে, যারা একটি জাতির জন্মের চূড়ান্ত পরিণতি পাওয়া এই মহাকাব্যিক সংগ্রামের অংশীদার ছিলেন অথবা চোখে দেখেছেন, তাদের কাছে ভীষণ রোমাঞ্চকর এবং প্রতিশ্রুতিময় ছিল এই উত্থান-পতনের যাত্রা। সে এমন এক সময় যখন "বেঁচে থাকা ছিল আশীর্বাদ, কিন্তু তারুণ্য ছিল স্বর্গীয়।" চড়াইয়ের পথে কখনও কখনও ঝিমিয়ে পড়া আমাদের উদ্যম মাথার উপর পাহাড়চূড়ার ঝলক দর্শনে নতুন শক্তি পেয়েছে বারবার। নতুন আশা জেগেছে – পরিশেষে ওই শীর্ষবিন্দুতে আমরা পৌঁছবই। যত বিক্ষুব্ধই মনে হোক, এ কারণেই আমার রোমন্থনের নাম পূর্ণতার স্মৃতি।

যারা আজও বেঁচে, যারা "দারিয়েনের পর্বতচূড়ায় কর্টেজের মতো" ডিসেম্বরের সেই ঐতিহাসিক মুহূর্তে নিচে তাকিয়ে সামনে প্রসারিত বাংলাদেশের মহিমান্বিত নতুন পৃথিবী চাক্ষুষ করেছিলেন, তারা আমার পূর্ণতা বোধের ভাগীদার হবেন। সুতরাং এমন একটি উচ্চগ্রামেই শেষ করা ভালো আমার কাহিনী। আমাদের জীবনের এই শীর্ষবিন্দু আজকের প্রজন্মের বাংলাদেশীদের মনে করিয়ে দেবে অসীম সম্ভাবনার এক মুহূর্ত এসেছিল আমাদের ইতিহাসে, যখন একটি প্রজন্ম এক নতুন জাতি গড়ার কথা বিশ্বাস করেছে, যা কোটি কোটি মানুষের জীবনে নতুন অর্থ বয়ে নিয়ে আসবে। এবং এজন্য তারা অপরিসীম আত্মত্যাগ করেছেন, যাতে আমরা ন্যায়নিষ্ঠ সমাজে স্বাধীনভাবে বাঁচতে পারি। নতুন ব্যবস্থার যে স্বপ্ন আমরা দেখেছিলাম, স্বাধীন বাংলাদেশে তার কতখানি বাস্তবায়িত হয়েছে, আমার জীবনের তুলনামূলক কম পরিতৃপ্তির আরেক খণ্ড গল্পের জন্য তোলা রইলো তার বিবরণ। যদি দৈবের ইচ্ছায় সে গল্প বলার মতো দীর্ঘায়ু হই, আবার তা সবার জন্য শোনাবো।

কৃতজ্ঞতা স্বীকার

জীবনে যা কিছু আমার সাধন, যা কিছু এই গল্পে বলা হয়েছে তার সবতেই জড়ানো আছেন বহু চরিত্র, যাদের সান্নিধ্য আমি পেয়েছি – আমার মা-বাবা, শিক্ষকরা, ছাত্ররা, শিক্ষা জগতের সহকর্মী, বুদ্ধিজীবি এবং রাজনৈতিক সহযাত্রীরা; এবং সর্বোপরি আমার পরিবার – সালমা, তৈমুর, বাবর, জাফর এবং এখন রওনক – এরা সবাই নানা ভাবে নানা মাত্রায় আমার সব প্রাপ্তিতে তাদের অবদান রেখে গেছে। এই গল্পে তারাই উপস্থিত। এই গল্প তাদেরই নানান অবদানের বর্ণনা, তাও হয়তো তাদের প্রাপ্য স্বীকৃতির পর্যাপ্ত কৃতজ্ঞতা নয়।

এই স্মৃতিচারণ প্রস্তুতকালে বিশেষ কিছু মানুষের নির্দিষ্ট কিছু অবদান আমি উল্লেখ করবো। এই উদ্যোগের মূল প্রেরণাদাত্রী, সমালোচক এবং সম্পাদকীয় উপদেষ্টা আমার স্ত্রী রওনক জাহান। খসড়া লেখাগুলো খুঁটিয়ে পড়ে রচনার চূড়ান্ত পান্ডুলিপি মার্জিত করতে আমাকে অপরিসীম সাহায্য করেছেন তিনি। আরও অন্য কয়েকজনকেও পড়তে দিয়েছি পুরো পান্ডুলিপি বা তার অংশ বিশেষ। কয়েকজন প্রয়োজনীয় মন্তব্য করেছেন যা আমার বর্ণিত ইতিহাসের ত্রুটি সংশোধন করেছে, সাহায্য করেছে স্মৃতি ঝালিয়ে নিতে অথবা গঠনমূলক সম্পাদকীয় পরিবর্তনের পরামর্শও তারা দিয়েছেন। আমি বিশেষ কৃতজ্ঞ বন্ধুবর অমর্ত্য সেনের কাছে। কেমব্রিজ অধ্যায়টির বিষয়ে বিস্তারিত এবং অত্যন্ত উপযোগী মন্তব্য করেছেন তিনি। পারিবারিক ইতিবৃত্তের তথ্য জুগিয়ে সাহায্য করেছে সহোদর ফারুক সোবহান, মামা খাজা সাঈদ শাহাবুদ্দীন। শাহাবুদ্দীনের নিজস্ব স্মৃতিকথায় পেয়েছি ঢাকার নবাব পরিবারের সম্পর্কে বিভিন্ন মূল্যবান তথ্য। দাদা খোন্দকার ফজলুল হকের লেখা খোন্দকার পরিবারের ইতিবৃত্ত সহ মেজর ওয়ালশের "হিস্ট্রি অফ মুর্শিদাবাদ" গ্রন্থে আমাদের পরিবারের বিষয়ে লেখা পরিচ্ছেদের কপি উপহার দিয়ে পিতৃকূল সম্পর্কে আমার তথ্যভাণ্ডার বাড়িয়েছেন ভাতিজা ওয়ালিউল হক খোন্দকার।

যাদের মতামতে উপকৃত হয়েছি তাদের মধ্যে রয়েছেন পুত্র জাফর; ফুপাতো ভাই কামাল হোসেন; তার স্ত্রী হামিদা হোসেন; ভাতিজা হাবিবুল হক খোন্দকার; আমার সারা জীবনের সাথী – নুরুল ইসলাম, আনিসুর রহমান এবং মঈদুল হাসান। শেষোক্ত এই মানুষটি বিশেষত ১৯৭১-এর ঘটনাবলী স্মরণে গুরুত্বপূর্ণ ভূমিকা রেখেছেন, কেননা সে সময়ের আমার গল্পে তার একটি বিশেষ ভূমিকা ছিল। এছাড়া যারা আমার মুক্তিযুদ্ধের বর্ণনা পড়ায় সময় ব্যয় করেছেন, গঠনমূলক পরামর্শ বা মন্তব্য দিয়েছেন, তাদের মধ্যে রয়েছেন

ডেভিড নলিন, উইলিয়াম গ্রিনহাউ, লরেন্স লিফশ্যুলৎজ্ এবং আর্নল্ড জিৎলিন। ১৯৭১-এর ঘটনায় তারা নিজেরাও নানাভাবে যুক্ত ছিলেন। যাই হোক, শেষ পর্যন্ত হয়তো আমি সকলের সব মন্তব্যকে আমার গল্পের জন্য গ্রহণ করিনি। আমার একান্ত অনুরোধ, এতে করে তারা যেন হতমান বোধ না করেন। কেননা আমার গল্প শেষ পর্যন্ত আমার এক অহং যাত্রা।

অনুবাদকর্মে শ্রমসাধ্য যত্নশীলতার জন্য আন্তরিক প্রশংসা প্রাপ্য অনুবাদক অমিতাভ সেনগুপ্তের। অনুদিত বইয়ের সম্পাদনায় রওনক জাহান, নাজমাতুন নূর এবং সোহরাব হাসানকে তাদের মূল্যবান সম্পাদনার জন্য সকৃতজ্ঞ ধন্যবাদ জানাই। কৃতজ্ঞতা জানাই ফারাহ নুসরাতের সম্পাদনা সহায়তা এবং অক্ষরবিন্যাসে মোহাম্মদ আব্দুল কুদ্দুসের প্রয়াসকে।

১
যে পরিবারে জন্ম এবং যে পরিবার বেছে নেওয়া

আমার পরিবার

অধিকাংশ মানুষের জীবনবৃত্ত গড়ে উঠে সাধারণত দু'টি পরিবার ঘিরে। যে পরিবারে তার জন্ম এবং বিবাহসূত্রে যে পরিবারভুক্ত হয় সে। দুই পারিবারিক ধারাই প্রভাবিত করে আমাদের জীবনকে। কিছুটা হলেও আমার নিজের জীবনে হয়ত প্রভাব ফেলেছে আমার মা-বাবার বংশানুক্রম। আমার বাবা খোন্দকার ফজলে সোবহানের পিতৃপুরুষরা থাকতেন মুর্শিদাবাদে। মা হাসমাত আরার বাবা লখনৌয়ের এবং মা ঢাকার মানুষ। অবশ্য আমার নিজের ক্ষেত্রে বিষয়টা একটু অন্যরকম। ২০০৩ সালে প্রথম স্ত্রী সালমা রশিদা আখতার বানো-র মৃত্যুর পর আমি বিয়ে করি রওনক জাহানকে। প্রয়াত স্ত্রী সালমা এবং বর্তমান স্ত্রী রওনক উভয়ের সঙ্গেই দীর্ঘ এবং নিবিড় সম্পর্কের কারণে আমার বেছে নেওয়া দুটি পরিবারই আমার জীবনধারা প্রভাবিত করতে বেশি উল্লেখযোগ্য ভূমিকা রেখেছে। মা-বাবার পছন্দের উপর ছেড়ে না দিয়ে যেক্ষেত্রে বিবাহের পাত্রপাত্রী আমরা নিজেরাই ঠিক করি, সেক্ষেত্রে স্বাভাবিকভাবেই পছন্দের মানুষটির সঙ্গে অধিক সম্বন্ধিত হই, তার পরিবারের সঙ্গে হয়তো ততখানি নয়। অবশ্য যাকে আমরা বেছে নিই সেই চরিত্রটিও তার পারিবারিক উত্তরাধিকার দ্বারা প্রভাবিত হয়ে থাকে। সুতরাং তার পারিবারিক সূত্র অনুসন্ধান করাটাও এক্ষেত্রে অসঙ্গত নয়। এইসব কারণে 'জন্মগত পরিবার' এবং 'বেছে নেওয়া পরিবার' দু'টি ভাগে আমার পরিবারের কথা বলব।

জন্মগত পরিবার

বংশানুক্রমিক উত্তরাধিকার থেকে অনেক দূরে চলে এসেছি আমি। আমার স্মৃতিকথার সারবস্তু এই সফরের গতিপথ এবং উৎস থেকে তার অবাস্তব বঙ্কিম কক্ষ। দুটো পারিবারিক ধারা মিশে আমার জন্ম। আমার পিতৃকূল ছিলেন ভাগীরথী নদীর তীরে ভারতীয় রাজ্য হালের পশ্চিমবঙ্গের (সাবেক ওয়েস্ট বেঙ্গল) মুর্শিদাবাদ জেলার বাসিন্দা। বিপরীতে আমার মায়ের জন্ম দুই পৃথক ধারার

মিলনে। তার পিতৃকূলের আদি নিবাস ভারতের উত্তরপ্রদেশ রাজ্যের লখনৌ। পরে তারা চলে আসেন বিহারের পাটনা শহরে। আমার মায়ের মাতৃকূল খাজারা আদতে কাশ্মীরি, কিন্তু ব্যবসায়িক কারণে অষ্টাদশ শতকে বাংলায় এসে বসবাস শুরু করেন আজকের স্বাধীন বাংলাদেশের রাজধানী ঢাকায়। উক্ত পরিবারদ্বয়ের মিলনের ফসল আমি। কিন্তু যেহেতু দুটি পারিবারিক ধারা একেবারেই ভিন্ন উৎসের, পরিস্থিতির এবং চারপাশের জগতের সঙ্গে তাদের মিথস্ক্রিয়ার ধরনও ভিন্ন। তাই তাদের নিয়ে আলোচনা করব আলাদাভাবে।

মুর্শিদাবাদের খোন্দকাররা

১৯২৬ সালে আমার দাদা খোন্দকার ফজলুল হক সিদ্দিকীর লেখা একটি মনোগ্রাফ "এ ট্রিটিজ অন আ ব্রাঞ্চ অফ দি খোন্দকারস অফ ফত্তেহ্ সিং ইন মুর্শিদাবাদ ডিস্ট্রিক্ট" এবং জনৈক মেজর ওয়ালশ রচিত "হিস্ট্রি অফ মুর্শিদাবাদ" গ্রন্থে খোন্দকারদের উপর একটি অধ্যায় বেশ বিস্তারিত তথ্য জোগায় আমাদের পারিবারিক ইতিহাস সম্পর্কে। সম্ভবত দু'টি প্রকাশনাই ১৮৯৭ সালে আমার দাদার চাচা দেওয়ান খোন্দকার ফজলে রাব্বি'র ইংরেজিতে লেখা "অরিজিন অফ দ্য মুসলমানস অফ বেঙ্গল" এবং তারই সংশ্লিষ্ট অন্য একটি উর্দু রচনা "তাসদ্বিকার-নিহাদ" এই দু'টি বইয়ের সাহায্য নিয়েছে।

সব ক'টি রচনাই আরব দেশে খোন্দকারদের উৎপত্তি অনুসন্ধান বিষয়ক, যেখানে তারা ইসলামের প্রথম খলিফা হযরত আবু বকর সিদ্দিকীর বংশধর বলে জানা যায়। দাদার রচনা কেবল এরকম একটি বংশলতিকাই তৈরি করেনি, পাশাপাশি প্রথম খলিফা থেকে শুরু করে আমার বাবার প্রজন্ম পর্যন্ত খোন্দকার পরিবারের একত্রিশ প্রজন্মের প্রবহমানতা সবিস্তার ব্যাখ্যা করেছে। আমার কুলপঞ্জির ঐতিহাসিক যথার্থতা অনুমোদনের যোগ্যতা আমার নেই। সম্ভবত পারিবারিক কুলপঞ্জি সম্পর্কে বিশেষ আগ্রহী ঐতিহাসিকদের আরও গবেষণা দাবি করে বিষয়টি।

দাদার নিবন্ধ অনুযায়ী আমাদের পরিবারের একটি শাখা তার অষ্টম প্রজন্মে আরব থেকে পারস্যে চলে যায়। পরিবারটির ষোড়শ প্রজন্মের পূর্বপুরুষ খাজা রুস্তম ভারতে সম্রাট আকবরের শাসনকালে পারস্যের খোরসান থেকে হিন্দুস্তানে আসেন। এলাহাবাদে পাকাপাকিভাবে রয়ে যায় খাজা রুস্তমের ছেলে খাজা মুখদুম জিয়াউদ্দীন জাহিদ। তার এক ছেলে শাহ শেখ সিরাজুদ্দীন সুলতান গিয়াসুদ্দীনের আমলে বাংলায় এসে "কাজি-উল-ক্বাজ্জাত" (সর্বোচ্চ বিচারক) নিযুক্ত হয়। জানা যাচ্ছে তার ছেলে এবং তার বংশধরেরা ধার্মিক চরিত্রের ছিলেন এবং স্থানীয়রা তাদের পীরের সম্মান দিত। মুর্শিদাবাদে আমার পৈতৃক গ্রাম ভরতপুর লাগোয়া সৈয়দ কুলাতে এখনও তীর্থস্থান তাদের সমাধি। চব্বিশতম প্রজন্ম অবধি স্থায়ী হয় ধর্মনিষ্ঠার এই পরম্পরা। ভরতপুরে আমাদের

পারিবারিক বাড়ি সিরাজ মঞ্জিলের আঙিনায় আজও উপাসিত এক পূর্বপুরুষ শাহ সিরাজুল আরেফিন-এর সমাধি।

এই দীর্ঘ আধ্যাত্মিক পরম্পরায় যুক্ত থেকেও ব্রিটিশ শাসনের গোড়ার দিকে সরকারি চাকরিতে যোগদান বিমুখ ছিলেন না আমাদের পরিবারের বিভিন্ন সদস্য। তবে ওই সময় সরকারি শাসন পরিচালনার কাজে তখনও ব্যবহৃত হচ্ছিল মুঘল সাম্রাজ্যের পছন্দের ভাষা পার্সি। পরিবারের যেসব সদস্য পার্সি এবং উর্দু ভালো জানতেন সরকারি কাজে তাদের তাই চাহিদা ছিল। ব্রিটিশ শাসন পোক্ত হওয়া মাত্র অবশেষে রাজ্যের সরকারি ভাষা হয়ে ওঠে ইংরেজি। যারা ব্রিটিশ রাজের অধীনে এগিয়ে যেতে চেয়েছে তারা ইংরেজি শিক্ষা গ্রহণ করেছে। এক্ষেত্রে অন্য সম্প্রদায়ের সমকক্ষদের থেকে অনেকটাই পিছিয়ে পড়ার প্রবণতা দেখায় বাংলাসহ সারা ভারতের ক্ষমতাসীন অভিজাত মুসলিম পরিবারগুলি। প্রথা ভাঙলেন আমার দাদার চাচা দেওয়ান ফজলে রাব্বি এবং বাংলার আর এক বনেদি পরিবারের নবাব আব্দুল লতিফ। নিজের পরিবারের সদস্যসহ বাংলার মুসলমানদের পরামর্শ দিলেন ইংরেজি শিক্ষায় মনোনিবেশ করে আধুনিক বিশ্বের নাগরিক হয়ে উঠতে। ইংরেজি শিক্ষা গ্রহণ করে পারিবারিক প্রথায় বড়োসড়ো ভাঙন ধরালেন রাব্বি নিজে। তিনিই হলেন আমাদের পরিবারের প্রথম বি এ ডিগ্রিধারী সদস্য।

বাংলার শেষ নবাব নাজিমের সঙ্গী এবং তত্ত্বাবধায়ক হিসেবে ১৮৬৯ সালে একুশ বছর বয়সে ইংল্যান্ড যাত্রা করেন ফজলে রাব্বি। মুর্শিদাবাদের নবাবের অর্থদপ্তরের দায়িত্ব নিতে ১৮৭৪ সালে তাকে মুর্শিদাবাদ ফেরার অনুমতি দেন নবাব নাজিম। ১৮৮১ নাগাদ মুর্শিদাবাদের দেওয়ান বা মুখ্যমন্ত্রী হলেন তিনি। ১৮৯৭ সালে রানি ভিক্টোরিয়ার হীরক জয়ন্তীতে সরকারি কাজে একনিষ্ঠতার জন্য খান বাহাদুর উপাধি দিয়ে ফজলে রাব্বির মর্যাদা বাড়ায় ব্রিটিশ সরকার।

ব্রিটিশ রাজের অধীনে সরকারি চাকরি পাবার রাস্তা হিসেবে ছেলে খোন্দকার আলী আফজাল এবং ভাইয়ের ছেলেদের ইংরেজি শিক্ষায় উৎসাহিত করেন ফজলে রাব্বি। তিনি মনে করতেন বাংলার মুসলমানদের উন্নতির এটাই উপায়। ১৮৮৯ সালে স্নাতক হন আমার দাদা খোন্দকার ফজলুল হক। তিনি বাংলার সরকারের ডেপুটি কালেক্টর নিযুক্ত হলেন ১৮৯১ সালে। তিন মেয়াদে জেলা শাসকের পদে দায়িত্ব পালন করেন তিনি এবং যথাসময়ে খান বাহাদুর উপাধি দেওয়া হয় তাকে। পরবর্তী জীবনে অবসর নেবার পরে কিছুদিন মুর্শিদাবাদের নবাবের দেওয়ান হয়েছিলেন তিনি। উল্লেখ্য, ইংরেজি শিক্ষার ব্যাপারে দাদার অত্যুৎসাহ আমাদের পরিবারের সব সদস্যের প্রশংসা কুড়োয়নি এবং পরম্পরাচ্যুত হবার কারণে দাদার সংশ্রব ত্যাগ করে অনেকে। আমার দাদা ও তার প্রজন্মের কয়েকজন ইংরেজি শিক্ষায় উৎসাহ দিয়েছেন তাদের নিজেদের ছেলেদের। দাদার তিন ছেলের মধ্যে ফজলে আকবর এবং

আমার বাবা ফজলে সোবহান কলকাতার প্রেসিডেন্সি কলেজ থেকে স্নাতক হন। ইংল্যান্ডে পড়াশোনা করেন তাদের বড়ো ভাই ফজলে হায়দার।

আমার বাবার প্রজন্মে ব্রিটিশ রাজ যখন ভারতে মধ্যগগনে সে সময় উচ্চশিক্ষা লাভেচ্ছুদের মূল লক্ষ ছিল সরকারি চাকরি। বাবার খালাতো ভাই, আমার দাদির বোনের ছেলে, পাশের গ্রাম সালারের বাসিন্দা কে জি মোর্শেদ ১৯২৫ সালে উচ্চমর্যাদার ভারতীয় সিভিল সার্ভিসে (আইসিএস) প্রবেশ করা নগণ্য সংখ্যক বাঙালি মুসলমানদের একজন। আমার বাবা অবশ্য বালক বয়স থেকেই সেনাবাহিনীতে যোগ দিতে আগ্রহী ছিলেন। দাদার রচনার বয়ান অনুযায়ী প্রেসিডেন্সি কলেজ থেকে স্নাতক হবার পর প্রবেশিকা পরীক্ষায় উত্তীর্ণ হয়ে ইংল্যান্ডের অভিজাত স্যান্ডহার্স্ট সামরিক শিক্ষায়তনে ভর্তি হন বাবা। স্যান্ডহার্স্টে বাবার সমসাময়িকদের একজন ছিলেন ফিল্ড মার্শাল আইয়ূব খান পরে যিনি পাকিস্তান আর্মির প্রথম দেশীয় কম্যান্ডার-ইন-চিফ (সি-ইন-সি) এবং ১৯৫৮-তে রাষ্ট্রীয় ক্ষমতা দখল করে প্রেসিডেন্ট হন।

প্রথম বাঙালি মুসলমান হিসেবে পাকিস্তান আর্মির শীর্ষস্থানীয় পদগুলিতে কাজ করতে পারতেন আমার বাবা। পরিশেষে কিন্তু আইয়ূব খানের পেশাপথ অনুসরণ করেন নি তিনি। দাদার পরিবেশিত তথ্য অনুযায়ী ১৯২৬ সালে বাংলার তদানীন্তন মূখ্যসচিবের পরামর্শে বাবাকে স্যান্ডহার্স্ট থেকে ডেকে এনে ভারতীয় পুলিশ সার্ভিসে নিয়োগ করা হয়। এক্ষেত্রেও সার্বভৌম ব্রিটিশ রাজের এই অভিজাত চাকরিতে যোগ দেওয়া প্রথম বাঙালি মুসলিমদের একজন তিনি। ১৯৪৬ পর্যন্ত চাকরি করেন বাবা। ভারতের স্বাধীনতার প্রাকমুহূর্তে চাকরি থেকে অবসর নিয়ে ব্যবসার জগতে ভাগ্য পরীক্ষায় নামলেন।

বাবার মেজো ভাই ফজলে আকবরও ইংল্যান্ডে চলে যান এবং লিঙ্কন'স ইন থেকে ব্যারিস্টারি পাশ করেন। দেশে ফিরে কলকাতা হাইকোর্টে ভালো পসার হল কিন্তু পরে স্বাধীন পেশা ছেড়ে জুডিসিয়ারি সার্ভিসে যোগ দিয়ে পূর্ব পাকিস্তানের উচ্চ-আদালতে বিচারক পদে উন্নীত হন ১৯৪৯ সাল নাগাদ। ১৯৬০ সালে পাকিস্তান সুপ্রিম কোর্টে বহাল হলেন ফজলে আকবর। ১৯৬৮-তে তিনি পাকিস্তানের প্রধান বিচারপতি নিযুক্ত হন।

ফজলুল হকের বড়ো ছেলে ফজলে হায়দার উচ্চশিক্ষার্থে ইংল্যান্ড গেলেন ১৯২০ সালে। সেখানেই তেরো বছর কাটিয়ে মন দিলেন ব্যবসায়। পরে অবশ্য ভারতের বৃহত্তম দেশীয় রাজ্যগুলোর একটি ভূপালের নবাবের আমন্ত্রণে সেখানকার সরকারি কাজে যোগ দেন। নবাবের সঙ্গে তার আলাপ লন্ডনে। আমার চাচার উপর খুব ভরসা ছিল নবাবের। তিনি চাচাকে বুঝিয়ে রাজি করালেন ভারতে ফিরে ভূপাল রাজ্যের অর্থনীতির হাল ধরতে। পরিশেষে ভূপালের অর্থমন্ত্রী হয়েছিলেন চাচা। ভারত স্বাধীন হলে নবাবকে তার নিজস্ব অর্থভান্ডার অন্য খাতে ব্যবহার করতে উৎসাহ দিলেন। অন্যান্য বিষয়ের মধ্যে

চাচার প্রস্তাব ছিল পাকিস্তানের প্রথম ইনসিওরেন্স কোম্পানি, ইস্টার্ন ফেডারেল ইনসিওরেন্স কোম্পানিতে অর্থলগ্নী করুন নবাব। এই কোম্পানি স্থাপিত হল ফজলে হায়দারের পরিচালনায়। তিনিই কোম্পানির প্রথম চেয়ারম্যান।

ফজলুল হকের তিন কন্যার মধ্যে দুজনের বিয়ে হয় সরকারি কর্মকর্তার সাথে। তিন ছেলেকে পড়াশোনা করালেও তিন মেয়ের বেলায় এই সুবিধা মঞ্জুর করেননি ফজলুল হক। বড়ো মেয়ে আফজালা খালাতো ভাই খোন্দকার আলী মহসীনকে বিয়ে করে। স্নাতক মহসীনও সরকারি চাকরিতে যোগ দিয়েছিল। মেজ বোন সারা-র বিয়ে হয় বেঙ্গল সিভিল সার্ভিসের (বিসিএস) সদস্য ফরিদপুরের সৈয়দ গোলাম কবীরের সঙ্গে। ছোটো মেয়ে হোসনারা পরিবারের একমাত্র সদস্যা যার বিয়ে হয়েছিল কোনো পেশাজীবি ব্যক্তির সাথে, বরিশালের ডাক্তার আহমেদ হোসেনের সঙ্গে তার বিবাহ সম্পন্ন হয়।

অন্যদিকে, পরের প্রজন্মের, অর্থাৎ আমার প্রজন্মের, অধিকাংশই বেছে নেয় স্বাধীন পেশা। আমাদের মা-বাবা সেরা ইংরেজি মাধ্যম স্কুলে পাঠিয়েছিলেন আমাদের। বিদেশে গিয়ে নামি বিশ্ববিদ্যালয়ে উচ্চশিক্ষালাভ অথবা আইন, হিসাবশাস্ত্র এবং চিকিৎসাশাস্ত্র জাতীয় পেশাদারি বিদ্যা শেখার উপযুক্ত হয়ে উঠতে সেটা ছিল আমাদের প্রস্তুতিপর্ব। আমি কেমব্রিজে পড়াশোনা করি। আমার চাচাতো-ফুপাতো ভাইদের মধ্যে কে জি মোর্শেদের ছেলে কায়সার মোর্শেদ; আহমেদ হোসেনের ছেলে কামাল হোসেন; ফজলে আকবরের ছেলে আনোয়ার আকবর এবং আমার কনিষ্ঠ ভাই ফারুক এরা সকলে অক্সফোর্ডের ছাত্র। আমাদের চাচাতো ভাইদের মধ্যে সাজ্জাদ হায়দার এবং রফি আকবর লণ্ডন থেকে চার্টার্ড অ্যাকাউন্টেন্সি পাশ করে। আর এক চাচাতো ভাই ফারুক আকবর মার্কিন যুক্তরাষ্ট্র থেকে ডাক্তারি পাশ করে স্ত্রীরোগ বিশেষজ্ঞ হয়।

আমার বাবার প্রজন্মের কেউ কেউ তাদের মা-বাবাদের বিপরীতে হেঁটে নিজেদের কন্যাদের শিক্ষিত করার সিদ্ধান্ত নিয়েছিল। ফজলে আকবরের মেয়ে শিরিন পূর্ব পাকিস্তানের মহিলা পরীক্ষার্থীদের মধ্যে বিএ পরীক্ষায় প্রথম হয় এবং পরে ঢাকা বিশ্ববিদ্যালয় থেকে ইংরেজি সাহিত্যে এমএ ডিগ্রি অর্জন করে। ডা: আহমেদ হোসেনের মেয়ে আহমেদি কলকাতার লোরেটো কলেজ থেকে বিএ পাশ করে। শিক্ষার অভাব আমার বাবার প্রজন্মের এমনকি আমার নিজের প্রজন্মে আমাদের পরিবারের বেশ কিছু মেয়েদের শক্তপোক্ত, বুদ্ধিমতী, ব্যক্তিত্বময়ী, দুর্দান্ত সংগঠক হবার পথে বাধা তৈরি করেনি। পোক্ত স্ত্রীচরিত্রের এই পরম্পরা আমার মায়ের পরিবারের দিকেও ছিল এবং আমার ছেলের প্রজন্মেও স্থায়ী হয়েছে। আর আমার ভাগ্নী-ভাস্তিরা তাদের ভাইদের তুলনায় কোনো অংশে কম দাপুটে নয়।

আমার প্রজন্মে কেবল মাত্র কায়সার মোর্শেদ এবং আমার ছোটো ভাই ফারুক পররাষ্ট্র বিভাগে চাকরি নেয় এবং দুজনেই শেষ অবধি শীর্ষ পদ লাভ

করে। দুজনেই অবসর নেয় বাংলাদেশের পররাষ্ট্র সচিব হয়ে। আমাদের এক বরিষ্ঠ ফুপাতো ভাই, সৈয়দ গোলাম কবীরের ছেলে সৈয়দ আলী কবীর, যোগ দিয়েছিলেন সেন্ট্রাল ব্যাংক অফ পাকিস্তানে। বাংলাদেশ ব্যাংকের ডেপুটি গভর্নর হয়ে অবসর নেয় সে।

আমার প্রজন্মের খুব অল্পজন বেছে নিয়েছিল ব্যবসার দুনিয়া। তাদের মধ্যে রয়েছে আলী কবীরের ভাই সৈয়দ হুমায়ুন কবীর; ফাইজার নামক একটি বহুজাতিক সংস্থার সিইও হয়। পরিশেষে রেনাটা নামে নিজের একটি কোম্পানি খোলে। হুমায়ুন কবীর এবং আর এক বোন আমার বড়ো দাদা সৈয়দ আলী আফজালের মেয়ে রোকাইয়া আফজাল রহমান – নিজের যোগ্যতায় উদ্যোগী ব্যবসায়ী হিসেবে উন্নতি করে। তাদের দুজনেরই বাংলাদেশ মেট্রোপলিটন চেম্বার অফ কমার্স অ্যান্ড ইন্ডাস্ট্রি (এমসিসিআই) এর প্রেসিডেন্ট নির্বাচিত হবার সম্মান প্রাপ্তি হয়।

খোন্দকারদের মধ্যে অল্প কয়েকজনই অধ্যাপনা পেশা বেছে নিয়েছে; আমার বাবার এবং আমার নিজের প্রজন্মে সম্ভবত আমিই প্রথম বিশ্ববিদ্যালয়ে অধ্যাপনা ও গবেষণায় জীবন নির্বাহ করার সিদ্ধান্ত নিই। পরবর্তী প্রজন্মে আমার ফুপাতো ভাই খোন্দকার রেজাউল হকের ছেলে খোন্দকার হাবিবুল হক এবং কে জি মোর্শেদের নাতি মিজানুর রহমান বিশ্ববিদ্যালয়ে অধ্যাপনার পেশায় নিযুক্ত হয়।

মজার ব্যাপার হল প্রথম খলিফা থেকে আমার ছেলে বাবর এবং জাফরের তেত্রিশতম প্রজন্মে পৌঁছে দেখা গেল বিশ্বের কিছু সেরা বিশ্ববিদ্যালয়ে লেখাপড়া শিখেছে আমাদের প্রায় সব ছেলেমেয়েই। কিন্তু এই প্রজন্মের একজনও সরকারি চাকরি বেছে নেয়নি। খোন্দকারদের এই তেত্রিশতম প্রজন্মের অধিকাংশ ছেলেমেয়েই আইনজ্ঞ, চার্টার্ড অ্যাকাউন্ট্যান্ট, ডেভালাপমেন্ট কন্সালট্যান্ট, ডাক্তার, ইঞ্জিনিয়র, শিক্ষাবিদ, চলচ্চিত্র নির্মাতা, বিজনেস একজিকিউটিভ এবং সংবাদমাধ্যমে যুক্ত হয়ে স্বাধীন পেশাদার হয়েছে।

রাজনীতি জগতে প্রবেশের ইচ্ছে দেখিয়েছে খোন্দকার পরিবারের সামান্য কয়েকজন। আমার ফুপাতো ভাই কামাল হোসেন, জাতীয় এবং আন্তর্জাতিক পর্যায়ে নামি আইনজ্ঞ হিসেবে নিজেকে প্রতিষ্ঠা করে। আমাদের মধ্যে রাজনীতিতে সেই সবচেয়ে দূরগামী হয়। ১৯৬৯ সালে সে বাংলাদেশের প্রধান দল আওয়ামী লীগে যোগদান করে এবং ১৯৭০ সালে বাংলাদেশ গণপরিষদের সদস্য নির্বাচিত হয়। ১৯৭১-এ বাংলাদেশ স্বাধীন হলে প্রধানমন্ত্রী বঙ্গবন্ধু শেখ মুজিবুর রহমান বাংলাদেশ সংবিধানের খসড়া নির্মাণে প্রথম আইনমন্ত্রী হিসেবে অগ্রণী হতে আমন্ত্রণ জানান কামালকে। পরে সে পররাষ্ট্রমন্ত্রী এবং জ্বালানিমন্ত্রী হয়েছিল। রাজনীতি জগতে আমিও ঢুকেছিলাম বটে তবে প্রধানত পর্দার আড়ালের অভিনেতা হিসেবে। ফলে বাংলাদেশের মুক্তিযুদ্ধে জড়িয়ে পড়ি এবং

১৯৭২ থেকে ১৯৭৪ সংক্ষিপ্ত সময়ের জন্য বাংলাদেশ পরিকল্পনা কমিশনের (প্ল্যানিং কমিশন) সূচনাপর্বের সদস্য হিসেবে স্বাধীনতা উত্তর সরকারের সঙ্গে যুক্ত হই। আমাদের পরিবারের ধর্মীয় অতীত, পূর্বপুরুষদের সরকারি চাকরির সঙ্গে সংশ্রব এসব ছাড়িয়ে আমার দূর পথ যাত্রার অনুসারী এই স্মৃতিকথার বেশকিছু উপাদান জুগিয়েছে রাজনীতি জগতের সঙ্গে আমার সম্পর্ক।

লখনৌয়ের শেখরা

খোন্দকার পরিবার পরম্পরা থেকে আমার আলাদা হওয়া তাৎপর্যের হয়ে থাকলে কম তাৎপর্যের ছিল না মায়ের পিতৃকূলের পরম্পরা থেকে সরে যাওয়াও। পরের অধ্যায়ে কলকাতার দিনগুলো বর্ণনার সময় পরিবারের এই দিকটা নিয়ে আরও কিছু বলার আছে আমার। আমার নানা শেখ মুস্তাফা আলীর পরিবারেরও আধ্যাত্মিকতা নিয়ে গর্ব ছিল, তবে এর বেশি তার কুলপঞ্জি সম্পর্কে প্রায় কিছুই জানি না আমি। সুদর্শন ও সুশিক্ষিত আমার নানার আর্থিক সঙ্গতি এবং সামাজিক পরিচয় ঢাকার নবাব খাজা সলিমুল্লাহকে তার প্রিয় ভাগ্নী আলমাসি বানোর সঙ্গে নানার বিবাহে রাজি করাবার পক্ষে যথেষ্ট ছিল।

নানার আদি বৃত্তান্ত যাই হয়ে থাক তার পরিবারকে যেটুকু সচক্ষে দেখেছি বিধিনিষ্ঠ লেখাপড়া তারা যতটুকু করেছেন তার ব্যবহারিক মূল্য ছিল সামান্যই। কারণ এই পরিবারের সদস্যদের প্রায় কেউই সরকারি চাকরিতে প্রবেশ বা পেশাগত দক্ষতা অর্জনের সামর্থ্য দেখায়নি। নিজস্ব ব্যবসার কিছু বিক্ষিপ্ত এবং প্রায় অসফল প্রয়াস ছাড়া মাইনে করা চাকরি অথবা নিয়মিত আয়ের উৎস এই পরিবারের যৎসামান্যই ছিল বলে মনে হয়েছে।

ঢাকা নবাব পরিবার

পুরুষপরম্পরা *খাজা* নাম বহন করেছে ঢাকা নবাব পরিবার। অবশ্য যেহেতু শুধু বাংলায় নয়, সারা ভারতে বহু পরিবার নামের আগে এই উপসর্গ ব্যবহার করে, সে কারণে ঢাকা নবাব পরিবার শব্দটি ব্যবহারই সুবিধাজনক। নিজেদের পরিচয় দিতে এই শব্দটিই তারা বেশিরভাগ ব্যবহার করে থাকে। পরিবারের সদস্যদেরকে নবাব বাড়ির লোক বলেই উল্লেখ করে ঢাকার স্থানীয়রাও।

ঢাকা নবাব পরিবারের সঙ্গে আমাদের আশু যোগসূত্রের উৎপত্তি আমার মা হাসমাত আরা বেগমের মাধ্যমে। তার মা নবাব আহসানুল্লাহর কন্যা আলমাসি বানো নবাব সলিমুল্লাহর ভাগ্নী, নবাবের বোন বিলকিস বানোর মেয়ে। আমার মাতামহী আলমাসি বানোর দুই ভাই খাজা নাজিমুদ্দীন এবং খাজা শাহাবুদ্দীন তাদের বোনের সন্তানদের প্রতি অত্যন্ত দরাজ ছিলেন যেহেতু পৈতৃক ভিটা আহসান মঞ্জিলে আমার মাকে জন্ম দিতে গিয়ে অল্প বয়সে আলমাসি বানোর মৃত্যু হয়।

যে জিনের কারণে রাজনীতিতে আমার আগ্রহ তার কিছু হয়ত মায়ের মাতৃকুলের কাছে উত্তরাধিকার সূত্রে আমার পাওয়া। অবশ্য ঢাকা নবাব পরিবারের রাজনীতি এবং আমার রাজনৈতিক বিশ্বাসের আকাশ পাতাল ফারাক। প্রথম তিন নবাব আব্দুল গণি, আহসানুল্লাহ এবং সলিমুল্লাহ এবং আমার মায়ের দুই বড়ো মামা নাজিমুদ্দীন এবং শাহাবুদ্দীন রাজনৈতিক কুশীলব হিসেবে কিছুটা গুরুত্বপূর্ণ ছিলেন। তাদের রাজনীতি বাংলার মুসলমানদের জোটবদ্ধ করার ক্ষেত্রে অবদান রেখেছিল। রাজনীতিকে পারিবারিক বৃত্তি হিসেবে গ্রহণ করার প্রবণতা ছিল পরিবারের পরবর্তী সদস্যদের। তারা মুসলিম লীগের রাজনীতিতে বিশ্বাসী ছিলেন, যেই দল পাকিস্তান সৃষ্টিতে নেতৃত্ব দেয়।

ঢাকা নবাব পরিবারের সদস্যরা সবক্ষেত্রে নবাব ছিল না। পরিবারটির উৎপত্তি কাশ্মীরে যেখান থেকে খাজা উপাধি সঙ্গে আনে তারা। ১৭৩০ নাগাদ ব্যবসা বাড়াবার আশায় দুই ভাই খাজা আব্দুল ওয়াহাব এবং খাজা আব্দুল্লাহ কাশ্মীর থেকে ঢাকায় চলে এসে এখনকার ঢাকার পুরনো শহর বেগম বাজারে বাস করা শুরু করে। বেগম বাজারে এখনও রয়েছে আমাদের পারিবারিক সমাধিক্ষেত্র যেখানে পূর্বপুরুষদের পাশে সমাধিস্থ রয়েছে সালমা, আমার মা এবং তার ভাই-বোনেরা।

ব্যবসা ভাগ্যের প্রভূত উন্নতির ফলে পূর্ববাংলার অদূরদর্শী পড়তি অবস্থার জমিদারদের বহু জমিদারি কিনে নিতে পেরেছিল খাজারা। ঊনবিংশ শতাব্দীর মাঝামাঝি পূর্ববাংলার বৃহৎ ভূস্বামীদের মধ্যে প্রতিষ্ঠিত হতে পারা খাজারা তাদের অতীত ব্যবসায়িক গরিমার পরিবর্তে জমিদার পরিবার হিসেবেই অধিক পরিচিত হয়।

ভারতের প্রথম স্বাধীনতা সংগ্রাম ১৮৫৭'র সিপাহি বিদ্রোহ ছড়িয়ে পড়লে পরিবারের তদানীন্তন কর্তা খাজা আব্দুল গণি দূরদর্শীতা দেখিয়ে ব্রিটিশদের সমর্থন করেন। বিদ্রোহীরা পরাস্ত এবং নিগৃহীত হলে ব্রিটিশরা সেইসব বিচক্ষণ ভারতীয় পরিবার এবং উপজাতিদের পুরস্কৃত করে যারা বিনাশকালে তাদের পাশে দাঁড়িয়েছিল। ভারত পাকিস্তানের এখনকার বিশিষ্ট সামন্ততান্ত্রিক ভূস্বামীদের অনেকের সম্পদবৃদ্ধি এবং সামাজিক পদোন্নতি এই আনুগত্যের কাছে ঋণী। খাজারাও ভালোভাবে পুরস্কৃত হলেন। শুধু যে ব্রিটিশের দেওয়া নাইট খেতাব পেলেন খাজা আব্দুল গণি তাই নয়, ১৮৭৮ সালে বংশানুক্রমিক নবাব উপাধি দেওয়া হল তাকে, যেটা ১৮৯২-তে উন্নীত হল নবাব বাহাদুরে। বাংলার হিন্দু মুসলমান দু'তরফের জমিদার পরিবারগুলির আরও বেশ কিছুকে পুরস্কৃত এবং নবাব অথবা রাজা উপাধি দিল ব্রিটিশ। কিন্তু বংশানুক্রমিক উপাধি মেলে খাজাদের মতো মুষ্টিমেয় কিছুর।

সুবিধার অনুবর্তী দায়িত্ববোধ খুব প্রখর হওয়ায় প্রথম তিন নবাব আব্দুল গণি, আহসানুল্লাহ এবং সলিমুল্লাহ তাদের বিত্তের অংশ বিভিন্ন সরকারি নির্মাণে ব্যয়

করেন যেমন মিটফোর্ড হাসপাতাল স্থাপন, প্রথম সরকারি জলবন্টন ব্যবস্থা, প্রথম আধুনিক বিদ্যুৎ সরবরাহ ব্যবস্থা চালু করা, আহসানুল্লাহ স্কুল অফ ইঞ্জিনিয়রিং স্থাপন, ঢাকা বিশ্ববিদ্যালয়ের মুসলিম ছাত্রবাস সলিমুল্লাহ হল নির্মাণ ইত্যাদি। ঢাকা বিশ্ববিদ্যালয় প্রতিষ্ঠায় অগ্রণী ভূমিকা নেন নবাব সলিমুল্লাহ এবং এক্ষেত্রে বঙ্গভঙ্গ রদের ক্ষতিপূরণ হিসেবে তার পরামর্শ মেনেছিল ব্রিটিশরা। বঙ্গভঙ্গের প্রধান প্রবক্তাদের একজন ছিলেন নবাব সলিমুল্লাহ।

এছাড়া অধিকাংশ ঢাকা নবাব পরিবারের সদস্যদের দৃশ্যত বেশি ঝোঁক ছিল হিন্দু জমিদারদের সামাজিক ক্রিয়াকলাপ অনুকরণের প্রতি, যাদের অমিতব্যয়িতা এককালে খাজাদের ভাগ্যোদয়ের কারণ হয়েছে। হিন্দু জমিদাররা তাদের ছেলেদের শিক্ষিত করার চেষ্টা করত, ক্বচিৎ কখনও কন্যাদের। বিপরীতে ঢাকা নবাব পরিবারের সদস্যরা তাদের সন্তানদের সর্বাঙ্গীণ ইংরেজি শিক্ষা সুনিশ্চিত করতে প্রায় কিছুই করে নি। পরিবারের কিছু সদস্য ঢাকার স্থানীয় স্কুলে পড়ত,সামান্য কিছু পড়ত দার্জিলিং সেন্ট পল'স ধরনের ইংরেজি মাধ্যম স্কুলে, অথবা কয়েকজনকে পাঠান হত আলীগড় কলেজে। কিন্তু সবক্ষেত্রে স্কুলের পড়া শেষ করে সার্টিফিকেট পাওয়া অথবা কলেজে ভরতি হবার অপেক্ষা তারা করত না। প্রথাগত শিক্ষার অপ্রতুলতা অবশ্য পান্ডিত্য বা সৃজনশীলতার অন্তরায় হয়নি, যার ফলে দর্শনীয় কাব্য ও সংগীত প্রতিভা দেখাতে পেরেছিল নবাব পরিবারের কিছু সদস্য।

অপর্যাপ্ত প্রথাগত শিক্ষা অথবা পেশাদারি দক্ষতার অভাবে অন্তিম পরিণতিতে ঢাকা নবাব পরিবারের অনেক প্রজন্ম সরকারি চাকরিতে ঢোকার উচ্চাশা যেমন করতে পারত না, একইভাবে পেশাদার হিসেবে কাজ করাও সম্ভব হয় নি তাদের পক্ষে। ফলে ঢাকা নবাব পরিবার তালুকের আয়ের মুখাপেক্ষী পূর্ণ উপসত্ত্বভোগী থেকে যাওয়া ছাড়া আর কোনও রাস্তা তাদের খোলা ছিল না। অর্থকরী কাজের অভাবে প্রশ্রয় পেত অবকাশময় জীবন, বেহিসাব এবং আগামী দিনের জন্য সঞ্চয় না রাখার প্রবণতা। পরিবারের অধিক উচ্চাকাঙ্ক্ষীরা রাজনীতিতে তাদের সম্পদ আংশিক লগ্নির সিদ্ধান্ত নিয়েছিল, বেশিরভাগটাই পৌর অথবা প্রাদেশিক পর্যায়ে মুসলিম লীগের কাজে। কিন্তু ব্রিটিশ রাজের জমানায় রাজনীতি থেকে দেশি মানুষের এখনকার মতো উল্লেখযোগ্য আর্থিক প্রাপ্তি ছিল না। খুব অবাক হবার ছিল না ১৯০৯ সালে যখন ব্রিটিশ সরকার ঢাকা নবাব পরিবার তালুক ওয়ার্ড আদালতের হাতে তুলে দিয়ে তালুকের বিরাট অঙ্কের রাজস্ব তদারকির জন্য একজন ব্রিটিশ আধিকারিককে নিযুক্ত করে।

ঢাকা নবাব পরিবারের মধ্যে অধিক পরিণামদর্শী ছিলেন নবাব সলিমুল্লাহ। নিজের পরিবার, অধিকন্তু বাংলার মুসলিমদের সম্পর্কেও দূরদর্শিতা তার ছিল। ১৯০৫ বঙ্গভঙ্গের স্বপক্ষে এক সক্রিয় প্রবক্তা সলিমুল্লাহ হতাশ হলেন যখন সে সিদ্ধান্ত বাতিল করে ব্রিটিশরা। তিনি বিশ্বাস করতেন বাঙালি হিন্দু অভিজাতদের

চাপে নতি স্বীকার করে ব্রিটিশ সরকার। ফলে সর্ব ভারতীয় মুসলিম লীগ নির্মাণে অগ্রণী ভূমিকা নিলেন সলিমুল্লাহ এবং ৩০ ডিসেম্বর ১৯০৬ লীগের উদ্বোধনী সভা হল তার পৈতৃক ভবন আহসান মঞ্জিলে। ১৯১৫ সালে তার মৃত্যু পর্যন্ত সক্রিয় মুসলিম জাতিভিত্তিক রাজনীতি করেছেন সলিমুল্লাহ।

সলিমুল্লাহ বিশ্বাস করতেন বাংলার রাজনীতিতে সক্রিয় ভূমিকা নিতে তার পরিবারের কিছু সদস্যকে তৈরি করা দরকার। নিজের রাজনৈতিক উত্তরসূরী হিসেবে তিনি বাছলেন বোনের ছেলে খাজা নাজিমুদ্দীনকে এবং ইংল্যান্ডে তার পড়াশোনার জন্য অর্থব্যয়ের সিদ্ধান্ত নিলেন। নাজিমুদ্দীনের প্রথম পাঠ ডানস্টেবল গ্রামার স্কুলে, পরে কেমব্রিজের ট্রিনিটি হলে – যেখানে আমি পড়েছি। অখন্ড-চরিত্র এবং অতি শিষ্টাচারী মানুষ ছিলেন খাজা নাজিমুদ্দীন। ঢাকা নবাব পরিবারের অন্য যেকোনো সদস্যের তুলনায় পরিবারের রাজনৈতিক ভাগ্য তিনি এগিয়ে নিয়ে যান প্রথমে ভাইস রয় অফ ইন্ডিয়ার কার্যনির্বাহী পরিষদের সদস্য হিসেবে এবং পরে বাংলার আইনসভায় মুসলিম লীগের বিভিন্ন মন্ত্রীসভার ক্যাবিনেট মন্ত্রী হিসেবে যেখানে পরিশেষে ১৯৪৩ সালে তাকে মুখ্যমন্ত্রী পদে উন্নীত করা হয়। পরিবারের অন্য সদস্যরা বাংলা আইনসভায় প্রবেশ করলেও অথবা ঢাকা পুরসভার রাজনীতিতে অংশ নিলেও খুব বেশি স্বীকৃতি পাননি।

বেহিসেবিপনার উপর ওয়ার্ড আদালতের আরোপিত শৃঙ্খলা সত্ত্বেও পরিবারের আর্থিক অবস্থা ইতিমধ্যেই পড়তির দিকে যাবার লক্ষণ দেখা দিচ্ছিল জনতাত্ত্বিক চাপে। ১৯৪৭ সাল নাগাদ *বি: প্রোপ্রাইটরজ* তালিকাভুক্ত প্রায় আশিজন ঢাকা নবাব পরিবারের সদস্য থাকে যারা সরাসরি জমিদারি রাজস্বের লভ্যাংশ পাবার যোগ্য। পাকিস্তানের উত্থান এবং ১৯৪৭-এ বাংলা ভাগ হওয়া – দুটো ঘটনায় প্রধান ক্ষয়ক্ষতির তালিকার একটি হয়ে যায় ঢাকা নবাব পরিবারের ঐশ্বর্য। দেশভাগের ফলে প্রধানত উচ্চবর্ণ হিন্দুদের নিয়ে গঠিত জমিদার শ্রেণীর রাজনৈতিক ক্ষমতা ভীষণভাবে হ্রাস পায়। কোনো কঠিন চ্যালেঞ্জ ছাড়াই ১৯৫২-য় ঐতিহাসিক জমিদারি প্রথা বিলোপ আইন চালু হল পূর্ববঙ্গে। পূর্ববঙ্গের পরিধিতে এই আইনে ঘায়েলদের অন্যতম ঢাকা নবাব পরিবার। এর তালুকগুলি অধিগৃহীত হবার পরে প্রাচুর্য থেকে কার্যত নিঃস্বতায় অবনমিত হল পরিবারটি যেহেতু সম্পত্তির লভ্যাংশ থেকে তাদের আয় আর রইল না। ১৯৫৭ সালে আমি যখন ঢাকায় ফিরি ততদিনে আহসান মঞ্জিল এবং তার সংলগ্ন সম্পত্তিগুলি মান হারিয়ে বস্তি হয়ে উঠছে। পরিবারের নিঃস্ব সদস্যরা স্থাবর সম্পত্তির অংশ অবৈধভাবে হয় বিক্রি করছে অথবা ভাড়া দিচ্ছে, এমনকী বেচছে পূর্বপুরুষের ভিটে থেকে নিংড়ে বার করা যাকিছু অস্থাবর সম্পদ।

পরিবানো বেগম এবং খাজা শাহাবুদ্দীনের মতো অল্প কিছু সদস্য তাদের সন্তানদের লেখাপড়ায় টাকা খরচ করা উপযুক্ত মনে করেছিল। নবাব সলিমুল্লাহ

এবং আমার নানির মা বিলকিস বানোর বোন পরিবানো বেগম তার ছেলে খাজা সদ্দরউদ্দীন এবং মেয়ে জুলেইখা বানোর জন্য সেরা শিক্ষার বন্দোবস্ত করে। কলকাতা বিশ্ববিদ্যালয় থেকে সংস্কৃতে প্রথম শ্রেণীর স্নাতক জুলেইখা পেয়েছিল সোনার পদক। পরে সে বিয়ে করে আমার বাবার খালাতো ভাই কে জি মোর্শেদকে।

খাজা শাহাবুদ্দীনও পাকা বন্দোবস্ত করেন তার চার ছেলে, তিন মেয়ে যাতে সেরা শিক্ষা পায়। ঢাকা নবাব পরিবারের অন্যান্য সদস্য নিজেদের অথবা নিজেদের ছেলেমেয়েদের শিক্ষার বিষয়ে ততটা বিচক্ষণতা দেখায়নি। স্বল্পশিক্ষিত হবার জন্য বাজারে বিক্রয়যোগ্য নৈপুণ্য সামান্যই ছিল পরিবারের অধিকাংশ সদস্যের।

১৯৫৪-তে পূর্ববঙ্গ আইনসভা নির্বাচনে মুসলিম লীগের ভরাডুবির পরে শেষ পর্যায়ে পৌঁছয় পারিবারিক ভাগ্যের অধোগতি। পরিবারের যেসব সদস্য ১৯৫৪-র নির্বাচন লড়েছিলেন লীগের টিকিটে, তারা এমনকি ঢাকার আশপাশে তাদের চিরাচরিত নির্বাচন কেন্দ্রগুলোতেও পরাজিত হন। ১৯৫৪-র নির্বাচন পূর্ববাংলায় ঢাকা নবাব পরিবারের সামাজিক এবং রাজনৈতিক প্রতিপত্তির মৃত্যুঘন্টা বাজিয়ে দেয়।

১৯৬০ সালে ঢাকার তদানীন্তন নবাব খাজা হাসান আসকারি মুসলিম লীগে যোগ দিয়ে গভর্নর মোনেম খানের প্রাদেশিক সরকারের মন্ত্রী নিযুক্ত হলেন। ফলে আবার কিছুটা দৃশ্যমান হল ঢাকা নবাব পরিবার। কিন্তু ষাটের দশকে মোনেম সরকারের ক্যাবিনেট মন্ত্রীরা সব উপহাসের বস্তুতে পরিণত হয়। ১৯৬৮-র শেষে আইয়ূব সরকারের বিরুদ্ধে বিক্ষোভে শাহবাগে আসকারির বাড়ি পুড়িয়ে দেয় সরকারবিরোধী বিক্ষোভকারীরা। স্থানীয় মুসলিম লীগ রাজনীতিতে সক্রিয় তার আরেক আত্মীয় খাজা খয়েরউদ্দীন ১৯৭০-র নির্বাচনে শেখ মুজিবের বিরুদ্ধে পুরানো ঢাকার একটি আসন থেকে দাঁড়াবার হঠকারি সিদ্ধান্ত নিয়ে বিপুল ব্যবধানে হেরে যায়।

বহু বছর ধরে নিজেদের স্বতন্ত্র অস্তিত্ব বজায় রাখার যে সিদ্ধান্ত আঁকড়ে থেকেছে ঢাকা নবাব পরিবারের সদস্যরা – বাংলা শেখার চেষ্টা করেনি অথবা যাদের মাঝে বসত সেই স্থানীয় জনসমষ্টির ঘনিষ্ঠ হবার চেষ্টা করে নি – এগুলোই বিচ্ছিন্ন করেছে তাদের। এই বিচ্ছিন্নতা আরও বাড়িয়ে তোলে ক্রমে অজনপ্রিয় হয়ে ওঠা মুসলিম লীগের সঙ্গে তাদের ইতিহাসগত ঘনিষ্ঠতা। ১৯৭১-এ বাংলাদেশের অভ্যুদয়ের পর ঢাকা নবাব পরিবারের সদস্যরা বাঙালিদের থেকে ভিন্নকূল হিসেবে বিবেচিত হয়। ফলে পূর্ববঙ্গের এই একদা প্রতাপশালী পরিবার তলিয়ে যায় বিস্মৃতির অতল তলায়। পরিত্যক্ত ভগ্নাবশেষ হয়ে যায় তাদের পৈতৃক ভিটে আহসান মঞ্জিল। আশির দশকে জাতীয় জাদুঘরের তত্ত্বাবধায়ক ড. এনামুল হক বাড়িটিকে অধিগ্রহণ করে তার হৃত গৌরব ফেরানোর অনুরোধ

করেন তৎকালীন রাষ্ট্রপতি হুসেইন মোহাম্মদ এরশাদকে। জাদুঘর আহসান মঞ্জিল এখন হারিয়ে যাওয়া ঢাকা নবাব পরিবারের জগত সম্পর্কে ওয়াকিবহাল করে দর্শকদের।

দিলকুশায় ঢাকা নবাব পরিবারের দ্বিতীয় বাড়ির আর কোনো চিহ্ন নেই। ১৯৪৭ সালে দেশভাগের পর এই সম্পত্তির বিরাট এক অংশ পূর্ববঙ্গ সরকার তখনকার গভর্নরের বাসভবন হিসেবে ব্যবহারের জন্য নিয়ে নেয়। বর্তমানে সেটি বাংলাদেশের রাষ্ট্রপতির বাসভবন। মতিঝিল বাণিজ্যিক এলাকা নির্মাণে সরকার অধিগ্রহণ করার আগে পর্যন্ত ১৯৬০ এর দশকের প্রথম দিকে দিলকুশা এস্টেটের বাকি অংশে বাস করেছে পরিবারের বিভিন্ন সদস্যরা। একসময় যেখানে আমি ক্রিকেট খেলেছি বা যেখানে একসময় পরিবারের সদস্যদের সাঁতার কাটার, মাছ ধরবার পুকুরটি ছিল সেই জমিতে এখন দাঁড়িয়ে ঢাকা ইম্প্রুভমেন্ট ট্রাস্টের (ডিআইটি) অফিসগুলো এবং কিছু বাণিজ্যিক ভবন। দিলকুশা যে এককালে ঢাকা নবাব পরিবারের বাসস্থান ছিল তার নমুনা হিসেবে রয়ে গেছে একটি পারিবারিক মসজিদ যার সংলগ্ন সমাধিক্ষেত্রে চিরবিশ্রামে শায়িত খাজা শাহাবুদ্দীনের পুত্র লেফট্যানান্ট জেনারেল খাজা ওয়াসিউদ্দীনের মতো কিছু পারিবারিক সদস্য।

পূর্বপুরুষের সুবিধাভোগী জীবনযাত্রা থেকে সম্পূর্ণ বিযুক্ত এক জগতে নিজেদের মানিয়ে নিতে অন্তত দুই পুরুষ বা তারও বেশি সময় লেগেছে ঢাকা নবাব পরিবারের। ১৯৭১ এর পর পাকিস্তান এবং বাংলাদেশের মধ্যে ভাগ হয়ে যায় ঢাকা নবাব পরিবার। অনেকে দক্ষিণ এশিয়া ছেড়েই চলে যায়, ছড়িয়ে পড়ে সারা বিশ্বে। যোগ্য পেশাদার হিসেবে নিজেদের এবং সন্তানদের জন্য নতুন জীবন শুরু করেছে বর্তমান প্রজন্ম। পারিবারিক প্রভাব অথবা উত্তরাধিকারসূত্রে পাওয়া বিত্তের উপর আর নির্ভরশীল নয় তারা। কঠিন প্রতিযোগিতামূলক দুনিয়ায় এগোতে হয়েছে তাদের। উত্তরাধিকারের যেটুকু ধরে রেখেছে তারা তা হল গভীর পারিবারিক বোধ, ঢাকা নবাব পরিবার প্রবর্তিত অপরূপ রন্ধনপ্রণালী যা সমৃদ্ধ কাশ্মীরি রান্নার স্বাদকে বাঙালি রান্নার সুক্ষ স্বাদে মেলাবার চেষ্টা করেছে এবং পরস্পরের সঙ্গে যুক্ত থাকবার তীব্র বাসনা। এই কাজটা একনিষ্ঠ শ্রমে দাপটে করেছেন আমার নব্বই বছরের বৃদ্ধ মামা, খাজা শাহাবুদ্দীনের তৃতীয় পুত্র খাজা সাঈদ শাহাবুদ্দীন। পরিবারের সবচেয়ে বয়ঃজ্যেষ্ঠ জীবিত সদস্য এবং অতি শিষ্টাচারী মানুষটি ভালোবেসে শ্রম দিয়ে একটি অনুপম ঢাকা নবাব পরিবারের নিজস্ব মাসিক নিউজলেটার প্রকাশ করে আসছেন, দু'যুগেরও বেশি সময় যেটি বাঁচিয়ে রেখেছেন তিনি। নিজস্ব ওয়েবসাইটে অনলাইন করা হয়েছে নিউজলেটারটি, যা এখন একটি প্রসারিত, বিশ্বায়িত বহু পুরুষানুক্রমে ছড়ান পরিবারকে গ্রন্থিত করে।

সবার বন্ধু – আমার বাবা

আমার পারিবারিক ঐতিহ্যের এই বৃত্তান্ত শেষ করব পশ্চাদপটের দুই মূখ্য চরিত্রকে দেখে নিয়ে যারা তাদের নিজ নিজ পরিবারের সঙ্গে আমাকে যুক্ত করেছিলেন। অসামান্য আকর্ষণীয় ব্যক্তিত্ত্ব ছিলেন আমার বাবা। জীবনের সমস্ত স্তরের মানুষের সঙ্গে বন্ধুত্ব পাতাতে প্রবাদসম ছিল তার আন্তর্ব্যক্তিক দক্ষতা। যে কোনো আসরের মধ্যমণি তার স্বচ্ছন্দ, সরস শৈলীতে স্বস্তি বোধ করত প্রত্যেকে। প্রথম জীবনে পুলিশ অফিসার থাকাকালীন টেনিস খেলা, ঘোড়ায় চড়া ইত্যাদি আউটডোর ক্রীড়া উপভোগ করতেন বাবা। পরবর্তী জীবনে তাস খেলায় তার গভীর প্রেম জন্মায়। ক্যালকাটা ক্লাবে নিয়মিত তাস খেলতেন এবং শহরের বিশিষ্ট খেলোয়াড়দের একজন হিসেবে স্বীকৃতি পান। তার এই দক্ষতা আমায় পাশ কাটিয়ে গেলেও ফারুক পেয়েছিল উত্তরাধিকার সূত্রে। সে তার সময়ে বাংলাদেশ আন্তর্জাতিক ব্রিজ দলের অধিনায়কত্ব করে। ১৯৮১-তে খোন্দকার ফজলে সোবহান ট্রফি চালু করে আমাদের বাবার স্মৃতিকে সম্মান জানায় ফারুক। বাংলাদেশের জাতীয় ব্রিজ চ্যাম্পিয়নশিপ বিজয়ীদের প্রতি বছর এই ট্রফি দেওয়া হয়।

যে সময় অফিসাররা তাদের নিজ নিজ সাম্প্রদায়িক আনুগত্য দিয়ে চিহ্নিত হত তখন একজন প্রকৃত অসাম্প্রদায়িক মানুষ হিসেবে পুলিশের চাকরিতে অত্যন্ত শ্রদ্ধেয় অফিসার ছিলেন বাবা। বাবার চরিত্রের এই অসাম্প্রদায়িক দিকটির প্রতিফলন হয় আমাদের বহু-সাম্প্রদায়িক সামাজিক বৃত্তে যেখানে আমাদের পরিবারের কিছু ঘনিষ্ঠ বন্ধুর মধ্যে ছিলেন শিখ এবং হিন্দু জনেরা। আমার বাবার স্মৃতি অমলিন রইবে কারণ তার মূল্যবোধের এই দিকটির উত্তরাধিকারী হয়েছে তার পুত্ররা এবং বর্তমানে আমার দুই ছেলে বাবর এবং জাফরও।

খুলনাতে সুপারিন্টেন্ডেন্ট অফ পুলিশ (এসপি) থাকার সময় বাগেরহাট সাবডিভিশনের কচুয়াতে একটি স্কুল স্থাপনে সাহায্য করেন বাবা। করোনেশন সোবহান পাইলট স্কুল স্থাপিত হয় ১৯৩৫ সালে এবং আজও তার নামে রয়েছে স্কুলটি। বাবার অননুকরণীয় হাতের লেখায় স্কুল পরিদর্শনের একটি রিপোর্ট রয়েছে আমার সংগ্রহে। চিঠিটি সংরক্ষণ করে বাবার এক বোনের ছেলে বহু বছর বাগেরহাটে সরকারি আধিকারিক হিসেবে কাটানো রেজাউল হক।

তার সম্প্রসারিত পরিবারের সকলের সহায়তায় এবং তার সাহায্যপ্রার্থী অন্য যেকোনো মানুষের জন্য প্রসারিত ছিল বাবার সামাজিক এবং আন্তর্ব্যক্তিক দক্ষতা। ফারুক এই গুণটি পেয়েছে। বাবার এই সহায় হবার তৃষ্ণা এমনকী ঘটকালি অবধি গড়িয়েছিল। শোনা যায় পুলিশের চাকরিতে তার দুই অধস্তন সহকর্মী আলমগীর কবীর এবং মুসা আহমেদকে বিয়ে দেন তার মামাশ্বশুর খাজা শাহাবুদ্দীনের দুই মেয়ে তাহেরা এবং বিলকিসের সাথে। কামাল

হোসেনের বড়ো বোন অর্থাৎ নিজের বোনের মেয়ে আহমেদির সঙ্গে ইউসুফ আমানুল্লাহ খানের বিয়ের উদ্যোক্তাও আমার বাবা যিনি সেসময় নারায়নগঞ্জের একটি ব্যাংকের ম্যানেজার ছিলেন। ঘটক হিসেবে তার অন্যান্য সাফল্যের কথা আমার স্মরণে নেই তবে নিজের দুই ছেলের কারও ক্ষেত্রে নিজের এই প্রতিভা কাজে লাগাননি বাবা। তারা নিজেরাই নিজেদের বিয়ের ব্যবস্থা করে।

অমিলের কারণে আমার বাবা-মায়ের ডিভোর্স হয় ১৯৪৪ সালে। ১৯৪৬-এ কলকাতার শওকত বেগমকে বিয়ে করেন বাবা। এ বিয়েও ভেঙে যায় ১৯৫৫-য়। ১৯৫৭-তে বিয়ে করলেন নায়ার বেগমকে। নায়ার বেগমের পরিবার দিল্লির হলেও করাচির বাসিন্দা। আমাদের কনিষ্ঠতম ভাই নাভীদের জন্ম হয় ১৯৫৮ সালে। এই বিয়ে স্থায়ী হয়েছিল আগস্ট ১৯৬২ বাবার মৃত্যু পর্যন্ত। আমার বিয়েতে হাজিরা দিয়ে জাহাজে লন্ডন থেকে করাচি ফিরছিলেন বাবা।

মা-বাবার বিবাহ বিচ্ছেদের সময় আমার বয়স নয়, ফারুক মাত্র চার বছরের। এটাও মনে রাখতে হবে সাত বছর বয়স থেকে পনেরো বছর বয়স অবধি অর্থাৎ ১৯৪২ থেকে ১৯৫০ সাল বছরের ন'মাস দার্জিলিংয়ের বোর্ডিং স্কুলে অবরুদ্ধ থাকতাম আমি। ১৯৪৪-এ আমার মা-বাবার ছাড়াছাড়ি হবার পর ফারুক এবং আমি আমাদের শীতের ছুটি পুরোটা কাটাতাম আমাদের মায়ের সঙ্গে তিপ্পান্ন ইলিয়ট রোডে তার পিতৃগৃহে। সুতরাং আমার জীবনের সাতাশ বছর, শৈশব থেকে সাত বছর বয়স অবধি সময় বাদ দিয়ে, বাবার সঙ্গে দীর্ঘ সময় কাটাবার সুযোগ আমি সামান্যই পেয়েছি।

আমাদের মিথস্ক্রিয়া খুব সীমিত হওয়া সত্ত্বেও, বাবাকে অসম্ভব পছন্দ করতাম আমি এবং তাকে দেখলে সবসময় খুশি হতাম। যখন থেকে বুঝতে শিখলাম তারপর যখনই আমরা একসঙ্গে সময় কাটিয়েছি বাবা আমাকে আমার জীবন এবং বৌদ্ধিক আগ্রহ সম্পর্কে আলোচনায় টেনে আনতেন সেখানে অনেক বিষয়েই আমরা ভিন্নমত পোষণ করেছি। যখন চোদ্দো বছর বয়স আমার সে সময় তার একদিনের খেদোক্তি আজও মনে পড়ে – "তর্ক, সবসময় শুধু তর্ক।" যখন কেমব্রিজে এবং আমার বৌদ্ধিক উৎসাহ বামপন্থার দিকে ঝুঁকছে, তখনও আমার রাজনৈতিক দৃষ্টিভঙ্গী এবং পাকিস্তানের রাজনৈতিক অবস্থা নিয়ে খুব আবেগবর্জিত যুক্তিবাদী বিতর্ক হয়েছিল আমাদের। আশা ছিল ১৯৬২-তে পাকাপাকিভাবে তিনি ঢাকায় ফিরলে আরও নিবিড় হবে তার সাথে আমার পরিচয়। অন্যরকম ভেবেছিল নিয়তি।

আমার মা: একটি প্রথাবিরুদ্ধ জীবন

বাবা যে রকম দৃষ্টিভঙ্গির মানুষ, বিয়ে করেন তিনি তা থেকে সম্পূর্ণ ভিন্ন দৃষ্টিভঙ্গীর এবং বিপরীত ব্যক্তিত্ব মানসিকতার একজন মানুষকে। এ জুড়ি

স্বর্গে তৈরি নয়, মায়ের মামা খাজা নাজিমুদ্দীনের পরম মমতায় গড়া। তার মৃতা বোনের সন্তানদের ভবিষ্যতের প্রতি বিশেষ নজর রাখতেন নাজিমুদ্দীন। বাচ্চাদের মানুষ করছিলেন তাদের বাবা শেখ মুস্তাফা আলী এবং সৎমা জুবেইদা বেগম, যিনি আবার আমার নানার খালাতো বোন। যাই হোক, খাজা নাজিমুদ্দীনের মনে হয়েছিল মেয়েদের যোগ্য পাত্র খুঁজে পাবার মতো যথেষ্ট যোগাযোগ তার বোনের স্বামীর নেই, সুতরাং তিনি নিজের কাঁধে তুলে নিয়েছিলেন এই দায়িত্ব।

মায়ের বড়ো বোন শওকত আরাকে অল্প বয়সে বিয়ে দেওয়া হয়েছিল তার এক মামাতো ভাইয়ের সঙ্গে এবং অল্প সময়ের ব্যবধানে পরপর চার ছেলের জন্ম দিয়ে অল্প বয়সে তিনিও মারা যান। পরিবারের একটি মাত্র ছেলে শেখ মোহাম্মদ আলী – পারিবারিক নাম পিয়ারে – কলকাতার সেন্ট জেভিয়ার্স কলেজে পড়াশোনা করে এবং আজীবন অকৃতদার থেকে যায়।

সিকান্দার আরা (১৯১৪) এবং আমার মা (১৯১৬) এই দুই বোনের মাঝে জন্ম পিয়ারে মামার (১৯১৫)। আমার মা কনিষ্ঠতমা, তাই পরিবারের লোকের কাছে তিনি ছিলেন নান্নি। তখনকার দিনে, এবং সম্ভবত এখনও, বিবাহ স্থির করতে বেশি নজর দেওয়া হত পারিবারিক বংশপরিচয় এবং পাত্র-পাত্রীর সিভি-তে। দুটি ব্যক্তিত্ব পরস্পরের মানানসই হবে কিনা সে বিষয়টি প্রায় উপেক্ষিতই থেকে যাবার কারণে একধরনের জুয়া খেলা হত বৈবাহিক সম্পর্কের পরিণতি।

তাদের পরিবারের সে সময়কার ধারা অনুযায়ী আমার মা এবং তার বোন সিকান্দার, আমাদের সিকা খালা, ছিলেন কঠোরভাবে পর্দানসীন এবং বাড়িতেই ব্যক্তিগত শিক্ষকের তত্ত্বাবধানে তাদের লেখাপড়া। তাদের মামা দুই ভাগ্নীর বিয়ে একসঙ্গে দিলেন ১৯৩২ সালে। সিকা খালার বিয়ে হয় পূর্ববঙ্গের ময়মনসিংহ জেলার কিশোরগঞ্জের বোয়ালিয়া গ্রামের এম সৈয়দুজ্জামান সঙ্গে। সৈয়দুজ্জামান ছিলেন ভারতের প্রথম মুসলিম চার্টার্ড অ্যাকাউন্টেন্ট, কিন্তু তার পরিবার ছিল খানিকটা প্রাচীনপন্থী এবং গ্রাম বাংলার সংস্কৃতির সঙ্গে সম্পৃক্ত। ভাইবোনদের মধ্যে সবার বড়ো সৈয়দুজ্জামান। তার এক বোন কিশোরগঞ্জের সৈয়দ নজরুল ইসলামকে বিয়ে করে। বহু বছর বাদে স্বাধীন বাংলাদেশের উপ-রাষ্ট্রপতি হলেন নজরুল ইসলাম। তাদের ছেলে সৈয়দ আশরাফুল ইসলামও পরবর্তীতে ক্ষমতাসীন আওয়ামী লীগের সাধারণ সম্পাদক এবং মন্ত্রী হিসেবে দায়িত্ব পালন করেন। সৈয়দুজ্জামানের এক ভাইয়ের ছেলে বিয়ে করে বাংলাদেশের প্রধানমন্ত্রী শেখ হাসিনার দূর সম্পর্কের এক বোনকে। এভাবেই বিবাহসূত্রে বাংলাদেশের উচ্চতম রাজনৈতিক নেতৃত্বের সঙ্গে জামান পরিবারের ঘনিষ্ঠ সম্পর্ক গড়ে ওঠে। কিন্তু আমার খালু বা তার জীবিত কন্যা, আমার খালাতো বোন কামারারা, কেউই কদাচ এই উচ্চ-ক্ষমতাধারীদের সঙ্গে সম্পর্কের ফায়দা তুলবার চেষ্টা করে নি এমনকী তা প্রচারও করে বেড়ায়নি।

আমার বাবার পরিবারের উৎপত্তিও গ্রামীণ প্রেক্ষাপট থেকে, যা আমরা ইতিমধ্যে দেখেছি, কিন্তু শহুরে জীবনে অনেক দীর্ঘতর তাদের দীপন। মুর্শিদাবাদের খোন্দকারেরা বাড়িতে যদিও বাংলা বলতেন, উর্দু অথবা ক্ষেত্রবিশেষে পার্সি বা আরবি ভাষায় পান্ডিত্য নিয়ে বাড়ির পুরুষদের গর্ব ছিল এবং এ ব্যাপারে তাদের নেতা ছিলেন ফজলে রব্বি। সুতরাং বলা যায় আমার বাবা এবং মা ও তৎসহ তাদের দুই পরিবারের মধ্যে বৃহত্তর সাংস্কৃতিক সাযুজ্য ছিল। যাই হোক, আঠারো বছর বয়সী বড়ো বোন এবং আমার মায়ের বিয়ে যখন একসঙ্গে হল তখন তার বয়স সবে ষোলো বছর। বিয়ের সময় পর্যন্ত নিজের পরিবারের বাইরের জগতের সঙ্গে তার পরিচয় প্রায় ছিলই না। ইংরেজি প্রায় বলতেই পারতেন না এবং সর্বকনিষ্ঠা সন্তান হিসেবে কিছুটা বেয়াড়া গোছের ছিলেন।

বিয়ের অল্পদিন বাদেই কোনো একটি শিক্ষাক্রমে যোগ দিতে ইংল্যান্ড যাবার আগে নববিবাহিতা স্ত্রীকে দার্জিলিংয়ে অভিজাত পরিবারের কন্যাদের আবাসিক স্কুল লোরেটো কনভেন্টে রেখে যাবার সিদ্ধান্ত নেন বাবা। বাবা আশা করেছিলেন ইংরেজি ভাষী পরিবারের মেয়েদের সাহচর্যে আরও কেতাদুরস্ত হবেন আমার মা এবং ভারতীয় পুলিশ সার্ভিসের সদস্যের স্ত্রী হিসেবে তার দায়িত্ব সামালান অর্থাৎ প্রধানত ইংরেজি বলিয়ে সমাজের সঙ্গে মেলামেশার দক্ষতা অর্জন করবেন তিনি। এই চাপিয়ে দেওয়া অবরোধ, স্কুলের মেয়েদের জন্য তৈরি কনভেন্টে একজন বিবাহিতা নারীকে রেখে যাওয়া খুব উপভোগ করেন নি আমার মা।

বাবা লন্ডন থেকে ফিরলে এসপি'র স্ত্রী হিসেবে মা কয়েক বছর কাটান বাংলার জেলাগুলিতে, প্রথমে ফরিদপুর, পরে খুলনায়। ১৯৩৫-এ আমার জন্ম হবার আগে অবধি কলকাতার সমাজের সঙ্গে পরিচয় উপভোগ করা হয়ে ওঠে নি মায়ের। উঁচু পদগুলো দখল করা সাহেব এবং ইংরেজ বনে যাওয়া অভিজাত অধ্যুষিত এই নতুন জগতে খুব বেশি হলে বছর কুড়ি বয়সে প্রবেশ তার। পানিতে যেমন মাছ তেমনি স্বচ্ছন্দে এই জগতে মিশলেন মা এবং পিছন ফিরে তাকাননি কখনও। প্রাণপ্রাচুর্যময় ছিলেন তিনি। শিখলেন টেনিস খেলা, ঘোড়ায় চড়া, রোলার-স্কেটিং, প্রাক বিশ্বযুদ্ধ কলকাতার সক্রিয় সামাজিক জীবনের আমোদফূর্তি। তার আমলের সেরা সুন্দরীদের একজন হিসেবে স্বীকৃতি পেলেন।

মাত্র সাতাশ বছর বয়সে বাবার সঙ্গে ছাড়াছাড়ি হয় মায়ের। তিপ্পান্ন ইলিয়ট রোডে তার বাবার বাড়িতে ফিরে একখানা ঘর ভাগ করে নিলেন দুই ছেলের সঙ্গে। তার পুরনো সামাজিক বৃত্তে স্বাগত অতিথি রইলেন মা। তবে একজন বিবাহবিচ্ছিন্না নারীর সীমিত সঙ্গতি নিয়ে কলকাতার সমাজের চোখ ধাঁধানো সেই একদা উজ্জ্বল তারাটি রয়ে যাবার আশা আর কখনওই করতে পারতেন না তিনি। আমার মায়ের কৃতিত্ব যে বাবার দেওয়া ভরণ-পোষণ এবং ঢাকা

নবাব পরিবারের সম্পত্তিতে তার মায়ের অংশ এই সীমিত পুঁজি সম্বল করে দুই ছেলের দেখভাল করার পাশাপাশি নিজের জীবন নতুন করে গড়ার সাহস দেখাতে পেরেছিলেন তিনি।

এইচেসন কলেজে ভরতি হয়ে ফারুক এবং আমি লাহোরে রওনা দেবার পর ১৯৫১ সালের শেষে আমার মা করাচিতে চলে আসেন তার মামা পাকিস্তানের তৎকালীন প্রধানমন্ত্রী খাজা নাজিমুদ্দীনের কাছে থাকতে। ১৯৫৪ সালে তার বিয়ে হল সৈয়দ মাসুদ হোসেনের সঙ্গে। ১৯৪৭ সালে দিল্লি থেকে করাচিতে স্থানান্তরিত হয়েছিল হোসেনের পরিবার। কেন্দ্রীয় সরকারের ডেপুটি ডিরেক্টর অফ নেভিগেশন ছিলেন মাসুদ হোসেন কিন্তু পরে পূর্ব পাকিস্তানের ইনল্যান্ড ওয়াটার ট্রান্সপোর্ট অথরিটি-র প্রথম চেয়ারম্যান হয়ে ঢাকায় আসেন। ১৯৬৫-তে চেয়ারম্যান পদের মেয়াদ শেষ হলে তিনি ব্যাংককে জাতিসংঘের এশীয় ও প্যাসিফিক অঞ্চলের আর্থ-সামাজিক কাউন্সিলের (ইউএনএস্কাপ) ট্রান্সপোর্ট ডিভিশনের চীফ নিযুক্ত হন। ১৯৮০'র গোড়ায় তার মৃত্যুর আগে অবধি সেখানেই একসঙ্গে ছিলেন তারা।

নিয়মমাফিক লেখাপড়া হয়নি আমার মায়ের কিন্তু তিনি ছিলেন বুদ্ধিমতী, উদ্ভাবনী ক্ষমতাসম্পন্ন, স্বাধীনচেতা; নিজের দেখভাল করার মতো যথেষ্ট যোগ্যতা তার ছিল। শিশুকাল থেকেই তিনি একরোখা চরিত্রের। তার লাগামহীন মেজাজ এমনকী তার জাঁহাবাজ ননদদেরও ভয়ের কারণ হত। তিনি যখন খেপতেন বন্ধুরা, পরিবারের সদস্যরা ভয়ে কাঁটা হয়ে থাকত পাছে তার সঙ্গে টক্কর বাধে। তার বিশ্বাস ছিল এই বদমেজাজ উত্তরাধিকারসূত্রে তিনি পেয়েছেন তার নানি বিলকিস বানোর থেকে। প্রচলিত কাহিনি অনুযায়ী একবার আহসান মঞ্জিলে তার সম্মানে ভাই নবাব সলিমুল্লাহর দেওয়া এক ভোজে পরিবেশিত একটি পদ এত খারাপ লেগেছিল বিলকিসের যে সুন্দরভাবে বিছানো দস্তরখান টেনে তুলে ফেলে সুস্বাদু খাবার ভরতি সব পাত্র উলটে দিয়ে হল ছেড়ে বেরিয়ে যান।

আগুনে মেজাজ ছিল মায়ের আজীবন কিন্তু তা পুষিয়ে দিতেন তার মাধুর্য, বুদ্ধি, আমোদপ্রিয় কার্যকলাপে। একাশি বছর বয়সে ১৯৯৭ সালে ঢাকায় ইন্তেকাল হওয়া অবধি বজায় রেখেছেন এই বৈশিষ্ট্য। তার জীবনের এক অপরিবর্তিত অঙ্গ ছিল দুই পুত্রের প্রতি তার ভালোবাসা। আমাদের মূল্যবোধ এবং জীবনদর্শন পুরোপুরি বিসদৃশ হলেও ক্যাডবেরি, আইসক্রিম, সিনেমা ইত্যাদি ধরণের বহু রুচিকর বিষয়ের সাথে পরিচয় করিয়ে দিয়ে গেছেন আমাকে। তার সিনেমা দেখার ক্ষমতা প্রবাদপ্রতিম ছিল; কিন্তু সবার অজানা ছিল তার মাকড়সা ভীতির কথা, এটিও দুই ছেলেকে দান করে গেছেন তিনি। ছেলেদের আত্মবিশ্বাসী হবার প্রেরণা জুগিয়েছেন, ভালোবাসা এবং যত্নের আবেষ্টনে ঘিরে চালিকাশক্তি হয়ে চেষ্টা করে গেছেন আমাদের যথাসম্ভব সেরা

শিক্ষা অর্জন সুনিশ্চিত করতে। এভাবেই আমার স্মৃতিতে আসন পেতেছেন মা। আমার মস্ত অনুতাপ তার জীবদ্দশায় আমার জীবনে তার অবদান কখনওই সঠিক অনুধাবন করতে পারি নি। তাকে এও বোঝাতে পারিনি যে আমাদের গড়ে তুলতে যা কিছু তিনি করেছেন তার মর্ম আমি পুরোপুরি উপলব্ধি করেছি।

বেছে নেওয়া পরিবার

সালমা

সালমাকে প্রথম দেখি কেমব্রিজে অক্টোবর ১৯৫৫। ও তখন সবে পশ্চিম ইংল্যান্ডের আবাসিক স্কুল ওয়েস্টনবার্ট থেকে হায়ার স্কুল সার্টিফিকেট (এইচএসসি) পাশ করে কেমব্রিজের গ্রিটন কলেজে আইনবিদ্যা পড়তে এসেছে। বন্ধু দিলীপ আধারকারের সঙ্গে আমি গ্রিটন গেলাম সালমাকে কেমব্রিজ মজলিস সোসাইটিতে যোগদানে রাজি করাতে। তখন সদ্য সোসাইটির সভাপতি হয়েছি আমি। ভারতবর্ষ স্বাধীনের ঠিক আগের সময়ে নয়া দিল্লীর স্কুলজীবন থেকে দিলীপ চিনত সালমাকে। পরবর্তী সময়ে বোন নাজকে লেখা চিঠিতে সালমা জানায় আমাকে তার খুব একটা পছন্দ হয় নি। পরিশেষে কেমব্রিজে থাকাকালীন আমার সম্পর্কে সালমার ধারণার কিছুটা উন্নতি ঘটাতে পারলেও কয়েক বছর বাদে করাচিতে পরস্পরের সান্নিধ্যে আসার আগে অবধি তাকে ভালো করে চিনিনি।

আমাদের প্রথম মোলাকাতে সালমার বিষয়ে যতটুকু জানা গিয়েছিল তা হল সে প্রখর বুদ্ধিমতী এবং তার বংশলতিকাও আকর্ষক। তার বাবা মোহাম্মদ ইকরামুল্লাহ তখন লন্ডনে পাকিস্তানের হাইকমিশনার। সম্ভবত আরও সমীহ জাগানো ব্যক্তিত্ব ছিলেন বিশিষ্ট সোহরাওয়ার্দী পরিবারের কন্যা তার মা শায়েস্তা। সালমাকে যখন আরও ভালো করে চিনলাম তার সুক্ষ্ম রসবোধ, অসাধারণ বুদ্ধি, বইয়ের প্রতি অতুলনীয় ভালোবাসা তখন পুরোপুরি উপলব্ধি করি; ওর পড়ার বিস্তার এবং বিষয় বৈচিত্র্যের জুড়িদার হতে পারতেন এমন মানুষ খুব কমই চিনতাম।

আমাদের প্রথম সাক্ষাতের সময়ে চার ফিট ন' ইঞ্চি উচ্চতার সালমাকে অনায়াসে স্কুলছাত্রী বলে চালিয়ে দেওয়া যেত। নিজের বংশগৌরব অথবা পান্ডিত্য জাহির করবার দক্ষতা বা ইচ্ছে কিছুই দেখায়নি সে। পরে জেনেছিলাম অতি বিনয়শীলতা তার ব্যক্তিত্বের মজ্জাগত যা তাকে নিজেকে যতটা সম্ভব গোপন রাখতে সহায়তা করেছে। প্রথমে ঢাকা বিশ্ববিদ্যালয়ে আইনশাস্ত্রের বরিষ্ঠ অধ্যাপিকা হিসেবে এবং পরে বাংলাদেশের প্রধান মানবাধিকার সংগঠন আইন ও সালিশ কেন্দ্র-এর প্রতিষ্ঠাতা ও কারুকৃতদের একজন হিসেবে বহু বছর আপন যোগ্যতায় উল্লেখনীয় সাফল্য অর্জনের পরেও একইরকম প্রচারবিমুখ

থেকেছে সালমা। সালমার পূর্ববৃত্তান্ত প্রচারবিমুখতা সঞ্চারিত হয়েছে আমাদের দুই পুত্র বাবর এবং জাফরের মধ্যে যারা তাদের পারিবারিক ইতিহাস সম্পর্কে খুব সামান্যই সচেতনতা দেখিয়েছে।

নিজের পারিবারিক পরিচয় প্রকাশে সালমার অনীহার ঠিক বিপরীতে নিজের বংশের পদমর্যাদা সম্পর্কে অতিরিক্ত আত্মসচেতন ছিলেন তার মা। সালমার মায়ের পরিবার সোহরাওয়ার্দীদের খ্যাতি তাদের দীর্ঘদিনের শিক্ষাদীক্ষা এবং পান্ডিত্যপূর্ণ অবদানের জন্য। সোহরাওয়ার্দীদের উৎপত্তি ইরাকে, কিন্তু পরিশেষে পশ্চিমবঙ্গের মেদিনীপুর জেলার বাসিন্দা হন তারা। শিক্ষার এই পরম্পরা সালমার মায়ের দাদা ঢাকা আলীয়া মাদ্রসার প্রতিষ্ঠাতা বিশিষ্ট পন্ডিত ওবায়েদুল্লাহ আল-ওবায়েদি সোহরাওয়ার্দীর সূত্রে প্রাপ্ত। তার মৃত্যুর পর নিজের তিন পুত্রদের সুশিক্ষা সুনিশ্চিত করতে যথেষ্ট ত্যাগ স্বীকার করেন তার স্ত্রী। সে কালে ইংল্যান্ডে চিকিৎসাশাস্ত্রে পাঠ নেওয়া সামান্য সংখ্যক ভারতীয় মুসলিমদের একজন শায়েস্তার বাবা স্যার হাসান সোহরাওয়ার্দী এবং তিনি দ্বিতীয় মুসলিম যিনি ফেলো অফ দ্য রয়্যাল কলেজ অফ সার্জেনস (এফআরসিএস) হন। ১৯৩০-এর দশকে কলকাতা বিশ্ববিদ্যালয়ের উপাচার্য হন হাসান এবং ১৯৩২ সালে বিশ্ববিদ্যালয়ের সমাবর্তনে এক তরুণী ছাত্রীর হাতে নিধন হওয়া থেকে বাংলার তৎকালীন বড়লাট স্যার স্ট্যানলি জ্যাকসন-কে রক্ষা করে ইতিহাসে জায়গা করে নেন। পরে ব্রিটিশদের কাছে নাইট খেতাব পেয়েছিলেন হাসান।

স্যার হাসানের বোন স্বয়ং এক বিশিষ্ট বিদুষী নারী খুজাইস্তা আখতার বানু বিয়ে করেন তার চাচাতো ভাই কলকাতা উচ্চ আদালতের বিচারপতি জাহেদ সোহরাওয়ার্দীকে তাদের দুই পুত্র হাসান শাহেদ ও হোসেন শহীদ সোহরাওয়ার্দী দুজনেই অক্সফোর্ডে শিক্ষিত। সাহিত্য জগতে খুবই খ্যাতনামা চরিত্র ছিলেন বড়ো ভাই হাসান শাহেদ। ভারত, পাকিস্তানে অধিক পরিচিতি ছোটো ভাই হোসেন শহীদের। ১৯৪৬-এ বাংলায় মুসলিম লীগের নির্বাচনী জয়ের পর অবিভক্ত বাংলার মুখ্যমন্ত্রী ছিলেন শহীদ, পরে পাকিস্তানের প্রধানমন্ত্রীও হন।

ঢাকার এক বিশিষ্ট পরিবারে বিয়ে হয় স্যার হাসান সোহরাওয়ার্দীর। তার স্ত্রী শাহের বানুর বাবা নবাব সৈয়দ মোহাম্মদ আজাদ এবং মা নবাব আব্দুল লতিফের কন্যা সালেহা বানু। শাহের বানুর বড়ো বোনের বিয়ে হয়েছিল বাংলার রাজনীতির এক বীর্যবান চরিত্র শের-ই-বাংলা এ কে ফজলুল হকের সঙ্গে। শাহের বানুর আর এক ভাই সৈয়দ হোসেইন ছিলেন ভারতীয় জাতীয় কংগ্রেসের সক্রিয় রাজনৈতিক কর্মী ভারতের স্বাধীনতা সংগ্রামে পন্ডিত নেহেরুর ঘনিষ্ঠ সহযোগী।

অনেকের কাছে সোঘরা নামে পরিচিত শায়েস্তার একটি ভাই অল্পবয়সে মারা যায়। ফলে শায়েস্তা বেড়ে ওঠেন একমাত্র সন্তান হিসেবে। মায়ের

পরিবারের জোরালো আপত্তি সত্ত্বেও শায়েস্তার বাবা মেয়েকে সুশিক্ষিত করতে সচেষ্ট হন এবং কলকাতার নামি শিক্ষাপ্রতিষ্ঠানগুলির একটি লোরেটো কলেজ থেকে স্নাতক হন শায়েস্তা। বিয়ের পর ১৯৩০ সালে স্বামী লন্ডনে বদলি হলে লন্ডন বিশ্ববিদ্যালয় থেকে পিএইচডি লাভ করেন শায়েস্তা।

রাজনৈতিক আন্দোলনে যুক্ত শায়েস্তা পাকিস্তানের প্রথম কন্সটিটিউয়েন্ট অ্যাসেম্বলির (গণপরিষদ) নির্বাচিত দুই নারী সদস্যের একজন হলেন। ১৯৪৮ সালে পাকিস্তান সিএ-র নথিভুক্ত কার্যবিবরণীতে শায়েস্তাই প্রথম ব্যক্তি যিনি পূর্ববঙ্গের মানুষদের ক্রমবর্ধমান বঞ্চনার প্রতি দৃষ্টি আকর্ষণ করে যুক্তি দেখান যে তাদের সঙ্গে উপনিবেশের মতো ব্যবহার করা হচ্ছে বলে মনে করছেন সেখানকার মানুষ। সেই সময় জাতিসংঘে (ইউএন) পাকিস্তানের প্রথম প্রতিনিধি দলের নির্বাচিত সদস্যা শায়েস্তা তখন একজন বহু-পঠিত নিবন্ধকারও।

আঠারো বছর বয়সে শায়েস্তার বিয়ে হয় মোহাম্মদ ইকরামুল্লাহের সঙ্গে যার পরিবার আদতে বেনারসের হলেও পরে নাগপুর নিবাসী হয়। ইকরামুল্লাহ ও তার দুই ভাই আহমেদুল্লাহ এবং হেদায়েতুল্লাহর পড়াশোনা কেমব্রিজের ট্রিনিটি কলেজে। হেদায়েতুল্লাহ ব্যারিস্টারি পাশ করেন, ভারতের সুপ্রিমকোর্ট বিচারক পদে উন্নীত হন এবং পরে প্রধান বিচারপতির পদ লাভ করেন। আইনি পেশা থেকে অবসর নেবার পরে ভারতের উপ-রাষ্ট্রপতি হয়েছিলেন হেদায়েতুল্লাহ।

কেমব্রিজ থেকে ইতিহাসের স্নাতক ইকরামুল্লাহ আইসিএস পরীক্ষায় বসে মুসলিমদের জন্য আইসিএস কোটার সাহায্য ছাড়াই উত্তীর্ণ হলেন নিজের যোগ্যতায়। চাকরিতে তার সুনাম হয় এবং লন্ডনে ভারতের বাণিজ্য কমিশনার নিযুক্ত হন ১৯৩০ এর মাঝামাঝি। এখানেই সালমা (১৯৩৭) এবং নাজের (১৯৩৮) জন্ম। দেশভাগের পর পাকিস্তানের প্রথম পররাষ্ট্র সচিব হলেন ইকরামুল্লাহ। ১৯৫৩ পর্যন্ত এই পদে ছিলেন তিনি সেখান থেকে বদলি হন কানাডায় পাকিস্তানের রাষ্ট্রদূত পদে।

আমার এবং সালমার তেতাল্লিশ বছরের বিবাহিত জীবনের আশীর্বাদ তিন পুত্র তৈমুর (১৯৬৩), বাবর (১৯৬৭), এবং জাফর (১৯৭০)। আমাদের জীবনের চরম সঙ্কটে নানান রাজনৈতিক বিপর্যয় যখন আমাদের পারিবারিক জীবন বিপন্ন করেছে সেই জটিলতা মোকাবিলায় সালমার সহানুভূতি, সাহস, সততা এবং আনুগত্য আমাকে শক্তি দিয়েছে। তিন পুত্রের জ্যেষ্ঠ তৈমুরের আঠারো বছর বয়সে অকাল মৃত্যুতে এক অসহনীয়, বিধ্বংসী শোকের মুখোমুখি হই আমরা। সেই সঙ্কটে আমাদের অস্তিত্ব টিকিয়ে রাখতে আমার পাশে সালমার উপস্থিতি ছিল অপরিহার্য। পুত্রদ্বয় বাবর এবং জাফর যাতে আমাদের সব ভাবনা ও স্নেহের কেন্দ্রবিন্দু হয়ে থাকে, তারা যাতে জীবনপথে চালিত হতে পারে তা সুনিশ্চিত করতে গুরুত্বপূর্ণ ভূমিকা নেয় সালমার অভিভাবকত্ব।

পারিবারিক উত্তরাধিকারে নির্ভর না করে চরিত্রগুণ, সহজাত মেধা, শিক্ষাগত সাফল্য এবং নিজেদের যোগত্যায় এগিয়ে যাবার স্থির সংকল্পে আমাদের পুত্রদ্বয় তাদের জীবনে যাকিছু অর্জন করেছে তাতে সার্থক আমাদের শ্রম। বাবর প্রথমে ম্যাসাচুসেটস বিশ্ববিদ্যালয়, আমহার্স্ট থেকে বিএ পাশ করে কেমব্রিজ বিশ্ববিদ্যালয়ে ডেভেলপমেন্ট স্টাডিজে এমফিল করার বৃত্তি পায়। সেখানে যথেষ্ট কৃতিত্বের সঙ্গে কাজ করে পিএইচডি'র জন্য আর একটি বৃত্তি পায় বাবর। অবশেষে জাতিসংঘে কাজে যোগ দিয়ে তার গুণমান এবং সৃজনী ক্ষমতার পরিচয় রেখে চলেছে সে। আশীর্বাদ হিসেবে নেতৃত্ব দেবার সহজাত দক্ষতা পেয়েছে বাবর। হয়তো কোনো এক ভিন্ন পরিস্থিতিতে এ দক্ষতা তাকে ঢাকার জাতীয় সমাধিক্ষেত্রে শায়িত তার তিন পূর্বপুরুষের রাজনৈতিক উত্তরাধিকারী হিসেবে তৈরি করতে পারত।

অন্যদিকে জাফর উত্তরাধিকারসূত্রে পেয়েছে তার মা-বাবার বইয়ের প্রতি ভালোবাসা এবং তার মায়ের মাধুর্যময় লেখনীর প্রতিভা। ইংরেজি সাহিত্য নিয়ে পড়াই ছিল তার প্রথম পছন্দ। ক্যালিফোর্নিয়ার পোমোনা কলেজে স্কলারশিপ পেয়ে সাহিত্যে স্নাতক হল জাফর এবং এমএ পড়তে পড়তে ভ্যানকুভার ইউনিভার্সিটি অফ ব্রিটিশ কলাম্বিয়া-য় সহায়ক শিক্ষকের কাজ নেয়। বৃত্তি হিসেবে সাহিত্যকে বেছে নেবার ইচ্ছে পরিত্যাগ করে পরে সে ক্যালিফোর্নিয়ার মালিবু-র পেপেরডিন ইউনিভার্সিটি স্কুল অফ ল'-তে আইন পড়ার পূর্ণ স্কলারশিপ জোগাড় করতে সফল হয়। আইনের ডিগ্রি পাবার পর নিউইয়র্কের একটি সেরা আইনজীবী সংস্থা ডেবেভোস অ্যান্ড প্লিম্পটন-এর কর্মী হিসেবে নিউইয়র্ক আদালতে কাজ করার যোগ্যতা অর্জন করে জাফর। যাই হোক করপোরেট আইনের লাভজনক পেশা পরিত্যাগের সিদ্ধান্ত নিয়ে সাংবাদিকতার কাজ করতে ঢাকায় এসে কয়েক বছরের মধ্যেই ডেইলি স্টার পত্রিকার নির্ভীক এবং বহু-পঠিত কলাম-লিখিয়ে হিসেবে আত্মপ্রকাশ করে জাফর। এরপর এক বিরাট চ্যালেঞ্জ নিয়ে নতুন ইংরেজি দৈনিক ঢাকা ট্রিবিউন প্রতিষ্ঠা করে সম্পাদকের দায়িত্ব নেয় সে।

বাবর বিয়ে করে নেপালের মেয়ে অপর্ণা বাসনায়েত-কে। জাফরের বিয়ে হয় ফরিদপুরের মেয়ে ফারজানা আহমেদের সঙ্গে। বর্তমানে খোন্দকারদের চৌত্রিশতম প্রজন্ম যোগ দিয়েছে বাবরের ছেলে সাহেল এবং মেয়ে সামানা এবং জাফরের ছেলে শামেল এবং মেয়ে শায়েস্তা।

রওনক

রওনককে প্রথম দেখি ১৯৭০-এর আগস্টে নিউইয়র্কের উত্তরে রচেস্টার বিশ্ববিদ্যালয়ে একটি অধিবেশনে। কলাম্বিয়া বিশ্ববিদ্যালয়ে পোস্ট-ডক্টরেট

স্কলার রওনক তখন তার কালদর্শী গবেষণাকে বীজপ্রসূ কাজে রূপ দিতে ব্যস্ত যেটি পরে “পাকিস্তান: ফেইলিওর ইন ন্যাশানাল ইন্টিগ্রেশন” নামে ১৯৭২ সালে প্রকাশ করে কলাম্বিয়া বিশ্ববিদ্যালয় প্রেস। স্কুল জীবনের একেবারে শুরু থেকে ঢাকা বিশ্ববিদ্যালয়ে রাষ্ট্রবিজ্ঞানে স্নাতকোত্তর পর্যায় অবধি ছাত্রী রওনকের কৃতিত্ব অসাধারণ। ঢাকা বিশ্ববিদ্যালয়ে তার অ্যাকাডেমিক ফলাফলের ভিত্তিতে সে হার্ভার্ডে স্টেট স্কলারশিপ পায় এবং ছাব্বিশ বছর বয়সে রওনকই প্রথম বাংলাদেশী নারী যাকে পিএইচডি দেওয়া হয়। তার আগেই সে হার্ভার্ডে অধ্যাপনায় যোগ দেয়। তার গবেষণাপত্র এবং ১৯৭১-এ পাকিস্তান খন্ডিত হবার ক্রান্তিকালে সেটির প্রকাশ রওনক ও তার কাজকে চিরস্মরণীয় করেছে। তারপর থেকে রওনকের বই গোটা বিশ্বে সাউথ এশিয়ান অ্যাফেয়ারস পড়ুয়াদের পাঠ্য।

ঢাকা বিশ্ববিদ্যালয়ের ছাত্রী থাকা অবস্থায় রওনক আমার পরিচিত ছিল না। প্রথম সাক্ষাতে দেখলাম সে এক আকর্ষণীয়, প্রাণবন্ত তরুণী, ক্ষুরধার মেধাসম্পন্ন এবং খোলাখুলি কথা বলাতে যার কোনো দিধা নেই। ঢাকা ফিরে যাবার পথে তার সঙ্গে এক মনোরম দিন কাটালাম নিউইয়র্কের চারপাশে ঘুরে গ্রীনউইচ ভিলেজে আইসক্রিম খেয়ে। আমার কাছে যেটা সর্বদা দৃঢ় বন্ধনের অভিজ্ঞতা হয়েছে।

মার্কিন যুক্তরাষ্ট্রে শিক্ষাজীবি পদ নেওয়ার অনেক প্রস্তাব এসেছিল রওনকের। কিন্তু ১৯৭০-এর শেষে ঢাকা বিশ্ববিদ্যালয়ের রাষ্ট্রবিজ্ঞান বিভাগের রীডার হয়ে ঢাকায় ফিরল সে। ১৯৭৩ সালে চেয়ার অফ দ্যা ডিপার্টমেন্ট পদে নিযুক্ত হয় রওনক এবং ১৯৭৭-এ উন্নীত হল পূর্ণ অধ্যাপকের পদে। ১৯৮২ সালে রওনক বিদেশে যায় জাতিসংঘে কাজ নিয়ে প্রথমে কুয়ালালামপুর পরে জেনেভায়। কিন্তু পরিশেষে ১৯৯০ সালে থিতু হয় নিউইয়র্কের কলাম্বিয়া বিশ্ববিদ্যালয়ে অধ্যাপনার জীবনে।

শিক্ষাজগতের কীর্তি, রাজনীতি, নারীর অধিকার এবং স্বাস্থ্যসেবা বিষয়ক অসংখ্য প্রকাশিত রচনার মালিক হওয়া সত্ত্বেও আজও নিষ্প্রভ নয় রওনকের সেই উচ্ছলতা যা আমাদের প্রথম পরিচয়ে একসঙ্গে আইসক্রিম খাবার ফাঁকে সে দেখিয়েছিল। ক্রমশ আমরা ভালো বন্ধু হই, যেহেতু বহু বিষয়ে আমাদের আগ্রহের মিল ছিল। আমরা রাজনীতি নিয়ে তর্ক করি, একে অন্যের লেখা সম্পর্কে মতামত আদান-প্রদান করি; আবার একইভাবে উপভোগ করি সিনেমা, ভালো খাওয়া-দাওয়া। সে আমাদের ভালো পারিবারিক বন্ধু হয়ে উঠেছিল এবং সালমার সঙ্গে নারী অধিকার সংক্রান্ত ভাবনাচিন্তা বিনিময় হত তার। নিউইয়র্ক সফরে গেলে রওনকের কাছেই উঠত সালমা। সালমার রসবোধের খুব তারিফ করে রওনক। ২০০৩ সালের এক রাতে যখন আকস্মিক আমাদের ছেড়ে চলে যায় সালমা, নিঃস্ব হয়ে যায় আমার আগামী দিন সেই দুঃসময়ে আমার জীবনে

বেঁচে থাকার অর্থ ফিরিয়ে এনেছিল রওনক। তার উত্তাপ এবং সাহচর্য দিয়ে আমায় সাহস জুগিয়েছিল তাকে পাশে রেখে ভবিষ্যত মোকাবেলা করার। সঙ্কটের সে দিনগুলোতে আমার শক্তির উৎস হয়েছে তার বুদ্ধি এবং সততা। মানুষের সঙ্গে মিশে যাওয়া এবং যেখানেই থাকুক সেখানেই তার দীপ্তি ছড়াবার ক্ষমতা শুধু আমার নয়, রওনকের চারপাশের সকলের জন্যই জীবনদায়ী সম্বল।

নোয়াখালির বাসিন্দা রওনকের পরিবার। খোন্দকার এবং সালমার পরিবারদের মতোই শিক্ষার ওপর অসীম গুরুত্ব দিয়েছে রওনকের পরিবার। রওনকের বাবা আহমাদ উল্লাহ, ১৯৭১ সালে সাতান্ন বছর বয়সে যার মৃত্যু হয়, তিনি ছিলেন তার গ্রামের প্রথম গ্র্যাজুয়েট। তিনি তার স্কুলশিক্ষক বাবার কাছে উচ্চশিক্ষা লাভের প্রেরণা পেয়েছিলেন। কলকাতা বিশ্ববিদ্যালয়ে পড়াশোনা করেন এবং পরে বেঙ্গল সিভিল সার্ভিসে (বিসিএস) যোগ দেন। তিনি ছিলেন স্বাধীনচেতা সরকারি কর্মী। ক্ষমতাসীন মুসলিম লীগের আইন কিংবা নীতি বহির্ভূত আদেশের কাছে মাথা না নোয়াবার অপরাধে কর্মজীবনে বহুবার পাকিস্তানে ‘শাস্তিমূলক বদলির’ আদেশ ভোগ করেন। সরকারি চাকরির পেশা না খুঁজে স্বনির্ভর পেশাদার হবার প্রেরণা দিয়েছেন তার ছ’টি সন্তানকেই - যাতে চিঠি সই করতে “আপনার সবচেয়ে অনুগত ভৃত্য” বাক্যবন্ধটি লিখে নিজেদের হীন করতে না হয় তাদের। নিজের মেয়েদের অল্প বয়সে বিয়ে করানোর পরিবর্তে তাদের উচ্চশিক্ষাকে প্রাধান্য দেবার বাসনায় তার সময়ের থেকে অনেক এগিয়ে ছিলেন তিনি। তিনি জোর দিতেন তার সন্তানরা বাংলা মাধ্যম স্কুলে শিক্ষিত হবে এবং উচ্চশিক্ষার্থে বিদেশ যাবার আগে ঢাকা বিশ্ববিদ্যালয়ে এমএ পাশ করবে যাতে বাঙালি সংস্কৃতির সঙ্গে তাদের নাড়ির যোগ বজায় থাকে। আজও টিভি-তে বেশিরভাগ পরিচিত রবীন্দ্রসঙ্গীত শুনে চিনতে পারে রওনক এবং মাঝে মাঝেই আমাকে শিক্ষিত করে চিরায়ত ভারতীয় পুরাণগাথা, বাংলা সাহিত্য সম্পর্কে, যাকিছু সে তার মা বাবার কাছে শুনে বড়ো হয়েছে।

রওনকরা ছয় ভাই-বোনই ভালো ছাত্র ছিল এবং স্নাতকোত্তর পড়াশোনার জন্য শিকাগো, হার্ভার্ড, আইওয়া, বস্টন, ইন্ডিয়ানা প্রভৃতি নামজাদা মার্কিন বিশ্ববিদ্যালয়ের বৃত্তি অর্জন করে এবং তাদের মধ্যে তিনজন পিএইচডি পায়। এরা সকলেই পেশাদার হিসেবে কাজ করে বিশ্ববিদ্যালয়ের অধ্যাপক, ইঞ্জিনিয়র, ব্যাঙ্ক পরিচালক এবং আন্তর্জাতিক সংস্থার পদে। রওনকের মা নোয়াখালির মেয়ে রাজিয়া বেগম জমিদার পরিবারের সন্তান যারা আমাদের পরিবারের মতোই সমকালের রীতি মেনে তাদের মেয়েদের স্কুলে পাঠায়নি। কিন্তু বিয়ের পর স্বামীর কাছে লেখাপড়ায় উৎসাহ পান তিনি এবং বিস্তর পড়াশোনা করেন। পরিশেষে আশি বছরের কোঠায় লিখলেন অত্যন্ত সুপাঠ্য এবং সাহিত্যগুণসম্পন্ন দু’খন্ড স্মৃতিকথা।

বিচ্ছেদের ছ'ডিগ্রি

পিছনে তাকিয়ে আমার প্রসারিত পরিবারটি দেখলে লক্ষ করা যায় কীভাবে বাহ্যত বিচ্ছিন্ন পরিবারগুলি জুড়ে দেওয়া সম্ভব। কিছু কিছু ক্ষেত্রে কিছু পরিবারের যোগসূত্র গড়ে পরস্পরের চেনা সাংস্কৃতিক বৈশিষ্ট্যে। এভাবেই খোন্দকারেরা ঢাকা নবাব পরিবার এমনকি সোহরাওয়ার্দী পরিবারের সঙ্গে যুক্ত হয়েছিল, যখন আমার মাকে বিয়ে করার আগে শায়েস্তাকে বিয়ে করার নিষ্ফল প্রস্তাব পাঠান আমার বাবা। আমার বাবা এবং তার ফুপাতো ভাই, কে জি মোর্শেদ দুজনেই ঢাকা নবাব পরিবারে বিয়ে করেন যেক্ষেত্রে ঢাকা নবাব পরিবারের সঙ্গে খোন্দকারদের পারিবারিক সম্পর্ক এবং সেই সঙ্গে তাদের চাকরির গুণগত মান ওই সম্পর্ককে উৎসাহিত করেছে।

সামাজিক এবং রাজনৈতিকভাবে ঢাকা নবাব পরিবার সালমা'র পরিবারের খুবই ঘনিষ্ঠ। এই ঘনিষ্ঠতার স্বীকৃতি হিসেবে সালমার মা আমার বড়ো নানা খাজা নাজিমুদ্দীনকে তার নিজের স্মৃতিকথা "ফ্রম পর্দা টু পার্লামেন্ট" (১৯৬৩) বইটির মুখবন্ধ লিখে দেবার আমন্ত্রণ জানান। তার লেখা কথামুখে দুই পরিবারের সম্পর্কের নৈকট্যটি ফুটিয়ে তুলতে পেরেছিলেন। তিনি লেখেন:

> "আমি ভাগ্যবান বেগম শায়েস্তা ইকরামুল্লাহ'র বইয়ের মুখবন্ধ লিখতে পারছি। বিগত চারপুরুষ যাবৎ খুবই নিবিড় আমাদের দুই পরিবারের সম্পর্ক। বেগম ইকরামুল্লাহ'র দাদা মওলানা ওবায়েদুল্লাহ আল-ওবায়েদি সোহরাওয়ার্দী, আলীয়া মাদ্রাসার অধ্যক্ষ এবং ঢাকার বিশিষ্ট পন্ডিতদের একজন। তিনি ছিলেন আমার নানা নবাব স্যার আহসানুল্লাহ'র ব্যক্তিগত বন্ধু। বেগমের নানা নবাব সৈয়দ মোহাম্মদও আমাদের পরিবারের এক মহৎ বন্ধু ... স্যার হাসান সোহরাওয়ার্দী, বেগম ইকরামুল্লাহ'র বাবা, আমার সর্বজনীন বৃত্তি শুরুতে বাস্তব সহায়তা করেছেন ... তার স্বামীর সরকারি পদমর্যাদা সত্ত্বেও পকিস্তান সৃষ্টির সংগ্রামে একজন কমরেড ছিলেন ... অল্পবয়সী স্কুলছাত্রী হিসেবে লেখিকাকে আমার মনে পড়ে ... তার বাবার বাড়িতে আমার সামনে তাকে আসতে দেওয়া হয় যেহেতু দুই পরিবারের সম্পর্ক খুব নিবিড় ছিল এবং যেহেতু লেখিকার বয়স তখন খুবই কম। এভাবেই বাস্তবিকই আমি তাকে পর্দার আড়াল থেকে পার্লামেন্টে আসতে দেখি।"

আমি যখন সালমার প্রণয়প্রার্থী তখন আমাদের পারিবারিক সম্পর্ক বিষয়ে তার কোনো ধারণাই ছিল না। একইভাবে আমার পরিবারের সঙ্গে রওনকদের পরিবারের যোগসূত্র থাকতে পারে এমন ধারণা না আমার ছিল, না ছিল রওনকের। ঘটনা হল রওনকের সঙ্গে দেখা হবার অনেক আগে তার বড়ো বোন রওশন বিয়ে করে আমার ঢাকা বিশ্ববিদ্যালয়ের সহকর্মী মুজাফফর আহমেদকে। মুজাফফর আহমেদের মায়ের ভাই মুসা আহমেদের বিয়ে হয়েছিল আমার মায়ের খালাতো বোন বিলকিস শাহাবুদ্দীনের সঙ্গে। বেশকিছু বছর বাদে রওনকের ভাই কবীর বিয়ে করে শিল্পপতি এ কে খানের কনিষ্ঠা কন্যা ইয়াসমিনকে। এ কে খানের বড়ো ছেলে, দার্জিলিং সেন্ট পল'স স্কুল

এবং এইচেসন কলেজে আমার সহপাঠী জহিরুদ্দীন বিয়ে করে আমার আত্মীয়া আসমা আফজালকে। আসমা আমার বাবার চাচা খোন্দকার আলী আফজালের মেয়ে।

সালমার সঙ্গে আমার বিয়ে তৈরি করল আর এক যোগসূত্র। তার বোন সারভাতের বিয়ে হয়েছিল জর্ডানের হাসেমাইট রাজপরিবারে যারা হযরত মোহাম্মদের (স.) সরাসরি বংশধর। আবার, অপর্ণার সঙ্গে বাবরের বিয়ে আমাদের পরিবারকে যুক্ত করে নেপালের পূর্ববর্তী রাজপরিবার রাণাদের সঙ্গে।

আমার জীবন বেষ্টন করে বোনা এই সুক্ষ পারিবারিক নেটওয়ার্ক শেষ অবধি আমি যে মানুষ হলাম অথবা যে জীবন যাপন করলাম তাকে খুব বেশি প্রভাবিত করে নি। আমার আমি হয়ে ওঠার ক্ষেত্রে অনেক বেশি অবদান আমার পছন্দগুলোর যা আমার বিশ্বাস থেকে উৎসারিত; এবং পরিশেষে দুই মহিলার জন্য – যাদের জীবন সঙ্গিনী করে বেছে নিয়েছি ব্যক্তি হিসেবে, কোনো পরিবারের সদস্য হিসেবে নয়। পারিবারিক ঐতিহ্য থেকে নিজের পছন্দে গড়া জীবন এই যাত্রাপথের বিস্তারিত বর্ণনা দেবে আমার জীবনের পরের গল্প।

আমার মা হাসমাত আরা বেগম, কলকাতা ১৯৪৯।

সালমা সোবহান

রওনক জাহান, আমাদের বাগানে, ঢাকা, ২০০৫

আমার পৈতৃক পিতামহরা এবং খন্দকর পরিবারের সদস্যরা

সামনের সারি - বাম থেকে ডানে - কে এফ হায়দার, কে এম আলী আফজল, খোন্দকর ফজলে হক (আমার পৈতৃক পিতামহ এ আর সিদ্দিকী, কে জি মোর্শেদ)

পিছনের সারি - বাম থেকে ডানে - খাজা সুদ্দেরুদ্দিন, আহমেদ হোসান, কে এফ সোবহান (আমার বাবা), অপরিচিত, কে এফ আকবর

আমার মাতামহ শেখ মুস্তাফা আলি, ১৯১২

আমার নানী: আলমাসি বেগম

আমার বাবা কে এফ সোবহান, ভারতীয় পুলিশ সার্ভিসে যোগ দেবার পর, ১৯২৫

আমার ছেলেরা ১৯৭৪

বাম থেকে ডানে - সাতবছরের বাবর, এগারো বছরের তৈমুর, চার বছরের জাফর

২

কলকাতায় বেড়ে ওঠা

ছেলেবেলার স্মৃতি

রাজ আমলের সন্তান

চার বছরের জন্মদিনের আগের শৈশব স্মৃতি আমার স্পষ্ট মনে পড়ে না। আবছা মনে আছে তার আগে কলকাতার অভিজাত পরিবারের কন্যাদের ক্যাথলিক স্কুল মিডলটন রো'র লোরেটো হাউস কিন্ডারগার্টেনে লেখাপড়ার জগতের সঙ্গে আমার পরিচয়। নিষ্পাপ শিশু বয়সেই ছেলেদের এখানে ভরতি নেওয়া হত, কিন্ডারগার্টেন অতিক্রম করলে সেই নিষ্পাপ অবস্থা শেষ হয় এমনটাই ভাবা হত।

যদ্দূর মনে পড়ে, আমার লোরেটো হাউসের কেরিয়ার খুব সংক্ষিপ্ত এবং বেশ ভালোরকম যন্ত্রণাদায়ক হয়েছিল। আমার বয়স তখন তিন। এক সকালে মা আমার হাত ধরে নিয়ে এলেন সেখানে। স্কুল কী, সে সম্পর্কে খুবই অস্পষ্ট কিছু ধারণা দেওয়া হয়েছিল। আর এটা তো বলা হয়ই নি যে মা আমাকে সেখানে ছেড়ে যাবেন। যখন সেটাই হল, আমাকে অ্যাংলো ইন্ডিয়ান ক্লাস টিচারের হাতে সঁপে দিয়ে মা বাড়ির দিকে হাঁটা দিলেন তখন খুব স্বাভাবিকভাবেই তার সঙ্গে বাড়ি ফেরার চেষ্টা করি আমি। দুর্ভাগ্য আমার শিক্ষিকার, তিনি এই স্বাভাবিক প্রচেষ্টায় বাধা দেওয়া মাত্র তার কব্জিতে কামড় বসিয়ে দিই। এই দক্ষতায় ইতিমধ্যেই আমি কিছু শিল্পনৈপুণ্য এনেছিলাম। আমার খুদে দাঁতের পাটি কব্জির উপর নিপুণ বসে গিয়ে অবিকল একটা গোল হাত-ঘড়ি আঁকা হত। এই শিল্পকলা প্রয়োগ করেছি আমার অনেক আয়াদের উপর এবং আমার বাড়ির কাজের লোকদের প্রশংসাও কুড়িয়েছে এই শিল্প, যারা তাদের নিজস্ব বুলিতে বলত আমি আমার শিকারকে একটি হাত-ঘড়ি উপহার দিয়েছি!

লোরেটো হাউসে আমার এই কলানৈপুণ্য সমাদৃত হয় নি যার দরুণ তিন বছর বয়সে সেই বিশিষ্টজনদের ঐতিহ্যময় তালিকায় আমার নাম যুক্ত হয় একই ধরনের শিল্প নিপুণতার জন্য যাদের ক্লাসরুম লাগোয়া ঘুপচি ঘরে আটকে শাস্তি দেওয়া হয়েছিল। শিল্প ও স্বাধীনতার জন্য ওই কচি বয়সের

আত্মবলিদান নিঃসন্দেহে প্রাপ্তবয়সে প্রতিষ্ঠানের বিরুদ্ধে আমার ক্ষোভের উৎপত্তির কারণ হয়েছে। মনে নেই লোরেটো হাউসের শিক্ষকদের সঙ্গে পারস্পরিক সহনীয় সম্পর্ক গড়েছিল কিনা। কনভেন্টে কাটানো সুখের সেই দিনগুলো আমার স্মৃতি থেকে হারিয়ে গেছে।

আমার প্রথম জীবনের স্মৃতি জুড়ে আছে একশো তেরো নম্বর আপার সার্কুলার রোডে কলকাতা মেট্রোপলিটন পুলিশের ডেপুটি কমিশনারের (নর্থ) সরকারি আবাসন। প্রশস্ত জায়গাটায় একটা বড়োসড়ো আবাসন এবং ডি সি অফিস বিল্ডিং ছিল। সাম্প্রতিক সফরে এক ঝলক দেখে আঙ্গিনাটা আমার অনেক ছোটো মনে হয়েছিল। যাইহোক সেই ছেলেবেলায় খেলা এবং অ্যাডভেঞ্চারের জন্য যথেষ্ট প্রশস্ত ছিল জায়গাটা।

আমার বাবার প্রধান কর্মীদের ঘিরে কিছু সুখস্মৃতি মনে আছে। এদের মধ্যে ছিলেন দু'জন বিহারী সিপাই জুম্মা খান এবং মারদান। আর ছিলেন গাড়িচালক রফিক। শক্তপোক্ত, সুদর্শন জুম্মা খানকে আমরা সবাই পাঠান ভাবতাম। বাবা চাকরি ছেড়ে দেবার বহুদিন পরেও বাবার স্মৃতির প্রতি আনুগত্য অটুট ছিল তার। ১৯৫৭ সালে কেমব্রিজ থেকে ঢাকা ফেরার পথে কলকাতায় তিপান্ন নম্বর এলিয়ট রোডে আমার নানার বাড়িতে উঠেছিলাম। নানাকে আমরা ডাকতাম পাপা। হঠাৎ করে জুম্মা খান এসে উদয় হলো। সে তখন ওয়েলেসলি স্কয়্যার থানার ছোটোবাবু। কথা শুনে মনে হল এত বছর ধরে পাপার সঙ্গে যোগাযোগ বজায় রেখেছে সে। একশো তেরো আপার সার্কুলার রোডের বাড়িতে সে আমাকে আদর করে 'বাবা' বলে ডাকত। বাবা কলকাতায় ফিরেছে শুনে বড়ো হয়ে যাওয়া আমাকে দেখতে এল জুম্মা। বয়সের সামান্য ছাপ পড়লেও তখনও লোহার দন্ডের মতো সোজা জুম্মাকে আমার ছেলেবেলার স্মৃতির জুম্মার থেকে কোনো অংশে কম সুদর্শন এবং কম অভিজাত দেখাচ্ছিল না।

আমাদের পারিবারিক বৃত্তের সকলে থাকত দক্ষিণ কলকাতায়। তাদের থেকে কিছু আলাদা আপার সার্কুলার রোডের জীবন। তবু মনে পড়ে অগণিত খালাতো, ফুপাতো ভাইবোনদের সঙ্গে কত কাল্পনিক এবং দুঃসাহসিক খেলা খেলেছি ওই একশো তেরো নম্বর বাড়ির ঘেরাটোপে। আমার চতুর্থ জন্মদিনে তোলা একটা পারিবারিক ছবিতে সামনের সারিতে গোলগাল মুখ, কিছুটা গুরুগম্ভীর বালক আমি দাঁড়িয়ে। আমাকে ঘিরে অনেক আত্মজনের ছবি পরবর্তী জীবনে যারা আমার খুব ঘনিষ্ঠ থেকেছে। এদের মধ্যে আছে আমার ফুপাতো ভাই রোগাপানা, কিছুটা ভীষণদর্শন আলী কবীর, তার ছোটো ভাই হুমায়ুন এবং ওদের তিন বোন। এ ছবির অন্যান্যের মধ্যে আছে আমার মায়ের দ্বিতীয় বোন সিকান্দারের একমাত্র ছেলে, আমার ছেলে বেলার সেরা বন্ধু কামরুজ্জামান, যার পারিবারিক নাম কামরু। কামরুর বোন কামারারা তখন খুবই ছোটো। ছবিতে সে রয়েছে তার বর্মী আয়া ডেইজির কোলে। আমার পাশে দাঁড়িয়ে আমার বড়ো

নানার কনিষ্ঠ পুত্র, কার্যত আমার মামা, খাজা সাঈফউদ্দীন। আমার আর এক ঘনিষ্ঠ বন্ধু সাঈফের চোখজোড়া নানা ধরনের দুষ্টুমি আর অ্যাডভেঞ্চারের জন্য উৎসুক হয়ে থাকত। এটাই পরবর্তী কালে যেকোনো খেলায় সেরা হবার একটা অসাধারণ ক্ষমতা দিয়েছিল তাকে।

ডিসি'র ছেলে হিসেবে কলকাতায় বড়ো হবার সুখস্মৃতি আজও রয়েছে আমার। ব্রিটিশ রাজের আমলে কলকাতার সমাজে ওই পদের বিরাট সম্মান ছিল। বাবার ছোটো লাল রঙের জার্মান অ্যাডলার গাড়িটা কলকাতার রাস্তায় খুব পরিচিত ছিল। ওটিকে দেখামাত্র স্যালুট ঠুকত রাস্তার প্রতি মোড়ে কর্তব্যরত কনস্টেবলরা। বাবা পুলিশের চাকরি ছেড়ে দেবার পরের বছরগুলো এই বিশেষ সম্মান প্রদর্শন আর রইল না। কিছুটা মন খারাপই হত যখন দেখতাম পুলিশ কনস্টেবলরা গাড়িটাকে আর চিনতে পারে না, স্যালুটও করে না।

দক্ষিণ কলকাতার সে সময়ের খোলামেলা প্রাচুর্যের পাশাপাশি তখন এবং আজও উত্তর কলকাতা ভিড়াক্কার অগোছাল, ধোঁয়াটে, জনাকীর্ণ এন্টালি এবং শিয়ালদা স্টেশন এলাকা যতবার পেরোতে হত আমার মা গাড়ির জানালার কাচ তুলে দিতেন। বাড়ি ফিরে আমার নাকমুখ জীবাণুমুক্ত করতেন গরম জলের গার্গেলে। জরাজীর্ণ পুরানো ছায়া সিনেমা হলের পাশেই থাকতাম আমরা। বেশিরভাগ হিন্দি ছবি দেখানো হত ওই হলে। মাঝেমধ্যে পুরনো ইংরেজি ছবিও চলত। সেখানে দেখেছি জনি ওয়াইজমুলার অভিনীত 'টারজান ফাইন্ডস আ সন'। ওয়াইজমুলার তখন বিখ্যাত তার জংলি ডাকের জন্য। দেখেছি বরিস কার্লফ অভিনীত খুব ভয়ের ছবি 'দ্য মমি'স হ্যান্ড'। তারপর থেকে হরর মুভি আমার নেশা হয়ে যায়। রাক্ষুসে ফ্র্যাংকেস্টাইনের ভূমিকায় কার্লফের অভিনয়, উলফম্যান লন চেনি-র ভয় দেখানো, কাউন্ট ড্রাকুলা বেশে রক্তচোষা দাঁতাল, বেলা লুগোসি'র দ্বিধা জড়ানো কন্টিনেন্টাল উচ্চারণ – 'আই হ্যাফ কম টু ড্রিঙ্ক ইওর ব্লাড' এসব ক্ল্যাসিক ছবিগুলো অধিকাংশই বোধ হয় আমি দেখে ফেলেছিলাম।

ফ্রিস্কুল স্ট্রিট ফায়ার ব্রিগেড স্টেশনের ক্রিসমাস পার্টির স্মৃতি তুলনায় কম ভয়াবহ। সেখানে পুলিশ কর্তাদের অল্পবয়সী ছেলেমেয়েদের সম্ভাষণ জানাতো বিশাল সান্তা ক্লজ। আমার ধারণা লোকটা ছিল অ্যাংলো-ইন্ডিয়ান পুলিশ সার্জেন্ট। পার্ক স্ট্রিটের ম্যাগনোলিয়া-য় আইসক্রিম খেতে যাওয়া, রবিবারগুলোয় হুগলি নদীর পারে বোটানিক্যাল গার্ডেন দেখতে যাওয়া, কলকাতার সবুজের মাঝে ভিক্টোরিয়া মেমোরিয়াল, আলীপুর চিড়িয়াখানা, দক্ষিণ কলকাতার লেক ঘুরে দেখা এগুলো ছিল কলকাতার আমোদপ্রমোদ।

দক্ষিণ কলকাতার লেকে বেড়াতে গেলে প্রাসাদোপম বেদী ভবনে আমাদের প্রবেশাধিকার ছিল। কিছুটা বারোক ধাঁচের বাড়িটায় মার্বেলের ঢালাও ব্যবহার

দেখেছিলাম। আমাদের ঘনিষ্ঠ পারিবারিক বন্ধু অবস্থাপন্ন শিখ ব্যবসায়ী বেদীরা থাকতেন এখানে। কলকাতায় ব্যবসা করে পরিবারিক সম্পত্তি করেন কর্তা লাঢ়া সিং। লাঢ়া সিং-এর ছেলেরা মালুক, অনুপ, ইকবালদের কলেজের সহপাঠী ছিল আমার বাবা ও তার ভাই ফজলে আকবর এবং তারা ঘনিষ্ঠ বন্ধু হয়েছিল। পরে সোবহান পরিবারের সঙ্গেও ঘনিষ্ঠ হয়ে ওঠে তারা।

১৯৪০ সালে বেদী পরিবারের নাগপুর, পুণা, দার্জিলিংয়ের বাড়িতেও থেকেছি আমরা, আপ্যায়িত হয়েছি একই পরিবারের সদস্যের মতো। বছর যত গড়িয়েছে, তৈরি হয়েছে পাকিস্তান, বাংলাদেশ ততই ছিটকে গেছে এই বন্ধনগুলো। অদ্ভুত পরিহাস, বেদী পরিবারের সঙ্গে আমাদের সম্পর্ক নতুন করে শুরু হল দক্ষিণ ভারতের কোডাইকানাল স্কুলে। এখানে আচমকা দেখা বেদী পরিবারের দ্বিতীয় প্রজন্মের সঙ্গে। বেদী ভাইদের কনিষ্ঠতম ইকবাল সিংয়ের পুত্র নরিন্দর কোডাইকানাল স্কুলের শিক্ষক। ইন্টারন্যাশানাল ব্যাকালরিয়া (আইবি) ডিগ্রির জন্য দু'বছর এই স্কুলে কাটায় আমার ছেলে বাবর। স্কুলে বাবরের কষ্টের দিনে একইরকম আন্তরিকতা নিয়ে পাশে থেকেছে বেদী পরিবার ঠিক যেমন তাদের আগের প্রজন্ম আমার মা-বাবার প্রয়োজনে পাশে এসে দাঁড়িয়েছিল। নরিন্দরের দাদামশাই লাঢ়া সিং থেকে আমার ছেলে বাবর পর্যন্ত পারিবারিক সম্পর্কের এই ধারাবাহিকতা আমার মন ছুঁয়ে যায়। বাবর তো কোনোদিন বেদীদের কথা শোনেইনি। জানেই নি আমাদের কলকাতার জীবন কাহিনি।

বাবা ডিসি (সাউথ) হবার পর উত্তর কলকাতা ছেড়ে প্রথমে পার্ক স্ট্রিট থেকে দূরে লাউডন স্ট্রিটে উঠে এলাম আমরা। ইতিমধ্যে দার্জিলিংয়ের আবাসিক স্কুল সেন্ট পল'স-এ ভরতি হয়েছি। ১৯৪২-এর মার্চে বাবা আমায় সেখানে নিয়ে গেলেন। ১৯৪৩ সালে কলকাতা বন্দর নিরাপত্তার দায়িত্ব পেয়ে পোর্ট কমিশনারদের প্রধান হলেন বাবা। আমরা উঠে এলাম আলীপুরের বেল্‌ভেডিয়ার রোডে।

কলকাতায় বিমানহানা

মনে আছে মায়ের সঙ্গে বগুড়ায় পাকিস্তানের প্রাক্তন প্রধানমন্ত্রী বগুড়া মোহাম্মদ আলীর বাবা আলতাফ আলী চৌধুরীর নবাব বাড়ি বেড়াতে যাওয়ার কথা। সেটা বোধহয় ছিল ১৯৪২, নববর্ষের আগের দিন। শিয়ালদা স্টেশন থেকে বগুড়া যাবার মুখে সেদিনটাই কলকাতায় প্রথম বিমান আক্রমণের জন্য বেছে নেয় জাপানিরা। জানা গেল বিমান আক্রমণের একটি লক্ষ শিয়ালদা স্টেশন। স্টেশনের বিশ্রামাগারে টেবিলের নীচে লুকিয়ে পড়বার পরামর্শ দেওয়া হল আমাদের। ১৯৪৩ সালের গোড়ায় কলকাতায় আর এক দফা বোমা ফেলে জাপানিরা।

তখন লাইট হাউস হলে সকালের শো'তে মা'র সঙ্গে বসে সিনেমা দেখছি। পর্দায় খবরের ঝলক ভেসে ওঠে – কলকাতায় বোমা পড়ছে, চাইলে ঝুঁকি নিয়ে থাকতে পারেন দর্শকরা। কয়েকটা জাপানি বোমার ভয়ে ভালো সিনেমার শেষটুকু না দেখে উঠে আসবার পাত্রী নন আমার মা। অতএব আমরা শেষ অবধি থেকে যাই। তারপর দূরে প্রতিধ্বনিত সাইরেনের শব্দ এবং সম্ভবত কলকাতা বন্দরে বোমা পড়ার আওয়াজের মাঝে আমাদের গাড়ি ছোটে বাড়ির দিকে। সেদিন এটা সম্ভব হয়েছিল কারণ আমার বাবার গাড়িটা চিনত পুলিশ। এ ধরনের বিমান আক্রমণের সময় বাকি সব গাড়ি রাস্তা থেকে সরিয়ে নেওয়া হয়।

তখন জাপানি বোমা এবং পরিশেষে জাপানি হানার আতঙ্ক গ্রাস করেছে কলকাতাকে। মহিলা এবং বাচ্চাকাচ্চাদের পশ্চিমে পাঞ্জাব, উত্তর প্রদেশে অথবা বাংলায় তাদের গ্রামের বাড়িতে পাঠিয়ে দিচ্ছিল অনেক পরিবার। কলকাতার সমস্ত বাড়ির বাগানে সুড়ঙ্গ খুঁড়ে বালির বস্তা চাপিয়ে তৈরি হয় বিমান আক্রমণ থেকে বাঁচার আশ্রয়। বিমান হানা সতর্কতা দিতে নিযুক্ত হল কিছু বেকার নাগরিক। অন্ধকার নামলে বেশ কেউকেটা ঢঙে বিমান আক্রমণের হুঁশিয়ারি দিয়ে বাঁশি বাজাত এরা। এমনকি আমার মামা, মায়ের চাচাতো ভাই, সাহেব আলমকেও বিমানহানা প্রহরীর কাজে ঢুকিয়ে দেওয়া হল। শিরস্ত্রাণ পরে এলিয়ট রোড চৌকি দিত সে।

শেষপর্যন্ত জাপানি হুমকি থেকে নিস্তার পায় কলকাতা। বার্মা ছাড়িয়ে আর এগোয়নি সেটা। তবে ওরা বার্মা দখল করলে দলে দলে পালাতে থাকে বার্মায় পেশা ও ব্যবসায় নিযুক্ত বাঙালিরা। এদের মধ্যে ছিলেন জামান পরিবার যারা রেঙ্গুনে থাকতেন। আমার খালু সৈয়দুজ্জামান বিয়ের পর সেখানে চার্টার্ড অ্যাকাউন্ট্যান্টের কাজ শুরু করেছিলেন। ১৯৪০-এর আশেপাশে কোনো সময় একদিন জাপানি আক্রমণে উদ্বাস্তু জামান পরিবার আমাদের দরজায় এসে হাজির হয়।

একটি আকর্ষণীয় স্থান

আমার সবচেয়ে পরিস্কারভাবে মনে থাকা বাল্যকালের স্মৃতি তিপান্ন নম্বর এলিয়ট রোডের বাড়িটা ঘিরে। ১৯৪৪ সালে বাবার সঙ্গে বিবাহ বিচ্ছেদের পর এখানে চলে এলেন মা। এটাই আমার এবং ফারুকের বাড়ি হল। আকর্ষণীয় স্থান হিসেবে আমার শৈশব-স্মৃতিতে চির অমলিন রইবে এই বাড়িটা। পাপার দ্বিতীয় স্ত্রী জুবেইদা বেগমকে আমরা ডাকতাম জানি। এ বাড়ির জাদুকরি ক্ষমতার গল্প বলতেন তিনি। আমি মোহিত হতাম। আমাদের কাছে পাপার পরিচয় ছিল আব্বান মিঁয়া। আর তার ছোটো ভাই শেখ ইরতিজা আলী ছিলেন বাব্বান মিঁয়া।

রয়েড স্ট্রিট আর এলিয়ট রোডের ক্রসিংয়ে তিপান্ন নম্বর এলিয়ট রোডের বাড়িটা ছিল বৈশিষ্ট্যময়। সূঁচালো গজাল লাগানো দুই প্যানেলের উঁচু সবুজ

গেট দেখে একে চেনা যেত। আমেরিকার দক্ষিণী রাজ্যগুলির একটি বাগান-বাড়ির অনুকরণে তৈরি হয় বাড়িটা। লম্বা লম্বা থামে ধরা ছিল বাড়ির সামনের চওড়া বারান্দা। পাম গাছের পর্ণাংগ ঝুঁকে পড়তো বারন্দায়। বাড়ির চারপাশে লাগানো প্রচুর পাম গাছ। বিশাল একটা বাক্স আকারের বিল্ডিংটা। মাঝে প্রশস্ত থাকার ঘর। নানা ধরনের গাছগাছালি জন্মাত বাড়ির আঙ্গিনা ঘিরে। বাড়ির সামনে সারিবদ্ধ বাহিরবাটী। এ বাড়ির যখন রমরমা তখন এগুলোতে থাকত চাকরবাকর, আশ্রিতরা, যাদের মধ্যে ছিলেন এক মৌলভী সাহেব। আমার নানার নিজস্ব ফিটনের গ্যারাজও ছিল এখানে।

তিপান্ন নম্বর এলিয়ট রোডের প্রাথমিক স্মৃতি যাকিছু রয়েছে তা থেকে মনে করতে পারি কিছুটা জরাজীর্ণ হলেও রাজকীয় ছিল এই আবাসন। বহু বছর আগে কলকাতা কাঁপানো ভূমিকম্পে চওড়া ফাটল ধরা বারান্দা তখনও মেরামত হয়নি। ততদিনে বংশপরম্পরায় জমে ওঠা লোহালক্কড়ের গুদাম-ঘর হয়েছে অনেকগুলো বাহিরবাটী। বাড়ির পিছনে এককালের সাজানো বাগান পরিত্যক্ত জঙ্গল। জানি আমাকে নিশ্চিত করেছিল যে ওখানে বন্যজন্তুও দেখা গেছে।

বুড়ো মৌলভী সাহেব সেই বাড়ীতে থেকে গেলেন। আমাকে কোরআন শরীফ এবং উর্দুর প্রথম পাঠ দিলেন তিনি - ঠিক যেমন আমার মা এবং তার ভাইবোনদের শিখিয়েছিলেন। আমার মনে আছে সাদা ধপধপে লম্বা দাড়ি, সুদর্শন মৌলভী সাহেব চলনে চেহারায় ছিলেন অনেকটা টেরিটুন কার্টুন ফিল্মের গৃহপালিত মোরগের মতো। সঙ্গত কারণেই তার অলৌকিক ক্ষমতায় আমি মুগ্ধ হয়েছিলাম। স্মরণাতীত কাল থেকে মৌলভীর বিধিবদ্ধ পারিবারিক দায়িত্ব ছিল পরিবারের খাবার টেবিলের জন্য মুরগি জবাই। এরকম একটা মুরগির প্রতি অনুরক্ত হই আমি। সে মুরগি বয়োপ্রাপ্ত হলে মৌলভী সাহেব যখন সেটিকে জবাই করলেন রাগে, দুঃখে লাথি কষিয়ে দিলাম শ্রদ্ধেয় ব্যক্তিটিকে। অপরিসীম এই দুষ্কর্মে হকচকিয়ে গিয়ে রান্নাঘর থেকে পালাবার মুহূর্তে উড়ে যাওয়া এক কাক নিঃশব্দে বিষ্ঠা ত্যাগ করে আমার মাথায়।

জানি'র ব্যাখ্যায় আমার কুকর্মের দৈব শাস্তি হিসেবে এই সঠিক চিহ্নিত বায়বীয় তিরস্কার মৌলভী সাহেব তার পূণ্য ক্ষমতায় আবাহন করেছেন। তার হাতে-পায়ে ধরে ক্ষমা চাইলাম। মৌলভীর দৈবশক্তি অথবা আমাদের খাবার টেবিলের জন্য নিযুক্ত পবিত্র ঘাতক হিসেবে তার ভূমিকা নিয়ে আর কোনোদিন প্রশ্ন তুলিনি। এক শীতের ছুটিতে দার্জিলিং থেকে ফিরে এসে দেখি তিনি জান্নাতবাসী হয়েছেন এবং তার পুরোনো ঘরটি তিপান্ন নম্বর এলিয়ট রোডের জীর্ণ আউটহাউসগুলোর আরও একটি লোহালক্কড় ঠাসা ঘরে পরিণত হয়েছে।

ধীর লয়ের এই ক্ষয়ই তিপান্ন নম্বর এলিয়ট রোডের বাড়িটাকে মোহিনী ঐশ্বর্যময় করে তুলেছিল। বাড়ির মাঝখানে ছিল নিষিদ্ধ গোল কামরা।

আমাদের কারও প্রবেশাধিকার ছিল না সেখানে। গোল কামরায় রাখা ছিল পাপার সারা জীবনের চিনা পরসেলিন সংগ্রহ। অনেক বইপত্তর ঘেঁটে জ্ঞান অর্জন করে, বহুবছর ধরে এই পরসেলিনের সংগ্রহ গড়েন পাপা। কলকাতার নামি আসবাব নির্মাতা ল্যাজারাস অ্যান্ড কোম্পানি থেকে কেনা তার বইয়ের শেলফগুলোয় ব্রাউন পেপার মোড়া সেসব সংগ্রহ পাশাপাশি সাজানো থাকত। পুঁথির বিদ্যে কাজে লাগিয়ে কলকাতার নিলামখানায় বছরের পর বছর হাজিরা দিতেন পাপা। অভিজাত টুকরোটাকরা এইসব পরসেলিন কলকাতার ধনী পরিবারগুলো তাদের অপেক্ষাকৃত কম যত্নবান আত্মীয়দের দিয়ে যেত আর তারা এগুলোকে অগণিত নিলামখানায় চালান করত। তখনকার কলকাতার নাগরিক জীবনে অন্যতম আকর্ষণ হয়ে ওঠে নিলাম-ঘরগুলো। শোনা যেত দামি চিনা পরসেলিনের খোঁজে কলকাতার মাছি ভনভন চায়না টাউনেও যাতায়াত ছিল পাপার।

পরসেলিন সংগ্রহের উৎস বা দাম যাই হয়ে থাক তার কাছে পরিবারের কোনো সদস্যর অদৃষ্টের থেকেও তার জীবনের সেরা আনন্দ হয়ে উঠেছিল চিনামাটির জিনিস কেনা। প্রতিটি সংগ্রহ ভালোবেসে সংরক্ষণ করতেন, তালিকা বানাতেন এবং ঝাড়ামোছা করতেন নিজের হাতে। ল্যাজারাস কোম্পানি থেকে কেনা চমৎকার কালো মেহগিনির শোকেস আর টেবিলে সাজানো অসাধারণ এই পরসেলিন সংগ্রহ তালাবন্দী থাকত গোল কামরায়। এই মহামূল্যবান চিনামাটির সংগ্রহ পাপা ছাড়া আর কেউ ছুঁয়ে দেখতে পারত না। অধিকাংশ সময় বন্ধ থাকত ঘরের দরজা জানলা। দিনের সামান্য কয়েক ঘন্টা খোলা হত আলোবাতাস খেলাবার জন্য। মাঝে মাঝেই সেগুলোর ঝাড়াপোছা তদারকি করতেন পাপা। পাপার বয়স বাড়তে থাকলে মনে হয় কমে এসেছিল ঝাড়পুছ। সুতরাং যখন দরজা খোলা হতো, বারান্দায় দাঁড়িয়ে দূর থেকে দেখতাম ধূলো ঢাকা একটা ঘর। মাকড়সার জাল ঝুলছে। পাহারাদার দুটো আবক্ষ মূর্তি মনে হত দুই অন্ধ রোমান সিনেটরের। জানির আকর্ষনীয় গল্পের বিবরণ অনুযায়ী ঘরটা ছিল জিনদের আড্ডা। যে গল্প বিশ্বাস করার খুবই ইচ্ছা হত আমার। মনে পড়ে না ঠিক কত বছর বয়সে গোল কামরায় পা রেখে পুরু ধূলোর আস্তরণে ঢাকা তার সম্পদগুলো ঘুরে দেখার সাহস জড়ো করেছিলাম। চিনেমাটির জিনিসগুলো নিজে সাফা করা অথবা দাঁড়িয়ে থেকে সাফাই করাবার সময় আর দিতে পারত না পাপা। পাপা মারা যাওয়ার সময় ঘরটার হাল হয়েছিল ঠিক যেন ডিকেন্সের 'গ্রেট এক্সপেক্টেশন্স'-এর মিসেস হাভিশ্যামের গথিক বাড়ির বন্ধকুঠরির একটার মতো।

জানুয়ারি ১৯৫৭-এ পাপা মারা যাবার পর তার মহামূল্যবান চায়না সংগ্রহের উত্তরাধিকারী হল তার অবশিষ্ট পুত্র-কন্যারা – আমার খালা সিকান্দার, মামা পিয়ারে এবং আমার মা। বাড়িটা বিক্রি হবার পর যত্নে প্যাকিং করা দামি চায়না

এবং ল্যাজারাস আসবাব পাক বে অ্যান্ড কোম্পানির মালবাহী বোট বোঝাই হল। এই কোম্পানির জলযান তখন পূর্বপাকিস্তানের নদী বেয়ে কলকাতা থেকে আসামের গৌহাটিতে নিয়মিত মাল পরিবহন করে। এলিয়ট রোড থেকে এই পণ্য পাঠানো হয় নারায়ণগঞ্জ। আমি তখন নিউ বেইলি রোডের কামাল কোর্টে থাকি। মালগুলো যত্নে নামিয়ে শঙ্কিত, দুরু দুরু বুকে ট্রাকে তুলে পাঠাই আমার গ্যারেজে। সেখান থেকে করাচিতে পিয়ারে মামার কাছে যাবে পরসেলিন সংগ্রহ। পরে লন্ডনের সাথেবি অথবা ক্রিস্টি-তে এর নিলামে চড়িয়ে বিরাট অঙ্কের মূল্যে বেচে দেওয়াই উদ্দেশ্য।

বাজার যাচাই করতে বাছাই করা কিছু পরসেলিন এবং অ্যান্টিক টুকরোটাকরা নিয়ে লন্ডন উড়ে গেলেন পিয়ারে মামা। আশা ছিল এই সব বেচে ভালো লাভ হবে যা দিয়ে মামার সফর খরচা ক্ল্যারিজসে থাকা এমনকি অবশিষ্ট পরসেলিন সংগ্রহ লন্ডনের নিলামে পাঠাবার প্যাকিং ও জাহাজ খরচা সব মেটানো যাবে। পরিবারের অশেষ ক্লেশ ও পাপার আত্মাকে অপরিসীম যন্ত্রণা দিয়ে সাথেবি'র বিশেষজ্ঞরা পিয়ারে মামাকে জানায় চায়নাগুলো একটাও আসল মিং বা ট্যাং পরসেলিন নয়। চিন এবং হংকং-এ উনিশ শতক শেষের কোনো সময়ে সুদক্ষভাবে তৈরি সচতুর নকল। পরসেলিনগুলো দামি বটে তবে মিলিয়ন পাউন্ডের নয়, যা কল্পনা করে রোমাঞ্চিত হয়েছেন আমার নানা। তার ক্ষীণ প্রত্যাশা জন্মেছিল যে সন্তানসন্ততিদের জন্য বিরাট সম্পদ রেখে যাচ্ছেন তিনি।

পাপার বিখ্যাত পরসেলিন সংগ্রহের যা কিছু অবশিষ্ট সেসব পেলেন আমার মা এবং সিকান্দার খালা। আমার মায়ের সম্পত্তি আবার ভাগ হল ফারুক এবং আমার মধ্যে। উত্তরাধিকার সূত্রে ল্যাজারাস ফার্নিচারের যেটুকু আমাদের ভাগে পড়েছিল তাতেই সাজানো আব্বান মিঁয়ার বিখ্যাত চায়না সংগ্রহের অবশিষ্ট এখনও মুগ্ধ করে আমাদের বাড়িতে আসা আত্মীয়, অতিথি বন্ধুবান্ধবদের। কামারারা-র ভাগেও পড়েছিল চিনা সম্পদ। সেসব তার গুলশান অ্যাপার্টমেন্টের শোভা বর্ধন করছে। আসল না হলেও পাপার চিনা পরসেলিনগুলো আজও উজ্জ্বল এবং যারা সুন্দর জিনিস চেনেন তাদের প্রশংসা কুড়োয়।

একটা চমৎকার চাতাল ঘেরা ছিল তিপান্ন নম্বর এলিয়ট রোড। সেখানে সকালে যোগচর্চা করতেন পাপা। বিশেষ উপলক্ষে, সাধারণত পাড়ায় ঘুড়ি ওড়াবার প্রতিযোগিতা দেখতে, সতর্ক চোখের পাহারায় চাতালে প্রবেশাধিকার পেত অল্পবয়সীরা। বোধহয় চাতালে ঢোকা নিরুৎসাহিত করতে সেদিকে যাবার পথগুলোতে জাদু আছে বলতেন জানি। প্রথম পথটা ছিল পাপার অন্ধকার স্যাঁতস্যাতে, বড়ো বড়ো মাকড়সা থিকথিক বাথরুমের ভিতর দিয়ে। আমাকে দূরে রাখার পক্ষে ওটাই ছিল যথেষ্ট। বাড়িতে সর্বক্ষণ পানির ব্যবস্থা ছিল না। বেশির ভাগ পানি যোগাতো কম্পাউন্ডের একটা পুরানো টিউবওয়েল। আর দিনে দু'বার ভিস্তিওয়ালা (পানি সরবরাহকারী) এসে বাড়ির চারটে বাথরুমের

লোহার ট্যাঙ্কি এবং টাবগুলো ভরতি করে দিয়ে যেত। জানি আমাকে বিশ্বাস করাতে চেয়েছিলেন পাপার বাথরুমের ট্যাঙ্কে একটা ছোটো কুমির আছে। এটা এমনকি সেই অল্পবয়সে যখন সবই বিশ্বাসযোগ্য, আমার কিছুটা অবাস্তব মনে হয়েছিল। কারণ এমন কিছু হলে প্রতিদিন আমার বয়স্ক দাদা দাদীর অঙ্গহানি, জীবনহানির আশঙ্কা থাকত। তবে এই গল্পের সত্যাসত্য যাচাই করার সাহস অর্জন করেছি অনেক বড়ো হয়ে। আমার প্রবল কল্পনাশক্তিতে বরং এর চেয়ে বিশ্বাসযোগ্য ছিল জানির অন্য গল্পটা। জানি বলত বাথরুম থেকে চাতালে যাবার সিঁড়িতে ভূত আছে। বহুকাল আগে যখন আমার মা-খালারা অল্পবয়সী, একবার সিকা খালা একা ওই সিঁড়ি বেয়ে চাতালে পৌঁছনর চেষ্টা করে একটা জ্বলন্ত মুরগির আবির্ভাবে খুব ভয় পেয়েছিল। মুরগিটা নাকি থাকত সিঁড়ির মাঝখানের একটা আড়তে। পাইরোম্যানিয়াক-এর (আগুন-আকৃষ্ট ম্যানিয়াক) লাগানো আগুনে জ্বলন্ত পোল্ট্রির মুখোমুখি হবার ভয়ে একা ওই সিঁড়ি ভাঙার সাহস হয়নি আমার। সিকা খালাকে দিয়ে এ গল্পের সত্যতা যাচাই করতে চাইলে তিনি প্রায় স্ফিংসের মতো একটা রহস্যময় হাসি হাসলেন। ব্যাপারটা রহস্যই থেকে গেল আর উনি সেটা নিয়ে কবরে গেলেন।

এলিয়ট রোড একেবারেই আমার মাতামহের খাসতালুক ছিল। সামরিক ছাউনির অনুপুঙ্খ নিয়মানুবর্তিতায় ওই বাড়ি এবং তার পরিবার পরিচালনা করতেন তিনি। অনমনীয় নিয়মে বাঁধা ছিল তার দৈনন্দিন জীবন। আমার মনে পড়ে মৃত্যুর আগে শয্যাশায়ী হবার পূর্ব মুহূর্ত অবধি আজীবন নিয়ম মেনে চলেছেন পাপা। চবুতরায় ফজরের নামাজ দিয়ে শুরু হত দিন। তারপর যোগচর্চা। জীবনের শেষ দিনগুলোয় অসুস্থতার কারণে চবুতরায় উঠবার ক্ষমতা লোপ পাবার আগে পর্যন্ত সিল্কের সবুজ ল্যাঙট পরে অত্যন্ত নিষ্ঠায় এসব চর্চা চালিয়ে গেছেন পাপা। নিষ্ঠাভরে যোগাভ্যাসের ফলে এমনকী ষাট বছর বয়সেও তারুণ্যময় ছিপছিপে শরীর বজায় রেখেছিলেন। নিজেকে কঠোর শৃঙ্খলায় বেঁধেছিলেন যা অনমনীয় ব্যবহারিক কেতাকানুন এবং কাঠিন্যের মোড়ক বন্দী তার জীবনের সমস্ত দিক নিয়ন্ত্রণ করত। আমাদের প্রজন্মের কাছে এসব ছিল অচিন্ত্যনীয়।

সকালের যোগাভ্যাস, প্রাতরাশের পর লম্বা হাতলওয়ালা বেতের ইজিচেয়ারে বসে স্টেটসম্যান কাগজ পড়তেন পাপা। এই ইজিচেয়ারগুলো আমাদের ঔপনিবেশিক উত্তরাধিকারের অবিচ্ছেদ্য অঙ্গ মনে হয়। ওখানে বসেই বাড়ির গেরস্থালির নানা বিষয়ে কথা হত তার। মালিকে পরামর্শ দেওয়া, দর্শনার্থীকে আপ্যায়ন করা সবই চলত। তারপর গোসল সারতেন। বেলা বাড়লে আচকান, আলীগড় পাজামা পরে বাজারে যেতেন। ফিরতেন দুপুরের খাবারের আগে বাজারের সেরা ফল, সবজি আর ওয়েলেসলি স্কয়্যারের দোকান দোরান-এর উপাদেয় সব মিষ্টি নিয়ে। দোরান-এর প্যাঁড়া এবং লাউজ-এর মতো মিষ্টি

আজও খাই নি। সাম্প্রতিক কলকাতা সফরে দোরান-এর সামনে দিয়ে গেলাম। দোকানটা আছে, তবে কেমন যেন ম্রিয়মাণ।

রাতের খাওয়া শেষে খাবার ঘরে হুঁকা নিয়ে বসে ইলাসট্রেটেড উইকলি-র শব্দজব্দ, দৈনিক মর্নিং নিউজ-এর গেট-আ-ওয়ারড সমাধান তৎসহ তার নিত্যদিনের হিসেবপাতি সারতেন পাপা। এই নির্দিষ্ট রুটিনের মাঝে তার অধিকাংশ সময় কাটত সিল্ক পাজামা কোট এবং সিল্ক লুঙ্গি পরে প্রার্থনা-মাদুরের উপরে বসে ওয়াজিফা পাঠে। এখান থেকেই গেরস্থালির কাজকর্মে তীক্ষ্ণ নজর থাকত তার। প্রার্থনার আসনে বসে নীরব থাকার শপথ নিতেন তিনি। তা বলে বাড়ির কোনো সদস্যের অপকর্ম নজরে পড়লে দাঁত খিঁচিয়ে উষ্মা প্রকাশ করা আটকায় কে!

বাঁধা মাইনের চাকরি দিয়ে জীবনচর্চা পরিপোষণের শৃঙ্খলা পাপার জীবনের লৌহ বিধানগুলোর আওতায় পড়েনি। তার আর্থিক সংস্থানের অধিকাংশটা নির্ভর করত সম্পত্তি থেকে আয়ের উপর। এর বেশির ভাগ আসত পূর্ব পাকিস্তানের ঢাকা নবাব পরিবারের বিস্তীর্ণ জমিদারিতে তার প্রথম স্ত্রী আলমাসি বেগমের অংশের উপস্বত্ব থেকে। উজান বার্মার আরাকান অঞ্চলে আকিয়াব নামে কোনো জায়গায় এক রহস্যজনক সম্পত্তির মালিকানা ছিল পাপার। সেটা থেকে চলনসই আয় ছিল তার। একদিকে মুদ্রাস্ফীতি এবং পরিবারের লোকসংখ্যা বৃদ্ধির চাপে নবাব এস্টেটের আয় সঙ্কোচন, অন্যদিকে ১৯৪৪ সালে জাপানিরা বার্মা পুরোপুরি দখল করার পর আকিয়াব থেকে রোজগার বন্ধ হওয়া – সব মিলিয়ে ক্রমে পারিবারিক আর্থিক সংস্থানের অবনতি হয়। পারিবারিক দৌলত ক্ষয় তীব্র হল ভারত ভাগ এবং পূর্ববঙ্গে জমিদারি প্রথা বিলোপের পর যখন বস্তুত বন্ধ হয়ে গেল আলমাসি বেগমের এস্টেট থেকে আয়।

জীবনযাপন মানের অপকর্ষ স্পষ্ট করে দেয় তিপ্পান্ন এলিয়ট রোডের বাড়ির সংরক্ষণের ক্রমাবনতি। কমে আসে বাড়ির অধস্তন কর্মচারীর সংখ্যা, বাজারে পাপার কেনাকাটার বহর, টেবিলে পরিবেশিত খাবারের মান। অন্তত আমি যখন থাকতাম জানি অবশ্য খাবারের গুণগত মান বজায় রাখত। তার রান্না করা তেহারি, কাটা মশালা, টম্যাটো আর চুকুন্দর গোস্ত এবং শামি কাবাব খাবার জন্য জীবন বাজি রাখা চলত, এবং অন্তত ওইসব রান্নার নকল দুনিয়ার সেরা খাবার টেবিলে আমি দেখি নি। তবে হতে পারে এগুলো আমার অল্পবয়সের সুখস্মৃতির অংশ। ভাগ্য বিপর্যয় সত্ত্বেও শেষ অবধি পরিপূর্ণ জীবন কাটিয়ে গেছেন পাপা, কোথাও ছেদ পড়ে নি তার লৌহ কঠিন অনুসূচিতে অথবা তার আচরণ বিধিতে। শুধু আরও কৃচ্ছ্রসাধন আরোপ করেছেন নিজের যাপনে এবং তার পরিবারের আচরণে।

পাপা আজীবন তার ভাই বাব্বান মিয়া, জানির মা এবং বাব্বান মিঁয়ার একমাত্র পুত্র সাহেব আলমের ভরণপোষণ করেছেন। এদের মধ্যে জানির

মায়ের এজরা স্ট্রিটের কোনো সম্পত্তিতে সত্ত্বাধিকার ছিল এবং সে সম্পত্তির আয় সংসারের আয়ের সম্পূরক হিসেবে কাজ করত। বাড়ির পিছন দিকের একটা ঘরে এরা তিনজন থাকতেন এবং আলাদা তিনটে কাঠের খাটে ঘুমাতেন। ভাইয়ের হাতে পুরোপুরি দমিত বাব্বান মিঁয়া ছিলেন ভদ্র মানুষ - খাওয়া, ঘুমানো এবং হাঁপানির পরিচর্যা ছাড়া জীবনে আর কিছুই করেননি। পারিবারিক ধারা বজায় রেখে কামধান্দা এড়িয়ে গেছে তার ছেলে সাহেব আলমও, কিন্তু সুন্দর রসবোধ, বাস্তবজ্ঞান এবং বাছাই করা বুলি সব মিলিয়ে সে ছিল চমৎকার সঙ্গী। সংসারের বিষণ্ণতায় তার উপস্থিতি সব সময় রোদ্দুর ঝলক বয়ে আনত এবং তার সঙ্গে তাস খেলে, তার অলস গল্পগাছা শুনে তৃপ্তি পেত মানুষ।

জীবিকা অর্জনে অবিশ্বাসী আমাদের কিছু আত্মীয়স্বজনের কাছে এলিয়ট রোডের বাড়ি সব সময় আসা-যাওয়ার পথের কাজ করেছে। সম্পত্তির আয় যেসব পরিবারের অবলম্বন, তাদের প্রত্যকেরই দরিদ্রতর পরিজনদল থাকে যাদের আয় প্রদানকারী সম্পদ অথবা কাজ করার দক্ষতা সামান্য অথবা একেবারে নেই বললেই চলে। এরা সাধারণত খাবার সময় এসে হাজির হয় বিনেপয়সায় দুপুরের খাবার খেতে অথবা ক্ষেত্রবিশেষে এমন আশাও করে যে তাদের দিন কয়েক থেকে যেতে বলা হবে। বিনিময়ে বাড়ির খুচরো কাজকর্ম, যেমন সংসারের বিল জমা দেওয়া অথবা মাঝেমধ্যে বাজার করে দেওয়া এসবে ডাকলে পাওয়া যাবে তাদের।

এলিয়ট রোডের বাড়িতে হাজিরা দেওয়া বেকার আত্মীয়দলের মধ্যে এক ব্যতিক্রমী চরিত্র পাপার চাচাতো ভাই শেখ ওয়ারিস আলী বা নিয়াজু মিঁয়া। আমার শৈশব স্মৃতির এক আকর্ষণীয় চেহারার মানুষ তাকে সবসময়ই দেখেছি সাদা লিনেন স্যুটের নিখুঁত পোষাকে সজ্জিত খাকি শোলার হ্যাট মাথায়। চমকদার ছিল তার মোমপালিশ গোঁফের দুই ডগা এবং সর্বদা পান চিবানোয় চির রক্তিম ঠোঁটের দরুণ চেহারার কিছু পার্শ্বরেখায় তাকে মনে হত ম্যাক্স সেনেট মুভির কোনো চরিত্র। বছর যত গড়িয়েছে, যত হ্রাস পেয়েছে বৈভব, তত মলিন হওয়া কোণায় কোণায় জীর্ণ সাদা লিনেন স্যুট পারিবারিক রোগ হাঁপানিতে ভোগা তার ক্রম-কৃশকায় কাঠামোয় ঢিলেঢালা ঝুলে থাকত। যৌবনে নিয়াজু মিঁয়া ভদ্রলোকটির আয়-উন্নতি বেশ ভালো ছিল। পারিবারিক কাহিনি বলে সুন্দরবনে জংলি জানোয়ার ধরে হামবুর্গের কার্ল হেজেনব্যাক চিড়িয়াখানায় বিক্রি করা ছিল তার পেশা। প্রচলিত কাহিনি অনুযায়ী হামবুর্গ পাঠাবার আগে নিয়াজু মিঁয়ার ফাঁদে ধরা সব জানোয়ার তিপ্পান্ন এলিয়ট রোডের বাইরের গ্যারাজগুলোর একটায় খাঁচাবন্দী থাকত। এর মধ্যে থাকত হিংস্র রয়েল বেঙ্গল টাইগারও। প্রতিবেশী ও দর্শনার্থী আতঙ্কিত হত তাদের গর্জনে আর ফেরিওয়ালারা কাঁপতে কাঁপতে ঢুকত আমাদের সবুজ গেট দিয়ে। ডিউক আর ইয়র্ক নামের দুই বাঘের ছানার গল্পে আমার কল্পনা উস্কে দিত

জানি। দুটোই নাকী ছাড়া থাকত, তাদের অবাধ প্রবেশ ছিল বাড়ির অন্দরমহলে আর আমি নাকী তাদের নিয়ে খেলতাম লোকে যেমন বিড়ালছানা নিয়ে খেলে। এরকমই এক সন্দেহজনক স্মৃতিচারণ অনুযায়ী, একবার এলিয়ট রোডের বহু নিয়মিত দর্শনপ্রার্থী হুজুরদের একজন, পরিবারের অত্যন্ত শ্রদ্ধেয়, লখনৌয়ের ছোটো হুজুর এসেছেন পাপার কাছে। বাড়ির চারপেয়ে বাসিন্দাদের কথা অসহায় হুজুরটির অজানা ছিল। কাজেই তিনি নিশ্চিন্তে বসেন যে সোফাটিতে সেটির কুশনের আড়ালে ঘুমোচ্ছিল ব্যাঘ্রশাবক ডিউক। সেটি যন্ত্রণায় গর্জে ওঠা মাত্র হুজুর অত্যন্ত অশোভনীয় ঢঙে শূন্যে ছ'ইঞ্চি লাফ মেরে "ওয়াল্লা, খতম হুঁ গয়ে" (হে আল্লাহ, মরে গেলাম) বলে আর্তনাদ করে ওঠেন।

এখন দূরের স্মৃতি তিপ্পান্ন এলিয়ট রোড। বহুবার সে বাড়ির পাশ দিয়ে যাতায়াত করেছি। আমার জীবনের গুরুত্বপূর্ণ দিকচিহ্ন চেনাতে প্রথমবার সালমাকে নিয়ে যাই, খুব সম্প্রতি ২০১৪-এর ফেব্রুয়ারিতে গিয়েছি রওনকের সঙ্গে। কিন্তু আমার অতীত জাগিয়ে তুলতে পারে এমন কিছুই আর সেখানে অবশিষ্ট নেই। ১৯৫৭-তে বিক্রি হবার পর থেকে অনেক হাতবদল হয়ে বাড়িটা এখন তার আদি ইতিহাসের সঙ্গে সঙ্গতিহীন শ্রীহীন একটা বহুতল ভবন। এলিয়ট রোড অথবা লাগোয়া রয়েড স্ট্রিট আজ আর আমার স্মৃতিতে ঝঙ্কার তোলে না। আমার পুরনো কিন্ডারগার্টেন আর নেই, নেই সে বইয়ের দোকান যেখান থেকে কিনেছিলাম আমার প্রথম ক্যাপ্টেন মারভেল কমিক, নেই রয়েড স্ট্রিট ওয়েলেসলি স্ট্রিটের ক্রসিংয়ে সাবান, শ্যাম্পু, টুথপেস্ট, রোগের দাওয়াই সিরাপের রসদ নিত্য জোগানদার সেন অ্যান্ড ল'র ওষুধের দোকানটা। এভাবেই আর প্রায় চেনা যায় না শৈশব ছেলেবেলার প্রেক্ষাপটগুলো। একমাত্র স্মৃতিই পারে তিপ্পান্ন নম্বর এলিয়ট রোডের পুনর্জন্ম ঘটাতে। সুখের কথা আজও তা উজ্জ্বল।

ও'কলকাতা

কলকাতার রাস্তায় চক্কর

স্কুলজীবনে যখন আর একটু বড়ো হয়েছি তখন এক নতুন দিগন্ত খুলে গেল কলকাতার। মা-বাবার উপর নির্ভর না করে শহরের মজার জগতটা আবিষ্কার করতে লাগলাম একাই। জীবনের এই পর্যায়ে নভেম্বরের শেষ থেকে মার্চের প্রথম সপ্তাহ অবধি দার্জিলিং সেন্ট পল'স-এর লম্বা শীতকালীন ছুটির সঙ্গে মিলিয়ে কলকাতায় কাটাতাম আমি। ফিরে দেখলে মনে হয় আমার বয়ঃপ্রাপ্তির, বিশেষ করে যখন শহরের রাস্তাঘাটে চলাফেরার মতো লায়েক হয়ে উঠেছি, সে সময়ের মূল্যবান স্মৃতিগুলোর অংশ কলকাতা। এই সময়টা পাহারাদার ছাড়া ট্রামে করে কলকাতার রাস্তায় ঘুরে বেড়াবার স্বাধীনতা আমাকে দিলেন মা।

এটা হবে ১৯৪৫-৪৬ নাগাদ, দশ বছর ন'মাস বয়সে জুনিয়র স্কুল পাশ করে যেবার ছুটিতে দার্জিলিং থেকে এলাম। সেন্ট পল'স থেকে সিনিয়র স্কুল উত্তীর্ণ হয়ে ১৯৫০-এর ডিসেম্বরে সিনিয়র কেমব্রিজ পরীক্ষা পাশ করে ১৯৫১-তে পাকিস্তানের লাহোরে এইচেসন কলেজে পড়তে যাওয়া অবধি স্থায়ী হয়েছিল এই সোনালি সময়। শীতের কলকাতার রাস্তায় ঘুরে বেড়াবার স্বাধীনতা খুব আনন্দ দিত আমাকে। পরিবেশ হানিকর হাজার কাঠকয়লার উনুনের ধোঁয়ায় আচ্ছন্ন এক আলাদা জগত। উনুনগুলো আলো এবং উত্তাপ জোগাত র‍্যাপার মুড়ি দেওয়া, বিড়ি ফোঁকা, দিনের খবরাখবর নিয়ে খোশগল্পে মত্ত কলকাতার ফুটপাথ বাসিন্দা প্রলেতরীয়দের।

আমার কাছে স্বাধীনতার সারৎসার ছিল একা সিনেমা দেখতে পারা। প্রথম বছরগুলোতে, যখন কৈশোরপ্রাপ্ত হইনি আড়াইটের ম্যাটিনি শো'র পরে আর ছাড় মিলত না। অ্যাডভান্স কেটে রাখা পনেরো আনার টিকিট হাতে নিয়ে দুপুরের খাওয়ার পর্ব সেরে তিপ্পান্ন এলিয়ট রোড থেকে বেরোতাম দুপুর দু'টো নাগাদ। বাসার ঠিক উল্টোদিকে রয়েড স্ট্রিটে ক্যালকাটা ট্রামওয়েজ কোম্পানির সাদা ঝকঝকে ট্রামগুলোর একটা স্টপেজ ছিল। দু'আনার টিকিটের ফার্স্টক্লাস গদিমোড়া, সেকেন্ড ক্লাসের কাঠের সিট নয়। দিনের ওই সময়টা সহজেই মিলত সিট। বসে দেখতাম পেরিয়ে যাওয়া দৃশ্যাবলী। রয়েড স্ট্রিট ধরে ট্রাম ছুটছে, ডান দিকে ওয়েলেসলি স্ট্রিটে বাঁক নিল। ওয়েলেসলি স্ট্রিটের উল্টোমুখে বাঁদিকে আমাদের প্রিয় মিষ্টির দোকান দোরান ছাড়িয়ে ধর্মতলা স্ট্রিট, যেখান থেকে ট্রাম ঘুরে যাবে বাঁয়ে, চৌরঙ্গী স্ট্রিট, এসপ্ল্যানেড হয়ে ডালহৌসি স্কয়্যার।

আমার পনেরো মিনিটের ট্রাম-সফর শেষ হত ধর্মতলায়, মধ্যবিত্ত বাঙালির পছন্দের স্টোর ওয়াচেল মোল্লার দোকানের উল্টোদিকে। ট্রাম থেকে নেমে দক্ষিণে নিউমার্কেট ঘেঁষা সিনেমা পাড়ার দিকে হাঁটতাম। প্রথমে পাশ কাটিয়ে যেতাম মাছি-ভনভন, অ-বাতানুকূল রিগ্যাল সিনেমা হল মাঝে মাঝে যেখানে যেতাম কম খরচে কিছু পুরনো বাণিজ্যিক ছবি দেখার জন্য যেমন জনি ওয়াইজমুলার অভিনীত 'জাঙ্গল জিম' অথবা আকর্ষণীয় অভিনেত্রী মারিয়া মন্তেজ অভিনীত 'কোবরা ওম্যান'। পূবের দিকে গেলে কর্পোরেশন স্ট্রিটে এলিট সিনেমা, যে প্রেক্ষাগৃহ ১৯৪৬-এ সংস্কার হবার পর প্রথম হলিউড সিনেমা দেখানো শুরু করে। এলিটের কাছেই আর একটা নতুন সিনেমা হল সোস্যাইটি, ঠিক নিউমার্কেটের পিছনে কাবাবের বিখ্যাত দোকান নিজামের গা-ঘেঁষা।

অবশ্যই আমার প্রিয় সিনেমা হল ছিল লাইটহাউস। লাইটহাউস এবং তার প্রতিবেশী আরও পুরনো, আরও প্রাচীন শৈলীর নিউ এম্পায়ার দুটো সিনেমা হলেরই মালিক হুমায়ুন থিয়েটারস। কম প্রাসাদোপম নয় চৌরঙ্গীর মেট্রো। সে নিরালার আবেদন ছিল আলাদা। আমার কাছে কলকাতা চলচ্চিত্র জগতের

প্রাণকেন্দ্র ছিল লাইটহাউস। ধর্মতলা থেকে হেঁটে যেতাম নিউমার্কেটের পাশের রাস্তা অবধি। নিউমার্কেটকে চৌরঙ্গীর সঙ্গে যুক্ত করা স্কয়্যারের উপর পাশাপাশি দাঁড়িয়ে লাইটহাউস আর নিউএম্পায়ার। শুরুতেই আচ্ছন্ন করত লাইটহাউসের আরামদায়ী বাতানুকূল ব্যবস্থা যা থেকে একটা বিশেষ সুগন্ধী শীতল বাতাস বইত। লাইট হাউসের শো শুরুর প্রারম্ভিক বাজনা যদিও জনপ্রিয়তার তালিকায় জায়গা পাবার মতো ছিল না, তবে ষাট বছর বাদে আজও তা আমার স্মৃতিবন্দী। তখনকার দিনে হলের সুসজ্জিত আসন-প্রদর্শকরা সাধারণত অ্যাংলো-ইন্ডিয়ান হত। নিঁখুত রক্ষণাবেক্ষণ হত সিনেমা হল চৌহদ্দির, এমনকী নীচের তলার পিছনের সারির স্টলে পনেরো আনার সিটও ছিল বিলাসবহুল। মা'র সঙ্গেই বেশির ভাগ আসতাম। তখন উপরে একটাকা থেকে এগারো আনার সিটে বসতাম আমরা। সেগুলো আমার কাছে ছিল চূড়ান্ত বিলাসবহুল। সবই নতুন ছবি দেখানো হত লাইটহাউসে-অলিভিয়ারের 'হ্যামলেট', বব হোপের 'দ্য পেলফেস', গ্যারি কুপার, পোল্যা গদ্যার অভিনীত পরিচালক সিসিল বি ডেমিল-এর এপিক সিনেমা 'দ্য আনকঙ্কার্ড'।

একা যখন যেতাম হাতে সময় নিয়ে, প্রস্তুতিপর্বে নিউমার্কেটে ঢুঁ দিতাম অথবা দিক পাল্টে রিগ্যাল সিনেমা ছাড়িয়ে নিজামের উলটো দিকের রাস্তায় নিউমার্কেটের পিছনের গেট দিয়ে ঢুকতাম। নিউমার্কেটের সব কনফেকশনারির দোকান এদিকটায়। আমার পছন্দের ছিল নাহুম যে দোকানটা ভ্যানিলা আর চকোলেটের নরম পাক চমৎকার মিষ্টি 'ফাজ' বানাত। নাহুম থেকে কেনা ফাজ-এর মজুত সঙ্গে নিয়ে লাইটহাউসে দারুণ তৃপ্তিদায়ক বিকেল কেটে যেত টগবগে নায়কদের ভূমিকায় গ্যারি কুপার, এরল ফিনদের মতো ১৯৪০ এবং ১৯৫০-এর দশকের তারকাদের অভিনীত সব ছবি দেখে। এখন জেনেছি সেগুলোকে সর্বকালের সেরা সিনেমা বলা হয়। এমজিএম-এর (মেট্রো-গোল্ডউইন-মেয়ার) ছবিগুলো দেখানো হত আর এক বিলাসবহুল সিনেমা হল মেট্রোতে। এস্থার উইলিয়ামস, জুন অ্যালিসন অথবা রেড স্কেলটনদের অভিনীত ছবি দেখা যেত এই হলে। মনে আছে 'থ্রি মাস্কেটিয়ার্স'-এর এমজিএম সংস্করণের প্রথম শো দেখেছিলাম মেট্রোয় - জেন কেলি দার্টানান-এর ভূমিকায়, বাকরোধকারী সুন্দরী মিলাদে'র ভূমিকায় লানা টার্নার, ভিলেন রিশ্যেলু'র ভূমিকায় মানানসই ভিন্সেন্ট প্রাইস।

সাধারণত ম্যাটিনি শো শেষ হত বিকেল পাঁচটা থেকে সাড়ে পাঁচটার মধ্যে। এরপরের শোগুলো ছিল সন্ধে ছ'টায়, রাত ন'টায়। ন'টার শো আমরা খুব কমই দেখতাম। মা প্রায়ই ছ'টার শো বাছতেন তবে তার বেশি পছন্দের ছিল ম্যাটিনি শো। মা'র সঙ্গে গেলে সিনেমা শেষে বিশেষ মনোরঞ্জন ছিল লিন্ডসে স্ট্রিটে নিউএম্পায়ারের ঠিক পিছনে ফেরাজিনি-তে চা খাওয়া। ফেরাজিনি'র জিভে জল আনা পেস্ট্রি, চিকেন প্যাটিসের স্বাদ এত বছর বাদেও মুখে লেগে

আছে। বেশিরভাগ সময়েই ফেরাজিনি'র চা-পর্ব শেষে চলত নিউমার্কেটে দামি কেনাকাটার হুল্লোড়। সুপার মার্কেট, ডিপার্টমেন্টাল স্টোরসের যুগ আর হালের শপিং মলের রমরমার কালে তুলনায় আঞ্চলিক রয়ে গেছে কলকাতার নিউ মার্কেট। আমার নবীন বয়সে অবশ্য নিউমার্কেট ছিল আলাদিনের গুহার মতো, দুনিয়ার সব জিনিস মিলবে এখানে। আমার মনে আছে উত্তরদিকের প্রবেশপথে ফল, সব্জির দোকান, পূবে এগিয়ে খেলনা এবং জুতোর দোকান পেরিয়ে কনফেকশনারি সেকশনে পেস্ট্রির দোকানগুলো জায়গা পেতে পাল্লা দিত স্বাদু পেয়ারার পনির, ব্যান্ডেলের স্মোকড চিজ বিক্রি করা দোকানগুলোর সঙ্গে। নিউমার্কেটের কেন্দ্রে, চৌরাস্তা ঘিরে জামাকাপড়, রেডিমেড পোশাকের দোকান থেকে বাঙালি দোকানদারেরা হাঁকত –'আসুন বেগম সাহেবা'। আমার মা ছিলেন তার সময়ের মহা-ক্রেতা, মার্কেটের খুব পরিচিত চরিত্র, বেতের ঝুড়ি হাত কুলিরাও মাকে চিনত। দোকানে দোকানে ক্রেতার সঙ্গে ঘুরে কেনাকাটা ঝুড়িতে বোঝাই করত এই কুলিরা।

একা থাকলে আমি আমার খেয়াল-খুশিতে চলতাম। প্রায় গোধুলিতে সিনেমা ভাঙল, ঘোড়ায় চড়ে সূর্যাস্তে মিলিয়ে গেল গ্যারি কুপার। এরকম ভরপুর একটা বিকেলের শেষটায় কেমন যেন ছন্দপতন ঘটে যেত, তাই একটা আলাদা ঘটনা তৈরি করা দরকার হত। সেটা আমার পক্ষে কোনো সমস্যা ছিল না কারণ বাড়ি ফেরার রাস্তাটাই ছিল অ্যাডভেঞ্চার ঠাসা।

আমার প্রথম স্টপেজ ছিল লাইটহাউস থেকে বেরিয়ে নিউমার্কেটে ঢোকার গেটের আশপাশে বইয়ের দোকানগুলো। এ জায়গায় দশ থেকে বারোটা বইয়ের দোকান ছিল। কোনোটাই ব্ল্যাকওয়েলস বা ডব্লু এইচ স্মিথ নয়, কিন্তু দশ-বারো বছরের ছেলের জন্য কুবেরের ভান্ডার। ইংল্যান্ড, আমেরিকার সেরা কমিকস রাখত দোকানগুলো। কীভাবে তাদের সংগ্রহ হাল নাগাদ করত তারা এটা আমার কাছে আজও এক রহস্য কিন্তু বিয়ানো, ড্যান্ডি, ফিল্ম ফান, রেডিও ফান, নক-আউট এসব ম্যাগাজিনের খুব বেশি হলে দু'হপ্তার পুরনো সংখ্যা পেয়ে যাবো এমন আশা সবসময়ই করা যেত। দশ বছর বয়স অবধি এসব পত্রিকা গোগ্রাসে গিলেছি। কিন্তু তারপর আরও সিরিয়াস ছবিছাড়া কমিকসের দিকে ঝুঁকি, যেমন চ্যাম্পিয়ন, উইজার্ড, অ্যাডভেঞ্চার, হটস্পার।

ব্যাটম্যান, সুপারম্যান, ক্যাপ্টেন মারভেল, স্পাই ম্যাশার, ওয়ান্ডার ওম্যান এ ধরনের আরও রংচঙে ছবি আঁকা আমেরিকান কমিকস এবং ডিকেন্স থেকে টলস্টয়ের ক্ল্যাসিক উপন্যাসগুলোর সচিত্র কমিকসও রাখত বইয়ের দোকানগুলো – যেসব ভেজে খেয়ে আমার বড়ো হওয়া। অল্প বয়সে যদি বেশ ভালো পড়ুয়া বনে গিয়ে থাকি তবে তার জন্য ধ্রুপদী সাহিত্যের ওইসব সচিত্র ভূমিকাগুলোর কাছে আমি ঋণী। ১৯৪৩-১৯৫০ এর মধ্যে জমানো আমেরিকান কমিকসের যে সংগ্রহ আমি ১৯৫৭ সালে লাহোর রওনা হবার সময় তিপ্পান্ন

এলিয়ট রোডের বাড়িতে রেখে আসি শুনলাম সেগুলো এখন নিউইয়র্কে যেকোনো সংগ্রাহকের বহু হাজার ডলার মূল্যের সম্পদ হবে।

আমার কিছু প্রিয় বইয়ের ভালো স্টকও রাখত নিউমার্কেটের বইয়ের দোকানগুলো। খুব জ্ঞানগর্ভ রুচি তখন ছিল না। ভালো লাগত রিচমল ক্রম্পটনের উইলিয়াম বইয়ের সিরিজ, এডগার রাইস বারো'র টারজানের বই, স্যাপারের বুলডগ ড্রামন্ড বইগুলো; এবং কৈশোরে পা দিয়ে পি জি উডহাউস, আজ অবধি যিনি আনন্দের উৎস। বাঙালি যেসব দোকানদারের সঙ্গে বহু বছরে আন্তরিক সম্পর্ক তৈরি হয়েছিল তাদের দোকানে ঢোকা মাত্র আমি যা খুঁজছি সেটা বের করে আনত তারা।

আমার নতুন আবিষ্কারগুলো হাতে নিয়ে লঘুছন্দে বাড়িমুখো হাঁটা লাগাতাম। ততক্ষণে অন্ধকার নেমেছে। লিন্ডসে স্ট্রিট হয়ে নিউমার্কেটের উল্টোমুখে গ্লোব সিনেমা অবধি ক্রেতাদের গাড়ির লম্বা পার্কিং জোন পেরিয়ে যেতাম।

লাইটহাউসের তুলনায় কম পছন্দের ছিল গ্লোব। তবে রিগ্যাল অথবা লিন্ডসে স্ট্রিটের কাছেই চৌরঙ্গীর টাইগার সিনেমার তুলনায় কম বাজেটের উঁচু মানের কমার্শিয়াল ছবি দেখাত গ্লোব। সাধারণত পুরনো ছবি দেখাত গ্লোব, তবে ওদের বিশেষত্ব ছিল রবিবার অথবা ছুটির দিনে সকাল সাড়ে দশটায় ওরা দেখাতো অ্যাবট অ্যান্ড কস্টেলো ফিল্মের পুরনো প্রিন্ট অথবা নির্বাচিত কার্টুন ছবি।

লিন্ডসে স্টিট ধরে গ্লোব ছাড়িয়ে ঢুকতাম ফ্রি স্কুল স্ট্রিটের কুটিল অন্ধকার আবহে। কলকাতার বিখ্যাত রাস্তা ফ্রি স্কুল স্ট্রিটের দমকল অফিসে ক্রিসমাস পার্টিতে অফিসারদের বাচ্চাদের আপ্যায়িত হতে দেখেছি ছেলেবেলায়। আরও এগিয়ে আর্মেনিয়ান কলেজ। ফ্রি স্কুল স্ট্রিটের স্যাঁতস্যাঁতে আবহে তেলের আলো অথবা কম ওয়াটের একটা মাত্র বাল্ব জ্বলা বেশ কিছু পুরনো বইয়ের দোকান। দোকানগুলোর মালিক সব বিহারী, এরাও আমার প্রসারিত বৃত্তে প্রবেশ করেছিল। ভালো করে খুঁজলে এখানেও পাওয়া যেত কমিকসের আরও পুরনো কিছু সংখ্যা যেগুলো আমার নজরে পড়ত না, কারণ ন'মাস আমি দার্জিলিংয়ে থাকতাম।

ফ্রি স্কুল স্ট্রিটের হাঁটা গড়াত রিপন স্ট্রিট অথবা রয়েড স্ট্রিটে, এলিয়ট রোডের সঙ্গে এই চত্বরটা কলকাতার অ্যাংলো-ইন্ডিয়ান সম্প্রদায়ের প্রাণকেন্দ্র যারা মুসলিম এবং কলকাতার কিছু সংখ্যক ইহুদি এবং আর্মেনীয়দের সঙ্গে সহাবস্থান করত। আমার বেশি পছন্দের ছিল রয়েড স্ট্রিট যেহেতু ওটা যেত তিপ্পান্ন এলিয়ট রোড ছাড়িয়ে। এই রাস্তা ধরে পেরিয়ে যেতাম ওয়েলেসলি যেখানে সেন অ্যান্ড ল'র ওষুধের দোকান। রয়েড স্ট্রিটে আর একটা কমিকসের দোকানের স্টক ভালো ছিল আর ফ্রিস্কুল স্ট্রিটের দোকানগুলোর তুলনায় এই দোকানটার চেহারা কিছুটা ভালো ছিল। বাড়ির ঢোকার শেষ ধাপে পেরিয়ে

যাওয়া এলিয়ট রোডের ঠিক উলটোদিকের লিটল ফ্লাওয়ার স্কুল কিছুদিন যার কিন্ডারগার্টেনে পড়েছি। পৌঁছে যেতাম তিপ্পান্ন এলিয়ট রোডের বিশাল সবুজ ফটকের কাছে। ১৯৪০-এর দশকের শীতের মাসগুলোর একেকটা দিন এভাবেই কেটেছে রেহমান সোবহানের জীবনে।

মায়ের সঙ্গে ঘুরতে যাওয়াটা আরও বিস্তারিত পর্ব ছিল। আমার মুভি ম্যানিয়ার প্রেরণাদাত্রী যেহেতু মা আমরা বেরোতাম জমকালো আনন্দ ভ্রমণে। রবিবার অথবা সরকারি ছুটির দিনে সকালের শো'তে অ্যাবট অ্যান্ড কস্টেলো অথবা লরেল অ্যান্ড হার্ডি দেখার জন্য গ্লোব সিনেমা অবধি ট্যাক্সি নেওয়া হত। এরপরেই হত তিন টাকা আট আনায় ফারপোর জমকালো লাঞ্চ। টমেটো স্যুপ, ভেটকি ফ্রাই, সরু করে কাটা আলু ভাজা এবং উপরে হট চকোলেট সস দেওয়া ভ্যানিলা আইসক্রিম। দুনিয়া ঘুরেছি, সেরা জায়গায় খেয়েছি, কিন্তু অর্ধ শতক পরেও এমন কোনো জায়গা আমার জানা নেই ফারপোর মেনুর এই তিন পদের প্রত্যেকটার জুড়িদার যেখানে মিলেছে।

১৯৪৬ সাল থেকে লন টেনিসের জগতের সঙ্গে পরিচয় করান মা। তিনি শুধু যে টেনিস উপভোগ করতেন তাই নয়, প্রতি বছর ডিসেম্বরের শেষে কলকাতায় আয়োজিত অল ইন্ডিয়া লন টেনিস চ্যাম্পিয়নশিপ এবং পয়লা জানুয়ারি ফাইন্যালের দিনে সামাজিক সমাবেশ হত সেটাও তার পছন্দের ছিল। টেনিস মরশুমে আমাদের আবশ্যিক গন্তব্য হত উডসাইড পার্কের ক্যালকাটা সাউথ ক্লাব যেখানে বিশিষ্ট আন্তর্জাতিক মানের বিশিষ্ট সফরকারী খেলোয়াড়দের সঙ্গে শক্তি পরীক্ষায় নামতেন গাউস মোহাম্মদ, মন মোহন, সুমন্ত মিশ্র, দিলীপ বোস এবং অন্যান্য ভারতীয় টেনিস তারকারা। প্রতি বছর সাউথ ক্লাবে খেলতে আসতেন চেকস্লোভাকিয়ার য়ারোস্লাভ ড্রবনি, অথবা সুইডিশ লেনমার্ট বার্জলিন, শেন ডেভিডসনের মতো কিছু আন্তর্জাতিক র‍্যাঙ্কের খেলোয়াড়। ফ্রিলড প্যান্টি-র জন্য খ্যাত গাসি মোরান-এর মতো রূপসী আমেরিকান তারকারাও মাঝেমাঝে আসত। সাউথ ক্লাবে যাবার এই আনুষ্ঠানিক সূচী ফিবছর চলেছে ১৯৫১'র শুরুতে আমি কলকাতা ছাড়ার আগে অবধি।

কলকাতায় আমার কাটানো শেষ শীতের মরশুমে ১৯৫০-এর চ্যাম্পিয়নশিপে জুনিয়ার বিভাগে প্রতিদ্বন্দ্বীতা করতে আমাকে রাজি করায় বন্ধু রাজীন্দর মালহোত্রা। খুব বুদ্ধিমানের মতো সে বুঝিয়েছিল যে প্রতিযোগী হিসেবে আমরা দুজনেই ফ্রি টিকিট পাব। আমি তার পরামর্শ মেনেছিলাম এবং লটারিতে আমার খেলার প্রতিপক্ষ হল সে বছরই প্রথম সর্বভারতীয় পর্যায়ের টুর্নামেন্টে অংশ নেওয়া চৌদ্দ বছরের এক মাদ্রাজী কিশোর রামানাথন কৃষ্ণান। বিনা নজিরেই মালহোত্রা রায় দিল খুব সহজেই কৃষ্ণানকে উড়িয়ে দেব আমি। দুজনেই চমকে যাই যখন ৬-০, ৬-০ তে আমাকে হারাল কৃষ্ণান কিন্তু স্বস্তি হয় দেখে একই স্কোরে টুর্নামেন্টের বাকি সব প্রতিযোগীকে হারিয়ে সে বছর ভারতের জুনিয়ার

চ্যাম্পিয়ন হয় কৃষ্ণান। ভারতের পয়লা নম্বর খেলোয়াড় হয়েছিল কৃষ্ণান এবং সে ডেভিস কাপে ভারতের অধিনায়কত্ব করে। আমি আমার ছেলেদের প্ররোচিত করি এই বলে যে কৃষ্ণানের টেনিস ক্যারিয়ার আমারই হাতে শুরু। সেদিন আমার কাছে হেরে গেলে হতাশ হয়ে মাদ্রাজে ফিরে যেত বালক রামানাথন। টেনিস চ্যাম্পিয়ন না হয়ে হয়ত ব্যাংক কেরানি হয়েই জীবন কাটত তার।

যেসব সপ্তাহান্তে টেনিস দেখা থাকত না মা আমাকে নিয়ে যেতেন বিকেল তিনটের শো'তে লাইটহাউস। ফারপো'র বিকল্প হিসেবে নিজামে যাওয়া হত জিভে জল আনা ক্ষীরি কাবাব খেতে। ফারপো'র তুলনায় সস্তা কিন্তু খাবার হিসেবে কোনো অংশে কম তৃপ্তিকর নয়। লাইটহাউস ম্যাটিনি শো'র শেষে ফেরাজিনির চা এবং পুরো পর্ব সমাধা হত নিউ এম্পায়ার অথবা মেট্রোর পরিবেশে ছ'টার শো দিয়ে।

এমনসব দিনে কল্পনাতীত পরিতৃপ্ত আমরা ক্লান্ত পায়ে বাড়ি ফিরতাম এবং আমার দৃঢ় বিশ্বাস জন্মাত যে সুন্দর জীবনের সেরা স্বাদ আমি খুঁজে পেয়েছি। প্রতি শীতে সাড়ে তিন মাসের এই যাপন আমাকে যে শুধু সেন্ট পল'স-এর ন'মাসের কৃচ্ছতা পালনে প্রস্তুত করে দিত তাই নয়, পাশাপাশি এটাও শিখিয়েছিল কলকাতায় জীবন উপভোগ করতে কোটিপতি না হলেও চলবে তোমার। যেভাবে সুখানুভবগুলো পাওয়া যায় সেভাবেই তাদের গ্রহণ করতে শিখেছিলাম এবং আমার তরুন জীবনের র কাছ থেকে আমার পাওনা আশাতীত ছিল। মায়ের কাছে আমি ঋণী একাকী অভিভাবক হিসেবে অনটনের মধ্যেও তিনি আমাদের প্রতিপালন করেছেন। কিন্তু কখনও অভাব বুঝিনি, এমনকী সেন্ট পল'স-এর সহপাঠী মনু পালচৌধুরির মতো সম্পন্ন বন্ধুদের বাড়ি গিয়েও নয়।

একবছর আধা-রাজসিক একটা শীত কাটাই ১৯৪৮-৪৯ সালে আমার মা যখন বম্বেতে এবং ব্যতিক্রমী দৃষ্টান্ত হিসেবে বাবা আছেন দ্বিতীয় স্ত্রী শওকত বেগমের সঙ্গে কলকাতার লোয়ার সার্কুলার রোডের কারনানি এস্টেটে। বাবার সঙ্গে রফা করে হপ্তায় পনেরো টাকার রাহাখরচ জোগাড় করি। বাবা বেপরোয়া আমায় ওই টাকাটা সঞ্চয়ের জন্য চ্যালেঞ্জ করে বসেন। অঙ্গীকার করলেন সপ্তাহের শেষে রাহাখরচ থেকে যেটুকু আমি বাঁচাব, তার দ্বিগুণ আমায় দেবেন তিনি। এর জন্য দরকার ছিল মাত্র এক হপ্তার কৃচ্ছসাধন, ট্রামে চড়ে ঘোরা, পনেরো আনা টিকিটে সিনেমা দেখা। আমাকে আর পিছন ফিরে তাকাতে হয় নি। সেবার শীতে সর্বত্র ট্যাক্সিতে ঘুরেছি এক টাকা থেকে এগারো আনার ড্রেস সার্কেলে সিনেমা দেখেছি, নিজামে, ফেরাজিনিতে খেয়েছি। তেরো বছর ন'মাস বয়সে ক্রিসমাস ইভ-এ এমনকি মধ্যরাতের শো – 'দ্য পেলফেস' ছবিতে বব হোপ ও জেন রাসেলের অভিনয় দেখতে একাই গিয়েছি। ব্যাপারটা খুব দক্ষতায় বাবার সঙ্গে রফা করতে পেরেছিলাম। বাবা মুক্তমনা ছিলেন, তবে তার আশঙ্কা ছিল পরিবারের লোকজনদের কটুক্তি। আমার অ্যাডভেঞ্চারকে

বাড়াবাড়ি ভেবে যথাবিহিত তাদের অপছন্দ জানলেন আমার ফুপু-চাচীরা, কিন্তু ভাইবোনদের প্রশংসা ও ঈর্ষা দুটোই পেয়েছিল ব্যাপারটা।

পরিকল্পিত ভ্রমণসূচীর বাইরে আমার সামাজিক যাপনের আর এক কেন্দ্র ছিল পার্ক স্ট্রিট। রাতে নয় বরং সকালের জন্যই নির্দিষ্ট ছিল জায়গাটা। এলিয়ট রোড থেকে দশ মিনিটের পথ, ফ্রি স্কুল স্ট্রিট পোঁছে ডান দিকে না ঘুরে বাঁয়ে। দিনের বেলায় আমার লক্ষ্য ছিল অক্সফোর্ডের বইয়ের দোকান যার একটা বই ধার দেওয়া লাইব্রেরিও ছিল। এটা ছিল কলকাতার সেরা বইয়ের দোকান এবং বই খোঁজার সুন্দর জায়গা। তখন পার্ক স্ট্রিটে ফেরাজিনি এবং ফারপোর সমমানের ফ্লুরিস অ্যান্ড ট্রিংকাস নামে একটি কলকাতা খ্যাত চায়ের দোকান ছিল পরে যেদুটো পৃথক প্রতিষ্ঠান হয়ে যায়। অন্তত ফ্লুরিস আজও টিঁকে আছে, তবে আগের ঔৎকর্ষ আর নেই।

পার্ক স্ট্রিটের শেষ প্রান্তে ছিল কলকাতার তিনখানা ডিপার্টমেন্টাল স্টোরের একটি হল অ্যান্ড অ্যান্ডারসন। বাকি যে দুটো ডিপার্টমেন্টাল স্টোরের পৃষ্ঠপোষকতা করত ইউরোপীয় এবং অভিজাতেরা সেগুলো হল আর্মি অ্যান্ড নেভি স্টোর এবং হোয়াটওয়েজ অ্যান্ড লেইডল। আমরা বেশি যেতাম হোয়াইটওয়েজ যেহেতু ওরাই ছিল 'পলাইট'দের (সেন্ট পল'স স্কুলের ছাত্রদের পলাইট বলা হত) স্কুল সরঞ্জাম বিপণনের নির্বাচিত স্টকিস্ট। সাধারণত এই ধরনের দোকানে বেশিরভাগ মজুত করত বিদেশি পণ্য এবং পরিষেবা দিত ইংরাজি বলা অ্যাংলো-ইন্ডিয়ান সেলসগার্লেরা। ফলে দাম হত অন্যান্য জায়গার তুলনায় বেশি। হোয়াইটওয়েজের অভিযান হলে সাধারণত পাশের মেট্রো সিনেমায় যাওয়া হতই। সুতরাং স্কুলের জিনিসপত্র কেনাকাটার উপরি পাওনা ছিল ম্যাটিনি মুভি।

আনন্দ করার আর এক জায়গা ছিল ইডেন গার্ডেন। প্রতি শীতে ডিসেম্বরের শেষে সফরকারী ক্রিকেট দল আসত কলকাতায়। ১৯৪৮-এর শীতে ওয়েস্ট ইন্ডিজকে ভারতের সঙ্গে টেস্ট খেলতে দেখার সুযোগ হয়েছিল আমার। সেই সময় ডব্লু ত্রয়ী যথাক্রমে এভার্টন উইকস, ক্লাইভ ওয়ালকট, ফ্র্যাঙ্ক ওরেল সবে ক্রিকেট বিশ্ব কাঁপানো শুরু করেছে। ওরেল দলে ছিল না কিন্তু উইকস মাঝারি মানের ভারতীয় বোলিং যথেচ্ছ পিটিয়ে রেকর্ড ভাঙ্গা উপর্যুপরি পাঁচটা টেস্ট শতরান করে ইডেন গার্ডেনস টেস্ট ম্যাচে। ভারতীয় বোলারদের মধ্যে একমাত্র ভিনু মানকড়ের বাঁ-হাতি স্পিন যাকিছু সমীহ আদায় করেছিল। অবশ্য অবসৃত বিজয় মার্চেন্ট না থাকা সত্ত্বেও মুস্তাক আলী, বিজয় হাজারে, রুসি মোদি, লালা অমরনাথদের নিয়ে তৈরি ভারতীয় ব্যাটিং লাইন-আপ বোলিংয়ের তুলনায় অনেক বেশি শক্তিশালী ছিল। তবে ইডেনে মুস্তাকের বিখ্যাত লেগ স্যুইপ এবং ঝোড়ো ব্যাটিং ছাড়া বাকিদের মাটি-কামড়ে থাকা ব্যাটিংয়ে রান এত মন্থর গতিতে ওঠে যে সিরিজের বেশিরভাগ ম্যাচই অমীমাংসিত থাকে।

পরবর্তী কালে কলকাতা ময়দানে গিয়েছি ক্লাব হকি দেখতে মাঝে মাঝে যেখানে আর এস জেন্টিল, জানসেন, ক্লডিয়াস, কে ডি সিং বাবু এবং গুরুবক্স সিংয়ের মতো ভারতীয় অলিম্পিয়ানদের খেলতে দেখা যেত। দুর্ভাগ্যবশত, কলকাতার বিখ্যাত ফুটবল ক্লাবগুলোর খেলা দেখা হয়ে ওঠে নি আমার যেহেতু ফুটবল মরশুমে আমি থাকতাম দার্জিলিংয়ে। ১৯৭১ সালে কার্যসূত্রে কলকাতা ভ্রমণের সময় বন্ধুরা আমাকে নিয়ে যায় মোহনবাগান ইস্টবেঙ্গল ম্যাচ দেখতে।

কোনো কোনো শীতের ছুটিতে পারিবারিক ভ্রমণে বিহারের গ্রামীণ অবকাশ মধুপুরে যাওয়া হত। যেখানে আমরা থাকতাম সেখানে বিদ্যুৎ ছিল না, পেট্রোম্যাক্স লণ্ঠন জ্বলত রাতে। আধুনিক টয়লেটের সুবিধাও ছিল না। এসব অসুবিধা আমার ভালো লাগেনি যেহেতু কলকাতার ভালো সিনেমাগুলো আমার দেখা হচ্ছিল না। ১৯৪৬ সালে মাদ্রাজে জামান পরিবারের কাছে যাই, সেখানে আমার খালু বদলি হয়েছিলেন। শহরটা সবুজ এবং খোলামেলা ছিল, সমুদ্র তীরে বেড়ানো হত আর মনে আছে মহাবলীপুরমের ধ্বংসাবশেষ।

১৯৪৮-৪৯ শীতে কিছু দিনের জন্য গেলাম সাগর তীরবর্তী গোপালপুর। ওড়িশা উপকুলের এই ভ্রমণকেন্দ্র ছিল কলকাতার মধ্যবিত্তদের পছন্দের জায়গা। উৎকৃষ্ট হোটেল একটাই ছিল পাম রিসর্ট, কিন্তু সে সময় অ্যাংলো-ইন্ডিয়ান মহিলারা সমুদ্রতীরবর্তী বহু আরামদায়ক বোর্ডিং হাউস চালাতেন। শীতে জায়গাটায় খুব বেশি ভিড় হত না। বিচগুলোও পরিষ্কার ছিল। যদিও বছরের ওই সময়টা সমুদ্রের ঢেউ খুব উত্তাল হত। এই উত্তাল জলরাশিতেই আমি সাঁতার শিখেছিলাম।

শীতের কলকাতায় অধিকাংশ আনন্দই উপভোগ করেছি হয় একা অথবা সপরিবারে। অবশ্য কলকাতায় আমার কিছু রসদ নেবার আস্তানা ছিল যেমন মনু পালচৌধুরিদের চৌষট্টি লেক প্লেসের বাড়ি, আমীর আলী অ্যাভিনিউতে আমার ফুপাতো ভাই কামাল হোসেনদের বাড়ি অথবা পার্ক সার্কাসে কামরুজ্জামানদের অ্যাপার্টমেন্ট, ১৯৪৭-৪৮ সালে তার মা-বাবা কলকাতায় চলে আসার পর যেটি নেয় তারা। মাঝে মাঝে এইসব কমরেডদের আমার মুভি অভিযান বা অথবা টেস্ট ক্রিকেট দেখতে ইডেন গার্ডেনস সাফারিতে অংশ নিতে চাপ দিয়ে রাজি করাতাম। অকল্যান্ড প্লেসে কায়সার মোর্শেদের বাড়িতেও মাঝেমধ্যে যেতাম, তবে তাকে আমাদের দলে যোগ দিতে রাজি করানোর কোনো সুযোগ ছিল না যেহেতু তার বাবা আমার চাচা কে জি মোর্শেদ নিজে আয়োজক না হলে সিনেমা দেখার মতো ছেলেমানুষিতে উৎসাহ দিতেন না। সাধারণত এর অর্থ ছিল বছরে একবার চার সন্তান ও তাদের মা-বাবা পরিবারের ছোটো মার্সিডিজ গাড়ি বোঝাই মেট্রোর পরিবার-বান্ধব ম্যাটিনি শো দেখতে যাওয়া।

কলকাতা পুনর্দর্শন

কলকাতা আমার ভীষণ প্রিয় শহরগুলোর একটা। এর ভিড় উপচনো রাস্তা, খসে পড়া পুরনো বিল্ডিং, রাস্তার জঞ্জাল একমাত্র যারা এ শহরে থেকেছে, এর অনন্য আবহ ভালোবেসেছে তারা ছাড়া অন্য কাউকে ভরসা জোগাবে না। ১৯৫৭ থেকে ১৯৬৫-এর মধ্যে প্রাপ্তবয়স্ক আমি কলকাতা ফিরেছি। এই পর্যায়ে বছরে তিন থেকে চারবার কলকাতা আসতে হত আমার নানার দিয়ে যাওয়া সম্পত্তি সংক্রান্ত জট এবং আমার বাবার অধিকতর দুর্বোধ্য কাজকর্মের জট ছাড়াতে। তখন কলকাতাকে দেখলাম রাজ জমানার জৌলুসহীন, আরও পরিণত প্রেক্ষিত থেকে। অনেকটাই সংকুচিত পার্ক স্ট্রিট কেন্দ্রিক কলকাতার উচ্চবিত্ত যাপনের স্বাদ বলতে তখন – মোকাম্বোতে চিকেন আলা কিয়েভ খাওয়া, ষাটের দশকে পার্ক স্ট্রিটের জ্যাজ আইকন রং করা সোনালি চুল অ্যাংলো-ইন্ডিয়ান গায়িকা পাম ক্রেন-এর সমধুর করুণ সংগীতের তালে চা চা চা নাচ। ফারপোর বিখ্যাত লাঞ্চের দাম বেড়ে তখন সাত টাকা আট আনা। এর পরেই ১৯৬০ দশকের শেষে বন্ধ হয়ে যায় ফারপো। কিন্তু তখন আর তেমন স্বাদু নয় কলকাতার টি-রুমগুলো, নিজাম কিছুটা অপরিচ্ছন্ন, স্বাস্থ্যের পক্ষে উদ্বেগজনক তার খাবার। লাইটহাউস রুগ্ন, তার ফিল্মগুলোও ঠিক আধুনিক নয়।

পরবর্তী পর্যায়ের এই কলকাতার সামাজিক এবং বৌদ্ধিক আবহ অনেক পরিপূর্ণ লেগেছে আমার। প্রথমে ছিলাম দীপঙ্কর ঘোষের পারিবারিক বাড়ি ১৩৭ ল্যান্সডাউন রোডে। সেখানে সে চিন্তামুক্ত ব্যাচেলরের জীবন কাটাত। অবশ্য দিনভর প্রচুর পরিশ্রম করত বিখ্যাত ব্যারিস্টার সুবিমল রায়চৌধুরির জুনিয়র দীপঙ্কর। আমাদের সামাজিক চৌহদ্দির অংশ ছিল সেন্ট পল'স-এর অন্যান্য বন্ধু মনু পালচৌধুরি, পিটার প্রসাদ এবং অর্জুন পারমার যাদের জন্য আনন্দময় হয়েছে আমার সামাজিক যাপন। ট্রিনিটি হলে একসঙ্গে পড়া অক্সব্রিজ বন্ধু অমল বোস পরে যে কলকাতায় টাটাদের চাকরি করত, এবং দুর্দান্ত ভোজন সঙ্গী প্রেসিডেন্সি কলেজে ইংরাজির অধ্যাপনা করা অক্সফোর্ডের কাজল বোস – এরা সবাই ছিল আমার আশ্রয়স্থল। কিন্তু সবার উর্দ্ধে আমার পরবর্তী কলকাতা সফর বিশেষভাবে আনন্দদায়ক করেছে বালিগঞ্জ পার্ক রোডে আমার খালাতো বোন সারওয়ার এবং তার স্বামী, আমার ঘনিষ্ঠ বন্ধু জামিলুর রহমান খানের বাড়ি আদিলা হাউস।

১৯৫৭-য় কেমব্রিজ থেকে ফিরে যাদবপুর বিশ্ববিদ্যালয়ের প্রথম চেয়ার অফ দ্য ডিপার্টমেন্ট অফ ইকনমিকস হলেন অমর্ত্য সেন। চব্বিশ বছরের অমর্ত্য তখন ভারতীয় বিশ্ববিদ্যালয়গুলোর মধ্যে কনিষ্ঠতম অধ্যাপক। থাকেন তার মা-বাবার সঙ্গে বালিগঞ্জের আয়রন সাইড রোডে এবং একটি নতুন গাড়ি কিনেছেন যেটায় আমায় চাপিয়ে নিয়ে যেতেন খ্যাতনামা ঐতিহাসিক প্রখর

বামপন্থী রণজিত গুহ'র বাড়ির অনিয়মিত আড্ডায়। সাবঅল্টার্ন স্টাডিজ-এর ইতিহাস-রচনার পথিকৃৎ রণজিত গুহ থাকতেন দক্ষিণ কলকাতায়, তিনি ছিলেন নবীন প্রগতিশীলদের গুরু। এই বাড়িতেই রণজিত এবং তার পোলিশ স্ত্রী মার্থা অমর্ত্যের মতো তরুণ কৃতবিদ্যদের আড্ডার ব্যবস্থা করতেন।

১৯৬৫-র ভারত-পাক যুদ্ধের পর কলকাতার সঙ্গে সব সংযোগ ছিন্ন হয়েছিল যতদিন না ১৯৭১ এর জুলাই মাসে মুক্তিযোদ্ধা এবং ১২ থিয়েটার রোডে বাংলাদেশ সরকারের দূত হয়ে আবার কলকাতায় ফিরে এলাম। এর পর পর্যায়ক্রমে কলকাতায় এসেছি তবে দীর্ঘ সময়ের জন্য নয় এবং যেকোনো কারণেই হোক যে রোমাঞ্চকর অনুভূতি এক সময় কলকাতার সঙ্গে সম্পর্ক সজীব রেখেছিল তার ছোঁয়া আর পাই না। কিছু হারিয়ে গেছে, যা আমি আর খুঁজে পাব না। অগণিত বন্ধুদের উঁচুদরের আড্ডা তৈরির অফুরান যে ক্ষমতা কলকাতার আছে আমি শুধু তারই দিকে তাকিয়ে আশায় থাকি এখন। তবে তা ভিন্ন অভিজ্ঞতার অংশ।

৩

দার্জিলিং: কাঞ্চনজঙ্ঘার ছায়ায় স্কুলের দিনগুলো

কলকাতার জন্য আমার এতখানি রমণীয় স্মৃতিবিধুরতার হেতু সম্ভবত দার্জিলিংয়ের জলাপাহাড়ের সেন্ট পল'স স্কুলে কাটানো ন'বছরের সাথে এর সন্নিধি। বিস্ময়কর কাঞ্চনজঙ্ঘা পর্বতের কাছে রীতিমতো ম্লান জলাপাহাড়ের চূড়ায় ন'মাস আশ্রমবন্দী অল্প বয়সী ছেলেদের কাছে কলকাতায় তিন মাসের শর্তাধীন মুক্তি বলতে গেলে লন্ডন-প্যারিসে ছুটি কাটাবার ধ্রুপদী মাত্রা পেত। দার্জিলিংয়ের ন'মাসের দীর্ঘ বোর্ডিং জীবন ইংল্যান্ডের বোর্ডিং স্কুল বা এমনকি পাকিস্তানের বোর্ডিং স্কুলের থেকে খুবই ভিন্ন ধরনের, যেখানে পরবর্তীতে আমি দু'বছর কাটিয়েছি। ইংল্যান্ড বা পাকিস্তানে স্কুলের শিক্ষাবর্ষগুলো ভাগ হত গ্রীষ্মের লম্বা ছুটি এবং শীতের ও বসন্তের স্বল্প দৈর্ঘ্যের ছুটিতে। কিন্তু দার্জিলিংয়ের স্কুলগুলোর আবাসিকদের জন্য ছিল ন'মাস নিরবচ্ছিন্ন হাড়ভাঙ্গা খাটুনির বিধান। তারা আমাদের ভাতে-পানিতে মারেনি ঠিকই, তবে বাড়ির সুখস্বাচ্ছন্দ্য, শহরের জীবন থেকে বঞ্চিত স্কুলের তরতাজা ছেলেগুলোকে ভুগতে হয়েছে দীর্ঘ অপুষ্টিতে। ১৯৪২-এর মার্চে সাত বছর বয়সে সেন্ট পল'স স্কুলের জুনিয়র-১ বিভাগে প্রবেশ থেকে ১৯৫০-এর নভেম্বরে সিনিয়র কেমব্রিজ পরীক্ষা দিয়ে স্কুল ছাড়া পর্যন্ত ন'বছরে ন'মাস নিজেকে অর্ধভুক্ত মনে হত। শীতের ছুটির যে তিনটে মাস তাই কলকাতায় অথবা অন্য যেখানেই আমরা কাটাতাম, সুযোগ পেলেই লাগামছাড়া রাক্ষুসেপনা করতাম, যা আমার মাকে যারপরনাই বিব্রত করত।

সেন্ট পল'স-এ পাঁচবার খেতে দেওয়া হত আমাদের। শুরু হত সকাল সাতটার 'ছোটা হাজারি' দিয়ে যেখানে আমরা পেতাম দুখানা নোনতা বিস্কিট এবং চিনি ছাড়া এক কাপ চা। মূল ব্রেকফাস্ট আসত আধঘন্টার শারিরীক কসরত, চ্যাপেলে বাধ্যতামূলক প্রভাতী প্রার্থনা এবং ক্লাসের প্রথম পিরিয়ডের পর। প্রাতরাশে থাকতো এক প্লেট বিনা-চিনি ওট্‌মিল পরিজ, যেট মোটামুটি সারা জীবনের মতো পরিজে আমার ঘেন্না ধরিয়ে দিয়েছে। এরপরে যে মূল পদ, তাতে কালেভদ্রে একটা ডিম থাকত, দু স্লাইস সাদা রুটি একপোচ মাখন লাগানো এবং ফের একদফা বিনা-চিনি চা। সাড়ে ন'টা থেকে দুপুর দেড়টা

পর্যন্ত সকালের ক্লাস। তারপরেই লাঞ্চে একটা জোলো স্যুপ, বিস্বাদ রান্নার এক প্লেট মাংস এবং পুডিং। বিকেল সাড়ে চারটেয় খেলা শেষে চা-পর্বটা সকালের ছোটা হাজারির মতো। সপ্তাহে তিন দিন বিকেলের ক্লাস এবং লাঞ্চের ধাঁচে নৈশভোজ। শিক্ষকদের দেওয়া পড়া তৈরিতে এক ঘন্টা কাবার করে দিন শেষ। রাত ন'টায় আলো নিভিয়ে বিছানায়। সপ্তাহে তিনদিন, মঙ্গল, বৃহস্পতি আর শনিবার, বিকেলে খেলার পর ক্লাস থাকত না, ফলে সেটা অর্ধদিবস ছুটির কাজ দিত।

রবিবার পুরো ছুটির দিনে খাবার রুটিন একই থাকত কিন্তু এর সঙ্গে যুক্ত ছিল বিকেলে অতিরিক্ত প্রার্থনা সভা। ফর্মস ৪-৬ এর ছেলের (সিনিয়র কেমব্রিজ ক্লাস) শনি ও রবিবার শহরে যাবার অনুমতি পেত। যেসব ছেলেদের আত্মীয় অথবা বন্ধুরা দার্জিলিংয়ের বাসিন্দা অথবা মা-বাবা দার্জিলিং এসেছে, তারা মা-বাবা, আত্মীয়-বন্ধুদের সঙ্গে সপ্তাহান্তের ছুটি কাটাতে যেতে পারত। শনিবার মধ্যাহ্নভোজের পরে বেরিয়ে রবিবার সন্ধে ছ'টার প্রার্থনার আগে ফিরে আসতে হত। এক রাতের এই প্যারোল পেতে সম্ভাব্য নিমন্ত্রকের আবেদনের ভিত্তিতে ডর্মিটরি ম্যাট্রনের কাছ থেকে ছাড়পত্র নিতে হত।

সেন্ট পল'স-এর সারা সপ্তাহের এই বিস্তারিত মুসাবিদা উপস্থাপনের উদ্দেশ্য আমার সময়ে ভারতের নামি বোর্ডিং স্কুলগুলোয় কী ধরনের নিয়মনিষ্ঠ জীবন ছিল পাঠকদের তার একটা ধারণা দেওয়া। ঠিক জানি না, গত অর্ধ শতকে খুব বদলেছে কিনা এই রুটিন, তবে আশা করি এখনকার আবাসিকদের আমাদের তুলনায় ভালো খেতে দেওয়া হয়। ক্লাসের কঠোর শ্রম, সকালে শরীরচর্চা এবং বাধ্যতামূলক খেলাধুলা, সপ্তাহের ছ'দিন রুটিনের একঘেয়েমি, আর হিমালয়ের পাহাড় চূড়া থেকে ভেসে আসা বাতাসে এক বিশেষ সুগন্ধ – সব মিলিয়ে আমাদের প্রয়োজনের তুলনায় কঠোরভাবে র‍্যাশন করা পাঁচ বেলা খাবারের পরিমাণ খুবই অপ্রতুলে মনে হয়েছিল। রান্না ছিল নিম্নমানের, বিশেষ করে যারা খানিকটা রসনা সংবেদী অথবা বাঁধাকপি, গাজর, ফুলকপির মতো স্বাস্থ্যদায়ী পদে অ্যালার্জি প্রবণ। এই নিম্নমানের রান্নাই যেন আমাদের ক্ষিধেকে আরও ধারালো করে তুলত।

যৎসামান্য হাত-খরচ দেওয়া হত ছেলেদের; মনে হয় বরাদ্দটা ছিল জুনিয়র স্কুলের ক্ষেত্রে সপ্তাহে ছ' আনা এবং সিনিয়র স্কুলের জন্য সপ্তাহে ন' আনা। আমি যখন স্কুল ছাড়লাম সম্ভবত সেটা বাড়িয়ে এক টাকা করা হয়। যৎসামান্য এই তনখা পুরোটাই আমাদের নিয়মমাফিক খাবারের পরিপূরক জোগাড়ে স্কুল লাগোয়া মিঠাই, স্ন্যাক, সফট ড্রিঙ্কংসের 'টাক শপে' ঢুকে খরচ হত। দোকানটা চালাত এক মুসলিম, দুর্ভাগ্যজনকভাবে যাকে 'ব্ল্যাকি' ডাকনামে চিনত সকলে। জলাপাহাড় বাজারে একটা সাধারণ দোকান ছিল লোকটার। প্রতিদিন স্কুলে এসে সকালে জুনিয়র স্কুলে একটা ছোটো দোকান খুলত এবং দুপুর দুটো

থেকে বিকেল পাঁচটা পর্যন্ত আরও বেশি খাদ্যসামগ্রী বোঝাই আরেকটা দোকান চালাত সিনিয়র স্কুলে।

সামান্য হাত-খরচে খুব বেশি কেনার সাধ্য ছিল না আমাদের, কিন্তু তখনকার দিনে জিনিসপত্রের দাম ছিল প্রশ্রয় পাওয়া এক স্কুলবালকের জন্য অন্তত কিছুটা ক্রয়সাধ্যের মধ্যে। আমাদের হাতখরচা যদিও যোগ হত মা-বাবার মেটানো স্কুল বিলে, তবে কঠোরভাবে তার সর্ব্বোচ্চ সীমা বেঁধে দেওয়ার উদ্দেশ্য ছিল ছেলেদের মধ্যে একপ্রকারের অর্থনৈতিক গণতন্ত্র জারি করা যেহেতু ছেলেদের মা-বাবাদের রোজগারে তারতম্য ছিল। অবশ্য 'ব্যক্তিগত অর্থের' বন্দোবস্ত কিছুটা হলেও এই শৃঙ্খলার অবনতি ঘটিয়েছিল। এই ব্যবস্থায় কিছু মা-বাবা তাদের অধিক ভাগ্যবান পালিতের জন্য অতিরিক্ত অর্থ বরাদ্দের ক্ষমতা দিতে পারতেন স্কুল কর্তৃপক্ষকে, যেটার সর্ব্বোচ্চ সীমাটা এখন আর আমার মনে নেই।

এই ব্যক্তিগত অর্থ দরকার হত, বিশেষ করে সিনিয়র ছেলেদের, বাইরে যাওয়া বা সিনেমা দেখার মতো শখ মেটানোর জন্য। শহরে ছিল পার্ক-এর মতো অল্প কিছু রেস্তোরাঁ আর শহর কেন্দ্রে ক্যাপিটাল-এর মতো দামি হল, আবার পাহাড় থেকে আরও নীচে নেমে মাছি ভনভন রিঙ্ক হল। স্বাভাবিকভাবেই খুব ধনী মা-বাবার ছেলেদের কাছে স্কুলের নিয়ম অনুমোদিত অঙ্কের বাইরেও বেশি টাকা থাকত, আর তারাই উইকএন্ড সফরে তাদের বন্ধুবান্ধবকে বড়ো আপ্যায়ন করত।

ছেলেদের রাখা হত ডর্মিটরিতে যেখানে অনিয়মিত গোসল করা পঞ্চাশ থেকে একশোটা ছেলে পাশাপাশি ঘুমাত। জুনিয়র স্কুলের (ফর্মস ১-৪, সাধারণত ৭-১০ বছর বয়সের কোঠা) ডর্মিটরি ছিল আলাদা জায়গায় নীচের দিকে, স্কুল চ্যাপেল এবং একটি চতুর্ভুজাকার ক্ষেত্রের মাঝে, যা ঐ স্কুলের কেন্দ্রস্থল ছিল। এর চারিদিক ঘিরে তিনটে ছাত্রাবাস – কটন হল (ফর্মস ১-৩), তুলনায় ছোটো লিয়ন হল (ফর্ম ৪) এবং সিনিয়র ডর্মিটরি (ফর্ম ৫-৬)। ডর্মিটরিগুলো ছিল ক্লাসরুম অথবা স্কুল অফিসের উপরের তলায় (লিয়ন হলে)। স্কুলের হেডমাস্টার বা যিনি রেক্টর নামে পরিচিত, তিনি পরিবার নিয়ে থাকতেন চতুর্ভুজাকার ক্ষেত্রের ঠিক নীচে একটি বাড়িতে। সেই সাথে থাকত মুষ্টিমেয় নির্বাচিত কিছু ছেলে, যাদের মা-বাবা রেক্টরের স্ত্রীর অভিভাবকত্বে একটু ভালো দেখভাল এবং সামান্য ভালো থাকাখাওয়ার সুবিধাটুকু তাদের ছেলেদের জন্য নিশ্চিত করার জন্য অতিরিক্ত পয়সা খরচ করতে ইচ্ছুক ছিলেন। এই আবাসিকদের এক অর্থে বলা হত রেক্টরি এবং স্কুলের বাকিদের কাছে তারা কিছুটা অবজ্ঞার পাত্র আর মেনিমুখো কাপুরুষ বলে গণ্য হতো।

সাধারণত আমাদের বিছানার উপরে থাকত লাল কম্বল। নীচে আরও তিনটে কম্বল দেওয়া হত যার দরুণ প্রত্যেক ডর্মিটরি চেনা যেত তার ঘন সন্নিবিষ্ট লাল

ঢাকার বিছানা দিয়ে। শীত মানার জন্য চারটে কম্বল সাধারণত যথেষ্ট ছিল, শুধু মার্চের প্রথম দুটো সপ্তাহ বাদ দিয়ে। সে সময় সমতলে দীর্ঘ অবকাশ কাটিয়ে ফিরতাম আমরা আর হিমালয়ের হাড়কাঁপানো শীত যেন একেবারে চেপে ধরত। এমনকি চারটে কম্বলও খুবই অপর্যাপ্ত মনে হত তখন। কৃচ্ছ্রসাধনের অঙ্গ হিসেবে আমাদের ঘুমের পোশাক হালকা পশমের হওয়া সত্ত্বেও, শাস্তির ভয় দেখিয়ে অন্তর্বাস বা মোজা পরতে দেওয়া হত না আমাদের।

ভোরবেলা এই কিশোরদের সীমিত টয়লেট স্পেস ব্যবহার এবং ঠান্ডা জলে মুখ ধোবার হুড়োহুড়ি পড়ে যেত। মার্চ মাসে সে ছিল এক বাড়তি দুর্দশা। সপ্তাহে দু'বার গোসল বরাদ্দ ছিল আমাদের। রোস্টারে আমাদের পালা এলে ছাত্রাবাসের বেয়ারারা ছোটো একটা টিনের টাবে দু'বালতি গরমজল ঢেলে দিয়ে যেত। আমাদের গোসলের বরাদ্দ হিসেবে ওটুকুই পাওয়া যেত। সপ্তাহের জামাকাপড় রাখবার একটি লকার থাকত প্রত্যেক ছেলের। প্রতি সপ্তাহে সেগুলো ধুতে পাঠানো হত এবং পরিবর্তে দেওয়া হত ইস্ত্রি করা নতুন পোশাকের সেট। আমাদের স্কুল পোশাক কেনা হত কলকাতার দুটো নির্বাচিত ডিপার্টমেন্টাল স্টোর - হোয়াটওয়েজ অ্যান্ড লেইডল অথবা হল অ্যান্ড অ্যান্ডারসন থেকে। সিনিয়র ছেলেদের সারা সপ্তাহের স্কুল ইউনিফর্ম ছিল ধূসর ফ্লানেল স্যুট এবং রবিবারে তাদের পরতে হত নীল সার্জ স্যুট ও নীল স্কুল ব্লেজার। টাই হিসেবে সারা সপ্তাহ হাউস কালারস পরতে হত আমাদের এবং স্কুল কালারস লাল-নীল হত রবিবারে পরবার স্কুল টাই। জুনিয়র ছেলেরা পড়ত ধূসর হাফপ্যান্ট, এবং তাদের হাউস-টাই শোভিত জার্সি। রবিবারের স্যুটও তারা পরত তবে হাফপ্যান্টের উপর।

সেন্ট পল'স ধরনের স্কুলের জীবনে সংবেদনশীল ব্যক্তিত্বদের জন্য মানানো কঠিন ছিল। ভারতে ব্রিটিশ রাজ প্রবর্তিত বোর্ডিং স্কুল ঘরানা গড়ে উঠেছিল ইংরেজ পাবলিক স্কুলের পুরুষালি খ্রিস্টধর্মীয় সংস্কৃতির অনুকরণে যে বৃত্তান্ত অমর হয়ে আছে দেবতুল্য হেডমাস্টার টমাস আর্নল্ডের অধীন রাগবি স্কুলের প্রেক্ষিতে লেখা 'টম ব্রাউন'স স্কুল ডেজ' উপন্যাসে। 'এমিনেন্ট ভিক্টোরিয়ানস' বইটিতে আর্নল্ডের চরিত্র এবং মূল্যবোধের অপূর্ব বর্ণনা লিপিবদ্ধ করেছেন লিটন স্ট্রেচি।

ব্রিটিশদের আশা ছিল আফ্রিকা ও ভারত শাসন করতে যাওয়া তথাকথিত সাম্রাজ্যনির্মাতাদের মূল্যবোধ সেই সব দেশত্যাগীদের সন্ততিদের মধ্যে বপন করবে। আমলা হোক, সৈন্য হোক অথবা বণিক, ব্রিটিশদের মনে হয়েছিল ছেলেমেয়েদের লেখাপড়া শেখাতে ইংল্যান্ডে পাঠানো অলাভজনক এবং অর্থের অপচয়। ফলে অ্যাঙ্গলিকান এবং ক্যাথলিক উভয় চার্চকেই স্কুল তৈরি করতে উৎসাহিত করা হল ইংলিশ বোর্ডিং স্কুলের অনুকরণে। এসব স্কুলের অধিকাংশ প্রতিষ্ঠিত হয় দার্জিলিং, সিমলা, মুসৌরি, নৈনিতাল এবং উটাকামন্ডের মতো

ভারতের বিভিন্ন প্রান্তের হিল স্টেশনগুলির শীতল আবহাওয়ায়। পরবর্তীতে সিদ্ধান্ত হল এই স্কুলগুলো ভারতীয় অভিজাতদের সন্তানদেরও পড়াশোনার সুযোগ দেবে। ব্রিটিশ এবং খ্রিস্টান মূল্যবোধ সঞ্চারিত করে তাদেরকে অধস্তন আমলা, বাণিজ্যিক সহযোগী ধরনের কাজের উপযুক্ত বানিয়ে ব্রিটিশ সাম্রাজ্যের কাজে লাগান যাবে। ভারতীয় জীবন অথবা তার সংস্কৃতি এবং ঐতিহ্যের সামান্যই শেখান হত এইসব শিশুদের। তারা দীক্ষিত হয়ে ওঠে তাদের শাসকদের বিশ্বাস, মূল্যবোধ এবং পরম্পরায়।

আমার সপ্তম জন্মদিনের ঠিক পরেই ১৯৪২-এর মার্চে যখন সেন্ট পল'স স্কুলে এলাম সে সময় ভারতীয়রা স্কুলের ছাত্রসংখ্যার কুড়ি শতাংশের বেশি ছিল না। স্কুল তালিকাভুক্ত প্রায় দুশো ছেলের অধিকাংশ ছিল দেশছাড়া ব্রিটিশদের এবং উচ্চবর্গীয় অ্যাংলো-ইন্ডিয়ানদের সন্তানসন্ততি। পাশাপাশি ছিল কিছু আর্মেনীয়, যাদের পূর্বপুরুষ উনবিংশ শতকে বাংলার ব্যবসা জগতে প্রতিষ্ঠা পায়। অন্যান্য যারা হিন্দু, মুসলমান, ইহুদিদের ছোটো একটা দল এরা সকলেই এমন অভিজাত শিক্ষাপ্রতিষ্ঠানে ভরতির সুযোগ পেতে স্কুলের খ্রিস্টান আবহ মানতে বাধ্য হয়। স্কুলের ক্ষুদ্র মুসলিম গোষ্ঠীর পক্ষে এটা বিশেষ করে চ্যালেঞ্জিং ছিল। আমি যখন সেন্ট পল'স-এ এলাম তখন জুনিয়ার স্কুলে আমিই একমাত্র মুসলিম আর সিনিয়র স্কুলের জনা সাতেক ছেলেদের তিনজন আমার মামা শাহেদ শাহাবুদ্দীন, ফাইয়াজ আলম এবং রেশাদ নাসরুল্লাহ এবং আর চারজন। পরবর্তী বছরগুলোয় আরও মুসলিম ছাত্র এসেছে, কিন্তু আমার ন'বছরের সেন্ট পল'স জীবনে কখনোই একসাথে জনা বারোর বেশি ছিলাম না আমরা।

সেন্ট পল'স স্কুলে ভরতির আগে থেকে সেখানে যাবার প্রত্যাশাই আমাকে প্রলুব্ধ করেছিল। খুব আবছা মনে পড়ে মা সেবার দার্জিলিংয়ে ছুটি কাটাচ্ছেন আমাকে নিয়ে, তখন তার সঙ্গে দেখা করতে আসা সেন্ট পল'স স্কুলের ইউনিফর্ম পরিহিত আমার দুই মামা সাঈদ (ইনি সেন্ট পল'স ছাড়েন ১৯৩৮ সালের শেষে) এবং শাহেদ শাহাবুদ্দীনকে কীরকম ঈর্ষার চোখে দেখেছিলাম আমি। সাত বছরের একটা ছেলেকে বছরে ন'মাসের জন্য তার বাড়ি থেকে দূরের একটা বোর্ডিং স্কুলে পাঠানোর সম্ভাব্য নিষ্ঠুরতার চিন্তা আমার মাথায় তখন ঢোকেনি। জানি না, এই চিন্তাক্লিষ্ট হয়েছিলেন কিনা আমার মা, আমাকে সেন্ট পল'স স্কুলে পাঠাতে যাঁর ভূমিকা মুখ্য, অথবা আমার বাবা স্কুলের মাইনে যাঁকে দিতে হত তিনিও কিছু ভেবেছিলেন কিনা। ভারতীয় পুলিশ সার্ভিসের সদস্য হিসেবে সে সামর্থ্য তাঁর ছিল, যেমন ছিল সন্তানদের বোর্ডিং স্কুলে পাঠানো অধিকাংশ মা-বাবার।

যাদের ছেলেরা সেন্ট পল'স স্কুলে পড়ত সেইসব মা-বাবারা বেশিরভাগ বিভিন্ন ব্যবসায় যুক্ত অথবা ব্যবসায়ী সম্প্রদায় থেকে আসা। আমার বাবার মতো

কিছু সরকারি কর্মীও ছিলেন। সুতরাং এটা মনে হওয়া খুব স্বাভাবিক যে সেন্ট পল'স স্কুলের আসল মিশন তাদের দায়িত্বাধীন ছাত্রদের সেভাবে শিক্ষিত করা যাতে তারা তৎকালীন বাংলার প্রভাবশালী ব্যবসায়ী সম্প্রদায়ের কাজে লাগতে পারে। সাধারণত সেন্ট পল'স স্নাতকদের উচ্চাভিলাষ ছিল আইসিআই, বার্ডস, গ্ল্যাডস্টোন ওয়াইলি, জেমস ফিনলে, উইলিয়ামসন ম্যাগর – এবং আরও এই ধরনের বাণিজ্য সাম্রাজ্যের প্রতীকস্বরূপ কোম্পানিগুলোতে কভেন্যান্টেড অ্যাসিস্ট্যান্ট পদে নিযুক্ত হওয়া। পরবর্তী বছরগুলোয় ব্রিটিশরা চলে যেতে ব্যবসার সেক্টর অধিগ্রহণে উপযুক্ত হয়ে ওঠা ভারতীয় বণিক পরিবারগুলো তাদের ছেলেদের সেন্ট পল'স স্কুলে পাঠানো শুরু করে। মজার বিষয় হল, আইসিএস অথবা অন্য অভিজাত চাকুরিজীবি ভারতীয়দের মধ্যে খুব কম জনই তাদের ছেলেদের সেন্ট পল'স স্কুলে পাঠাত। তাদের পছন্দ ছিল সেন্ট জেভিয়ার্স অথবা লা মার্টিনিয়া ধরনের কলকাতার ডে স্কুলগুলো।

এ ধরনের বোর্ডিং স্কুলের আবহে বিদ্বানদের চেয়ে অধিক কদর ছিল 'জক' বা খেলোয়াড়দের। পেশিবহুল, সুগঠিত চেহারার যুবকরা স্কুল ক্যাপ্টেন অথবা চার প্রাক্তন সাম্রাজ্যনির্মাতার (ক্লাইভ, হেস্টিংস, হ্যাভলক এবং লরেন্স) নামাঙ্কিত চারটি হাউসের চার ক্যাপ্টেন হয়ে যেত। এই নেতারা সাধারণত স্কুলের প্রতিনিধিত্ব করত অথবা ক্রিকেট, ফুটবল, হকি টিমের অধিনায়ক হত অথবা বক্সিং, অ্যাথলেটিক্স কিংবা জিমন্যাস্টিক্সে সম্মানজ্ঞাপক কালারস অর্জন করত।

স্কুল হিরোদের তালিকায় এগিয়ে ছিল আর্মেনীয়রা। এই অ্যাথলেটিক তরুণদের পূর্বপুরুষ আর্মেনিয়া থেকে চলে এসে বাংলার নীল এবং পাটের ব্যবসার নিয়ন্তা হয়ে উঠেছিল। তাদের উত্তরপুরুষরা তৈরি করে সেন্ট পল'স স্কুলে আধিপত্য করা স্পোর্টসম্যান।

১৯৪২ সালে আমি যখন স্কুলে ভর্তি হলাম, তখন স্কুল ক্যাপ্টেন জন মার্টিন নামে এক আর্মেনীয়। সে ছিল স্কুল হেভিওয়েট বক্সিং চ্যাম্পিয়ন, দূরপাল্লার দৌড়ের চ্যাম্পিয়ন এবং স্কুল ফুটবল টিমের সেন্টার ফরওয়ার্ড। ছ'বছর বাদে তার ভাই লিওন মার্টিনও স্কুল ক্যাপ্টেন এবং তারকা খেলোয়াড় হয়; পরিশেষে বার্মার লাইট হেভিওয়েট বক্সিং চ্যাম্পিয়নও হয় সে। আশি বছরের কোঠা অবধি দুই ভাই তাদের পরবর্তী জীবন কাটিয়ে যায় ক্যালিফোর্নিয়ায় যেখানে বোধহয় আর্মেনিয়ার থেকেও বেশি আর্মেনীয়র বাস। আমার সেরা বন্ধুদের একজন ঢাকার আর্মেনীয় জন ল্যাজারাস, যার বাবা পূর্ব বাংলার বড়ো জুট কোম্পানিগুলোর একটি ল্যাজারাস অ্যান্ড কোম্পানি প্রতিষ্ঠা করেন। ল্যাজারাস আমার সঙ্গে সেন্ট পল'স স্কুলে ঢোকে ১৯৪২ সালে জুনিয়র-১ বিভাগে এবং ১৯৪৮-এর শেষ অবধি রয়ে যায়। পরে তার বাবার সঙ্গে ইংল্যান্ডে চলে গিয়েছিল ল্যাজারাস।

বোর্ডিং স্কুল আবহে আমি নিজেকে খুব ভালোভাবে মানিয়ে নিয়েছিলাম, যদিও মার্চ ১৯৪২-এ বাবা যখন আমাকে সেখানে নিয়ে গেলেন তখনও এর তাৎপর্য ততটা স্পষ্ট হয়ে ওঠেনি। মনে আছে ট্রেনে শিলিগুড়ি গিয়েছিলাম সেখান থেকে স্কুল অবধি গাড়িতে। মনে পড়ে না বাড়ি ছেড়ে প্রথম কয়েক রাত একাকী বিছানায় কেঁদেছিলাম কিনা, তবে খুব তাড়াতাড়ি নতুন বন্ধুদের সঙ্গে মিশে গিয়ে বোর্ডিং জীবন উপভোগ শুরু করি। ল্যাজারাস ছাড়া অ্যাবারডিন থেকে আসা স্কট ডেভিড ক্লার্ক এবং চেষ্টারফিল্ড ইয়র্কশায়ার থেকে আসা পরিবারের ছেলে জন ট্যালবটদের খুব ঘনিষ্ঠ বন্ধু হয়ে যাই আমি। পড়াশোনা সেই সঙ্গে অ্যাথলেটিক্সেও ভালো ফল করে ক্লার্ক জুনিয়র স্কুল ১০০ এবং ২২০ গজ দৌড়ের রেকর্ড ভাঙ্গে ১৯৪৫ সালে। তবে দ্বিতীয় বিশ্বযুদ্ধ শেষ হতে সেন্ট পল'স ছেড়ে স্বভূমি ইংল্যান্ড অথবা ইউরোপ ফেরা পরবাসীদের বিশাল তালিকায় যোগ দিয়েছিল ক্লার্ক। ১৯৪৭ পর্যন্ত ভারতে থেকে পরে চেষ্টারফিল্ডে ফিরে যায় ট্যালবট। এর বাইরে আমাদের ক্লাসে আমি ছাড়া দু'জন ভারতীয় ছিল।

আমাদের ক্লাস টিচার ছিলেন মিস নোরা ম্যাগ্রি যিনি সিনিয়র স্কুলের এক শিক্ষক ম্যালকম এলয়কে বিয়ে করলেন সে বছর। আমার সন্দেহ দুজনেই ছিলেন অ্যাংলো-ইন্ডিয়ান; তবে কেমব্রিজের সেলুইন কলেজ থেকে ভূগোল স্নাতক ম্যালকম এলয় উচ্চারণে ব্রিটিশ টান রপ্ত করেছিলেন। বোর্ডিং স্কুলের সঙ্গে আমার খাপ খাইয়ে নেওয়ার বিষয়টিকে আরও সৌহার্দপূর্ণ করার জন্য বহু চেষ্টা করেন স্নেহপরায়ণ নোরা ম্যাগ্রি। তার বোনের বিয়ে হয়েছিল জুনিয়র স্কুলের প্রধানশিক্ষক বি ও জ্যানসেন-এর সঙ্গে, ভারী চমৎকার স্বভাবের ছিলেন দুজনেই। ১৯৬৮ সাল নাগাদ লন্ডন স্কুল অফ ইকনমিকসে (এলএসই) থাকাকালীন সময়ে ব্রাইটনে পুরনো পলাইটদের পুনর্মিলনে, জ্যানসেন ও এলয় উভয় পরিবারের সঙ্গেই দেখা হয় আমার। দুই দম্পতিই তখন ব্রাইটনে স্থায়ী হয়েছেন। এত বছর পরের সাক্ষাতে প্রভূত উষ্ণতায়, স্মৃতিমেদুরতায় একে অপরকে আমরা সম্ভাষণ করেছিলাম। জুনিয়র ডর্মিটরি ম্যাট্রন ছিলেন মিস কোলেট। লম্বা মহিলা, মাথায় তুলোর মত সাদা চুল ছিল তার। এ কারণে তার চেহারায় এক রকমের মাতৃভাব ছিল, যার জন্য বেশি একটা কষ্ট ছাড়াই বোর্ডিং জীবনে থিতু হতে পেরেছিলাম।

আমি যখন স্কুলে ভরতি হই সে সময় রেক্টর ছিলেন লেসলি জন গডার্ড, স্কুলের সকলে তাকে চিনত 'পা' নামে। রোগা, বিরলকেশ এ মানুষটি এমএ পাশ করেন কেমব্রিজের ট্রিনিটি হল কলেজ থেকে, যেখানে আমি পরে পড়েছিলাম। সেন্ট পল'স স্কুলের রেক্টর হয়ে আসার আগে ইংলিশ পাবলিক স্কুল সেন্ট লরেন্স কলেজ, র‍্যামসগেট-এর সিনিয়র টিচার হয়েছিলেন তিনি। ১৯৩৪ সালে চৌত্রিশ বছর বয়সে সেন্ট পল'স স্কুলে রেক্টরের দায়িত্ব নেন গডার্ড

এবং তিন দশক স্কুলে চাকরি করে ১৯৬৪ নাগাদ অবসর নেন। অবসর গ্রহণের পর বাকিংহ্যামশায়ারের গ্রাম পেন-এ বাড়ি কিনে সঙ্গত কারণেই বাড়ির নাম রেখেছিলেন – জলাপাহাড়।

বহু বছর চাকরি করা স্কুলমাস্টারদের যেমন হয়ে থাকে গডার্ডও তেমনই। কুলীন ঢঙে কথা বলতেন। অনুভূতিপ্রবণ নবীন ছাত্রকূল পরম্পরার উদ্দেশ্যে আপতিক মন্তব্য হিসেবে উচ্চারিত হত তাঁর শব্দগুলো। অনুনাসিক খোনা সুর ছিল তার বৈশিষ্ট্য, যেটা তার আড়ালে খুব নকল করতাম আমরা ছাত্ররা, তেমনই বিশেষত্ব ছিল তার বিখ্যাত প্রজাপতি মার্কা জেল্লাদার স্বাক্ষর। সত্যি বলতে কি, দীর্ঘ দিনের চেষ্টায় পা-এর প্রজাপতি সই মক্‌শো করেই আমার নিজের সইয়ের উৎপত্তি। সেন্ট পল'স-এর পরবর্তী বছরগুলোয় পা-এর সঙ্গে বন্ধুত্বপূর্ণ সম্পর্ক গড়ে তুলেছিলাম আমি। সপ্তাহে একবার স্কুল ওয়ার্ক শেষে রেক্টরি-তে তার লাইব্রেরিতে সিনিয়র ছেলেদের আমন্ত্রণ জানাবার একটা রীতি ছিল গডার্ডের। এই সময়টা আমরা কাজে লাগাতে পারতাম তার লাইব্রেরির বই ঘেঁটে, রেডিও শুনে। লাইব্রেরির বিপুল পরিমাণ ক্রিকেট বইয়ের সংগ্রহ বিশেষভাবে আকর্ষণ করত আমাকে। গডার্ড বিশ্বাস করতেন কেবল আরামকেদারার দক্ষতা নয়, মাঠেও তিনি ক্রিকেটটা ভালো খেলেন। পঞ্চাশ বছর বয়সের আগে পর্যন্ত স্কুল টিমের পক্ষে এবং বিপক্ষে অনেক ম্যাচ খেলেন গডার্ড। বেশ কার্যকরী ছিল তার মিডিয়াম-স্লো স্যুইং বোলিং আর বেশ অভ্যস্ত ঢঙে ডেড ব্যাটে সামলাতে পারতেন নিজের উইকেট।

মনে আছে ১৯৪৮ সালে এক রাতে তাঁর লাইব্রেরিতে বসে ফুটবল অ্যাসোসিয়েশন চ্যালেঞ্জ কাপ (বেশি এফ এ কাপ নামে পরিচিত) ফাইনালে ম্যানচেস্টার ইউনাইটেড বনাম উলভারহ্যাম্পটন ওয়ান্ডারার্স-এর খেলার ধারাবিবরণী শুনি যে খেলায় ইউনাইটেড জিতেছিল ৪-২ গোলে। ১৯৪৮ সালের সে রাত থেকে আজ অবধি আমি ম্যানচেস্টার ইউনাইটেড ক্লাবের সমর্থক। গডার্ডের সঙ্গে টেস্ট ম্যাচের ধারাবিবরণীও শুনতাম আমরা। বিশেষভাবে মনে আছে ১৯৪৮-এ ইংল্যান্ডে অনুষ্ঠিত ইংল্যান্ড অস্ট্রেলিয়া টেস্ট সিরিজের ধারাবিবরণী। সেটা ছিল ব্র্যাডম্যানের শেষ টেস্ট সিরিজ। আমরা অস্ট্রেলিয়ার হয়ে গলা ফাটাচ্ছিলাম আর খুব বিরক্ত হচ্ছিলেন গডার্ড।

এ কথা মোটামুটি নিশ্চিত যে, গডার্ডের নজর ছিল আমার উপর। স্কুলের শেষ বছরটায় ক্রিকেট ছাড়াও বিভিন্ন বিষয় নিয়ে আমাদের আলোচনা তর্ক চলত। সে বছর তিনি আমাদের ঈশ্বর তত্ত্ব পড়াচ্ছিলেন; খুবই আগ্রহভরে ভালো করে আমি তা রপ্ত করি। ১৯৫০-এ স্কুলে আমার শেষ বছরে হেস্টিংস হাউসের ক্যাপ্টেন হতে আমন্ত্রণ জানালেন গডার্ড। প্রস্তাবটি আমি প্রত্যাখ্যান করি কারণ তাহলে আমাকে ক্লাইভ হাউস ছাড়তে হত। ১৯৪৬-এ সিনিয়র স্কুলে প্রবেশের সময় থেকে ক্লাইভ হাউসের প্রতি গভীর আনুগত্য জন্মেছিল

আমার। পুরনো হাউসের প্রতি আনুগত্যের কারণে আমি হাউস ক্যাপ্টেন্সিও ছাড়তে পারি দেখে খুব খুশি গডার্ড আমাকে ক্লাইভ হাউসের ক্যাপ্টেন এবং স্কুলের হকি টিমের ভাইস-ক্যাপ্টেন করে দেন। সে সময় তিনি আমাকে জানান, ১৯৪৮ সালে পূর্ব বাংলার মুখ্যমন্ত্রী খাজা নাজিমুদ্দিন ঢাকায় এসে সেন্ট পল'স স্কুলের মতো একটি স্কুল খুলতে তাকে আমন্ত্রণ জানিয়েছিলেন। প্রস্তাবে খুবই খুশি হয়েছিলেন গডার্ড, তবে সেন্ট পল'স স্কুলের প্রতি আনুগত্যের কারণে সে প্রস্তাব তিনি ফিরিয়ে দিয়েছিলেন। যদিও আমার সন্দেহ প্রকল্পটির বাস্তব সম্ভাব্যতা সম্পর্কে নিশ্চিত হতে না পেরেই সেটি প্রত্যাখ্যান করেন তিনি।

তিনি অবসর নেবার পর অনেকবার দেখা হয়েছে তার সাথে। ১৯৬৭-৬৮ সালে বহুবার গিয়েছি বাকিংহ্যামশায়ারে গডার্ডের জলাপাহাড় নামের বাড়িতে। ১৯৭০-এর দশকের শেষ দিকে আমরা যখন অক্সফোর্ডে সে সময়েও অনেকবার বাকসে (বাকিংহ্যামশায়ার সংক্ষিপ্ত রূপ) গিয়েছি তার সঙ্গে দেখা করতে। আন্দাজ সেই সময়টাই গডার্ডের দেহান্ত হয়। এর মাঝে ১৯৭১ সালে বাংলাদেশ মুক্তিযুদ্ধের সম্পর্কে দ্য গার্ডিয়ান পত্রিকায় লেখা আমার একটি নিবন্ধও নজরে পড়েছিল তার। আমার মতের সমর্থনে দ্য গার্ডিয়ান পত্রিকায় একটি চিঠিও লেখেন গডার্ড। দ্য গার্ডিয়ান পত্রিকার মার্ক আর্নল্ড ফস্টার চিঠিটি আমায় পাঠিয়ে দেন যেটা পেয়েই ফোন করে তাকে ধন্যবাদ জানিয়েছিলাম। কারণ ওই চিঠিটা পা-এর প্রাক্তন ছাত্র আমার কাছে ছিল ভালো রচনা লিখে A পাবার সমান।

১৯৪২-এ সেন্ট পল'স স্কুলে ভরতির পর থেকে গল্পটা ছেড়ে এগিয়ে এসেছি। পাবলিক স্কুল সংস্কৃতির সঙ্গে খাপ খাইয়ে নিতে খুব বেশি সময় লাগেনি আমার। খেলাধুলোয় দক্ষ হয়ে ওঠার উৎসাহ পেয়েছিলাম এবং যারা এ ব্যাপারে আমার থেকে এগিয়ে প্রশংসা করতাম তাদের। জুনিয়র স্কুলে সব খেলাই খুব হৈহৈ করে খেলতাম, তবে বক্সিং ছাড়া অন্য কিছুতে তেমন দাগ কাটতে পারিনি। প্রথম দু'বছর লোয়ার ওয়েট বিভাগে কিছু ঝলক দেখিয়েছিলাম তবে ১৯৪৩ জুনিয়র স্কুল বক্সিং ফাইনালসে প্রথম প্রবেশ করেই হেরে যাই। ধাক্কাটা পুষিয়ে নিই ১৯৪৪ সালে আমার ভালো বন্ধু অরুণ সেনকে ফাইনালে হারিয়ে। স্বাভাবিকভাবেই আমাদের লড়াই স্কুল-বক্সিং কোচের দৃষ্টি আকর্ষণ করে। ফলে সেন এবং আমার ফের ডাক পড়ল সিনিয়র স্কুল চ্যাম্পিয়নশিপে লড়বার। আবার সেনকে হারিয়ে দিই এবং তখন ইন্টার-স্কুল টুর্নামেন্টে সেন্ট পল'স স্কুলের হয়ে কলকাতার আর এক বোর্ডিং স্কুল সেন্ট টমাসের প্রতিযোগীর সঙ্গে লড়বার জন্য নির্বাচিত হলাম। সেন্ট টমাসের ছাত্রদের অধিকাংশ ছিল অ্যাংলো-ইন্ডিয়ান যারা বক্সিংয়ে খুবই দক্ষ ছিল।

১৯৪৭-৫০ প্রতি বছর সিনিয়র স্কুল পর্যায়ে আমার বক্সিং দক্ষতা জারি করতে থাকি। সাতচল্লিশ সালে আবার হারিয়ে দিই সেনকে। তবে আমার সেরা

সাফল্য এল ১৯৪৯ সালে যেবার আমার থেকে চার বছরের বড়ো আঠারো বছরের সিন্ধ্রি ছেলে কে এম আসোমৌলের সঙ্গে লড়ি। আসোমৌল আদপে তেমন ভালো বক্সার ছিল না, তবে ওর ঘুঁষি খুব জোরালো ছিল যে কারণে আমি জিতব এমন আশা কেউ করেনি। মনে আছে প্রাথমিক লড়াই থেকেই ওর কায়দাটা লক্ষ করেছিলাম এবং ওর এলোপাতাড়ি হাত চালানোয় গুরুতর আহত হওয়া থেকে বাঁচতে খুব কাছে গিয়ে ওর শরীরে মুষ্টাঘাত করার সিদ্ধান্ত নিই। আমি সেবার জিতি এবং আমার ক্লাসমেট এবং ক্লাইভ হাউসের ছাত্রদের কাছে এক রকম হিরো বনে যাই। স্কুল জীবনের অন্তিম বছরে আমাকে স্কুল কালার দেওয়া হয়েছিল ঠিকই, কিন্তু সেন্ট পল'স ছাড়বার পরে আর কখনও বক্সিং করিনি। ওজন বাড়ার প্রবণতা ছিল আমার, ফলে এই সিদ্ধান্তটি সঠিক ছিল। জলাপাহাড়ে যখন ছিলাম সে সময়ের গ্রুপ ফটোতে আমাকে দোহারা অ্যাথলেটিক গড়নের দেখাত, কারণ ওই সময় আমার ওজন কখনই আট স্টোন (পঞ্চাশ কেজির একটু বেশি) ছাড়ায়নি।

জুনিয়র স্কুলে বেশি পরিচিত ছিলাম পড়াশোনায় আমার সাফল্যের জন্য। স্কুলের শিক্ষাবর্ষে তিনটে টার্মে পরীক্ষা দিতে হত সাধারণত যেগুলোতে প্রথম থেকে চতুর্থ স্থানে থাকতাম আমি। ১৯৪৩ সালে ক্লাসে দ্বিতীয় পুরস্কার দেওয়া হল আমাকে। তবে আমার সেরা বছর ছিল চতুর্থ জুনিয়র ক্লাসে। সেটা ছিল জুনিয়র স্কুলে আমার শেষ বছর এবং ওই বার বছরের প্রতিটি পরীক্ষাতেই প্রথম হই। এই সাফল্যের জন্য ১৯৪৬ সালে এগারো বছর বয়সে ডাবল প্রমোশন দেওয়া হল আমাকে এবং আমি সিনিয়র স্কুলের ফর্ম-২ পর্যায়ে উন্নীত হই। অর্থ দাঁড়ায় সিনিয়র কেমব্রিজ পরীক্ষায় যখন বসি তখন আমার বয়স নিয়মমাফিক ষোলো বছরের থেকে এক বছর কম – পনেরো। জুনিয়র স্কুলের বন্ধুদের সঙ্গেও ছাড়াছাড়ি হয়ে যায় যেহেতু তারা তখন সিনিয়র স্কুল ফর্ম-১ প্রবেশের অপেক্ষায় রয়েছে।

১৯৪৫-এ যখন জুনিয়র স্কুল ছাড়ি, তখনই আমি স্কুলে মোটামুটি একজন পরিচিত ব্যক্তিত্ব – শুধুমাত্র আমার শিক্ষাগত সাফল্যের জন্য নয়, শিক্ষকদের সঙ্গে আমার সম্পৃক্ত হবার গুণের কারণেও। এ কারণেই হয়ত জুনিয়র স্কুলের শেষ বছর 'কেবল হাউসের' প্রিফেক্ট ও সহ-অধিনায়ক নির্বাচিত হই। আমার ক্লাসের বেশিরভাগ বন্ধুদের তুলনায় আমি অনেক পড়ে ফেলেছিলাম, যদিও খুব যে দারুণ বুৎপত্তি হয়েছিল তা নয়। আমার প্রিয় বইগুলো ছিল রিচমল ক্রম্পটনের উইলিয়াম বুকস। লেখিকার মূল চরিত্র উইলিয়াম ব্রাউন এক আদর্শ ইংলিশ গ্রামের বাসিন্দা যার বয়স চিরকাল এগারোতেই আটকে থাকে এবং যে একটা দস্যিদের দল গড়ে ডগলাস, হেনরি, জিঞ্জারদের নিয়ে নানা রকমের দৌরাত্ম্য করে বেড়ায়। গল্পের পটভূমি হিসেবে ইংলিশ গ্রামীণ জীবনের দৃশ্যাবলী আমার স্মৃতিবন্দী থেকে গেছে, যেমন রয়েছে গল্পগুলোর চরিত্ররা।

পাবলিক স্কুল সংস্কৃতি এমনকি এগারো বছরেরও কম বয়সী ছেলেদের মধ্যে শক্তপোক্তটিকে নেতার পর্যায়ে উন্নীত করে। আমার সময় জুনিয়র স্কুল গডফাদার ছিল একটি আর্মেনীয় ছেলে, মাফিয়াদের মতো যার নাম ছিল চার্লি মেন্ডোজা। আমার প্রথম তিন বছরে সে ছিল জুনিয়র স্কুল ত্রাস এবং একটা ভালো খেলোয়াড় দলের পান্ডা। এ ধরনের সমস্ত দলীয় সংস্কৃতির যা নীতি, অপেক্ষাকৃত কম প্রতিভাবান ছেলেটিকে হয় গিলে নেয় ওই শক্তপোক্ত ছেলে অথবা নরমসরম ছেলেটি তাকে এড়িয়ে যায়। আমি ছিলাম মাঝামাঝি জায়গায়। ফলে ১৯৪৪ সালে যখন শুনি উৎপীড়ন করার অপরাধে জুনিয়ার ফোর-এর ছাত্র মেন্ডোজা স্কুল থেকে বহিষ্কৃত হয়েছে তখন আর অহেতুক কাতর হই না। মেন্ডোজার ভয় দেখানো নিয়ে কিছু ছেলে প্রায়ই অভিযোগ এনেছে। মেন্ডোজাকে আমার ভালো মনে আছে। খুব বড়োসড়ো চেহারা তার ছিল না, এবং সে আসলেই কতখানি শক্তপোক্ত তা আদতে কেউ কখনও পরখ করে দেখেনি। তবে তার ছিল জর্জ র‍্যাফট অভিনীত হার্মাদ চরিত্রের ধরনধারন, পুরু ক্রেপড-সোল জুতো পরে স্কুলের চারপাশ চক্কর দিত আর কথা বলত খুব ঠান্ডা, ভীতিপ্রদ ঢঙে।

১৯৪৫ অবধি যে চার বছর জুনিয়র স্কুলে কেটেছে তখন ব্রিটিশ রাজ তার প্রতিপত্তির শীর্ষে এবং স্কুলের ঔপনিবেশিক আবহ ও ছাত্রকূলের গড়ন বেশির ভাগটাই অপরিবর্তিত। পৃথিবী তখনও যুদ্ধমত্ত আর দেশে ফেরার থেকে এখানে থেকে যাওয়া ছাড়া আর গত্যন্তর নেই সে সময় ভারতপ্রবাসী ইংরেজদের। স্কুলে ভরতি হওয়াদের মধ্যে তখনও সংখ্যালঘু ভারতীয়রা। স্কুলের বিশিষ্ট চরিত্র যাদের বলা হত, সেসব হাউস প্রিফেক্ট, অগ্রণী ক্রীড়াবিদ বেশিরভাগই ছিল অ-ভারতীয়। স্কুলের প্রথম ভারতীয় অধিনায়ক পল রাশিদ। ১৯৪৪ সালে প্রাথমিকভাবে স্কুল সহ-অধিনায়ক এবং হ্যাভলক হাউসের অধিনায়ক নির্বাচিত হয় রাশিদ। দারুণ স্পোর্টসম্যান ছিল সে, বিশেষ করে বক্সার হিসেবে। সে কেবল স্কুল টিমের অধিনায়কই হয়নি, ১৯৪৫ থেকে ৪৮ সালের মধ্যে কেমব্রিজের সেলুইন কলেজে ছাত্রাবস্থায় বক্সিং ব্লু খেতাবও পায়। পরে সে পাকিস্তানের প্রতিনিধিত্ব করে ১৯৪৮ লন্ডন অলিম্পিক গেমসে।

রাশিদ এবং দক্ষিণ ভারতীয় স্ট্যান নাইডু ছাড়া আর কোনো ভারতীয় ১৯৪২ থেকে ৪৭ সালের মধ্যে স্কুল ক্যাপ্টেন হয়নি, কেউ কেউ যদিও খেলাধূলোয় ঔৎকর্ষ দেখায়। ১৯৪২ থেকে স্কুল হকি টিমের লেফট উইংগার আমার মামা শাহেদ শাহাবুদ্দীন স্কুল টিমের ক্যাপ্টেন নির্বাচিত হয় ১৯৪৪ সালে। উল্লেখ্য, ১৯৪৬-এ রেশাদ নাসরুল্লাহও স্কুল হকি টিমে লেফট উইংগার খেলে সম্মানজনক কালার পায়, যে সম্মান পরবর্তীতে ১৯৫০ সালে লেফট উইংয়ে খেলে আমিও অর্জন করেছিলাম।

যে গুটিকয় ভারতীয় সিনিয়র স্কুলে ছিল তারা খেলাধূলোর তুলনায় অনেক ভালো ফল করেছিল পড়াশোনায়। সিনিয়র কেমব্রিজ পরীক্ষায় প্রথম বিভাগে উত্তীর্ণদের তালিকায় তারা ছিল এবং নির্দিষ্ট পাঠ্য বিষয়ে আরও বেশ কিছু প্রতিযোগিতামূলক পুরস্কার জিতেছিল।

আমার মামা শাহেদের আমি বিশেষ ভক্ত তার ক্রীড়া নৈপুণ্যের জন্য। বক্সিং এবং ফুটবলেও তার সুনাম হয়। দার্জিলিংয়ের ঢালের দিকের স্কুল সেন্ট জোসেফ'স ছিল আমাদের মারাত্মক প্রতিদ্বন্দ্বী। ওই স্কুলের ছাত্রদের অবজ্ঞাভরে স্পাজ্জিস বলতাম আমরা। সেন্ট জোসেফ'স স্কুলের সঙ্গে ১৯৪৪ সালের ঐতিহাসিক ফুটবল ম্যাচে লেফট উইং থেকে দর্শনীয় গোল করে সমতা ফিরিয়েছিল মামা। ওই খেলায় সেন্ট জোসেফ'স এক গোলে এগিয়ে যায় এবং মূলত রোসাম্বিউ নামে ওদের হাল্কা নীল জার্সি পরা গোলকীপারের চমৎকার দক্ষতায় লিড ধরে রেখেছিল। শাহেদ মামার শেষ মুহূর্তের গোল স্কুলের মান বাঁচায় এবং জুনিয়র স্কুলে আমারও মান বৃদ্ধি করে।

আমার আর এক মামা ফাইয়াজ আলম, যার ওজন ছিল বেশি, ক্রীড়াঙ্গনে সেও মোটামুটি ভালো দাগ রাখে। তবে এর জন্য তাকে ভালোরকম শারিরীক খেসারৎ দিতে হয়। ১৯৪২ সালে আমার স্কুলের প্রথম বছরেই স্কুল বক্সিং ফাইনালে সেন্ট পল'স স্কুলের বীরোচিত আর্মেনীয়দের একজন এবং সেরা বক্সার ম্যাক শ্যাতারের হাতে বেদম মার খেয়ে রক্তাক্ত পিন্ড হতে দেখি মামা ফাইয়াজকে। অস্বাভাবিক সাহস দেখিয়ে তারপরেও রিংয়ে দাঁড়িয়ে ছিল ফাইয়াজ এবং সেরা পরাজিত প্রতিযোগীর পুরস্কার জেতে। সেটা গৌরবের ছিল কিনা জানি না, তবে তার প্রাপ্য ছিল। পরবর্তী কালে ফাইয়াজ আমার আগে কেমব্রিজের ট্রিনিটি হলে পড়ে। তবে বক্সিং রিংয়ে ফের ঢোকার বদলে বাস্তববুদ্ধি বলে সে ক্রিকেট খেলা বেছে নিয়েছিল।

প্রতি রবিবার আমি শাহেদের কাছে যেতাম। সিনিয়র স্কুলের আশেপাশে বিখ্যাত হয়ে গিয়েছিল আমার ত্রাহি চিৎকার "কোথায় গেল আমার ভাই!" শাহেদ আর ফাইয়াজ একই ক্লাশে পড়তো। ফাইয়াজের সহযোগিতায় সে স্কুল লাগোয়া 'টাক শপে' নিয়ে মিঠাই, স্ন্যাক, সফট ড্রিঙ্কস ইত্যাদি আমাকে উদরপুর্তি করে খাওয়াত। কখনো কখনো আমাকে টাউনেও নিয়ে যেত, সেখানে এক পারিবারিক বন্ধুর বাড়িতে আমাদের সপ্তাহান্তিক ছুটি কাটবার অনুমতি পেতাম আমরা। এই জব্বার পরিবার থাকতেন সেন্ট পল'স থেকে নীচে নেমে শেভ্রিমন নামে একটা ভাড়া বাড়িতে। জব্বার পরিবারের নিবাস ছিল কলকাতায়। তাদের ছেলে সাঈদ ছিল সেন্ট জোসেফ'স-এর অনাবাসিক ছাত্র এবং সাঈদের বড়ো বোন বেলা পড়ত স্থানীয় মেয়েদের স্কুল সেন্ট মাইকেলে। তাদের দেখভালের দায়িত্বে ছিলেন ঢাকা নবাব পরিবারের মেয়ে এক গৃহশিক্ষয়ত্রী, ফারুখ বেগম।

এর অর্থ শেভ্রিমনে সাপ্তাহিক ছুটি কাটানো মানেই খাসা সব খাবার-দাবারের সুযোগ করে দিত আমাদের; সেখানে ভুরিভোজ করে স্কুলের খাওয়ার অতৃপ্তি কিছুটা পূরণ করতে পারতাম আমরা।

ছুটির দিনগুলোয় টাউনে আমাদের একটা বড়ো মনোরঞ্জন ছিল দার্জিলিং জিমখানা ক্লাব দর্শন, বিশেষ করে ওই ক্লাবের সদস্য আমার বাবা যখন আমার সঙ্গে দেখা করতে দার্জিলিং আসতেন। জিমখানার একটা দুর্দান্ত স্কেটিং রিং ছিল যেখানে আমার মা স্কেটিং শেখেন। রিংয়ের কুশলতা কিছুটা রপ্ত করতে শিখেছিলাম আমিও। চাকার কসরত সেরে আমার খাওয়া সেরা দারুণ স্বাদু পোট্যাটো চিপসের অর্ডার দেওয়া হত। দার্জিলিং জিমখানাকে উপভোগ করেছিলাম তার পূর্ণ গৌরবে। পরে ২০০৬ সালে রওনকের সঙ্গে পুনর্দর্শনে আমার ক্লাসের বন্ধু মোহন জেঠভানিকে নিয়ে ডিনার খেতে গিয়ে জিমখানার হাল দেখে ভীষণ মুষড়ে পড়ি। ম্যালে লেখরাজ অ্যান্ড সনস নামে কাপড়, সেলাইয়ের সুতো, পিন ইত্যাদি সরঞ্জামের পারিবারিক দোকান চালাতে দার্জিলিংয়ে থেকে গিয়েছিল জেঠভানি। অন্ধকার, ধুলিমলিন সমাধির চেহারা জিমখানা। তার স্কেটিং রিং নেই, নেই সেসব সুস্বাদু খাবারও।

শেভ্রিমনে থাকা হোক অথবা আমার বাবা বা মা দার্জিলিং আসলে তাদের সঙ্গে থাকা হোক, এমনকি যখন আমরা সিনিয়র স্কুলে, সে সময়ের সপ্তাহান্তিক ছুটিতে একবেলা টাউন সফর, যেটাই হোক, টাউন ঘুরতে আসার মানে ছিল স্কুল ব্লেজার, টুপি পরতে হবে এবং ছাতা বইতে হবে। আমাদের ঘোর শত্রু সেন্ট জোসেফ'স-এর ছেলেরা যাদের স্পাজ্জিস বলতাম তারা প্রতিশোধপরায়ণতা থেকে ওই ছাতা দেখে আমাদের নাম দেয় 'ছাত্তাওয়ালা'। স্কুলের ব্যাজ পরে আমরা সাধারণত যেতাম সিনেমা দেখতে অথবা সুলভ পার্ক রেস্তরাঁয় খেতে, যেখানে ভিন্ন স্বাদের এশীয় খাবার দাবার পাওয়া যেত। টাউনের মাঝখানে ভদ্রগোছের সাজানোগোছানো ক্যাপিটল সিনেমায় আরও নতুন মুভিগুলো দেখানো হত। ডেভিড লিন পরিচালিত গ্রেট এক্সপেক্টেশনস-এর দুর্দান্ত সংস্করণ দেখেছিলাম এখানে মনে পড়ে। এখনও মনে পড়ে বন্ধু ল্যাজারাস খুব চোখের জল ফেলেছিল যখন মোহিনী তরুণী জ্যঁ সিমন্স অভিনীত বালিকা এস্টেলা ভেল বদলে হয়ে গেল পূর্ণবয়স্ক অভিনেত্রী ভ্যালেরি হবসন। হাউস অফ ফ্র্যাঙ্কেনস্টাইন, হাউস অফ ড্রাকুলা ধরনের কিছু ভয়ের ছবি নিম্নমানের সাদাকালো প্রিন্টের দেখতে হলে আমার খালাতো ভাই কামরু আর আমার পছন্দের ছিল ক্যাপিটল সিনেমা হলের নীচে টাউন বাজারের কাছে কম পরিবেশমানসম্পন্ন রিঙ্ক সিনেমা।

টাউনে এলে এবং পয়সা থাকলে ঘোড়া ভাড়া করে টগবগিয়ে স্কুলে পৌঁছে যেতাম। সেন্ট পল'স স্কুল ড্রাইভ বেয়ে জিঞ্জার বয় এমন সব নামের হাড্ডিসার টাট্টুর পিঠে সওয়ার হয়ে পাল্লা চলছে ল্যাজারাসের সঙ্গে আর পিছন পিছন

দৌড়ে আমাদের অনুসরণ করছে নেপালি অশ্বপাল – পুরো ব্যাপারটার রোমাঞ্চ আজও মনে আছে। অন্য আরেক বিনোদন ছিল মলে দাঁড়িয়ে সেন্ট মাইকেলস অথবা আরও সুপরিচিত লরেটো কনভেন্টের মেয়েদের অপাঙ্গ দেখা। এর মধ্যে সেন্ট মাইকেলস ছিল সেন্ট পল'স-এর সিস্টার স্কুল, আর লরেটো কনভেন্ট ছিল একই জেস্যুইট বংশোদ্ভুত হবার কারণে সেন্ট জোসেফ'স-এর সিস্টার স্কুল। পুরনো আমলে ভগিনীত্ব বলতে বোঝাত দুই স্কুলের সিনিয়র ছেলে-মেয়েদের মিলিত বাৎসরিক নাচ। খুবই আফসোসের ব্যাপার, আমরা যতদিনে বাৎসরিক নাচের অংশ নেবার উপযুক্ত সিনিয়র হলাম ততদিনে উঠে গেছে সেন্ট মাইকেলস স্কুল।

মাঝে মাঝে আমার মা বা বাবা এক সপ্তাহের হুইটসান অথবা পূজোর ছুটিতে দার্জিলিং আসলে ফারুক আর আমি তাদের সঙ্গে থাকতাম হয় তাদের কোনো বন্ধুর বাড়িতে অথবা বিলাসবহুল এভারেস্ট হোটেলে যেখানে হোটেলের উঁচুমানের রেস্তরাঁয় উর্দিপরা ওয়েটারদের পরিবেশিত চার কোর্সের লাঞ্চ খাবার দাওয়াত দিতাম আমাদের বন্ধুদের। মা-বাবার এধরনের ভিজিট অন্য যেসব বাহুল্যে মদত দিত তার একটি ছিল চৌরাস্তায় দামি দোকান প্লিভাস-এর চা খাওয়া, যারা খুব সুস্বাদু পেস্ট্রি পরিবেশন করত।

১৯৪৫ সাল সেন্ট পল'স স্কুলের এক সন্ধিক্ষণ। দ্বিতীয় বিশ্বযুদ্ধ সমাপ্তি সঙ্কেত হিসেবে প্রথমে ইউরোপে নাৎসীদের আত্মসমর্পণের খবর এবং পরে জাপানের আত্মসমর্পণের খবর শুনে কতটা উল্লসিত হয়েছিলাম মনে আছে। স্কুল ছাড়ার পর অনেক পলাইট যুদ্ধে নাম লিখিয়েছিল এবং এমনকি যুদ্ধবীর বা শহীদও হয়েছে। জার্মানি আত্মসমর্পণ করলে ইউরোপে যুদ্ধ জয় দিবস পালনে প্রথমে মে মাসে একদিন স্কুল ছুটি ঘোষণা করা হল এবং দ্বিতীয়বার নাগাসাকিতে পারমাণবিক বোমা ফেলার পরে জাপান আত্মসমর্পণ করলে যুদ্ধ সমাপ্তি পালনে দেওয়া হল আর এক দফা ছুটি।

নিয়মিত ছুটির বাইরে এ ধরনের ছুটি সবসময়েই ভালো লাগত। বিরল রৌদ্রকরোজ্জ্বল দিন হলে আরও বেশি। এপ্রিল থেকে সেপ্টেম্বর বর্ষার দিনগুলো অবিরাম বৃষ্টিস্নাত দার্জিলিংয়ে রোদ ছিল এক বিশেষ ঘটনা। বস্তুত সারা বিশ্বে বৃষ্টিপাতের অনুপাতে চেরাপুঞ্জির পরে দ্বিতীয় স্থানাধিকারী ছিল দার্জিলিং। তার মানে প্রতিদিন অঝোর বর্ষায় ফুটবল খেলা। বর্ষায় ঘুম ভেঙে উঠে খুব কম দিনই দেখেছি ঝকঝকে রোদ্দুর আর পূর্ণ গরিমা উজ্জ্বল কাঞ্চনজঙ্ঘা আমাদের দিকে তাকিয়ে আছে। এমন উপলক্ষে রেক্টরকে রোদ ঝলমল দিনের ছুটি ঘোষণার বিধিমাফিক অনুরোধ জানাতে রেক্টরি-র দিকে আনুষ্ঠানিক কেতায় হেঁটে যেত স্কুল ক্যাপ্টেন আর চতুর্ভুজে রুদ্ধশ্বাস অপেক্ষায় থাকত ছেলেরা। সে বুড়ো আঙুল উঁচিয়ে বিজয়ীর ঢঙে বেরিয়ে এলে উল্লাসে ফেটে পড়তাম আমরা। এ ধরনের উজ্জ্বল অবকাশ কাটাবার নানারকম প্রস্তুতি চলত। সেটা হয়ত হত

দার্জিলিংয়ের জলসরবরাহের উৎস সিঞ্চল লেকে বিশেষভাবে আয়োজিত স্কুল পিকনিক অথবা শহরে ঘুরতে যাওয়া অথবা স্কুলের আশপাশে নিছক আলস্যে দিন কাটানো।

দুর্ভাগ্যক্রমে দার্জিলিংয়ে সানশাইন হলিডে ছিল বিরল। বরং মারাত্মক বিপদ ছিল সাইক্লোন, যার ফলে ধস নেমে আসত পাহাড়ের ঢালে। স্কুলে আমার শেষ বছর ১৯৫০ সালে এ রকম প্রাকৃতিক বিপর্যয়ের মুখে পড়েছিলাম আমরা যার দরুণ এমন বিশাল ধস নামে যে শিলিগুড়ি থেকে দার্জিলিংয়ের মূল রাস্তা বহু জায়গায় অবরুদ্ধ হয়ে পড়ে, মূল সরবরাহের রাস্তাগুলোর সঙ্গে সংযোগ বিচ্ছিন্ন হয় শহরের। দার্জিলিং শহর থেকে জলাপাহাড়ে আমাদের স্কুলে যাবার রাস্তাও বন্ধ হল। ফলে বেশ কয়েক সপ্তাহ বিঘ্নিত হয় খাদ্য সরবরাহ। সঞ্চিত খাবারের ভাঁড়ার নির্ভর হতে বাধ্য হল স্কুল আর আমাদের সবাইকে ভুগতে হল দিনে দু'বার বরাদ্দ খাদ্য নিয়ন্ত্রণবিধি দিয়ে। সে দুই সপ্তাহ পঞ্চম এবং ষষ্ঠ শ্রেণীর ছাত্রদের কিছু ক্লাস ছাড় দেওয়া হল পাহাড় থেকে নেমে স্কুলের পথ আটকানো কাদার ধস সরিয়ে রাস্তা তৈরির কাজে অংশ নিতে। জীবনে দিনমজুর হবার অভিজ্ঞতা আমার কাছে যদিও অ্যাডভেঞ্চারের ছিল, তবে সকলের হাতে ফোস্কা পড়ে যাওয়ায় আর এই শারিরীক ধকল সামলানোর জন্য যথেষ্ট খাবার না পাওয়ায় এ অ্যাডভেঞ্চার পুরোপুরি উপভোগ্য হতে পারেনি।

যুদ্ধ শেষে অত্যন্ত প্রাসঙ্গিক অথচ অপ্রত্যাশিতভাবে যুদ্ধোত্তর ব্রিটেনের সাধারণ নির্বাচনে ক্লেমেন্ট অ্যাটলি-র নেতৃত্বে লেবার পার্টি'র জয়ের ফলে ভারতে ব্রিটিশ রাজের অবসান সম্ভাবনা বাস্তব হয়ে ওঠে। ১৯৪৬ সালে স্কুলে ফিরে দেখি বেশ কয়েকজন বন্ধু অনুপস্থিত। ডেভিড ক্লার্ক সহ আমাদের উপরের এবং নীচের ক্লাসের অনেকেই তাদের মা-বাবার সঙ্গে ভারত ছেড়ে ফিরে গেছে তাদের 'দেশে', সেটা যেখানেই হোক। যারা দেশে ফেরার সিদ্ধান্ত নিয়েছিল তাদের অনেকেই 'ব্লাইটি' দেখেনি (ব্রিটেন বোঝাতে অ্যাংলো-ইন্ডিয়ান সম্প্রদায় এই স্ল্যাং ব্যবহার করত)। তাদের জন্ম এবং বেড়ে ওঠা যদিও ভারতে, কিন্তু স্বাধীন ভারতে অ্যাংলো-ইন্ডিয়ান সম্প্রদায়ের জন্য কী হতে যাচ্ছে ভেবে শঙ্কিত হয়ে পড়েছিল তারা। অনেকে যারা থেকে গিয়েছিল ১৯৪৭ সালের শেষে ভারতে ব্রিটিশ সাম্রাজ্য শেষ হবার ঠিক পরেই তারাও চলে যায়। স্কুলের পরিবর্তিত গড়ন স্পষ্ট হয়ে ওঠে অ-ভারতীয়দের অনুপাত হ্রাসের সঙ্গে সঙ্গে। ১৯৪৬ সালে এরা ছিল সংখ্যায় শতকরা পঞ্চাশ ভাগের নীচে; ১৯৪৯-এ কমে হল শতকরা কুড়ি ভাগের নীচে। আমি যখন স্কুল ছাড়ি সেন্ট পল'স স্কুলের অ-ভারতীয়দের সংখ্যা দশ শতাংশের নীচে চলে গেছে।

বিদেশিদের এই নিষ্ক্রমণে ক্রীড়াক্ষেত্রে তৈরি ফাঁকা জায়গা ভরাটের সুযোগ পায় আমার মতো কম প্রতিভাধর কিন্তু উৎসাহীরা। জুনিয়ার স্কুলে বক্সিং ছাড়া অন্যান্য খেলাধূলোয় পারদর্শী হলেও কখনই স্কুল টিমে জায়গা করতে পারিনি।

আমার সুনাম ছিল মূলত ক্লাস রুমে। যাই হোক, সিনিয়র স্কুলে ফের নিজেকে প্রতিষ্ঠিত করতে হল যেহেতু ডবল প্রমোশন পেয়ে আমি যে ক্লাসে উঠি সেটা ছিল আমার বয়সের বিভাগ থেকে উঁচু। সুখের কথা প্রথম থেকেই ভালো ফলাফল ছিল আমার এবং প্রথম টার্মে প্রথম পাঁচের মধ্যে স্থান পাই। সিনিয়র স্কুলের পরবর্তী বছরগুলো আমাকে আর পিছন ফিরে তাকাতে হয়নি; ক্লাসে সেরা তিন থেকে চারের তালিকায় নিজের জায়গা পাকা করে ফেলি।

সিনিয়র স্কুলে স্পষ্টভাষী, টিচারদের সঙ্গে বিতর্কে আগ্রহী, সুপঠিত ছাত্র হিসেবে আমার আবার সুনাম হয় এবং যথাযথই ১৯৫০ সালের করণ মজুমদার সাধারণ জ্ঞান পুরস্কার পেলাম। স্কুলের রীতি অনুযায়ী বিভিন্ন বিষয়ে রচনা প্রতিযোগিতার ভিত্তিতে এই বিশেষ পুরস্কার দেওয়া হত, যেগুলো পেতে প্রতিযোগিতা করত পঞ্চম এবং ষষ্ঠ শ্রেণীর উজ্জ্বল ছাত্রেরা। অনুতাপের বিষয় আমার আশা মতো সব প্রাইজ আমি জিতিনি, যদিও ইংরেজি রচনা ইতিহাস, ঈশ্বরতত্ত্ব, ভূগোল এবং ল্যাটিন ইত্যাদি বিষয়ক অধিকাংশ প্রতিযোগিতাতেই আমার নাম সসম্মানে উল্লিখিত হয়েছে। অঙ্ক বা বিজ্ঞানে প্রতিযোগিতা করার দক্ষতা আমার ছিল না। আমার বছরে সেরা ছাত্র এবং বেশির ভাগ পুরস্কার বিজেতা ছিল আমার সারা জীবনের বন্ধু মনু পালচৌধুরি। খুব স্মার্ট এবং ভালো পড়াশোনা ছিল তার; তবে শেষ অবধি পারিবারিক চা এবং ইঞ্জিনিয়রিং ব্যবসায় যুক্ত হয় সে।

সিনিয়র স্কুলে বেশিরভাগ অ-ভারতীয়দের প্রস্থানের সুযোগে স্পোর্টসম্যান হিসেবে আমার পরিচিতি বাড়ে বিশেষ করে ১৯৪৭-এর পর। বক্সিং ছাড়া দূরপাল্লা দৌড়ে আমি অপ্রত্যাশিত দক্ষতা অর্জন করি। ১৯৪৬-এ সিনিয়র স্কুলে আমার প্রথম বছরে এগারো বছর বয়সে জুনিয়র ম্যারাথনে আমি চতুর্থ হই। স্কুল ঘিরে পাহাড়ের গায়ের রাস্তায় সাড়ে তিন মাইল দূরত্বের এই দৌড়ে যোগ দিতে পারত সিনিয়র স্কুলের চোদ্দো বছরের নীচের ছেলেরা। পরের বছর জুনিয়র ম্যারাথন জেতার একটা সহজ সুযোগ ছিল কিন্তু আমি ব্যর্থ হই। আমার বেল্ট ছিঁড়ে গিয়েছিল এবং প্রায় অর্ধেক পথ হাফপ্যান্ট চেপে ধরে দৌড়াতে হয়। তারপরও এভাবে দৌড়েই তৃতীয় হয়ে সমাপ্তিরেখা ছুঁতে পেরেছিলাম আমি। ১৯৪৮-এ আমি জুনিয়র ম্যারাথন জিতি এবং সেই সঙ্গে জিতে নিই ভিক্টর লুডোরাম পুরস্কার - ১২ থেকে ১৩ বছর বিভাগের সেরা অ্যাথলেটকে যেটা দেওয়া হত। ১৯৪৯ সালে অনেকের সঙ্গে এমনকি নিজেকেও আশ্চর্য করে সিনিয়র ম্যারাথন দৌড়ে প্রথম হলাম। সেবারই প্রথম জুনিয়র স্কুল পাশ করে সবে সিনিয়র স্কুলে ঢোকা এক বালক এমন কৃতিত্ব অর্জন করল। ১৯৫০ সালে ১৪ থেকে ১৫ বছর বয়স গ্রুপের সেরা অ্যাথলেট হিসেবে দ্বিতীয়বার ভিক্টর লুডোরাম কাপ জিতি এবং সেই সঙ্গে জিতি সিনিয়র ম্যারাথন, লং জাম্প, ৪৪০ ও ৮৮০ গজ লো হার্ডলস এবং মাইল রেসে দ্বিতীয় হই।

অ্যাথলেটিকসে আমাকে সম্মানজ্ঞাপক কালার প্রদান করা হয় এবং কালার পাই বক্সিং, ফুটবল এবং হকিতেও যাতে আমি স্কুলের সহ-অধিনায়ক ছিলাম। সেন্ট পল'স ক্রিকেট টিমেও খেলেছি তবে ফিল্ডিং ছাড়া খেলার অন্য কোনো বিভাগে দাগ কাটতে পারিনি।

এভাবে সব দিক মিলিয়েই একজন অলরাউন্ডার ভাবা হত আমাকে যার কৃতিত্ব শুধু খেলাধূলোতেই সীমাবদ্ধ ছিল না, পাশাপাশি সে পড়াশুনা, তার্কিক দক্ষতা এবং অল্পবিস্তর অভিনয় ক্ষমতাও দেখিয়েছে। স্কুলে অভিনীত রিচার্ড দ্য সেকেন্ড নাটকে টমাস মাউব্রে-র ভূমিকায় অভিনয় করি আমি। এই নাটক সিনিয়র কেমব্রিজে পড়ানো হত আমাদের। এই ভূমিকাই ছিল আমার জন্য আদর্শ; আমি মঞ্চে ঢুকি প্রথম দৃশ্যে দর্শকদের মাঝ থেকে উচ্চনাদে 'আমার নাম টমাস মাউব্রে' বলে এবং প্রথম দৃশ্য শেষে দ্বিতীয় রিচার্ডের দ্বারা নির্বাসিত হই এবং দর্শকাসনে ফিরে গিয়ে স্বস্তিতে বসতে পারি। স্টেজ থেকে আমার আশু নিষ্ক্রমণে খেদ প্রকাশ করে আমার অভিনয়ের স্বীকৃতি দিয়েছিল স্কুলের বিবরণী!

আমার সেন্ট পল'স স্কুলের পালা সাঙ্গ হল ১৯৫০ সালে, যদিও বিদায়পর্বের মাধুর্য উপভোগ করেছিলাম যখন জানতে পারলাম আমার ক্লাসের সতেরো জন ছাত্রের মধ্যে যে ছয় জন প্রথম বিভাগে সিনিয়র কেমব্রিজ পরীক্ষায় উত্তীর্ণ হয়েছে তাদের মধ্যে আমিও আছি। আমাদের ক্লাসের ছাত্রদের মান নিঃসন্দেহে অত্যন্ত উঁচু ছিল বলতে হয়, কারণ অন্তত আমার সিনিয়র স্কুলের বছরগুলোতে ১৯৪৬ থেকে ৫০ সালের মধ্যে অন্য কোনো বছর দুই জনের বেশি ছাত্রকে প্রথম বিভাগে উত্তীর্ণ হতে পারেনি।

সেন্ট পল'স স্কুলের বছরগুলোর কথা মনে পড়লে গভীর স্মৃতিবিধুর হয়ে পড়ি। সাত বছর বয়সে সেখানে যাই স্কুলের দ্বিতীয় কনিষ্ঠতম ছাত্র হিসেবে এবং আমার বিশ্বাস মাত্র পনেরো বছর বয়সে একজন পূর্ণ মানুষ হয়ে বেরিয়ে আসি। এত অল্প বয়সেই যে স্বনির্ভর ও আত্মবিশ্বাসী হতে শিখেছিলাম তার অনেকটাই অর্জন করেছিলাম সেন্ট পল'স-এ। ছোটো ভাই ফারুকের অভিভাবকের ভূমিকা নিতে হয়েছে আমাকে। ১৯৪৭ সালে ছ' বছরের কচি ফারুককে জুনিয়র স্কুলে ভরতি করে দিয়ে গেলেন মা। ১৯৫০ সালে সেন্ট পল'স ছেড়ে আমারই সঙ্গে এইচেসন রওনা দিতে হয় তাকে, ফলে সেন্ট পল'স-এ জুনিয়র স্কুলের বেশি আর এগোতে পারেনি ফারুক। তবে এ পর্যায় পর্যন্তও সে পড়াশোনায় ভালো ফল করে এবং ক্লাসের বহু পুরস্কার জেতে।

আমি যেমন আমার মামাদের সঙ্গে সিনিয়র স্কুলে দেখা করতাম, তেমনই প্রতি রবিবার ফারুক আমার সঙ্গে দেখা করত আপ্যায়িত হবার আশায়। ছোটো ভাইয়ের দেখভালের মধ্যে পড়ত ফি বছর ফারুককে কলকাতা থেকে দার্জিলিং নিয়ে আসা এবং নিয়ে যাওয়া। যখন ট্রেনে করে স্কুলে যেতাম স্কুল

পার্টি শিয়ালদা স্টেশন থেকে তৎকালীন পূর্ব বাংলার মাঝ দিয়ে হার্ডিঞ্জ সেতু পেরিয়ে ঈশ্বরদী, সান্তাহার স্টেশন হয়ে শিলিগুড়ি পৌঁছত। সেখান থেকে বিখ্যাত টয় ট্রেনে উঠতাম আমরা। কু ঝিকঝিক শব্দে ট্রেন পাহাড় বেয়ে উঠত, মাঝে কার্শিয়াংয়ে লাঞ্চের জন্য থেমে আমাদের দার্জিলিং পৌঁছে দিত বিকেলে। পাহাড়ী চড়াই এবং পাকদন্ডীর এই লম্বা জার্নিতে এক বিষম দায় ছিল ফারুক যেহেতু পথে অসুস্থ হয়ে পড়ার প্রবণতা ছিল তার।

১৯৫০ সালে ছেড়ে আসার পর ১৯৮০-তে প্রথম যেবার সেন্ট পল'স পুনর্দর্শনে গেলাম তখন আমার পুত্রদ্বয় বাবর ও জাফরকে সঙ্গে নিয়ে যাই বোর্ডিং স্কুলে যাওয়া সম্পর্কে তাদের অনুভূতি পরখ করতে। স্যাঁতস্যাঁতে, বিবর্ণ ছিল সেদিনটি এবং এক নজর জায়গাটা দেখেই বুড়ো আঙুল উলটে নাকচ করে দিল ছেলেরা। যাই হোক, সালমা তার ছেলেদের ওই বয়সে বোর্ডিং স্কুলে পাঠাবার কথা চিন্তায়ও আনতে রাজি হত না, কিন্তু অবশেষে 'ও' লেভেল উন্নীত হলে তাদের বাড়ি থেকে ছাড়তে রাজি হয় সে। ১৯৮০ দশকের মাঝামাঝি কোডাইকানালে দক্ষিণ ভারতের পাহাড়ে সে সময় বাংলাদেশীদের প্রিয় আমেরিকান-পরিচালিত কো-এডুকেশন স্কুলে ভরতি হল বাবর। দু'বছর বাদে জাফরও উত্তর ভারতের হিল স্টেশন মুসৌরিতে আমেরিকান মিশনারি সংস্থা পরিচালিত উডস্টক বোর্ডিং স্কুলে ভরতি হয়। অত্যন্ত বর্হিমুখী স্বভাবের এবং খেলাধূলোয় অসাধারণ প্রতিভাবান আমার দুই ছেলেই তাদের বাবার চেয়েও আরামে মানিয়ে নিয়েছিল বোর্ডিং স্কুল জীবন। বস্তুত কোডাইকানালে স্কুল স্টুডেন্ট কাউন্সিলের প্রেসিডেন্ট নির্বাচিত হয়ে বাবর বেশ সুনাম পায় এবং স্কুল কর্তৃপক্ষের বিরুদ্ধে একটি ছোটোখাটো বিদ্রোহেও নেতৃত্ব দেয়। অবশ্য আমরা সেন্ট পল'স স্কুলে যেমন পেয়েছি তার তুলনায় আমেরিকান সহশিক্ষার স্কুলগুলোতে জীবনযাপন অনেকটাই স্বচ্ছন্দ। সন্দেহ আছে আমার পুরনো স্কুলের কৃচ্ছসাধন এবং কঠোর নিয়মানুবর্তিতায় ছেলেদের দুজনের একজনও টিকত কিনা।

২০০৬ সালে রওনককে নিয়ে আবার সেন্ট পল'স গিয়েছিলাম। আমরা একটা ছোটো ছুটি কাটাচ্ছিলাম এবং ম্যালে জিমখানা ক্লাবের ঠিক নীচে দ্য উইন্ডামেয়ার হোটেলে উঠি। এখনও ল্যাডেনল পরিবার পরিচালিত উইন্ডামেয়ার হোটেল গুটিকয়েক প্রতিষ্ঠানের মধ্যে একটি যা পুরনো দার্জিলিংয়ের চারুতা ধরে রেখেছে এবং এমনকি আজও চা পানের সময় অতিথিদের ছোটো গোলাকার হাল্কা মিষ্টি কেক স্কোন পরিবেশন করে। যেহেতু হাজার ফুট উঁচু জলাপাহাড়ে হেঁটে ওঠার সামর্থ্য আমার আর নেই তাই একটা ট্যাক্সি নেওয়া হল। সেটা আমাদের নামিয়ে দেয় স্কুলের খেলার মাঠের কিনারে যেখানে এক সময় অনেক সময় কেটেছে আমার। ভারতীয় খ্রিস্টান রেক্টর তার রেক্টরিতে বসে চা-পানের আমন্ত্রণ জানান আমাদের। শুধুই স্কুলের নতুন কাঠামোগুলো না

দেখিয়ে আমাদের তিনি নিয়ে যান স্কুল চ্যাপেলে। যতদূর মনে পড়ল একই রকম আছে চ্যাপেল যেখানে ন'বছর প্রতিদিনের প্রার্থনায় উপস্থিত থেকেছি আমি। শেষ বছরে স্কুল প্রিফেক্ট হিসেবে মাঝেমধ্যে বাইবেলের অধ্যায়গুলো পাঠ করেছি। ন'বছর চ্যাপেলে বাধ্যতামূলক হাজিরা খ্রিস্টান না বানিয়েও খ্রিস্টধর্ম বিষয়ে অনেক কিছু শিখিয়েছিল আমাকে। আমাদের আমন্ত্রণকর্তা রেক্টর জানালেন ভারতের স্বাধীনতার ছয় যুগ পেরিয়ে ২০০৬ সালেও চ্যাপেলে উপস্থিতি সেন্ট পল'স-এর সব ছাত্রদের জন্য আজও বাধ্যতামূলক, যদিও সম্ভবত পঁচানব্বই ভাগ ছাত্রই খ্রিস্টান নয়। এ ধরনের শর্তে ভরতির সময় অভিভাকদের লিখিত সম্মতি দিতে হয়, যা বাচ্চাদের অভিজাত স্কুলে পড়াবার সুযোগ পাওয়ার স্বার্থে তারা সহজেই মেনে নেন। একই কথা প্রযোজ্য বাংলাদেশী মা-বাবাদের জন্যও। ওই সময় সেন্ট পল'স স্কুলে তেতাল্লিশ জন এদেশী ছাত্র ভরতি ছিল। তবে মনে হয় না চ্যাপেলে হাজিরা দেবার ফলে এসব ছেলেদের একটিও খ্রিস্টান হয়ে যাবে, আমিও যেমন হইনি।

ধর্মীয় আচার পালন এবং বাধ্যতামূলক খেলাধূলোকে চরিত্র গঠনের আবশ্যিক শৃঙ্খলা হিসেবে গণ্য করা খ্রিস্টধর্মের এই পেশিবহুল সংস্কৃতি সেন্ট পল'স ধরনের প্রতিষ্ঠানের মাধ্যমে উপমহাদেশের উত্তর ঔপনিবেশিক অভিজাত শাসকশ্রেণীর হাতে গচ্ছিত রেখে গেছে ব্রিটিশ রাজ। দেশ গড়ার কাজে অধিকতর গুরুত্বপূর্ণ বিবেচিত হয় এই সংস্কৃতি। এতে শেখানো হয়, শুধু পড়াশোনায় কৃতিত্ব অর্জন নয়, চরিত্রের সংজ্ঞা নিরুপক হলো যেকোনো খেলা শেষ পর্যন্ত খেলে যাওয়ার প্রতিজ্ঞা। যে ব্রিটিশ শাসক শ্রেণীর পূর্বপুরুষ খুব প্রতিভাধর অভিজাত বা জমিদার গোত্রীয় ছিল না, তাদের কাছে উত্তরাধিকার সূত্রে পাওয়া খেলাধূলোকে শ্রেষ্ঠত্বের শিরোপা পরানো এই সংস্কৃতি পড়াশোনায় কৃতিত্ব অর্জনের ভারতীয় ঐতিহ্যের সম্পূর্ণ বিপরীত।

সাহেবী বোর্ডিং স্কুলের মাইনে জোগাবার সামর্থ্য যেসব ভারতীয় ছাত্রদের ছিল না তারা সাধারণত স্থানীয় অনাবাসিক স্কুল বেছে নিত যেসব স্কুলে শুধু পড়াশোনা এবং যৎসামান্য খেলাধুলায় উৎসাহ দেওয়া হত। কেমব্রিজ পরিকল্পিত পরীক্ষা পদ্ধতির বদলে ভারতীয় শিক্ষা বিভাগ পরিচালিত ম্যাট্রিকুলেশন এবং ইন্টারমিডিয়েট পরীক্ষায় স্থানাধিকার করতে হাড়ভাঙা খাটুনি ও রাত জেগে পড়াশোনা করতে বাধ্য হত এইসব স্কুলের ছাত্ররা। অমর্ত্য সেনের মতো এইসব ছাত্ররাই বিএ পরীক্ষায় প্রেসিডেন্সি কলেজ থেকে ফার্স্ট ক্লাস পেয়ে বিদেশ যেত, হয় তাদের শিক্ষাগত অনুক্রমের উন্নয়নে অথবা সেকালের আইসিএস পরীক্ষা বা হালের ইন্ডিয়ান অ্যাডমিনিস্ট্রেটিভ সার্ভিস (আইএএস) পরীক্ষায় বসার যোগ্যতা অর্জনে। সেন্ট পল'স থেকে প্রায় কেউই আইএএস পরীক্ষায় বসেনি অথবা উত্তীর্ণ হয়নি। কেবল এস ভি এস জুনেজা এবং ললিত পারিজার কথা আমার মনে আছে ১৯৪৬ সালে এরা দুজন সিনিয়র কেমব্রিজ পরীক্ষায়

ফার্স্ট ক্লাস পায় এবং আইএএস পরীক্ষায় বসে সফল হয়। পারিজা অবশ্য সেন্ট পল'স স্কুলের প্রতিভাবান ক্রিকেটার ছিল এবং পরিশেষে রণজি ট্রফি প্রতিযোগিতায় তার রাজ্য ওড়িশার অধিনায়ক হয়। ওই প্রতিযোগিতায় একবার সে ডাবল সেঞ্চুরি করেছিল।

খুব কম পলাইটই শিক্ষাকে পেশা বেছেছিল এবং সম্ভবত ১৯৪৬ থেকে ১৯৫০-এর মধ্যে সেন্ট পল'স থেকে পাশ করা ছাত্রদের মধ্যে যারা বিশ্ববিদ্যালয় শিক্ষক হতে চেয়েছিল তাদের একজন ছিলাম আমি। বেশিরভাগ পলাইট পেশা হিসেবে বেছে নেয় ব্রিটিশ মালিকানার বাণিজ্যিক সংস্থা এবং পরে ভারতীয় কর্পোরেট সেক্টরের চাকরি। অথবা তারা তাদের পারিবারিক ব্যবসায় প্রবেশ করে। শিক্ষাগত ঔৎকর্ষ নির্ভর ছিল না এ ধরনের পেশা প্রবেশ; বরং তা নির্ভর করত পারিবারিক যোগাযোগ অথবা উত্তরাধিকারের ওপর, যা ছিল ব্রিটিশ পাবলিক স্কুল সিস্টেমের সার কথা।

এই যে অল্প বয়সী ছেলেদের গড়ে উঠার বয়সে শেখানো হল যে তারা প্রচলিত সমাজ বিন্যাসে শুধু একটি নির্দিষ্ট শ্রেণীর সঙ্গে নিজেদের সম্পৃক্ত করবে – এই ব্যবস্থা সেন্ট পল'স ধরনের স্কুল পড়ুয়াদের তাদের চারপাশের বৃহত্তর জগতের ঘটনাক্রমের সঙ্গে অবধারিতভাবে বিচ্ছিন্ন করেছে। এটা আরও বেশি করে সত্যি আবাসিক ছাত্রদের ক্ষেত্রে – বছরে ন'মাস যাদের বহির্জগতের সঙ্গে শারিরীক সংযোগহীন পর্বতচূড়ার নির্জনবাসে বন্দী থাকতে হত। আমি জলাপাহাড়ে থাকাকালীন একটা বিশ্বযুদ্ধ হল এবং থেমেও গেল পরিবর্তিত হল বিশ্ব বিন্যাস। দেশের ভিতর রক্তঅশ্রু মেশানো পথে স্বাধীন হল ভারতবর্ষ, দ্বিখণ্ডিত হল উপমহাদেশ।

যখন দশ বছর বয়সে সেন্ট পল'স-এ স্কুলে বসে দ্বিতীয় বিশ্বযুদ্ধ পরিসমাপ্তি ছুটি এবং ভোজ দিয়ে পালন করছি তখন আমার কোনো ধারণাই হয়নি এই যুদ্ধশেষ গোটা বিশ্বের কাছে অথবা এমনকি ভারতের কাছে কী বার্তা বয়ে আনল। ১৯৪৫ সালের সাধারণ নির্বাচনে চার্চিলের টোরি দলের পরাজয় বেশ সবিস্ময় অভিনন্দন পেল আমাদের শিক্ষক মহলে, যেহেতু এক হাতে সিগার আর অন্য হাতে ভি ফর ভিকট্রি দেখানো চার্চিলের থেকে বড়ো চার্চিলের ভাবমূর্তি আমাদের চোখে তাকে অজেয় প্রতিপন্ন করেছিল। যুদ্ধের ধারাপাতে ইউরোপ জুড়ে যে সামাজিক ওলটপালট ঘটে গেল যার চূড়ান্ত রূপ লেবার দলের বিপুল জয়; কিন্তু সেসবে তেমন কিছুই যায় আসেনি আমাদের।

যুদ্ধোত্তর ইউরোপের রাজনীতি সম্পর্কে আমাদের সীমাহীন অজ্ঞতা না হয় বোঝা গেল কিন্তু নিজেদের দেশে কী হচ্ছে তার খোঁজ না রাখার কোনো ব্যাখ্যা নেই। আমরা কিছুটা জেনেছিলাম ধুতি পরা গান্ধী নামের এক ভদ্রলোকের নেতৃত্বে স্বাধীনতা সংগ্রাম চলছে কিন্তু অধিকাংশই বুঝতাম না কেন এই লোকটিকে আমরা চাইবো এমন একটি শাসনের বিকল্প হিসেবে, যে শাসন

কলকাতায় আমাদের সুন্দর জীবন যাপনে সাহায্য করেছে, সেন্ট পল'স-এর মতো কিছু স্কুলে নিরুপদ্রব পড়াশোনার সুযোগ দিয়েছে, আর কেনই বা বিকল্প হিসেবে পেতে হবে এমন একটা শাসিত শ্রেণীকে যারা ঠিকমতো ইংরেজিও জানে না। ১৯৫০ সালে স্বাধীনতার তিন বছর পরে আমাদের এই ধারণা সংশোধন করলেন গডার্ড যিনি একবার ক্লাসে বলেছিলেন তার শোনা সেরা ইংরেজির প্রয়োগকর্তা নেহেরু। ভারত স্বাধীন হলে স্কুল শিক্ষকরা কংগ্রেস রাজের গুণকীর্তন করে খুশি, প্রশংসায় ভরিয়ে দেন দলের নেতাদের। ভারতীয় গভর্নর জেনারেল চক্রবর্তী রাজাগোপালাচারী স্কুল প্রদর্শনে এলে তাকে বিশেষভাবে আপ্যায়ন করা হয়; তবে আমরা কয়েকজন কম শ্রদ্ধাশীল ছেলে আড়ালে তার নাম দেই 'রাজ্জারবলচার্লি'।

স্বাধীনতার পথে শেষ ধাপ রক্তাক্ত হল দেশভাগে এবং বাড়ির খুব কাছেই ১৯৪৬-এর কলকাতার বড়ো দাঙ্গায় যেবার পরস্পরকে নির্বিচার খুন করে হিন্দু মুসলমান। এই ঘটনার সময় বহির্বিশ্ব থেকে বিচ্ছিন্ন আমরা রয়েছি দার্জিলিংয়ে। আমি তখন সিনিয়র স্কুলের ফর্ম টু বিভাগে পড়ি এবং আমার বা আমার ক্লাসের বন্ধুদের চৈতন্যে এইসব ভয়ঙ্কর ঘটনা রেখাপাত করেছিল কিনা মনে করতে পারি না।

আমার ক্লাসের খুব অল্পসংখ্যক ছেলেদের একজন ছিলাম আমি যে নিয়মিত রেক্টরের অফিসের পাশে লিওন হলে স্কুল লাইব্রেরিতে যেতাম কলকাতা থেকে আসা দ্য স্টেটসম্যান কাগজ পড়তে। কিন্তু অবধারিতভাবে প্রথমেই কাগজের শেষ পাতায় খেলার খবরে চলে যেতাম ১৯৪৬ গ্রীষ্মে ইংল্যান্ড সফরকারী ভারতীয় ক্রিকেট দলের সাম্প্রতিকতম স্কোর দেখার জন্য। এটাই ছিল শেষ পাক-ভারত সংযুক্ত দল যার নেতৃত্ব দেন পতৌদির নবাব ইফতিকার আলি খান, যার অধিক পরিচিত ছেলে নবাব মনসুর আলি খানও ১৯৬০-এর দশকে ভারতীয় ক্রিকেট দলের অধিনায়কত্ব করেন।

খেলার পাতায় চিত্তবিক্ষিপ্তি আমাকে দ্য স্টেটসম্যান কাগজের প্রথম পাতা উলটে দেখতে নিরুৎসাহিত করত যে পাতা পড়লে জানতে পারতাম কলকাতা, বিহার, নোয়াখালির দাঙ্গা এবং অন্তিমে পাঞ্জাবের বীভৎস খুনোখুনির বৃত্তান্ত। আমার ইচ্ছাকৃত অজ্ঞতা নিয়ে ফর্ম থ্রি বিভাগের ছাত্র আমার খালাতো ভাই কামরুজ্জামান অথবা তার বা আমার ক্লাসের কেউ কখনও ঘাঁটায়নি। মনে পড়ে না আমার পলাইট মামাদের শেষ জন, কে এম রেশাদ, যে তখন সেন্ট পল'স-এর অন্তিম বর্ষীয় ছাত্র, সেও এসব দাঙ্গাহাঙ্গামা নিয়ে আমাকে কখনো কিছু বলেছিল কিনা। রেশাদ নিজে সেই নগণ্য সংখ্যক পলাইটদের একজন যে বেশ রাজনীতি সচেতন ছিল, কেননা তার বাবা খাজা নাসরুল্লাহ ছিলেন তৎকালীন বাংলার আইনসভায় মুসলিম লীগ সংসদীয় দলের চীফ হুইপ যে আইনসভায় তখন মুখ্যমন্ত্রী সোহরাওয়ার্দী। পড়াশোনায় খুব চৌকস ছিল না রেশাদ, তবে

হকিটা খুব ভালো খেলত। কট্টর মুসলিম লীগ মতামতের জন্য সিক্সথ ফর্মে তার সহপাঠীরা তাকে বেশ উত্যক্ত করত এবং ব্যঙ্গাত্মক একটা উপাধিও তার জুটে যায় – পানওয়ালা। যে কোনো কারণেই হোক যে পেশাকে মুসলমানদের সঙ্গে জুড়ে দেওয়া হত। সবাইকে অবাক করে দিয়ে রেশাদ টাওয়ার হিস্ট্রি প্রাইজ জেতে যেখানে প্রতিযোগীদের মিন্টো-মর্লে রিফর্মস নিয়ে রচনা লিখতে বলা হয়। ভারতকে স্বরাজ দেবার প্রথম ব্রিটিশ প্রয়াস হিসেবে বিবেচিত হত মিন্টো-মর্লে রিফর্মস। যেহেতু ইতিহাস পন্ডিত হিসেবে রেশাদের পরিচয় সর্বগ্রাহ্য ছিল না, তার ক্লাসের বন্ধুদের মধ্যে প্রচলিত বিশ্বাস ছিল কলকাতায় তার বাবার রাজনৈতিক সচিবদের একজন রচনাটি মকশো করে রেশাদের কাছে পাঠিয়ে দেয় সেটা নিজের নামে চালানোর জন্য। এই গল্পের সত্যাসত্য আমি কখনও যাচাই করিনি, তবে হিস্ট্রি প্রাইজ জেতাকে রেশাদ চিরদিন তার সাদামাঠা শিক্ষা জীবনের সন্ধিক্ষণ বিবেচনা করেছে।

পার্টিশানের মানসিক ক্ষতগুলো সম্পর্কে আমার অজ্ঞতা পরবর্তীতে ভারত ভাগ, পাকিস্তানের জন্ম, এবং শুধু উপমহাদেশ নয়, আমার এবং আমার পরিবারের জন্য এসব ঘটনার নিহিতার্থ কী সে বিষয়ে আমার নিজস্ব ধারণা ও মূল্যায়নকেও প্রভাবিত করে। ১৯৪৭-এ যখন ভারত ভাগ হল পুরোপুরি তখনও ভাবতে পারিনি একদিন কলকাতার বাড়ি ছাড়া এবং অন্য দেশে যাওয়ার মধ্যে বেছে নিতে হবে আমাকে। ১৯৫০ অবধি ভারত-পাকিস্তানের মধ্যে যাতায়াত অবাধ ছিল। এটা বুঝতে পারি ১৯৪৮-এর গোড়ায়, যেবার আমি মা এবং ফারুক তিনজনে সদ্যোজাত পাকিস্তান রাষ্ট্র ঢাকায় যাই তখন পূর্ববঙ্গ প্রদেশের মুখ্যমন্ত্রী আমার নানা খাজা নাজিমুদ্দিনের কাছে এক মাস কাটাতে। মনে আছে শিয়ালদা স্টেশন থেকে ট্রেনে উঠে এক রাতের মধ্যে পৌঁছই পদ্মার পশ্চিম পাড় গোয়ালন্দ ঘাটে, সেখান থেকে স্টিমারে নারায়ণগঞ্জ। বস্তুত ১৯৪৭ সালের পরে আমাদের স্কুলে যাবার ট্রেন যেটা কলকাতার শিয়ালদা স্টেশন থেকে শিলিগুড়ি পৌঁছে দিত আমাদের সেটা পূর্ববঙ্গ পেরিয়ে যেত বিনা বাধায়। ১৯৫১-র জানুয়ারিতে ফারুককে নিয়ে দিল্লি থেকে লাহোর বিমান সফর পরিচয়পত্র ছাড়াই করেছিলাম। বাস্তবে পাকিস্তানে দু'বছর কাটাবার আগে পর্যন্ত দুই দেশের ধারণা আমার চেতনায় পুরোপুরি গাঁথা হয়নি।

স্কুলে যে ছেলেটা বৌদ্ধিক লঘুভারদের একজন ছিল তার ক্ষেত্রে এই পর্যায়ের অজ্ঞতা সে সময় আমার নিজের রাজনৈতিক অশিক্ষার পরিমাপ। সেই সঙ্গে সেন্ট পল'স স্কুলে আমাদের গুটিপোকার জীবন সম্পর্কে একটা ধারণাও আপনাদের দেবে যেখানে আমাদের শিক্ষকরা অথবা আমাদের শিক্ষা ব্যবস্থা অথবা আমাদের নিজেদের সমাজ-সামাজিকতা কোনোটাই চারপাশের রাজনৈতিক এবং সামাজিক বাস্তবতার সঙ্গে আমাদের পরিচয় করায়নি। আজ যদিও কিছুটা উদ্বেগ নিয়ে জীবনের সেই পর্যায়ে আমার নিষ্পাপ অবস্থাটা ফিরে

দেখি, তবু সেই অজ্ঞতা হয়ত আসলে আশীর্বাদই ছিল যে জলাপাহাড়ে আমার নিরুত্তাপ জীবন কেটে গিয়েছে চারপাশের বিপুলায় বিশ্বের ঘটনাপ্রবাহ তার কোনো বিঘ্ন ঘটায়নি।

কাঞ্চনজঙ্ঘার ছায়ায় এক পাহাড়চূড়ায় শান্ত মনোরম অস্তিত্ব, হয়ত দ্বীপমন্ডুক, ১৯৫০ সালের নভেম্বরে সমাপ্ত হল। সমাপ্তির সেই দিনগুলো খুব ভালো মনে আছে আমার। স্কুলের বছর শেষে, নভেম্বরের মাঝে স্কুলের ফাইনাল পরীক্ষার পর আমাদের স্কুল জীবনের একটা আনন্দঘন দিন। বর্ষা চলে গেছে, পাহাড়ের ঠান্ডা বাতাস শীতের রোদ্দুরে বিশেষ মুচমুচে একটা ভাব, এবং প্রায় প্রতিদিন কাঞ্চনজঙ্ঘা দর্শন হচ্ছে আমাদের। সামনে সাড়ে তিন মাসের অবকাশ। আমরা স্কুল থেকে নীচে নেমে আসার আগের দিন চ্যাপেলে প্রার্থনা গীত দিয়ে শেষ হল স্কুলের শিক্ষাবর্ষ। এই প্রার্থনা গীত আমার ভালো লাগত যেটা শুরু করত গানের গলা আছে এমন ছেলেদের নিয়ে তৈরি স্কুলের গায়কদল (কয়্যার)। কয়্যার শোভাযাত্রা করে চ্যাপেলে প্রবেশ করত গোটা স্কুল তখন ক্যারল গাইছে "একদা রাজকীয় ডেভিডের শহরে"। অন্যান্য ক্যারল যেমন "ঈশ্বর আপনাদের বিশ্রাম দিন হে আনন্দিত ভদ্রমহোদয়রা", "শান্ত রাত্রি, পবিত্র রাত্রি", "ওগো ছোট্ট শহর বেথেলেহেম" সর্বদা আমার স্মৃতিতে থেকেছে তবে আমার বিশেষ পছন্দের ছিল "দ্য হলি অ্যান্ড দ্য আইভি" এবং "এসো সকল বিশ্বাসী"।

ক্যারল সার্ভিস শেষে খুব স্ফূর্ত মেজাজে আমরা পাহাড়ের উপরে স্কুলের ডাইনিং হলের দিকে এগোই যেখানে বিদায়ী নৈশভোজের জন্য গোটা স্কুল সমবেত হয়েছে। বিশেষ এবং উদরপূর্তি খাবার দেওয়া হয় আমাদের, মজার ভাষণ এবং খুব আমোদ হয়। শেষ বছরে ছাত্রদের হয়ে বিদায়ী ভাষণ দিতে আমন্ত্রিত হলাম আমি। কী বলেছিলাম আজ মনে নেই, তবে সেটা খুব মজার ছিল, মনে রাখার মতো না হলেও।

পরের সকালে ছাত্রদের প্রথম দলটা হেঁটে নেমে যায় দার্জিলিং স্টেশনে টয় ট্রেনে উঠে পাহাড় বেয়ে নীচে শিলিগুড়ি যেতে যেখান থেকে আমরা কলকাতাগামী ট্রেনে উঠি। সাধারণত গোটা ট্রেনটা স্কুলের জন্য সংরক্ষিত হত সে কারণে আমাদের প্রথা ছিল একটা জমকালো অলঙ্করণ তৈরি করে ট্রেনের সামনে লাগিয়ে দেওয়া। পরের সকালে কলকাতায় আমাদের স্বাগত জানাতেন আমাদের মা-বাবারা। তখন থেকে আমাদের ভোজ এবং উৎসব শুরু যতদিন না পরের মার্চে আবার শিলিগুড়ির ট্রেনে উঠতাম আমরা।

শেষ বছরে সিনিয়র কেমব্রিজ ক্লাস স্কুলে থেকে যেত ফাইনাল পরীক্ষার জন্য যেটা সাধারণত হত স্কুলের বাকিরা তাদের ছুটিতে চলে যাবার পর। ১৯৫০ সালের নভেম্বরের সেই শেষ সপ্তাহে খুব অদ্ভুত লাগছিল যখন দেখি সিনিয়র ডরমিটরিতে আমরা মাত্র সতেরো জন রয়েছি, বাকি স্কুল খাঁ খাঁ, যেন পরিত্যক্ত। কেমব্রিজ পরীক্ষা সাধারণত চলত দু'সপ্তাহ। প্রথম সপ্তাহের শেষে

আমরা দু'দিনের ছুটি পেলাম। আমাদের ক্লাসের ছেলেরা হেঁটে নেমে গিয়ে সেন্ট জোসেফ'স-এ আমাদেরই মতো কেমব্রিজ পরীক্ষার্থীদের সঙ্গে ফুটবল ম্যাচ খেলল। যদ্দূর মনে আছে আমরা ওদের অমীমাংসিত ফলাফলে আটকে রেখেছিলাম। পরীক্ষা শেষ হবার সঙ্গে আমার সেন্ট পল'স-এর জীবন শেষ হল। নভেম্বরের শেষে পাহাড় থেকে যখন নেমে আসছি সে দিনটা ছিল চনমনে, শীতল কিন্তু রোদের ঝলক কাঞ্চনজঙ্ঘাকে তার পূর্ণ মহিমায় আলোকিত করেছিল। কাঞ্চনজঙ্ঘার ছায়ায় অতিবাহিত আমার ন'বছরের জীবনকে বিদায় জানাবার মুহূর্তে বুঝিনি ভিন্ন সময়ের ভিন্ন জগতের আরেক আমি এর পরের বার জলাপাহাড়ে আসতে আরও তিরিশ বছর কেটে যাবে।

৪

লাহোর: জমিদার প্রধানদের মাঝে বেড়ে ওঠা

ছোটো ভাই ফারুকের সঙ্গে লাহোর পৌঁছই ১৯৫১ সালের জানুয়ারি মাসে। ১৯৫০-এ দার্জিলিং সেন্ট পল'স স্কুলে ন'বছরের অধ্যয়ন শেষে সে বছরের নভেম্বরে সিনিয়র কেমব্রিজ পরীক্ষায় বসার পর আমার মা চেয়েছিলেন যাতে কেমব্রিজ এইচএসসি পরীক্ষার প্রস্তুতি নিই আমি। যেহেতু সেন্ট পল'স স্কুল থেকে সে সুযোগ ছিল না, তাই আমাকে এবং ফারুককে লাহোরের এইচেসন কলেজে পাঠাবার সিদ্ধান্ত নিলেন মা। আমাদের পুরনো পারিবারিক বন্ধু মালুক সিং বেদীর বড়ো ছেলে ভূপিন্দর সিং বেদীর কাছে মা শুনেছিলেন এইচেসন সেন্ট পল'স-এর মতোই মানসম্পন্ন ভালো স্কুল। বস্তুত ১৯৪৭ সালে ভূপিন্দর এইচেসন স্কুলের ক্যাপ্টেন ছিল এবং পাঞ্জাব ভাগের ফলে লাহোরের শিখ সম্প্রদায় বিপন্ন সংখ্যালঘু হয়ে পড়ার ঠিক আগে সেখানে পড়াশোনা শেষ করতে পেরেছিল। ভূপিন্দর ভারতীয় সেনাবাহিনীতে যোগ দেয়। তখন একবার কলকাতা সফরে এলে আমার মা'র সঙ্গে তার দেখা হয় এবং সে এইচেসন স্কুলের গুণকীর্তন করে।

ভূপিন্দরের এইচেসন সংক্রান্ত মতামত আরও জোরদার করে আমার সহপাঠী অমর সিং; সেন্ট পল'স-এর শেষ দু'বছর সে নিয়মিত আমাকে ওই প্রতিষ্ঠানের প্রশংসা শুনিয়ে যায়। সে এবং তার দুই ভাই ১৯৪৭ পর্যন্ত এইচেসন স্কুলে পড়েছিল। ১৯৪৮-এ সেন্ট পল'স-এ চলে আসে অমর এবং তার ভাই। অপরিসীম রাজনৈতিক অজ্ঞতার কারণে আমি বারবার অমরকে (অ্যাম্বি নামে পরিচিত) জিজ্ঞাসা করি কেন সে এইচেসন-এর মতো ঈর্ষনীয় স্কুল ছেড়ে সেন্ট পল'স-এ চলে আসা বেছে নিল। উত্তরে মুখ কালো করে অমর বলত – "নিজের গলা কাটতে দেবার খুব আগ্রহ আমার হয় নি"। বিভক্ত পাঞ্জাব সীমান্তের দুধারে নারকীয় সাম্প্রদায়িক গণহত্যা সম্পর্কে নির্লজ্জ রকমের অজ্ঞ আমি অ্যাম্বির এ ভীষণ কথাটির অর্থ তখন সম্পূর্ণ বুঝতে পারিনি।

এইচেসন সম্পর্কে ভূপিন্দরের উচ্চ প্রশংসা বাড়তি গুরুত্ব পেল যখন ১৯৪৯ সালে আমার মায়ের বড়ো বোন সিকান্দার (সিকা খালা) সপরিবারে পাকিস্তান চলে যায়। যেহেতু জামানরা লাহোরের বাসিন্দা হল, মা ভাবলেন

ওখানে আমাদের যত্নআত্তি ভালো হবে। মা সে সময় ভারতে থেকে যাওয়ার সিদ্ধান্ত নিয়েছেন এবং আমাকে ও ফারুককে ছেড়ে দিলেন আমাদের নতুন আশ্রয় পাকিস্তানে নিজেদের পথ খুঁজে নিতে। কলকাতা থেকে দিল্লীর পথে অংশত তিনি আমাদের দুজনকে সঙ্গ দেন। দিল্লীতে স্বল্পকাল থাকার সময় ২৬ জানুয়ারি ১৯৫১ ভারতের প্রথম প্রজাতন্ত্র দিবস কুচকাওয়াজ প্রথম সারিতে বসে দেখবার বিশেষ সুযোগ পাই আমরা, যে মার্চ পাস্টে অভিবাদন নিচ্ছিলেন প্রজাতন্ত্রের প্রথম রাষ্ট্রপতি রাজেন্দ্র প্রাসাদ এবং প্রধানমন্ত্রী পন্ডিত জওহরলাল নেহেরু। প্রজাতন্ত্র দিবস উদযাপন সংগঠকদের একজন আমাদের পারিবারিক বন্ধু উইং কমান্ডার চম্মন মেহতার সৌজন্যে এই ঐতিহাসিক অনুষ্ঠানে উপস্থিত থাকার সুযোগ মিলেছিল আমাদের।

প্রজাতন্ত্র দিবসের কিছু পরেই ফারুক আর আমি পাকিস্তান রওনা হই। লাহোর বিমানে আমাদের তুলে দিয়ে মা জামানদের খবর দিলেন তারা যেন আমাদের বিমানবন্দরে নিতে আসে। সদ্য গজানো দেশীয় সীমানাগুলো পারাপার করতে তখনকার দিনে পাসপোর্ট বা ভিসা কিছুই লাগত না। তাই আমি যে সীমান্ত পেরিয়ে নতুন দেশে এসে পড়েছি পুরোপুরি এমন বোধ হল না।

লাহোর বিমানবন্দরে যখন ফারুক আর আমি নামি তখন সেটা বড়োজোর একটা খোলা মাঠ; একটা স্বল্পসজ্জিত ঘর যার টার্মিনাল। আমাদের স্বাগত জানাতে সেখানে হাজির নেই কোনো পরিচিত জন। বুঝলাম, জামানদের কাছে মায়ের বার্তা পৌঁছয়নি। ভিনদেশে প্রথম আসা সম্পূর্ণ আগন্তুক আমি, যার ষোলো বছর বয়সও হয়নি, সঙ্গে জুড়ে দেওয়া দশ বছরের ভাই, যাকে এই অজানা ভূচিত্রে আত্মরক্ষা করতে একা ছেড়ে দেওয়া হয়েছে। আমার আত্মরক্ষার দক্ষতা অবশ্য ততদিনে খুব পোক্ত হয়েছিল ন'টা বছর বাড়ি থেকে অনেক দূরে দার্জিলিং পাহাড়চূড়োয় আটকে জীবনের মোকাবিলা করে। কপাল ঠুকে উঠে পড়ি এয়ারপোর্ট টার্মিনাল থেকে যাত্রীদের লাহোরের কেন্দ্রস্থলে ফালেত্তি হোটেলে নিয়ে যাবার বাসে। তখনকার দিনে লাহোরের একমাত্র প্রথম শ্রেণীর হোটেল ফালেত্তিতে আমাকে বলা হল এম্প্রেস রোড, যেখানে জামানরা থাকে, তা খুব কাছেই। অতএব আমি একটা টাঙ্গা ডেকে ফারুক এবং স্তূপাকৃতি লটবহর চাপিয়ে আমাদের পারিবারিক আশ্রয়ের সন্ধানে বেরিয়ে পড়ি। টাঙ্গায় চড়ে বাড়ির আঙিনায় আমাদের ঢুকতে দেখে সিকা খালা হতবাক। পাকিস্তানের জীবনে এভাবেই আমার প্রবেশ।

৪৫ এম্প্রেস রোডে গভর্নর ভবনের খিড়কি দরজা লাগোয়া জামানদের আরামপ্রদ একতলা বাড়ি। পরবর্তী দু'বছরে এই বাড়ির সঙ্গে আমি বেশ আপন হয়ে যাই, কেননা প্রতি সপ্তাহান্তের ছুটি কাটাতাম জামান পরিবারের চমৎকার আতিথেয়তায়, উপাদেয় সব রান্না উপভোগ করে। সে বাড়ির ছেলে, আমার খালাতো ভাই কামরুজ্জামান, আমাদের সকলের কামরু, ১৯৪৫ থেকে ১৯৪৮

আমার সঙ্গে সেন্ট পল'স স্কুলে পড়েছে। ১৯৪৯ সালের গোড়ায় ওদের পরিবার লাহোর চলে যায়। সেখানে ইতিমধ্যে এক বছর অনাবাসিক ছাত্র হিসেবে এইচেসন স্কুলে পড়া হয়ে গিয়েছিল কামরুজ্জামানের। এইচএসসি-র প্রথম বছরের পরীক্ষায় খুব ভালো ফল না করায় তাকে এক বছর পুনরাবৃত্তি করতে হয়। যার ফলে আমরা দু'জনে এক সাথে প্রথম বছরের এইচএসসি ক্লাস করি, যদিও কামরু ছিল বয়সে আমার থেকে দু'বছরের বড়ো। তার ছোটো বোন কামারারা তখন তেরো বছরের, সে পড়ে ক্যুইন মেরি স্কুলে। এটি ছিল পাঞ্জাবের অভিজাত পরিবারের মেয়েদের পছন্দের স্কুল, ঠিক যেমন এইচেসন ছিল তাদের ছেলেদের জন্য আদর্শ জায়গা।

কামরু কেবল আমার খালাতো ভাই ছিল না, সে ছিল আমার সবচেয়ে কাছের বন্ধু। ছোটোবেলা থেকে ঘনিষ্ঠ ছিলাম আমরা। সৃজনশীল মন ছিল কামরুর আর ছিল প্রচুর উদ্ভাবনী দক্ষতা যা সে টেবিল গেম তৈরি আর সাহিত্য রচনায় সারাক্ষণ ব্যবহার করে চলত। কোনো বোর্ড গেম প্রস্তুতকারকের ডিজাইনার হিসেবে অর্থ উপার্জন করতে পারত অথবা নাট্যকার হতে পারত; কিন্তু এর কোনওটাই হল না কামরু। কৌতুকপ্রিয়তা, হরর সিনেমা প্রীতি, খেলাধুলার প্রতি ভালোবাসা এমন অনেক বিষয়ে আমার আর কামরুর মিল ছিল, যদিও আমার মতো না হয়ে খেলাধুলায় কামরুর আগ্রহটা ছিল পুঁথিগত ও উদ্ভাবনী, ঠিক খেলার মাঠে নথিবদ্ধ নয়। পরবর্তী জীবনে তার বাবা তাকে অত্যন্ত বেমানানভাবে বাধ্য করেন চার্টার্ড অ্যাকাউন্টেন্সির পেশা বেছে নিতে। কামরু পরীক্ষায় অকৃতকার্য হয় এবং ঘরে ফিরে এসে নিজের জীবনের কুলুঙ্গিটা আর কখনওই সঠিক খুঁজে পায়নি। তার স্কিৎজোফ্রেনিয়া আক্রান্ত হওয়া একটি জীবনের মর্মান্তিক এবং অহেতুক অপচয়; অন্য পথে চালিত হলে অনেক সদর্থক ফলদায়ী হতে পারত যে জীবন।

যেহেতু এইচেসন-এ আমাদের ভর্তির ব্যবস্থা হয়ে রয়েছিল, লাহোরে পৌঁছবার কিছু দিন পরেই আমার খালা আর কামরু সেখানে আমাদের নিয়ে যায়। এখানে ফারুককে রাখা হল সিনিয়র স্কুলের প্রবেশকারীদের জন্য নির্দিষ্ট লেসলি জোন্স (এলজে) হাউসে। আমি উঠি কেলি হাউসে, যা পরের দু'বছরের জন্য আমার নিবাস হয়ে ওঠে।

সেন্ট পল'স-এর তুলনায় এইচেসন কলেজের জগত একেবারেই আলাদা। প্রধানত পূর্ব ভারতের শিক্ষিত মধ্যবিত্তদের চাহিদা মেটানো অভিজাত স্কুল সেন্ট পল'স পরিকল্পিত হয় ঔপনিবেশিক ব্যবসা ও প্রশাসনিক প্রতিষ্ঠানগুলোর জন্য কর্মী গড়ে তুলতে। এর স্পার্টান প্রকৃতির আবহ ছাত্রদের মধ্যে বলিষ্ঠতা সঞ্চারে সক্ষম হতো।

এর বিপরীতে এইচেসন ছিল চীফ'স কলেজ হিসেবে পরিচিত কলেজগুলোর একটি। মায়ো কলেজ, আজমীর এবং উত্তর ভারতের এরকম আরও কিছু

কলেজ ছিল এই দলে। খ্যাতনামা লেখক কে এল গৌবার ভাষায় ব্রিটিশ রাজ এই কলেজগুলি প্রতিষ্ঠা করে "অসভ্য রাজপুত্রদের ইংরেজ ভদ্রলোকে রূপান্তর করতে।" এ কলেজগুলোর টার্গেট গ্রুপ ছিল বস্তুত এ অঞ্চলের অভিজাত সামন্তকূলের সন্তান-সন্ততিরা যার শীর্ষে ছিল রাজা বা নবাব পরিবারের বংশধরেরা। কলেজ চালু হওয়ার শুরুর বছরগুলো বিশাল চত্বরে বিলাসবহুলভাবে নির্মিত এই বিদ্যাপীঠগুলো ছাত্রদেরকে তাদের নিজস্ব চাকরবাকর বা অনুচরবৃন্দ এবং সেই সঙ্গে তাদের ঘোড়া আর গাড়ি নিয়ে আসার অনুমতি দিত। সামন্ততান্ত্রিক ব্যবস্থার এই সাংস্কৃতিক অপ-আচার নিয়ন্ত্রিত হয় প্রাথমিকভাবে ব্রিটেন থেকে আমদানি করা হেডমাস্টার এবং শিক্ষকদের তদারকিতে, কিছুটা ভাসা ভাসা ধরনের ইংলিশ পাবলিক স্কুল সিস্টেম আবহ আরোপ করে। ভারতবর্ষের সামন্ততান্ত্রিক মূল্যবোধ আর ইংলিশ পাবলিক স্কুল সিস্টেম-এর ক্যাল্ভিনীয় ঐতিহ্যকে একসূত্রে গাঁথার এই প্রচেষ্টায় যে সহজাত টানাপোড়েন নিহিত, তা ভালোই টের পান এসব হেডমাস্টাররা।

মাতৃভূমিতে এ ধরনের ভোগবাদ প্রদর্শন ইংরেজ ভদ্রজনদের কাছে অত্যন্ত অনুপযুক্ত হিসেবে বিবেচিত হত। তাদেরকে ইটন বা হ্যারোর মতো শিক্ষায়তনে পাঠানো হত কিছু রাজকীয় কেতাকানুন শেখার জন্য, তবে মোটেও আবশ্যিক গণতান্ত্রিক মূল্যবোধ শিক্ষা নিতে নয়। এদের প্রভাবেই কয়েক বছর অসভ্য রাজপুত্র হিসেবে জীবন অতিবাহিত করা এইচেসন-এর ছাত্রদের কেলি এবং বেরিদের মতো কিছু হেডমাস্টারদের চাপ ক্রমে কিছুটা নিয়ন্ত্রিত যাপনে ঠেলে দিয়েছিল যেখানে চাকরবাকর, ঘোড়া-গাড়ি কিছুই নেই। শুধু যারা অশ্বারোহী, তারা তাদের ঘোড়া নিয়ে আসতে পারত রাইডিং স্কুলে ব্যবহারের জন্য। ১৯৫১-তে আমি যখন পৌঁছই তখনও সেন্ট পল'স-এর মানের তুলনায় বেশ প্রাচুর্যময় এইচেসন-এর জীবনধারা – যদিও সেটা মূলত এখানকার ছাত্রদের বেড়ে ওঠা সামন্ততান্ত্রিক পরিবেশের প্রতিফলন, স্কুল কৃষ্টির ততখানি নয়।

এইচেসন কলেজে আমার দীক্ষারম্ভ একটু রুক্ষ চেহারার এক ফরাসি ভদ্রলোকের কাছে, তার নাম মিঃ পিনসন। কিছুটা আশ্চর্যের বিষয় যে, এইচএসসি লেভেলে তিনি আমাদের পড়াতেন ইংরেজি সাহিত্য। ক্লাশের মধ্যে খেলাধূলো আর মেয়েদের বিষয়ে উৎসাহ শেয়ার করে ছাত্রদের সঙ্গে যোগসূত্র তৈরির চেষ্টা করার মতো শিক্ষক তিনি ছিলেন না। জনপ্রিয়তার যেকোনো প্রতিযোগিতায় নিশ্চিতভাবে তৃতীয় স্থানাধিকারী হতেন পিনসন এবং আমাদের শাসন করতেন শাণিত জিহ্বা ও স্কুলের কানুনের প্রতি গোঁড়া আনুগত্য দিয়ে।

এইচেসন-এর কেমব্রিজ এইচএসসি লেভেলে ঢুকলাম তখন আমার সহপাঠীরা সবাই ষোলো বছর উত্তীর্ণ, তাদের ফাইনাল ইয়ারে পড়ছে। ছেলে নয়, তারা নিজেদের রীতিমত পুরুষ ভাবত এবং অধিকাংশের সুন্দর করে ছাঁটা গোঁফ ছিল (শিখ না হলে সেন্ট পল'স-এ গোঁফ রাখা অনুমোদিত ছিল না)

এবং তারা খুব রুচিসম্মত পোশাক পরত। এইচএসসি ক্লাশের সুবিধা ছিল স্কুল ইউনিফর্মের বাধ্যবাধকতা থেকে রেহাই ছিল এর ছাত্রদের।

কলেজের প্রথম দিনে পিনসন আমাকে সঁপে দিলেন শওকত হায়াতের ভরসাদায়ী প্রযত্নে। গায়ের রং চাপা এবং তেমনই নম্র স্বভাবের মুলতানী ছেলে শওকতকে সাধারণ অথবা উঁচুতলার ফর্সা রং কর্কশ পাঞ্জাবিদের সঙ্গে মেলানো খুব কঠিন ছিল। শওকতের সঙ্গে আমার খুব যে মিল ছিল তা নয়, তবে আমরা ভালো বন্ধু হয়ে যাই। এক সঙ্গে হকি খেলি এবং মনে হয় দুজনে মিলে কেলি হাউস টেবিল টেনিস ডাবলস চ্যাম্পিয়নশিপ জিতেছিলাম। আমার ঘর এবং আমার পরিচারক সাগীরকে চিনিয়ে দেয় শওকত। মূলতানী সাগীর কিছুটা গোঁয়ার গ্রাম্য ধরনের, যার গ্রাম্য পাঞ্জাবী বুলি প্রথমদিকে আমার কাছে বেশ দুর্বোধ্য ছিল। ফলে, শওকতের অন্যান্য কাজের মধ্যে একটা হয়ে যায় সাগীরের জন্য আমার দোভাষীর কাজ করা।

তারা দু'জনে আমাকে নিয়ে যায় এইচএসসি ছাত্রদের জন্য বরাদ্দ স্যুইটে, প্রথম যা দেখে আমার কাছে বাড়াবাড়ি রকমের প্রশস্ত মনে হয়; তা বিক্ষিপ্ত সন্নিবিষ্ট ঘরগুলোর পক্ষে সামন্ততান্ত্রিক প্রাচুর্যের একটা ভ্রান্ত ছবি তৈরি করে। একটা বেশ বড়ো শোবার ও থাকবার ঘর, একটা ছোটো ড্রেসিং রুম, টয়লেট ও কলবিহীন একটা বাথরুম, প্রতিদিন সাগীর যেখানে বালতি বালতি পানি দিয়ে যেত। লাহোরের সূঁচবেঁধানো ঠান্ডা থেকে উদ্ধার পেতে ভাগ্যক্রমে এর মধ্যে গরম পানিও থাকত। যাদের সঙ্গতি ছিল আর বাড়ির আসবাব নিয়ে আসত, কলে পানির ব্যবস্থা বাদ দিলে তাদের তিনটে ঘর সত্যিই খুব রুচিসম্পন্নভাবে সাজিয়ে রাখা যেত। যে ছেলে ন'বছর শতেক দুর্গন্ধময় শরীরের সঙ্গে সেন্ট পল'স-এর ডর্মিটরিতে কাটিয়ে এসেছে আর ৫৩ এলিয়ট রোডে শীতের ছুটিতে মা ও ফারুকসহ তিনজনে একঘরে কাটিয়েছে সেই আমার কাছে কেলি হাউসের সাদামাঠা স্পার্টান ধাঁচের কক্ষগুলো ছিল বিলাসবহুল রিৎজ-এর চিলেকোঠার মতো। পরিতাপের বিষয় আমার গৃহসজ্জার রুচি আনারকলি বাজারে কেনা সস্তা শ্রীহীন কিছু পর্দা এবং খালি দেয়াল সাজাতে ফোটোপ্লে থেকে কেনা এস্থার উইলিয়ামস এবং রিটা হেওয়ার্থের রঙিন কাট-আউটের বাইরে যায়নি। তবে এর সবটুকুই আমি পছন্দ করতাম এবং উপভোগ্য ছিল আমার রুমের নির্জন জৌলুস।

কেলি হাউসে আমার সাথে পরিচিত হওয়া দ্বিতীয় ব্যক্তি হলো আব্দুল আজিজ খান – আমরা যাকে আবদাল বলে জানতাম। সে ছিল কলেজ প্রিফেক্ট এবং কেলি হাউসেরও হেড বয়। আজ এত বছর বাদে এবং একটি দেশ ভাগ হয়ে যাবার পরও, আবদাল আমার বন্ধু রয়ে গেছে এবং পরম মমতায় স্মরণ করি এইচেসন-এ আমাদের এক সাথে কাটানো দুটো বছরের কথা। তখনও হাইস্কুল অতিক্রম না করা যুবা হিসেবে একজন পূর্ণবয়স্কের আকর্ষণীয় চেহারা

ছিল আবদালের। সে ছিল ছ'ফিটের উপরে লম্বা এবং কিছুটা মধ্য এশীয় ধাঁচের সুদর্শন যুবাপুরুষ। এটা সে পেয়েছিল তার ইউসুফজাই পূর্ব পুরুষ থেকে, উত্তর-পশ্চিম সীমান্ত প্রদেশের (এনডব্লুএফপি) মারদানের হোতি-তে যাদের বাস ছিল। আবদালের চাচা ছিলেন সেখানকার স্থানীয় নবাব। আবদালের বলিষ্ঠ পদক্ষেপে হাঁটার আওয়াজ কেলি হাউস করিডোরের পঞ্চাশ গজ দূর থেকেও শোনা যেত। করিডোর বেয়ে হাউস প্রিফেক্ট আবদালের অনুনাদী পদক্ষেপ, কেলি হাউসে যে কোনো ধরনের অনাচারের প্রতি তার সতর্ক দৃষ্টি, অল্পবয়সী আবাসিকদের মনে ভয় ও সম্ভ্রম জাগাত। নিঃসন্দেহে এইচেসন-এর সেরা রুচিসম্পন্ন পোশাক পরিহিত ছাত্র ছিল আবদাল, অথবা সেভাবে বলতে গেলে, বোধহয় যেকোনো জায়গাতেই সেরা হিসেবে বিবেচিত হতে পারত তার বেশভূষা। তার দাবি অনুযায়ী কেবল লাহোরের র‍্যাঙ্কেন অথবা পিটম্যান-এর তৈরি পোশাকই সে পরত। পাকিস্তানে সেটা ছিল স্যাভিল রো থেকে বানানো স্যুটের সমমর্যাদার। বলা নিষ্প্রয়োজন, ১৯৫৩-র হেমন্তে কেমব্রিজে পৌঁছে স্যাভিল রো'র অ্যান্ডারসন অ্যান্ড শেফার্ড-এ অর্ডার দিয়ে পোশাক বানায় আবদাল, জুতো বানিয়ে নেয় পল মল-এর লবস থেকে।

এতসব পরিপাট্য সত্ত্বেও সে ছিল দারুণ গল্পবাজ – অবিশ্বাস্য খন্ড খন্ড গূঢ় জ্ঞানের অধিকারী ছিল আবদাল; তার সাহিত্য-পাঠ ছিল সীমিত কিন্তু যত্নে বাছাই করা। এর সঙ্গে উর্বর কল্পনা মিলিয়েই তৈরি হত তার গল্প। তার সবেচেয়ে সেরা পছন্দের রচনা ছিল স্ট্যানলি লেন-পুল-এর 'হিস্ট্রি অফ ইন্ডিয়া' এবং এইচ সি আর্মস্ট্রং-এর লেখা কামাল আতাতুর্ক-এর জীবনী 'গ্রে উলফ'। আজকে এই অর্ধ শতাব্দীর বেশি পেরিয়ে গেলেও শুনতে পাই গমগমে গলায় লেন-পুল বিবৃত বাবরের আত্মজীবনী থেকে আওড়ে যাচ্ছে আবদাল – 'অত্যাচারী ইবাহ্রিম লোদির বিরুদ্ধে যুদ্ধে যাবার মুহুর্তে প্রতিজ্ঞার রেকাবে পা রেখে আশার লাগাম হাতে নিলাম'। এরকম অথবা এই ধরনেরই কিছু একটা ছিল সেটা।

আর্মস্ট্রং থেকে আবদালের প্রিয় উদ্ধৃতি ছিল 'ফাঁসুড়ে বিচারক' বাল্ড আলী সম্পর্কে, আতাতুর্ক-এর বিরুদ্ধে নিষ্ফল বিদ্রোহের পর যে লোক বহু তুর্কিকে ফাঁসিতে লটকায়। বিবরণের সেই অংশ ছিল আবদালের সেরা উপস্থাপনা যেখানে আতাতুর্ক খবর পেল তার ঘনিষ্ঠতম বন্ধু, একদা সুলতানকে ক্ষমতাচ্যুত করার সময়ে তার কমরেডের ফাঁসি হয়েছে। এ জায়গাটায় এসে গল্পটা পাকিয়ে তোলা পছন্দের ছিল আবদালের। তার কল্পনায় খবরটা শুনে শুধু সিগারেটের ছাই ঝাড়ে আতাতুর্ক। আমাকে এ গল্প এতটাই মুগ্ধ করে যে ১৯৫৩ সালের বসন্তে ইংল্যান্ডে পৌঁছেই সেকেন্ডহ্যান্ড বইয়ের দোকানে 'গ্রে উলফ'-এর কপি খোঁজ করি। এখন আর মনে নেই বাল্ড আলী-র যে রোমাঞ্চক গল্পটা আবদাল বলত, তার সত্যিমিথ্যে যাচাই করা গিয়েছিল কি না, তবে আমার

প্রথম দিকের কিছুটা কর্তৃত্বপরায়ণ মতামতের উৎস অবশ্যই ছিল 'গ্রে উলফ'। কিছুটা ইচ্ছাপুরণের ঢঙে গল্পগুলো বলত আবদাল, যেন পাকিস্তানকে ঠিক করতে আতাতুর্ক না হলেও বাল্ড আলীর ভূমিকায় নিজেকে দেখতে পেত সে। লিয়াকত আলী খানের নেতৃত্বে পাকিস্তানের মুসলিম লীগ পরিচালিত সরকার সম্পর্কে কতক পক্ষপাতদুষ্ট টিপ্পুনী কাটা মন্তব্য করেছিল আবদাল আমার কাছে। লিয়াকত আলীকে সে খুব খাটো নজরে দেখত।

আবদাল এবং শওকতের মাধ্যমে কেলি হাউসের আরও বর্ণাঢ্য সব চরিত্রের সঙ্গে পরিচিত হই যাদের কথা বিস্মৃত হয়েছি। আমি যখন কেমব্রিজে তখন ইরশাদ আব্দুল কাদের, আজিজ সরফরাজ, উসমান আমিনুদ্দীন, হারুন-এর-রশিদ এমন কয়েকজন ওখানে গিয়েছিল। ইরশাদ এবং আজিজ খুব ঘনিষ্ঠ বন্ধু ছিল। দুজনেরই সাহিত্যিক এবং শৈল্পিক আগ্রহ ছিল গভীর। আজিজ খুব ভালো স্পোর্টসম্যান হলেও কোনো ধরনের শরীর চর্চা একেবারেই অপছন্দ ছিল ইরশাদের। স্কুলে দূরপাল্লার দৌড়ে সুনাম পেয়েছিল।

আমার আর এক এইচএসসি সহপাঠী আমিন পরিবারের আবদুল খালেক ছিল চিনিয়ট শহরের ছেলে। পাকিস্তানের শীর্ষস্থানীয় বাইশটি ব্যবাসায়ী পরিবারের একটি ছিল আমিন পরিবার। কলকাতার সেন্ট জেভিয়ার্স স্কুলে আমার চাচাতো ভাই কায়সার মোর্শেদের ঘনিষ্ঠ বন্ধু ছিল খালেক, সেখানে তাকে সবাই বলত ইবন-ই-আদম। ওই প্রতিষ্ঠানের যাবতীয় অ্যাকাডেমিক অহমিকা সে নিয়ে আসে সঙ্গে, সেই সঙ্গে এইচেসন স্কুলে সতীর্থদের বৌদ্ধিক মান বিষয়ে খুবই নীচু ধারণা ছিল তার। আমি যেমন বাঙালি সম্পর্কে প্রচলিত ধারণার প্রতিনিধি ছিলাম না সেও গড়পড়তা পাঞ্জাবিদের মতো ছিল না। খালেক বেতের টুপি পড়ত – পূর্ব বাংলার গ্রামে যে ধরনের টুপির চল আছে এবং মাঝে মাঝেই খুব বেসুরো বাঁশি বাজাত। এই দুটো ঠাটই তাকে জনপ্রিয় করে এবং সে শিল্পরসিক বাঙালি এরকম একটা ভ্রান্ত ভাবমূর্তি তৈরি হয়ে যায়।

কেলি হাউসে পাঞ্জাবী জমিদার শ্রেণীর একটা ভালো প্রতিনিধিত্ব ছিল – যাদের বেশিরভাগের সঙ্গে পরিচয় খেলার মাঠে। আনোয়ার তিওয়ানা নামে একজন ছিল আমাদের মধ্যে, এইচেসন-এ আমার প্রথম বছরে স্কুলের দূরপাল্লার দৌড়ে সে চ্যাম্পিয়ন হয়। সেন্ট পল'স স্কুলে আমার ওই খ্যাতি ছিল বলে আমায় সে সম্ভাব্য প্রতিদ্বন্দ্বী ভাবত। কিন্তু আমি কখনও সেধরনের প্রশিক্ষণ পর্বে ঢুকতে চাইনি যা করলে বস্তুত তাকে চ্যালেঞ্জ জানানো যেত। আমি এইচেসন-এ আসবার এক মাস পরে যে ক্রসকান্ট্রি রেস হয় তাতে তিওয়ানার পিছনে চতুর্থ হই আমি। দৌড়ের শেষ দিকে একটা বাঁক না ফস্কালে দ্বিতীয় বা তৃতীয়ও হতে পারতাম আমি। বস্তুত পরের বছরও একটা গুরুত্বপূর্ণ সাইনপোস্ট মিস করে অতিরিক্ত কোয়ার্টার মাইল দৌড়ে চতুর্থ স্থানে নেমে যাই বিজেতা উসমান আমিনের পিছনে দ্বিতীয় স্থানে থাকা আমি। আমার সাইন

পড়ার অযোগ্যতার কারণে এভাবেই দূরপাল্লায় বাংলার বিরুদ্ধে জয়ী হয় পাঞ্জাব।

কেলি হাউসের বাইরে আমার এইচএসসি সতীর্থরা একই রকম বনেদি ঘর থেকে আসা। এইচএসসি ক্লাসে আমার অব্যবহিত সমসাময়িকদের মধ্যে একজন গডলে হাউসের বাসিন্দা মালিক মুজ্জাফর খান ছিল পাঞ্জাবের তৎকালীন গভর্নর কালাবাগের নবাবের জ্যেষ্ঠপুত্র এবং হবু উত্তরাধিকারী। ভীষণ দর্শন পালিশ করা গোঁফ, নিঁখুত মাড় দেওয়া পাগড়ি এবং বদমেজাজের জন্য খ্যাত মহাকাব্যিক এক চরিত্র ছিলেন নবাব। তার বদমেজাজের আওতাভুক্ত ছিল তার পরিবার, কালাবাগে তার সামন্ততান্ত্রিক রাজ্যপাট, এবং পরিশেষে পাঞ্জাব, আইয়ূব খানের তরবারি হয়ে যে প্রদেশ তিনি কঠোর হাতে শাসন করতেন। তার ছেলে এবং আমার সহপাঠী, আমরা যাকে মুজ বলে চিনতাম, ছিল চুপচাপ স্বভাবের। খুব নজরে পড়বার মতো ছাত্র নয়, এমনকি খেলাধুলাতেও ভালো ছিল না; ফলে কিছুটা কুণ্ঠা ছিল তার। পরে সে নবাব হয়। অদৃষ্টের পরিহাস, পারিবারিক অভ্যন্তরীণ বিবাদের কারণে তার বাবা খুন হন ছোটো ছেলের হাতে। ১৯৬০ সালে কালাবাগের মেম্বার অফ পার্লামেন্ট (এমপি) নির্বাচিত হয় মুজ্জাফর, কিন্তু তাকেও তার বাবার মতো খুন করা হয়।

শাহিদ হোসেন এবং রিয়াজ মাহমুদের সঙ্গে আমার বিশেষ বন্ধুত্ব হয়। এরা দুজনেই আমার থেকে এক বছরের সিনিয়র ছিল এবং ১৯৫১ সালের শেষে দুজনেই এইচেসন থেকে এইচএসসি পরীক্ষায় অসামান্য ফল করে তাদের শিক্ষা সমাপ্ত করে। শাহিদ এবং রিয়াজ ছিল বুদ্ধিমান, সোচ্চার এবং রসিক। যে কারণে তাদের সঙ্গে খেলাধূলো আর মেয়েদের নিয়ে আলোচনার বাইরেও অন্য বিষয় নিয়ে আলাপচারিতার সুযোগ হত, যদিও আমাদের আদানপ্রদানে ও ধরনের বিষয় একেবারে বাদ যেত না। পরে কেমব্রিজে আমার শুরুর দিকের সময়ে যোগ দেয় শাহিদ এবং রিয়াজ। এরা দু'জনেই আমার বন্ধু থেকেছে আজীবন। দুঃখজনকভাবে ক্যানসারের সঙ্গে দীর্ঘ লড়াইয়ের পর ২০০৯ সালে মৃত্যু হয় রিয়াজের।

ম্যাল রোড বরাবর বিরাট এলাকা জুড়ে নির্মিত এইচেসন কলেজ। তালুক জুড়ে ছড়ান ছিল বাদামি পাথরের তৈরি এর অধিকাংশ ভবন। অধ্যক্ষ এবং স্কুল প্রশাসনের অফিস অ্যাসেম্বলি হল ঔপনিবেশিক ও ইসলামি স্থাপত্য অনুকরণে অলঙ্কৃত। অ্যাসেম্বলি হল নাম হয় যেহেতু এখানে ইউনিফর্ম ও নীল পাগড়ি পরা স্কুলছাত্ররা প্রতি সকালে প্রার্থনা ও জাতীয় সংগীত গাইবার জন্য জড়ো হত। আবদাল মাঝেমাঝে সুরেলা গলায় প্রার্থনা পাঠ করত এবং একবার প্রার্থনা হিসেবে চালু করে গীতাঞ্জলি থেকে রবীন্দ্রনাথ ঠাকুরের বিখ্যাত আবাহন 'উচ্চ যেথা শির'। আমার ধারণা এটা ছিল তার ডুন স্কুলের প্রার্থনা, এইচেসনে আসার আগে দেশভাগ না হওয়া অবধি যেখানে সে পড়ে। পাকিস্তান রাষ্ট্রের প্রেক্ষিতে

কিছুটা ব্যতিক্রমই ছিল এই প্রার্থনা, কিন্তু অন্তত সেকালে তখনও গ্রহণযোগ্য ছিল। এখন এইচেসন কলেজ সমাবেশে রবীন্দ্রনাথের অমর এই পংক্তিগুলো পাঠ করা হচ্ছে এটা চিন্তাও করতে পারি না।

ব্রিটিশ পাবলিক স্কুলগুলোর রীতি মেনে বিভিন্ন হাউস নিয়ে গঠিত ছিল এইচেসন। প্রথম থেকে চতুর্থ শ্রেণী অবধি জুনিয়র স্কুল ছিল ছেলেদের। সিনিয়র স্কুলে উত্তীর্ণ হবার পর প্রথম শ্রেণী এবং দ্বিতীয় শ্রেণীর ছেলেদের আলাদা রাখা হত এল জে হাউসে। তৃতীয় শ্রেণীতে (এম-১ নামে পরিচিত) প্রমোশন পাওয়া মাত্র ছেলেদের এল জে হাউস থেকে সরিয়ে গডলে হাউস এবং কেলি হাউস (আমার হাউস)-এর পৃথক আবাসে রাখা হত এবং সেখানেই তারা থেকে যেত এইচএসসি পরীক্ষা দিয়ে স্কুল ছাড়ার আগে অবধি। এর অর্থ এ দু'টি সিনিয়র হাউসের প্রতিটির আবাসিক জনসমষ্টিতে ১৩ থেকে ১৮ বছর বয়সের ছেলেরা থাকত। হাউস দু'টি স্কুলের সামাজিক জীবনের কেন্দ্রস্থল ছিল কারণ এদের আবাসিকরা একসঙ্গে থাকা-খাওয়া করত এবং এরা ছিল হাউসমাস্টারের নিয়মানুবর্তিতার অধীন যাকে সাহায্য করত সিনিয়র ছেলেদের মধ্যে থেকে নির্বাচিত হাউস প্রিফেক্ট-রা।

ছাত্রদের একটা বড় অংশ, প্রায় এক তৃতীয়াংশ, ছিল অনাবাসিক। এরা প্রতিদিন ক্লাসের পর বাড়ি চলে যেত আর বিকেল গড়ালে ফিরত খেলার জন্য। সিনিয়র স্কুলের অনাবাসিক ছেলেরা মিলিত হত জুবিলি হাউসে। আবাসিক ছাত্রদের সঙ্গে লাহোরের শহর জীবনের সজীব যোগসূত্র ছিল এই ছেলেরা। সুতরাং সেন্ট পল'স-এর ছাত্রদের মতো নিজেদের দেশের মূলস্রোত বিচ্ছিন্ন মনে হত না এইচেসনিয়ানদের। কিন্তু যেহেতু এইচেসনিয়ান-দের বড়ো অংশ আসত পাকিস্তানের অভিজাত জমিদার পরিবার থেকে, শ্রেণীগত কারণে তারা ছিল সাধারণ মানুষ থেকে একেবারেই ভিন্ন আর বিচ্ছিন্ন এক গোষ্ঠী।

আবাসিক ছাত্রদের সপ্তাহান্তে ছুটি দেওয়া হত পরিবারের সঙ্গে থাকবার জন্য যার ফলে শনিবারের বিকেল থেকে রবিবার সন্ধে পর্যন্ত স্কুলটা ফাঁকা লাগত। আমি চলে যেতাম ৪৫ এস্প্রেস রোডে জামান পরিবারের সঙ্গে ছুটি কাটাতে। এছাড়া এইচএসসি ছাত্র হিসেবে প্রতিদিনই বিকেলে বেলা বাইরে যাবার সুবিধা পেতাম আমরা, তবে অবশ্যই রাত দশটার আগে ফিরে আসাটা বাধ্যতামূলক ছিল। প্রায়ই আমরা বাইসাইকেল চালিয়ে লাহোরের প্রাণকেন্দ্র ম্যাল রোডে চলে যেতাম যে রাস্তায় এবং আশেপাশে পশ্চিমী ছবি দেখার অনেকগুলো সিনেমা হল ছিল।

ক্লাস হত আলাদা ভবনে সকাল আটটা থেকে দুপুর একটা পর্যন্ত। দুপুরটা নির্দিষ্ট ছিল ঘুমোবার জন্য। এটা আমার কাছে ছিল মস্ত বিলাসিতা, যেহেতু সেন্ট পল'স-এ এধরনের কোনো সুযোগ ছিল না। সময়টা বেশিরভাগ কাটতাম আমার বইপড়াটা ঝালিয়ে নিতে। বিশেষ করে মনে আছে গরমের ওই দুপুরগুলো

কেলি হাউসে আমার ঘরের বিছানায় শুয়ে স্বাদু টাটকা এক কিলো আঙুর খেতে খেতে মার্গারেট মিশেল-এর মহাকাব্যিক উপন্যাস 'গন উইথ দ্যা উইন্ড' পড়ে ফেলি।

বিকেল চারটে নাগাদ দিবানিদ্রা থেকে ওঠা হত খেলার জন্য যার মধ্যে ছিল ঋতুভিত্তিক স্পোর্টসের চল – হকি, ক্রিকেট, অ্যাথলেটিক্স, সাঁতার এবং টেনিস। এইচেসন-এর বিলাসিতা ছিল হাফ ডজন খেলার মাঠ যেগুলোর মধ্যে দুটো ব্যবহার করা হত স্কুল টিমদের জন্য। পাকিস্তানের সবচেয়ে ভালো সংরক্ষিত হকি পিচ হিসেবে এ স্কুলের হকি মাঠ জাফফর মেমোরিয়াল-এর সুনাম ছিল; অন্তত ঘাস তুলে দিয়ে পরিবর্তে সিন্থেটিক পিচ ব্যবহার শুরুর আগে পর্যন্ত। স্কুলের প্রাক্তন ছাত্র মোহাম্মদ জাফফরের নামে মাঠের নাম দেওয়া হয়েছিল যিনি লেফট উইং হিসেবে ১৯৩৬-এর বার্লিন অলিম্পিকে ভারতীয় হকি দলের প্রতিনিধিত্ব করেন। ১৯৫২ সালে হেলসিঙ্কি অলিম্পিকের জন্য পাকিস্তান হকি টিমের নির্বাচনী ট্রায়ালে এই মাঠ ব্যবহার হয়।

এইচেসন কলেজ হকি দলের সদস্য হিসেবে আমি এই মাঠে নিয়মিত খেলেছি। সেন্ট পল'স-এর এবড়োখেবড়ো যেসব মাঠে আমরা সবরকমের খেলা খেলেছি, তার তুলনায় এই মাঠের বিলাসী চেকনাই আমার মনে আছে। গরমকালে, এমনকি পড়ন্ত বিকেলেও, চল্লিশ ডিগ্রির কোঠার তাপমাত্রায় হকি খেলা খুব সহজ ছিল না। ম্যাচের শেষে মনে হত আমরা যেন হট শাওয়ার নিচ্ছি। গ্রাউন্ডসম্যান এরকম সময়ে আমাদের বালতিভর্তি বরফ দেওয়া লেবুরস (শিকাঞ্জবিন) দিয়ে যেত; ওইরকম প্রাণান্তকর খেলার পর ওটা যেন অমৃত মনে হত।

গরমকালে হকি ম্যাচের পর আমরা সুইমিং পুলে চলে যেতাম। সাধারণ ছাত্ররা স্নান করে 'সালোয়ার কামিজ' পরে স্কুলের মসজিদে নামাজ পড়তে চলে যেত। স্কুলের জন্য এটা বাধ্যতামূলক ছিল, তবে এইচএসসি-র ক্ষেত্রে ঐচ্ছিক। আমি এই দলে খুব কমই যোগ দিতাম যার ফলে আমার ফ্রি টাইম শুরু হয়ে যেত সাঁতারের পর। নামাজ শেষে ছেলেরা হাউসের খাবার ঘরে রাতের খাওয়া খেতে চলে যেত। অবশ্য এইচএসসি ছাত্রদের ফের একটা বিলাসিতার সুযোগ ছিল। তাদের জন্য আমাদের পাশেই গডলে হাউসে ডাইনিং রুমের ব্যবস্থা থাকত। এখানে আমাদের কিছুটা ভালো মানের খাবার দেওয়া হত সাধারণভাবে যার মান নির্ধারক ছিল কদাচিৎ পরিবেশিত ইংরেজি খানা। যাই হোক এটার আসল মজা ছিল স্কুল-পর্ব সারা হলে সমবয়সীদের সঙ্গে ধীরেসুস্থে আরাম করে খাবার খেতে খেতে রাজনীতি থেকে মেয়েদের বিষয়ে সবরকমের আলাপচারিতা।

পড়াশোনার উৎকর্ষের খ্যাতি এইচেসন-এর কোনোদিন ছিল না। আমার এইচএসসি ক্লাসে সিনিয়র কেমব্রিজে প্রথম বিভাগে উত্তীর্ণ কেউ ছিল না।

বিপরীতে সেন্ট পল'স-এ আমাদের ছ'জন সাহপাঠী ফার্স্ট ক্লাস পায় যাদের মধ্যে আমিও ছিলাম। আমারই মতো বাইরে থেকে এইচএসসি পড়তে এসেছিল আব্দুল খালেক। পরীক্ষায় অসাধারণ ফল করার গর্ব করত কলকাতার সেন্ট জেভিয়ার্স। সেখান থেকে পড়তে আসা আব্দুল খালেকেরও ফার্স্ট ক্লাস ছিল। এইচএসসি ক্লাসে বিজ্ঞান বিভাগের ছাত্র খালেক আমাদের ক্লাসে লেখাপড়ায় সেরা সম্মান অর্জনে আমার প্রতিদ্বন্দ্বী হয়ে যায়। খালেককে অবাক করে আমি চার্চিল হাউস মেডেল জিতি যেটা এইচেসন দিত এইচএসসি ফাইনালে সেরা রেজাল্ট করা ছাত্রকে। এই কৃতিত্ব এইচেসন-এ আমার নামকে অমর করেছে। অ্যাসেম্বলি হলে নানা পুরস্কার বিজয়ীদের অনেকগুলো ফলক আছে যার মধ্যে চার্চিল হাউস মেডেল ফলকও একটা রয়েছে।

এইচএসসি পর্যায়ে ইতিহাস পড়াতেন জি এম গুয়েন। অক্সফোর্ড-এর ডিগ্রিধারী ইনি খুব ভালো শিক্ষক ছিলেন। তার পড়ানোর ভঙ্গি ছিল খুবই উদ্দীপক; যদিও তার বেশভূষা ছিল ভীষণ রকমের শারীরিক পীড়াদায়ক, বিশেষ করে লাহোরের গরমে। উনি সবসময় ক্লাসে আসতেন হ্যারিস ট্যুইড কোট পরে। উপরন্তু ক্লাসে পাখা চালানোয় তার সায় ছিল না। কিন্তু পাখা চালানো হবে নাকি বন্ধ রাখা হবে স্থির করতে মজা করে একটা পয়সা টস করতেন। যেহেতু অধিকাংশ সময় তিনিই টস জিততেন ধড়ফড় করতে করতে আমরা তার ক্লাস করতাম এবং ক্লাসের শেষে ঘেমে গোসল হয়ে যেতাম। ক্লাসরুমের আবহাওয়া যাই হোক, টিউডর থেকে স্টুয়ার্ট শাসন পর্যন্ত ইংরেজদের ইতিহাসে আমার ভিত গড়ে দেন গুয়েন। তার সহায়তায় আমি স্পেশাল পেপার নিই আবিষ্কারের যুগ, যেটা করতে গিয়ে পিজারো, কর্টেজ, ভাস্কো ডা গামা এবং ম্যাগালান সম্পর্কে অনেক কিছু শিখি।

আমাদের সাহিত্য পড়াতেন কেলি হাউসমাস্টার মঁসিয়ে পিনসন। তার পড়ানো ছিল খুবই যন্ত্রণদায়ক, খুব একটা উৎসাহব্যঞ্জকও নয়। গুরুগম্ভীর মুখ করে, না হেসে চসার (দ্য নাইটস টেল), স্পেনসার (দ্য ফেয়ারি ক্যুইন, দ্বিতীয় ভাগ), শেকসপীয়র (কিং লিয়র, ওথেলো এবং মার্চেন্ট অফ ভেনিস)-এর জগতের সঙ্গে পরিচয় করিয়েছিলেন তিনি। পিনসন বোধহয় তার কাজ সুষ্ঠুভাবেই করেছিলেন। এসব বইয়ের সম্পর্কে জ্ঞানগম্যি এবং তাদের প্রসঙ্গে সাহিত্যিক বিতর্ক এতবছর পরে হাল্কাভাবে হলেও মনে রয়েছে আমার। সিনিয়র ছেলেদের নিয়ে একটা ছোটো সাহিত্যচক্র চালাতেন পিনসন যেখানে আমরা বই এবং কবিতা নিয়ে আলোচনা করতাম। মনে আছে সমবেতদের 'পিকউইক পেপারস' পাঠ করে শোনাবার কাজটা আমি অতি কষ্টে সমাপ্ত করি কারণ 'মোটা ছেলেটার' রঙ্গতামাশায় হেসে কুপোকাত হচ্ছিলাম পুরো সময়। এটা অবশ্যই পিনসন-এর আর একটা সদর্থক দিক।

আমাদের অর্থনীতি এবং প্রশাসনের শিক্ষক ছিলেন আসলাম নামে একজন পাঞ্জাবি। তিনি এইচেসন-এ স্থায়ী পদে ছিলেন না, স্থানীয় কলেজেও পড়াতেন।

তিনি অর্থনীতি পড়াতেন সেন অ্যান্ড দাস থেকে, উপমহাদেশে অর্থনীতি বিষয়ক প্রধান প্রারম্ভিক কোর্স ছিল যে বই। আর প্রশাসন পড়ানো হত অগ-এর লেখা প্রশাসন বিষয়ক পাঠ্যপুস্তক থেকে। অর্থনীতিতে আসলামের দখল তার ইংরেজির মতোই নড়বড়ে ছিল এবং ক্লেমেন্ট অ্যাটলি-র প্রথম লেবার মন্ত্রীসভার বিখ্যাত চ্যান্সেলর অফ দ্য এক্সচেকার হিউ ডালটন-কে 'হাফ' ডালটন উচ্চারণ করে ক্লাসে প্রভূত আমোদ বিতরণ করতেন। এই 'হাফ' - ডালটন প্রসঙ্গ তুলতে অসহায় আসলামকে খুবই নির্দয়ভাবে 'পাবলিক ফিন্যান্স' সম্পর্কে প্রশ্ন করে যেতাম আমরা যে বিষয়ে গৃহীত পাঠ্যবই ছিল ডালটন-এর লেখা।

এইচেসন-এর পাঠ্যক্রমবহির্ভূত ক্রিয়াকলাপের মধ্যে একটা ছিল ছাত্রদের জন্য কাউন্সিল অফ স্টেট বা নকল পার্লামেন্ট বসানো। দুজন সিনিয়র ছেলে তাদের সংশ্লিষ্ট রাজনৈতিক দলের প্রতিনিধি হিসেবে নির্বাচনে প্রতিদ্বন্দ্বী হত এবং এইচেসন-এর সিনিয়র ছেলেরা হত নির্বাচকমন্ডলী। আমার দ্বিতীয় বর্ষে এইচএসসি সতীর্থদের সহযোগিতায় এই নির্বাচন লড়ি কেলি হাউসেরই খালেদ আমীরের বিরুদ্ধে যাকে সমর্থন জুগিয়েছিল সিনিয়র কেমব্রিজ ক্লাসের সি-২ শ্রেণীর ছাত্ররা। প্রতিযোগিতাটা ছিল অসম, কেননা খালেদ জুনিয়র স্কুল থেকে এইচেসন-এর ছাত্র এবং সেই কারণে প্রচারে সি-২'র বেশি সংখ্যক ছাত্রের সমর্থন পেয়ে যায়। বিপরীতে মাত্র একবছর এইচেসন-এ কাটানো আমার সমর্থনে এইচএসসি ক্লাসের প্রচারসঙ্গী ছাত্রদের নগণ্য সংখ্যা আব্দুল আজিজ খানের বক্তৃতা বা মালেক মুজ্জাফের খানের গায়ের জোর দিয়ে ভরাট করা সম্ভব হয় নি। নির্বাচনী প্রচারে আমাদের বাগ্মীতার ঔৎকর্ষ সত্ত্বেও আমি নির্বাচন হারি ভালো ব্যবধানে।

কাউন্সিল অফ স্টেট-এর স্পিকার হন অধ্যক্ষ মিঃ গুয়েন, খালেদ প্রধানমন্ত্রী এবং বিরোধী দলনেতা হলাম আমি। দেখা গেল কাউন্সিলে এটাই সেরা পদ। এইচএসসি দল সেন অ্যান্ড দাস-এর অনিয়মিত পাঠলব্ধ অর্থনীতি-জ্ঞান এবং অগ-এর লেখা থেকে প্রাপ্ত রাজনীতিজ্ঞান এ দুই সম্বল করে খালেদ এবং তার দলের কর্ণকুহরে গুঞ্জন তোলে। কীভাবে তারা আর্থিক ঘাটতি পূরণ করবে এইসব প্রশ্নের জবাবে খালেদ বোবা হয়ে যায় এবং তার প্রচার ব্যবস্থাপক আসাদ হায়েদ হতাশায় কাঁদো কাঁদো হয়ে আমাকে বুদ্ধিজীবি ছিদ্রান্বেষী অপবাদ দেয় - যেটা আবার আসাদের প্রতি খুব অকরুণ হয়ে নিজের প্রশংসা হিসেবে শিরোধার্য করি আমি। বেশ মজাদার ছিল পুরো বিষয়টা; বিরোধীপক্ষ যে স্বাধীনতা ভোগ করে সে বোধ আমার মধ্যে সারা জীবনের জন্য সঞ্চারিত করেছিল এ অভিজ্ঞতা।

তখনকার দিনে ইংলিশ পাবলিক স্কুল প্রথায় তৈরি বেশিরভাগ আবাসিক স্কুলে পড়াশোনার চেয়েও ক্রীড়াদক্ষতা অথবা নিয়মিত পাঠ্যক্রমের বাইরে

অন্যান্য কার্যকলাপ কৃতিত্বের মাপকাঠি হিসেবে বেশি গুরুত্ব পেত। এ ব্যাপারে এইচেসন সেন্ট পল'স-এর থেকে আলাদা ছিল না। আমাদের কালে এইচেসন-এর সেরা স্পোর্টসম্যান ছিল অ্যাথলেটিকসে পারদর্শী পারভেজ হোসেন, চেষ্টা বজায় রাখলে অলিম্পিকসে পাকিস্তানের প্রতিনিধিত্ব করতে পারত সে। পারভেজ লম্বা এবং সুদর্শন ছিল অনেকটা রক হাডসন-এর মতো দেখতে তবে একেবারে ভিন্ন রুচির। রীতিমত প্রবাদপ্রতিম ছিল তার মহিলা ভাগ্য - এইচেসন ছাড়ার পরেও যা দীর্ঘকাল স্থায়ী হয়। আমরা খুবই ভালো বন্ধু বনে গিয়েছিলাম। ২০০৮ সালে ক্যান্সারে তার অকাল এবং আকস্মিক মৃত্যু পর্যন্ত স্থায়ী হয়েছিল সে বন্ধুত্ব।

পারভেজ ছাড়াও অনেক যশস্বী খেলোয়াড় তৈরি করে এইচেসন যাদের মধ্যে সবচেয়ে বিখ্যাত ছিল ক্রিকেটার মজিদ জাহাঙ্গীর খান এবং তার ভাইপো ইমরান খান। ইমরান তার স্মৃতিকথায় লিখেছে তার ক্রিকেট শেখা মামা হুমায়ুন এবং জাভেদ জামানের কাছে, যারা দু'জনেই আমার সমসাময়িক যদিও আমার থেকে কয়েক ক্লাস নীচে পড়ত। এইচেসন-এর স্কুল হকি দলে আমি হুমায়ুনের সঙ্গে খেলেছি। সে ফুল ব্যাক খেলত এবং অত্যন্ত ভালো খেলোয়াড় ছিল। ক্রিকেটও সুনামের সঙ্গে খেলত হুমায়ুন, কিন্তু আমাদের ধারণা ছিল শেষ পর্যন্ত সে হকিতেই পাকিস্তান দলের প্রতিনিধিত্ব করবে। হুমায়ুন এবং সাজ্জাদ হায়দার যে ইনসাইড রাইট খেলত দু'জনেই দুর্দান্ত খেলোয়াড় ছিল এবং এমনকি স্কুল পর্যায়ের হকি খেলেও স্থানীয় ক্লাবের হয়ে এইচেসন কলেজের বিরুদ্ধে খেলতে আসা লতিফুর রহমান, নিয়াজ খানের মতো অলিম্পিক মানের খেলোয়াড়দের সঙ্গে সমান তালে লড়ে যাবার ক্ষমতা রাখত।

এইচেসনিয়ান-রা বেশিরভাগ আসত পশ্চিম পাকিস্তানের প্রথম সারির জমিদার পরিবার থেকে। ফলে তাদের সামন্ততান্ত্রিক জায়গিরদারি তাদের নিশ্চিত নির্বাচনকেন্দ্র দিত। সুতরাং পরবর্তীকালে পারিবারিক ঐতিহ্য অনুযায়ী তারা যখন রাজনীতি জীবনে প্রবেশ করত তখন খুব অবাক হবার কিছু ছিল না। তখন, এবং এখনও, পাকিস্তানে নির্বাচনী অফিস খুব বেশিরকম প্রভাবিত হয় সামন্ততান্ত্রিক সমাজে ব্যক্তি বিশেষের অবস্থানের দ্বারা। পাকিস্তানী সমাজ এবং রাজনীতিতে কর্তৃত্বের লড়াইয়ে একজন এইচেসনিয়ান হওয়া আর ব্রিটেনের টোরি রাজনীতিতে ইটন হ্যারোর ছাত্র হওয়া সমার্থক। নুন এবং তিওয়ানরা সারগোধা থেকে নির্বাচিত হবার আশা করে, লেঘারিরা দেরা গাজি খান থেকে এবং জিলানিরা মুলতান থেকে। ফলে স্বাভাবিকভাবেই একঝাঁক এইচিসনিয়ান শেষ অবধি পাকিস্তানে উচ্চপদাসীন হয়। এদের মধ্যে সবচেয়ে উল্লেখযোগ্য ফারুক লেঘারি, যে এইচেসন, অক্সফোর্ড এবং শেষ অবধি সিভিল সার্ভিস অ্যাকাডেমি-তে আমার ছোটোভাই ফারুকের সমসাময়িক ছিল। পরবর্তী কালে সে পাকিস্তান পিপলস পার্টি (পিপিপি)-তে যোগ দেয়। বেনজির ভুট্টোর দ্বিতীয়

দফা প্রধানমন্ত্রীত্বে পাকিস্তানের প্রেসিডেন্ট হয়েছিল লেঘারি, কিন্তু শেষ পর্যন্ত বেনজিরকেই পদচ্যুত করে সে।

ফারুক লেঘারি ছাড়া আর উল্লেখযোগ্য যে এইচেসনিয়ান-রা রাজনীতিতে প্রবেশ করে তাদের মধ্যে ছিল বালুচ উপজাতীয় প্রধান বালাক শের মাজারি এবং তার ছোটো ভাই শেরবাজ মাজারি যে ১৯৫০ সালে কলেজ প্রিফেক্ট হয়। আমার পড়া একটি অন্যতম সেরা রাজনৈতিক স্মৃতিকথা লিখেছে শেরবাজ যা জুলফিকার ভুট্টোর আমল ও তার পরিণামের অসাধারণ অন্তর্গভীর বিশ্লেষণ। তাদের সমকালীন ছিল বালুচিস্তানের আর এক উপজাতীয় প্রধান খয়ের বক্স মারি যে এমপি নির্বাচিত হয় এবং পাকিস্তান রাষ্ট্রের বিরুদ্ধে উপজাতীয় বিদ্রোহের নেতৃত্ব দেয়। এইচেসন স্কুলে থাকাকালীন সুদর্শন খয়ের বক্সকে হলিউড তারকার নামানুসারে নাম দেওয়া হয় রবার্ট টেইলর।

আমার থেকে দুবছরের জুনিয়র আর এক এইচেসনিয়ান হামিদ রাজা গিলানি আইয়ূব খানের স্পনসর করা কনভেনশন মুসলিম লীগ সদস্য ছিল এবং মুলতান থেকে ১৯৬২ ও ১৯৬৪ সালে পার্লামেন্টে নির্বাচিত হয়। তার ভাইপো ইউসুফ রাজা গিলানিকে প্রেসিডেন্ট আসিফ জারদারি পাকিস্তানের প্রধানমন্ত্রী পদে বসান। শাহ মাহমুদ কুরেশি মুলতানের আর এক অগ্রণী পরিবার, এইচেসন-এর সঙ্গে যাদের বিস্তীর্ণ পারিবারিক সংযোগ ছিল। সে জিলানি মন্ত্রীসভার পররাষ্ট্রমন্ত্রী হয়। শাহ মাহমুদের শ্যালক আমার বন্ধু ইফি বোখারি এবং তার ভাই জুলফি এরা দুজনও রাজনৈতিকভাবে সক্রিয় ছিল। বোখারিদের আর এক শ্যালক ফকর ইমান প্রেসিডেন্ট জিয়া-উল-হকের সময় পার্লামেন্টের স্পিকার নির্বাচিত হয়। ফকর ইমান যখন পার্লামেন্টের স্পিকার অন্তত চল্লিশজন এইচেসনিয়ান তখন পার্লামেন্টে আসীন এবং শোনা যায় তখনকার প্রধানমন্ত্রী নির্বাচন প্রভাবিত করতে এরা একজোট হয়েছিল। এইচেসন-এর আরেক উজ্জ্বল রাজনৈতিক খেলোয়াড় ছিল আমার ঘনিষ্ঠ বন্ধু আরিফ ইফতেখার, মিঁয়া ইফতেখারের ছেলে যিনি নিজেও ছিলেন একজন এইচেসনিয়ান এবং পাকিস্তানের অগ্রণী ইংরেজি সংবাদপত্র পাকিস্তান টাইমস-এর প্রকাশক। আরিফ বাম-ঘেঁষা ন্যাশানাল আওয়ামী পার্টি (ন্যাপ)-এর সদস্য ছিল এবং আইয়ূব জমানায় ১৯৬৪ সালের পার্লামেন্টে ওই দলের প্রতিনিধিত্ব করে।

পার্লামেন্ট ছাড়া আরও কিছু এইচেসনিয়ান যেমন লেফট্যান্যান্ট জেনারেল আলমদার মাসুদ (কলেজ হকি টিমের গোলরক্ষক ছিল ১৯৫০ সালে) এবং লেফট্যান্যান্ট জেনারেল আলি কুলি খান সেনাবাহিনীতে উচ্চপদাধিকারী ছিল। দু'জনেই এক পর্যায়ে পারভেজ মোশাররফের সঙ্গে চিফ অফ দ্য স্টাফ পদের প্রতিদ্বন্দ্বী হয়। অন্যরা ব্যবসায়ী (সাইগল ব্রাদার্স, আমিন গ্রুপের আবদুল খালেক, হায়েসনের আসিফ) এমনকি সাংবাদিক (নাজাম শেঠি) হিসেবেও সুখ্যাতি অর্জন করে।

আমি যে সময় এইচেসন-এ পাকিস্তানে, সামন্ততান্ত্রিক সমাজ তখন তার শীর্ষবিন্দুতে। সুতরাং এইচেসন-এর আবহ এমন যে তার প্রাক্তনীদের প্রত্যাশা তারা চিরকাল এই সমাজ শাসন করবে। পূর্ববাংলাকে দেখা হত দূর উপনিবেশ হিসেবে ভারতীয় উপনিবেশকে নিশ্চিত যেমন দেখে থাকবে ইটন-এর ছাত্ররা। বাংলা বিচিত্রভাষী খর্বাকার, কালো চামড়ার মানুষ অধ্যুষিত – এমনই ছিল সাধারণ ধারণা। আমার মনে আছে এইচএসসি ডাইনিং রুমে আমার প্রথম আলাপচারিতার কথা। কথা প্রসঙ্গে আমার এক পাঞ্জাবী সতীর্থ আমায় প্রশ্ন করে বসে – 'তোমরা বাঙালিরা খরগোশের মতো ঘন ঘন বাচ্চা দাও কেন?' জবাবে আমি পাঠান আর পাঞ্জাবীদের যৌন প্রবণতা সম্পর্কে আরও আক্রমণাত্মক উক্তি করি, তার ফলে আমার এইচএসসি সহপাঠীরা আর কখনও বাঙালি সম্পর্কে বিদ্রুপাত্মক মন্তব্য করেনি, অন্তত আমার সামনে নয়।

এমন নয় যে আমি তখন কট্টর বাঙালি জাতীয়তাবাদী ছিলাম। তখন পর্যন্ত আমি জীবনে মাত্র একমাস পূর্ববঙ্গে কাটিয়েছি এবং ঢাকার সঙ্গে আমার আবেগের বন্ধন অনেকটাই অস্পষ্ট। মনে আছে লাহোরে বসে ১৯৫২-য় প্রথম বাংলা ভাষা আন্দোলন শুরু হওয়া সামান্যই লক্ষ করেছিলাম আমি। খালু সাঈদুজ্জামানের সঙ্গে আলাপচারিতাও মনে আছে যখন কিছুটা সরলভাবেই তাকে প্রশ্ন করি কীভাবে একটা দেশে দুটো জাতীয় ভাষা থাকা সম্ভব। তিনি খুব বিচক্ষণভাবে বিষয়টি আমাকে বুঝিয়ে দেন এবং জানান যে সুইজারল্যান্ড একটি দ্বিভাষী রাষ্ট্র যেখানে ফ্রেঞ্চ এবং জার্মান দুটোই জাতীয় ভাষা, কানাডায় যেমন দুটো জাতীয় ভাষা – ফ্রেঞ্চ এবং ইংরেজি।

আমি যখন এইচেসন-এর ছাত্র তখন সেখানে খুব অল্পই বাঙালি ছিল। এইচএসসি-তে কামরু ছাড়া অন্য দুই বাঙালি ছিল আমার সমসাময়িক ঢাকার মনিরুল ইসলাম যে থাকত গডলে হাউসে, এবং একবছর বাদে আসা হারুন-উর-রশিদ। এইচেসন ছাড়বার পরে মনিরের সঙ্গে আমার যোগাযোগ ছিন্ন হয় কিন্তু হারুনের সঙ্গে ঘনিষ্ঠ সংযোগ বজায় রাখি। সে আমার পদাঙ্ক অনুসরণ করে ১৯৫৩ সালে চার্চিল হাউস মেডেল জেতে এবং ভূগোলে ট্রাইপজ করতে কেমব্রিজের ইম্যানুয়েল কলেজে এসে আমার পরের বছর স্নাতক হয়। অনেক বছর পেরিয়ে হারুন এবং আমি ভালো বন্ধু রয়ে যাই এবং ১৯৭১ সালে যখন আমি ওয়াশিংটনে বাংলাদেশ সরকারের হয়ে প্রচার চালাচ্ছি আমেরিকা যাতে পাকিস্তানকে সাহায্য দেওয়া বন্ধ করে সেই সময় আমাকে বিশেষভাবে সমর্থন জুগিয়েছিল হারুন।

এইচেসন কলেজে ছাপ রাখা আর এক বাঙালি ছিল জহিরুদ্দিন খান, সে সময়ের অগ্রণী বাঙালি শিল্পপতি এ কে খানের ছেলে। আমার থেকে বেশ কয়েক বছরের জুনিয়র জহিরুদ্দিন প্রথমে সেন্ট পল'স স্কুলে পড়ে এবং আমার ভাই ফারুকের সমসাময়িক। আমার আগে সে লাহোরে আসে এবং দূরপাল্লার

দৌড়বাজ ও অশ্বচালক হিসেবে খ্যাতি পায়; টেন্ট-পেগিং ক্রীড়াতেও সে দক্ষ ছিল। ঢাকার মানুষদের পক্ষে এইসব দক্ষতা বোঝা একটু কঠিন, বিশেষ করে যারা জহিরকে চিনেন একজন নেতৃস্থানীয় ব্যবসায়ী এবং পরবর্তীতে ১৯৯০ এর দশকের ক্যাবিনেট মন্ত্রী হিসেবে। স্কুলে আমিও যে একসময় ভালো স্পোর্টসম্যান ছিলাম এটাই বা ভাবতে পারবেন ক'জন।

যে এইচেসন কলেজে আমার বয়ঃপ্রাপ্তি তার অভিজাত প্রাতিষ্ঠানিক দুনিয়াকে পাকিস্তানের বৃহত্তর জগত থেকে বিচ্ছিন্ন করা যাবে না। ১৯৫১-৫২ সালের লাহোর শহরে তখনও সামন্ত অভিজাতদের দাপট, যদিও এদের থেকে আমলা শ্রেণীতে উত্তীর্ণ হওয়া কিছু মানুষ জায়গিরদারদের নিয়ে গঠিত অভিজাত শাসকশ্রেণী, সেনাবাহিনী এবং বর্ধিষনু ব্যবসায়ী সমাজের অবিচ্ছিন্ন অংশ হয়ে উঠেছে। ১৯৫০-এর দশকে পাকিস্তানের সামন্তপ্রভুরা তখনও ব্যবসায়ী অভিজাতদের বেশ ঘৃণাভরে দেখে যদিও তখন এইচেসন কলেজে তারা সাইগল এবং আমিনদের মতো চিনিয়টী পরিবারদের সঙ্গে আসন ভাগ করে নিয়েছে।

লাহোর শহরের অভিজাত দুনিয়া কেন্দ্রীভূত ছিল গুলবার্গের বিখ্যাত শহরতলী এবং কানাল ব্যাঙ্ক ঘিরে ম্যাল রোড থেকে দূরে আরও ছড়িয়ে মিঁয়া ইফতেখারুদ্দীনর ২১ নম্বর আইকম্যান রোডের বাড়ির মতো সমৃদ্ধ তালুকে। তখনকার লাহোরে ট্র্যাফিক ছিল হাল্কা কারণ গাড়ি ছিল খুবই কম। ফলে এমনকী মধ্যবিত্তদেরও প্রিয় পরিবহন ছিল বাইসাইকেল আর টাঙ্গা। বাণিজ্যকেন্দ্র ম্যালে ছিল কিছু নামকরা ডিপার্টমেন্টাল স্টোরস আর সিনেমা। সেই সময় বাংলাদেশের পাট রপ্তানির রমরমায় ম্যালে বিদেশি ভোগ্যপণ্যের বেশ ভালোই পসার। আনারকলি তখনও ক্রেতার স্বর্গ যেটি বহু শ্রেণীর খরিদ্দারের চাহিদা মেটায়।

লাহোর শহরের সাধারণ জনসমষ্টির সঙ্গে এইচেসন -এর আমাদের সাক্ষাৎকার সীমাবদ্ধ ছিল বাণিজ্যিক প্রয়োজনে। ১৯৫২'র কোনো এক সময়ে এইচএসসি ক্লাস উত্তরপশ্চিম সীমান্তপ্রদেশের (এনডব্লুপিএফ) কিছু জায়গা সফর করে। অ্যাডভেঞ্চার দিয়ে সফর শুরু হয়েছিল। আমাদের দলটা ছিল বহু বার্থ বিশিষ্ট প্রথম শ্রেণীর কামরায়। ট্রেন ছাড়বার মুখে গায়েপড়া নাদুসনুদুস চেহারার একটা লোক কিছু চাপরাসি ধরনের লোককে নিয়ে আমাদের সংরক্ষিত কামরায় গায়ের জোরে ঢুকে পড়ার চেষ্টা করে। আমাদের কয়েকজনের সহযোগিতাপুষ্ট আবদাল এসব মানতে রাজি ছিল না এবং কোনোরকম শিষ্টাচার না দেখিয়ে লোকটাকে কামরা থেকে বের করে দেয়। এরপরের খেলা দেখার মতো। লাহোরের পর প্রথম স্টেশন গুজরানওয়ালায় ট্রেন থামা মাত্র সেই ভদ্রলোকই একদল পুলিশ নিয়ে হাজির আমাদের গ্রেপ্তার করতে। জানা গেল যে, আমরা গুজরানওয়ালার অতিরিক্ত জেলাশাসককে (এডিএম) হেনস্থা করেছি, সেকালে নিজের স্থানীয় এলাকার মানুষজনের মরাবাঁচা যার হাতে ছিল।

আমাদের দলের মাস্টার ইন-চার্জ স্কুল কোষাধ্যক্ষ মিঃ আকরামের বারংবার ক্ষমাপ্রার্থনা এবং সেই সঙ্গে তার বিশদ বর্ণনা যে আমাদের একজন সহযাত্রী মালিক মুজ্জাফর খান তৎকালীন পাঞ্জাব গভর্নর, কালাবাগের ভীতিপ্রদ নবাবের বড়ো ছেলে। সব মিলিয়ে স্থানীয় হাজতে অস্বস্তিকর রাত কাটানো থেকে আমরা রক্ষা পাই। তখনকার দিনে পাঞ্জাবে গুজরানওয়ালার মতো প্রান্তিক শহরে একজন ছোটোখাটো এডিএম তার নিজের এলাকায় আইন বা সামন্ততন্ত্রের শক্তি এসে পড়বার আগে খুব সহজেই যে কাউকে খুব ভোগাতে পারত।

সাফারিতে আমাদের প্রথম স্টপ ছিল উত্তরপশ্চিম সীমান্তপ্রদেশের চারসাদ্দা জেলায় আবদালের মুলুক মারদান, যেখানে আমরা অতিথি হলাম আবদালের বড়োভাই, আমাদের সবার দাদা, আব্দুল রহমান খানের। আব্দুল রহমান সবরকমের প্রথার বিরুদ্ধে গিয়ে এক ভারতীয় খ্রিস্টান মহিলাকে বিয়ে করেন। ওদের বাড়িতে দাদা আমাদের উদরপূর্তি করলেন পরিমাণে-গুণে আশ্চর্য বিবিধ ব্যঞ্জনে, যেসব খাবার একমাত্র তেরো থেকে উনিশ বয়সী ছেলেদের পক্ষেই হজম করা সম্ভব। এরপর এসব যাতে ঠিকমত হজম হয় সেজন্য কাছেই তখত বাহি-তে বৌদ্ধ ধ্বংসাবশেষগুলো ঘুরে দেখতে উৎসাহ দেওয়া হল আমাদের।

মারদান থেকে আমরা যাই মালাকান্দ এবং পরে সোয়াত। এই উপজাতি নিয়ন্ত্রিত এলাকাগুলোর নিজস্ব শাসক ছিল। ছবির মতো সুন্দর এই গ্রামীণ নিসর্গে সুইজারল্যান্ডের সুযোগসুবিধা না থাকলেও পুরো সম্রাটের মতো এলাকা শাসন করত সোয়াতের ওয়ালীরা। রাস্তার যানবাহন সুনিয়ন্ত্রিত, মানুষজন অত্যন্ত নম্রভদ্র এবং অপরাধের হার নিম্নমুখী। এই শান্ত অবকাশ যে আজ মৌলবাদী বিদ্রোহের জন্ম দেবে, বন্ধ হয়ে যাবে মেয়েদের স্কুলগুলো, রাস্তা থেকে, খেত থেকে বিতাড়িত হবে মহিলারা আর এই সহিষ্ণু মাটিতে ওয়াহাবী সংস্কৃতি চালু হবে, ১৯৫০-এর দশকে ফিরে তাকালে সেটা অভাবনীয় মনে হয়। বাহ্যত সামন্ততন্ত্রের অগণতান্ত্রিক বৈশিষ্ট্য যাই হোক, একজন আলোকপ্রাপ্ত শাসক অনেকে ফারাক গড়ে দিতে পারে।

এইচেসন-এ আমার প্রথম বছরে কামরু আর আমি করাচি যাব ঠিক করি এবং আমাদের নানা খাজা নাজিমুদ্দীনকে চিঠি দিই। তিনি তখন পাকিস্তানের গভর্নর জেনারেল হিসেবে করাচিতে রয়েছেন। আমাদের নানা সঙ্গে সঙ্গেই আমাদের দুজনকে আমন্ত্রণ করলেন গ্রীষ্মের ছুটি অংশত তার অতিথি হয়ে গভর্নর জেনারেল হাউসে কাটিয়ে যেতে। এর ফলে তখনকার দিনে যাকে বলত হাই-লাইফ, সেটির পরিচয় পাই। সমকালীন শাসকশ্রেণীর বিলাসবাহুল্য নিরিখে গভর্নর জেনারেলের কুঠি যথেষ্ট নিরাভরণ ছিল, তবে আমার মতো একজন যার জীবনদর্শন তখন অনেকখানি নীচু গ্রামে বাঁধা, তার জন্য এটিই যথেষ্ট আড়ম্বরপূর্ণ জীবনের উদ্ভাস।

সিন্ধ ক্লাবের উল্টোদিকে অবস্থিত গভর্নর জেনারেল হাউস ছিল ছড়ানো এবং অনেক প্রশস্ত লনে ঘেরা। আমার নানার ছোটো ছেলে সাঈফউদ্দীন আমার সমবয়সী এবং শিশুকালের বন্ধু তখন তার মা-বাবার সঙ্গে থাকে এবং ঘরেই লেখাপড়া করে। সে ছিল আমাদের সাথী আর গাইড। প্রতিদিন সকালে সে আমাকে গভর্নর জেনারেলের দেহরক্ষীদের সঙ্গে ঘোড়ায় চড়তে নিয়ে যেত। অতিকায় এ ঘোড়াগুলো ছিল দার্জিলিংয়ে আমার চড়া টাট্টুগুলোর চেয়ে দ্বিগুণ বড়ো। ধাপে ধাপে এই উচ্চতার সঙ্গে মানিয়ে নিয়ে এই বিশাল সুশৃঙ্খল জীবগুলোকে নিয়ন্ত্রণ করার যোগ্য হয়ে উঠি। মাঠগুলোর নিজস্ব স্যুইমিং পুল, টেনিস কোর্ট ছিল যেগুলো আমরা সদব্যবহার করতাম, তবে নিয়মিত নয়, যেহেতু সেটা ছিল গ্রীষ্মের মাঝামাঝি। অনেক বেশি সময় কাটাতাম বাড়ির বারান্দায় সাঈফউদ্দীন এবং তার খুব ভালো বন্ধু পাকিস্তানি তিন সেরা টেবিল টেনিস খেলোয়াড়দের সঙ্গে টেবিল টেনিস খেলে।

করাচি তখনও অনেকখানিই মফস্বল। এলফিনস্টোন এবং ভিক্টোরিয়া দুটো মূল রাস্তার দোকানপাট সেরা দোকান বলে বিবেচিত হত আর ছিল বিদেশি ফিল্ম দেখানো সিনেমা হল। ড্রিঘ রোডে পাকিস্তান কোঅপারেটিভ হাউসিং সোসাইটি (পিইসিএইচএস) ধরনের নতুন আবাসিক এলাকাগুলো সবে তৈরি হচ্ছে কিন্তু ১৯৫১ তে শহরটা ব্রিটিশরা যেমন রেখে গিয়েছিল তার থেকে খুব বেশি পরিবর্তন হয়নি। ভারত থেকে আসা বিরাট সংখ্যক শরণার্থীর ঢল নামায় বদলেছিল করাচির জনচিত্র এবং এক ঘুমন্ত প্রাদেশিক রাজধানী পাকিস্তানের রাজধানী হয়ে উঠছিল।

আমার মা-বাবা এখানে চলে আসায় আরও কিছুটা করাচি দর্শন করতে পেরেছিলাম। সে সময় বাবা ঢাকা কলকাতা করে বেড়াচ্ছেন নতুন ব্যবসায়ী অবতাররূপে। ১৯৫১ সালে রাওয়ালপিন্ডিতে লিয়াকত আলী খান নিহত হলে কোনো সর্পিল কারণে খাজা নাজিমুদ্দীনকে গভর্নর জেনারেলের পদ ছেড়ে পাকিস্তানের প্রধানমন্ত্রী হতে আমন্ত্রণ জানাবার সিদ্ধান্ত নেয় মুসলিম লীগ। সম্ভবত এ পদক্ষেপ ছিল ক্ষমতা দখল ও সংসদীয় ব্যবস্থা উৎখাতের লক্ষে সে সময়ের অর্থমন্ত্রী গুলাম মোহাম্মদ, অভ্যন্তরীণ সচিব কর্নেল ইস্কান্দার মির্জা, সেনাপ্রধান আইয়ূব খানের তৈরি কোনো চক্রান্তের অংশ। বাঙালিদের খুশি করার আড়ালে তারা আশা করেছিল নরমসরম প্রধানমন্ত্রী হবেন খাজা নাজিমুদ্দীন। গভর্নর জেনারেল করা হল গুলাম মোহাম্মদকে, ব্রিটিশ রাজের উত্তরাধিকারসূত্রে পাওয়া ১৯৩৫ গভর্নমেন্ট অফ ইন্ডিয়া অ্যাক্ট বলে যার হাতে যথেষ্ট ক্ষমতা থেকে যায়। বস্তুত দেখা গেল তারা যেরকম ভেবেছিল ততখানি নরমসরম নন নাজিমুদ্দীন। পরিশেষে ১৯৫৩ সালে গভর্নমেন্ট অফ ইন্ডিয়া অ্যাক্ট অনুযায়ী গভর্নর জেনারেলের ক্ষমতা প্রয়োগ করে নাজিমুদ্দীনকে বরখাস্ত করে গুলাম মোহাম্মদ, যদিও নাজিমুদ্দীন তখন পার্লামেন্টে সদ্যই আস্থা প্রস্তাব ভোটে জিতে এসেছেন। আর এক বাঙালি,

সে আমলে মার্কিন যুক্তরাষ্ট্রে পাকিস্তানের রাষ্ট্রদূত বগুড়ার মোহাম্মদ আলীকে এই চক্রান্তে বাঙালি ক্রীড়নকের ভূমিকা পালনে ফিরিয়ে আনা হল।

আমার বড়ো নানার রাজনৈতিক মৃত্যু ঘিরে ইতিহাসের ঘটনাবলী অনুসন্ধান আমার উদ্দেশ্য নয় আমি শুধু গুরুত্বপূর্ণ ঐতিহাসিক ঘটনার নিষ্ক্রিয় দর্শক একজন তরুণের অবস্থান থেকে সেগুলি ভেবে দেখতে চাই। খাজা নাজিমুদ্দীন প্রধানমন্ত্রী হয়ে আমার বাবাকে ঢাকা থেকে ডেকে পাঠালেন তার রাজনৈতিক সচিব হবার জন্য। রাজনীতিতে পূর্ব-অভিজ্ঞতা বাবার ছিল না, কাজেই এমন সংবেদনশীল পদের দায়িত্ব কী কারণে তাকে দিলেন খাজা নাজিমুদ্দীন এটা স্পষ্ট নয়। সম্ভবত তিনি আমার বাবাকে বিশ্বাস করতেন এবং বাবার সুষ্ঠ বোধের জন্য তাকে সম্মান করতেন, যদিও নানার প্রিয় ভাগ্নী, আমার মায়ের সঙ্গে বাবার বিয়ে তখন ভেঙে গেছে। সেইমত বাবা করাচি এলেন এবং প্রধানমন্ত্রীর রাজনৈতিক সচিবের কার্যভার গ্রহণ করলেন। খাজা নাজিমুদ্দীন অপসারিত হবার আগে পর্যন্ত যে পদে তিনি বহাল থাকেন যে ঘটনার পর তাকেও পদচ্যুত করা হয়। ১৯৫১ সাল নাগাদ তার স্ত্রী শওকত বেগমকে নিয়ে করাচি আসেন বাবা এবং ওঠেন ২০৪ ই আই লাইনস-এর আবাসনে।

১৯৫২-র প্রথম দিকে কোনো একসময় মা ভারত ছাড়ার সিদ্ধান্ত নেন এবং পাকিস্তান চলে আসেন। যেহেতু মায়ের কোনো থাকার জায়গা ছিল না, খাজা নাজিমুদ্দীন তাকে করাচির প্রধানমন্ত্রী ভবনে তার সঙ্গে থাকবার আমন্ত্রণ জানান। বাকি যে কদিন নাজিমুদ্দীন প্রধানমন্ত্রী ছিলেন সেই একবছরেরও বেশি সময় মা নানার গৃহ-অতিথি হিসেবে থেকে যান। ১৯৫২ গ্রীষ্মের ছুটিতে মাকে দেখতে আমি করাচি যাই এবং প্রধানমন্ত্রী ভবনে অতিথি হিসেবে মায়ের সঙ্গে সময় কাটাই। সেখানে গ্রীষ্মের কিছুটা কেটেছিল আমার।

আমার খালু তখন সদ্য প্রতিষ্ঠিত পাকিস্তান ইন্ডাস্ট্রিয়াল ডেভলপমেন্ট কর্পোরেশনের চিফ অ্যাকাউন্ট্যান্ট পদে নিযুক্ত হওয়ায় জামানরাও লাহোর ছেড়ে করাচিতে উঠে এসেছিল। সরকারি সংস্থা পিআইডিসি পাকিস্তানের শিল্পায়নে অগ্রণী ভূমিকা নেয় যেখানে কার্যত কোনো শিল্প প্রসার প্রায় ছিলই না এবং বণিক সম্প্রদায়ের অধিকাংশ ছিল দেশভাগের পর ভারত থেকে পাকিস্তান চলে আসা ব্যবসায়ী।

গৃহশিক্ষকের কাছে পড়ে পরীক্ষায় খুব ভালো ফল না হওয়ায় ১৯৫২'র শুরুতে কামরু আর আমার সঙ্গে এইচেসন কলেজে যোগ দিতে পাঠানো হল সাঈফউদ্দীনকে। ১৯৫২-য় ম্যাট্রিকুলেশন ক্লাসের প্রথম বর্ষে ভরতি হল সাঈফ এবং সে রইল কেলি হাউসে। ক্রীড়াবিদ হিসেবে এইচেসন-এ প্রচুর সম্ভাবনা প্রদর্শন করে সাঈফ। স্কুলের ক্রিকেট, হকি, অ্যাথলেটিকস দলের প্রতিনিধিত্ব করে এবং স্কুলের টেনিস চ্যাম্পিয়ন হয়। ওকে কেলি হাউসে পাওয়া আমার বিশেষ উপরি পাওনা ছিল। কামরুর পরিবার করাচিতে চলে যাবার পর কামরুও

কেলি হাউসে আসে, যার ফলে কেলি হাউসে আমাদের পরিবারের উপস্থিতি বিশেষভাবে টের পাওয়া যায়।

১৯৫২-র গ্রীষ্মের ছুটি আমি আংশিক কাটাই প্রধানমন্ত্রী ভবনে আমার মায়ের ঘরে। এভাবেই এক গ্রীষ্মে পাকিস্তানের গভর্নর জেনেরেলের ভবনে এবং আর এক গ্রীষ্মে প্রধানমন্ত্রী ভবনে থাকবার অভিনব সুযোগ পেয়েছিলাম আমি। প্রধানমন্ত্রী ভবনের জীবন ছিল অনেকটা পিকনিক ধাঁচের, যেহেতু সবসময়ই পরিবারের কোনো না কোনো সদস্য সেখানে থাকছে, না হয় দেখা করতে আসছে। সাধারণত রাত ন'টা বা দশটার পরে পারিবারিক মজলিশে যোগ দিতেন প্রধানমন্ত্রী এবং আমার বাবা, যারা দুজনেই অনেক রাত অবধি কাজ করতেন। মনে আছে পিএম হাউসের সামনের লনে একটা পারিবারিক ফুটবল ম্যাচে অংশ নিয়েছিলাম যে ম্যাচে বাড়ির মহিলারা উৎসাহী অংশীদার ছিলেন।

গ্রীষ্মের ছুটির পরবর্তী অংশে আমি, মা এবং সাঈফ মিলে নাথিয়াগলি হিল স্টেশনে আমার বড়ো নানা খাজা নাজিমুদ্দীনের ছোটো ভাই খাজা শাহাবুদ্দীনের কাছে বেড়াতে গেলাম। লিয়াকত আলী খান প্রধানমন্ত্রী থাকাকালে ক্যবিনেট মন্ত্রী ছিলেন শাহাবুদ্দীন, পরে তাকে উত্তরপশ্চিম সীমান্তপ্রদেশের গভর্নর করা হয়। দর্শনীয় এই পাহাড়ি স্টেশনের একটি গ্রীষ্মাবাস ব্যবহার করতে পারতেন গভর্নর সেটি ছিল অধিক জনপ্রিয় অবকাশকেন্দ্র মারী থেকে হাজার ফিট উঁচুতে। প্রত্যাশিতভাবে আমার এবং সাঈফের এই সময়টা বিস্তর খাটাখাটনি করার কথা আসন্ন ম্যাট্রিক ও এইচএসসি পরীক্ষার কথা মাথায় রেখে এবং তা আমরা করেও ছিলাম। এখানে এসে অবশ্য আবাসনের কোর্টে প্রতি বিকেলে টেনিস খেলার প্রচুর সময় সুযোগ পাই আর তার সাথে ছিল নানী বেগম ফারহাত শাহাবুদ্দীনের তত্ত্বাবধানে তৈরি অসাধারণ সব রান্না খাবার।

মনে আছে প্রতি সন্ধেয় দুই ভাই নাজিমুদ্দীন ও শাহাবুদ্দীন ফোনে কথা বলতেন বাংলায়! এর কারণ ছিল সেনাবাহিনীর গুপ্তচরবৃত্তি ঠেকানো। কোনো প্রকার বাঙালি রাজনৈতিক ষড়যন্ত্র চলছে কিনা সে বিষয়ে নিশ্চিত হতেই সম্ভবত দুই ভাইয়ের ফোনেই আড়ি পাতত সেনাবাহিনী। অদ্ভুতভাবে পাঞ্জাবী দাপটে চালিত সেনাবাহিনী ফোন মনিটর করার জন্য কোনো বাংলাভাষী এজেন্ট রাখত না যে কারণে দুই ভাইয়ের এই চালাকি হয়ত কার্যকরী হয়েছিল। খাজা নাজিমুদ্দীন বস্তুতই তার ভাইয়ের রাজনৈতিক পরামর্শের ওপর নির্ভরশীল ছিলেন যিনি এসব ব্যাপারে তার ভাইয়ের তুলনায় অনেক বেশি বিচক্ষণ এবং সহযোগী রাজনীতিবিদদের ওপর অনেক কম আস্থাশীল ছিলেন।

যাই হোক নাথিয়াগলি আমাদের একটা দুর্দান্ত ছুটি উপহার দিয়েছিল। আমরা মারীও গিয়েছিলাম এবং ভয় জাগানো এক উতরাই যাত্রাপথে অ্যাবোটাবাদে নেমে আমার ছোট ভাই ফারুকের সঙ্গে দেখা করি। ফারুক তখন সেখানে বার্ন হিল স্কুলে পড়ছে। এইচেসন কলেজে একবছর কাটানো ফারুকের শরীরস্বাস্থ্য

খুব ভালো যাচ্ছিল না দেখে মা তাকে অ্যাবোটাবাদের শীতল আবহাওয়ায় পাঠিয়ে দেন। ফারুক সেখান থেকেই ১৯৫৭-র শেষে সিনিয়র কেমব্রিজ পড়া শেষ করে।

এইচেসন ফিরে এসে ১৯৫২ সালের শেষ মাসগুলো কাটে ফাইন্যাল পরীক্ষার প্রস্তুতিতে। পরীক্ষা আমি ভালোই দিই এবং স্কুল থেকে এইচএসসি-তে সেরা রেজাল্ট করি ও চার্চিল হাউস মেডেল পাই। ডিসেম্বর ১৯৫২-এ রাজনৈতিক নেতৃস্থানীয় ব্যাক্তিত্বদের সাহচর্যে আমার জীবন কাটানো শেষ হয়ে আসে। লাহোর ছেড়ে আসার সময় আমার তেমন কোনো কষ্ট হয়েছিল বা চোখের জলে বিদায় নিয়েছিলাম এমন মনে পড়ে না। সেখানে মনোমতো দুটো পরিপূর্ণ বছর কাটাই বটে, তবে ভালো লাগছিল এগিয়ে যেতে। আমার বেশকিছু এইচেসন সমসাময়িকদের সঙ্গে পরে কেমব্রিজে পুনর্মিলিত হই এবং তারপরেও বাংলাদেশের আবির্ভাব পর্যন্ত তাদের সঙ্গে যোগাযোগ থেকে গিয়েছিল। দুই যুগের পর ১৯৯০ এর দশকে এইচেসন পুনর্দর্শনে গিয়ে আমি কোনো বিশেষ উন্মাদনা বোধ করিনি অথবা স্মৃতিভারাতুর হয়ে পড়িনি। আমার কিছু এইচেসনিয়ান বন্ধুদের সঙ্গে দেখা করতে পেরে আনন্দ হল। জীবন হেমন্তে পৌঁছে গেছে তারা। আনন্দ পেলাম লক্ষ করে একদা সার্বভৌমত্বের অংশীদারি ত্যাগ করতে যে উন্মাদনা, হিংসা ছড়িয়েছিল তার ফলে তাদের সঙ্গে আমার তারুণ্যে গড়া ব্যক্তিগত সম্পর্কে ভাঙন ধরায়নি। যেহেতু আমাদের পথ একেবারেই ভিন্নমুখী, তাই এটা কিছুটা অপ্রত্যাশিতই ছিল।

বাঙালি জাতীয়তাবাদী আন্দোলনে আমার শামিল হওয়া কোনো কোনো এইচেসনিয়ান বন্ধুদের অবাক করেছে যেহেতু লাহোর কিংবা কেমব্রিজ কোনো জায়গায় তাদের কাছে নিজেকে উগ্র জাতীয়তাবাদী প্রতিপন্ন করিনি আমি। ১৯৬৯ সাল নাগাদ তখন আমি সবে লন্ডন থেকে ফিরেছি আমার এক এইচএসসি সমসাময়িক তার করাচির বাড়ির পার্টিতে আমাকে দাওয়াত দিল এবং কয়েক পাত্র পানের পর বেশ খানিকটা গুরুগম্ভীর হয়ে জিজ্ঞাসা করে কেন আমি এত পাঞ্জাবী বিদ্বেষী; কারণ এইচেসন থাকাকালীন আমি কোনোদিন আমার সহপাঠীদের হাতে নিপীড়িত হয়েছি এমন সে মনে করতে পারছিল না। এটা খুবই সত্যি কারণ ব্যক্তিগত পর্যায়ে তাদের সঙ্গে আমার অত্যন্ত সুসম্পর্ক ছিল এবং তখনও তা বজায় রয়েছে যদিও আমার লেখায় এবং ভাষণে পশ্চিম পাকিস্তানি শাসকশ্রেণীর বাড়াবাড়ি নিয়ে তীব্র সমালোচনা করে চলেছিলাম।

স্কুলের বছর শেষ হতে আমি আবার ট্রেনে করে সাঈফউদ্দীনের সাথে করাচিতে ফিরে যাই। শীতকালে এই সফর মাঝ-গ্রীষ্মের চেয়ে অনেক সুখদায়ক ছিল। সেখানে পৌঁছেই আই লাইনস-এ বাবার সরকারি আবাসনে উঠি। স্কুল পরবর্তী ভবিষ্যৎ কি হবে তা নিয়ে ভাববার প্রচুর অবকাশ ছিল সেই সময়। এর কিছুটা খরচ করি বাবার নতুন ডি সোটো নিয়ে গাড়ি চালানো শিখতে।

তারপরেও হাতে যথেষ্ট সময় থেকে যায়। মনে আছে বাবার সঙ্গে করাচি জিমখানা ক্লাবে ১৯৫৩ সাল বরণের প্রাক-নববর্ষ পার্টিতে যাই যেখানে বাবার সঙ্গে হোসেন শহীদ সোহরাওয়ার্দীর দেখা হয়। তিনি তখন খাজা নাজিমুদ্দীন পরিচালিত মুসলিম লীগ মন্ত্রীসভার বিরোধী রাজনীতির নেতৃত্বে রয়েছেন। বাবা কিছুটা আশাবাদী হয়ে শহীদ সাহেবের সঙ্গে তার কলকাতার বন্ধুত্বের স্মৃতি উসকে দিয়ে মন্তব্য করেন যে নতুন বছর হয়ত খাজা নাজিমুদ্দীনের সঙ্গে তার রাজনৈতিক নৈকট্য বাড়াতে সহায়ক হবে। যেহেতু শহীদ সাহেব তখন আওয়ামী লীগ-কে প্রধান বিরোধী দল হিসেবে গড়ে তুলছেন বেশ সন্দেহের সঙ্গেই বাবার এই মনোভাবকে স্বাগত জানান তিনি। যাইহোক দেখা গেল অনেক বৃহত্তর শক্তি তখন পুরো গণতান্ত্রিক রাজনীতির কাঠামোটাকেই উল্টে দেবার চক্রান্তে লিপ্ত, যে চক্রান্তের শিকার হয়ে গেলেন সোহরাওয়ার্দী এবং নাজিমুদ্দীন দু'জনই।

১৯৫২-৫৩'র শীতে পাকিস্তানি সংবিধান রচনায় সিএ প্রতিষ্ঠিত বেসিক প্রিন্সিপলস কমিটি (বিপিসি) তে উত্তাল বিতর্কে ইনপুট জোগাতে ব্যস্ত হয়ে পড়েন প্রধানমন্ত্রীর রাজনৈতিক সচিব আমার বাবা। প্রধান ইস্যু ছিল উলেমা কাউন্সিল গঠনের যথার্থতা নিয়ে – যা নিশ্চিত করবে যে পবিত্র কোরানের মতবাদের পরিপন্থী কোনো আইন পাশ হবে না। রাজনৈতিকভাবে আরও বিস্ফোরক বিতর্ক ছিল আঞ্চলিক স্বায়ত্বশাসন এবং জাতীয় পার্লামেন্টের আসন প্রদেশগুলির মধ্যে জনসংখ্যাভিত্তিক বন্টিত হবে কিনা – যা পূর্ববাংলার জনগরিষ্ঠতার অনুকূল হত অথবা তা পূর্ব এবং পশ্চিম পাকিস্তানের আসন সমতাভিত্তিক হবে কিনা যেটি পশ্চিম পাকিস্তানি নেতাদের পছন্দের ছিল। মনে আছে এ ব্যাপারে পথনির্দেশ পেতে সাংবিধানিক সরকার বিষয়ে অগ-এর লেখা আমার এইচএসসি পাঠ্যবই ধার নিয়েছিলেন বাবা। তার রেফারেন্স বাছাই আমাকে খুব খুশি করেনি। তবে আমার বড়ো নানা এবং বাবা করাচির যে রাজনৈতিক নাটকের মঞ্চে মধ্যমণি হয়ে গেলেন তার বিষয়ে আমার নিজস্ব সচেতনতা এবং সংযুক্তি দুটোই খুব অসার ছিল। এ থেকে বোঝা যায় এমনকি সতেরো বছর বয়সেও সমকালীন রাজনীতির গুরুত্বপূর্ণ ঘটনাপ্রবাহের খুব কাছে থেকেও আমার রাজনৈতিক সচেতনতা নিশ্চিতভাবে অপরিণত থেকে গিয়েছিল।

আমার জীবনের এই অলস সময়ে বাবা উপদেশ দিলেন চাচা কে জি মোর্শেদের বড়ো ছেলে আখতার মোর্শেদের সহায়তা নেবার। সে তখন সবে লন্ডন থেকে ফিরেছে। নিবন্ধক হবার যোগ্যতা অর্জনে সেখানে সে কয়েক বছর কাটায়। বিদেশ গেলে কী করব সে ব্যাপারে আমি খুব নিশ্চিত ছিলাম না। আখতার আমাকে এ বিষয়ে কিছু বাস্তব সম্মত উপদেশ দেয়। আর তার সঙ্গে দেয় ল্যাটিন আমেরিকান নৃত্যশৈলী সম্পর্কে মূল্যবান পাঠ, যে বিষয়ে লন্ডনে থাকার সময় সে কিছু পারদর্শীতা অর্জন করে ল্যাটিনো ব্যান্ডলিডার এডমান্ডো

রস পরিচালিত কোকোনাট গ্রুভ নামের প্রতিষ্ঠানে। এই নৈপুণ্য আমাকে আর সাঈফকে শেখানো হয় পাক্ষিক জ্যাম সেশন করে। এ সেশনগুলো হত সাঈদ শাহাবুদ্দীন (খাজা শাহাবুদ্দীনের তৃতীয় পুত্র) ও তার স্ত্রী আয়েশা শাহাবুদ্দীনের ভিক্টোরিয়া রোডের ইলাকো হাউস অ্যাপার্টমেন্টে। আমার চেনাজানা মহিলাদের মধ্যে সবচেয়ে সজীব, আকর্ষণীয় আর প্রকৃত সুন্দরী মহিলা আয়েশা দেখতে ছিল কিছুটা সোফিয়া লোরেন ধাঁচের। তার আমুদে সঙ্গ আমাদের করাচির সন্ধ্যেগুলোকে তার ভাষায় 'হল্লাগুল্লা' দিয়ে ঝলমলে করে তুলত।

ইলাকো হাউসে আমাদের দিনগুলো এত বছর পার হলেও আজ অবধি বোঙ্গো ড্রামের আওয়াজ আমার ভিতরে ছাইচাপা আগুনটা নাড়িয়ে দেয়। যখনই সুযোগ হয়েছে, খেদের বিষয় ইদানীং যা অনেক অনিয়মিত হয়ে পড়েছে, রাম্বা আর চা চা-র তালে আমাদের শরীর সঞ্চালন পরীক্ষায় সানন্দে উৎসাহী সহযোগী হয়েছে সালমা এবং বর্তমানে রওনক। আমাদের শুভানুধ্যায়ীরা জেনে অবাক হবেন, হয়তো বা আতঙ্কিতও, এমনকী আজও রওনক আর আমি অনিয়মিতভাবে ডাউনটাউন নিউইয়র্কের সাউণ্ডস অফ ব্রাজিল ক্লাবে যাই আমাদের সাম্বা নাচের দক্ষতার মহড়া দিতে।

৫

লন্ডন: কল্পিত বাস্তবতা

মহাসমুদ্রে নাওভাসি

করাচিতে এইচএসসি ফলাফলের জন্য অপেক্ষা করছি, সাম্বা রাম্বা নাচ শিখছি কিন্তু জীবন নিয়ে কী করব তার যেন কোনো হদিশ নেই আমার। একটা ভাসা ভাসা ধারণা আছে আমি বিদেশ যেতে চাই, তবে উচ্চশিক্ষার লক্ষে খুব একটা নিবেদিত নই, অন্তত যতখানি আমার মতো শিক্ষাক্ষেত্রে কৃতিত্ব অর্জনকারী ব্যক্তির কাছে মানুষ আশা করে। ভবিষ্যৎ নিয়ে আমার অস্পষ্টতা দেখে বাবার ধারণা হল আসলে আমি চাইছি বিদেশে কিছু সময় কাটাবার সুযোগ। তিনি তাই ছয় থেকে নয় মাস ইংল্যান্ডে কাটিয়ে চামড়ার ব্যবসা শিখে ঢাকায় ফিরে আসার পরামর্শ দিলেন।

বাবা বাস্তব বুঝেছিলেন ন'মাস লন্ডনে কাটালে বিদেশের জন্য এই হাঁসফাঁস ভাব আমার শারীরবৃত্ত থেকে উধাও হয়ে যাবে, পাশাপাশি এক কাজে দুকাজের মতো চামড়ার ব্যবসা সম্পর্কেও কিছু শিখতে সাহায্য করবে আমাকে। পুলিশের চাকরি থেকে অবসর নিয়ে পূর্ব পাকিস্তানে প্রথম স্থাপিত আধুনিক ট্যানারি ঢাকা ট্যানারিজের তখন ৫১ শতাংশের মালিক হয়েছেন বাবা। তিনি একটু বেশিই আশা করে ফেলেন করাচিতে রাজনৈতিক সচিব হিসেবে দীর্ঘ সময় কাটবে তার। ভাবলেন ঢাকা ট্যানারিজে তার ব্যবসায়িক স্বার্থ আমি দেখভাল করব এবং এ কাজে কিছুদিন লন্ডনে থেকে চামড়ার ব্যবসা শিখে নেবার প্রশিক্ষণ নিতে পারি আমি। সেই উদ্দেশ্যে লন্ডনের বারমন্ডজি-র একটি নামি চামড়া ব্যবসায়ী কোম্পানি বি বি ভস অ্যান্ড সনস-এর সঙ্গে কথাবার্তা বললেন তারা যাতে অবৈতনিক শিক্ষার্থী হিসেবে আমাকে নেন। আজও আমি বুঝতে পারি না কীভাবে নিজের ভবিষ্যতের এমনতর নীরস সম্ভাবনা কোনো অভিযোগ ছাড়া মেনে নিয়েছিলাম সেদিন।

পরিশেষে লন্ডন পাড়ি দিই পোল্যান্ডের একটি বাষ্পচালিত জাহাজ এম ভি ব্যাটরি-তে, দুটি অ্যাঙ্কর লাইন জলযান এবং জেনোয়ার লয়েড ট্রিস্টিনো লাইনস-এর পাশাপাশি করাচি থেকে যুক্তরাজ্য এবং ইউরোপের

সমুদ্রযাত্রার পরিষেবা দিত যে জাহাজ। মনে পড়ে ১৯৫৩-র মধ্য-ফেব্রুয়ারি-তে পরিবারের বহু সদস্য সমবেত হয়ে আমাকে ইংল্যান্ড সফরে বিদায় জানান। দ্বিতীয় শ্রেণীর চার বার্থের একটা কেবিনে জায়গা দেওয়া হল আমাকে যার অর্থ জলযানের লোয়ার ডেকস-এ রইলাম। এটাই প্রথম বিদেশযাত্রা এবং এটাই প্রথম দূরপাল্লার সাগর পাড়ি, সুতরাং সে অর্থে একপ্রকার অ্যাডভেঞ্চার। পেট পুরে খাবার বন্দোবস্ত ছিল, ছিল খেলার ব্যবস্থা। প্রসঙ্গত ব্যাটরি-র সিংগলস টেবিলটেনিস চ্যাম্পিয়ন হই আমি; এছাড়া সন্ধের নাচের আসরে যোগ দেওয়া যেত, যদিও নাচের সঙ্গিনীর অভাব ছিল। বম্বেতে ইংল্যান্ডগামী সেন্ট পল'স-এর দুই বন্ধু যোগ দেওয়াতে উপভোগ্য হয়ে উঠে সমুদ্রযাত্রা। এম ভি ব্যাটরি-তে আমার আর এক সফরসঙ্গী হয় বাঙালি সাংবাদিক এস এম আলী। সাংবাদিকতার সূক্ষ্মতর বিষয়গুলো শিখতে সে যাচ্ছিল লন্ডন। আমি যখন ঢাকায় আসি তখন শুরুর বছরগুলোতে আলীর সঙ্গে ঘনিষ্ঠ বন্ধুত্ব হয়েছিল আমার। সে ততদিনে এখানে সুপরিচিত প্রতিষ্ঠিত সাংবাদিক।

বম্বে, এডেন, সুয়েজ এবং জিব্রাল্টার হয়ে কোনো ঘটনা ছাড়াই শেষ হল সমুদ্রযাত্রা। অবশেষে জাহাজ সাউদাম্পটন বন্দর পৌছয় ৬ মার্চ ১৯৫৩ সকালে, স্ট্যালিন মারা যাবার পরের দিন। ব্যাটরি-র অর্ধনমিত পতাকা দেখে তার কারণ হিসেবে আমরা এ খবর জানতে পারি। এভাবেই আমার জীবনের আর একটি গুরুত্বপূর্ণ অধ্যায়ের আরম্ভ। শুরু লন্ডনে হলেও, তা শীর্ষবিন্দুতে পৌঁছয় কেমব্রিজে, আমার জীবন বদলে দেওয়া তিনটে বছরে।

ফ্রগনাল এবং ফুটবল

সাউদাম্পটনে অভিবাসন এবং শুল্ক দপ্তরের বিধি চুকিয়ে যাত্রীরা দক্ষিণ লন্ডনে ওয়াটারলু স্টেশন যাবার বোট-ট্রেনে ওঠে। আমরা সেখানে পৌঁছই সন্ধে সাতটায়। প্রধানমন্ত্রীর রাজনৈতিক সচিবের ছেলে হবার দৌলতে পাকিস্তান হাইকমিশনের কর্মী ওয়ালি মোহাম্মদ আমাকে সেখানে নিতে এসেছিলেন। মার্চের সন্ধেয় বড়োই নিরাশাজনক দেখানো ঠান্ডা, স্যাঁতস্যাঁতে লন্ডনে তার উপস্থিতি খুবই ভালো লেগেছিল।

আমায় ট্যাক্সিতে তুলে ওয়ালি মোহাম্মদ নিয়ে যান ৩০ নম্বর ফ্রগনাল-এর চারতলা বোর্ডিং হাউসে ফিঞ্চলে রোড, হ্যাম্পস্টেড এন ডব্লু ৩ থেকে অল্প দূরে। কেমব্রিজের উদ্দেশে রওনা দেবার আগে অবধি পরবর্তী সাত মাস এটাই ছিল আমার বাড়ি। ফ্রগনালে আমাকে স্বাগত জানালেন পেশিবহুল, হাসিখুশি এক আইরিশ মহিলা। তিনি এবং ওয়ালি মোহাম্মদ অনুগ্রহ করে আমার চারখানা ওজনদার স্যুটকেস উপরের তলার চিলেকোঠায় আমার ঘরে পৌঁছে দিতে সাহায্য করলেন। পিঠ বাঁকিয়ে দেওয়া এই চার স্যুটকেসের দুটিতে ছিল টিনের

কৌটয় অ্যাঙ্কর মাখন, ক্র্যাফট পনির, মিহি চিনির প্যাকেট, বাসমতি চালের ব্যাগ এবং আরও সব অন্যান্য রসদ। বিশ্বে আমাদের পাট ও তূলা রপ্তানির মূল্যবৃদ্ধিতে আমদানি স্ফীতি থেকে সে সময় লাভবান হওয়া পাকিস্তানিরা বিশ্বাস করত ব্রিটেন কৃচ্ছসাধনের দেশ যেখানে চিনি এবং সবধরনের দুগ্ধজাত পণ্য ব্যবহার নিয়ন্ত্রিত হয়। আমার খাওয়াদাওয়ার অসুবিধার যে আশঙ্কা আমার মা করেছিলেন সেগুলো অমূলক প্রমাণিত হল যেহেতু সদ্য ক্ষমতায় আসা উইনস্টন চার্চিলের টোরি সরকার ওই ধরনের রেশনিং তখন বাতিল করেছে।

ব্রিটিশ জীবনের প্রধান অঙ্গ ইংলিশ বোর্ডিং হাউসের যাপনের সঙ্গে আমার প্রথম পরিচয় অপ্রীতিকর হয়নি। আমার ঘরটা ছিল প্রশস্ত, তার নিজস্ব ওয়াশ বেসিনও ছিল। সেন্ট্রাল হিটিং বিপ্লব তখনও দুনিয়াজুড়ে ছড়ানো বাকি; সে কারণে আমার ঘরে পয়সা ফেলে চালু করা যায় এমন গ্যাস হিটার ছিল, শীতকালে যেটাকে নিয়মিত পয়সা জোগাতে হত। সৌভাগ্য আমার, মার্চে যাই যাই শীতে ফ্রগনাল থাকাকালীন মাত্র কয়েকটা রাত হিটারকে পয়সা খাওয়াবার দরকার হয়েছে। ফ্রগনালে আমার সাপ্তাহিক ভাড়া ছিল ৪ গিনি (এক গিনিতে ২১ শিলিং) যার মধ্যে ধরা ছিল প্রাতরাশ এবং স্বাস্থ্যপ্রদ, মামুলি মানের নৈশভোজ।

পরের দিন সকালটা ছিল শনিবার। চারটি তলায় ছড়িয়ে থাকা আমার সহ আবাসিকদের সঙ্গে আলাপ হল। এদের মধ্যে ছিলেন তিনজন বয়স্কা মহিলা, তারা দীর্ঘকালীন আবাসিক, একজন আইরিশ ভদ্রলোক নাম মারফি, শ্রীলঙ্কার একজন যার সাথে আমি একটা টেবিল শেয়ার করতাম, আর একজন ঘানা থেকে আসা ভদ্রলোক। শোনা যেত ঘানার এই মানুষটির নাকি বাড়িওয়ালীর সঙ্গে কিছুটা ঘনিষ্ঠ সম্পর্ক ছিল। খুব তাড়াতাড়িই পুরুষদের সঙ্গে হৃদ্য সম্পর্ক গড়ে ওঠে আমার এবং পরিশেষে বরিষ্ঠ আবাসিকদের সঙ্গেও বন্ধুত্ব হয়ে যায়।

প্রাতরাশের ফাঁকে মারফির সঙ্গে আলাপচারিতায় ব্রিটিশ ফুটবলে আমার দীর্ঘদিনের আগ্রহ এবং ব্রিটিশ ফুটবল দেখার তীব্র আকাঙ্ক্ষার কথা জানাই। সঙ্গে সঙ্গে মারফি প্রস্তাব দেয় সে আমাকে স্ট্যামফোর্ড ব্রিজে চেলসির প্রথম ডিভিশন ম্যাচ দেখতে নিয়ে যাবে। এভাবেই লন্ডনে পা রাখার চব্বিশ ঘন্টার মধ্যে আমি বাসে চড়ে স্ট্যামফোর্ড ব্রিজে পৌঁছই। ঘূর্ণি দরজায় ২ শিলিং ৬ পেন্স দিয়ে ভিতরে ঢুকতে আমায় সাহায্য করে মারফি এবং দুপুর আড়াইটেয় বসে পড়ি আমার প্রথম ফুটবল ম্যাচ দেখতে। ম্যাচটা আমার সমৃতিতে দীর্ঘস্থায়ী হয় নি, কারণ চেলসি সেবার লীগ টেবিলের মাঝামাঝি কোথাও ধুঁকছিল।

পরের মাসগুলোতে নিজেই উদ্যোগী হয়ে দেখলাম হোয়াইট হার্ট লেনে টোটেনহ্যাম হটস্পারের খেলা, হাইবারিতে আর্সেনালের খেলা এবং সুদর্শন সুরের সঙ্গে এক ঘন্টার বাস জার্নি করে সাউথ ইস্ট লন্ডনে চার্লটন অ্যাথলেটিকের মাঠে গেলাম আমার প্রিয় টিম ম্যানচেস্টার ইউনাইটেডের খেলা

দেখতে। এক মাসের মধ্যেই এমনকি ওয়েম্বলি স্টেডিয়াম পৌঁছে কালো বাজারে এক পাউন্ড দামের টিকিট কাটি স্কটল্যান্ডের সঙ্গে ইংল্যান্ডের খেলা দেখতে। সে ম্যাচটার কথা আমার মনে আছে কারণ ইংল্যান্ডের ফরোয়ার্ড লাইনে খেলছিলেন প্রবাদপ্রতিম দুই উইংগার স্ট্যানলি ম্যাথুজ এবং টম ফিনে অসাধারণ পায়ের কাজের জন্য যারা খ্যাত ছিলেন; ছিলেন গোল-বুভুক্ষু সেন্টার ফরওয়ার্ড টমি লটন এবং অসামান্য গোলরক্ষক ফ্র্যাঙ্ক সুইফট। ফুটবলে আমার এরকম আগ্রহ দেখে বেশ মজা পেয়েছিল বি বি ভস-এর সহকর্মীরা।

লন্ডনের সেই প্রথম সন্ধেয় স্ট্যামফোর্ড ব্রিজ থেকে বেরিয়ে ভূগর্ভ ব্যবহার করে পিকাডেলি স্কোয়ারে পৌঁছতে একা ছেড়ে দেওয়া হয়েছিল আমাকে। লন্ডনের এপ্রান্ত থেকে ওপ্রান্তে ঘুরতে এই চমৎকার পরিবহন মাধ্যমের আরও পথনির্দেশ এবং ভূগর্ভের সহজ ব্যবহারযোগ্য সেরা ম্যাপ দিয়েছিল মারফি। এই অসাধারণ কার্যকরী পরিবহন ব্যবস্থার সঙ্গে পরিচিত হওয়া মাত্র আর ফিরে তাকাতে হয়নি আমাকে এবং প্রায় প্রথম দিন থেকে বুঝে যাই যে পথ না হারিয়ে লন্ডনের যেকোনো জায়গায় ভ্রমণ করতে পারব।

পিকাডেলি দেখতে যাওয়া ছিল একজন তরুণের পক্ষে অনেকটা অ্যাডভেঞ্চার গোছের – সাহিত্যের সঙ্গে যার পরিচয় বিশ্বাস করতে শিখিয়েছে বিশ্বের কেন্দ্রে অবস্থিত এই চমৎকার রাস্তা। পিকাডেলির খাবার পরখ করা, শুনেছিলাম তা নাকি অতি সুস্বাদু, অথবা রাতের পিকাডেলি দেখবার সঙ্গতি বা সাহস কোনোটাই তখন নেই আমার। আমি শুধু হাঁ করে একের পর এক পেরিয়ে যাই পিকাডেলি এবং লেইচেস্টার স্কোয়ারের উজ্জ্বল আলোর সারি, চেয়ে থাকি ঝাঁ-চকচক সাজানো দোকানের জানলাগুলোর দিকে, খুঁজে দেখি কোথায় কোন মুভির প্রথম শো দেখানো হচ্ছে, সেখানেই জানতে পারি প্রতিবেশী সিনেমা হাউসগুলোর থেকে এখানে ৫ শিলিং-এর টিকিটের দাম দ্বিগুণ।

বাইরে আমার প্রথম নৈশভোজ লয়েন্স কর্নার হাউসে যেহেতু ৩০ নম্বর ফ্রগনালে প্রতি শনিবার নৈশভোজের বদলে মধ্যাহ্নভোজ দেবার রীতি ছিল। আমি অবশ্য অনেক রাত অবধি বাইরে থাকতাম না যেহেতু পাতাল রেল কতটা দক্ষ হয়েছি সেটা নিয়ে আমার পরীক্ষানিরীক্ষা তখনও চলছে। এই করতে করতে অবশেষে আবিষ্কার করি বেকারলু লাইনে পিকাডেলি সার্কাস থেকে আমার স্থানীয় স্টেশন ফিঞ্চলে রোড মাত্র ৯ পেন্সের যাত্রা।

লন্ডনে দ্বিতীয় দিন রবিবার খাজা নাজিমুদ্দীনের বড়ো ছেলে আমার মামা খাজা মহিউদ্দীনের সঙ্গে দেখা করি যিনি তখন সম্প্রতি তার সুন্দরী স্ত্রী শিরিনকে নিয়ে লন্ডনে এসেছেন বিশ্বে টাকা ছাপাবার অগ্রণী সংস্থা টমাস ডে লা রু-তে কাজ করতে। দক্ষিণ-পশ্চিম লন্ডনে স্লোন স্কোয়ারের কাছে একটি অ্যাপার্টমেন্টে থাকতেন মহিউদ্দীন দম্পতি। মহিউদ্দীনদের অ্যাপার্টমেন্টের দরজার পাহারাদারের কাছে জানতে চাইলাম কোন ফ্লোরে তারা থাকে। আমাকে

সে তরকারি রান্নার গন্ধ অনুসরণ করার পরামর্শ দেয়। বোঝা গেল ঢাকা নবাব পরিবারে প্রশিক্ষিত রাঁধুনির সুবাদে মহিউদ্দীনের বাসার রান্না ইতিমধ্যে সুনাম কুড়িয়েছে। এই রাঁধুনি অধিকাংশ পারিবারিক উপাদেয় খানা বানাতে পারত। উত্তম ভোজন করিয়ে মহিউদ্দীন এবং শিরিন তাদের গাড়িতে চাপিয়ে লন্ডনের বিভিন্ন এলাকা ঘুরিয়ে দেখায় আমাকে; সেই সঙ্গে এই বড়ো শহরে টিঁকে থাকার নানা কৌশল জানিয়ে দেয়।

সোমবার সকালে ফ্রগনাল ও ফিঞ্চলে রোডের কোণে লয়েডস ব্যাঙ্কের সঙ্গে যোগাযোগ করি। বাবা সেখানে প্রতি মাসে আমার নামে ৪০ পাউণ্ড পাঠাবেন। মিতব্যয়ী হতে প্রতি শনিবার ৮ পাউন্ড করে তুলতাম যা থেকে বোর্ডিং ভাড়া মিটিয়ে বাকি খরচ করতাম বিভিন্ন খাতে। খেরো খাতায় সেসব খরচ লিখে রাখতাম বিশ্বস্তের মতো। এখনও সেগুলো আমার কাছে রয়েছে। আমার প্রাচীন হিসেবপত্তর জানাচ্ছে ১৯৫৩ সালে মার্স বার-এর দাম ছিল ৬ পেন্স, বড়ো এক প্লেট মাছভাজা ও চিপসের দাম পড়ত ২ শিলিং ৬ পেন্স।

বারমন্ডজি-র দিনগুলো

আর্থিক নিশ্চিতি অর্জনের পর দক্ষিণপূর্ব লন্ডনের বারমন্ডজি-তে বি বি ভস অ্যান্ড সনস অফিসের উদ্দেশে রওনা দিই। এলাকাটা লন্ডনের চামড়া ব্যবসার কেন্দ্রস্থল। অনেকটা পথ লন্ডন ব্রিজ স্টেশন যেখান থেকে সিঁড়ি বেয়ে নেমে বারমন্ডজি'র চামড়া ব্যবসার জেলায় পৌঁছলাম। রাস্তায় ঢোকার মুখে বোমা বিধ্বস্ত পরিত্যক্ত একটা জমি ছিল। লন্ডন শহরের বিভিন্ন অংশ হতশ্রী করা এরকম বেশকিছু ধ্বংসাবশেষ তখন চোখে পড়ত। এলাকাটা বিবর্ণ, ক্ষয়াটে, চারপাশ উদ্দেশ্যহীন চলতে ফিরতে উৎসাহ দেয় না।

দীর্ঘদিন প্রতিষ্ঠিত বি বি ভস অ্যান্ড সনস ফার্ম। এরকম অনেক ফার্ম মূলত ভারত থেকে বিভিন্ন রকমের চামড়া আমদানির বিশেষজ্ঞ হয়ে উঠেছিল। কোম্পানির প্রতিষ্ঠাতা বি বি ভস-এর সঙ্গে বাবার পরিচয় হলে তিনি তাকে ঢাকা ট্যানারিজ থেকে পণ্য আমদানি করায় উৎসাহিত করতে চেয়েছিলেন। বাবার বিশ্বাস ছিল ভস কোম্পানিতে কয়েকমাস বিনাপয়সার প্রশিক্ষণে চামড়ার ব্যবসার অনেক কিছু জানতে পারবো আমি, পাশাপাশি তার সম্ভাব্য খদ্দেরের সঙ্গে সংযোগও তৈরি হবে।

যে পাঁচ ছ'মাস বি বি ভস-এ কাটিয়েছিলাম ব্যবসার বিষয়ে খুব বিশেষ কিছু শিখতে পারিনি। অধিকাংশ সময় লেজার-ক্লার্কের কাজ করেছি আমি। ভারত থেকে বি বি ভস-এর গুদামে আসা চামড়ার চালান ও ইনভয়েস নথিবদ্ধ করতে সাহায্য করতাম এক মিশুকে স্কটিশ মহিলাকে। চালান বাছাই, তার শ্রেণী বিন্যাস করা দেখতে বা গুদামঘরে সেগুলোকে স্টোর করা দেখার জন্য

প্রায়ই ডাকা হত আমাকে। প্রত্যাশা ছিল এতে করে আমদানি করা চামড়ার বিভিন্ন ধরন ও তাদের গুণমান সম্পর্কে ওয়াকিবহাল হব আমি। ব্যবসার বিষয়ে কিছু জানা গেল বটে, তবে মনে হল না এক্ষেত্রে আমার দক্ষতা বাড়াতে বিশেষ আগ্রহী বি বি ভস। চামড়া শিল্পের খুঁটিনাটি জানতে চাইলে বি বি ভস-এর অফিস থেকে ওই রাস্তায় এগিয়ে লেদারসেলারস টেকনিক্যাল কলেজের খাতায় নাম লেখাতে পরামর্শ দেওয়া হল আমাকে। কলেজটা দেখা পর ওখানে দু'বছর খরচ করে চামড়ার ব্যবসায় জ্ঞান বাড়াতে খুব উৎসাহিত বোধ করি না।

দিন গড়ায়, প্রতি সকালে ফিঞ্চলে রোড থেকে লন্ডন ব্রিজ যাতায়াত করি আমি; যেমন হাজার অফিস যাত্রীদের করতে হয়। এই আত্মধ্বংসী রুটিন সয়ে তারা তবু এটুকু জেনে বাঁচে যে শুক্রবার বিকেলে এর জন্য একটা মাইনের প্যাকেট তারা পাবে। ব্রিটিশ যাপনের অবিচ্ছেদ্য অংশ যেখানে দুদিনের ছুটি সেখানে এধরনের কর্মী বা তাদের বসেরা খুব কমই উইকএন্ডে কাজ করার চাপ অনুভব করত।

খেলার সময় গ্রীষ্ম

এই কর্ম-সংস্কৃতিতে বেতনহীন বন্দী আমি ধীরে ধীরে বুঝতে পারি বারমন্ডজি'র অস্বাস্থ্যকর পরিবেশে আমার দিনাতিপাত অর্থহীন। মে মাসের শুরুতে ক্রিকেট মরশুম আরম্ভ হলে সফরকারী অস্ট্রেলীয় দল লন্ডনে যেখানেই খেলুক তাদের খেলা দেখতে আমি একদিনের ছুটি নিতাম। সেন্ট পল'স থেকেই আমি ক্রিকেট গভীর ভালোবেসে ফেলি মূলত দর্শক হিসেবে, যদিও খেলোয়াড় আমি ছিলাম সাধারণ মানের। খেলাটার বিষয়ে জ্ঞানগম্যি বাড়িয়েছিলাম সেন্ট পল'স-এ এল জে গডার্ডের লাইব্রেরিতে নিয়মিত যাতায়াত করে আর কলকাতার ইডেন গার্ডেন্সে মাঝেমধ্যে টেস্ট ম্যাচ দেখে। পরে লাহোরের লরেন্স গার্ডেন্সে পাকিস্তানকে খেলতে দেখেছিলাম মেরিলবোন ক্রিকেট ক্লাবের (এমসিসি) সঙ্গে। ফ্রগনাল থাকাকালীন ক্রিকেট জ্ঞান বাড়াতে নিয়মিত হ্যাম্পস্টেড পাবলিক লাইব্রেরিতে যেতাম বিশেষ করে নেভিল কার্ডাস-এর প্রেরণাদায়ী কাব্যসম ক্রিকেট লেখা আবিষ্কারের পর থেকে। এরকম ক্রিকেট সাহিত্য পাঠকের জন্য ফিঞ্চলে রোডের দুটো স্টেশন পরে সেন্ট জন'স উড-এ অবস্থিত লর্ডস ছিল এক তীর্থস্থান।

১৯৪৮ সালে ডন ব্র্যাডম্যানের শেষ সফরে তার অধিনায়কত্বে অস্ট্রেলীয় দলটা বোধহয় সর্বকালের সেরা। লিন্ডসে হ্যাসেটের নেতৃত্বে সফরকারী অস্ট্রেলীয় দলটা সে রকম নয় বা তেমন অজেয়ও ছিল না। যাই হোক, মরিস, মিলার, লিন্ডওয়াল, হার্ভে, ট্যালনের মতো ১৯৪৮-এর নায়করা তখন তাদের সেরা ফর্মে। সুতরাং সিরিজ খুবই আকর্ষক হবে এমন প্রতিশ্রুতি ছিল। সফরকারী দল

যখন মিডলসেক্সের সঙ্গে খেলছে, মিডলসেক্সের তারকা ব্যাটসম্যান ডেনিস কম্পটন এবং বিল এডরিচের বিরুদ্ধে মিলার এবং লিন্ডওয়ালকে বল করতে দেখার জন্য বেশ কিছুদিন ছুটি নিলাম 'কাজ' থেকে।

জুনে লর্ডসে দ্বিতীয় টেস্ট শুরু হতে পুরো টেস্টটা দেখার জন্য চারদিনের ছুটি নিই বি বি ভস অফিস থেকে (শনিবার ছুটির দিন ছিল)। সকাল ন'টা থেকে লর্ডস গেটে লাইনে দাঁড়িয়ে ৫ শিলিং-এর বিনিময়ে ঘূর্ণি দরজা দিয়ে ঢুকে সকাল এগারোটা থেকে বিকেল ছ'টা পর্যন্ত সারাদিন খেলা দেখা। মনে আছে মিলার, লিন্ডওয়ালের বোলিং দাপটে অস্ট্রেলিয়া প্রায় পকেটে পুরে নিয়েছিল ম্যাচটা; বাদ সাধে ওয়াটসন এবং অলরাউন্ডার ট্রেভর বেইলি জুটি। মাটি কামড়ে ঘন্টার পর ঘন্টা নিজের উইকেট বাঁচাবার দক্ষতা ছিল বেইলির। সেই প্রথম পেশাদার শ্রেণী থেকে লেন হাটনকে ক্যাপ্টেন বেছেছে ইংল্যান্ড। দক্ষিণ লন্ডনের ওভালে শেষ ম্যাচ জিতে সিরিজ জিতে নেয় ইংল্যান্ড আর অস্ট্রেলিয়ার কট্টর সমর্থক দর্শক আমার কষ্ট বাড়ে।

ক্রিকেট ছাড়াও জুনের শেষে দক্ষিণপশ্চিম লন্ডনের উইম্বলডনে অল ইংল্যান্ড লন টেনিস চ্যাম্পিয়নশিপ দেখতে ছুটি নিয়েছিলাম। বিশ্ব টেনিসে প্রধান প্রতিযোগিতা উইম্বলডন চলত দু'সপ্তাহ। লর্ডসের মতো এখানেও সকাল ন'টা থেকেই লাইনে দাঁড়ালে ভালো সুযোগ থাকত ৫ শিলিং-এর বিনিময়ে ঘূর্ণিদরজা পেরিয়ে সেন্টার কোর্ট এবং লাগোয়া এক নম্বর কোর্টে দাঁড়িয়ে খেলা দেখার জায়গা পাওয়ার। সেমি-ফাইনাল, ফাইনাল দেখতে আগের রাত থেকে লাইন দিতে হত যেটা আমার কাছে টেনিস ভালোবাসার থেকেও বেশি উপভোগ্য মনে হত।

উইম্বলডন দেখার একটা দারুণ আকর্ষণ ছিল প্রাথমিক রাউন্ডগুলোতে ঘুরে বেড়িয়ে ওদের বিখ্যাত স্ট্রবেরি এবং ক্রিম খেতে খেতে বাইরের কোর্টের ম্যাচগুলো দেখা। প্রথমবারের সফরে আমার সাউথ ক্লাব কালান্তক ষোলো বছরের রামানাথন কৃষ্ণনকে তৎকালীন টেনিস বিশ্বের পাঁচ নম্বর র‍্যাঙ্কিং খেলোয়াড় অস্ট্রেলিয়ার মারভিন রোজের কাছ থেকে একটা সেট ছিনিয়ে নিতে দেখি।

বিশ্বের বহু সেরা খেলোয়াড়কে দেখতে পাবার সুযোগ অত্যন্ত আকর্ষক মনে হওয়ায় আমি কাজ থেকে দশ দিনের ছুটি নিলাম যার দরুণ আমার সুপারভাইজার বি বি ভস সিদ্ধান্ত নিতে বাধ্য হয় যে বারমন্ডজি-তে চামড়ার ব্যবসা সম্পর্কে আমি অনেক কিছু শিখে ফেলেছি; তাই এই প্রহেলিকা চলতে দিয়ে পারস্পরিক লাভ তেমন কিছুই নেই। লন্ডন ব্রিজে আমার যাতায়াত ক্রমে অনিয়মিত হয়ে আসে এবং সেপ্টেম্বরের গোড়ায় কার্যত বন্ধ হয়ে যায়। তখন আমি বুঝতে পারি যে হয় আমাকে দেশে ফিরতে হবে অথবা উচ্চশিক্ষার অন্বেষায় যে ছেদ পড়েছিল সেটা আবার নতুন করে শুরু করতে হবে।

উইলিয়াম ব্রাউনের খোঁজে

চামড়ার ব্যবসার শিক্ষার্থী হবার এলোমেলো প্রয়াস এবং খেলার দর্শক হিসেবে আমার অল্পবয়সী উৎসাহে গা ভাসাবার বাইরে ধীরে পরিচয় বাড়িয়ে তুলছিলাম সেই দেশের সঙ্গে – একযুগেরও বেশি সময় ধরে যে দেশ আমার সাহিত্যিক কল্পনার অঙ্গ হয়ে উঠেছিল, সাত বছর বয়সে যখন ফিল্ম ফান, বিয়ানো অ্যান্ড ড্যান্ডি কমিকস পড়া শুরু সেই তখন থেকে।

ডেসপারেট ড্যান অথবা লর্ড স্নুটি অথবা আরও দৃষ্টিগোচর গ্রামীণ ইংল্যান্ডের যে ছবি রিচমন্ড ক্রম্পটনের উইলিয়াম বুকস মনে এঁকেছিল অথবা পি জি উডহাউসের উপন্যাসে বার্টি উস্টার এবং লর্ড এমসওয়ার্থের মতো অবকাশভোগী উচ্চশ্রেণীর বর্ণনায় যে চিত্রপট পড়েছি, সেসব যুদ্ধপূর্বের ইংল্যান্ডের। ১৯৫৩-র ইংল্যান্ড সে অতীতের ছায়া মাত্র। পিকাডেলি, লিচেস্টার, অক্সফোর্ড স্ট্রিটের উজ্জ্বল আলোকসজ্জা বাদ দিলে ১৯৫০-এর ইংল্যান্ড অপরিচ্ছন্ন, ধূসর; তখনও গুটি বসন্তের দাগের মতো দগদগে জার্মান লুফৎওয়াফে-র বিমানহানা লণ্ডন, বোমাবর্ষণে তৈরি তার শুন্যস্থানগুলো। কিছু নতুন বিল্ডিং দেখা যেত তবে যেসব অট্টালিকায় ইতিহাসের অনুরণন সেগুলো সহ টিঁকে থাকা অবশিষ্ট বাড়িগুলোকে দেখে মনে হত তাদের সংস্কার প্রয়োজন। মার্চের পড়ন্ত শীতে আমায় বিষণ্ণ করে তুলত এই লন্ডন। বসন্ত সমাগমের সঙ্গে সঙ্গে অস্ট্রেলীয় ক্রিকেট দলের সফর আমার কল্পনার এই দেশ সম্পর্কে ফের বাড়িয়ে তোলে আমার উৎসাহ। হাইড পার্ক আর রিজেন্ট'স পার্কে বসন্তের ফুল ফুটতে দেখে চাঙ্গা হয়ে উঠি।

আমার এইচেসন কলেজের প্রধানশিক্ষক জে এম গুইনের সঙ্গে একবেলা কাটাতে মে মাসের এক নরম গ্রীষ্মদিনে সাসেক্স ডাউনস-এর খড়ি পাহাড়ের ঢেউখালানো রাস্তায় বাসে চড়ে উকফিল্ড গ্রামে যাবার সময় ইংলিশ কান্ট্রিসাইডের অপূর্ব সৌন্দর্যের প্রথম আভাস পেলাম। উইলিয়াম ব্রাউনের গ্রাম সম্পর্কে আমি যা কল্পনা করেছিলাম উকফিল্ড প্রায় সে রকম, কিন্তু নিশ্চিত হতে পারছিলাম না পাকিস্তানের এক বাদামি ভদ্রলোক এই জগতে মানানসই হবে কিনা।

গ্রীষ্মের নিস্তেজ মাসগুলোয় লন্ডন সফরকারী আমার সৎ মা শওকত বেগম রাণী দ্বিতীয় এলিজাবেথের অভিষেক দেখবার পাস জোগাড় করে আমাকে আমন্ত্রণ জানালেন তাঁর সঙ্গী হবার। ওয়েস্টমিনিস্টার অ্যাবি-র বাইরে নির্মিত স্ট্যান্ডে বসবার অনুমতি ছিল পাসে সেখান থেকে রাজকীয় শোভাযাত্রার পরিক্রমা দেখতে পেরেছিলাম আমরা। অ্যাবি-তে বসে আসল অভিষেক দেখার মতো ব্যাপার না হলেও মনে হল একটা দুর্লভ ঐতিহাসিক অনুষ্ঠানে প্রতিনিধিত্বমূলক অংশগ্রহণ করলাম আমরা।

লন্ডনের জীবনে আমার আরও রোমাঞ্চক আবিষ্কার থিয়েটারের দুনিয়া। তখনকার দিনে ৫ শিলিং দিয়ে শ্যাফটসবেরি অ্যাভিনিউ'র কোনো থিয়েটারে ম্যাটিনি শো'র আসন মিলত। আমার প্রথমদিকের থিয়েটার অভিযানের মধ্যে ছিল ডেভিড টমলিসন এবং জন কলিন্স অভিনীত লিটল হাট। লাভ অফ ফোর কর্নেলস-এ পিটার উস্তিনভের অসাধারণ অভিনয়। পরে আবিষ্কার করি হ্যামারস্মিথের লিরিক থিয়েটার যেখানে দেখা হল কিং লিয়ার, ওথেলো, ম্যাকবেথ এবং মার্চেন্ট অফ ভেনিস-এর শাইলকের ভূমিকায় ডোনাল্ড উলফিটের একগুচ্ছ মহাকাব্যিক অভিনয় – যেগুলো আমার সমৃতিবন্দী রয়েছে। উন্নত মানের শেক্সপিরীয় নাটক দেখার ক্ষিধে বাড়িয়ে দিয়েছিল উলফিট। পরিশেষে স্ট্র্যাটফোর্ড আপন এভন-এ অলিভিয়র এবং ভিভিয়ান লে অভিনীত ম্যাকবেথ সেই সঙ্গে জন জিলগাডের কিং লিয়ার অভিনয় দেখেছিলাম।

উটের চোখ

সে সময়টাতে প্রায় মাসেই বিভিন্ন বন্ধুবান্ধব, আত্মীয়স্বজনরা লন্ডনে ঘুরতে আসত আর আমি তাদের সঙ্গে সপ্তাহান্ত কাটাতাম। দিন যত গড়ায় নিজেকে তত বেশি আধা বেকার মনে হয়। হাতে অফুরান সময় নিয়ে আরও গভীরভাবে নিজের অর্থহীন অস্তিত্বের কথা। কামাল লন্ডনে এল আগস্টের শেষে মার্কিন যুক্তরাষ্ট্রের ইন্ডিয়ানায় নটরডেম বিশ্ববিদ্যালয়ে বিএ পড়তে যাবার পথে। আমার এই ঘুমপাড়ানি অস্তিত্বে ধাক্কা দিয়ে বারমডজি-র থেকে বড় কিছু ভাববার উৎসাহ দেয় সে। ঢাকার ইন্টারমেডিয়েট পরীক্ষায় প্রথম হয়েছিল কামাল সুতরাং নটরডেম কলেজ নিশ্চিত করেছিল মার্কিন যুক্তরাষ্ট্রে তাদের ঊর্দ্ধতন বিশ্ববিদ্যালয়ের পূর্ণ স্কলারশিপ যাতে সে পায়। সেখান থেকেই দু'বছরের মধ্যে আঠারো বছর বয়সে অর্থনীতির স্নাতক হল কামাল। মিশিগান বিশ্ববিদ্যালয়ে অর্থনীতিতে এমএ করার স্কলারশিপও পেয়েছিল সে তবে পরিশেষে আইনবিদ্যায় বিএ (সাম্মানিক) পড়তে অক্সফোর্ডের ক্যুইনস কলেজে চলে যায়।

দিনের বেলায় কেমব্রিজ অক্সফোর্ড ঘুরে বন্ধুদের ইতিমধ্যে বিশ্ববিদ্যালয়ে পড়তে দেখে আমাকে শিক্ষাসংক্রান্ত উচ্চাশা পুনরায় জাগরিত করতে উৎসাহিত করে, কিন্তু এ নিয়ে ঠিক কী করা দরকার সে ব্যাপারে তখনও নিশ্চিত নই। আমার সেন্ট পল'স সহপাঠী ইস্কি ইস্পাহানির বাবা লন্ডনে তৎকালীন পাকিস্তানি হাইকমিশনার মির্জা হাসান ইস্পাহানির সঙ্গে আলাপচারিতা চুপসে দেয় আমার উদ্যম। তার সঙ্গে দেখা হল ১৪ আগস্ট পাকিস্তান ইন্ডিপেন্ডেনস ডে অভ্যর্থনায়। কেমব্রিজে ভরতি প্রসঙ্গে আমার প্রশ্নের জবাবে তিনি বলেন –

'ইয়াং ম্যান, তোমার কেমব্রিজ পড়তে যাওয়ার থেকে সূচের চোখের মাঝ দিয়ে উট গলে যাওয়া সহজ'। জীবনের কিছু লক্ষ পুনরুদ্ধারের আকাঙ্ক্ষা শেষ পর্যন্ত ঠেলে দিল জীবন বদলের যাত্রাপথে, যার শুরু কেমব্রিজ বিশ্ববিদ্যালয়ে। তবে এই সাফারি আমার প্রথমিক ইংল্যান্ড যাত্রার থেকে কোনো অংশে কম সৌভাগ্যপ্রসূত ছিল না।

৬

কেমব্রিজ: পরিণত হওয়ার বছরগুলো

আমার ভাগ্য বদল

অক্টোবর ১৯৫৩ রবিবার বিকেলে আমার ভাগ্য মোড় নিল ৩০ ফ্রগনালে আমার বোর্ডিং থেকে এগিয়ে একটা লাল পোস্টবক্সের সামনে। কেমব্রিজ ট্রিনিটি হলের মাস্টারকে লেখা একটা চিঠি হাতে পোস্টবক্সের সামনে দাঁড়িয়ে পড়ি। কেমব্রিজে ইকনমিকসে ট্রাইপজ করতে ট্রিনিটি হল কলেজে ভরতির জন্য তার নাতির পাঠানো প্রার্থীপদ বিবেচনার অনুরোধ জানিয়ে আমার বড়ো নানা খাজা নাজিমুদ্দীন চিঠিটা লিখেছেন মাস্টারকে। কারণ তখনকার আমলে অক্সব্রিজ কেতাবি সংস্কৃতি তাদের প্রাচীন কলেজগুলোয় ব্যক্তিবিশেষ ভরতির উপযুক্ত কিনা তা বুঝতে নির্ণায়ক হিসেবে স্কুলের সাথে পারিবারিক সম্পর্কের উপর বিশেষ গুরুত্ব দিত। ফলে নানা এভাবে আমার জন্য সুপারিশ চিঠি লেখার বিষয়টা মোটেও অস্বাভাবিক ছিল না। এ ধরণের শিক্ষায়তনে ভর্তি হওয়ার ক্ষেত্রে শিক্ষাগত যোগ্যতা থাকলে সেটা কাজে লাগত, তবে সেটাই একমাত্র প্রয়োজনীয় বিষয় ছিল না। ট্রিনিটি স্ট্রিটে পিট ক্লাবের বাইরে বো টাই, টুইড জ্যাকেট, ক্যাভলরি টুইল পরিহিত নিষ্প্রাণ-মস্তিষ্ক পিতামহদের কেমব্রিজের আশপাশে ঘোরাঘুরির শোভাযাত্রা দেখেই অনুমান করা যেত কেমব্রিজ স্কুল পরীক্ষায় থার্ড ডিভিশনের সহজ পরিপূরক হতে পারে আপনার বংশলতিকা।

ভর্তি হওয়ার জন্য কেবল মাত্র খাজা নাজিমুদ্দীনের চিঠির উপরেই আমাকে নির্ভর করতে হবে সেটা একেবারেই আমার বৌদ্ধিক আত্মসম্মান তুষ্ট করার মতো ছিল না। বস্তুত আমি সেন্ট পল'স থেকে কেমব্রিজ স্কুল সার্টিফিকেটে ফার্স্ট ডিভিশন পেয়েছি, এবং এইচেসন কলেজ থেকে চার্চিল হাউস মেডেল পেয়েছি কেমব্রিজ এইচএসসি পরীক্ষায় কলেজে সেরা রেজাল্ট করার জন্য। আমার রেজাল্ট সে আমলের কেমব্রিজে স্নাতক পর্যায়ের ছাত্রদের অনেকের তুলনায় বেশ অসাধারণ ছিল। সুতরাং মেধার ভিত্তিতে ট্রিনিটি হলে প্রবেশ করতে পারিবারিক যোগসূত্র টেনে আনার প্রয়োজন আমার ছিল না যেভাবে তখনকার প্রজন্মের বেশিরভাগ পাকিস্তানী অক্সব্রিজে ভরতি হত।

স্বজনপোষণ নীতির মাধ্যমে আমার শিক্ষাজীবন শুরুর জন্য দায়ী আসলে আমার পেশা বাছাই সম্পর্কে বাবার কিছু ভুল ধারণা। কেমব্রিজের ১৯৫৩-৫৪ নতুন শিক্ষাবর্ষ শুরুর ঠিক আগের দিন অক্টোবরের সে রবিবার বিকেলে লাল পোস্টবাক্সের সামনে আমার হাজির হওয়াটা ছিল ওই সমস্যারই কারণে। সত্যি বলতে কি, মূলধন হিসেবে আমার বড়ো নানার চিঠিটা বহু মাস নিজের জিম্মায় রেখেছিলাম।

ইতিমধ্যে উল্লেখ করেছি প্রথম বিশ্বযুদ্ধের আগে ট্রিনিটি হল কলেজে পড়েন খাজা নাজিমুদ্দীন। নিজেকে অমর করার মতো তেমন কোনো সাফল্য কেমব্রিজে হয়ত তার ছিল না, তবে পরবর্তী সময়ে তিনি একাধারে বড়লাটের এক্সিকিউটিভ কাউন্সিল সদস্য এবং অবিভক্ত ব্রিটিশ ভারতে বাংলার মুখ্যমন্ত্রী হন। অক্সব্রিজ মূল্যায়নে এ কৃতিত্ব একেবারে উপেক্ষনীয় ছিল না। ব্রিটিশ রাজের অনুগত সেবক হিসেবে নাইট খেতাবও তিনি পান এবং স্যার নাজিম নামে পরিচিত হন। তার নেতা কায়েদ-ই-আজম মোহাম্মদ আলী জিন্নাহর নির্দেশে সে উপাধি তিনি ত্যাগ করেন। পাকিস্তান আন্দোলনের সে পর্যায়ে ব্রিটিশ রাজের কার্যকলাপে নিজের অসন্তোষ প্রকাশে খুবই উদ্গ্রীব ছিলেন জিন্নাহ। ঘটনা হল, যতই আপনি জনসমক্ষে উপাধি বর্জন করুন ওটি আজীবন আপনার গায়ে সেঁটে থাকবেই। অতএব আমার বাবা এবং আমার বড়ো নানার অন্যান্য অনুগত বন্ধুরা তার জীবনের শেষ দিন পর্যন্ত তাকে স্যার সম্বোধন চালিয়ে গেছেন।

দ্বিতীয় বিশ্বযুদ্ধের ঠিক পরেই আমার মামা ফাইয়াজ আলমের ট্রিনিটি হল কলেজে ভরতি হওয়ার ক্ষেত্রে বড়ো নানার (খাজা নাজিমুদ্দীন) উচ্চ পদাধিকার নিশ্চয়ই সাহায্য করেছিল। ফাইয়াজের কেতাবি প্রতিভা ছিল না, তবে আমার মতো সেও সেন্ট পল'স স্কুলে পড়েছে যে স্কুলের রেক্টর এল জে গডার্ডও আবার ট্রিনিটি হল-এর প্রাক্তন ছাত্র। তবে আমার ধারণা তার মামা খাজা নাজিমুদ্দীনের ট্রিনিটি হল সংযোগ এবং বাংলার মুখ্যমন্ত্রীত্ব ফাইয়াজের ট্রিনিটি হল প্রবেশ সহজ করেছিল।

ফাইয়াজ কেমব্রিজে যাবার পর ১৯৪৮-এ জিন্নাহের মৃত্যুতে পাকিস্তানের গভর্নর জেনারেল হলেন খাজা নাজিমুদ্দীন এবং অক্টোবর ১৯৫২-এ লিয়াকত আলী খান খুন হবার পর গভর্নর জেনারেলের পদ থেকে ইস্তফা দিয়ে হলেন পাকিস্তানের প্রধানমন্ত্রী। তিনি যখন প্রধানমন্ত্রী তখনই তাকে সাম্মানিক ফেলো নির্বাচন করে সম্মান জানাবার সিদ্ধান্ত নেয় ট্রিনিটি হল।

তবে আমাকে সুপারিশ করে ট্রিনিটি হল মাস্টারকে যখন তিনি চিঠিটি লিখেছেন তার মাত্র কয়েক মাস আগেই বিনা আড়ম্বরে পদ থেকে তাকে সরিয়ে দেওয়া হয়েছে। খাজা নাজিমুদ্দীন তখন আর প্রধানমন্ত্রী নন, তবে ট্রিনিটি হল-এর ফেলো। আমার ধারণা বর্তমানের পদচ্যুত প্রধানমন্ত্রী নয়, বরং একজন প্রাক্তন প্রধানমন্ত্রী হিসেবেই তার লেখা চিঠিটি ট্রিনিটি হল মাস্টারের কাছে বেশি

গুরুত্ব পেয়েছিল। কেননা, যত যাই হোক, প্রধানমন্ত্রী থাকাকালীন যে ব্যক্তি ফেলো নির্বাচিত হয়েছিল, তার অনুরোধ প্রত্যাখ্যান করাটা অশোভন হত। সাবেক এই ন্যায় বিচারবোধ বোধহয় ব্রিটিশ জমানার মূল্যবোধের সবচেয়ে আকর্ষক বৈশিষ্ট্যের একটা। যাই হোক, খেলোয়াড়ি মনোভাব দেখাবার সেই সাবেক মূল্যবোধের প্রাসঙ্গিকতা সম্পর্কে ফ্রগনাল পোস্টবক্সের সামনে দাঁড়িয়ে থাকার সময় খুব প্রত্যয়ী হতে পারিনি আমি।

আগেই বলেছি উচ্চশিক্ষার জন্য আমার আকুলতা সাময়িক জাগিয়ে তুলেছিল আমার ফুপাতো ভাই কামাল হোসেন। কিন্তু কায়সার মোর্শেদ, আমার আর এক চাচাতো ভাই, ১৯৫৩ সালের অক্টোবরে অক্সফোর্ডের সেন্ট জন'স কলেজে আইন পড়তে লন্ডনে না আসা অবধি বিশ্ববিদ্যালয় শিক্ষার জন্য আমার চাপা পড়া আকুতি পুরোপুরি উপলব্ধি করিনি। কয়েক মাস আগে ফ্রগনালে আমার আস্তানার কাছেই ৪৩ মেয়ারসফিল্ড গার্ডেনসে উঠে এসেছেন কায়সারের বাবা, আমার চাচা কে জি মোর্শেদ কন্যা মরিয়ামকে (মিন্টা) নিয়ে। কায়সার কিছু দিনের জন্য তার বাবার সঙ্গে থাকতে এসেছে এবং উলের অন্তর্বাস লং জনস জমাচ্ছে, ইংল্যান্ডের শীতে টিকে থাকতে তার বাবার ভাষায় যা প্রধান ভরসা। সুতরাং আমি কায়সারের সঙ্গে আমার পুরো সময়টাই কাটাই, আর সে উচ্চশিক্ষা থেকে স্বেচ্ছা-নির্বাসিত আমার জীবনকে উত্যক্ত করেই চলে।

শিক্ষাজীবনে আমার দায়বদ্ধতার জন্য যদি আমার পরিচিত জনদের মধ্যে কোনো একজনকে বেছে নিতে হয় তবে কায়সারের ঋণ অবশ্যই স্বীকার করতে হবে। অমর্ত্য সেনের পাশাপাশি আমার দেখা সেরা মননশীল মানুষদের একজন হলো কায়সার। কলকাতার দিনগুলোতে কায়সারের বুদ্ধিমত্তা, জ্ঞান, মননের বিষয়গুলোতে উদ্দীপিত করে তোলার ক্ষমতা আমাকে প্রায়ই বিস্মিত করেছে। সেন্ট পল'স-এ অ্যাকাডেমিক নক্ষত্রদের একজন হওয়া সত্ত্বেও আমি নিজেকে বুদ্ধিজীবি ভেবে উঠতে পারি নি। আমার কাছে কায়সার ছিল এক চমকপ্রদ মানুষ যার সেন্ট জেভিয়ার'স-এ অসামান্য রেজাল্ট সবসময় সেরা বৌদ্ধিক প্রয়াসে উজ্জীবিত করেছে। বয়সে যদিও সে আমার চেয়ে দু'বছরের বড়ো ছিল, তার জ্ঞানের বৃহৎ পরিধি আমার মধ্যে মননলব্ধ বিষয় সম্পর্কে এক আকুলতা বুনে দিয়েছিল।

অল্পদিনের মধ্যে উচ্চশিক্ষার জন্য আমার সুপ্ত বাসনা পুনরুজ্জীবিত করেছিল কায়সার। কেবলমাত্র কেমব্রিজের স্নাতক পর্যায়ের ছাত্র হিসেবে আমাকে উদ্দীপিত করে নয়, যে সঙ্কীর্ণ গন্ডী আমার নিজের ভবিষ্যতে আরোপ করেছিলাম সেটাকেই প্রশ্নের মুখে দাঁড় করাতে সে চ্যালেঞ্জ ছুঁড়ে দিয়েছিল। কায়সারের প্ররোচনায় কেমব্রিজে জায়গা পেতে ট্রিনিটি হল-এর মাস্টারকে চিঠি লিখি। চিঠিটায় এত দেরিতে আবেদন করার জন্য বেশ কিছু নিষ্ফলা দোহাই পাড়ি তবে রক্ষাকবচ হিসেবে খাজা নাজিমুদ্দীনের চিঠি সঙ্গে জুড়ে দিই যাতে আমার দরখাস্ত ট্রিনিটি

হল মাস্টারের আবর্জনা ঝুড়িতে নিক্ষিপ্ত না হয়। এত কিছুর পরেও সে চিঠি তো আমাকে পোস্ট করতে হবে। মনে আছে ফ্রগনালে সে বিকেলে কায়সার আর মিন্টাকে বলি নতুন শিক্ষাবর্ষ চালু হাবার একদিন আগে ওরকম একটা চিঠি মাস্টার অফ ট্রিনিটি হল-কে পাঠাতে নিজেকে বোকা, অযোগ্য মনে হচ্ছে। ক্ষিপ্ত দৃষ্টিতে আমার দিকে তাকিয়ে থাকা কায়সার বলে উঠে 'চিঠিটা পোস্ট কর, এর চেয়ে ঢের উটকো কাজ তুমি করেছো!' আর মিন্টা তার মিলিয়ন ডলার হাসি হেসে বলেছিল 'তোমার আর হারানোর কী আছে?' সুতরাং চিঠি পোস্ট করা হল এবং দু'দিন বাদে মাস্টারের জবাবি চিঠি পেলাম। তিনি আমাকে কেমব্রিজে এসে ট্রিনিটি হলে তার সঙ্গে দেখা করার আমন্ত্রণ জানিয়েছেন।

মনে আছে দিনের রিটার্ন টিকিট কেটে কেমব্রিজের উদ্দেশে রওনা দিই। জীবন-মরণের শঙ্কা বুকে গুড়গুড় করে যে এক অবিশ্বাস্য রকমের চ্যালেঞ্জিং সাক্ষাৎকার অপেক্ষা করছে আমার জন্য। মাস্টার আমার সঙ্গে দেখা করলেন তার বাড়িতে, সঙ্গে সিনিয়র টিউটর সি ডব্লু ক্রলি। যতদূর মনে পড়ে, খুব বেশি ভূমিকা ছাড়াই তার পড়ার ঘরটিতে ঢোকামাত্র আমায় তিনি জানালেন যে চালু হতে যাওয়া নতুন শিক্ষাবর্ষে আমাকে ট্রিনিটি হলে ভরতি নেবার সিদ্ধান্ত নিয়েছেন তারা। অবশ্য দেরির কারণে আমাকে বাইরে কোথাও আস্তানা খুঁজে নিতে হবে, কলেজে থাকার জায়গা হবে না। বেরিয়ে আসবার মুখে খুব নরমভাবে আমার বড়ো নানার শরীরস্বাস্থ্য বিষয়ে জানতে চাইলেন মাস্টার। আমার ধারণা, কেন আমি ১৯৫৩ হেমন্তে ট্রিনিটি হল-এর প্রথম বর্ষের ছাত্র হতে পারছি, এটা ছিল তারই জানানদারি। আমার বড়ো নানার কাছে এই ঋণ অপরিশোধ্য কারণ কেমব্রিজ আমার জীবনের মোড় ঘুরিয়ে দিয়েছিল।

কিছুটা ঘোরের মধ্যে লন্ডন ফিরে যেতে যেতে আরও পার্থিব বিষয়গুলোর ভাবনা শুরু হয়। যেমন বাবা কী বলবেন এবং আরও নির্দিষ্টভাবে বললে,আমার কেমব্রিজে পড়ার খরচ তিনি দেবেন তো! আজ অবিশ্বাস্য শোনাবে, তখনকার আমলে টিউশন খরচ, কলেজের মাইনে অন্যান্য খরচখরচা মিলিয়ে কেমব্রিজের সারা বছরের ব্যয়ের পরিমাণ ছিল ৬৩০ পাউন্ড। পাউণ্ড-স্টার্লিং অনুপাতে টাকার মূল্যমান তখন ৫ টাকার কাছাকাছি। সুতরাং বছরে খরচ ৩,১৫০ টাকা। এই অঙ্কটা তখনকার দিনে একজন পাকিস্তানী সিভিল সার্ভেন্টে-এর এক মাসের মাইনের সমান এবং এমনকি তখনও মধ্যবিত্ত আর্থিক সংস্থান পঙ্গু করে ফেলার মতো হয়তো নয়। তুলনায় আজকের দিনে এক বছর কেমব্রিজে থাকার খরচ বাংলাদেশ সরকারের একজন সেক্রেটারির বাৎসরিক মাইনের পাঁচ গুণ। যাই হোক, বাবার আর্থিক অবস্থা, অথবা সত্যি কথা বললে, ঢাকা ট্যানারিজের প্রতি আমার দায়বদ্ধতা রদ করায় তার প্রতিক্রিয়া – কিছুই আমি জানতাম না।

আমার সৎমা শওকত বেগম তখন লন্ডন সফর করছেন। আমি তার পরামর্শ নিলাম। তার আত্মার শান্তি লাভ হোক, তিনি আমাকে কিছু বিচক্ষণ উপদেশ

দিলেন - 'জীবনে কোনো আক্ষেপ রেখো না। কেমব্রিজে যেতেই যদি চাও, তবে যাও'। তিনি প্রতিশ্রুতি দিলেন বাবার সঙ্গে তিনি মধ্যস্থতা করবেন। কোনো অভিযোগ ছাড়াই আমার সিদ্ধান্ত মেনে নিলেন বাবা।

ট্রিনিটি হলে অভিষেক

এভাবেই বি বি ভস-কে বিদায় জানিয়ে প্রথমবর্ষ ট্রাইপজ-এর ছাত্র হিসেবে কেমব্রিজে হাজির হলাম ১৯৫৩-৫৪ শিক্ষাবর্ষ শুরুর দু'দিন পরে। কেমব্রিজে বন্ধুর অভাব আমার হয়নি। আমার এইচেসনিয়ান বন্ধুরা গিজগিজ করছিল সেখানে। কিন্তু কেমব্রিজে আমার প্রথম পরামর্শদাতা হল অমল বোস যাকে আমার সঙ্গে পরিচয় করালেন সি ডব্লুক্রলি। অমল তখন অর্থনীতির তৃতীয় ও অন্তিম বর্ষের ছাত্র। কিন্তু সে কেমব্রিজের জীবন সম্পর্কে আমার পরামর্শদাতার ভূমিকা নিতে তৎক্ষণাৎ রাজি হয়ে যায়। ওয়াশিংটন ডি সি-তে ক্যানসারে তার মৃত্যুর আগে পর্যন্ত পরবর্তী ৩৮ বছর অমলের সঙ্গে আমার বন্ধুত্ব অটুট ছিল। বিশ্বব্যাঙ্কে কর্মজীবন শেষে ওয়াশিংটন ডি সি-তেই সে থেকে গিয়েছিল অমল। যেকোনো ভাবেই হোক জন্মেই মাঝবয়সীর ধরনধারণ রপ্ত করে ফেলেছিল অমল; জীবনকে খুব সিরিয়াসভাবে নেবার প্রবণতা ছিল তার। এর অর্থ সর্বদা টাই পড়ে থাকা, সর্বদা ছাতা সঙ্গে রাখা এবং কখনওই খুব জোরে না হাসা। কিন্তু ভালো বন্ধু ছিল অমল - অনুগত, সহমর্মী এবং বিচক্ষণ। উপদেশের ভাণ্ডারী অমলের সাহচর্য সকলের নিরাপদ মনে হত। জাঁকজমক পছন্দ করা সমাজে অমলের সুশীল জীবনদর্শন তাকে এক কোণে ঠেলে দেবে এমনই ভাবত সকলে। সে কিন্তু ধীরে ধীরে সামাজিক পরিসরে নিজেকে যুক্ত করে এবং এক পর্যায়ে কেমব্রিজ মজলিশের সভাপতিও হয়। সেই আমাকে কমিটি সদস্য করে নেয় এবং এভাবেই কেমব্রিজের সমাজ জীবনে আমার যাত্রা শুরু হয়ে গিয়েছিল।

অমল ছাড়া ট্রিনিটি হলে আমার আজীবন বন্ধু খুব বেশি হয়েছিল এমন মনে পড়ে না। এই তালিকায় ছিল আমার সঙ্গে একই বছর ট্রিনিটি হলে আসা ঢাকা বিশ্ববিদ্যালয়ের অঙ্ক বিভাগের রমজান আলি সর্দার। রমজান তখনই ঢাকায় শিক্ষকতা করছে। স্নাতক শ্রেণীর ছাত্র হিসেবে রমজান বেশ বয়স্ক এবং সে কারণে কেমব্রিজে নিজেকে তার আগন্তুক মনে হত। কেমব্রিজে সে সময় কাটাতো ঢাকা বিশ্ববিদ্যালয় থেকে আসা আরও দুই সমবয়সী শিক্ষকের সঙ্গে। এদের একজন ছিল শাহাবুদ্দীন। সে আইনবিদ্যায় ট্রাইপজের জন্য পড়ছিল এবং পরে ঢাকা বিশ্ববিদ্যালয়ের আইন বিভাগের ডিন হয়। সালমা সে সময় আইন বিভাগের সিনিয়র লেকচারার। রমজানের অন্য বরিষ্ঠ সমসাময়িক ছিল হাবিবুর রহমান, পরে যে রাজশাহী বিশ্ববিদ্যালয়ের অঙ্কের অধ্যাপক হয়।

১৯৭১ সালে পাকিস্তানি সেনারা নৃশংসভাবে খুন করে হাবিবুরকে। ট্রিনিটি হলে রমজানের ঘরে আমি মাঝে মাঝে যেতাম এবং ঢাকার ঘটনাবলী কানে আসত। তখন সে বিষয়ে আমি খুব সামান্যই জানতাম। রমজান র‍্যাঙ্গলার হয়েছিল। কেমব্রিজে অঙ্কশাস্ত্রের ট্রাইপজ-এ ফার্স্ট হওয়া ছাত্রকে এই খেতাব দেওয়া হত। ঢাকা বিশ্ববিদ্যালয়ে বিজয়ের গর্ভে ফিরে যায় রমজান এবং সেখানেই জীবন কাটায়। অঙ্ক বিভাগের অধ্যাপক হিসেবে অবসর নেয় রমজান।

ট্রিনিটি হলে শ্রীলঙ্কার কিছু বন্ধু হয়েছিল আমার। আমার সঙ্গে একই বছর অর্থনীতি পড়তে আসে সুনীতা জয়বিক্রমে। আমরা একসঙ্গে ট্রিনিটি হলের হয়ে টেবিল টেনিস খেলতাম। অর্থনীতির চেয়েও সেটা ছিল আমাদের গাঢ়তর বন্ধন। সুনীতা পেশা জীবনের বেশিরভাগ কাটায় কলম্বো চেম্বার অফ কমার্সের সেক্রেটারি জেনারেলের পদে। কেইস (Caius) কলেজের পিটার বাওয়ার-এর সাপ্তাহিক টিউটোরিয়ালে যেতাম আমি আর সুনীতা। সেখানে আমাদের সঙ্গে যোগ দেয় সরব কম্যুনিস্ট বিরোধী গ্রীক নেস্টর পীরাকোস। নেস্টরের পরিবার ছিল অত্যন্ত ধনী; মিশরের আলেকজান্দ্রিয়ায় তারা বাস করত। সুনীতা ছাড়া রঞ্জি সালগাডোর সঙ্গে আলাপ হয়। সেও অর্থনীতির ছাত্র ছিল। পরে শ্রীলঙ্কার কেন্দ্রীয় ব্যাঙ্কের মাধ্যমে ইন্টারন্যাশনাল মনেটারি ফান্ডে যোগ দিয়েছিল। আর ছিল রঞ্জন অমরাসিংহে, ল' ট্রাইপজে যে ফার্স্ট হয়। শ্রীলঙ্কার ভাবী প্রধান বিচারপতি হিসেবে তাকে খুব সম্ভাবনাময় মনে হলেও বিশ্ব ব্যাংকের আইনি পরামর্শদাতা হয়েছিল রঞ্জন।

অমলের সৌজন্যে আরেকজন বন্ধু হল, তার নাম অস্টিন আর্নল্ড। তার বাবা ছিল পাকিস্তানে ব্রিটিশ হাইকমিশনার। তখন ফ্র্যাঙ্ক বুকানান প্রতিষ্ঠিত মর্‌যাল রিআর্মামেন্ট (এমআরএ) আন্দোলনে জড়িত অস্টিন। এমআরএ আন্দোলনে আমাকে টানার চেষ্টা কফি কাপে কিছু নিষ্ফলা তর্কাতর্কি জন্ম দিত। জেনেভার ইন্টারন্যাশানাল ট্রেড সেন্টারে পরে যোগ দিয়েছিল অস্টিন। পারস্পরিক সফরে ঢাকা, ব্যাঙ্কক, জেনেভায় মাঝে মাঝে দেখা হত আমাদের।

বহুখ্যাত ট্রিনিটি কলেজের ছায়ায় ছোটোখাটো হালফ্যাশন কলেজ ছিল ট্রিনিটি হল। আইনজীবি আর ঈশ্বরতত্ত্ব বিশারদ তৈরির কলেজ হিসেবে সবসময়ই খ্যাতি ছিল ট্রিনিটি হলের, অর্থনীতিকরা সেখানে আদৃত ছিল না। আবাসিক অর্থনীতিক ফেলো না থাকায় অর্থনীতিতে ট্রাইপজ পড়তে আসা ছাত্রদেরকে অন্য কলেজে পাঠানো হত তত্ত্বাবধানের জন্য। সেভাবেই প্রথম টার্মে আমাকে পড়ান কেইস কলেজের ফেলো পি টি বাওয়ার। অমর্ত্য সেনের বিচারে সে সময়ের কেমব্রিজের সেরা উন্নয়ন অর্থনীতিক। প্রথম সাক্ষাতে তার এ খ্যাতি ততটা স্পষ্ট জানতাম না। তখন অর্থনীতি বা রাজনীতি কোনো বিষয়েই আমার বিশেষ ধারণা গড়ে ওঠেনি। বাওয়ারের সঙ্গে আমার পরিচয় সংক্ষিপ্ত হয়েছিল। পরের টার্মে ট্রিনিটি হলের বাউন্ডুলেদের দায়িত্ব দেওয়া

হল তরুণ অর্থনীতিক ম্যালকম ফিশারকে এবং পরে ইকনমেট্রিশিয়ান মাইক ফ্যারেলকে। অর্থনীতি ফ্যাকালটির এই রুক্ষ আচরণ অর্থনীতির ছাত্র আমার পক্ষে কিছুটা হতাশাজনক ছিল। সেজন্য ফাইনাল ইয়ারে স্বপ্রণোদিত হয়ে জোয়ান রবিনসনকে আমার শিক্ষিকা হতে অনুরোধ করি। তিনি রাজি হলেন। আমার এই উদ্যোগ ট্রিনিটি হল এবং বিশ্ববিদ্যালয়ের অর্থনীতি ফ্যাকালটি উচ্চবাচ্য ছাড়াই মেনে নিয়েছিল।

আমার কেমব্রিজ জীবন যে শুধু কলেজ ঘিরেই আবর্তিত হয়েছিল তা নয়, আবার এমনও নয় যে, কলেজ আমার অচলা ভক্তি জাগিয়েছিল। সমসাময়িক বিশিষ্ট বলতে নিকোলাস টোমালিনের কথা মনে আছে। আমি যখন কেমব্রিজে সে তখন ইউনিয়ন প্রেসিডেন্ট এবং পরে দ্য সানডে টাইমস পত্রিকার নির্ভীক সাংবাদিক হিসেবে সুনাম হয় তার। ট্রিনিটি হলে তার সঙ্গে আলাপ হয়নি এবং মাত্র একবারই ১৯৭১ সালে তার সাক্ষাৎ পাই। সে তখন প্রবল অনুরাগে বাংলাদেশের মুক্তিযুদ্ধের খবর করছিল। ১৯৮১ সালে ইসরায়েল লেবানন আক্রমণ করলে যুদ্ধে নিহত হয় নিকোলাস।

এছাড়া হকি মাঠে হলের কিছু ছেলের সঙ্গে বন্ধুত্ব হয়। আমি কলজের হয়ে খেলতাম, তবে তেমন নাম করতে পারিনি। এদের একজন ছিল জয়পুরের মহারাজর ছোটো ভাই মহারাজ কুমার জয় সিং। ট্রিনিটি হল হকি টিমে সে আমার সতীর্থ খেলোয়াড় ছিল। খুব আমুদে ছেলে ছিল, তবে পড়াশোনায় খুব আগ্রহ তার ছিল না। জয়পুরের রাজকীয় প্রাসাদগুলো পাঁচাতারা ট্যুরিস্ট রিসর্ট বানায় সে।

হলের বৌদ্ধিক যাপনের বিশেষ খ্যাতি ছিল না এবং আমি যতটুকু জানি খুব সামান্য বিশিষ্ট বিদ্বজ্জন এখান থেকে বেরিয়েছে। অবশ্য বিশিষ্ট সাংবিধানিক আইনজীবি স্যার আইভর জেনিংসকে মাস্টার নিযুক্ত করতে পেরেছিল ট্রিনিটি হল। তাকে নেওয়া হল আমাকে যিনি ট্রিনিটি হলে এনেছিলেন সেই উইলিয়াম ডিনের উত্তরসূরী হিসেবে। যেহেতু জেনিংস পাকিস্তানের সংবিধান রচনায় পরামর্শ দেন আমি সেই সুযোগ কাজে লাগিয়ে তার সঙ্গে দেখা করি এবং ১৯৫৫ মাইকেলমাস টার্মে আমার সভাপতিত্বের সময় কেমব্রিজ মজলিশে বক্তৃতা করতে তাকে আমন্ত্রণ জানাই।

কলেজের দ্বিতীয় বর্ষে মাত্র এক বছর ট্রিনিটি হলের মূল চতুষ্কোণ থেকে দূরে প্রথম তলার ঘরে থেকেছিলাম আমি। আমার ঘর থেকে টয়লেট অনেক দূরে ছিল, ফলে শীতের সময় জীবন ছিল বেশ অস্বস্তিদায়ক। বেনি ছিল আমাদের সিঁড়ি পরিচারক, শীতের রাতে আপতকালীন অবস্থা সামাল দেবার স্কাউট। আমার বিছানার নীচে সুকৌশলে সে একটা চিনামাটির বেসিন রেখেছিল যেটা ব্যবহার করার সাহস বা দক্ষতা কোনোটাই আমার হয়ে ওঠেনি। অনেকগুলো সিঁড়ি ছাড়িয়ে কমন বাথরুমের টয়লেটে যাওয়াই বেছে নিয়েছিলাম। গত চল্লিশ

বছরে মাঝে মাঝেই ট্রিনিটি হল দেখতে যাওয়া হয়েছে তবে কখনওই খুব স্মৃতিকাতরতা বোধ করি না। বাবর যখন এম ফিল করতে স্কলারশিপ পেয়ে কেমব্রিজে ভরতি হল তখন তাকে ওখানে দেয়ার খুব জোরদার চেষ্টা আমি করিনি। আমার পারম্পরিকতা হয়তো এর ফলে একটু থেমে গেল, কারণ খাজা নাজিমুদ্দীনকে অনুসরণ করে ট্রিনিটি হলে আমাদের পরিবারের চতুর্থ প্রজন্ম হতে পারত বাবর।

নতুন শহরে পুরনো বন্ধুরা

হলের বাইরে কেমব্রিজের জীবন ছিল ঘটনাবহুল, উদ্দীপক। এইচেসনের একদল বন্ধু ইতিমধ্যেই পেয়ে গিয়েছিলাম আর অন্তত একজন পলাইটকে পাই, আমার রাজপুত বন্ধু অর্জুন পারমার। কথা ছিল সে জন'স কলেজে চিকিৎসাশাস্ত্র পড়বে, শেষে দর্শন নিয়ে পড়ে। সেন্ট পল'স স্কুলে অসামান্য অ্যাকাডেমিক নজির গড়া সমীরণ নন্দী চিকিৎসাশাস্ত্রে স্নাতক পর্যায়ে প্রথম বর্ষের ভরতি হয়েছিল। আমি তখন শেষ বছরের ছাত্র। তাকে শুধু দেখভাল করা ছাড়া কিছু করতে হয়নি আমায়। পরে গ্যাস্ট্রোএন্ট্রোলজি বিশেষজ্ঞ হিসেবে দিল্লির নামজাদা শল্যচিকিৎসক হয় সমীরণ। চিকিৎসা বিষয়ক ভাষ্যদাতা হিসেবে হামেশাই তার ডাক পড়ে মিডিয়ায়।

কেমব্রিজে এইচেসনিয়ানদের অনেক বেশি ভিড় ছিল। লাহোরে সম্প্রতি পড়ে আসার সুবাদে তাদেরই সঙ্গে কিছুটা নিকট সম্পর্ক ছিল আমার। সে সময় কেমব্রিজের এইচেসনিয়ানদের মধ্যে ছিল আব্দুল আজিজ খান (বন্ধুদের কাছে আবদাল)। কেলি হাউস থেকে ট্রিনিটি হলের পাশেই ট্রিনিটি কলেজে পড়তে আসে সে। এছাড়া অন্যরা ছিল ডাউনিং-এর আজিজ সরফরাজ, ইম্যানুয়েল-এর ইরশাদ আব্দুল কাদির, আমার চেয়ে এক বছর সিনিয়র ছিল সে; সিডনি সাসেক্স-এর শাহিদ হোসেন আর ফিৎজউইলিয়াম-এর রিয়াজ মাহমুদ - এরা দুজন অর্থনীতি নিয়ে পড়ত।

প্রথম দিকের ঘনিষ্ঠ বন্ধু রিয়াজ এবং শাহিদের সঙ্গে আজও ঘনিষ্ঠতা বজায় থেকে গেছে। তাদের বক্তব্য অনুযায়ী, প্রথম বছরের পর দুজনকেই কেমব্রিজ ছাড়তে হয় আর্থিক কারণে। শাহিদ চলে যায় করাচির লিভার ব্রাদার্সের চাকরি নিয়ে। রিয়াজ পাকিস্তান টোব্যাকো কোম্পানিতে যোগ দেয়। ব্যাপারটা আমার জন্য দুঃখজনক ছিল। একবছরের মধ্যেই অবিচ্ছেদ্য সম্পর্ক গড়ে উঠেছিল আমাদের। সিডনি সাসেক্স কলেজে শাহিদের ঘর ছিল, কিন্তু রিয়াজ অনাবাসী কলেজ ফিৎজউইলিয়াম-এ আটকা পড়েছিল। এক বছর কাটিয়েই কেমব্রিজ ছাড়া তাদের পক্ষেও খুব বিষাদজনক হয়েছিল। কেমব্রিজের ছাত্র হিসেবে আদর্শ সম্পদ ছিল তারা।

প্রকৃত সক্রিয় এবং সৃজনশীল মন ছিল শাহিদের এবং আমরা ঘন্টার পর ঘন্টা আড্ডা মারতে পারতাম। রিয়াজের জীবনদর্শন ছিল আরও পরিপূর্ণ। উষ্ণতা এবং সততা প্রকাশ পেত তার ব্যবহারে। কিছুদিন আগে কর্কট রোগে তার মৃত্যু খুবই কষ্ট দিয়েছে আমাকে। কেমব্রিজ ছাড়ার যন্ত্রণা আজীবন বয়ে বেড়িয়েছে শাহিদ। ওর বউ ইয়াসমিন অবশ্য সে কষ্ট লাঘব করেছিল। কেমব্রিজে সালমার সমসাময়িক সে ইংরেজি সাহিত্য নিয়ে পড়ত। একবার সে সালমাকে বলে বিয়ের সম্ভাব্য প্রার্থী হিসেবে দেশি পুরুষদের তার যোগ্য মনে হয় না। দু'জনের কেউই তখনও জানে না শেষ অবধি কাদের জীবনসঙ্গী বাছতে চলেছে তারা।

কোনো অংশে কম ঘনিষ্ঠ ছিল না আবদাল। সে অবশ্য পিট ক্লাব সেটে ভাগ্য পরীক্ষার সিদ্ধান্ত নেয়। খুব সহজেই সে পিট ক্লাবের সদস্য হয়েছিল। লাহোরের র‌্যাঙ্কেনের দোকান থেকে সেভিল রো-র অ্যান্ডারসন অ্যান্ড শেফার্ডে উন্নীত হয়ে তার পোশাক আলমারি পরিপক্কতা পায়। ইটনে না গিয়েই নিঁখুত সেলাইয়ের পোশাক, সুন্দর চেহারা, কেতাদুরস্ত উচ্চারণ এবং ব্রিটিশ রাজের অফুরান গল্পের ভাঁড়ার নিয়ে খুব দ্রুত পিট ক্লাবে ঢুকে পড়ে আবদাল! ট্রিনিটি লেন থেকে দূরে তার বাসায় প্রায়ই যেতাম। সেখানে পিট ক্লাব দলের কারোর সঙ্গে মোলাকাতের আশঙ্কা যদিও থাকত তবে পাকিস্তান সম্পর্কে ভালো গল্পগুজব উপভোগ করতাম।

আমার চাচাতো ভাই কায়সারের সঙ্গে একই ব্যাচে পাকিস্তান ফরেন সার্ভিসে (পিএফএস) যোগ দিয়েছিল আবদাল। এই পেশায় সে ছিল দারুণ উপযুক্ত। কুয়ালালামপুর সফরে শেষবার দেখি তাকে। পাকিস্তানের হাইকমিশনার হিসেবে সেটা তার চাকরি জীবনের শেষ পোস্টিং। লক্ষ করলাম এতগুলো বছর পেরিয়ে আমদের পুরনো বন্ধুত্বের উত্তাপ মরেনি। দুর্ভাগ্য, সে তখন রুগ্ন স্বাস্থ্য এবং দেখে মনে হল ব্যক্তিগত জীবনে গভীর অসুখী। অবসর নিয়ে ইসলামাবাদে ফেরার পর তার মৃত্যু হয়।

এইচেসনিয়ান এবং ক্যান্টারবেরিয়ান সৈয়দ ইফতেখার আলী বোখারীর সঙ্গে পরিশেষে দীর্ঘদিনের যোগাযোগ বজায় ছিল। ভালো ক্রিকেটার হিসেবে এইচেসনে সুনাম ছিল ইফির। সে সুবাদে কলেজ ক্রিকেট টিমের অধিনায়কও হয়। সবাই আশা করেছিলাম সিনিয়র নবাব পতৌদির পর এইচেসন থেকে সে হবে প্রথম টেস্ট ক্রিকেটার। অক্সফোর্ড ইউনিভার্সিটি টিমের অধিনায়ক হবার আগে এইচেসনের অধিনায়কত্ব করেছেন সিনিয়র পতৌদি। জিওফ্রে বয়কট ছাঁচের ওপেনার ছিল ইফি। হাল না ছাড়া মানসিকতা আর বাহার ছিল তার ব্যাটিংয়ে। প্রচুর রান করত। পরিতাপের বিষয় কেমব্রিজে ক্রিকেট ব্লু পায় নি। আমাদের অনেকে বিশ্বাস করতাম অন্যায়ভাবে ইফিকে বঞ্চিত করা হয় যদিও বহুবার সে ইউনিভার্সিটির ত্রাতার ভূমিকা নিয়েছে। বিশ্ববিদ্যালয়ের দ্বিতীয় সারির দল দ্য কেমব্রিজ ক্রুসেডারস-এর হয়ে সে নিয়মিত খেলে এবং

বড়ো রান পাওয়ার সুবাদে কেমব্রিজশায়ার-এ খেলবার আমন্ত্রণ পায়। যার পর মাইনর কাউন্টি লীগের ব্যাটিং গড়ে তার স্থান ছিল শীর্ষে।

কেইস কলেজে ইঞ্জিনিয়ারিং পড়ত ইফি। পরবর্তী জীবনে ইঞ্জিনিয়ারিং যদিও তার পেশা হয়নি। এইচেসনে আমরা পরস্পরকে চিনতাম তবে সেটা ছিল আলগা পরিচয়, কেমব্রিজে আমরা ভালো বন্ধু হয়ে যাই। খুব উদার, স্নেহশীল এবং দলমতের উর্ধ্বে পাকিস্তানের রাজনীতি সম্পর্কে যথেষ্ট তথ্যভিজ্ঞ ছিল ইফি – কফি খেতে খেতে এসব বিষয়ে দীর্ঘ আলোচনা করেছি আমরা। পরবর্তী সময়ে ঢাকা থেকে লাহোর গেলে বহুবার আরিফ ইফতেখারের কাছে না থেকে ম্যাল রোড থেকে দূরে ওয়াজির আলি রোডে ইফির পারিবারিক বাড়িতে থেকেছি। অন্য জায়গায় থাকলেও লাহোর সফরে ইফতেখারের সঙ্গে দেখা করতে ভুলিনি এবং অচিরেই পাঞ্জাবের রাজনীতি সম্পর্কে আমার জ্ঞানের প্রধান উৎস হয় সে। 'ফোরাম'-এ 'জার্নি টু দ্যা হার্টল্যান্ড'-এর মতো আমার বহু লেখা তৈরি হয়েছিল পাঞ্জাবী সামন্ততান্ত্রিক প্রভুদের কূট বাইজেনটানীয় রাজনীতির বিষয়ে ইফির নিবিড় জ্ঞানের ভিত্তিতে।

পাকিস্তানি শাসক শ্রেণীর দুশমন হিসেবে কোনো না কোনো সেমিনারে অংশ নিতে যখন লাহোর গেছি অধিকাংশ সময় ইফি একাধারে আমার আমন্ত্রক, গাড়ির চালক এবং সেমিনারের চিয়ার লীডার হয়েছে। একথা সে আমায় মনে করায় বাইশ বছর বাদে নভেম্বর ১৯৯৩-এ তৃতীয় সাউথ এশিয়ান ডায়লগে অংশ নিতে যেবার লাহোর যাই। চুলে পাক ধরলেও তার চেহারা, ব্যক্তিত্ব বা উষ্ণ অভ্যর্থনা আগেরই মতো রয়েছে, কোথাও নিষ্প্রভ হয় নি। সে ক্রিকেট থেকে অবসর নিয়েছে। পাকিস্তান পার্লামেন্টের সিনেটরের পদেও ছিল। পরবর্তী লাহোর সফরে তার উষ্ণ আতিথ্য উপভোগ করেছি এবং আমার সমকালীনে এইচেসনিয়ানের যে দল ততদিনে বৃদ্ধ হয়েছে তাদের সঙ্গে নতুন করে যোগাযোগ করতে সাহায্য করেছে ইফি।

স্মরণে আরিফ

১৯৫৫ সালে জন'স কলেজে অর্থনীতি পড়তে এসেছিল আরিফ ইফতেখার। এইচেসনে আমার থেকে এক বছরের জুনিয়র আরিফকে চিনতাম, কিন্তু তা কেবল শাহিদ হোসেনের খালাতো ভাই হিসেবে। এইচেসনেও বেশ বর্ণাঢ্য চরিত্র ছিল আরিফ। তার বাবা কসুরের বাঘবানপুরার জমিদার, লাহোরের অন্যতম ধনী ব্যক্তি মিঁয়া ইফতেখারুদ্দীন থাকতেন এইচেসনের খুব কাছেই ২১ আইকম্যান রোডের জমকালো বাড়িতে। বিখ্যাত পত্রিকা পাকিস্তান টাইমসের মালিক ছিলেন মিঁয়া। বহুগুণে পাকিস্তানের সেরা পত্রিকা ছিল বামপন্থী পাকিস্তান টাইমস। পাকিস্তান পার্লামেন্টে আজাদ পাকিস্তান পার্টির দুই সদস্যের একজন

ছিলেন তিনি। এই দল তিনি গড়েন আর এক ধনী জমিদার ওয়া (Wah)-র স্যার সিকান্দার হায়াতের ছেলে সর্দার শওকত হায়াতের সঙ্গে। 'লাল' জমিদার নামে পরিচিত ছিলেন মিঁয়া সাহেব। তার বিপ্লবী ধ্যানধারণা এবং আড়ম্বরবহুল যাপনের স্ববিরোধ পাকিস্তানের রাজনীতিতে কৌতুকের বিষয় হয়েছিল। স্ববিরোধিতা যাই থেকে থাক, মিঁয়া সাহেব প্রগতিশীল, ধর্মনিরপেক্ষ পাকিস্তানের প্রকৃত সমর্থক ছিলেন এবং এই আন্দোলনে মদত দিতে তার সম্পদের ভালো অংশ ব্যয় করেছেন।

আরিফও তার বাবার রাজনৈতিক চিন্তার উত্তরাধিকারী ছিল। যদিও এইচেসনে তাকে খুব গুরুত্ব কেউ দেয়নি। সে কেমব্রিজে আসার পর ফের তার দেখা পেলাম। এবারও আমার কাছে তার শাহিদের ফুপাতো ভাই এই পরিচয়ই গুরুত্ব পায়, তাকে বামপন্থী গোষ্ঠীর নতুন দীপশিখা ভাবিনি। ডাস ক্যাপিটাল বা ডেইলি ওয়ার্কার পড়ে নয়, কিংসলে মার্টিন সম্পাদিত সাপ্তাহিক নিউ স্টেটসম্যান, নেহরুর আত্মজীবনী এবং ডিসকভারি অফ ইন্ডিয়া-র প্রভাবে ততদিনে বামপন্থার দিকে ঝুঁকেছে আমার ভাবনাচিন্তা। ভারতীয় সমাজবদলের লক্ষে অভিজাত আবহে বেড়ে ওঠা একজন মানুষ কীভাবে নিবেদিত সক্রিয় রাজনীতিক হয়ে ওঠে নেহরুর জীবন কাহিনীর সে বর্ণনা আমার মধ্যে অনুরণন তোলে।

সেন্ট জন'স কলেজ আবাসনে থাকার ব্যবস্থা হয় আরিফের। তার বুক শেলফ ঠাসা ছিল লরেন্স অ্যান্ড উইশহার্টের হার্ড-কোর কমিউনিস্ট বইপত্র এবং মস্কোর ফরেন ল্যাঙ্গুয়েজেস পাবলিশিং হাউজ প্রকাশিত তুলনায় কম পাণ্ডিত্যপূর্ণ সেইসব বই দিয়ে যেগুলো কেবল স্ট্যালিনের প্রশংসা এবং 'রাশিয়ার বিরুদ্ধে বৃহৎ ষড়যন্ত্রের' কথা লেখা থাকত। কমিউনিস্ট ইতিহাস অথবা মার্কসবাদী তত্ত্বে আরিফের জ্ঞান ছিল কিছুটা ভাসাভাসা। কিন্তু সে যে খুব নিষ্ঠার সঙ্গে তার সংগ্রহের লাল বন্দনা পড়ত তা বোঝা যেত পাতায় পাতায় লালকালিতে দাগানো অংশ এবং বিশেষ গুরুত্বপূর্ণ ছত্রগুলোতে 'ইম্প', 'ভি ইম্প' দেখে। এগুলো স্পষ্ট মনে পড়ে আমার, সেইসঙ্গে পরিশেষে আরিফের কী হল সেটা মনে করেও কষ্ট হয়।

যাই হোক, কেমব্রিজে কিংবদন্তী হয়ে উঠেছিল আরিফ। নিজের বামপন্থী ভাবধারা অত্যুৎসাহে বজায় রেখেছিল সে এবং এ বিষয়ে তর্ক করত অত্যন্ত বাকপটুভাবে, বুদ্ধিদীপ্ত কেতায়। সুতরাং স্বাভাবিকভাবেই কেমব্রিজ ইউনিয়নে তার জাঁকালো কেতা বেশ ভালোই দাগ কাটে। অসাধারণ তার্কিক হিসেবে নিজেকে প্রতিষ্ঠিত করে আরিফ এবং অবশেষে ইউনিয়নের সহসভাপতিও হয়। দুর্ভাগ্যবশত ইউনিয়ন সভাপতির পদে প্রতিদ্বন্দ্বীতা করে সে পরাজিত হল। তাকে রুখতে কেমব্রিজ টোরিরা একজোট হয়েছিল।

আমার আমলে আরিফের ঠিক সময় লাঞ্চ খেতে যাওয়ার অভ্যাসও তার তৈরি কিংবদন্তী হয়ে যায়। সে লাঞ্চ করত সেন্ট জন'স-এর কাছেপিঠেই হয় কোহিনূর তাজ অথবা বম্বে রেস্তরাঁয়। তার লাঞ্চ খাবার সময় এমনই ছিল যে ক্লাস লেকচারে হাজির থাকা, টিউটোরিয়ালের রচনা লেখা, পরীক্ষার প্রস্তুতি নেওয়া এগুলোর খুব বেশি সুযোগ নিশ্চিতভাবে থাকত না। যার দরুণ জলের উপর নাক তুলে রাখার মতো কোনোক্রমে টিঁকে ছিল আরিফ। বহিষ্কারের সীমারেখায় তার অস্তিত্ব টলমল করত। সময়জ্ঞানের অভাবের মতোই বিখ্যাত ছিল আতিথেয়তা রক্ষার ব্যাপারে তার ঢিলেঢালা ধরন। অক্সফোর্ডের ছাত্র আমার দুই ভাই কামাল হোসেন আর কায়সার মোর্শেদকে কেমব্রিজে এসে তার সঙ্গে দেখা করার আমন্ত্রণ জানিয়ে সে পাকিস্তানের ফ্লাইট ধরে। আর এক প্রলয়ঙ্কর কাহিনি অনুযায়ী কোনো একজনকে কোহিনূরে লাঞ্চ করতে আসার দাওয়াত দিয়েছিল আরিফ। তাকে সেন্ট জন'স-এর প্রবেশ দরজায় দাঁড়াতে বলে সিগারেট কিনতে রাস্তা পেরিয়ে ট্যাক্সি ডেকে পাকিস্তানগামী উড়ান ধরতে হিথরো বিমানবন্দর চলে যায়।

খামখেয়ালিপনা যাই থাক, কেমব্রিজে আমার অন্তরঙ্গ বন্ধুদের একজন ছিল আরিফ। আমাদের যোগসূত্র ছিল রাজনীতি, যদিও সোভিয়েত ইউনিয়নের অমোঘত্বে আরিফের প্রশ্নাতীত বিশ্বাসের অংশীদার আমি ছিলাম না। আমার নিউ স্টেটসম্যান পড়া সমাজবাদ নিয়ে সে বিদ্রুপ করত। ভোলার নয়, সোভিয়েত ইতিহাসের কিছু গুরুত্বপূর্ণ মুহূর্ত অথবা সাম্প্রতিক ঘটনাবলির প্রসঙ্গে আমাকে মুগ্ধ করা আরিফের আবেগঘন উক্তি - 'ইয়ে তো বড়ি চিজ হ্যায়' (এ তো খুব বড়ো বিষয়)। একবার নির্বোধের মতো তার আবেগ বিস্ফোরণের বিরুদ্ধে তেড়েফুঁড়ে কটু মন্তব্য করায় সে সত্যি কেঁদে ফেলে। কারণ তার মনে হয়েছিল জীবনের প্রতি আমার মনোভাব খুব নির্দয়।

অনেক প্রত্যাশা ছিল কেমব্রিজ থেকে দেশে ফিরে আরিফ অনেক কিছু করবে। দুর্ভাগ্যবশত তার বাবার অসময় মৃত্যু সম্ভবত আরিফের উপর অনেকটাই দীর্ঘস্থায়ী প্রভাব ফেলে। ঘটনাটা তাকে এতখানি নাড়া দেবে ভাবিনি আমরা। ১৯৫৯-এ মার্শাল ল'র নির্দেশ অনুযায়ী ফিল্ড মার্শাল আইয়ূব খান পাকিস্তান টাইমস বাজেয়াপ্ত করলে মিঁয়া ইফতেখারুদ্দীন মানসিক আঘাত পান। অনেকগুলো হার্ট অ্যাটাক হয় তার এবং ১৯৬২ সালে মারা যান ভগ্নহৃদয় মানুষটি। মিঁয়া সাহেবের পর্যায়ে কখনওই পৌঁছতে পারেনি আরিফ এবং বাবার স্থিতিস্থাপক প্রভাব বঞ্চিত সে ধূমকেতু হয়ে যায়। বিশাল বিত্ত এবং বিপ্লবী রাজনীতি এ দুটোকে একসঙ্গে সামলাবার যে ক্ষমতা তার বাবার ছিল, আরিফের তা ছিল না। কেমব্রিজ তার অসংযমী চালচলনকে অস্বাভাবিক মনে করেছে এবং তার দলীয় সহযোগীদের উষ্মার কারণ হয়। ২১ আইকম্যান

রোডে তাদের বাড়িতে তার দলীয় সহযোগীদের মিটিং হত। মওলানা ভাসানী পরিচালিত ন্যাপ (এনএপি)-এর মিটিংয়ে যোগ দিতে সে ঢাকায় আসত। সে মিটিং হত হোটেল ইন্টারকন্টিনেন্টালে তার স্যুইটে। উভয় ক্ষেত্রেই মিটিংয়ে যোগ দিতে আসা দলীয় কর্মীদের দু' তিন ঘন্টা অপেক্ষা করতে হত কারণ আরিফ বেলা করে ঘুমোতো আর প্রাতরাশ সারত আয়েশ করে।

দ্বিতীয় আইয়ূব শাসিত পার্লামেন্টে সদস্য হিসেবে আরিফ রাজনৈতিক শীর্ষবিন্দুতে পৌঁছয়। ইংরেজি ভাষায় চমৎকার দখল তাকে জুলফিকার আলী ভুট্টোর সমকক্ষ করেছিল। নিজেকে হাউসের ডেমোস্থেনিস ভাবত ভুট্টো। আরিফ পিকিংপন্থী ন্যাপ-এই থেকে যায়, দুই পাকিস্তানেই যে দলের রাজনৈতিক প্রভাব তখন ক্ষয়িষ্ণু। অবশেষে ১৯৭০-এর নির্বাচনে কসুর-এ পারিবারিক নির্বাচনকেন্দ্র থেকে এক পিপিপি প্রার্থীর কাছে ভোটে হারে আরিফ। ১৯৭০ নির্বাচনের পর পিপিপি-তে যোগ দিয়েছিল আরিফ, কিন্তু ভুট্টোর কাছের মানুষ হয়ে ওঠার সুযোগ ততদিনে সে নিশ্চিত হারিয়েছে। ১৯৮০ সালে অল্পবয়সে মৃত্যু হয় আরিফের। প্রভাবশালী রাজনৈতিক চরিত্র হয়ে ওঠার সম্ভাবনা থাকা সত্ত্বেও প্রত্যাশা পূরণে ব্যার্থ হয়েছিল সে।

বাইশ বছর বাদে ১৯৯৩ সালে আইকম্যান রোডে যাই। পরিত্যক্ত, মলিন দেখাচ্ছিল বাড়িটা। যে ডাইনিং রুমে এক সময় চমকদার সব পার্টি হয়েছে সেখানে একা বসে বেগম ইফতেখারুদ্দীন। তার বয়স বেড়েছে। পড়ে গিয়ে আঘাত পেয়েছেন, তবে দেখে বোঝা যাচ্ছিল ক্ষতটা অনেক বেশি মনের। তার সবচেয়ে কাছের দুই পুরুষ পৃথিবী ছেড়ে চলে গেছে, তাকে রেখে গেছে আইকম্যান রোডে একাকী জীবন টেনে নিয়ে যেতে। তার মন এখন অসংলগ্ন। বোধহয় সোনালি দিনের খন্ড খন্ড ছবিতে আমাকে মেলাতে চাইছিলেন। সেসব দিন যখন মিঁয়া সাহেব বা আরিফের সঙ্গে আবেগপূর্ণ রাজনৈতিক বিতর্ক হত আইকম্যানের বিখ্যাত লাইব্রেরি অথবা ডাইনিং টেবিলে বসে আর বেগম সাহেবা সকৌতুক হাসিমাখা দৃষ্টি মেলে আমাদের দিকে তাকিয়ে থাকতেন। বাড়িময় অতীত প্রেতচ্ছায়া থেকে নিস্তার পেতে আমি পালিয়ে আসি। একদা চমকদার ফটকগুলোতে সমাহিত অন্তর্হিত গৌরব, আশা এবং আগামীর স্বপ্ন অনির্বচনীয় বিষাদ আমায় গ্রাস করে।

কেমব্রিজের পাকিস্তানিরা

আরিফ ছাড়া কেমব্রিজের অন্য পাকিস্তানিদের সঙ্গে খুব ঘনিষ্ঠ হতে পেরেছিলাম এমন দাবি করব না। তবে তাদের সঙ্গে সৌহার্দ্যপূর্ণ সম্পর্ক ছিল। এদের বেশিরভাগের সঙ্গেই পরিচয় পাকিস্তান সোসাইটির সূত্রে আমি যার সদস্য ছিলাম তবে উঁচু পদ পাবার উচ্চাশা করিনি। কেমব্রিজ মজলিশ এবং পাকিস্তান

সোসাইটি পাশাপাশি দুটোর বাড়বাড়ন্ত নিয়ন্ত্রণ নিশ্চিত করতে প্রতিষ্ঠানের কিছু স্বাভাবিক নিয়ম চালু ছিল সেকালে। ভারতীয় সোসাইটির ক্ষেত্রেও এই নিয়ন্ত্রণ কিছুটা বজায় ছিল, যদিও তা অনেক কম। কেন এমন ছিল আমি নিশ্চিত নই, তবে এই স্বাভাবিক নিয়ম আজও বজায় আছে। কেমব্রিজের দক্ষিণ এশীয়রা স্থানীয় সংস্থাগুলিতে যে পরিমাণ সময় ও শক্তি লগ্নি করতে রাজি ছিল, নিঃসন্দেহে তার সঙ্গে এর কোনো সম্পর্ক রয়েছে। আমার সময়ে দক্ষিণ এশীয়দের পছন্দ ছিল মজলিশ। কম পছন্দের তালিকায় ছিল পাকিস্তানি ও ভারতীয় সোসাইটি। মাঝেমাঝে প্রশ্ন উঠত আমাদের জাতীয়তাবাদ নিয়ে, কিন্তু নিজেদের দক্ষিণ এশীয় গোষ্ঠীর স্রষ্টা রাজনীতিক ভাবতে ভালো লাগত পাঁচ যুগ পেরিয়ে আজও যে গোষ্ঠীর অস্তিত্ব বজায় রয়েছে। যাই হোক মজলিশ নিয়ে নিবিষ্টতার কারণে কেমব্রিজের পাকিস্তানি গোষ্ঠীতে আমার হাজিরায় অন্তরায় হয়নি।

এইচেসনিয়ান নয় এমন পাকিস্তানিদের মধ্যে ভূপালের নবাবের নাতি শাহরিয়ার মোহাম্মদ খানের সঙ্গে ভালো বন্ধুত্ব হয় আমার। আমার চাচা হায়দারের মাধ্যমে ভূপালের সঙ্গে আমাদের পরিবারের দীর্ঘদিনের যোগাযোগ ছিল। তারই কাছে শাহরিয়ারকে মিঁয়া সম্বোধন করতে শিখি। ভালোবাসার মতো যেসব মানুষদের সঙ্গে পরিচয় হয়েছে তাদের অন্যতম শাহরিয়ার ছিল অত্যন্ত শোভন, অনুগত এবং উষ্ণ ব্যবহারের মানুষ। পাকিস্তান ফরেন সার্ভিসে যোগ দেয় শাহরিয়ার। আবদাল ও আমার চাচাতো ভাই কায়সারের ব্যাচের ছিল সে। তার কূটনৈতিক জীবন খুবই অসামান্য। পাকিস্তানের পররাষ্ট্র সচিব হয়ে সে অবসর নেয়।

আমার সময়ে কেমব্রিজের সবচেয়ে বিশিষ্ট পাকিস্তানি সম্ভবত ছিলেন অধ্যাপক আব্দুস সালাম। পদার্থবিদ্যায় প্রথমশ্রেণী পাবার পর সেন্ট জন'স কলেজের ফেলো নির্বাচিত হন তিনি। তখন তিনি একাধারে পড়াচ্ছেন এবং গবেষণাও করছেন যে কাজের জন্য পরিশেষে নোবেল পুরস্কার পেলেন। যাই হোক ফ্যাকাল্টি সদস্য তিনি আমাদের মতো স্নাতক শ্রেণীর ছাত্রদের কাছে কিছুটা দূরের মানুষ রয়ে যান, তবে পাকিস্তান সোসাইটির অনুষ্ঠানে সাধারণত তাকে পাওয়া যেত। আমাদের সঙ্গে আলাপচারিতায় তার স্নেহমাখা বিনয় ফুটে উঠত।

কেমব্রিজে আমার আর এক সমসাময়িক ছিল ফ্রিৎজউইলিয়াম কলেজে আইনের ছাত্র নাসির জাহেদ। নাসিরের সঙ্গে একবার আন্তঃকলেজ টেবিল টেনিস ম্যাচ খেলি, কে যে জিতেছিল সেটা এখন আর মনে নেই। করাচির একজন সফল আইনজীবি হয়েছিল নাসির। পরিশেষে তাকে বেঞ্চে উন্নীত করা হয় এবং সে সিন্ধ হাইকোর্টের প্রধান বিচারপতি হয়। তার সততা এবং স্বাধীন মতামত ব্যাপক স্বীকৃতি পেলেও তার সুপ্রিমকোর্টে যাওয়া সম্ভবত এ কারণেই রুদ্ধ হয়েছিল। পাকিস্তানের শ্রেষ্ঠ কবি মোহাম্মদ ইকবালের ছেলে জাভেদ

ইকবালও তখন কেমব্রিজে পিএইচডি করছে, তবে তাকে আমি তেমন দেখিনি। সেও পরবর্তী কালে পাকিস্তানি ন্যায়াধিকারীক পদে উন্নীত হয় এবং পাঞ্জাবের প্রধান বিচারপতির দায়িত্ব পালন করে।

স্নাতক শ্রেণীর যে পাকিস্তানী ছাত্রের সঙ্গে আমার বিভিন্ন আগ্রহের বিষয়বস্তুর মিল ছিল সেই মাহবুবুল হক পরবর্তী কালে দেশে এবং আন্তর্জাতিক স্তরে নিজেকে প্রতিষ্ঠিত করে। আমার এবং অমর্ত্যের সঙ্গে একই বছর ১৯৫৩-তে মাহবুব কেমব্রিজে আসে এবং এমএ অর্থনীতির জন্য প্রিলিম ট্রাইপজে সে ছিল সেনের প্রত্যক্ষ সমসাময়িক। লাহোর সরকারি কলেজ থেকে বিএ অনার্স পরীক্ষায় সে প্রথম শ্রেণী পায় এবং প্রত্যাশিত ছিল যে কেমব্রিজে সে ভালো ফল করবে। মাহবুব কিংস কলেজের ছাত্র ছিল এবং নিকি কল্ডোর ও হ্যারি জনসন ছিলেন তার শিক্ষক। মনে আছে সে ছিল বেশ লাজুক, চুপচাপ গোছের যুবক, খুব মৃদুভাষী এবং মজলিশে আমাদের সঙ্গে বহির্মুখী কর্মসূচীতে অংশ নেবার ইচ্ছা তার ছিল না। ঠিক তারই ধরনের ছিল অমর্ত্য। মাহবুব ইয়েল থেকে পিএইচডি ডিগ্রি অর্জন করে এবং ১৯৫৭-এ করাচিতে ফিরে পাকিস্তান প্ল্যানিং কমিশনে অ্যাসিস্টেন্ট চিফ ইকনমিস্ট পদে যোগ দেয়। আমরা রাজনৈতিক প্রতিপক্ষ ছিলাম, তবে সামাজিক সম্পর্ক মধুর ছিল।

আর যে পাকিস্তানি ভিন্নতর প্রসঙ্গে কেমব্রিজে নিজের উপস্থিতি জানান দিয়েছিল সে হল মুজিবুর রহমান। কেমব্রিজ ইউনিয়নে নাম কিনতে উদ্যোগী হয় মুজিব। ইউনিয়নের উচ্চপদে নির্বাচিত হবার যে চেষ্টা মুজিব করেছিল সেটা বেশি দূর এগোয়নি, কমিটি সদস্য পদ নিয়েই তাকে সন্তুষ্ট থাকতে হয়। একবার ইউনিয়নের শীর্ষে পৌঁছয় মুজিব। সর্বজনস্বীকৃত হবার শেষ চেষ্টায় পাকিস্তান ইউনিয়নের সভাপতি নির্বাচিত হয় মুজিব। যত দূর মনে পড়ে কেমব্রিজে সেটা ছিল তার শেষ বছর। তেমন উল্লেখনীয় ছিল না তার সভাপতিত্ব। পাকিস্তান সরকারের অবস্থান সমর্থনে কিছু অক্ষম প্রয়াস চালিয়েছিল মুজিব। সম্ভবত সিভিল সার্ভিসে নিজের ক্যারিয়ার তৈরির চেষ্টার উপক্রমণিকা ছিল সেটা। পাক প্রশাসনের সমর্থনে তার করুণ প্রয়াস আমার এবং আরিফের কৌতুক উদ্রেক করে। গুলাম মোহাম্মদ-ইস্কান্দার মির্জার প্রশাসনের ব্যাপারে আমাদের দৃষ্টিভঙ্গি আদপেই সমর্থনসূচক ছিল না। এরা দু'জনে পাকিস্তানকে নিজেদের কব্জায় আনে এবং আইয়ুব খানের নেতৃত্বে সামরিক শাসনের মঞ্চ তৈরি করে।

বান্দুং সংযোগ

ব্যক্তিগত স্বার্থে পাকিস্তানি প্রশাসনের অবস্থান সমর্থনে মুজিবের প্রয়াস প্রকট হল যখন পাকিস্তান সোসাইটির সভাপতি হিসেবে সে আচমকা লন্ডনে ইরাকি রাষ্ট্রদূত হাসান আসকারিকে বাগদাদ চুক্তির বিষয়ে কথা বলতে আমন্ত্রণ

জানালো। ইরাক ও তুরস্কের সঙ্গে পাকিস্তানও এই চুক্তির সদস্য ছিল। তখন আমেরিকার প্রেসিডেন্ট আইজেনহাওয়ার। বিদেশি সাহায্যনির্ভর তৃতীয় বিশ্বের দেশগুলোকে সোভিয়েত রাশিয়া এবং চীনের বিরুদ্ধে সামরিক চুক্তিবদ্ধ হতে বাধ্য করার জন্য আইজেনহাওয়ারের পররাষ্ট্র সচিব জন ফস্টার ডালাসের কুখ্যাতি ছড়িয়েছে। বাগদাদ চুক্তি এবং সাউথইস্ট এশিয়া ট্রিটি অর্গানাইজেশন (এসইএটিও) দুটো চুক্তিতেই যোগ দিয়ে ব্যতিক্রম হল পাকিস্তান।

কেমব্রিজের পাকিস্তানি গোষ্ঠীতে আমি এবং আরিফ দুজনেই ওই দুই চুক্তির সরব সমালোচক ছিলাম। রাষ্ট্রদূত আসকারির সভায় আমাদের অস্বস্তিকর হস্তক্ষেপ ঠেকাতে মুজিব আমাদের দুজনকে লাঞ্চে আমন্ত্রণ করে এবং খোলাখুলি বলে তার প্রতি ব্যক্তিগত অনুগ্রহে আমরা যেন আসকারিকে কোনো অস্বস্তিকর প্রশ্ন করা থেকে বিরত থাকি। মুজিবের এই অপ্রত্যাশিত অনুনয়কে আমরা বিরাট ঠাট্টা হিসেবে নিই। এই অনুনয়ে আমাদের কোনো পরিবর্তন হবে না বুঝতে পেরে মুজিব আমাদের ভয় দেখায় যে এরপর আমাদের দেশপ্রেমহীনতা সম্পর্কে পাকিস্তানি হাইকমিশনকে খবর দেওয়া ছাড়া তার দ্বিতীয় রাস্তা খোলা থাকছে না। কথাবার্তার সুর এভাবে বদলে দেওয়াটা মুজিবের মতো মসৃণ চরিত্রের পক্ষে বেমানান মনে হয়েছিল আমাদের। আমরা তাকে বলি আমাদের দেশপ্রেমহীনতার বিরুদ্ধে পাকিস্তানি হাইকমিশনার, পররাষ্ট্র মন্ত্রী এমনকি প্রধানমন্ত্রীকে জানাবার স্বাধীনতা তার আছে, কিন্তু আমরা আমাদের মনের কথা বলব। জানি না, মুজিব আদৌ আমাদের বিরুদ্ধে কারও কাছে অভিযোগ দায়ের করেছিল কিনা তবে ঘটনাটা আমাদের কিছু উপভোগ্য নাটকীয় মুহূর্ত উপহার দিয়েছিল।

বাগদাদ চুক্তির সমর্থনে দুর্বল বক্তব্য রাখে আসকারি। আরিফ আর আমি তাকে নরমসরম খোঁচা দিলেও আমাদের আরব সোসাইটির বন্ধুরা আসকারিকে অতিষ্ঠ করে তোলে। আরব সোসাইটির সভাপতি আমার মিশরীয় বন্ধু সাঈদ জুলফিকার ভাজা ভাজা করে আসকারিকে।

এর আগে জুলফিকার, উগান্ডান আবু মায়ানজা এবং আমি, আরব সোসাইটি, আফ্রিকা সোসাইটি এবং মজলিশের তিন সভাপতি মিলে বান্দুং সোসাইটি তৈরি করেছি। সমগ্র তৃতীয় বিশ্বপন্থী গ্রুপ তৈরির সেই প্রথম প্রয়াস কেমব্রিজে। আমাদের প্রেরণা ছিল ইন্দোনেশিয়ার বান্দুংয়ে সদ্য সমাপ্ত আফ্রো-এশীয় সম্মেলন, যেখানে আফ্রো-এশীয় সংহতি প্রদর্শনে চৌ এন লী, নেহরু, সুকর্ণ, নাসের এবং নক্রুমার মতো নেতারা প্রথম মিলিত হয়। এই প্রাতিষ্ঠানিক উদ্যোগ কেমব্রিজের আরবদের সঙ্গে এবং কতকটা কম পরিমাণে আফ্রিকানদের সঙ্গে মত বিনিময় করতে সাহায্য করে আমাকে।

কেমব্রিজের আরবরা ছিল মিশ্র গোষ্ঠী। এর মধ্যে ছিল সিরিয়ার প্রেসিডেন্টের ছেলে হাসাল কোয়াতলি; আরব লীগের সেক্রেটারি জেনেরেলের ছেলে মিশরীয়

আবদেল মালেক হাসুনা; এবং এমনকি ইরাক আক্রমণের কুখ্যাত আহমেদ চালাবির চাচা হিসাম চালাবি, এর সঙ্গে ছিল কিছু উচ্চ শ্রেণীর সুদানি। রাজনীতি সচেতন বেশিরভাগ আরবরা ছিল চুক্তি বিরোধী, যা থেকে বোঝা যায় রাষ্ট্রদূত আসকারিকে কীরকম কঠিন পরিস্থিতির মুখে পড়তে হয়েছিল।

আমার আফ্রো-এশীয় সমসাময়িকদের কী হয়েছিল আমি জানি না, তবে সাঈদ জুলফিকারের সঙ্গে জেনেভায় আবার দেখা হয়। সে তখন আগা খান আর্কিটেকচারাল অ্যাওয়ার্ড ফাউন্ডেশন নিয়ে কাজ করছে। আরও জানতে পারি আবু মিয়ানজা উগান্ডার ইদি আমিন পূর্ব সরকারের মন্ত্রী হয়, অনেকগুলো বিয়ে করে এবং অনেক সন্তানের বাবা হয়। আমার সন্দেহ বর্তমানে অক্সফোর্ড বা কেমব্রিজে আফ্রো-এশীয়দের মধ্যে আদানপ্রদান যৎসামান্যই আছে অথবা আদপেই নেই। এখন সেখানে ভাবনার আদানপ্রদানগুলো অনেক সঙ্কীর্ণ হয়েছে তাদের জাতীয় অথবা আঞ্চলিক সংগঠনগুলোর পরিধিতে।

চিরদিনের বন্ধুরা

আমার এইচেসনিয়ান সংযোগের বাইরে কেমব্রিজে থাকতে দীপঙ্কর ঘোষের সঙ্গে পরিচয় হয়েছিল। বন্ধুরা তাকে 'ডি' বলত। দীপঙ্কর আমার অন্তরঙ্গ বন্ধুদের একজন হয়ে যায় এবং ১৯৯০-এর দশকে তার মৃত্যু পর্যন্ত সে সখ্যতা বজায় ছিল। মনে হয় তাকে প্রথম দেখি সিডনি সাসেক্সে শাহিদের ঘরে। কলকাতার লা মার্টিনিয়া থেকে এইচএসসি তে দুর্দান্ত ফল করে সে কেমব্রিজে আসে। একটা বেপরোয়া আত্মবিশ্বাস ছিল তার ভঙ্গীতে আর ছিল একটা প্রকৃত আলোকিত মন। সে আইন পড়ছিল, যদিও তার বাবা দ্বারকানাথ ঘোষ ছিলেন ভারতের প্রথম প্রজন্মের সেরা অর্থনীতিকদের একজন। 'ডি' এর আগে ১৯২০-র দশকে দ্বারকানাথ ম্যাগডালেন কলেজে পড়েন এবং কেইনস্ (Keynes)-এর ছাত্র হিসেবে ইকনমিকস ট্রাইপজে প্রথম শ্রেণী পান। দীপঙ্কর অবশ্য কোনো অংশে কম ছিল না এবং জীবন পুরোপুরি উপভোগ করতে সেরাদের সঙ্গে খেলাধুলো, পার্টি সবকিছু করার পরেও ল' ট্রাইপজে প্রথম শ্রেণী পায়। খুব তাড়াতাড়িই আমরা পরস্পরের অন্তরঙ্গ হয়ে যাই, বিশেষ করে শাহিদ এবং রিয়াজ কেমব্রিজ ছেড়ে যাবার পর।

পরে ১৯৫৪ সালে আমাদের দলে যোগ দিল ইঞ্জিনিয়ারিং ট্রাইপজের ছাত্র দিলীপ আদারকার, যার বাবাও তার আগে কেমব্রিজের ছাত্র, সুপরিচিত অর্থনীতিক ছিলেন। দিলীপ সপ্রতিভ, বহির্মুখী ছেলে ছিল এবং সবাইকে একত্রিত করার দারুণ ক্ষমতা ছিল ওর। ইঞ্জিনিয়ার হতে না চাইলে দারুণ কূটনীতিক হতে পারত দিলীপ। পরিহাসের বিষয় দিলীপ যে চিত্রা যোশীকে বিয়ে করে সে ছিল ইন্ডিয়ান ফরেন সার্ভিসে (আইএফএস) উত্তীর্ণ হওয়া প্রথম

ভারতীয় মহিলাদের একজন। কিন্তু সেই অন্ধকারের যুগে আইএফএস হওয়া যেকোনো মহিলাকে হয় চিরকুমারী থাকার শপথ নিতে হত অথবা সে বিয়ে করলে চাকরি ছেড়ে দিতে বাধ্য হত। এভাবে কূটনীতিতে দিলীপের পয়লা নম্বরের উদ্যোগ হল একজন প্রতিশ্রুতিমান কূটনীতিকের চাকরির অবসান ঘটানো। ডগলাস এয়ারক্র্যাফট করপোরেশনে সফল কেরিয়ার করে দিলীপ। বাংলাদেশ বিমানকে কিছু ডিসি-১০ বিমানও সে বিক্রি করতে পেরেছিল। এখন চিত্রাকে নিয়ে লস এঞ্জেলেস-এ থাকে এবং ওরা দুজনেই আমার আর আমার পরিবারের আজীবন বন্ধু রয়ে গেছে।

আমাদের মধ্যেকার আর এক সদস্য ছিল অমর্ত্য সেন। সেও আমারই সঙ্গে একই বছরে কেমব্রিজে আসে, তবে দ্বিতীয় বছরের আগে সার্কেলে ঢোকেনি। আমার মনে আছে প্রথম বছরের অমর্ত্যকে। পরনে সবুজ কোট, গলফ ক্যাপ, গার্টন রোড ধরে ম্যাগডালেন পাহাড়ের চড়াই বেয়ে সাইকেল চালিয়ে তার বাসায় চলেছে। আমরা পরস্পরকে আলগাভাবে চিনতাম। নির্জন পথে সাইকেল চালাতে চালাতে মাঝেমধ্যে শুভেচ্ছা বিনিময় হত। জীবনের সেই পর্যায়ে অমর্ত্যের যে ব্যক্তিত্ব প্রকাশ পেত সেটা কিছুটা প্রেসিডেন্সি কলেজ প্রাক্তনের। এটুকুই জানা ছিল সে প্রেসিডেন্সি কলেজ থেকে অর্থনীতিতে ফার্স্ট ক্লাস পেয়েছে, এর বেশি কিছু নয়। পরবর্তী কালে সেনকে ঘিরে গড়ে ওঠা মিথ জানাচ্ছে যে ট্রিনিটিতে তার শিক্ষক সুপরিচিত মার্কসীয় অর্থনীতিক মরিস ডব-এর সঙ্গে প্রথম সাক্ষাৎকারে তাকে প্রশ্ন করা হয়েছিল। সে স্যামুয়েলসন পড়েছে কিনা। স্যমুয়েলসন-এর বই ‘ইন্ট্রোডাকশন টু ইকনমিক্স’ প্রথমবর্ষের সব ইকনমিক্স টাইপজ ছাত্রদের আকর গ্রন্থ ছিল। প্রৌঢ়বুদ্ধি বাঙালি যুবা উত্তর দেয় – “আপনি কি ইন্ট্রোডাকশন বলতে চাইছেন নাকি ফাউন্ডেশন? (এটি ছিল স্যামুয়েলসন-এর আরও প্রাগ্রসর বই)”। অতি সম্প্রতি অমর্ত্য আমায় বোঝায় যে কেমব্রিজে তার প্রাথমিক বেনামি অবস্থার কারণ তার লাজুক স্বভাব। যারা পরবর্তী সময়ে তাকে চিনেছে তাদের কাছে এটা অকল্পনীয় মনে হবে।

প্রথম বছর শেষ হাবার পর নোটিশবোর্ডে পরীক্ষার ফল প্রকাশ হলে দেখা গেল অমর্ত্য সেন ইকনমিকস ট্রাইপজ প্রিলি পরীক্ষায় প্রথম শ্রেণী পেয়েছে। তখনই তার দিকে নজর গেল আমাদের। একই বছর ২-১ স্কোর করে মাহবুব হক কেমব্রিজে তার উপস্থিতি জানান দেয়। মাহবুব, অমর্ত্য এবং স্যাম ব্রিট্টান, পরে যে ফিন্যান্সিয়াল টাইমসের অর্থনৈতিক সংবাদদাতা হিসেবে নাম করে, এরা তিনজন ১৯৫৫’র গ্রীষ্মে ইকনমিকস ট্রাইপজ ফাইনাল পরীক্ষায় প্রথম শ্রেণী অধিকার করে। যাই হোক কেমব্রিজে যে এক নতুন নক্ষত্র জন্ম নিয়েছে, এটা বুঝতে আমাদের সকলকেই অমর্ত্যের প্রিলিম ফলের জন্য অপেক্ষা করতে হল। সঙ্গে সঙ্গেই আমরা তাকে মজলিশে নিয়ে আসি এবং আমি আর একটি আজীবন বন্ধুত্ব গড়ে তুলি।

কেমব্রিজ ও সেখানে আমার তৈরি কিছু স্থায়ী বন্ধুত্ব যেগুলো পরবর্তী সময়ে অটুট থেকেছে, সেগুলোর কথা যখন ভাবি তখন শুধু মনে করতে পারি যে জীবনের ওই অংশটুকু নিখাদ সুখের ছিল। প্রতি বছর দু' তিন সপ্তাহের প্রাক-ট্রাইপজ অস্থিরতাটুকু বাদ দিলে সে বড়ো সুখের সময়। ট্রিনিটি স্ট্রিট ধরে হেঁটে যেতে যেতে; কপার কেটল রেস্তরাঁয় কফির কাপে চুমুক দিয়ে; তাজ মহল, কোহিনূর অথবা ট্রিনিটি হলে আমাদের কলেজ রুম বেছে নিয়ে অথবা জন'স-এ কিংবা ম্যাগডালিনে কত যে বিতর্ক করেছি আরিফ, অমর্ত্য, দীপঙ্কর আর দিলীপের সঙ্গে; অথবা গ্রীষ্মে শুধুই কেমব্রিজের ক্যাম নদীর পাড়ে বসে দেখেছি চৌকো ডিঙ্গিদের স্রোতে ভেসে যাওয়া। আর একটা উপভোগ্য বিষয় ছিল হেফারস, বাওস অ্যান্ড বাওস ইত্যাদি বইয়ের দোকানগুলোর চারপাশে চক্কর দেওয়া, অথবা কেমব্রিজ সেন্ট্রাল স্কোয়ারে সেকেন্ড-হ্যান্ড বইয়ের দোকানগুলো ঘুরে দেখা। এই নেশাটা ছিল মধ্যাহ্নভোজ পরবর্তী সময়ের আর এভাবেই আমার লাইব্রেরির ভিত তৈরি হয়।

জীবন তখন কানায় কানায় ভরা। নোয়েল আন্নান অথবা নিক্কি কালডোরের লেকচার উজ্জীবিত করছে; টিউটোরিয়ালে অধ্যাপিকা জোন রবিনসন উস্কে দিচ্ছেন; আমাদের প্রসারিত মনন চর্চার সুযোগ মিললেই অমর্ত্য, দীপঙ্কর, মাহবুব হক, জগদীশ ভাগবতী অথবা লাল জয়বর্ধনের সঙ্গে অফুরান তাত্ত্বিক মত বিনিময় চলেছে। আমি নিবিড় অধ্যয়ন করছি, খেলাধূলার চর্চা বজায় রেখেছি, রাজনীতির পাঠ নিচ্ছি মজলিশে অথবা ইউনিয়নের সান্ধ্য সভাগুলোয় অথবা কেমব্রিজের অসংখ্য রাজনৈতিক সমিতিগুলোয় ব্রিটিশ সমাজের সেরা মেধাদের ভাষণ শুনছি এমনকী মাঝেমাঝে তাদের সঙ্গে তর্ক বিতর্কও করছি আমরা। আমার শেষ বছরে আমি এবং আরিফ কেমব্রিজ ইউনিভার্সিটি কনজারভেটিভ অ্যাসোসিয়েশনে (সিইউসিএ) যোগ দিই তাদের সভায় হাজির হতে যেখানে টোরি বক্তাদের নাস্তানাবুদ করার সুযোগ হত আমাদের। ওরা কখনোই ধরতে পারেনি সিইউসিএ-র সভায় কেন দুটো বাদামি লোক খামোখা বামপন্থী দৃষ্টিকোণ থেকে অস্বস্তিকর প্রশ্ন করছে ওদের।

রাজনৈতিক সূতিকাগার হিসেবে কেমব্রিজ মজলিশ

কেমব্রিজ মজলিশ থেকে আমার নিজের সরাসরি কেমব্রিজের জনজীবন ও রাজনৈতিক জীবনে জড়িয়ে যাওয়া শুরু। ভারত ও সিংহল নিয়ে গঠিত তদানীন্তন ভারতীয় উপমহাদেশের ছাত্রদের ফোরাম হিসেবে উনবিংশ শতকের শেষভাগে এই পুরনো সংস্থাটির জন্ম। এখানে উপমহাদেশীয় ছাত্ররা সামাজিকতা বিনিময়ের পাশাপাশি রাজনৈতিক আলচনায় অংশ নিতে পারত। মজলিশের বিশিষ্ট প্রাক্তনীদের মধ্যে ছিলেন পন্ডিত জওহরলাল নেহরু এবং

দক্ষিণ এশিয়ার অন্যান্য সম্ভাব্য নেতা। আমি কেমব্রিজে থাকার সময় ১৯৫৫ সালে ইংল্যান্ডে সরকারি সফরের অংশ হিসেবে পন্ডিত নেহেরু কেমব্রিজে এলে তাকে আপ্যায়িত করার সৌভাগ্য হয়েছিল আমাদের। আমি সেবার মজলিশের কোষাধ্যক্ষ, ইঞ্জিনিয়রিং ছাত্র শ্যাম সারদা সভাপতি এবং দীপঙ্কর সাধারণ সম্পাদক। সে সভায় নেহরু মজলিশকে সম্বোধন করেন যে ভাষায় তার ধারণা ছিল সেটি মজলিশের দিশি ভাষা। বস্তুত তিনি একেবারে ঝাঁ চকচকে বাদশাহি উর্দুতে ভাষণ দেন যা অমর্ত্য সেনের মতো বাংলাভাষীর দুর্বোধ্য ঠেকে। তাকে ভাষণটি অনুবাদ করে দেন যে পাকিস্তানি মহিলা ইরান ইস্পাহানি যিনি স্বয়ং মজলিশের প্রাক্তন সভাপতি।

সেই ঐতিহাসিক ঘটনার গ্রুপ ছবি আজও আমার কাছে আছে। দ্বিতীয় সারিতে পাশাপাশি দাঁড়িয়ে মজলিশ কমিটির দুই সদস্য আরিফ ইফতেখার এবং শ্রীলঙ্কার লাল জয়বর্ধনে, দীপঙ্কর এবং আমি। দক্ষিণ এশিয়ার চারটি দেশ থেকে আসা এই চার কমরেডের মধ্যে এখন একমাত্র জীবিত আমি। অবশ্য ওই সমাহারে আমার উপস্থিতি যে কেউ চ্যালেঞ্জ করতে পারে যেহেতু ১৯৭১ সালের ২৭ মার্চ-এ আমাকে গ্রেপ্তার করতে বাড়িতে এসে ওই ছবিতে আমার মুণ্ডচ্ছেদ করেছিল পাকিস্তানি সেনারা। আমাকে বাড়িতে না পেয়ে শনাক্তকরণের জন্য ওই গ্রুপ ছবি থেকে আমার মাথাটি ওরা কেটে নেয় আমাকে তল্লাশি করা জাওয়ানদের জন্য। সম্ভবত সগুম্ফ, মাথায় একরাশ চুল কোনো হতভাগ্য যুবককে ওরা ধরে আমার ছিন্ন মাথার ওই সচিত্র নথির ভিত্তিতে।

১৯৫৫'র গ্রীষ্মের টার্মে মজলিশে শ্যাম সারদা পরবর্তী সভাপতি হল দীপঙ্কর এবং আমি হলাম সম্পাদক। ১৯৫৫'র মাইকেলমাস টার্মে – ১৯৫৫-৫৬'র সেই টার্ম ছিল কেমব্রিজে আমাদের শেষ বছর, আমি মজলিশের সভাপতি হলাম, দিলীপ আদারকার সম্পাদক এবং অমর্ত্য সেন কোষাধ্যক্ষ। মজলিশে আমার সভাপতিত্ব ছিল বেশ ঘটনাবহুল। স্যার আইভর জেনিংস-কে পাকিস্তানের সংবিধান সম্পর্কে বক্তব্য রাখতে আমন্ত্রিত করা ছাড়াও আমরা আপ্যায়িত করি ভারতীয় যোজনা কমিশনের তৎকালীন সহ-সভাপতি বিখ্যাত পরিসংখ্যানবিদ পি সি মহালনবিশকে। তিনি মহালনবিশ মডেল বিষয়ে আলচনা করেন যে মডেল ভারতের দ্বিতীয় পঞ্চবার্ষিকী যোজনা রূপায়িত করেছিল যেটির তখন প্রস্তুতিপর্ব চলেছে। আমরা আরও দুজন সংস্কারপন্থী প্রাজ্ঞজনকে আমন্ত্রণ করি। এরা হলেন দ্য নিউ স্টেটসম্যান পত্রিকা সম্পাদক কিংসলে মার্টিন এবং গ্রেট ব্রিটেনের মাইক্রো কমিউনিস্ট পার্টির নেতৃস্থানীয় রজনী পাম দত্ত।

আমার সভাপতিত্বের উল্লেখনীয় ঘটনা ছিল সেকালে সদ্যোজাত উন্নয়ন অর্থনীতি বিষয়টি সম্পর্কে একটি সেমিনার আয়োজন করা। অক্সফোর্ড বেলিয়ল কলেজের স্যার টমাস ব্যালোকে আমরা আমন্ত্রণ জানাই, পাশাপাশি কেমব্রিজ অর্থনীতি বিভাগের জোন রবিনসন এবং পিটার বাওয়ারকেও সেমিনারে বক্তব্য

রাখতে আমন্ত্রণ জানানো হয়েছিল। বাওয়ার অবশ্য তার স্বদেশি ব্যালো-র সঙ্গে এক মঞ্চ ভাগ করে নিতে অস্বীকার করেন এই যুক্তিতে যে তিনি ব্যালো-কে রাজনীতিক ভাবেন অর্থনীতিক নয়। খুব সম্ভবত তিনি ব্যালো-র বামপন্থী চিন্তাধারা এবং ধারালো জিভ দুটোই অপছন্দ করতেন।

সভার আগে জোন রবিনসন ও ব্যালো দুজনকে কোহিনূর রেস্তঁরায় ভারতীয় খানায় আপ্যায়িত করে মজলিশ কমিটি। ব্যালো এখানে তার সেরা প্ররোচক বক্তব্য রেখেছিলেন। খুব সম্প্রতি তিনি ব্যাংকক সফর সেরে এসেছেন এবং শ্লেষাত্মক ঢঙে বলেন যে থাই জনগণ লঘুচিত্ত, ফলে তারা কখনোই উন্নয়নের শিখরে উঠতে পারবে না। এখন ভাবি, আজ যদি তিনি বেঁচে থাকতেন এবং ব্যাংকক পুনর্দর্শনে যেতেন তবে একই মত পোষণ করতেন কিনা। ব্যালো শেষ পর্যন্ত লর্ড খেতাব পান নিকি ক্যালডরের সঙ্গে, তাকেও সম্ভ্রান্ত খেতাব দেওয়া হয়েছিল। হ্যারল্ড উইলসনের প্রধানমন্ত্রীত্বে লেবার পার্টির অর্থনৈতিক উপদেষ্টাদের অন্যতম একজন ছিলেন ব্যালো।

আমি মজলিশে সভাপতি থাকার সময় অন্য রাজনৈতিক ক্লাবগুলোর সঙ্গে সংযোগ করার চেষ্টা করি আমরা। কেমব্রিজ ইউনিভার্সিটি কনজারভেটিভ ক্লাবের সঙ্গে একযোগে আমরা একটি বিতর্ক সভার আয়োজন করি যার আলোচ্য ছিল – 'এই সভা সিয়াটো (এসইএটিও) প্রত্যাখ্যান করছে'। এই সভায় অমর্ত্য, আরিফ আর আমি মিলে টোরি-দের উপর আক্রমন করি যাদের প্রতিনিধি ছিল র‍্যালফ পারসনস এবং হার্ভে স্টকউইন। আমার মনে পড়ে টোরিদের আমরা টেক্কা দিয়েছিলাম ডালাসিয়ান কৌশলের স্ববিরোধীতা দেখিয়ে দিয়ে যেটা দিয়েন বিয়েন ফু পরবর্তীতে দক্ষিণ ও দক্ষিণপূর্ব এশিয়ার অগণতান্ত্রিক দেশগুলোকে সিয়াটো-র মতো সামরিক চুক্তির খোঁয়াড়ে ভরতে চাইছিল। ফিলিপিনস, ভিয়েতনাম এবং থাইল্যান্ডের সঙ্গে পাকিস্তানও এ চুক্তিতে স্বাক্ষর করেছিল। পরিহাসের বিষয়, হার্ভে স্টকউইন শ্রমজীবি শ্রেণীর টোরি থেকে প্রগতিবাদী সাংবাদিক হয়েছিল এবং কেমব্রিজ সভায় আমাদের বিরোধী বক্তব্য রাখতে যে নীতিগুলো সে সমর্থন করেছিল সেগুলোর বিরুদ্ধেই প্রশ্ন তুলে দক্ষিণপূর্ব এশিয়া বিষয়ক সাংবাদিক হিসেবে পেশায় সাফল্য পেয়েছিল।

আমার মজলিশ সভাপতি পদের অন্তিম অনুষ্ঠানের একটা ছিল অক্সফোর্ড মজলিশের সঙ্গে যৌথ বাৎসরিক কর্মসূচী যেটা সেবার অক্সফোর্ডেই হয়। আমার ফুপাতো ভাই কামাল হোসেন তখন অক্সফোর্ড মজলিশের সভাপতি এবং বরুণ দে, পরবর্তী সময়ের বিশিষ্ট ঐতিহাসিক, সাধারণ সম্পাদক। আমরা ঠিক করি সফরের সন্ধ্যায় একটি বিতর্ক সভার আয়োজন করা হবে এবং তার আগে দিনের বেলায় থাকবে হকি ম্যাচ। অক্সফোর্ড দলের অধিনায়কত্ব করে কেলি হাউসে আমার প্রাক্তন সতীর্থ এইচেসনিয়ান কে ডি নুন যে ইউনিভার্সিটির দ্বিতীয় দলে খেলত। চ্যালেঞ্জের মোকাবিলায় কর্পাস ক্রিস্টি কলেজ হকি টিমে

খেলা শাহরিয়ার মোহাম্মদ খান; ক্রাইস্ট কলেজের স্বরণজিৎ সিং যে কেমব্রিজের ক্রিকেট ব্লুপেয়েছিল, আবার হকিও খেলত; এবং মোটাসোটা পাঞ্জাবী বিল সিং এদের সকলকে আমাদের সঙ্গে অক্সফোর্ড যেতে রাজি করাই। অক্সফোর্ড যেতে বিল সিংয়ের স্পোর্টস কারে তিনজন গাদাগাদি করে বসে। সেখানে পৌঁছে গাড়ি থেকে নেমে আসা তাদের অতিকায়, হিংস্র দেখাচ্ছিল; তাদের দেখে এতটাই সন্ত্রস্ত হয়ে ওঠে বরুণ যে সে তৎক্ষণাৎ ম্যাচ বাতিল করে দেয় এবং খুবই হতাশ হয় কে ডি নুন। আমরা অবশ্য কম পেশিবহুল বিতর্ক সভাটা জারি রাখি, যার বিষয় ছিল 'এই সভা চীনকে ভয় করে'। মোশনের পক্ষে ছিলাম আমি, আমার ফুপাতো ভাই কামাল ও চাচাতো ভাই কায়সার মোর্শেদ। বিতর্কে আমাদের চ্যালেঞ্জ জানায় অমর্ত্য সেন, আরিফ ইফতেখার এবং সাদিক আল-মাহদি। সাদিক ছিল সুদানের মাহদি জনগোষ্ঠীর প্রধান, শেষ বয়সে প্রধানমন্ত্রী নির্বাচিত হওয়া জেনারেল গর্ডনের বিরুদ্ধে যারা জয়ী হয়েছিল। আমরা তিন ভাই কেউই চীনকে ভয় পেতাম না, তবে আমরা আমাদের প্রবলতর প্রতিপক্ষকে সমানে সমানে লড়াই দিই যদিও আমাদের আনা মোশন শেষ পর্যন্ত পরাজিত হয়।

রাজনীতির সাথে পরিচয় গড়ে তোলা

আমার রাজনৈতিক প্রেক্ষিত অনেকটাই গড়ে উঠেছিল কেমব্রিজে। ১৯৫৩ সালে বিশ্ববিদ্যালয়ে ঢোকার সময় আমার কোনো স্পষ্ট ধ্যানধারণা গঠিত হয়েছিল এমন দাবি করতে পারি না, যদিও নেহরুর বামপন্থী জাতীয়তাবাদী রচনাগুলো ততদিনে আমাকে যথেষ্ট প্রভাবিত করেছিল। আমার পড়ার গন্ডী আরও বাড়িয়েছিলাম আর এইচ টনির মতো একটু কম তাত্ত্বিক প্রগতিশীলদের লেখা, সামাজিক অবিচারের বিরুদ্ধে যার নৈতিক ক্রোধ আমাকে আকৃষ্ট করেছিল।

অতীত রোমন্থন করতে গিয়ে তাৎক্ষণিক কেমব্রিজের বিশেষ কোনো চরিত্রকে চিহ্নিত করতে পারি না যে আমার ভাবনাকে প্রভাবিত করেছে। ১৯৫৪-৫৫ অ্যাকাডেমিক বছরে আরিফ যখন কেমব্রিজে এল ততদিনে বামপন্থার দিকে আমার চলন শুরু হয়ে গেছে। মূলত বাম মনোভাবাপন্ন অথচ তাত্ত্বিক নয় এমন সাপ্তাহিক দ্য নিউ স্টেটসম্যান পড়ে, অথবা কেমব্রিজ ইউনিভার্সিটি লেবার ক্লাব অথবা সোস্যালিস্ট সোস্যাইটির সভা শুনে যেখানকার সংস্কারপন্থী বক্তারা আমাকে যে রাজনৈতিক ধারণার সঙ্গে পরিচয় করায়, এর আগে পর্যন্ত এসবের কিছুই আমি জানিনি। কেমব্রিজ ইউনিয়ন ছিল আরেকটা আলোচনা মঞ্চ শ্রেণীবাচক বিন্যাসের বাইরে আমার রাজনৈতিক শিক্ষণে যা সাহায্য করেছিল। টার্ম টাইমে প্রতি মঙ্গলবার সন্ধেয় ইউনিয়নের সভা বসত, যেখানে খুব ভালো সুযোগ ছিল ওদেশের বিশিষ্ট বক্তা যারা হয়তো শুধু রাজনীতিকই নয়, তাদের ভাষণ শুনবার। আমি কেমব্রিজ ইউনিয়নের আজীবন সদস্য। সোশ্যাল ক্লাব

হলেও কেমব্রিজ ইউনিয়ন এবং অক্সফোর্ড ইউনিয়ন ছিল ব্রিটেনের প্রধান বিতর্ক সমিতি – ব্রিটিশ সংসদের দুই কক্ষের পরেই যার স্থান। ব্রিটিশ এবং সেই সঙ্গে বেশ কিছু সংখ্যক প্রাক্তন উপনিবেশের রাজনীতিকের বাচনশৈলী এবং রাজনৈতিক উচ্চাশার পাঠশালা এই ইউনিয়ন। এর সভাপতি প্রাক্তনীদের তালিকায় রয়েছে কিছু ব্রিটিশ প্রক্তন প্রধানমন্ত্রী যেমন র্‌যাব বাটলার এবং শ্রীলঙ্কার পিয়েতর কিউয়েনিম্যান, ভারতের মোহন কুমারমঙ্গলমের মতো রাজনৈতিক নেতা। স্বাভাবিকভাবেই যারা ইউনিয়নের সভাপতি, সহসভাপতি এরকম শীর্ষ পর্যায়ে পৌঁছতে সফল হয়েছিল তারা শুধু ভালো তার্কিক ছিল না, ছিল জমকালো ব্যক্তিত্বও, যেটা তাদের ভবিষ্যতে কাজে লেগেছে।

আরও বেশকিছু ইউনিয়ন ব্যক্তিত্ব রাজনীতিতে প্রবেশ করে। আমাদের খুব কাছের বন্ধু ট্যাম ড্যালিয়েল কিংস কলেজে অর্থনীতি পড়ত, সে তখন সিইউসিএ-র সভাপতি, পরবর্তী সময় ইউনিয়নের সহসভাপতিও হয়েছিল কিন্তু সভাপতি হতে পারেনি। আমাদের সংসর্গে ট্যাম বামপন্থায় ঝোঁকে এবং পরিশেষে তার ঘরের নির্বাচনী কেন্দ্র স্কটল্যান্ডের লিনলিথগো থেকে লেবার দলের এমপি হয় যে কেন্দ্র তাকে বহুবছর পুনর্নির্বাচিত করে। অবশেষে সম্প্রতি সে অবসর নিয়েছে হাউস অফ কমন্স-এর মহা-প্রবীণ হিসেবে। মার্গারেট থ্যাচারের ফকল্যান্ড যুদ্ধের গুটিকয়েক সমালোচকদের একজন ছিল ট্যাম। পরে সে ইরাক যুদ্ধ নিয়ে টনি ব্লেয়ারের সবচেয়ে মুখর সমালোচকদের একজন হয়েছিল।

কেমব্রিজ ইউনিয়ন বিতর্কগুলো হত গুরুত্বপূর্ণ বিষয় নিয়ে। তবে বিতর্কের সুর হাল্কা মেজাজের হওয়া আবশ্যিক ছিল। তৈরি করা নোট থেকে তথ্য ভারাক্রান্ত বিতর্কের চেয়ে এখানে প্রধান প্রচলিত রীতি ছিল কোনো প্রস্তুতি ছাড়া তাৎক্ষণিক বিতর্ক, যা হবে কেতাদুরস্ত, সরস; এবং চটজলদি প্রত্যুত্তর দেয়ার দক্ষতা থাকতে হবে তার্কিকের। অবশ্যম্ভাবীভাবে শিক্ষাবর্ষের প্রথম বিতর্কের বিষয় হত 'মহিমান্বিতা রাণীর সরকারের প্রতি এই সভার কোনো আস্থা নেই'। বিতর্ক একজন ক্যাবিনেট মন্ত্রীকে লড়িয়ে দিত একজন বরিষ্ঠ বিরোধী নেতার সঙ্গে যিনি বুদ্ধিমত্তা ও প্রজ্ঞা দিয়ে ব্রিটিশ রাজনীতির মূল ইস্যুগুলো আলচনা করতেন। অবশ্য অরাজনৈতিক বিষয়ও আলোচিত হত, তাতে দার্শনিক এবং থিয়েটারের ব্যক্তিত্বরা আমন্ত্রিত হতেন।

ইউনিয়নে বক্তব্য রাখা বহু বক্তার মধ্যে মনে পড়ে খুব প্রভাবিত হই রিচার্ড ক্রসম্যানের বক্তৃতায়। তিনি বলছিলেন ইউনিয়নের মোশনের বিরুদ্ধে যেটি তখন সবে শুরু হওয়া ইউরোপীয় ইউনিয়ন গড়ার প্রয়াসে ব্রিটেনের যোগ দেওয়াকে সমর্থন করেছিল। পরে হ্যারল্ড উইলসনের লেবার সরকারের ক্যাবিনেট মন্ত্রী হন ক্রসম্যান। টোরি এমপি স্যার রবার্ট বুথবি এর আগে অত্যন্ত চমৎকারভাবে ইউরোপীয় জোটের সপক্ষে বলে গেছেন। যে কারণে

ক্রসম্যান যখন তার বক্তব্যে যুক্তি দেখালেন পশ্চিম ইউরোপকেন্দ্রিক যে ইউনিয়নে সমাজতান্ত্রিক পূর্ব ইউরোপের ঠাঁই হয় না, সেটা বিপরীত হিতার্থের হবে, তার সে বক্তব্য বিধ্বংসী এবং প্ররোচক বলে বিবেচিত হয়েছিল। আর যে বক্তাকে ইউনিয়ন আমন্ত্রণ করেছিল এবং যিনি আমাকে খুবই মুগ্ধ করেন তিনি হলেন চেড্ডি জগন, যাকে ব্রিটিশ কলোনিয়াল অফিস শাসিত গায়ানার প্রধানমন্ত্রীত্ব থেকে অপসারিত করে ব্রিটেন। বামপন্থী জগন এবং আরও বেশি করে তার খরবুদ্ধি সহযোগী ফোর্বস বার্নহ্যাম দুজনে ব্রিটিশ সরকারকে তূলো ধোনা করেন এবং শ্রোতাদের মধ্যে উপস্থিত টোরিরা অত্যন্ত ক্ষুব্ধ হয়। আরিফ ইফতেখার ইউনিয়নে প্রথমবার তার উপস্থিতি জানান দিয়েছিল হাউসের প্রবল বিরোধীতার মুখে জগনের সমর্থনে সুভাষিত বক্তব্য পেশ করে।

ইউনিয়নে হোক, পলিটিক্যাল ক্লাবে হোক, অথবা ক্লাসরুমে, সেরা কেতাবি ও রাজনৈতিক মননশীল ব্যক্তিদের সুন্দর উপস্থাপনায় প্রগতিশীল ভাবনাগুলো শুনে অবধারিতভাবে দুনিয়া সম্পর্কে আমার দৃষ্টিভঙ্গি প্রভাবিত হয়। আমি কেমব্রিজে এসেছিলাম প্রধানত এমন এক অরাজনৈতিক চরিত্র হিসেবে, যার ঝোঁক ছিল পাশ্চাত্য শিক্ষায় শিক্ষিত উচ্চবর্গীয় চশমা পরে দুনিয়া দেখা। এ ধরনের বক্তাদের ভাবনাচিন্তার সঙ্গে পরিচয়, বামপন্থী সাহিত্য পাঠ এবং নিজেদের গম্ভীর আলোচনায় আমার ভাবনাগুলো নিষিক্ত হওয়া – সব মিলিয়ে আরও বাম-জাতীয়তাবাদী, উপনিবেশবাদ বিরোধী প্রেক্ষিত অবলম্বনে দীক্ষিত হই আমি। যে জগত আমার চেনা ছিল তাকে প্রশ্নের মুখে দাঁড় করাবার প্রেরণা দেয়। লন্ডনের চেয়ারিং ক্রস রোডে কোলেটস বুকশপে গেলে লরেন্স অ্যান্ড উইশহার্ট এবং পিপলস পাব্লিশিং হাউসের মতো প্রচারক প্রকাশনা সংস্থা প্রকাশিত বামপন্থী সাহিত্যের ভালো সংগ্রহ হত আমার। দুঃখের বিষয় বহু বছর হল কোলেটস ব্যবসা বন্ধ করেছে।

আমার রাজনৈতিক দৃষ্টিভঙ্গির এইসব পরিবর্তনের কারণে আমি ফরাসি উপনিবেশবাদের বিরুদ্ধে হো চি মিন পরিচালিত ভিয়েত মিনদের সংগ্রামের কট্টর সমর্থক হয়ে যাই। আমার খুব ভালো মনে আছে ইন্দো-চিনে ফরাসি শাসনের অবসান ঘটিয়ে দিয়েন বিয়েন ফু'র পতন আমাকে কতখানি উৎফুল্ল করেছিল। আলজেরিয়ায় ফরাসি ঔপনিবেশিক দখলেও তীব্র ক্ষোভ ছিল আমার এবং আলজেরীয় মুক্তিযুদ্ধের সমর্থক হয়েছিলাম। যার ফলে আরব সোসাইটিতে আমার বন্ধুদের সঙ্গে একাত্মতা গড়ে।

তৃতীয় বিশ্বের দেশ, বিশেষ করে পাকিস্তানের সামাজিক সমস্যাগুলোর সমাধানে আরও সোচ্চার সমর্থনের রূপ দিতে শুরু করার আগে অর্থনীতি বিষয়ে আরও জানার ছিল আমার। এক্ষেত্রে অমর্ত্যের চিন্তাধারার সঙ্গে আমার পরিচয় বিশেষ গুরুত্বপূর্ণ, ১৯৫৪-৫৫ শিক্ষাবর্ষের প্রারম্ভিক পর্যায়ে আমাদের ঘনিষ্ঠতায় যার শুরু। অমর্ত্য ১৯৫৩-য় কেমব্রিজে আসে। কলকাতার

প্রেসিডেন্সি কলেজের বছরগুলো তখনই তার বামপন্থী চিন্তাধারাকে পোক্ত করেছে। কলকাতায় কমিউনিস্টদের প্রভাব ছিল – যাদের সংস্কারপন্থী চিন্তাধারা মিশেছিল কলেজ স্ট্রিট কফি হাউসের আবহে। জোসেফ স্ট্যালিন এবং মাও সে তুংয়ের অভ্রান্ততায় অচল আস্থা প্রদর্শনকারী অমর্ত্য কমিউনিস্টদের মতবাদের কট্টর বিশ্বাসী কখনওই ছিল না। তখনই মার্কসবাদের ধ্রুপদী বইগুলো অত্যন্ত ভালোভাবে তার পড়া হয়ে গেছে, তা বলে মার্কসকে সমালোচনা করবার স্বাধীন ইচ্ছা সে সঁপে দেয়নি। কেমব্রিজে কট্টরপন্থী পার্টি অনুগামীদের সঙ্গে আমাদের মোলাকাত ও বিতর্ক হত। যেমন কেমব্রিজ কমিউনিস্ট অ্যাসোসিয়েশনের সচিব অ্যালেন ব্রাউন; তার কমরেড রুথ লশাক এবং আরও সুপন্ডিত কিন্তু কম তাত্ত্বিক স্নাতক ছাত্ররা যাদের মধ্যে ছিল ইতালীয় পিয়ারেঞ্জেলো গার্গেনানি, দক্ষিণ আফ্রিকার চার্লস ফেইনস্টেইন। অমর্ত্য আর আমি মোটামুটিভাবে বিশ্বব্যাপী বুর্জোয়া সমাজের অন্যায় ধরনধারণ এবং সাম্রাজ্যবাদের সর্বাত্মক বিপদগুলো সম্পর্কে তাদের সমালোচনার অংশীদার ছিলাম। তবে কমিউনিস্ট বিশ্বদর্শনের গোঁড়ামিগুলো সম্পর্কে প্রশ্ন তুলতে আরও আগ্রহী ছিলাম আমরা। স্ট্যালিনের মৃত্যুর পর সোভিয়েত কমিউনিস্ট পার্টির চতুর্দশ সম্মেলনে ক্রুশ্চেভের আগমনের পর এই ঠুলি পরানো সোভিয়েত দর্শন বহু বামঘেঁষা মানুষের অনেক প্রশ্নের মুখে পড়ে।

আমরা যারা রাজনৈতিক ধারার বাঁ দিকে ছিলাম তাদের আলোড়িত করছিল নিজ নিজ সমাজের প্রবল প্রতাপ অবিচার এবং বিশেষ করে সে সময় মার্কিন যুক্তরাষ্ট্রের নেতৃত্বে পশ্চিমী দেশগুলোর পৃথিবী জোড়া চূড়ান্ত দাপট এবং সারা দুনিয়ার সংবাদমাধ্যমে তাদেরই বিশ্ববীক্ষার শাসন। আমার শিক্ষকদের মধ্যে জোন রবিনসনের বামঘেঁষা মানসিকতা ছিল কিন্তু একমাত্র মরিস ডব ছিলেন প্রায়োগিক মার্কসবাদী। কেমব্রিজের অর্থনীতি ফ্যাকাল্টি-তে মোটামুটিভাবে প্রভাবশালী ছিল কেইনীসিয়ান মতবাদ যদিও নিও-লিবারেল স্কুলের কিছু অর্থনীতিক ফ্যাকাল্টি-তে ছিলেন। যাই হোক, সে আমলে যখন এমনকি কনজারভেটিভ শাসনেও কেইনীসিয়ান ভাবধারা মূলস্রোত অর্থনৈতিক নীতির অংশ হয়ে উঠেছে, তখন কেউই এই অর্থনীতিকদের বাম-ঘেঁষা ভাবতে রাজি ছিল না। এমনকি জোন রবিনসনকেও বাম দিকে ঝুঁকে যাওয়া কেনিসিয়ান হিসেবে দেখা হত।

জোন-এর টিউটোরিয়াল এবং লেকচার, অমর্ত্যের সঙ্গে আরও ঘনঘন মতবিনিময় বাজার প্রভাবের দৃষ্টিকোণ থেকে অর্থনৈতিক সমস্যা বিচারের তাত্ত্বিক দুর্বলতাগুলো সম্পর্কে আমাকে ওয়াকিবহাল করে। ধনতান্ত্রিক ব্যবস্থার সীমাবদ্ধতা দেখানো উপলব্ধিপ্রসূত কিছু রচনাও নজরে আসে। অমর্ত্য বিশেষ করে ইতিহাস এবং বর্তমানের নজির ঘেঁটে ধনতন্ত্রের দুর্বলতা ও অবিচারের তথ্য-উদাহরণের এক গূঢ় সমৃদ্ধ ভান্ডার ছিল। ঔপনিবেশিক শাসনের ধ্বংসলীলার

বিষয়ে রজনী পাম দত্তের রাজনৈতিক পক্ষাবলম্বী কিন্তু তথ্যপূর্ণ রচনা থেকে খুবই আমরা ধার করেছি কনজারভেটিভদের সঙ্গে বিতর্কে আমাদের ক্ষমতা বাড়াতে।

আন্তর্জাতিক বিষয়ে উৎসাহী হলেও পাকিস্তানে রাজনীতির গতিবিধি বিষয়ে আমার ভাবনার একটা আকার দেওয়া শুরু করেছিলাম। গুলাম মোহাম্মদ, ইস্কান্দার মির্জা এবং ফিল্ড মার্শাল আইয়ূব খান এই ত্রয়ীর চক্রান্তে পাকিস্তানে গণতন্ত্রের উপর আক্রমণ শুরু হওয়ার তীব্র সমালোচক ছিলাম আমি ও আরিফ দুজনেই। ১৯৫৪ সালে পূর্ব পাকিস্তানের আঞ্চলিক নির্বাচনে হোসেন সোহরাওয়ার্দী, ফজলুল হক এবং মওলনা ভাসানী পরিচালিত যুক্তফ্রন্ট মুসলিম লীগকে উৎখাত করলে আমরা আনন্দ করেছিলাম। যখন সংবিধানের ধারা ৯২-এ মোতাবেক ফজলুল হকের যুক্তফ্রন্ট সরকার বরখাস্ত হল আর ইস্কান্দার মির্জা পূর্ব পাকিস্তানের গভর্নর নিযুক্ত হল আমরা বেশ হতভম্ব হয়ে যাই।

পরবর্তী সময়ে ১৯৫৫-তে সিএ (কন্সটিটিউয়েন্ট অ্যাসেম্বলি) বাতিল করা হয় যার মধ্যে পরাজিত, মান-খোয়ানো মুসলিম লীগও ছিল। এবার নিয়ে আসা হল তথাকথিত প্রতিভাধর মন্ত্রীসভা যেটি তেমন আস্থা জোগাতে পারে না যে প্রতিনিধিত্বমূলক গণতন্ত্রের ফের চালু হবে। মনে আছে মির্জা হাসান ইস্পাহানি, যিনি সেদিন অবধি লন্ডনে পাকিস্তানের হাইকমিশনার ছিলেন এবং নতুন ক্যাবিনেটের সদস্য হয়েছেন, তিনি কেমব্রিজে আসেন বিষয়টা নিয়ে পাকিস্তান সোসাইটিতে বক্তব্য রাখতে। পাকিস্তানে গণতন্ত্রের গতিবিধি নিয়ে তার সঙ্গে তর্ক করলাম আরও বললাম ঢাকায় নির্বাচিত সরকার ফিরিয়ে আনার কথা। আমি ততদিনে পাঞ্জাবী আমলাতান্ত্রিক, সামরিক বাহিনী প্রভাবিত কেন্দ্রীয় সরকারের হাতে বাঙালিদের বঞ্চনার সম্পর্কে আরও বেশি সচেতন হয়েছি। মিঁয়া ইফতেখারুদ্দীনের সঙ্গে দেখা হত কেমব্রিজের ব্লু বোর হোটেলে অথবা সেলসডন পার্কে তার প্রিয় কান্ট্রি রিট্রিটে। মজার বিষয়, সে আমাকে প্রথম বলে পাকিস্তানে প্রয়োজন এমন সরকারি ব্যবস্থা যা আরও প্রাদেশিক ক্ষমতা হস্তান্তর করবে, যার ফলে পূর্ব পাকিস্তানে আরও বেশি স্বায়ত্বশাসন নিশ্চিত হবে।

কেমব্রিজে তিন বছরের প্রভাবে আমার রাজনৈতিক চেতনা বৃদ্ধির ছবিটা ফিরে দেখলে স্পষ্ট বুঝি এখানেই গড়েছিল আমার পটভূমি, আমার ভবিষ্যৎ লক্ষ্য এবং ঢাকায় জীবন গড়বার সিদ্ধান্ত। আমি বুঝতে পারছিলাম যে আমার ভাবাদর্শগত ঝোঁকগুলোর একটা রাজনৈতিক ঘর দরকার যেখানে একটা নির্দিষ্ট জাতীয় এবং সামাজিক অনুষঙ্গে তাদের অর্থবহ প্রকাশ সম্ভব। আবিষ্কার করি যে বিশ্ববীক্ষায় আমি আনত বাঙালির মনোজগতে তা আরও তীব্র অনুরণিত। বাঙালি রাজনৈতিক, সামাজিক অবিচারের শিকার। এই যে আমার ফুটে ওঠা রাজনৈতিক পরিচয় উপলব্ধি, এখানেই প্রেরণা পাই এমন দেশে আমার ভবিষৎ খুঁজে নেবার যে দেশ এখনও জন্ম নেয়নি। সেই অবস্থায় আমার সিদ্ধান্তগুলো

অধিকাংশই স্বতলব্ধ ছিল। তবে সেগুলো যে সঠিক ছিল তা প্রমাণ করে আমার সম্ভাব্য স্বদেশের ভবিষ্যৎ গড়ে দেওয়া ঘটনাপ্রবাহে আমার ব্যক্তিগত প্রতিক্রিয়া।

বৌদ্ধিক প্রভাব

ঠিক বলতে পারব না আমার বুদ্ধিবৃত্তিক বিকাশে কেমব্রিজ স্বয়ং কী করল। কেমব্রিজের পদ্ধতি উৎসাহ দিত সৃজনশীল জিজ্ঞাসাকে যেখানে বিদ্বান হবার চেয়ে মৌলিক হওয়া বেশি গুরুত্বের ছিল। এতে সৃজনশীলতা, অভিব্যক্তির আতিশয্য এবং বিতর্কে অযৌক্তিক প্ররোচনা জোগাবার প্রবণতা উজ্জীবিত হত। কেমব্রিজে ঢোকার সময় সম্ভবত এসব গুণাবলী যথেষ্ট পরিমাণে সঙ্গে নিয়েই এসেছিলাম, তবে ওইসব গুণাবলী যাতে পূর্ণ বিকশিত হয় সেটা সুনিশ্চিত করে এখানকার পদ্ধতি। কিংস কলেজে নোয়েল আন্নানের ঘরে বসে পলিটিক্স স্পেশাল পেপারের টিউটোরিয়ালে কার্ল পপার অথবা মার্ক্সকে নিয়ে আলোচনা অথবা ৬২ গ্রেইনজ রোডে জোন রবিনসনের ঘরে অধ্যাপিকার সঙ্গে আমার সাপ্তাহিক টিউটোরিয়ালের আলোচনা, অথবা অমর্ত্য বা দীপঙ্করের সঙ্গে উদ্দীপিত তর্কাতর্কি – এরকম যেকোনো পরিস্থিতিতে একজন বাধ্য হত অসাধারণ কিছু বলতে। অহং এভাবেই পুষ্ট হওয়া, আবার এভাবেই চুপসে যাবার সমান সুবিধা ছিল। স্বীকৃত প্রজ্ঞা, দাম্ভিকতা বা বয়সের কর্তৃত্ব চ্যালেঞ্জ করার এই ক্ষমতা আমার ব্যক্তিত্বের অংশ হয়ে যায় এবং সারা জীবন আমি আমার বড়োদের সঙ্গে হয়তো বা আমার চেয়েও মেধাবীদের সঙ্গে বিতর্ক আলোচনা চালিয়ে যাই।

শিক্ষার অংশ হিসেবে আমার অনুমান আমি অর্থনীতিরও কিছুটা শিখেছিলাম। সেকালে অঙ্কে সাংঘাতিক দখল ছাড়াও একজন ইকনমিকস ট্রাইপজে উতরে যেতে পারত। সন্দেহ আছে অঙ্কের কলাকৌশল শিখতে শক্তিক্ষয় না করে আজকের দিনে ট্রাইপজে টিঁকে থাকতে পারতাম কিনা। তখন জোন রবিনসন ক্যাপিটাল থিওরির বিষয়ে তার কাজ এগিয়ে নিয়ে চলেছেন। পরিশেষে এটা তার গ্রন্থ 'দ্য অ্যাকুমুলেশন অফ ক্যাপিটল'-এ প্রকাশিত হয়। নিকি কলডর মূল্য ও বন্টনের বিষয়ে তার লেকচারে আমাদের মাইক্রোইকনমিকস শেখাচ্ছেন। মরিস ডবের কাছে সোভিয়েত রাশিয়ার অর্থনীতির ইতিহাস এবং ফ্র্যাঙ্ক থিসলউইথের কাছে মার্কিন অর্থনীতির ইতিহাস সম্পর্কে অনেক কিছু শিখেছিলাম। দ্বিতীয়টি আমার স্পেশাল পেপার হিসেবে বেছে নেই। এই দু'টি কোর্সের উপর ভিত্তি করে ঢাকা বিশ্ববিদ্যালয়ের অর্থনীতি বিভাগে আমার শিক্ষকতাও শুরু হয় – প্রথমবর্ষের ছাত্রছাত্রীদের যুক্তরাষ্ট্র এবং সোভিয়েত অর্থনীতির ইতিহাসের উপর কোর্স পড়াই আমি।

অন্য যেসব ক্লাসগুলোর কথা মনে আছে সেগুলো ছিল হ্যারি জনসন, ডেনিস রবার্টসন, অস্টিন রবিনসন এবং পিয়েরো স্রাফফা – প্রমুখের। অল্পবয়সী যেসব শিক্ষকরা পরে খ্যাত হন তাদের মধ্যে আর সি ও ম্যাথুজ আমাদের খুব পছন্দের ছিলেন। যাই হোক সবদিক থেকে সেরা এবং আমাদের সবচেয়ে মোহিত করতেন যে শিক্ষক তিনি নোয়েল আন্নান, যিনি পলিটিকসের ওপর স্পেশাল পেপার পড়াতেন। আন্নান পরে কিংস কলেজে প্রোভোস্ট হন এবং অন্যান্য কেতাবি সম্মানও পান। তিনি ব্রিটিশ অ্যাকাডেমির সদস্যপদ লাভ করেন এবং পরিশেষে লর্ড খেতাব পান। আমাদের সময়ের যে কেউ শুধু আন্নানের ভাষার চমক, তার ইন্ধন জোগানো ভাবনাগুলোকে মনে রাখত। তার নোটস আজও আমার কাছে আছে এবং সে ধূসর পাতাগুলো উলটে যেতে যেতে রোমাঞ্চ হয় তার প্রজ্ঞা ও প্রেরণা জাগাবার ক্ষমতার কথা ভেবে।

ইকনমিকস ফ্যাকাল্টির বাইরে আমাদের সময়ের যেসব কেতাবি নক্ষত্রের কথা অবাক বিস্ময়ে শুনতাম কিংবা তাদের ভাষণ শুনতে বসে পড়তাম যে কোনো সোসাইটিতে, তাদের মধ্যে ছিলেন ই এম ফর্স্টার, এফ আর লেভিস এবং বিজ্ঞানীদের মধ্যে জে ডি বার্নাল এবং জোসেফ নীডহ্যাম। তখনকার আমলে শিক্ষাবিদরা যত নামিই হন না কেন, ছাত্রছাত্রীদের কাছে অবারিত ছিলেন যেহেতু তাদের বেশিরভাগ সময় কাটত কলেজে। কেমব্রিজের বাইরে সফরে যাওয়া তখন সেকালে উল্লেখনীয় ঘটনা। আজকের অক্সব্রিজ শিক্ষাবিদদের বিশ্বায়ন হয়েছে, তারা পৃথিবী ঘুরে বেড়ান জেট বিমানে এবং তাদের পড়ার ঘরে তাদের সাক্ষাৎ মিলবে বহু সপ্তাহ আগে অ্যাপয়েন্টমেন্ট করে।

আজকের নিরিখে তখনকার কেমব্রিজ ছিল অনেকখানি অন্তর্মুখী ঐতিহ্যবাহী উচ্চবর্গীয় প্রতিষ্ঠান। তখন যদি প্রশ্ন করা হত আমি কোথায় পড়ি তার জবাবে- 'আসলে আমি কেমব্রিজের' একথাটা খুব সাদামাঠাভাবে বললেও নিজেকে বিশিষ্ট মনে হত যেটা সম্ভবত বক্তার প্রাপনীয় ছিল না। আজ মনে হয় ওই কথাগুলো তেমন গুরুভার নয় অথবা সেগুলোর সাবেক ঔদ্ধত্যের আভাস আজ বিলীন। আমার ছেলে বাবর এমফিল করেছে এবং পরে পিএইচডি-র জন্য পড়াশোনা করেছে কেমব্রিজে; কিন্তু মুহুর্তের জন্যেও নিজেকে সে সুবিধাপ্রাপ্ত কেতাবি অভিজাত বলে বিশ্বাস করতে পারে না।

গৌরবের দিন

আমার বৌদ্ধিক দৃষ্টিকোণ গড়ে দেবার বাইরে, জীবনের যে আনন্দ কেমব্রিজ আমাদের দিয়েছে তা সর্বদা মনে রাখব। এক পূর্ণতাবোধ নিয়ে পেছনে ফিরে দেখি আমাদের অ-কেতাবি যাপনের দিনগুলো, তা সে টার্মের সময় হোক অথবা ছুটির দিন হোক, যখন ট্রিনিটি স্ট্রিটের ঘরগুলোতে ঢুকে পড়তাম

আমাদের যেকোনো বন্ধুর সঙ্গে যে কেমব্রিজেই থেকে যেত ছুটিতে। উপভোগ করতাম সেই অবকাশ যখন ক্লাস বা টিউটোরিয়ালে হাজিরা দেওয়া নেই, যখন বিনা অপরাধবোধে হুল্লোড়ে মেতে উঠতাম সকলে, রেক্স সিনেমায় পুরনো প্রিয় মুভিগুলো দেখতে ছুটতাম অথবা শুধুই দীর্ঘ গ্রীষ্মের বিকেল কাটাতাম অলসভাবে। যদি কোনো পার্টিতে যাবার না থাকত তবে কোহিনূর রেস্তরাঁয় চিকেন ধানশাক (জনপ্রিয় পার্সি রান্না) খেতে খেতে মাঝরাত অবধি আরিফ, দীপঙ্কর ঘোষ, অমর্ত্য, দিলীপ আদারকারদের সঙ্গে তর্ক করে কেটে যেত।

আমি অবশ্য পুরো ছুটি কেমব্রিজে কাটাতাম না। আমাদের একটা মন-পছন্দের আউটিং ছিল ঠিক গ্রীষ্মের ছুটি হলে, যেটা মে মাসের শেষে শুরু হত, গাড়ি ভাড়া করে স্ট্র্যাটফোর্ড আপন অ্যাভনে শেক্সপিয়রের নাটক দেখতে যাওয়া। সাধারণত একটা গাড়ি চালাত পিটার রজারস –ফিৎজউইলিয়ামের ইতিহাসবিদ – অন্যটা চালাত আরিফ – আমাদের মধ্যে শুধু এদের দুজনেরই ড্রাইভিং লাইসেন্স ছিল। আমাদের দলে থাকত দিলীপ, দীপঙ্কর, সুরেশ পাই, আরিফ, পিটার এবং আমি। মনে আছে এরকম একটা বেড়ানোয় লরেন্স অলিভিয়ার, ভিভিয়ান লে অভিনীত ম্যাকবেথ দেখেছিলাম; আর একবার দেখেছিলাম জন জিল্গুড এবং পেগি অ্যাশরফ অভিনীত কিং লিয়র। পয়সা বাঁচাতে স্ট্র্যাটফোর্ডে রাতে না থেকে সারা রাত গাড়ি চালিয়ে ফিরে আসতাম কেমব্রিজে। ব্যাপারটা কিছুটা বিপজ্জনক ছিল কারণ গাড়ি চালাতে চালাতে আমাদের দুই চালকের ঘুমিয়ে পড়বার আশঙ্কা থাকত।

অন্য আউটিংয়ে বেশিরভাগ যাওয়া হত লন্ডনে। আমি আমার পুরনো এইচেসনিয়ান বন্ধুদের সঙ্গে কয়েকটা দিন কাটিয়ে আসতাম। আমার খালাতো ভাই কামারুজ্জামানের সঙ্গেও থেকে যেতাম। সে তখন লন্ডনে চার্টার্ড অ্যাকাউন্টেন্সি পড়ছে। চার মাসের গ্রীষ্মের ছুটিতে লন্ডনে থাকাটা একটু বেশিই হত। সেটা ব্যবহার করতাম থিয়েটার দেখতে অথবা উইম্বল্ডন বা লর্ডসে ক্রিকেটের মতো গুরুত্বপূর্ণ খেলার আসরে চলে যেতাম। মনে আছে শাহিদ হোসেনের সঙ্গে ১৯৫৪ সালে উইম্বল্ডনের সূচনাকারী রাউন্ডের খেলা দেখতে যাই সেন্টার কোর্ট ঘিরে দাঁড়িয়ে খেলা দেখার ঘেরাটোপে যেখানে ঢোকার টিকিট পেতে সকাল ন'টা থেকে লাইনে দাঁড়াতে হত। সেই গ্রীষ্মে শাহিদ আর রিয়াজের সঙ্গে লর্ডসে একটা বৃষ্টি বিঘ্নিত দিন কাটে পাকিস্তান ইংল্যান্ডের দ্বিতীয় টেস্ট ম্যাচ দেখতে। হানিফ তার স্বভাবসিদ্ধ রক্ষণাত্মক কেতায় ম্যাচ বাঁচানো ইনিংস খেলে। আর একবার কায়সার মোর্শেদকে ঠেলেঠুলে আমার সঙ্গে উইম্বল্ডন ম্যাচ দেখতে যেতে বাধ্য করেছিলাম। এবং আর একটা স্মরণীয় সফরে ওয়েম্বলিতে বিশ্ব টেবিল টেনিস চ্যাম্পিয়নশিপ দেখা হয়েছিল।

আইসেলের মুচি

১৯৫৪ আমার প্রথম গ্রীষ্মের ছুটিতে অস্ট্রিয়ার ব্যাড আইসেল যাই একমাস কাটিয়ে সম্ভাব্য মুচিগিরির শিক্ষানবিশি নিতে। বাবা তখনও আশা ছাড়েননি যে কেমব্রিজে সময় কাটিয়েও চামড়ার ব্যবসায় আমি অবিচল-মতি থাকব। তার ইউরোপ সফরে তিনি একবার প্রত্যন্ত রিসর্ট শহর সুরকার ফ্রানৎজ লেহারের জন্মস্থান ব্যাড আইসেল যান হাল ফ্যাশনের সেরা মানের জুতো প্রস্তুতকারক সংস্থা স্কুফাব্রিক পানজেল দেখতে। ঠিক কীভাবে এই প্রত্যন্ত সংস্থার সঙ্গে তিনি যোগাযোগ করেছিলেন তা আমার কাছে এক রহস্য রয়ে গেছে। কিন্তু তিনি প্রতিষ্ঠানের মালিক হের পানজেলকে বুঝিয়ে রাজি করান আমাকে অ-বেতন শিক্ষানবিশ রাখতে যাতে জুতো কী করে বানানো হয় আমি শিখতে পারি। এভাবেই আমার প্রথম ইউরোপ ভ্রমন শুরু করি ১৯৫৪-এর জুলাই নাগাদ। প্রথমে ট্রেনে ব্রাসেলস – যেখানে কিছুদিন কাটিয়ে সারা শহর পায়ে হেঁটে ঘুরে দেখি দর্শনীয় জায়গাগুলো। তারপর রওনা হই ফ্রাঙ্কফুর্ট, সেখানে আরও কয়েকটা দিন কাটাই। ১৯৫৪ সালের ফ্রাঙ্কফুর্ট তখনও যুদ্ধ বিধ্বস্ত শহর। বোমার ঘায়ে গুঁড়িয়ে যাওয়া জায়গা, কেমন জনশূন্য লাগে। যুদ্ধোত্তর যে ভেল্কি চ্যান্সেলর অ্যাডনাওয়ার এবং তার অর্থনীতি মন্ত্রী লুডউইগ এরহার্ড দেখানো শুরু করেছিল সবে তার সুফল আসতে শুরু করেছে, যার নমুনা বোমাবিধ্বস্ত ফাঁকা জায়গাগুলোর মাঝে মাঝে কিছু নতুন আধুনিক নির্মাণ।

ফ্রাঙ্কফুর্ট থেকে মিউনিখ হয়ে সালৎজবার্গ, সেখান থেকে আবার ছোটো ট্রেনে ব্যাড আইসেল পৌঁছই। ছোট্ট ঘুমন্ত শহর যেটি তার খ্যাতনামা সন্তান লেহার ছাড়াও একজন অস্ট্রো-হাঙ্গেরীয় সম্রাটের (সম্ভবত ফ্রানৎজ জোসেফের) গ্রীষ্ম অবকাশকেন্দ্র হয়েছিল। এলাকায় গুটি কয়েক শিল্প যা আছে, স্কুফাব্রিক পানজেল তাদের একটা। এটা হের পানজেলের তৈরি করা পারিবারিক মালিকানার এবং পরিবার নিয়ন্ত্রিত উদ্যোগ। ব্যবসা সামলায় হের পানজেল ও তার কুড়ি বছরের ছেলে ম্যাট। পরিবারটি আমাকে খুব উষ্ণ অভ্যর্থনা দেয়। ওরা বুঝতে পারছিল না আমায় নিয়ে কী করবে। সবচেয়ে বড়ো অসুবিধা ভাব বিনিময়ের কারণ বড়ো পানজেল ইংরেজি বলতে পারে না আর ম্যাটের দক্ষতা খুব প্রাথমিক স্তরের। পরিবারের সঙ্গে আমার প্রধান দোভাষী ছিল তাদের সুন্দরী যুবতী মেয়ে লিসল। আমার পোড়া কপাল এলাকার এক যুবকের সঙ্গে তার বাগদান হয়ে গিয়েছিল।

আইসেল শহরের মাঝে একটা ছোটো হোটেলে প্রাথমিকভাবে থাকার জায়গা হল আমার। মাঝে মাঝে পানজেলদের সঙ্গে খেতাম, তবে বেশিরভাগ সময়ই নিজেকে খাবারের ব্যবস্থা করতে হত অল্প পয়সার বাজেটে, যেখানে আরও প্রতিবন্ধ তৈরি করে ভাষা। একটা নিজে শেখো জার্মান হ্যান্ডবুক কিনে

একেবারে প্রাথমিক পর্যায়ের যেটুকু জার্মানে সড়গড় হয়েছি তাতে মেনু'র কটা মাত্র আইটেম পড়ে বুঝি – kalb বাছুর অথবা hunn মুরগি আর বাকি সব নির্বাচনে পূর্বকথাটুকু জুড়ে দিতে হয় ওনে সাইনফ্লাইশ (ohne shweinfleisch) অর্থাৎ কিনা শুয়োরের মাংস বাদ দিয়ে। আমার আহার তাই সীমাবদ্ধ হয়ে যায় বেশকিছুটা, মাঝেমধ্যে স্বাদ বদলায় স্থানীয় স্পেশ্যালিটি উইনার স্নিৎজেল (wiener schnitzel)।

স্কুফাব্রিক পানজেলে আমার কাজের দিনগুলো ছিল শিক্ষামূলক। তবে সে প্রশিক্ষণ আমাকে বাটা কিংবা অ্যাপেক্সেরও আগে বাংলাদেশের প্রথম জুতো প্রস্তুতকারী উদ্যোক্তা হিসেবে গড়ে তুলতে আসলে কতটা সহায়ক হত তা বরাবরই প্রশ্নসাপেক্ষ। ব্যাড আইসেলে থাকার এক মাসের মেয়াদ ফুরোতে আমি খুব ভালো জুতো প্রস্তুতকারী হয়ে উঠলাম বলতে পারি না। তবে আইসেলে আমার ছুটিটা খুব উপভোগ্য হয়েছিল এবং যথেষ্ট জার্মান শিখলাম যা দিয়ে আজও দু এক টুকরো সংলাপ চালাতে পারি। এই ছুটিটা খুব স্মৃতি জাগানিয়া হওয়াতে সালমা, তৈমুর, বাবরকে নিয়ে সেন্ট উলফগ্যাং পুনর্দর্শনে যাই ১৯৬৯-এর মার্চ নাগাদ। লন্ডনে সময় কাটিয়ে সেবার ঢাকা ফিরছিলাম। ব্যাড আইসেলে একটা আবেগঘন সফরে নিয়ে গেলাম ওদের ম্যাট পানজেলের সঙ্গে চাপানে। ম্যাট তখন মধ্যবয়স্ক, তার চুলে পাক ধরেছে। স্কুফাব্রিক পানজেল চালাবার দায়িত্ব বাবার কাছ থেকে সে নিয়ে নিয়েছে। তার সবুজ লান্সিয়া গাড়িতে আমাদের সুহানা সফর মনে করতে গিয়ে স্মৃতিমেদুর হয়ে পড়ছিল ম্যাট। বহুবছর বাদে রওনক আর আমি সলৎজবার্গে ছুটি কাটাতে গিয়ে সেন্ট উলফগ্যাং গেলেও আইসেলে যাওয়া হয়নি সুতরাং জানা হয়নি স্কুফাব্রিক পানজেল বাংলাদেশে অ্যাপেক্সের তৈরি জুতোর সাথে প্রতিযোগিতায় টিকে রয়েছে কিনা।

ইউরোপের অ্যাডভেঞ্চার

১৯৫৫-র হেমন্তে গ্রীষ্মাবকাশ শেষ হতে দিলীপ, অমর্ত্য, ইঞ্জিনিয়রিং ছাত্র সুরেশ পাই এবং আমি মিলে ঠিক করি স্ক্যান্ডিনেভিয়া হিচহাইক করব। এধরনের সফর খুব কম খরচে হয় যদিও একেবারে নিখরচার নয়। দিলীপ এই অ্যাডভেঞ্চারের উদ্যোগ নেয় এবং আমাদের ট্রিপের লজিস্টিক্স তৈরি করল। আমাদের বলা হল রাস্তায় গাড়িতে লিফট পাওয়া কোনো ব্যাপারই নয় এবং গোটা অঞ্চল জুড়ে ভালো মানের অনেক ইয়ুথ হোস্টেল থাকায় কমখরচায় থাকাও নিশ্চিত। সেইমত ১৯৫৫ সেপ্টেম্বরের শেষ দিকে কেমব্রিজ থেকে আমরা রওনা দিই এবং তেমন কোনো সমস্যা ছাড়াই নিউক্যাসল পর্যন্ত হিচহাইক করি, মাঝপথে শুধু একবার ডারলিংটন থেমে। নিউক্যাসল থেকে নরওয়ে-র বার্গেন যাবার

ফেরি ধরি। একসময় গুরুত্বপূর্ণ সমুদ্রবন্দর এবং হানসিয়াটিক লিগের কেন্দ্রস্থল বার্গেন এখন কিছুটা ঔজ্জ্বল্য হারিয়েছে। আমরা যখন যাই বার্গেন তখন একটা মাঝারি মাপের টাউন, মূলত মৎস্যশিল্পের কারণে পরিচিত। তাদের ইয়ুথ হোস্টেলটা পাহাড়ের চূড়ায় যেখান থেকে শহর দেখা যায়। তবে আমাদের প্রত্যেকের পিঠে যার যার মালপত্রবোঝাই ব্যাগ-বোচকা, যা নিয়ে চড়াই বেয়ে ওঠা বেশ কষ্টকর।

মজার বিষয়, ১৯৫৫-র এই বার্গেন সফর শেষ অবধি একটা সারা জীবনের সম্পর্কে গিয়ে দাঁড়ায় আমার প্রিয় বন্ধু জাস্ট ফাল্যান্ডের সৌজন্যে। সে তখন বার্গেনের ক্রিশ্চিয়ান মাইকেলসেন ইনস্টিটিউটের (সিএমআই) উন্নয়ন শাখার অধিকর্তা। ১৯৭৫ সাল থেকে বেশ ঘনঘন কয়েকবার সিএমআই এবং বার্গেনে গিয়েছি এবং ১৯৭৬-এর শরতে একবার ছ'সপ্তাহ সেখানে থেকে যাই যখন আমি ও মুজাফফর আহমেদ মিলে ৬০০ পাতার এক মহাকাব্য লিখে ফেলি 'পাবলিক এন্টারপ্রাইজ ইন অ্যান ইন্টারমেডিয়েট রেজিম'।

বার্গেন থেকে অসলো পার্বত্য অঞ্চল জুড়ে হিচহাইক করাটা বেশ কষ্টসাধ্য ছিল। অতএব আমরা ট্রেন ধরে এবং অসলো পৌঁছই এবং সেখানে তিনদিন থাকি। অসলো থেকে বুকভরা আশা নিয়ে যাত্রা শুরু করি স্টকহোম অবধি হিচহাইক করা হবে। পথচলার সুবিধার জন্য এবং আমাদের সম্ভাব্য নিমন্ত্রণকর্তারা একসঙ্গে চারটে অজ্ঞাতকূলশীল বাদামি লোককে দূরপাল্লার রাইড দিতে রাজি হবে কিনা এই আশঙ্কায় দুটো দলে ভাগ হয়ে গেলাম। দিলীপ এবং সুরেশ এক দলে, আর অমর্ত্য ও আমি আরেক দলে। অমর্ত্য এবং আমি খুব সহজেই কিছু চালক পেয়ে যাই যারা আমাদের অসলো থেকে সুইডিশ সীমান্ত পার করে দেয়। সব যখন ঠিকঠাক চলছে হঠাৎ আমাদের ট্রাক ড্রাইভার জানিয়ে দেয় সে এবার হাইওয়ে ছেড়ে তার খামারে যাবার ছোটো রাস্তা ধরবে। সুতরাং আমাদের সুইডিশ গ্রামের মাঝে নামিয়ে দেওয়া হল ফ্লেন্সবার্গ নামের একটা ছোটো টাউন থেকে কয়েক মাইল দূরে। পরের রাইড পেতে অনেকক্ষণ অপেক্ষা করতে হল আমাদের। ওদিকে যাবার গাড় কম ছিল এবং যেগুলো যাচ্ছিল তাদের দেখে মনে হচ্ছিল পথের মাঝখানে হঠাৎ করে মাটি ফুঁড়ে দাঁড়িয়ে পড়া দুই বিদেশিকে রাইড দেবার আগ্রহ নেই তাদের। অভিবাসন পূর্ব সে পর্যায়ে গ্রাম্য সুইডেনে দক্ষিণ এশীয় দেখতে পাওয়া স্যুইডদের কাছে নির্ঘাত মঙ্গলগ্রহের মানুষ দেখার মতো উদ্ভট মনে হয়েছিল।

দীর্ঘ সময় অপেক্ষার পর সন্ধে নামার মুখে একটা লিফট ম্যানেজ করা গেল ফ্লেন্সবার্গ রেল স্টেশন পর্যন্ত। এমন মুহূর্তে আমি আর অমর্ত্য চরম সিদ্ধান্ত নিই যে সুইডেন দক্ষিণ এশীয় হিচাহাইকারদের পক্ষে আতিথ্যপূর্ণ হবে না এবং আমাদের বরং ডেনমার্কের দিকে ভাগ্য পরীক্ষা করা উচিত। সেইমত আমরা ফ্লেন্সবার্গ থেকে দক্ষিণে গটেনবার্গ যাবার ট্রেন ধরলাম তারপর আবার

একটা ট্রেন ধরে কোপেনহেগেনে পৌছলাম। এই ঘটনার বিবরণ আমি ঢাকা মিউজিয়াম অডিটোরিয়ামে উপস্থিত এক বিশাল শ্রোতামন্ডলীর সামনে রাখি ১৯৯৯ সালে। সেবার অর্থনীতিতে নোবেল পুরস্কার পাবার জন্য অমর্ত্য সেনকে আমরা সংবর্ধনা জানিয়েছিলাম। পুরস্কার নিয়ে স্টকহোম থেকে অমর্ত্য সরাসরি ঢাকায় এসেছিল। যার ফলে ভারতে তার দেশবাসীদের কাছে সংবর্ধিত হবার আগে আমরা বাংলাদেশিরা তাকে সংবর্ধনা দেবার সুযোগ পাই। অমর্ত্য তার নোবেল পুরস্কারের অর্থ অর্ধেক প্রতীচী (বাংলাদেশ) ট্রাস্ট নির্মাণে দান করে এবং আমাকে তার সভাপতি হতে আমন্ত্রণ জানায়। আমি অমর্ত্যকে এবং শ্রোতাদের মনে করিয়ে দেই যে ১৯৫৫ সালে প্রথম যেবার অমর্ত্য স্টকহোম যেতে রওনা দিয়েছিল সেবার সে তার গন্তব্যে পৌঁছতে পারেনি। সে শেষ অবধি স্টকহোম পৌঁছতে পেরেছে একজীবন পরে এবার তাকে হিচহাইক করে পৌঁছবার অসুবিধা ভোগ করতে হয়নি। অমর্ত্যের চেয়ে কম মার্গীয় কারণে ১৯৫৫ সালে আমি স্টকহোম পৌঁছেছিলাম বোধহয় সহজতরভাবে।

আমি আর অমর্ত্য ত্রস্ত হয়ে সুইডেনে ভাগ্য পরীক্ষা থেকে নিরস্ত হলেও দিলীপ ও সুরেশ আমাদের মতো কোনো বিপর্যয় মুখে না পড়েই স্টকহোমে পৌঁছেছিল। সেখানে বেশ কিছু দিন থেকে আরামে হিচহাইক করে কোপেনহেগেন পৌঁছয়। সেখানে আমরা মিলিত হলাম বেশ বড়ো এবং সুব্যবস্থিত ইয়ুথ হোস্টেলে। অমর্ত্য এবং আমি প্রায় এক সপ্তাহ ধরে কোপেনহেগেনে আছি। এই থাকাটা অনেক সুবিধাজনক হয়েছিল কারণ অমর্ত্য ওখানে এক বাঙালি বন্ধু অজয় মহালনবিশের সন্ধান পায়। সে অমর্ত্যের চেয়ে বহু বছরের সিনিয়র শান্তিনিকেতনের ছাত্র ছিল। কোপেনহেগেন খুব বন্ধুবৎসল এবং আকর্ষক শহর ছিল এবং আমাদের ব্যর্থ সুইডিশ অ্যাডভেঞ্চারের খেদ পুরোপুরি মিটিয়ে দেয়।

একইভাবে দু'জন দু'জন করে ভাগ হয়ে হিচহাইক করে কোপেনহেগেন থেকে হামবুর্গ পৌঁছেছিলাম আমরা। ফের মন্দ কপাল অমর্ত্য এবং আমার। হামবুর্গ পৌঁছবার বদলে আমরা রাত কাটাই ড্যানিশ গ্রামে এক কৃষকের চিলেকোঠায়। জায়গাটা ছিল কোপেনহেগেন এবং ড্যানিশ-জার্মান সীমান্তের মাঝামাঝি। কৃষক রমণী স্যুপ, চিজ, রুটি খাইয়ে আমাদের ক্ষুন্নিবৃত্তি করায়। স্ক্যান্ডিনেভীয় আতিথ্যে আমাদের বিশ্বাসও ফিরিয়ে আনে। পরের দিন সকালে আমরা হামবুর্গ রওনা দিই বটে, তবে এক জঙ্গলের মাঝে এসে পড়ি। রাইডের সুবিধা করতে অমর্ত্য আর আমি আলাদা হবার সিদ্ধান্ত নিই। আমাকে হতাশ করে অমর্ত্য আমার অন্তত একঘন্টা আগে হামবুর্গের রাইড পেয়ে গেল। আমি তখন ঠিক করলাম যে কালো দাড়ি আমি রাখতে শুরু করেছি সেটা আরও দেহাতি স্ক্যান্ডিনেভীয়দের একেবারেই পছন্দের নয়। যাইহোক এক ট্রাক ড্রাইভার অবশেষে আমাকে আতিথ্য দেয় এবং হামবুর্গ পৌঁছে দেয়। এখানে আবার আমরা চারজন স্থানীয় ইয়ুথ হোস্টেলে জড়ো হলাম।

হামবুর্গ সম্পর্কে আমার স্মৃতি খুব প্রখর নয়। শুধু এটুকু মনে আছে আমরা প্রথামতো কুখ্যাত রিপারবান দর্শন করেছিলাম। হামবুর্গে আমি ঠিক করি আমার সহযাত্রীদের কাছে বিদায় নেব। ১৯৫৫-৫৬ মাইকেলমাস টার্মে কেমব্রিজ মজলিশে আমার আসন্ন সভাপতিত্বের অনুষ্ঠানসূচী তৈরি করতে কিছুটা আগে আমার কেমব্রিজ পৌঁছনো দরকার ছিল। অন্যরা যখন হিচহাইক করে ইংল্যান্ড ফিরে গেল আমি রটরড্যামের ট্রেন ধরলাম এবং অর্ধেক দিন কাটালাম শহরটা ঘুরে দেখতে। লুফৎহাফ আক্রমণে বিধ্বস্ত শহরটা বস্তুত পুনর্নির্মিত হয় এবং দেখে মনে হয়েছিল স্থাপত্যের বিচারে ইউরোপের সবচেয়ে আধুনিক শহর। রটরড্যাম থেকে ফেরিতে চ্যানেল পেরিয়ে ট্রেনে কেমব্রিজ ফিরে এসেছিলাম। নিশ্চিতভাবে আমি 'সি' গোত্রের হিচহাইকার।

১৯৫৫'র শেষে ক্রিসমাসের ছুটিতে আমি ও কামাল ঠিক করি প্যারিসে ছুটি কাটাব। মেইন ট্রেন স্টেশনগুলোর একটার কাছাকাছি একটা লড়ঝড়ে হোটেলে থাকলাম এবং যুবকরা প্যারিসে গেলে যে সনাতন রীতি পালন করে থাকে সেই চ্যাম্পস-এলিসিস, মমার্ত, মপার্নাসি খ্যাত মিউজিয়মগুলো ঘুরে দেখলাম এবং ল্যাটিন কোয়ার্টারের মাঝ দিয়ে দীর্ঘ পথ হাঁটলাম। প্লেস পিগাল-এর নৈশ জীবনের স্বাদ নিতে সেখানেও অভিযান চালালাম। ভোরবেলা লেয়াল-এর সবজি বাজারে পেঁয়াজের অতুলনীয় স্যুপ, সঙ্গে তাওয়া গরম রোল পরিবেশন করা হল আমাদের। প্যারিসে থাকার সময় অ্যালকোহলের প্রতি কামালের অনমনীয় বীরাগের নির্লজ্জ সদব্যবহার করেছি। তাকে দেখিয়েছি কফি ব্রেকে যে পেস্ট্রি সে বেছেছে তার কারুকাজ পাপী অ্যালকোহলে তৈরি। এর ফলে আমাদের খাওয়া স্বাদু ফ্রেঞ্চ পেস্ট্রিতে আমার ভাগ ভালোরকম বেড়েছিল। এভাবে কামালের ধর্মানুরাগকে শোষণ করার হিসেব নিয়তি আমার সঙ্গে মিটিয়েছে – আজ ওরকম পেস্ট্রি খেতে গেলে দু'বার ভাবি।

কেতাবি পূর্ণতা

কেমব্রিজে আমার শেষ গ্রীষ্মের স্মৃতি পরিতৃপ্তি এবং বিষাদ মেশানো। গ্রীষ্মের শুরু অভীষ্ট পূরণের বোধ দিয়ে যখন সিনেটের বাইরে নোটিশবোর্ডে দেখলাম আমি স্নাতক হয়েছি ২-১ পেয়ে, অর্থাৎ সেকেন্ড ক্লাস, ফার্স্ট ডিভিশনে। এটা মোটেই দারুণ কিছু শ্রেষ্ঠত্ব অর্জন নয়। তবে ১৯৫৬-র হিসেবে বিগত বছরগুলোয় আধ ডজনের বেশি পাকিস্তানি অ্যাকেডেমিকালি এতটা ভালো ফলাফল করেনি। আমার বছরে ইকনমিকস ট্রাইপজে রেকর্ড সংখ্যক সাতটা ফার্স্ট ছিল যাদের মধ্যে আমার বন্ধুরা ছিল যথাক্রমে লাল জয়বর্ধনে এবং জগদীশ ভাগবতী, ওয়াল্টার এলিটস, রিচার্ড জলি, জর্জ সির্‌যাক্স (যে পিটার বাওয়ারের সঙ্গে আমার প্রথম টিউটোরিয়ালে ছিল), মাইক নিকলসন এবং নীল ল্যাং প্রমুখ।

এদের মধ্যে জগদীশ অমর্ত্যের উত্তরসুরী হিসেবে অ্যাডাম স্মিথ পুরস্কার পায়। এই সাতজনের প্রত্যেকে পরবর্তী জীবনে সেরার শিরোপা পেয়েছে। কলাম্বিয়া বিশ্ববিদ্যালয়ের চেয়ার অলঙ্কৃত করেছে জগদীশ। সে প্রথম সারির আন্তর্জাতিক বাণিজ্য অর্থনীতিকদের একজন। রিচার্ড জলি ছিল সাসেক্সের ইনস্টিটিউট অফ ডেভালাপমেন্টাল স্টাডিজের (আইডিএস) ডিরেক্টর এবং পরে ইউনিসেফ-এর ডেপুটি ডিরেক্টর জেনারেল হয়; লাল ছিল হেলসিঙ্কিতে ওয়ার্ল্ড ইনস্টিটিউট অফ ডেভালাপমেন্ট ইকনমিক রিসার্চের (ডব্লুআইডিইআর) প্রথম ডিরেক্টর, জর্জ সির্‌যাক্স দ্য ইকনমিস্ট পত্রিকার নামি আর্থিক সংবাদদাতা এবং ওয়াল্টার এলটিস অক্সফোর্ডে অর্থনীতি পড়াত।

আমরা স্নাতক হবার আগের বছরে ইকনমিক্স ফ্যাকাল্টির তারকা ছিল অমর্ত্য। তাকে অনুসরণ করে মাহবুবুল হক, ইকনমিকস ট্রাইপজে ফার্স্ট পাওয়া প্রথম পাকিস্তানি এবং স্যাম ব্রিট্টান, তার প্রজন্মের সেরা আর্থিক সংবাদদাতাদের একজন। আমার পরের বছরে মনমোহন সিং ইকনমিকস ট্রাইপজের একমাত্র ফার্স্ট এবং অ্যাডাম স্মিথ পুরস্কারজয়ী। মনমোহন জন'স-এ যখন পড়তে এল সেটা আমাদের শেষ বছর। সে তখন অত্যন্ত লাজুক, মিতভাষ চরিত্র। সে যে একদিন একযুগের বেশি সময় ভারতের প্রধানমন্ত্রীর দায়িত্ব পালন করবে তেমন কোনো আভাস তার মধ্যে প্রকাশ পায়নি।

ইকনমিকস ট্রাইপজে আমাদের আমল ছিল স্বর্ণযুগ এবং ফার্স্ট ক্লাস না পেয়ে বিশ্ববিদ্যালয় ছাড়াতে আমার তেমন কিছু হীনন্মন্যতা হয়নি, যে উচ্চাশা বস্তুত কখনও লালন করিনি আমি। সুতরাং ২-১ ফল (উচ্চ সেকেন্ড ক্লাস) কেমব্রিজে আমার কেতাবি উচ্চাশার শীর্ষবিন্দু হয়ে থাকে এবং আমাকে একটা ফাঁপানো কেতাবি আত্মাভিমান দেয় যেটা আমাকে অ্যাকেডেমিক পেশা খুঁজতে উদ্বুদ্ধ করেছিল। ট্রিনিটি স্ট্রিটের ঘরগুলোতে আমাকে সঙ্গ দিতে অমর্ত্য, দীপঙ্কর, দিলীপ এবং কিছু সময়ের জন্য আরিফের উপস্থিতিতে আমার শেষ দ্যুতিময় গ্রীষ্ম খুব তাড়াতাড়ি কেটে গিয়েছিল।

পর্দার আড়ালে

গ্রীষ্ম চূড়ান্ত পরিণতি পেল প্রাগের লৌহ যবনিকার আড়ালে এক অ্যাডভেঞ্চার দিয়ে। আরিফের প্ররোচনায় আন্তর্জাতিক যুব সম্মেলনে হাজির হতে যাই। যদি সঠিক মনে করতে পারি তবে নুরু গুপ্ত সহ আরও কিছু বাঙালি বামপন্থী ইংল্যান্ড থেকে দক্ষিণ এশীয় প্রতিনিধিদলের সঙ্গে সেখানে গিয়েছিল। নুরু গুপ্ত পরে পশ্চিমবাংলার অ্যাটর্নি জেনেরেল হয় এবং কমিউনিস্ট পার্টি অফ ইন্ডিয়া (মার্কসিস্ট)-সিপিআইএম'র এক জ্যোতিষ্ক ছিল। ট্রেনে ন্যুরেমবার্গ হয়ে নীরস প্রাগে পৌঁছই আমরা। আমরা যখন সীমান্ত পেরোচ্ছি আরিফ যেটা

করে সেটা প্রায় সিজদা-র সমতুল। সমাজতন্ত্রের পূণ্যভূমির অংশে প্রথমবার সফরে অভিভূত সে আবেগে অশ্রু মোছে। আমাদের রাখা হল কিছুটা কাঠখোট্টা ধরনের স্টুডেন্ট ডরমিটরিতে এবং যা খেতে দেওয়া হত তা পরিমাণে যথেষ্ট হলেও স্বাদু ছিল না। আমার নিজের কিছুটা অজ্ঞেয়বাদী দৃষ্টিভঙ্গি, আমার নিউ স্টেটসম্যান পড়া আর রিচার্ড ক্রসম্যান অনুরাগ যার উৎস মনে করত আরিফ, এ আভাস দিল না যে আমি ভবিষৎ দেখে নিয়েছি।

আমরা যখন সমাজতান্ত্রিক বিপ্লবের সাফল্য খোঁজার মানসিকতায় পড়ে রয়েছি, ১৯৫৬'র চেকোস্লোভাকিয়া তখন সোনার দেশ হবার থেকে বহু দূরে। যাই হোক, সে সময় এ শহরের বিবর্ণতা ইতিমধ্যে আমার দেখে নেওয়া ব্রিটেন, পশ্চিম জার্মানি, ফ্রান্স এবং অস্ট্রিয়ার তুলনায় তেমন কিছু আলাদা লাগেনি যেটা পরবর্তী বছরগুলোতে ইউরোপের যুদ্ধোত্তর স্বাস্থ্যোদ্ধার ফলপ্রসূ হয়ে ওঠার পর স্পষ্ট হয়ে উঠেছিল। গোঁড়া, অন্ধবিশ্বাসী যেসব অল্পবয়সী কমিসার আমাদের চারপাশটা ঘুরিয়ে দেখাত এবং তোতাপাখির মতো সমাজবাদের প্রশংসাসূচক বুলি আওড়ে যেত তারা এমনকি আরিফকেও উত্যক্ত করে তুলেছিল।

প্রাগে একদল আমেরিকানের সঙ্গে আমাদের দেখা হয় যাদের একজনের নাম ছিল বব লুকাস। লুকাস তার নিজের গাড়িতে প্রাগে এসেছিল এবং আমাদের তার গাড়িতে তুলে নিয়ে বিভিন্ন বেআইনি, পাহারাহীন সফরে নিয়ে চলে যেখানে লুকাস সমাজবাদের অন্ধকার দিকগুলো আবিষ্কারের চেষ্টা করছিল। আমরা একটা সামরিক বিমানক্ষেত্রে গেলাম যেখানে কিছু রাশিয়ান মিগ বিমান ছাড়া আর কিছু ছিল না। আমি নিশ্চিত নই লুকাস সেখানে কী আবিষ্কারের আশা করেছিল। যাই হোক, সে সময়ের চেকোস্লোভাকিয়ায় এ ধরনের প্রমোদ সফর বিশেষ করে তা যদি আমেরিকানদের সঙ্গে হত, তবে Narodnyy Komisssariat Vnutrennikh Del সংক্ষেপে এনকেভি ডি-র নরকে রুদ্ধ হবার আশঙ্কা ছিল, কমিউনিজমের প্রকাশ্য নিন্দায় যে নরকের উন্মোচন করেছেন আর্থার কোয়েসলার ডার্কনেস এট নুন উপন্যাসে। যে বর্ণনা পড়ে আমরা অবিশ্বাস করেছি। আরিফের দৃঢ় বিশ্বাস ছিল আমেরিকানগুলো সেন্ট্রাল ইন্টালিজেন্স এজেন্সি (সিআইএ)-এর দালাল। সুতরাং এই অ্যাডভেঞ্চারে উত্তেজনার আঁচ ছিল। ভাগ্য ভালো আমরা বিনা জিজ্ঞাসাবাদে প্রাগে ফিরে এসেছিলাম। কিছু রক্ষীকে একটা তারকাঁটার বেড়ার চারপাশে পা টিপে টিপে হাঁটতে দেখা ছাড়া অন্যকিছু চোখে পড়ে নি। বোধহয় ওটা কোনো গুপ্ত সোভিয়েত বিমান ঘাঁটি ছিল।

প্রাগের যুব কংগ্রেস সারা পৃথিবী থেকে বিরাট সংখ্যক বাম ভাবাপন্ন যুবক যুবতীদের একত্রিত করেছিল তাদের জাতীয় এবং সেই সঙ্গে আন্তর্জাতিক ক্ষোভ প্রকাশ করতে। এই সমাবেশের খরচখরচা যদিও সম্ভবত বহন করছিল সোভিয়েত এবং চেক সরকার, তবে উপস্থিত সকলে পার্টির অনুগত ছিল না।

লুকাসের মতো কেউ কেউ তথাকথিত লৌহ যবনিকার আড়াল সন্ধানের অ্যাডভেঞ্চার সফরে এসেছিল অথবা এমনও হতে পারে তাদের আসাটা কোনো পশ্চিমী গুপ্তচর সংস্থার নির্দেশে হয়েছিল। কিন্তু সমাগতদের অধিকাংশই বামপন্থী প্রেক্ষিত থেকে বিশ্বদর্শনের অংশীদার। হয়ত সমাজতন্ত্রের কোনো রূপ তাদের নিজ নিজ দেশে বাস্তবায়িত করার তীব্র বাসনা তাদের অনুপ্রাণিত করেছিল। কিন্তু সবচেয়ে সর্বজনীন বিভাজক ছিল পশ্চিম প্রভাবিত বিশ্ববিন্যাসের প্রতি তীব্র ঘৃণা, বিশেষ করে মার্কিন যুক্তরাষ্ট্র ও আন্তর্জাতিক বিষয়ে তার ডালাসিয়ান দর্শনের প্রতি। উদাহরণ হিসেবে প্রাগে আফ্রিকান ছাত্রদের অধিকাংশ এসেছিল ঔপনিবেশিক শাসন নিয়ন্ত্রিত দেশগুলো থেকে। ফ্রান্সের বিরুদ্ধে আলজেরীয় প্রতিরোধ তখন তুঙ্গে এবং ফরাসি উপনিবেশবাদ, ভিয়েতনামে ভিয়েত মিনদের হাতে যার অপমানজনক পরাজয় ঘটেছে, তীব্র সমালোচিত হচ্ছে অতি সরব ফরাসিভাষী আরব ও আফ্রিকানদের দ্বারা। বিশেষ করে আরবদের উপস্থিতি অত্যন্ত প্রতীয়মান এবং সোচ্চার। তাদের দুটো দল। একভাগে রয়েছে কট্টর জাতীয়তাবাদীরা। তারা গামাল আবদেল নাসেরের জাদু প্রভাবিত। সুয়েজ খাল জাতীয়করণ করে নাসের সেই লগ্নের নায়ক। আর রয়েছে আরও চরমপন্থায় বিশ্বাসী আরবরা।

ফরাসি ছাড়া ব্রিটিশ এবং ইসরায়েলিরাও তখন খলচরিত্র। ব্রিটিশরা খল বিবেচিত হচ্ছে কারণ তারা নাসেরের হাত থেকে সুয়েজ খাল ছিনিয়ে নিতে আগ্রাসি চাল চেলেছে। ইসরায়েলিরা খল কারণ তখনকার বিচারে তারা প্যালেস্টেনীয় জমি দখল করেছে। ইয়াসির আরাফাত তখন প্যালেস্টাইন ইয়ুথ ফেডারেশনের প্রেসিডেন্ট। দুদিন ফেসিয়ালের খোঁচা দাড়ির মালিক তখনও সে নয়। সে কংগ্রেসের এক নক্ষত্র এবং সুয়েজ খাল পুনর্দখলের জন্য ব্রিটিশ, ফরাসি এবং ইসরায়েলিদের আসন্ন মিশর আক্রমণকে চ্যালেঞ্জ জানাতে আবিশ্ব যুবকদের সংহত করার কাজে নেতৃত্ব দিচ্ছে। আপাতদৃষ্টিতে আইজেনহাওয়ার তত্ত্ব পরিকল্পিত হয় সংক্রমণ নিরোধক বাগদাদ চুক্তির মাধ্যমে আরব দুনিয়ায় সোভিয়েত প্রভাব খর্ব করতে। সে কারণে যুক্তরাষ্ট্র-কে দেখা হচ্ছিল পশ্চিমী ধনতন্ত্রের উঠতি বিশ্ব নেতা হিসেবে। এই তত্ত্ব কংগ্রেস উদ্যোক্তারা জোরদার প্রচার করে।

ঠান্ডা লড়াইয়ের দ্বান্দ্বিকতা অনুযায়ী সোভিয়েত ইউনিয়ন এবং তার সমাজতান্ত্রিক ইউরোপীয় মিত্ররা এবং চীনকে তখন দেখা হচ্ছে দক্ষিণের স্বাভাবিক মিত্র হিসেবে। একদলীয় রাষ্ট্রব্যবস্থার কার্যকলাপের বিরুদ্ধে হয়ত আমাদের অধিকংশের দ্বিমত ছিল এবং হয়ত প্রাগের বিকট এবং দমনমূলক পরিবেশ আমাদের মোটেই উৎসাহিত করেনি তবে আরও কট্টরপন্থী বিশ্বাসীরা পূবের গোষ্ঠীকে তখনও শ্রমজীবির স্বর্গ বলে মনে করছিল। এই ঘটনাটা আরিফের বিশ্বাসকে কখনও টলিয়ে দেয়নি যদিও কংগ্রেসে অংশ নেওয়া

হাঙ্গেরীয় যুবকদের অনেকে সম্ভবত বিদ্রোহে শামিল হয়ে থাকবে। কিন্তু প্রাগের জমায়েতের সাম্রাজ্যবাদ বিরোধী আবহ এতটাই প্রবল ছিল যে আমরা কেউই পূর্ব ইউরোপের গভীরে যে পুঞ্জীভূত ক্রোধ টগবগ করে ফুটছিল তার আন্দাজ করতে পারিনি – যে ক্রোধের চূড়ান্ত প্রকাশ প্রথমে হাঙ্গেরীয় বিদ্রোহে, ১৯৬৮'র প্রাগ বসন্তে এবং পরিশেষে পঁচিশ বছর বাদে পূর্ব ইউরোপে সমাজবাদের ধ্বংসে।

আমার প্রাগ অ্যাডভেঞ্চার শেষে আরিফের সঙ্গে লন্ডনে ফিরে আসি কলোন হয়ে যে ঐতিহাসিক শহর মিত্রশক্তির বোমাবর্ষণে তখনও বিধ্বস্ত হয়ে আছে। ১৯৫৪ সালে ব্যাড আইসেল যাবার পথে ইতিমধ্যেই আমার ফ্রাঙ্কফুর্ট দেখা হয়ে গিয়েছিল এবং হামবুর্গ দেখি আমাদের স্ক্যান্ডিনেভিয়া হিচহাইকিংয়ের শেষে ১৯৫৫-র হেমন্তে। সুতরাং আমার কেমব্রিজের বছর শেষ করি একজন সিদ্ধ ইউরোপ সফরকারী হিসেবে, একই সঙ্গে ১৯৫৪-য় ব্রাসেলস, রটরডাম ১৯৫৫-তে এবং ১৯৫৫ ক্রিসমাসে কামালের সঙ্গে প্যারিস যার দেখা হয়ে গিয়েছিল।

অনাবিষ্কৃত স্বদেশে ফেরা

অক্টোবর ১৯৫৩ সালে ঘরে ফিরতে পোলিশ জাহাজ ব্যাটরি-তে আসন সংরক্ষণ করলাম। সাদাম্পটন থেকে করাচি জাহাজ-ভাসি হবার আগের রাতে আমার তিন চাচাতো-ফুপাতো ভাই কায়সার, কামাল এবং লন্ডনে চার্টার্ড অ্যাকাউন্টেন্সি পড়া সাজ্জাদ হায়দার লন্ডনের লিচেস্টার স্কোয়ারে অ্যাংগাস স্টেকহাউসে ডিনারে আপ্যায়িত করে আমাকে। উপভোগ্য বিদায় জ্ঞাপন। অনেক ভবিষ্যৎ পরিকল্পনা হল বটে, খানা যদিও তেমন তৃপ্তি দিল না। আমার যেমন বদ অভ্যেস, এ নিয়ে কর্তৃপক্ষের কাছে অভিযোগ দায়ের করি, আমার হয়ে ওকালতি করে কামাল এবং কায়সার যে সুবাদে বিলে ছাড় আদায় করা গেল অ্যাংগাস ম্যানেজমেন্টের কাছে।

সন্ধে ফুরলো কায়সারকে সিএসপি পরীক্ষায় বসা থেকে নিরস্ত করতে আমার এবং কামালের রাতভর চেষ্টায়। ব্যর্থ হয়েছিল আমাদের প্রয়াস। কায়সার পরীক্ষায় বসে এবং প্রথম হয়। একজন বিশিষ্ট শিক্ষাবিদ হবার পরিবর্তে বিদেশ দপ্তরের চাকরিতে পাঠায় নিজেকে। আমার বিশ্বাস শিক্ষাবিদ হওয়াই তার উপযুক্ত হত।

পরের দিন ওয়াটারলু স্টেশন থেকে সাদাম্পটন চলি করাচির জাহাজ ধরতে। এবারের সমুদ্রযাত্রায় ফার্স্ট ক্লাসে সফরকারী হয়েও কম ভাড়ার কারণে সবচেয়ে নীচের প্যাসেঞ্জার ডেকে সবচেয়ে ছোট্টো কেবিনে গুঁজে দেওয়া হল আমাকে। ১৯৫৩-তে করাচি থেকে সাদাম্পটন আসার সময় এই ব্যাটরি-তেই এসেছিলাম।

সেবারের সমুদ্রযাত্রার অবিসংবাদিত সেরা টেবিল টেনিস প্লেয়ার ছিলাম আমি। এবারে ফাইন্যালে হেরে গেলাম। তার আগে সেমি ফাইন্যালে খুশওয়ান্ত সিং-কে হারিয়েছি। ইতিমধ্যে খুশওয়ান্তের 'ট্রেন টু পাকিস্তান' পড়ে ফেলেছিলাম। ফলে তাকে হারিয়ে বেশ বড়োসড়ো আত্মপ্রসাদ হলো। একবার ডেকে বসে সর্দার পানিক্কারের লেখা এশিয়া অ্যান্ড দ্য ওয়েস্টার্ন ডমিনেন্স পড়ছি দেখতে পেয়ে খুশওয়ান্ত বলে বইটায় ভারতীয় সমর বিজয়ের যেসব পৌরাণিক গল্প তার অধিকাংশ পানিক্কারের মাথা থেকে বেরিয়েছে সুতরাং আমি যেন খুব গুরুত্ব না দিই বইটাকে! এই রহস্যময় ইতিহাসচর্চা বিষয়ে বহুবার ভেবেছি কিন্তু মহান খুশওয়ান্তের সঙ্গে আমার সাক্ষাৎ মনে রাখবার বড়ো কারণ টেবিল টেনিস।

জাহাজে আলাপ হয় আমিনা জাহিরের সঙ্গে। সে কামাল এবং কায়সারের সঙ্গে অক্সফোর্ডে পড়েছে ইংরেজি সাহিত্য নিয়ে। তার আশা, নতুন দিল্লির মেয়েদের কলেজ মিরান্ডা হাউসে সে পড়াবে বিষয়টা। আমিনার তেরছা, আত্ম-অবমূল্যায়নকারী রসবোধ, ন্যূনভাষণ এবং তার সংবেদনশীল মেজাজে বেশ মোহিত হয়ে যাই। তারাভরা আকাশের নীচে দাঁড়িয়ে ভারত মহাসাগরের বিস্তার দেখতে দেখতে দীর্ঘ সময় কেটে যায় তার সঙ্গে। তাকে সম্ভাব্য হৃদয় সঙ্গিনী মনে হয় যে ভাবনা একেবারেই একপক্ষিক ছিল। আমার বেপরোয়া চরিত্র, রাজনৈতিক ঘোর তার একেবারেই পছন্দের হত না। আর কখনও দেখা হয় নি আমাদের। সে এখন তার স্বামীর ঘর করছে পুনেতে। বিশ্বব্যাংকের কর্মী তার এক ভাতিজা যার সঙ্গে রওনকের ভাইয়ের স্ত্রীর ভাগ্নীর বিয়ে হয় খবরটা পাই তার সূত্রে। বিচ্ছেদের আর এক ছয় ডিগ্রি!

করাচি এগিয়ে আসছিল। একইভাবে চাপা উদ্বেগ, উত্তেজনা অনুভব করি ভেবে এমন এক স্বদেশভূমিতে ভবিষ্যত গড়তে চলেছি যেখানে কোনোদিন আমার ঘর ছিল না। সামনে পড়ে থাকা অচেনা ভূখন্ড একুশ বছরের আমাকে অহেতুক উদ্বিগ্ন করতে পারে নি। সে পর্যায়ে মনে হয়েছিল জীবন অসীম সম্ভাবনাময় এবং আমি প্রস্তুত, নদী পেরিয়ে, পাহাড় ডিঙিয়ে যেতে অভীষ্ট লাভে তা সে যত অনির্দিষ্ট হোক।

৭

ঢাকা: জীবন ও সময়

ঘরের মুখে

করাচি ফেরা

সুয়েজ খাল দখল করতে ইঙ্গ-ফরাসি-ইসরায়েলি মিলিত মিশর আক্রমণের আগের দিন অক্টোবর ১৯৫৬-এ আমি করাচি পৌছাই। এই আক্রমণ পাকিস্তানের অধিকাংশ মানুষের মতো আমাকেও প্রচন্ড ক্ষিপ্ত করেছিল যদিও বিক্ষোভে আমি যোগ দিইনি। বিক্ষোভের চূড়ান্ত পরিণতিতে ঢাকা এবং করাচিতে ব্রিটিশ কাউন্সিল দপ্তরগুলো পোড়ানো হল। আমাকে বিশেষ ক্ষিপ্ত করে পাকিস্তান সরকারের দুমুখো অবস্থান। তারা আক্রমণের নিন্দা করলেও আক্রমণের আগে পশ্চিমী দেশের হয়ে সন্দেহজনকভাবে মধ্যস্থতাকারীর ভূমিকা নেয়, যেটা আরবদের খুব চটিয়ে দেয়। সুয়েজ খাল ধরে এগিয়ে যাওয়া আমাদের জাহাজ ব্যাটরি'র যাত্রীরা সন্নিবিষ্ট সশস্ত্র মিশরি সেনাদের দেখতে পায়। খুব বেশি ইম্প্রেসিভ দেখাচ্ছিল না তাদের। আক্রমণ ঠেকাতে মিশরিরা সর্বোচ্চ যা করতে পেরেছিল তা হল নিজেদের বহু জাহাজ ডুবিয়ে দিয়ে বছরের বেশিরভাগ সময় সুয়েজে নৌচলাচল আটকে দেওয়া। কপাল ভাল আমি নিরাপদে করাচি পৌঁছন অবধি অপেক্ষা করেছিল তারা।

যাই হোক ওই বয়সের রাজনৈতিক সক্রিয়তার সুযোগ আমার তখন সামান্যই, যেহেতু নিজের ভবিষৎ কী হবে সেটা ঠিক করা তখন অনেক জরুরি। করাচির ইআই লাইনসে আমার মা ও সৎপিতার সঙ্গে তাদের বাড়িতে থাকার সময় ভবিষৎ পরিকল্পনা ভাবতে থাকি। আমাকে ঢাকা ফিরিয়ে আনার যে অভিলাষ বাবার ছিল সেটা ইতিমধ্য হ্রাস পেয়েছে যেহেতু তিনি তার ব্যবসার শরিকদের সঙ্গে রফা করে ঢাকা ট্যানারিজ লীজে ছেড়ে দিয়েছেন তাদের এবং নিজে ফিরে গেছেন তার সরকারি কাজে।

সে সময় কোয়ালিশন সরকারের প্রধান হিসেবে পাকিস্তানের প্রধানমন্ত্রী হয়েছেন শহীদ সোহরাওয়ার্দী, আওয়ামী লীগ তার ছোটো শরিক। তার নীতির অঙ্গ হিসেবে শিক্ষিত বাঙালিদের দায়িত্বপূর্ণ পদে বহাল করতে চাইলেন

সোহরাওয়ার্দী, যা এতদিন উপেক্ষা করেছে কেন্দ্রীয় সরকার। সেই মতো শহীদ সাহেব আমার বাবাকে আমন্ত্রণ জানালেন করাচি ইমপ্রুভমেন্ট ট্রাস্টের (কেআইটি) চেয়ারম্যান হতে, পরে যেটা করাচি ডেভেলপমেন্ট অথরিটি (কেডিএ) হয়। ঢাকার ব্যবসায়িক কার্যক্রম থেকে সরে আসার মতো এবার ভালো পদপ্রাপ্তি হল বাবার এবং ১৯৫৬'র শেষে করাচিতে বাসা নিলেন। এই পদে দু'বছর বহাল ছিলেন তিনি যার পরে ব্রিটিশ পূর্ব আফ্রিকায় পাকিস্তানের হাই কমিশনার নিযুক্ত হয়ে নাইরোবিতে চলে যান অক্টোবর ১৯৫৮-এ আইয়ূব খান সামরিক শাসন জারি করার ঠিক পরেই। ব্যবসার ঝামেলা যাই থেকে থাক, বাবার প্রথম পছন্দ ছিল সরকারি কর্মচারি হিসেবে তার আসল কাজে ফিরে যাওয়া।

ঢাকা ট্যানারিজ থেকে এই যে বাবা নিজেকে দূরে সরিয়ে নিলেন এর অর্থ দাঁড়ালো এবার তার একান্ত ইচ্ছে আমি পাকাপোক্ত চাকরিতে থিতু হই। সিএসপি থেকে প্ল্যানিং কমিশন এবং অভিজাতদের সন্তানদের জন্য অবধারিত গদি বহুজাতিক সংস্থার চাকরি অবধি লম্বা বাছাই তালিকা। সত্যি বলতে সিএসপি হবার ভাবনাকে কখনও আমল দিইনি। তখনও বিমূর্ত আমার যে উচ্চাশা, সাবেক পূর্ব পাকিস্তানি রাজনীতির অংশ হয়ে ওঠা, তার সঙ্গে খাপ খেত না সিএসপি'র চাকরি। তখন যেহেতু ঢাকা ট্যানারিজ আর বাবার মূল চিন্তা নয়, কোনো বহুজাতিক সংস্থায় কপাল ঠুকে দেখবার জন্য তাই আমাকে তিনি চাপ দিতে থাকেন এবং একগুচ্ছ ইন্টারভিউ-র ব্যবস্থা করেন। বাবাকে তুষ্ট করতে ইম্পেরিয়াল কেমিক্যাল ইন্ড্রাস্টিজ (আইসিআই) এবং গ্ল্যাক্সো-র মত কিছু কোম্পানির বড়ো সাহেবদের সঙ্গে দেখা করতে গেলাম এবং স্মৃতি সঠিক হলে তাদের একটির চাকরির প্রস্তাবও এসেছিল আমার পকেটে।

করাচি নামার আগেই অবশ্য আমি আর একটা চাকরির অফার পেয়ে গিয়েছিলাম। কেমব্রিজ ছাড়বার আগেই আমাকে প্রথম চাকরির প্রস্তাব দেন পেশোয়ার বিশ্ববিদ্যালয়ের অর্থনীতি বিভাগের চেয়ার প্রফেসর ওয়াইজ, রিডার পদে যোগ দিতে। তখনকার আমলে আটশো টাকার মাইনে অতি খাসা। লন্ডন টাইমসে প্রকাশিত তালিকায় ট্রাইপজে আমার ২-১ ফল দেখে এই প্রস্তাব দিয়েছিলেন প্রফেসর। প্রথম চাকরির প্রস্তাব পেয়ে বেশ আত্মশ্লাঘা হয়েছিল, কিন্তু তা যথাসম্ভব সবিনয়ে ফিরিয়ে দিই, কারণ ঢাকায় ফিরতে আমি প্রতিজ্ঞ ছিলাম। অতএব অ্যাকাডেমিক জগৎ এবং বহুজাতিক সংস্থা দু'তরফের কাছেই চাকরির প্রস্তাব পেয়ে জীবিকা নির্বাহ সম্ভাবনা নিয়ে আমার অহেতুক দুশ্চিন্তা হয়নি। ১৯৫৬ সালের ডিসেম্বর নাগাদ বাবা যখন কেআইটি চেয়ারম্যানের পদে যোগ দিতে করাচি এলেন আমি তাকে বললাম আমি ঢাকায় ফিরে যাব কারণ ঢাকাকেই আমার ঘর ও ভবিষ্যৎ মনে ভেবেছি, পশ্চিম পাকিস্তানকে নয়। তিনি এটাকে খুব বিচক্ষণ মনে না করলেও আমার সিদ্ধান্তে বাধা দিলেন না।

অক্টোবরের মাঝামাঝি নাগাদ ব্যাটরি থেকে জাহাজঘাটায় নামা এবং জানুয়ারির প্রথম দিকে করাচি থেকে লাহোরের উদ্দেশে রওনা হওয়া মাঝের এই সময়টুকু কেমব্রিজ থেকে ফেরত আসার ক্ষণস্থায়ী গৌরব উপভোক্তা এক মুক্ত পরিশীলিত ভদ্রলোকের জীবন কাটালাম করাচি শহরে। পাকিস্তানি সমাজে আমার পুনঃপ্রবেশে অনেকটাই সুবিধা করে দিয়েছিল শাহিদ হোসেন এবং রিয়াজ মাহমুদ। কেমব্রিজ থেকে অকাল প্রত্যাবর্তনের পর শাহিদ তখন লিভার ব্রাদার্সের ছোটো সাহেব এবং রিয়াজ পাকিস্তান টোব্যাকো'র। পিইসিএইচএস-এ তারা একটা ফ্ল্যাট ভাগাভাগি করে থাকে, উপযুক্ত ব্যাচেলর যাপন উপভোগ করে এবং ১৯৫০-এর দশকে করাচির সমাজ জীবনে যাকিছু লভ্য ছিল সেগুলোর সঙ্গে আমাকে পরিচয় করিয়ে দেয়। কল্পনা উস্কে দেবার মতো তেমন কিছু সেগুলো ছিল না। তখনও অভিভাবকের নজরদারিতে যুবক যুবতীর সাক্ষাৎকার বহাল রয়েছে। কেবল অতি আধুনিকা তরুণীরা পুরুষ বন্ধুদের নিয়ে বাইরে যেতে পারে কিন্তু সেও জোড়ায় জোড়ায়, খুব কম ক্ষেত্রেই কোনো যুগল একান্ত সফরে যেত। সুতরাং রিয়াজ এবং শাহিদের সামাজিক জীবনচর্চার আলোকিত অংশ বলতে ছিল আখুন্দ ভগ্নীদ্বয় রশিদা এবং হামিদাকে নিয়ে সিনেমা যাওয়া এবং বোধ হয় ডিনার খেতে যাওয়া পর্যন্ত। যাই হোক, থোড় বড়ি খাড়ার একঘেয়ে সামাজিক চালচিত্র উচ্ছ্বল করতে প্রাক্তন এইচেসনিয়ান, ক্যান্টাব্রিয়ানদের সৌজন্যে সামাজিক দেখাসাক্ষাৎ,কখনও মিশ্রিত পার্টি এসব মিলিয়ে জীবন যথেষ্ট উপভোগ্য ছিল।

যে করাচি থেকে মার্চ ১৯৫৩-তে আমি ইংল্যান্ড পাড়ি দিয়েছিলাম, তখনও করাচি সেই পুরনো মফস্বল টাউনের ছাঁদ থেকে খুব বেশি এগোয়নি। বালি ফুঁড়ে ওঠা নতুন ক্লিফটন থেকে আরব সাগর দেখা যায়। সেখানে ১১১ ক্লিফটন কামার কোর্টে বেশ কিছু সময় কাটিয়েছি আমার চাচা হায়দার ও তার পরিবারের সঙ্গে। এর ঠিক উল্টো দিকে ১১৭ ক্লিফটনে কাশানা-য় সালমাদের বাড়ি। সালমা অবশ্য তখনও কেমব্রিজে। তার মা-বাবা থাকতেন লন্ডনের অ্যাভিনিউ রোডে স্যুইস কটেজে পাকিস্তান হাইকমিশনের আবাসনে। ওই রাস্তায় এগিয়ে আর একটু দূরে সবে তৈরি হয়েছে আল মুর্তজা, ভুট্টোদের পারিবারিক নিবাস।

আর যে নতুন উন্নয়ন পিইসিএইচএস, ১৯৫৩ 'য় যেটা ছিল মরুময় কাঁটাঝোপে ঢাকা জমি, সেখানে নতুন আবাসন এলাকা হয়েছে। করাচির কেন্দ্রস্থল তখনও এলফিনস্টোন স্ট্রিট আর ভিক্টোরিয়া রোডের চারপাশ ঘিরে রয়েছে যেটা ফ্যাশনদুরস্তদের শপিং সেন্টার বলে চালানো হয়। সে যুগে অতি সংরক্ষিত অর্থনীতির চাপে আমদানির জায়গা নিয়েছিল শিল্পায়ন, যার দরুণ পাকিস্তানের রাজধানীতে কেনার জিনিস সামান্যই ছিল এবং যা কিছু পাওয়া যেত তার বেশিরভাগটাই স্থানীয় পণ্য। তখনও বেশ জীর্ণ দশা ম্যাকলয়েড রোডের বাণিজ্যকেন্দ্রের প্রাক-স্বাধীনতা আমলের আবাসিক কাঠামোগুলো।

করাচির সেরা বিলাসবহুল হোটেল মেট্রোপোল ছাড়া অস্তিত্বহীন পর্যটন শিল্পের চাহিদা মেটায় আর দুটো অপরিচ্ছন্ন হোটেল দ্য প্যালেস এবং বিচ লাক্সারি।

রাজনীতিকে ঘিরে আমার উচ্চাশা থাকলেও রাজধানী শহরে থেকেও নিজের রাজনৈতিক শিক্ষায় অতিরিক্ত আগ্রহ আমার ছিল না। তখন দ্য ডন, সিভিল অ্যান্ড মিলিটারি গেজেট নামের করাচির প্রধান ইংরেজি দৈনিকগুলোর শিরোনাম হয়ে সোহরাওয়ার্দীর মন্ত্রীসভা এবং শেখ মুজিবুর রহমান, আব্দুল মনসুর আহমেদ, জাহিরুদ্দিন এমন কিছু অচেনা নাম পশ্চিম পাকিস্তানিদের কানে আসছে।

করাচির এসব রাজনৈতিক প্রবাহের মধ্যেও সুয়েজ যুদ্ধের কিছু দিন আগেই বোধহয় করাচিতে পাকিস্তান অস্ট্রেলিয়া টেস্ট ম্যাচ দেখার ব্যবস্থা করে ফেলি। সেবার শোচনীয় ইংল্যান্ড সফর সেরে ঘরে ফেরার আগে পাকিস্তানে এসেছিল অস্ট্রেলিয়া। একটা টেস্টে ১৯ খানা অস্ট্রেলীয় উইকেট নেয় ইংল্যান্ডের জিম ল্যাকার। করাচি টেস্টে ইয়ান জনসনের অস্ট্রেলীয় দলকে ভালোমতো হারায় পাকিস্তান। ম্যাটিং উইকেটে ফজল মাহমুদের খেলা-অসাধ্য স্যুইং বোলিং অসিদের গুঁড়িয়ে দেয়। ওদের ব্যাটিং লাইন আপে ছিল নিল হার্ভে, কলিন ম্যাকডোনাল্ড, ইয়ান ক্রেইগ এবং বুড়ো কিথ মিলার। সে টেস্টে পুরনো বন্ধুদের সঙ্গে মাঠে দেখা হল; আসন্ন সুয়েজ যুদ্ধ সম্বন্ধে দেখলাম তারাও আমারই মতো ততটা সচেতন নয়।

ঢাকার পথে

ডিসেম্বরের শেষে কেআইটি'র কার্যভার নিতে বাবা করাচি আসা মাত্র ঠিক করি আমার নতুন জীবন শুরু করতে ঢাকায় রওনা দেব। উড়ানে না গিয়ে সড়ক পথে ঢাকা যাবার সাহসী সিদ্ধান্ত নিলাম। জানা গেল বাবার ঘনিষ্ঠ এক ব্যবসায়ী তার লাহোর অফিসের জন্য একটা নতুন গাড়ি পাঠাচ্ছেন। বাবা ওই গাড়িতে চলে যাবার পরামর্শ দিলেন আমাকে যাতে পশ্চিম পাকিস্তানের গ্রামাঞ্চল দেখতে দেখতে যেতে পারি। নতুন বছরের পরেই লাহোর যাত্রা করলাম। সড়কপথে তখন লাহোর যেতে সময় লাগত দুদিন। রাস্তা বেশ ভালোই ব্যবহারোপযোগী ছিল এবং শীতের রোদে গ্রামাঞ্চল শান্ত দেখাচ্ছিল। গ্রামীণ সিন্ধ ও পাঞ্জাব দুটো এলাকাতেই স্থানীয় স্কুলের তুলনায় বেশি নজরে পড়ছিল পুলিশ ফাঁড়িগুলো এবং বোঝা যাচ্ছিল সেগুলোর বেশ যত্নআত্তি করা হয়।

সড়কপথে প্রথমদিন সিন্ধ এবং খয়েপুর ও ভাওয়ালপুরের দুই রাজ-তালুকের ভিতর দিয়ে গেলাম। খয়েরপুরের ছোটো শহর গামবাট অতিক্রম করতে গিয়ে মনে পড়ল আমার এইচেসনের বন্ধু ফকির আজিজউদ্দিনের পরিবারের একটা

টেক্সটাইল মিল আছে সেখানে। সুযোগ কাজে লাগিয়ে ফ্যাক্টরি দেখতে গেলাম। আজিজকে ভীষণ অবাক করে গলা বাড়িয়ে হ্যালো বলি। খুব কম লোকই সামাজিক প্রয়োজনে তার সঙ্গে দেখা করতে গামবাট আসে। সেখানে আমাকে হঠাৎ উদয় হতে দেখে সে একেবারে হতভম্ব হয়ে গেল। আমাদের খুব সুন্দর আপ্যায়ন করলো আজিজ এবং কয়েকটা দিন তার কাছে যেতে পীড়াপীড়ি করতে লাগল আমাকে। আমি রাজি হতে পারলাম না যেহেতু আমাদের তাড়া ছিল। পরিশেষে সম্ভবত মুলতানে একটা সরকারি বিশ্রামাগারে অস্বস্তিকর রাত কাটিয়ে পরের বিকেলে লাহোর পৌঁছলাম।

লাহোরে রিয়াজ মাহমুদের বাবা মীর হাসান মাহমুদের কাছে তার গুলবার্গের বাড়িতে থাকলাম। পাঞ্জাব সিভিল সার্ভিসের (পিসিএস) সদস্য মাহমুদ সাহেব বাড়িতে একা থাকতেন এবং উদার অতিথিবৎসল হলেও তার রসবোধ ছিল শুষ্ক। চমৎকার ব্রিজ খেলতেন এবং রিয়াজকেও শিখিয়েছিলেন। রিয়াজ শেষ অবধি পাকিস্তানের ব্রিজ দলের অধিনায়ক হয়। রিয়াজ আবার তার ভাগ্নে আলি মাহমুদকে খেলাটা শিখিয়েছে এমন দাবি করত। আলি মাহমুদ বিশ্বমানের ব্রিজ খেলোয়াড় হয়, খেলার সুক্ষ দিকগুলো সে ভালো বুঝত। লাহোর থাকাকালীন আমার এইচেসনিয়ান বন্ধুদের মধ্যে ইমতিয়াজ নাজিরের সঙ্গে দেখা হলেও আরিফ এবং ইফি বোখারির মতো অন্যরা তখনও কেমব্রিজে ছিল।

লাহোরে আরও বড়ো দুঃসাহসী সিদ্ধান্ত নিলাম ঢাকা যাব ট্রেনে ভারত হয়ে। আজকের দক্ষিণ এশিয়া জুড়ে ভেঙে পড়া সড়ক পরিবহন ব্যবস্থায় কল্পনা করা কঠিন যে ট্রেনে কলকাতা যেতে তখন লাহোর থেকে টিকিট কাটা যেত। প্রাথমিক যাত্রায় লাহোর ক্যান্টনমেন্ট স্টেশন থেকে অমৃতসর হয়ে দিল্লি। দিল্লি থেকে হাওড়া মেল ধরলাম যেটা হাওড়া স্টেশন পৌছে দিল দু'দিন বাদে। উপভোগ্য যাত্রা ছিল সেটা। স্টেশনে স্টেশনে নানা ধরনের স্থানীয় খাবারের স্বাদ নিয়েছিলাম। শীতকাল ছিল, তাই চার বার্থের দ্বিতীয় শ্রেণীর কামরায় আরামেই সফর করতে পেরেছিলাম। এই ট্রেনগুলোয় করিডোর থাকত না তবে প্রত্যেক বড়ো স্টেশনে ওয়েটররা সব কামরায় এসে স্থানীয় খাবার অথবা রেস্তোঁরা গাড়ি থেকে খাবার দিয়ে যেত।

কলকাতায় আমার নানা শেখ মুস্তাফা আলী-র কাছে থাকি তার তিপান্ন এলিয়ট রোডের বাড়িতে। দেখলাম ১৯৫১-এ লাহোরের এইচেসনে পড়তে যাবার সময় যেমন দেখে গিয়েছিলাম তার চেয়েও জীর্ণ হয়েছে আমার ছোটোবেলার ঘর যা থেকে নানার দুঃস্থ অবস্থা অনুমান করা যায়। ছ'বছর আগে কলকাতা ছাড়ার সময় পাপাকে খুব সুন্দর স্বাস্থ্যের দেখে গিয়েছিলাম। সারা জীবন যোগাভ্যাস করে যুবকের মতো ছিল তার চেহারা। এবার তাকে দেখলাম ক্ষয়িষ্ণু, শয্যাশায়ী, সুদর্শন ফিট চেহারার মানুষটার এমন অবস্থা

দেখে কষ্ট হয়। তবে তিনি তখনও যথেষ্ট সজাগ। আমাকে হাতের লেখা এবং বানানের উন্নতি করার কথা মনে করিয়ে দিলেন। করাচি থেকে পাপাকে চিঠি লিখে জানিয়েছিলাম আমি কলকাতায় আসছি। সে চিঠিতে আমার হাতের লেখা এবং বানান কোনোটাই তার মনমতো হয় নি। তাকে বিদায় জানাবার সময় একবারও ভাবিনি এটাই তার সঙ্গে আমার শেষ দেখা। আমি কলকাতা থেকে চলে আসার দু'সপ্তাহের মধ্যে পাপা মারা যান।

আমার কিছু প্রিয় পদ রান্না করে জানি - এসবের স্বাদ কেমব্রিজের দিনগুলোতেও আমার জিভে লেগে ছিল। এদের মধ্যে ছিল প্রাণ আকুল করা তেহারি, কাটা মশালা, চুকুন্দর গোস্ত এবং তার তৈরি অতুলনীয় শামি কাবাব। কলকাতায় রয়ে যাওয়া কিছু আত্মীয়ের সঙ্গে দেখা করা ছাড়া পুরনো আড্ডাগুলোয় ঢুঁ মারি। লাইটহাউসে সিনেমা দেখি, ফারপোতে লাঞ্চ খাই এবং নিজামে যাই পেট পুরে ক্ষীরি কাবাব রোল খেতে।

কলকাতায় বেশিদিন থাকিনি কারণ শেষ অবধি আমার ঢাকা পৌঁছবার তাড়া ছিল। কলকাতা থেকে ঢাকা তখনও ট্রেনে আর স্টিমারে যাওয়া যেত কিন্তু ঠিক করি ওরিয়েন্ট এয়ারওয়েজের এক ঘন্টার উড়ান ধরব। ওরিয়েন্ট এয়ারওয়েজের মালিকানা ছিল ইস্পাহানিদের যারা দ্বিতীয় বিশ্বযুদ্ধের পুরনো ডাকোটা বিমান চালাতো।

ঢাকায় আগন্তুক

প্রথম আগমন

১৯৫৭'র জানুয়ারির তিন তারিখ সকালে আমার ভাবী দেশ এবং পরিশেষে বাংলাদেশের রাজধানী ঢাকায় পৌছলাম জীবনের আর এক অধ্যায় শুরু করতে। তারপর থেকে ঢাকাই আমার ঘরবাড়ি। আশা রাখি সময় যখন আসবে এই মাটিই আমাকে চিরনিদ্রায় কোল পেতে দেবে। জানুয়ারি ১৯৫৭'র আগে আমার বাইশ বছরের জীবনে একবার এক মাসের জন্য ঢাকায়, সাবেক পূর্ব পাকিস্তান, ছিলাম। ফেব্রুয়ারি ১৯৪৮-এ আমি, আমার ভাই ফারুক আমাদের মায়ের সঙ্গে এখানে এসেছিলাম নানা খাজা নাজিমুদ্দীনের অতিথি হয়ে থাকতে। নানা তখন পূর্ব পাকিস্তানের মুখ্যমন্ত্রী। ময়মনসিংহ রোডে মুখ্যমন্ত্রী ভবন বর্ধমান হাউসে ছিলাম আমরা। ১৯৫৪ সালে প্রাদেশিক আইনসভার ঐতিহাসিক নির্বাচনে যুক্তফ্রন্টের কাছে মুসলিম লীগের শোচনীয় পরাজয়ের পর বর্ধমান হাউসের নাম বদল করে বাংলা একাডেমি রাখা হয়। বাড়ির মূল অংশটি আজও অপরিবর্তিত আছে। ফলে একতলার শোবার ঘরটা এখনও চেনা যায় যেখানে আমি, ফারুক আর মা থাকতাম। এখান থেকে ফটক এবং পুকুরটা দেখা যেত। দুটোই এখনও আছে। মনে

পড়ে পুকুরটার চারপাশে খাজা নাজিমুদ্দীনের ছোটো ছেলে আমারই বয়সী বারো বছরের খাজা সাঈফউদ্দীনের সঙ্গে দৌড়ে পাল্লা দিতাম। সাধারণত সাঈফই জিতত।

১৯৪৮'র ঢাকার স্মৃতি খুব সামান্যই মনে আছে। আমার পরিচিতির সীমা ছিল ময়মনসিংহ রোড এবং ঢাকা নবাব পরিবারের পৈতৃক এস্টেটের মতিঝিলের দিলকুশা গার্ডেনস অবধি। এস্টেট ঘেঁষা ছিল খোলা পল্টন ময়দান যেখানে ফুটবল-ক্রিকেট খেলা হত। আমার মনে আছে এখানে একটা ক্রিকেট ম্যাচ দেখেছিলাম নবাব পরিবারের পৃষ্ঠপোষকতা পাওয়া মোহামেডান স্পোর্টিং ক্লাব এবং ঢাকা ওয়ান্ডারার্সের মধ্যে। পরিবারের অনেক সদস্য খেলাধুলোয় ভালো ছিল এবং মোহামেডান স্পোর্টিং ক্লাবে ফুটবল, ক্রিকেট, হকি খেলত। ময়দানের একদিকে ব্রিটানিয়া টকিজ নামে একটা টিনের চালের কাঠামোর অস্থায়ী সিনেমা হলে ভালো প্রিন্টের ইংরেজি সিনেমা দেখানো হত। দিলকুশা ছাড়িয়ে মাঝেমাঝে ইসলামপুরে ঢাকার নবাব বাড়ি আহসান মঞ্জিলে যেতাম যেখানে তখন পরিবারের বহু সদস্যরা থাকত। তাদের কেউ কেউ থাকত আহসান মঞ্জিলের চারপাশের বাড়িগুলোতে।

এছাড়া সাঈফ আর আমি দুজনে বর্ধমান হাউস থেকে রেস কোর্স পেরিয়ে পায়ে হেঁটে যেতাম ঢাকা ক্লাবে ওদের স্যুইমিংপুল ব্যবহারের জন্য। অল্পসময় সাইকেলে চালিয়ে চলে যেতাম উত্তরে ময়মনসিংহ রোডে অবস্থিত পরীবাগ এবং বাইতুল আমানে। তখন ইস্কাটন নেই, তেজগাঁও নেই, ধানমন্ডিও নেই। এসব এলাকার বেশিরভাগ তখন খোলা মাঠ।

১৯৫৭-য় যখন ফিরে এলাম ততদিনে ঢাকা অনেকটা শহরের চেহারা নিয়েছে, মফস্বল টাউন আর নেই। যাই হোক, মনে রাখতে হবে ডিসেম্বর ১৯৭১ বাংলাদেশ স্বাধীন হবার সময়েও ঢাকার জনসংখ্যা দশ লক্ষ ছাড়ায় নি, এবং ১৯৫৭ তে সেটা বোধহয় পাঁচ লাখের নীচে ছিল। তখন নতুন আবাসন উন্নয়ন হিসেবে ইস্কাটন গার্ডেনস এবং নিউ ইস্কাটন গড়ে উঠেছে, সাত নম্বর রোড অবধি তৈরি হয়েছে ধানমন্ডি। ঢাকার সেই শুরুর দিনগুলোতে ধানমন্ডির চার নম্বর রাস্তায় আলিজুন ও খলিল ইস্পাহানির বাড়িতে নিয়মিত যেতাম। তখনও এলাকাটা প্রান্তিক মনে হত। এখনও আমার চোখে ভাসে দৃশ্যটা – কৃষক শ্রমিক পার্টির (কেএসপি) মুখ্যমন্ত্রী আবুল হোসেন সরকার ৪ নম্বর রাস্তার মুখে তার সাদামাটা একতলা বাড়ির বারান্দায় গেঞ্জি আর লুঙ্গি পরে বসে আছেন। তখনকার আমলে মন্ত্রী হলে লাখপতি হওয়া যেত না। ধানমন্ডিতে এক প্লট জমি তাদের পার্থিব উচ্চাশার চূড়ান্ত বিন্দু ছিল। নিউ মার্কেট তৈরি হয়ে গিয়েছে, এবং তখন সেটা জিন্নাহ এভিনিউ, এখনকার বঙ্গবন্ধু এভিনিউ, পাশাপাশি মূল শপিং সেন্টার।

বাসার খোঁজে

ঢাকায় পৌঁছে আমার তাৎক্ষণিক চিন্তা দাঁড়াল থাকার জায়গা খোঁজা এবং পারিবারিক বৃত্তের বাইরে সম্পূর্ণ আগন্তুক আমি যেখানে রয়েছি সেখানকার সামাজিক আবহের সঙ্গে যুক্ত হওয়া। এটা করতে যতটা ভেবেছিলাম তার চেয়ে বেশি সময় লাগল। এক বছর লাগল ৭ নিউ বেইলি রোডের কামাল কোর্টে কামাল হোসেনের মা, আমার ফুপুর অ্যাপার্টমেন্টের একতলায় স্থায়ী বাসা পেতে। জানুয়ারি ১৯৫৭-তে ঢাকায় আসার পর ২৯ মিন্টো রোডে তার বাড়িতে আমাকে অস্থায়ীভাবে থাকতে দেন আমার চাচা, বাবার মেজো ভাই, বিচারপতি ফজলে আকবর যিনি তখন ঢাকা উচ্চ আদালতের (হাইকোর্টের) একজন বিচারপতি। প্রশস্ত চত্বর বিশিষ্ট এই বাড়ি পরে পার্লামেন্টে বিরোধী দলনেতার নিবাস হয়েছিল। আমার মনে আছে ১৯৯০'র দশকে আওয়ামী লীগ নেত্রী শেখ হাসিনা এই বাড়িতে থাকাকালীন আমি তার সঙ্গে দেখা করি এবং সেই সুবাদে আমার অল্প বয়সের সুখের দিনগুলোর স্মৃতি জড়ানো পুরনো আস্তানাটা চিনতে পারি।

চাচা ছিলেন উদার এবং স্নেহশীল গৃহকর্তা। তিনি খুব খুশি হয়েই ঢাকার যাপন, সেখানকার রাজনীতি, আমাদের আইন আদালত এবং ঢাকা বিশ্ববিদ্যালয়ের অবস্থা সম্পর্কে আমাকে অবহিত করেন। তবে ঢাকায় থিতু হয়ে ছাড়া পাওয়া ব্যাচেলর জীবন উপভোগ করতে আমার আরও এক বছর সময় লেগেছিল। এর মধ্যে আমি চারবার বাসা বদল করি।

বার্ন হল, অ্যাবটাবাদ থেকে সিনিয়র কেমব্রিজ পাশ করে আমার ভাই ফারুক তখন নটরডেম কলেজের কলা বিভাগ থেকে ইন্টারমেডিয়েট পরীক্ষার প্রস্তুতি নিচ্ছে। সে এসে আমার কাছে থাকে এবং গৃহস্থালির দায়িত্ব নেয়। আমরা আবার পাকিস্তানের আরেক প্রাক্তন প্রধানমন্ত্রী ফিরোজ খান নুন-এর ছেলে মনজুর হায়াত নুন-কে আমাদের অ্যাপার্টমেন্টে থাকার জন্য নিই। মনজুর আমার এক বছরের জুনিয়র ছিল এইচেসনে এবং আমি যখন কেমব্রিজে সে তখন অক্সফোর্ডে পড়ছে। নুনরা পাঞ্জাবের বিখ্যাত এক জমিদার পরিবারের হওয়া সত্ত্বেও পেশাদার জীবন বেছে ঢাকা বার্মা-শেলে চাকরি নিয়েছিল মনজুর। লালী নামে এক পারিবারিক রাঁধুনিকে পেয়ে যাই আমরা। ফলে প্রতিদিন যে মানের রান্না খেতাম তেমনটি জীবনের পরবর্তী ৫৫ বছর কোথাও খাইনি। আমরা রোজই অতিথি আপ্যায়ন করতাম এবং আমাদের ডিনারের দাওয়াত পরিচিত মহলে বেশ উচ্চ প্রশংসিত ছিল।

কামাল কোর্টে ব্যাচেলর অবস্থায় আরও গতিশীল হতে ২,৫০০ রুপি দিয়ে একটা সেকেন্ড-হ্যান্ড স্কোডা গাড়ি কিনি। টাকার মূল্য দিয়েছিল লগ্নির পরিমাণই। ব্যাপারটা খুব করুণভাবে পরিষ্কার হল যেবার ঢাকা বিশ্ববিদ্যালয়ে

গাড়ি চালিয়ে যাবার সময় সামনের একটা চাকা খুলে বেরিয়ে গেল। আমার এই প্রথম গাড়িটিকে যন্ত্রণামুক্ত করে ফারুক। আমি তখন ঢাকার বাইরে; সে নিজের অলীক ড্রাইভিং পটুতা পরীক্ষা করতে স্কোডা ছোটায় আনন্দ বিহারে এবং তা কচ্ছপের মতো চিৎপটাং হয়। স্কোডার মৃত্যু আমাকে উৎসাহিত করে আরও দামি বাজারে যেতে। সে সময় দিয়েনফা মোটরস পূর্ব পাকিস্তানে অস্টিন মিনি রপ্তানি করছিল। কপাল ভালো এই গাড়ির প্রথম ব্যাচের একটা বুক করতে পেরেছিলাম। তখন মাত্র ৮,৫০০ রুপিতেই এ গাড়ি কেনা যেত এবং এটা কিনে আমার স্বাচ্ছন্দ্য এবং গতিময়তা দুটোই খুব বেড়ে গেল।

গুটি কয়েক পারবারিক সদস্য নিয়ে আমার নিকটবর্তী সামাজিক বৃত্ত তখন সীমাবদ্ধ। চাচা ফজলে আকবর আমাকে আলিজুন ইস্পাহানির সঙ্গে পরিচয় করিয়ে দেন যার সঙ্গে তখনই এক বিশেষ সখ্য গড়ে ওঠে যেটা আজও বজায় রয়েছে। আলিজুন ও তার ভাই খলিল পূর্ব পাকিস্তানের ব্যবসায়ী সম্প্রদায়ের প্রধান বড় সাহেব বলে খ্যাত মির্জা আহমেদ ইস্পাহানির ভাগ্নে। অত্যন্ত শোভন, উদার আলিজুনের পারিবারিক আভিজাত্যের কোনো ভনিতা ছিল না। নিয়মিত আমরা জিন্নাহ এভিনিউর গুলিস্তান এবং নাজ সিনেমায় যেতাম দ্বিতীয় দফায় প্রদর্শিত ইংরেজি মুভি দেখতে।

আমার চাচা এবং আলিজুন দুজনে আমাকে ঢাকা ক্লাবের সদস্যপদের প্রার্থী করে দেয় এবং ১৯৫৭'র শেষে আমি সদস্য নির্বাচিত হই। সদস্যপদ পাওয়াতে সাঁতার কাটা, স্কোয়াশ খেলা এসব সামাজিকতার সুযোগ পাই। না হলে ৪ নং ধানমন্ডি রোডে আলিজুনের ব্যাচেলরের ডেরায় সময় কাটাতাম। সমকালীন বাঙালি রাজনীতি জগতের নৈরাজ্যের স্পর্শচ্যুত এমন ধারা দায়িত্বজ্ঞানহীন আরামকেদারার যাপনে নিজেকে এলিয়ে দেওয়া খুব সহজ ছিল।

পেশার খোঁজে

বাবা ভেবেছিলেন তার ব্যবসায় আমি কিছু সময় দেব। তবে ঢাকায় ফিরে এসব ব্যবসায়িক স্বার্থের দেখাশোনা করা আমার আসল মিশন হবার কোনো সম্ভাবনা ছিল না। ঢাকায় আসার কয়েক সপ্তাহের মধ্যে কাগজে পড়ি যে পাকিস্তান প্ল্যানিং কমিশন সম্ভাব্য প্রার্থীদের ইন্টারভিউ নিচ্ছে প্রতিষ্ঠানের বিভিন্ন পদের জন্য। জননীতি প্রভাবিত করার বাসনা ছিল আমার আর যেহেতু প্ল্যানিং কমিশনের কাজ তার কাছাকাছি পর্যায়ের তাই ঠিক করি সাক্ষাৎকার দেব। একটাই দুশ্চিন্তা কাজ করছিল, তা হল পদ দেওয়া হলে আমাকে ফের তখনকার রাজধানী এবং প্ল্যানিং কমিশনের কেন্দ্রস্থল করাচি যেতে হবে। ঢাকায় আমার অবস্থানের সঙ্গে জড়ানো আমার যে রাজনৈতিক উচ্চাশা সেক্ষেত্রে তা ক্ষতিগ্রস্ত হবার আশঙ্কা থাকে।

ঢাকা সার্কিট হাউসে ইন্টারভিউ নিলেন সিএসপি অফিসার এস এ এফ এম এ সোবহান। তিনি আমার কোনো আত্মীয় ছিলেন না, তবে প্রাদেশিক প্রশাসনের যোজনা বিভাগের সচিব পর্যায়ে স্থলাভিষিক্ত মুষ্টিমেয় বাঙালিদের একজন ছিলেন। তার সহযোগী ছিল দুই বিদেশি পরামর্শদাতা - ফিলিপ চ্যান্টালার নামের এক ইংরেজ এবং ফ্রেড শর্টার নামের এক আমেরিকান যে পরে তার পেশাজীবনের বেশিরভাগ কাটায় নিউইয়র্কের পপুলেশন কাউন্সিলে। আমার নাম শুনে তৎক্ষণাৎ চমকে যান সোবহান এবং যখন জানলেন আমি কে এফ সোবহানের ছেলে, সাবেক বরিষ্ঠ আমলাদের অনেকের মতো যাকে তিনি চিনতেন, তখনই চাচাসুলভ হয়ে যায় তার হাবভাব এবং আমাকে প্ল্যানিং কমিশনের পদে নির্বাচন করতে রাজি হয়ে যান। যাই হোক আমি তার কাছে স্বীকার করি যে এ ধরনের পদ নেওয়া অথচ ঢাকায় থেকে আমার ভবিষ্যৎ অন্বেষণ - এ দুটো নিয়ে আমি দ্বিধান্বিত। তখন সোবহান আমায় জানালেন যে পূর্ব পাকিস্তান প্ল্যানিং বোর্ডে তেমন পেশার সুযোগ রয়েছে, যেখানে আমার আশু পেশাগত স্বার্থের সঙ্গে আমার দীর্ঘকালীন উচ্চাশাকে খাপ খাইয়ে নিতে পারব।

তোপখানা রোডে ইডেন বিল্ডিংয়ে প্রভিন্সিয়াল সেক্রেটারিয়েটে তার সঙ্গে দেখা করার আমন্ত্রণ জানালেন সোবহান যা পরবর্তী কিছুদিনের মধ্যেই আমি করলাম। আমাকে তিনি পূর্ব পাকিস্তান প্ল্যানিং বোর্ডের সদস্য ঢাকা বিশ্ববিদ্যালয়ের নামী অধ্যাপকদের সঙ্গে দেখা করতে পরামর্শ দিলেন যারা পরিকল্পনা পদ্ধতিগুলো তত্ত্বাবধান করেন। আওয়ামী লীগ প্রাদেশিক সরকারে আসার পর সম্প্রতি বোর্ডের মর্যাদা বৃদ্ধি হয়েছে এবং তা নতুন করে গঠিত হয়েছে। একই সময়ে ১৯৫৬'র শেষ দিকে হোসেন শহীদ সোহরাওয়ার্দী পাকিস্তানের প্রধানমন্ত্রীর কার্যভার গ্রহণ করেন।

প্রাদেশিক পর্যায়ে সরকার গঠন করাতে পূর্ব পাকিস্তানে ক্ষমতার বাস্তব চেহারার সঙ্গে পরিচিত হয় আওয়ামী লীগ। তারা অচিরেই আবিষ্কার করে যে আলংকারিক কারণে নির্বাচিত সরকারকে অফিসে রাখা হয়েছে; আদতে সরকারি কাজকর্ম যা কিছু সব সিভিল সার্ভিসের সর্বোচ্চ স্তরে অবাঙালি সচিবদের একচ্ছত্র দখলে এবং তারাই প্রাদেশিক প্রশাসন চালাচ্ছে। সিএসপি অথবা অডিটস অ্যান্ড অ্যাকাউন্টস সার্ভিসের সদস্য এই সচিবদের অধিকাংশের নিযুক্তি ব্রিটিশ রাজ জমানায় সুতরাং তারা যে খুব ওজনদার এই বোধ অতি প্রখর ছিল তাদের। তারা বিশ্বাস করত নির্বাচিত রাজনীতিকরা নীতি নির্ধারণে অযোগ্য কারণ এটার জন্য যে অভিজ্ঞতা এবং প্রাযুক্তিক দক্ষতা প্রয়োজন সেটা যারা ভালো মত ইংরেজিই বলতে পারে না, তাদের আয়ত্তের বাইরে। এই বন্দোবস্তে কেন্দ্রীয় সরকারের সংযোজন হিসেবে কাজ করত প্রাদেশিক সরকার। রাজ্যের অভিভাবকত্ব চালান হয়েছিল উচ্চবর্গের অবাঙালি ব্যবসায়ীদের হাতে।

প্রাদেশিক সরকারের সঙ্গে এদের সংযোগের মাধ্যম যে সমাজ জীবন সেখানে মূলত ব্রাত্য ছিল বাঙালিরা।

প্রয়োগবিদ্যায় আমলাদের এই একাধিপত্য মোকাবিলায় সাবেক মুখ্যমন্ত্রী আতাউর রহমান চাইলেন বলশালী প্ল্যানিং বোর্ড গঠন করে নিজস্ব কিছু অভিজ্ঞতা ঢাকা বিশ্ববিদ্যালয় থেকে নিয়ে আসতে। এতে করে আর্থিক বিষয়ে সরকারকে পরামর্শ দানের প্রক্রিয়াটি অধিক গ্রহণযোগ্য হবে। অর্থনীতি বিভাগের চেয়ার অধ্যাপক এম এন হুদা, বাণিজ্য শাখার চেয়ার অধ্যাপক এ এফ এ হোসেন এবং রাষ্ট্রবিজ্ঞান শাখার অধ্যাপক আব্দুর রাজ্জাক প্রমুখকে পূর্ব পাকিস্তান প্ল্যানিং বোর্ডের সদস্য করে আনা হল। ১৯৩০-এর দশকের মাঝে ঢাকা বিশ্ববিদ্যালয়ে সাবেক মুখ্যমন্ত্রী আতাউর রহমানের সমসাময়িক ছিলেন প্রফেসর রাজ্জাক এবং তার অন্তরঙ্গ বন্ধু রয়ে যান। শুধু আওয়ামী লীগ নয়, অন্যান্য বিরোধী দলেও খুব সম্মানিত ছিলেন রাজ্জাক এবং অতীতেও সাংবিধানিক কয়েকটি বিষয়ে তিনি পরামর্শ প্রদান করেন। প্ল্যানিং বোর্ডের অফিসে ঢুকে আশা করেছিলাম খুব কর্মব্যস্ততা দেখব বিশেষজ্ঞ সমারোহে, বরিষ্ঠ অর্থনীতিকরা নেতৃত্ব দেবেন, দিস্তে দিস্তে পেপার তৈরি হবে।

দেখা গেল প্ল্যানিং বোর্ড বলে যেটা চলছে পদমর্যাদা এবং কার্যবিধিতে তার অবস্থান আমি যা ভেবেছিলাম অত উঁচুতে নয়। অফিসে ঢোকার মুখে দুটো ডেস্ক পাতা একটা ছোটো অভ্যর্থনাকক্ষ। তার একটায় বসে চাঁদপানা, নীতিবাগীশ চেহারার এক ফর্সা যুবক। সে সঙ্গে সঙ্গে আমার পথ আটকায়, নিজেকে প্ল্যানিং বোর্ডের সহকারী মুখ্য অর্থনীতিবিদ ড. মুশাররফ হোসেন বলে পরিচয় দেয়। অন্য ভদ্রলোক, একগুঁয়ে ধরনের, মাথার চুল পাতলা হয়ে এসেছে এবং একটু বেশি মোটা। আমাকে বলা হয় ইনি সহযোগী মুখ্য অর্থনীতিবিদ মনোয়ার হোসেন, প্রশিক্ষণপ্রাপ্ত পরিসংখ্যানবিদ। চোস্ত ইংরেজিতে মুশাররফ আমার কাছে জানতে চায় আমি সেখানে কী করতে এসেছি এবং শুধু তাই নয় আমার শিক্ষাগত পূর্ব বৃত্তান্ত, এমনকি বোধহয় আমার পারিবারিক ইতিহাসও জানতে চেয়েছিল। আমার অর্থনীতিতে ডিগ্রি আছে কেমব্রিজ থেকে শোনামাত্র সে অমায়িক হয়ে ওঠে। জানা গেল সম্প্রতি সে লন্ডন স্কুল অফ ইকনমিকস (এলএসই) থেকে পিএইচডি ডিগ্রি নিয়ে ফিরেছে। সেখানে পাবলিক ফাইন্যান্স বিষয়ে কাজ করে। খ্যাত অ্যালান পিককের ছাত্র ছিল। তার আগে সে ম্যানচেস্টার বিশ্ববিদ্যালয়ে অর্থনীতিতে এমএ করে এবং তখন আর্থার লুইসের ছাত্র ছিল, যিনি পরে নোবেলজয়ী হন। যেহেতু এ দুই বিশিষ্ট পন্ডিতের লেখা পড়ার সুযোগ আমার হয়েছিল তাই ভেবে খুবই চমৎকৃত হই যে আমার পেশাগত উচ্চাশা মোশাররফের হাতে বিশ্বাস করে ছেড়ে দেওয়া যায়।

ঠিক এরপর থেকে মোশাররফ ঢাকায় আমার ধর্মপিতার ভূমিকা পালনের সিদ্ধান্ত নেয় এই ভেবে যে আমি নিতান্ত বোকাসোকা, সংস্কৃতি-ছিন্ন দেশত্যাগী; কূটবুদ্ধি বাঙালিরা যাদের সঙ্গে পথচলতি আমার মোলাকাত হবে তারা আমাকে দিয়ে প্রাতরাশ সারবে। অফিস আওয়ার্সের বাইরে সে আমাকে তার ফিনিশীয় স্ত্রী ইনারির সঙ্গে আলাপ করিয়ে দেয় যাকে অগোছালো, অল্পবয়সী দেখালেও সে কিন্তু যথেষ্ট ধৈর্য্যের সঙ্গে বিদেশ বিভূঁইয়ে নবাবপুর রোড ছাড়িয়ে লাল চাঁদ মুকিম রোডে মোশাররফের পরিবারের সঙ্গে থাকছে। একটা বাড়িতে যৌথ পরিবার এবং বাড়ির বাইরের একটা টয়লেট এসবে ইতিমধ্যেই সে নিজেকে মানিয়ে নিয়েছে। একবারের জন্যও ঢাকায় তার যাপন নিয়ে কোনো অভিযোগ তোলেনি ইনারি এবং মোশাররফের মতোই সেও আমাকে উষ্ণ আলিঙ্গন করে। যে সামাজিক আবহে সকলে বাংলা বলে সেখানে সে আমাকে ইংরেজিভাষী সঙ্গী হিসেবে দেখেছিল। পরবর্তী ৫৫ বছর মোশাররফ এবং ইনারি দুজনে আমার সবচেয়ে ঘনিষ্ঠ বন্ধুদের মধ্যে থেকেছে।

সেই নিয়তিনির্দিষ্ট মোলাকাতে আরও জিজ্ঞাসাবাদ পর্ব শেষে যখন বোঝা গেল আমি কোনো গুপ্তচর সংস্থা প্রোথিত চর নই, বরং সুমতিসম্পন্ন এক বোকা মানুষ যার মতিচ্ছন্ন হয়েছে জনগণের সেবা করার, তখন মোশাররফ আমাকে সেইসব দুঁদে অধ্যাপকদের সঙ্গে দেখা করাতে নিয়ে যায়, যারা এক সময় ঢাকা বিশ্ববিদ্যালয়ে তার শিক্ষক ছিলেন। সেই প্রথম সাক্ষাৎকারে দেখলাম তিনটি ডেস্ক পাতা একটা বড়ো ঘরে রোগা ভদ্রলোক খাদি কুর্তা পাজামা পরা একটা কাগজপত্র শূন্য ডেস্কে পা তুলে বসে ভারী একখানা বই পড়ছেন, খুঁটিয়ে দেখি বইয়ের নাম 'দ্য হিসট্রি অফ দ্য ডিক্লাইন অ্যান্ড ফল অফ দ্য রোমান এম্পায়ার'। পূর্ব পাকিস্তানের অর্থনীতির পরিকল্পনা করতে এই রচনাটির প্রাসঙ্গিকতা আমার কাছে তখনই পরিষ্কার হল না যদি না অবশ্য পাকিস্তান রাষ্ট্রের ভবিষ্যতের রূপক হিসেবে বইটি পড়া হয়ে থাকে।

মুশাররফ যাকে স্যার বলে সম্বোধন করে, যে সম্ভাষণ পরে আমরা সবাই করেছি, সেই অধ্যাপক আব্দুর রাজ্জাক আমার পরামর্শদাতা, আমার ও আমার পরিবারের ঘনিষ্ঠ বন্ধু হয়ে যান। স্যারের কেতাবি প্রকাশনা সংখ্যায় অল্প হলেও প্রবাদসম ছিল তার প্রজ্ঞা যার সাক্ষ্য দিত তার নিজস্ব লাইব্রেরি সংগ্রহ, যা নিঃসন্দেহে ঢাকার অন্যতম সেরা। জ্ঞানের বিবিধ শাখায় বিচরণ করা প্রকৃত সৃজনশীল মন ছিল তার এবং কয়েকটি প্রজন্মকে তিনি উজ্জীবিত করেছেন।

এইসব গুণাবলীর কোনোটাই প্রথম সাক্ষাতে আমার কাছে পরিষ্কার হয়নি। আমাকে দেখে অথবা আমার শিক্ষাগত পূর্ববৃত্তান্ত শুনে স্যার খুব খুশি হননি, বিশেষ করে বাংলা ভাষার সঙ্গে আমার সম্পূর্ণ অপরিচিতি যখন তিনি বুঝতে পারলেন। সৌভাগ্যবশত অধ্যাপক হুদা খুব তাড়াতাড়ি এসে পড়েছিলেন এবং

আমার আকাঙ্ক্ষার বিষয়ে তিনি অনেক সহৃদয় ছিলেন কিন্তু তিনি জানান যে সমস্ত নিয়োগ প্ল্যানিং ডিপার্টমেন্ট করছে যাজকতন্ত্রের মতো যেখানে অনেক আমলাতান্ত্রিক প্রক্রিয়া আছে। এর মধ্যে রয়েছে পদের জন্য লিখিত আবেদন করা যেটা যাবে বিভাগের যুগ্ম সচিব, শামসুল আলম নামে এক প্রাক্তন পুলিশ অফিসার এবং তার অধীনস্থ শামসুর রহমানের কাছে। পাণ্ডিত্যের কারণে জনসন নামে খ্যাত শামসুর রহমান ছিলেন তদানীন্তন মুখ্যমন্ত্রী আতাউর রহমানের ভাই।

পরবর্তী ন'মাস শামসুল আলমের অফিস এবং বেশিরভাগটা শামসুর রহমানের অফিসে কিছু দিন পর পর যেতে থাকি আমি। কিন্তু চাকরির কোনো আশা দেখা যায় না। ইডেন বিল্ডিংসে এই সাক্ষাৎকারগুলোর অধিকাংশ সময় কাটত কফি-সিঙ্গারা খেয়ে মোশাররফ আর মনোয়ারের সঙ্গে খোশগল্প করে। এখানেই পরিশেষে জানতে পারি যে বস্তুত প্ল্যানিং বোর্ডের চাকরির পদ বলতে এ দুই ভদ্রলোক এবং তাদের তিন শিক্ষক। স্যার (অধ্যাপক রাজ্জাক) বুঝিয়ে দিলেন পাকিস্তান রাষ্ট্রে ক্ষমতার বাস্তবতাকে ছাপিয়ে যেতে বোর্ডের পেশাদার পরিষেবার বিন্দুমাত্র কিছু করণীয় নেই যেখানে সিএসপি-রা সচিবালয় শাসন করে এবং তারা তাদের রাজনৈতিক মন্ত্রীদের কাছে দায়বদ্ধ নয়, দায়বদ্ধ কেন্দ্রীয় সরকারে তাদের প্রশাসনিক বড়ো কর্তাদের কাছে।

অক্টোবর ১৯৫৮-এ সারা পাকিস্তানে সামরিক আইন জারি হলে কেন্দ্র এবং প্রদেশের নির্বাচিত সরকারগুলো বরখাস্ত হয়। এর ফলে যা আমলাদের ডি ফ্যাক্টো ক্ষমতাচর্চা হিসেবে স্বীকৃত ছিল, চীফ মার্শাল ল' অ্যাডমিনিস্ট্রেটর (সিএমএলএ) ফিল্ড মার্শাল আইয়ূব খান নিযুক্ত গভর্নরের শাসনে এবার সেটা যথাবিধি কব্জা করে সিএসপি-রা। তিন শিক্ষক চটপট তাদের বোর্ডের পদ ছেড়ে দিলেন। হুদা এবং হোসেন ঢাকা বিশ্ববিদ্যালয়ে ফিরে যান। কিন্তু রাজ্জাক বিদেশ চলে গেলেন এক বছরের ছুটি কাটাতে হার্ভার্ড বিশ্ববিদ্যালয়ে। হার্ভার্ড অ্যাডভাইসরি গ্রুপে তার কোনো বন্ধুবান্ধব এর ব্যবস্থা করে। পাকিস্তানের রাজনৈতিক অর্থনীতি সম্পর্কে রাজ্জাকের জ্ঞান তাদের খুবই মুগ্ধ করেছিল।

রাজনীতি জগতে হাতখড়ি

প্রাথমিক অনুসন্ধান

১৯৫৭'র শুরুতে আমি যখন ঢাকা এলাম তখন সদ্য পূর্ব পাকিস্তানে প্রাদেশিক কুরসিতে বসেছে আওয়ামী লীগ। করাচি ও ঢাকার যেসব বিবিধ ষড়যন্ত্রের চূড়ান্ত পরিণতিতে কেন্দ্রে এবং ঢাকায় আওয়ামী লীগের ক্ষমতা লাভ, এখানে সেসব খুঁটিনাটির বিবরণ দেওয়া আমার উদ্দেশ্য নয়। কেন্দ্রে সোহরাওয়ার্দী সরকারের সংখ্যালঘিষ্ঠতা যেমন অনিশ্চয়তা তৈরি করে, তুলনায় প্রাদেশিক

পার্লামেন্টে আওয়ামী লীগের অবস্থান অনেক নিরাপদ ছিল। তবে অবশ্য অনড় কোনো অবস্থাতেই ছিল না যেহেতু কিছু ছোটো দলের জোট মুখাপেক্ষী ছিল তারা। যাই হোক আমি যখন ঢাকায় হাজির হই তখন বলিষ্ঠ গণতান্ত্রিক রায় অর্জনকারী আওয়ামী লীগের উত্থান একটা উদ্দীপনা তৈরি করেছে যাদের পক্ষে এই জনমত কাজে লাগিয়ে কিছু অবিচারের প্রতিবিধান করা সম্ভব প্রথম দশকে যে অবিচার পাকিস্তান রাষ্ট্রের কার্যধারার বিশেষত্ব হয়ে উঠেছিল।

প্রাদেশিক মুখ্যমন্ত্রী আতাউর রহমান খান ছিলেন অত্যন্ত শ্রদ্ধেয় রাজনৈতিক ব্যক্তিত্ব। প্রাদেশিক আওয়ামী লীগের তৎকালীন সাধারণ সম্পাদক বঙ্গবন্ধু শেখ মুজিবুর রহমান, যাকে ঢাকার অভিজাতরা ভাবত এক অনলবর্ষী, তিনি বাণিজ্য, শ্রম ও শিল্প দপ্তরের মন্ত্রী নিযুক্ত হলেন। পাকিস্তানের আসল শাসক, সম্ভ্রান্ত ব্যবসায়ী এবং বরিষ্ঠ সম্ভ্রান্ত আমলারা, যারা প্রায় পুরোপুরি অবাঙালি তাদের কাছে আওয়ামী লীগ নেতৃত্ব ছিল অজানা সমষ্টি। তারা এইসব হঠাৎ ক্ষমতা পেয়ে যাওয়া বাঙালিদের ভাষাগত ত্রুটি, টেবিল ম্যানারস নিয়ে নিজেদের মধ্যে কুরুচিকর হাসি মস্করা করত।

এই নতুন নেতাদের সঙ্গে ঢাকায় ফিরে আসা আমার নানা খাজা নাজিমুদ্দীনের সৌজন্যে ব্যক্তিগতভাবে পরিচিত হই। ভাইস রয় অফ ইন্ডিয়ার একজিকিউটিভ কাউন্সিল সদস্য, অবিভক্ত বাংলার মুখ্যমন্ত্রী, পূর্ব বাংলার মুখ্যমন্ত্রী, গভর্নর জেনারেল এবং পরে পাকিস্তানের প্রধানমন্ত্রী – তিন দশকেরও বেশি সময় এতগুলো উচ্চপদাধিকারী হওয়া সত্ত্বেও ঢাকায় নিজের বাড়ি ছিল না নানার। করাচিতে এক যুগ কাটিয়ে ঢাকায় ফিরে এলে তাকে তার ভাই খাজা শাহাবুদ্দীনের আমন্ত্রণ গ্রহণ করে ময়মনসিংহ রোডে তার বাড়ি বাইতুল আমানে থাকতে হল। তার অর্থনৈতিক অবস্থার সঙ্গে তুলনা চলতে পারে আমাদের আজকের রাজনীতিবিদদের চড়চড়িয়ে ওঠা বিত্তের সঙ্গে যাদের কাছে রাজনীতি পার্থিব লাভের হাতিয়ার হয়েছে।

আমি সে সময় বাইতুল আমানের অস্থায়ী আবাসে খাজা সাঈফউদ্দীনের সঙ্গে থাকি। জুন ১৯৫৭ নাগাদ আমার নানা আতাউর রহমান এবং বঙ্গবন্ধুকে নৈশভোজে আমন্ত্রণ জানান। যেহেতু নানা ঢাকায় তার পৈতৃক বাড়িতে দীর্ঘ অনুপস্থিতির পর ফিরছেন এবং যেহেতু আওয়ামী লীগের দীর্ঘ দিনের প্রতিদ্বন্দ্বী মুসলিম লীগের সঙ্গে নানা জড়িত ছিলেন তাই নৈশভোজটা ছিল রাজনৈতিক সেতুবন্ধনের প্রক্রিয়া। সে আমলে এতটাই সভ্য ছিল রাজনৈতিক জীবনের প্রকৃতি যে দুজন আওয়ামী লীগ নেতাই সে আমন্ত্রণ সাগ্রহে গ্রহণ করেন এবং আনুষ্ঠানিক পোশাক সাদা শেরওয়ানি পরে আমন্ত্রণ রক্ষায় আসেন। দুজনেই নানার প্রতি অত্যন্ত সশ্রদ্ধ ব্যবহার করেন এবং ঢাকায় যাতে তিনি গুছিয়ে নিতে পারেন তার জন্য যেকোনো প্রয়োজনীয় সহযোগিতা করতে আগ্রহ প্রকাশ করেন। আবার নানা যে অতি চমকদার ভোজ তাদের খাওয়ালেন সেটা কোনো

সফরকারী রাষ্ট্রপ্রধানের মান বাড়াত। এই ঘটনায় নিষ্ক্রিয় দর্শক আমার প্রথম পরিচয় হল এ দুই নেতার সঙ্গে। আমার শিক্ষাগত সাফল্য এবং জনসাধারণের কাজে ব্রতী হবার উচ্চাশায় সবিনয় আগ্রহ দেখালেন তারা, তবে আলাদা করে আমাকে খুব গুরুত্ব দিলেন না।

ঢাকায় আসার পর কামালের সঙ্গে নিয়মিত চিঠিপত্র বিনিময় করছিলাম। কামাল তখনও অক্সফোর্ড কুইন্স কলেজে পড়ছে। ১৯৫৭ গ্রীষ্মে বিএ এবং ১৯৫৯ গ্রীষ্মে ব্যাচেলর অফ সিভিল ল' পড়া শেষ করে কামাল। আমি যে দায়িত্বজ্ঞানহীনের মতো কোনো না কোনো ধরনের রাজনৈতিক সক্রিয়তায় নিজেকে যুক্ত করিনি সে কারণে আমাকে নিয়মিত ভৎসনা করত কামাল। কামালের পত্রাঘাতে উত্যক্ত আমি রাজনীতি জগতের মূলস্পর্শের চেষ্টা করি, কিন্তু বুঝি আমার বাংলা না জানা এবং দ্বিতীয়ত ঢাকা ক্লাবের সঙ্গে এই জগতের দূরত্ব দুই প্রধান অন্তরায় হয়ে উঠছে। সৌভাগ্যবশত মোশাররফের সঙ্গে আমার বন্ধুত্ব বৃদ্ধি মধ্যবিত্ত বাঙালি গোষ্ঠীর কাছে একটা চলনসই পরিচয় তৈরি করে, যারা রাজনীতির সঙ্গে আরও জড়িত, যারা পাকিস্তান রাষ্ট্রের অপরাধ এবং অবিচার নিয়ে আলোচনায় আগ্রহী।

আতাউর রহমান এবং বঙ্গবন্ধুর জন্য নানার দেওয়া নৈশভোজে ওরা তাকে জানান আগামী কয়েকদিনের মধ্যে আওয়ামী লীগ কাউন্সিলের এক জরুরি মিটিং বসতে চলেছে। এতে প্রাদেশিক আওয়ামী লীগের যুগ্ম প্রতিষ্ঠাতা এবং প্রাদেশিক সভাপতি মওলানা ভাসানী দলের জাতীয় সভাপতি পাকিস্তানের তদানীন্তন প্রধানমন্ত্রী শহীদ সোহরাওয়ার্দীকে চ্যালেঞ্জ করবেন ১৯৫৪'র যুক্তফ্রন্টের ২১ পয়েন্ট ম্যানিফেস্টোতে পূর্ব পাকিস্তানের যতখানি স্বায়ত্তশাসন দাবি করা হয়েছিল, তা আদায়ে ব্যর্থ হওয়ার জন্য। আরও সমালোচনা করা হবে পশ্চিম ঘেঁষা বাগদাদ চুক্তি ও সিয়াটো (SEATO)-র প্রতি সোহরাওয়ার্দী সরকারের অবিচ্ছিন্ন আনুগত্য। সেটাও কাউন্সিলের আলোচনায় উঠবে। কাউন্সিলের প্রতিশ্রুতি ছিল দলের বাম ও দক্ষিণপন্থার মেরুকরণ করা হবে। এই সমালোচনাগুলো ইতিমধ্যেই মুখর হয়েছে কাগমারিতে মওলানা ভাসানীর ডাকা আওয়ামী লীগ কাউন্সিলের সাম্প্রতিক মিটিংয়ে।

নৈশভোজে নানা ও আওয়ামী লীগ নেতৃত্বের আলাপচারিতায় আমি জানতে পারি আরমানিটোলা ময়দান থেকে দূরে একটি বড়ো সভাঘরে আওয়ামী লীগ কাউন্সিলের সমাবেশের আয়োজন করা হচ্ছে। আমি নিয়মিত আরমানিটোলা ময়দানে যাতায়াত শুরু করেছিলাম যেহেতু ময়দানের পাশেই ছিল ঢাকা ট্যানারিজের অফিসগুলো। আমার পক্ষে তাই সুবিধাজনক হয়েছিল আওয়ামী লীগ কাউন্সিলের সভার দিনে কয়েক পা হেঁটে সভাঘরে শ্রোতাদের মধ্যে ভিড়ে যাওয়া। এই ধরনের শিথিল কড়াকড়ির সমাবেশে সহজেই ঢুকে পড়া যেত এবং শোনা যেত কিছু বক্তার আবেগময়, বাকপটু ভাষণ।

পূর্ণ স্বায়ত্তশাসন এবং স্বাধীন বিদেশ নীতির সপক্ষে যে ২১ দফা দাবি তৈরি করা হয়েছিল তার প্রতি আওয়ামী লীগ পরিচালিত সরকারের আনুগত্য বজায় রাখতে ভাসানী এবং তার অনুগামীরা সভায় জোরদার বক্তব্য রাখে। তবে বঙ্গবন্ধু, যিনি শুধু আওয়ামী লীগের সাধারণ সম্পাদকই নন, কার্যত সংগঠনের নিয়ন্ত্রক ছিলেন, কাউন্সিলকে বোঝান, যাদের অনেকেই হয়তো মওলানা ভাসানীর উদ্বেগের সমব্যথী ছিল, তারা যেন সোহরাওয়ার্দী ও তার নীতির প্রতি অনুগত থাকে। তার শাসন কালে পূর্ব পাকিস্তানকে যথেষ্ট স্বায়ত্তশাসন দেওয়া হয়েছে সোহরাওয়ার্দীর এমন দৃষ্টিভঙ্গি স্বয়ং বঙ্গবন্ধুকে খুব খুশি করেনি, যদিও তিনি সোহরাওয়ার্দীকে বস সম্বোধন করতেন। কলকাতায় সক্রিয় ছাত্র রাজনীতি করার সময় থেকেই সোহরাওয়ার্দীর অনুগত শিষ্য ছিলেন বঙ্গবন্ধু। বসের প্রতি সেই আনুগত্য আজীবন অটুট থেকেছে তার। আওয়ামী লীগ কাউন্সিলের পরপর দুটি অধিবেশনে পরাজিত ভাসানী দলের বেশ কিছু প্রগতিপন্থীকে সঙ্গে নিয়ে পরবর্তী কালে আওয়ামী লীগ থেকে পদত্যাগ করেন।

বামপন্থা আবিষ্কার

আওয়ামী লীগ কাউন্সিল মিটিংয়ে ভাসানীর পরাজয় নিজের চোখে দেখার অভিজ্ঞতা আমার পূর্ব পাকিস্তানের রাজনীতি পর্যবেক্ষণের আরও সুযোগ করে দেয়। জুলাই ১৯৫৭'র শুরুতে, কাউন্সিল সভা শেষ হবার কয়েক সপ্তাহ বাদে, জনৈক হার্ভে স্টকউইনের একটা অদ্ভুত টেলিফোন পাই। সে দাবি করে কেমব্রিজ থেকেই সে আমাকে চেনে। কেমব্রিজে যে স্টকউইনকে আমি চিনতাম সে সিইউসি-এর অনুগত সদস্য ছিল। ইতিমধ্যেই কেমব্রিজে স্টকউইনের সঙ্গে আমার মোলাকাতের কথা বলেছি। সেটা হয়েছিল কেমব্রিজ মজলিশ ও সিইউসি-এর বিতর্ক সভায় যেখানে সিয়াটো-র (SEATO) বিরুদ্ধে আনা প্রস্তাবের বিপক্ষে তর্কে জান লড়িয়ে দিয়েছিল হার্ভে।

সেই হার্ভে স্টকউইন এখন ঢাকায় এসেছে প্রথমসারির সাংবাদিকতায় ক্যারিয়ার তৈরির অংশ হিসেবে। আমাদের রাজনৈতিক মতপার্থক্য সত্ত্বেও কেমব্রিজে হার্ভের সঙ্গে চমৎকার সৌহার্দ্যপূর্ণ সামাজিক সম্পর্ক ছিল। সে কারণে অল্প বাজেটে ক্যারিয়ার শুরু করতে গিয়ে ঢাকায় তার থাকা খাওয়ার ব্যবস্থা করার অনুরোধ আমাকে জানাতে সঙ্কোচ বোধ করেনি। পরিতাপের বিষয়, যদিও সম্ভবত আমার পক্ষে সেটা শাপে বর হয়েছিল, আমার নিজেরই সে সময় কোনো ঘর ছিল না। আমি আছি তখন বাইতুল আমানে অতিথি হিসেবে। আমি তোপখানা রোডের প্রেস ক্লাবে হার্ভেকে নিয়ে গেলাম এবং তার সেক্রেটারিকে বুঝিয়ে রাজি করালাম সফরকারি সাংবাদিকদের জন্য তাদের অল্প সংখ্যক গেস্টরুমের একটিতে হার্ভের থাকার ব্যবস্থা করে দিতে। সে আমলে প্রেস ক্লাবের একটাই সাদামাঠা দোতলা বাড়ি। থাকার ব্যবস্থা সাধারণ

মানের, পছন্দসই খাওয়াদাওয়া তেমন মেলে না। তবে এসব পরিষেবা যে মূল্যে পাওয়া যেত সেটা দেবার সামর্থ্য ছিল হার্ভের। যদিও সাধারণত এ সুবিধা অল্পদিনের জন্য মিলত, তবে হার্ভে প্রায় মাস দুয়েক প্রেস ক্লাবে থেকে যায়।

ইতিমধ্যে ভাসানী তার অনুগামীদের নিয়ে আওয়ামী লীগ ছেড়েছেন। তিনি তখন আওয়ামী লীগের বামপন্থী ও কমিউনিস্ট পার্টির মতো অন্যান্য বাম দলদের নিয়ে গোটা পাকিস্তানে একটা বাম দল গড়বার জন্য সক্রিয়। তারা চাইছিল পশ্চিম পাকিস্তানের প্রগতিপন্থী এবং ধর্ম নিরপেক্ষ দৃষ্টিভঙ্গির আঞ্চলিক বামপন্থী দলগুলোর সঙ্গে হাত মেলাতে। এদের মধ্য ছিল শ্রদ্ধেয় সীমান্ত গান্ধী আব্দুল গাফফর খান পরিচালিত এনইডব্লুএফপি এবং বালুচিস্তানের রেড শার্ট নামে পরিচিত বিখ্যাত খুদাই খিদমতগার দল; সিন্ধ জাতীয়তাবাদী নেতা জি এম সাঈদ; এবং পাঞ্জাবের বেশ কিছু বামপন্থী নেতা মিঁয়া ইফতেখারুদ্দীন, লাহোরের নামী আইনজ্ঞদের একজন মিঁয়া মাহমুদ আলি কসুরি প্রমুখ। নতুন দল গড়তে ইতিহাস প্রসিদ্ধ এইসব রাজনৈতিক ব্যক্তিত্বের সমারোহ সদরঘাটের রূপমহল সিনেমায় আয়োজিত এক সমাবেশে যোগ দিতে তাদের বিরাট সংখ্যক সমর্থকদের নিয়ে ঢাকায় উড়ে আসে। এই ঐতিহাসিক চরিত্রদের এক মঞ্চে দেখবার আশায় গোটা ঢাকা তখন উত্তেজনায় ফুটছে।

রূপমহল সিনেমা হলে ২৫-২৬ জুলাই ১৯৫৭ এই সমাবেশের আয়োজন করা হবে। হার্ভে আবদার করে সাম্রাজ্যবাদ বিরোধী ইতিহাসের এই পর্বের প্রত্যক্ষদর্শী হতে তাকে সেখানে নিয়ে যাবার জন্য। যথারীতি প্রথম দিন ২৫ জুলাই সকাল বেলার দিকে ক্যামেরা কাঁধে ঝোলানো হার্ভেকে নিয়ে রূপমহল সিনেমা হলে পৌঁছে গেলাম। প্রথমেই দেখি ঘটনাস্থলের অদূরে পিকেট বসেছে। এই স্বল্পসংখ্যক জটলা নিয়ন্ত্রণ করছিল ন্যাশানাল স্টুডেন্টস ফেডারেশন (এনএসএফ)-এর প্রতিষ্ঠাতা খল-দর্শন এ আর ইউসুফ, মুসলিম লীগের ঘনিষ্ঠ হিসেবে যার খ্যাতি ছিল এবং যে গুপ্তচর সংস্থাগুলোর মদত পেত। স্পষ্টতই এই জমায়েতের নাটের গুরু ছিল ইউসুফ। যদিও আমরা যখন সেখানে দাঁড়িয়ে তখন উচ্চস্বরে 'ভাসানী গুন্ডা', 'ভাসানী ভারতের দালাল' ইত্যাদি বলে বেশ জমকালো বক্তব্য রাখছিল মাহবুব রহমান নামের এক যুবক। এটা আমার স্মৃতিতে গেঁথে ছিল পরের পঞ্চাশ বছর। বাংলাদেশ স্বাধীন হবার পর রাজনৈতিক জীবনের অন্তিম পর্বে মওলানা যখন ভারত বিরোধী হয়ে উঠেছেন, তার 'হক কথা' পত্রিকায় বঙ্গবন্ধু পরিচালিত আওয়ামী লীগ জমানাকে কঠোর নিন্দা করেছেন ভারতপন্থী বলে, এই স্মৃতিগুলো তখন পরিহাস হয়ে ফিরছিল।

মাহবুব তার জ্বালাময়ী ভাষণ যখন চালিয়ে যাচ্ছে ইউসুফ তখন রূপমহলের চালু সভায় উপস্থিত ভারতের মদত পাওয়া লোকজন কারা সেটা আমাদের জানাতে খুবই উদগ্রীব। ইউসুফ এবং আরও কিছু বিক্ষোভকারীদের সঙ্গে

আমাদের আলাপচারিতায় এটা স্পষ্ট হয়ে যায় যে এই বিক্ষোভকারীদের জমায়েত একমাত্র এনএসএফ আয়োজিত ব্যাপার নয়; আওয়ামী লীগের ছাত্র শাখা ইস্ট পাকিস্তান স্টুডেন্টস লীগ (ইপিএসএল)-এর অনেকে এই জমায়েতে অংশ নিয়েছে, যদিও তাদের প্রাক্তন নেতা মওলানা ভাসানী রূপমহলের এই সমাবেশের আয়োজক।

এতক্ষণ যাবৎ রূপমহল থেকে দূরে পুলিশ কর্ডনের পিছনে দাঁড়ানো বিক্ষোভকারীরা চিৎকার চেঁচামেচি করছিল, আপত্তিজনক ভাষা ব্যবহার করছিল তবে হিংস্র হয়ে ওঠেনি। আমাদের উপস্থিতিতেই ঘটনাটা আরও কুৎসিত হয়ে উঠে যে মুহুর্তে লাহোরের আণুবীক্ষণিক আজাদ পাকিস্তান পার্টির সভাপতি মিঁয়া ইফতেখারুদ্দীনকে নিয়ে একটি ট্যাক্সি সেখানে এসে থামে। আজাদ পাকিস্তান পার্টিও রূপমহলে জড়ো হওয়া এই গোপন সভার সদস্য। মিঁয়া সাহেব অবশ্যই হকচকিয়ে গিয়ে থাকবেন যখন তার রূপমহলে ঢোকার রাস্তা আগলে দাঁড়ায় এই ছোটো কিন্তু মারমুখী জনতা। তারা তাকে রূপমহল সমাবেশের অংশগ্রহণকারী হিসেবে চিনতে পেরে তার ট্যাক্সির চালে লাঠির বাড়ি মারতে থাকে। মিঁয়া সাহেব ছোটোখাটো চেহারার মানুষ হলেও কাপুরুষ ছিলেন না। তিনি তাই হঠাৎ করে ট্যাক্সি থেকে নেমে জনতার সঙ্গে যুক্তিতর্ক করতে চাইলেন। পরনে তার প্রিয় ইউনিফর্ম সেরা সুতির চাপা পাজামা এবং নিখুঁত সেলাই করা শেরওয়ানি। কথা শুরু হবার আগেই এবং আমি এগিয়ে গিয়ে মিঁয়া সাহেবকে সতর্ক করার আগেই একটা লাঠি এসে পড়ে তার হাঁটুতে। এই আকস্মিকতায় মিঁয়া সাহেবের লড়াকু প্রতিক্রিয়া দ্বিগুণ বাড়িয়ে দেয় তবে তার ট্যাক্সি চালকের বোধ তার চেয়ে বেশি ছিল। সে তাকে গাড়ির ভিতরে টেনে বসিয়ে দিয়ে যত দ্রুত সম্ভব সেখান থেকে গাড়ি ছোটায় মিঁয়া সাহিব যেখানে উঠেছেন সেই হোটেল শাহবাগের দিকে।

এই অ্যাডভেঞ্চারের একটা উপভোগ্য শেষ অধ্যায় ছিল। সে সন্ধেয় আমি শাহবাগ গেলাম আমার বন্ধুর বাবার শরীর কেমন আছে খোঁজ নিতে। দেখি মিঁয়া সাহেব বিছানায় শুয়ে ফোলা হাঁটুর শুশ্রুষা করছেন। আঘাত পাবার কারণে মিঁয়া সাহেব রূপমহলের বাকি অনুষ্ঠানগুলোয় হাজির হওয়া থেকে বিরত থাকতে বাধ্য হন। এরকম পরিস্থিতিতে তার ঘরে বিনা নোটিশে আর কে হাজির হবেন বঙ্গবন্ধু ছাড়া! ওরা পরস্পরকে চিনতেন ১৯৫০ সাল থেকে। বর্তমান রাজনৈতিক পরিস্থিতির আগে অবধি মিঁয়া সাহিব ও তার দল যুক্তফ্রন্টের ২১ দফা কর্মসূচির জোরদার সমর্থক ছিল এবং তাদেরকে পূর্ব পাকিস্তানের গণতান্ত্রিক আন্দোলনের বলিষ্ঠ মিত্র ভাবা হত।

বঙ্গবন্ধুর প্রথম সম্ভাষণ ছিল –“মিঁয়া সাহেব, ঢাকায় আপনি আমার অতিথি। আপনাকে এমন করবার সাহস কার হল?!” মিঁয়া সাহেবকে আঘাত করেছিল সম্ভবত স্টুডেন্টস লীগের কোনো গুন্ডা এই নাটকটুকু মিঁয়া সাহেব বেশ ভালোই

উপভোগ করেছিলেন এবং আমার দিকে তাকিয়ে চোখ টিপলেন। সে আমলে রাজনীতি মনে হয় কিছু সৌজন্য মেনে চলত যেজন্য বঙ্গবন্ধু নিজে শাহবাগে এসেছিলেন তার বিরোধীর সঙ্গে পুরনো সম্পর্ক ঝালিয়ে নিতে। মিঁয়া সাহেবের সঙ্গে আমার ব্যক্তিগত ঘনিষ্ঠতার কথা বঙ্গবন্ধুকে বুঝিয়ে বলি এবং বাইতুল আমানের নৈশভোজের সুবাদে তিনি আমাকে তৎক্ষণাৎ চিনতে পারেন। তিনি অবাকও হন দক্ষিণ থেকে বামের রাজনীতিতে আমার চলনশীলতার পরিচয় পেয়ে।

সদরঘাট থেকে মিঁয়া ইফতেখারুদ্দীন চলে যাবার পর হার্ভে আর আমি ইউসুফের জনতার জটলা কাটিয়ে রূপমহল সমাবেশের হাওয়া বুঝতে ভিতরে ঢুকে যেতে পেরেছিলাম। সমাবেশের তাৎক্ষণিক পরিণতি হিসেবে সিদ্ধান্ত হল যে রূপমহলে উপস্থিত সমস্ত দলগুলো তাদের রাজনৈতিক পরিচয় একটি দল ন্যাশনাল আওয়ামী পার্টি (ন্যাপ)-এ মিশিয়ে দেবে যে দল পাকিস্তানের পাঁচটি প্রদেশের পূর্ণ স্বায়ত্তশাসন, একটি স্বাধীন পররাষ্ট্র নীতি এবং ধর্মনিরপেক্ষতা লাভ করতে দায়বদ্ধ থাকবে। সভায় আমরা জানতে পারি গোপন বৈঠকের পরিসমাপ্তিতে ২৬ জুলাই পল্টন ময়দানে একটি জনসমাবেশ হবে যেখানে কিছু নেতা ভাষণ দেবেন।

হার্ভে বুঝতে পারে যে পল্টন ময়দানের জনসমাবেশে উত্তেজক কিছু ঘটতে চলেছে এবং তাকে সেখানে নিয়ে যেতে আমায় পীড়াপীড়ি করে। ২৬ জুলাই বিকেলে আমরা যখন সেখানে পৌঁছলাম মিটিং শুরু হয়ে গেছে, পাকিস্তানের সব বিশিষ্ট নেতারা মঞ্চে আসীন। আমার কেমন মনে হল পল্টন ময়দানের বাইরে যে জনতা জড়ো হচ্ছে এবং ভিতরে জমায়েতের পিছন দিকে যারা রয়েছে তারা সকলকে এই সমাবেশের সমর্থক ভাবা যায় না এবং হার্ভেকে বললাম আমাদের এমন জায়গায় দাঁড়ানো ভালো যেখান থেকে বেরোবার পথ খোলা থাকবে। হার্ভে আমার সতর্কীকরণ শুনে ঠাট্টা করে এবং মাটিতে বসে থাকা জনতার সামনে তাকে নিয়ে যেতে জোর করে যেখান থেকে ব্রাউনি ক্যামেরায় মঞ্চে উপবিষ্ট নেতাদের এবং তার পিছনের দিকের জনতার কিছু ছবি সে তোলে।

সভা যত এগোয়, আমাদের পিছনের জনতার ক্ষিপ্ত গুঞ্জন চিৎকার, স্লোগান দ্রুততর হয়। খুব দেরি লাগে না, আমাদের মাথার উপর দিয়ে মঞ্চে বসা নেতাদের লক্ষ্য করে শুরু হয় ইটপাটকেল বৃষ্টি এবং পরিমাণে বাড়তে থাকে ক্রমাগত। আমি পরামর্শ দিই এবার বেরিয়ে যাওয়া উচিত কিন্তু সে কথায় আমল না দিয়ে জনতার সামনে গিয়ে দাঁড়ায় হার্ভে যাতে রাজনৈতিক হিংস্রতার দৃশ্য সে ফিল্মবন্দী করতে পারে। পাথরবৃষ্টি পরিমাণে ঘনীভূত হলে এবং নিয়মিত হারে মঞ্চে এসে পড়তে থাকলে, অল্পের জন্য একটা পাথরের আঘাত থেকে রক্ষা পায় হার্ভের মাথা। এই সময় তাকে সামনের সারি থেকে টেনে নিয়ে

আসি যাতে জনতার মুখোমুখি না দাঁড়িয়ে তাদের পিছনে নিরাপদ সুবিধাজনক বিন্দুতে দাঁড়ানো যায়। সেখান থেকে তাকিয়ে দেখি এতখানি তীব্র হয়েছে পাথর বৃষ্টি যে নেতাদের জীবন বিপন্ন। এই অবস্থায় সভা পরিত্যাগের সিদ্ধান্ত নেওয়া হয় এবং ময়দানের দক্ষিণ দিকে জিন্নাহ (বঙ্গবন্ধু) এভিনিউর দিকে বাহির-পথ ধরে সারিবদ্ধ বেরিয়ে আসে নেতারা। তারা বাহির-পথ ধরে এগোতে থাকলে পাথর বৃষ্টি চলতে থাকে। স্পষ্ট মনে আছে সে দৃশ্য – নেতাদের বাঁচাতে কর্ডন করে রেখেছে তাগড়াই পাঠান ও বালুচ কর্মীরা, মাঝে মাঝে শূন্যে লাফিয়ে নেতাদের দিকে ছোঁড়া পাথর আটকে দিচ্ছে।

পশ্চিম পাকিস্তানের রাজনীতিতে ন্যাপের উদয় কোনো উল্লেখজনক প্রভাব ফেলেনি, যদিও এতে করে আঞ্চলিক স্বায়ত্বশাসনের আন্দোলন শক্তিশালী হয়েছিল। পূর্ব পাকিস্তানে ন্যাপ একটা গুরুত্বপূর্ণ রাজনৈতিক শক্তি হিসেবে আবির্ভূত হয়, যার নেতা ছিলেন এদেশের অতি বিশিষ্ট এবং মানী নেতাদের একজন মওলানা ভাসানী। সব বামপন্থী রাজনৈতিক সংগঠন এবং প্রভাবশালী বামপন্থী বুদ্ধিদ্ধজীবিদের আশ্রয়স্থল হয়ে ওঠে ন্যাপ। ইস্ট পাকিস্তান স্টুডেন্টস ইউনিয়ন (ইপিএসইউ) ছিল ন্যাপের ছাত্র শাখা যেটা উজ্জ্বল এবং নিবেদিত ছাত্রদের আকর্ষণ করত। বামপন্থার পক্ষে দুর্ভাগ্যজনক যে পূর্ব পাকিস্তানে ন্যাপ নিজেকে গণতন্ত্র বিরোধী শক্তিগুলোর রাজনৈতিক হাতিয়ার হিসেবে ব্যবহৃত হবার সুযোগ করে দেয়, যারা গণতান্ত্রিক প্রক্রিয়ার দুর্নাম করতে এবং তাকে নড়বড়ে করতে কোমর বেঁধেছিল। এই চক্রান্তের পরিণতিতে, যাতে ন্যাপের নিজেরও ভূমিকা ছিল, ১৯৫৮ অক্টোবরে সামরিক আইন জারি করল জেনারেল আইয়ূব খান।

৮

ঢাকা: ব্যবসা জগতে বিচরণ

পথপ্রদর্শক উদ্যোগী

ঢাকায় আমার জীবনের প্রথম পর্বে তদানীন্তন পূর্ব পাকিস্তানে ব্যক্তি ব্যবসার জগতের সঙ্গে আমার সংক্ষিপ্ত পরিচয় ঘটেছিল। ব্যবসা ক্ষেত্রের সাথে সম্পৃক্ত যারা আমার শুভানুধ্যায়ী, তারা একথা জানলে সত্যিই অবাক হবেন যে পূর্ব পাকিস্তানের বেসরকারি শিল্পায়নের সাথে সংশ্লিষ্ট একেবারে প্রথম দিকের বাঙালি মুসলমান উদ্যোক্তাদের মধ্যে আমি ছিলাম একজন। আমার নিজেকে তৈরি করার বছরগুলোর এই অপ্রত্যাশিত বৈশিষ্ট্য একেবারেই আমার বাবার অবদান, পূর্ব পাকিস্তানে প্রথম বাঙালি মুসলমান শিল্পপতিদের একজন হবার কৃতিত্ব যার অবশ্য প্রাপ্য।

১৯৪৭ সালে ইম্পেরিয়াল পুলিশ সার্ভিস থেকে অবসর নেবার পর উদ্যোগী ঝুঁকি নেবার উল্লেখনীয় বিচক্ষণতা দেখিয়েছিলেন বাবা। সুদূর ১৯৫৩ সালে পূর্ব পাকিস্তানে, এমনকি হয়তো সে সময় গোটা পাকিস্তানের মধ্যে, প্রথম আধুনিক ট্যানারি খুলেন তিনি। পূর্ব পাকিস্তানের ছাগলের চামড়া অথবা কিড ইতিমধ্যেই বিশ্ব রপ্তানি বাজারে পরিচিত ছিল। সুতরাং এই চামড়ার আধা-প্রক্রিয়াকরণ এবং তৈরি চামড়ায় রূপান্তর করা সম্ভাবনাময় এবং নির্ভরযোগ্য এক ব্যবসায়িক উদ্যোগ ছিল। সে সময় এ কে খানের মতো কিছু বাঙালি মুসলমান ব্যবসায় সক্রিয় ছিলেন। বস্তুত বাবা যখন রায় বাহাদুর আর পি সাহা এবং চেকোস্লোভাকিয়ার দুই অভিজ্ঞ চামড়া প্রযুক্তিবিদের সঙ্গে ঢাকা ট্যানারিজ খুললেন তখন দেশভাগের পর পূর্ব পাকিস্তানের প্রথম শিল্প বিনিয়োগের একটি হয়ে ওঠার প্রতিশ্রুতি ছিল সেটার।

১৯৫০-এর প্রথম দশকে দুই চেক প্রযুক্তিবিদ এবং আর পি সাহা তাদের শেয়ার বেচে দেয় পুলিশ সার্ভিসে আমার বাবার এক অবসরপ্রাপ্ত সহকর্মী কে বি শামসুদ্দাহারের কাছে। ঢাকা ট্যানারিজ তখন ট্যানারিজ শিল্প এস্টেট হিসেবে গড়ে ওঠা ঢাকার হাজারিবাগে নিজের কারখানা তৈরি করেছে। ১৯৫৭-র জানুয়ারিতে যখন আমি ইংল্যান্ড থেকে ফিরলাম ঢাকা ট্যানারিজ তখন পূর্ব

পাকিস্তানের সবচেয়ে বড়ো ট্যানারি এবং হাজারিবাগে তাদের নিজস্ব কার্যালয় ছাড়াও লীজে নিয়েছে সরকারের তৈরি একটা আধুনিক ট্যানারি যা তৈরি করা হয় হাজারিবাগে ইস্ট পাকিস্তান ইন্সটিটিউট অফ লেদার টেকনোলজির শিক্ষার্থীদের হাতে কলমে শিক্ষা দেবার লক্ষ্যে। ১৯৫৭ সালে ঢাকা ট্যানারিজের ফ্যাক্টরি চালাত প্রায় পাঁচশো শ্রমিক, তিনজন অভিজ্ঞ চীনা ট্যানার এবং তাদের সহায়ক নোয়াখালির দুই বাঙালি।

আমার বাবার এই উদ্দীপ্ত ব্যবসায়িক উদ্যোগ হিসাব করে যে কেউ ভাবতেই পারেন যে আজকে আমাদের পরিবারের উচিত ছিল কোটিপতি শ্রেণীর জীবনযাপন উপভোগ করা। সেটা হবার ছিল না দুর্ভাগ্যবশত। নিজের উদ্যোগী প্রতিভার ফল আস্বাদন করা কখনোই হয়ে ওঠেনি বাবার। ঠকাতে, মিথ্যে বলতে, সরকারী কর্মচারীদের সামনে নিজেকে খাটো করতে ঘেন্না পেতেন তিনি। নিজের সব রাস্তা খোলার জন্য চারধারে টাকা ছড়াতেও পারতেন না। তিনি ভেবেছিলেন তার ব্যক্তিত্ব এবং ভারত-পাকিস্তানের সেরা লোকজনদের তার পরিচয় তার সব উদ্যোগকেই পর্যাপ্ত সুফলদায়ী করবে। কিন্তু দিনের শেষে তার কম বিবেকবান ব্যবসা সহযোগীরাই এসবের ফল খেয়েছিল।

চামড়ার ব্যবসায় অ্যাডভেঞ্চার

১৯৫৭-র জানুয়ারিতে ঢাকায় আসার পরে, আমার বাইশতম জন্মদিনের দু'মাস আগে বাবা তখন করাচিবাসী কেআইটি পরিচালনা করছেন। তিনি ঢাকা ট্যানারিজে তার ৫১ শতাংশ শেয়ারের অছির অধিকার আমাকে লিখে একগুচ্ছ নির্দেশ দিলেন তার স্বার্থ দেখতে আমাকে কী কী করতে হবে। বস্তুত ঢাকা ট্যানারিজ পরিচালনায় আমার তেমন কিছুই করার ছিল না যেহেতু বাবা তার শেয়ারের উপর নিয়ন্ত্রণ লীজে দিয়ে দিয়েছিলেন কে বি শামসুদ্দাহারের বড়ো ছেলে ক্যাপ্টেন নুরুদ্দাহার এবং চিনিয়োটী চামড়ার ব্যবসায়ী মোহাম্মদ আমিনের হাতে। আমিনের পরিবার বহু পুরুষপরম্পরা কলকাতায় চামড়ার ব্যবসা করে এসেছে এবং তখন তারা পূর্ব পাকিস্তানে পরিশোধিত চামড়া এবং কাঁচা চামড়ার ব্যবসা করে। ঢাকা ট্যানারিজে বাবার স্বার্থ সংক্রান্ত বিষয় নজরদারি করে তা জানাবার অনুমোদন দেওয়া হয়েছিল আমাকে যদিও আমার সঠিক দায়দায়িত্ব কখনোই পরিষ্কার করা হয়নি; অথবা জানানো হয়নি দাহার এবং আমিনের কোনো কাজের ওপর ভেটো প্রয়োগের ক্ষমতা আমার আছে কিনা।

ঢাকা ট্যানারিজের হেড অফিস ছিল আরমানিটোলার এক পুরনো জমিদার বাড়ি হাসিনা হাউসে। অধিকাংশ প্রতিবেশীর কাছে রাই হাউস বলে পরিচিত বাড়িটা আসল মালিকদের কাছ থেকে কিনে নেয় শামসুদ্দাহার। এই বাড়িটার

সঙ্গে আনন্দময়ী গার্লস স্কুলেরও উওরাধিকারী হয় সে। রাই হাউসের একতলা ঢাকা ট্যানারিজের সঙ্গে ভাগাভাগি করে নিত আনন্দময়ী স্কুল। উপরের তলায় দাহারের যৌথ পরিবার থাকত। এভাবেই এক হিন্দু জমিদারের অন্ধকারময় গুহাসদৃশ দরবার হলে ঢাকার চামড়ার ব্যবসার সঙ্গে পরিচিত হলাম।

ঢাকা ট্যানারিজের ফ্যাক্টরি ছিল হাজারিবাগে তখনকার দিনে পিলখানার মাঝ দিয়ে, নিউ মার্কেট এবং ইস্ট পাকিস্তান রাইফেলস (ইপিআর)-এর ক্যান্টনমেন্ট ছাড়িয়ে আঁকাবাঁকা গলি ধরে পৌঁছে যাওয়া যেত দুর্গন্ধময় ট্যানারি কলোনিতে। সেখানে আমার প্রথম সফর ছিল পাপীর নরক দর্শনের মতো। পচা চামড়া, কেমিক্যাল এবং গোটা হাজারিবাগ জুড়ে খোলা নর্দমা দিয়ে প্রবাহিত ট্যানারির ময়লা পানির গন্ধ রাতে ঘুরেফিরে মনে পড়ত এবং এতগুলো বছর কেটে যাবার পর আজও স্মৃতিতে লেগে আছে, হয়তোবা নাসারন্ধ্রেও। আমিন ধরে নিয়েছিল আমার মতো পরিশীলিত সংবেদনশীল মানুষ দ্বিতীয়বার হাজারিবাগে আসবে না এবং হাসিনা হাউসে বিকেল কাটিয়ে খুশি থাকবে। বস্তুত আমি নিয়মিত হাজারিবাগ যেতে থাকি চামড়ার ব্যবসার সম্পর্কে অন্তত সামান্য কিছু ধ্যানধারণা অর্জন করতে, এমনকি আমাকে যদি এর প্রকৃত পরিচালনায় জড়িত হবার সুযোগ নাও দেওয়া হয়।

ট্যানারি সেক্টরের ব্যবসার গতিপ্রকৃতি বুঝতে আমার কিছু সময় লেগেছিল। পরিশেষে স্পষ্ট হল যে চামড়ার ব্যবসার লাভের অংশটা কেবলমাত্র চামড়া পরিশোধন এবং লেদার বিক্রি থেকেই মেলে না, উপরন্তু আমদানি করা রাসায়নিক এবং রঞ্জক বিক্রি করেও লাভ হয়। ১৯৫০ ও ৬০-এর দশকে বিশ্বের সবচেয়ে বেশি সংরক্ষিত এবং নিয়ন্ত্রিত অর্থনীতিগুলোর একটা ছিল পাকিস্তান। প্রতিটি শিল্প এবং ব্যবসায়ী তাদের ব্যবসা চালাচ্ছে আমদানি লাইসেন্সের উপর ভিত্তি করে যার বহর ব্যবসায়ীদের ভাগ্যনির্ধারক ছিল। তখন রুপির উপর অতিকায় অতিরিক্ত মূল্য চাপানো হয়েছে এবং আমদানি লাইসেন্সিংয়ের ব্যবস্থা ওই ধরনের লাইসেন্সের মালিকদের বড়োসড়ো লাভ আদায়ের সুযোগ দিত। এই লাভ নিষ্কাষিত হত অবরুদ্ধ বৈদেশিক লেনদেনে স্থিরীকৃত এক্সচেঞ্জ রেট থেকে উৎসরি ঘাটতি প্রিমিয়াম থেকে।

ঢাকা ট্যানারিজের ব্যবসার মোটা অংশ আসত ফ্যাক্টরিতে গরুর চামড়া থেকে তৈরি প্রচুর পরিমাণ জুতোর সোল এবং আপার লেদার পশ্চিম পাকিস্তানে রপ্তানি করে যা থেকে ট্যানারিজের বেশ ভালো লাভজনক আয় হত। এই কুৎসিত দর্শন, দুর্গন্ধময় কাঁচা চামড়াগুলোর লেদারে রূপান্তর দেখতে দেখতে পরিবর্তন পদ্ধতিতে বেশ আকৃষ্ট হই – এতটাই যে, হাজারিবাগের অস্বস্তিকর পরিবেশে আমার অনুভুতিগুলোকে খাপ খাইয়ে নিতে পেরেছিলাম।

প্রথা মাফিক ট্যানারি শিল্পে বড়ো ঘটনা ছিল বকরি ঈদ, যেহেতু কাঁচা চামড়ার বড়ো অংশ কেনা হত কোরবানির পর। বহু পরিমাণ পশু জবাইয়ের

ঠিক পরেই পোস্তাগোলার কাঁচা চামড়ার বাজারে ট্যানাররা হাজির হত মাল কিনতে। প্রথম বছর ঢাকা ট্যনারিজে সম্ভবত আমাকে পরিণত করে তোলার বাড়তি প্রক্রিয়া হিসেবে সদ্য নিষ্কাষিত চামড়া কেনার এই ভয়াবহ লেনদেন প্রত্যক্ষ করতে পোস্তাগোলায় যেতে আমন্ত্রণ করে আমিন। দ্বিতীয়বার আর এই অভিজ্ঞতার মুখোমুখি হইনি এবং যাদের পাকস্থলী দুর্বল, নাসারন্ধ্র সুবেদী, তাদের এটা সুপারিশ করব না।

ইংরেজিতে আমার দখল হাসিনা হাউসে অফিসের চিঠিপত্র লেখার যোগ্য ব্যক্তি বানিয়েছিল আমাকে। এই সম্পদগুলো আরও কার্যোপযোগী হয়ে উঠেছিল ১৯৬০-এ রপ্তানি বোনাস স্কিম চালু হবার পর ঢাকা ট্যানারিজ যখন রপ্তানি বাজারে প্রবেশ করল। আইয়ূব খানের সামরিক শাসন জমানায় এই স্কিম চালু হয়েছিল দুর্লভ বৈদেশিক লেনদেনের উপর প্রিমিয়াম ব্যবহার করে রপ্তানিকে আর্থিক উদ্দীপনা জোগাবার লক্ষ্যে। রপ্তানিকারকদের তাদের রপ্তানি থেকে আয়ের অংশবিশেষ রেখে দেবার অনুমোদন ছিল এবং এগুলোকে খোলা বাজারে সম্ভাব্য আমদানিকারকদের কাছে প্রিমিয়ামে বিক্রি করতে পারত তারা। রুপির মূল্য যখন অতিরিক্ত নির্ধারিত সে সময় সব রপ্তানিকারকদের রপ্তানি ভর্তুকির কাজ করত এই প্রিমিয়াম। পাকিস্তানের অধিকাংশ আধা প্রক্রিয়াকৃত পাটজাত পণ্য, বস্ত্র এবং চামড়া যাকে 'ওয়েট ব্লু' বলা হত সেগুলোর রপ্তানি উদ্দীপ্ত করতে এক্সপোর্ট বোনাস স্কিম অসাধারণ সাফল্য পেয়েছিল।

বোনাস ভাউচারের সহজলভ্যতা রপ্তানি লাইসেন্স সেলের উপর লাভ কমিয়ে দিয়েছিল যেহেতু সমস্ত আমদানিকারীরা তাদের বৈদেশিক মুদ্রার প্রয়োজন মেটাতে পারত খোলা বাজারে বোনাস ভাউচার ক্রয়ের মাধ্যমে। এভাবে ঢাকা ট্যানারিজ এবং অন্যান্য সুসজ্জিত ট্যানারিগুলো কেবলমাত্র দেশি বাজারের জন্য উৎপাদন করা থেকে প্রক্রিয়াকৃত চামড়া বিদেশে রপ্তানিতে উৎসাহিত হয়। ১৯৫৮ সালের পর থেকে ঢাকা ট্যানারিজ থেকে যুক্তরাজ্য, ইটালি, হংকং, সিঙ্গাপুর এবং পৃথিবীর অন্যান্য অংশে রপ্তানি বাড়াবার ভূমিকা দেওয়া হল আমাকে, যেটা আমার পক্ষে বেশি সন্তোষজনক ছিল। চিঠিপত্র লেখায় আমার দক্ষতা রপ্তানি অর্ডার নিশ্চিত করার কাজে ভালোভাবেই ব্যবহার হল, যেখানে আমার অবদানের অল্পবিস্তর সাফল্য আমি দাবি করতে পারি।

১৯৫০-এর দশকের শেষদিকে ব্যক্তিগত মালিকানার ব্যবসার ভাগ্য নির্ভর করত বন্দরে বন্দরে ডিরেক্টরেট অফ কমার্স অ্যান্ড ইন্ডাস্ট্রিজ, কন্ট্রোলার অফ ইম্পোর্টস অ্যান্ড এক্সপোর্টস অফিস ইত্যাদিদের খোশ মেজাজে রাখার উপর। সে সময় ব্যবসায়ী গোষ্ঠীর চোখে উল্লিখিত কর্মকর্তারা ছোটোখাটো রাজারাজরার মর্যাদা পেত। ইডেন বিল্ডিংসে সিএলআই-এর সেক্রেটারিকে ভাবা হত বড়ো ঠাকুর। ছোটোখাটো কর্মকর্তাদের ভজনাও করতে হত।

মনে আছে একবার ডিআইটি-র চেয়ারম্যান গুলাম আহমেদ মাদানিকে হাজারিবাগ সফরে রাজি করানো হল পরিবেশগতভাবে বিপজ্জনক হয়ে থাকা জায়গাটার জন্য কিছু ভাবনাচিন্তা করতে। হাজারিবাগ শিল্প অঞ্চলের উন্নয়ন করছিল সরকার এবং সেজন্য সেখানকার নিকাশি, একটা প্রবহমান বর্জ্য-ব্যবস্থা রক্ষণাবেক্ষণ ও নির্মাণের দায়িত্ব ছিল ডিআইটি-র। মাদানি জায়গাটার নাম দিয়েছিল জাহান্নাম কলোনি এবং সফরকারী ক্ষমতাধর হয়ে সে যখন এল তার সামনে ট্যানারিগুলোর অধিকাংশ চিনিয়োটী মালিক মুখ খুলতে পারল না। আমার ডাক পড়ল মাদানির উপর কেমব্রিজ ইংরেজি প্রয়োগ করে জাহান্নাম প্রসঙ্গে তাকে মনে করিয়ে দেওয়া যে হাজারিবাগকে সন্তের আবাস বানাবার কাজ ডিআইটি-র। আমার এই ঔদ্ধত্য মাদানিকে অত্যন্ত কুপিত করে, যাতে সকলেই খুব ভয় পেয়ে গেল।

এ ঘটনা তৎকালীন পাকিস্তানি প্রশাসনের চেহারাও কিছুটা বুঝতে সাহায্য করবে। তবে দুঃখের বিষয়, আমার নাসারন্ধ্র ক্ষতবিক্ষত হবার ৫৮ বছর বাদে আজও, বাংলাদেশে হাজারিবাগের মারাত্মক পরিবেশ দূষণ যে তিমিরে সেই তিমিরেই রয়ে গেছে।

ব্যক্তিগত মালিকানার রাজনৈতিক অর্থনীতি শিক্ষা

সে আমলের ব্যবসা জগতের সঙ্গে পরিচিতি স্বায়ত্বশাসিত পূর্ব পাকিস্তানের প্রতি আমার যে অঙ্গীকার তার বীজ আমার মধ্যে বুনে দিয়েছিল। এই অবাঙালি আমলাদের ছোটোখাটো ব্যবসায়ীদের উপর ছড়ি ঘোরাতে দেখা ছিল অপমানজনক অভিজ্ঞতা। যেভাবে ব্যবসায়ীদের মাথা নোয়াতে হত, যেভাবে তারা মিথ্যে বলতে, ঠকাতে বাধ্য হত সেসব প্রত্যক্ষ করে স্থানীয়দের হাতে ক্ষমতার পুনর্বিন্যাস এবং পাশাপাশি দেশি ব্যবসায়ী সম্প্রদায়ের দুর্বলতার পরিপূরক হিসেবে আরও শক্তিশালী রাষ্ট্রীয় সেক্টর গড়ে তোলার প্রয়োজনীয়তা এই দুটো বিষয়ে আমি নিশ্চিত হই। উদার আমদানি, বিনিয়ন্ত্রণ, প্রতিযোগিতামূলক বিনিময় হার ইত্যাদি গুণাবলী আরও ভালোভাবে অনুভব করি এবং বুঝি বেসরকারি খাত থেকে আমলাতন্ত্র হটানোর প্রয়োজনীয়তা।

১৯৫০'র দশকে পূর্ব পাকিস্তানের বেসরকারি উদ্যোগের ছবিটা মূলত অবাঙালি বহুল, তার নিয়ন্ত্রক পাঞ্জাবী চিনিয়োটী, মেমন, বোহরা এবং আগা খান সম্প্রদায়ের সদস্য পুরুষানুক্রমিক ব্যবসায়ীরা, যাদের অধিকাংশই পশ্চিম ভারত থেকে আসা। বিদেশি বলতে উনিশ শতকে ইরান থেকে কলকাতায় আসা ইস্পাহানিরা যারা মাড়োয়ারিদের সঙ্গে পাল্লা দিয়ে নিজেদের শক্তিশালী ব্যবসায়ী সম্প্রদায় হিসেবে প্রতিষ্ঠা করেছিল। দেশভাগের সময় পূর্ব পাকিস্তানের

পাট ব্যবসার বেশিরভাগ নিয়ন্ত্রণ ছিল মাড়োয়ারিদের হাতে। কিছু বাঙালি হিন্দু নারায়ণগঞ্জে টেক্সটাইল কারখানা খোলে, এবং আর পি সাহা অভ্যন্তরীণ জলপরিবহন সেক্টরে পথপ্রদর্শকের ভূমিকা নেয়।

১৯৪৭ সালে পাকিস্তান হবার পর আদমজি, বাওয়ানি এবং আমিন প্রমুখ ব্যবসায়ীরা কলকাতা থেকে ঢাকা চলে এসেছিল কিন্তু ইস্পাহানি যাদের ব্যবসা শুধুমাত্র পূর্ব পাকিস্তানে ছিল তারা ছাড়া অন্য সম্প্রদায়গুলো তাদের লগ্নি পশ্চিম পাকিস্তানে চালিত করে যেটা তাদের ঘরবাড়ি এবং ব্যবসার মূল কেন্দ্র হয়ে যায়। এই পরিযায়ী ব্যবসায়ীরা দুর্বলতর হিন্দু ব্যবসায়ীদের সরিয়ে দেয় এমনভাবে যে তারাই কালে পাটের ব্যবসা, সাধারণ ব্যবসা এবং পরিশেষে পাট উৎপাদক, বয়নশিল্প, চামড়া ও অন্যান্য কিছু সেক্টর ঘিরে উঠে আসা শিল্প সেক্টরগুলোও দখল করে নেয়। সে সময়কার খবর অনুযায়ী বিশ্বের বৃহত্তম জুট মিল ছিল রাষ্ট্রায়ত্ত পিআইডিসি-র পৃষ্ঠপোষকতা পুষ্ট আদমজীদের প্রতিষ্ঠিত আদমজী জুট মিলস।

ব্যবসা ক্ষেত্রে বাঙালি প্রায় দেখাই যেত না। পাকিস্তানের বেসরকারি ক্ষেত্র নিয়ন্ত্রণ করত যে বাইশটি পরিবার তাদের মধ্যে একমাত্র বাঙালি প্রতিষ্ঠানের মালিক ছিলেন এ কে খান। তিনি বার্মায় ব্যবসা করে সমৃদ্ধি লাভ করা ব্যবসায়ী পরিবারে বিয়ে করেছিলেন। অল্প সময়ের জন্য আওয়ামী লীগ যখন প্রাদেশিক সরকারের ক্ষমতা পেল, তখন মদত করার মতো বাঙালি ব্যবসায়ী প্রতিষ্ঠান খুঁজে বের করা তাদের পক্ষে দুঃসাধ্য হয়েছিল।

পূর্ব পাকিস্তানে আঞ্চলিক ভিত গড়তে ১৯৬০'র দশকের প্রথম দিকে আইয়ুব সরকার প্রথমে ইন্ডাস্ট্রিয়াল ডেভোলাপমেন্ট ব্যাংক অফ পাকিস্তান (আইডিবিপি)-এর মতো ডেভোলাপমেন্ট ফাইন্যান্স প্রদানকারী প্রতিষ্ঠান স্থাপন করে এবং পরে ইক্যুয়িটি সাপোর্ট প্রদানকারী ইস্ট পাকিস্তান ইন্ডাস্ট্রিয়াল ডেভোলাপমেন্ট করপোরেশন (ইপিআইডিসি) তৈরি করে। উভয় ক্ষেত্রেই তাদের লক্ষ্য ছিল বাঙালি শিল্পপতি বুর্জোয়া শ্রেণীর উত্থানে সাহায্য করা। সূচনাকারী বাঙালি ব্যক্তিগত মালিকানার ক্ষেত্র বলে চিহ্নিত পাট ও বয়নশিল্প এবং কিছু ব্যাংক ও বিমা কোম্পানিগুলো ছিল ১৯৬০-এর দশকে উল্লিখিত রাষ্ট্রীয় মদতপ্রাপ্ত উদ্যোগের অংশ। এই নতুন শ্রেণীর উত্থানে প্রাদেশিক সচিবালয়ে বরিষ্ঠ পদাধিকারী বাঙালি সিএসপি কর্মকর্তাদের ভূমিকা এবং তৎসহ ১৯৬০-এর দশকে আইডিবিপি-র বাঙালি ম্যানেজিং ডিরেক্টর মাহবুব রশিদের অবদান উল্লেখনীয়।

গোড়ার দিকে অবাঙালি ব্যবসায়ীদের ছত্র-ছায়ায় কাজ করা বেশিরভাগ উচ্চাকাঙ্ক্ষী বাঙালি ব্যবসায়ী আওয়ামী লীগকে জোরদার সমর্থন জুগিয়েছে। তাদের আশা ছিল আওয়ামী লীগ ক্ষমতায় আসলে অবাঙালি ব্যবসায়ীদের সঙ্গে পাল্লা দেবার শক্তি জোগাতে তাদের পর্যাপ্ত সাহায্য করবে। ১৯৬০-এর

দশকে আইয়ুব সরকারের আমলে রাষ্ট্রীয় পৃষ্ঠপোষকতা পাওয়া সত্ত্বেও বাংলাদেশ স্বাধীন হবার পর বাংলাদেশের শিল্প সম্পদের তিন শতাংশ মাত্র নতুন বাঙালি বুর্জোয়া শ্রেণীর দখলে ছিল। ব্যক্তিগত সম্পদের বড়ো ভাগের মালিক ছিল অবাঙালিরা, স্বাধীনতার আগে যারা সেসব ছেড়ে দিয়ে পশ্চিম পাকিস্তানে পালিয়েছিল।

দক্ষিণ-পূর্ব এশিয়ায় বাণিজ্য কূটনীতি

অবাঙালি নিয়ন্ত্রিত ব্যবসা জগতের সঙ্গে সরাসরি পরিচিত হবার সুযোগ পেলাম যেবার ক্ষমতায় নতুন অধিষ্ঠিত আইয়ূব সরকার দক্ষিণ ও দক্ষিণ-পূর্ব এশিয়ায় বাণিজ্য সম্ভাবনা খতিয়ে দেখতে ১৯৫৯ সালের মাঝামাঝি পাঠানো বিদেশ সফরকারী প্রতিনিধি দলে যোগ দিতে আমাকে আমন্ত্রণ জানায়। যেহেতু দলের অধিকাংশ সদস্য পশ্চিম পাকিস্তানি তাই পূর্ব পাকিস্তান থেকে একজনকে দলভুক্ত করা সমীচিন মনে করেছিল সরকার। সে সময় পূর্ব পাকিস্তানের শিল্পগুলোর মধ্যে রপ্তানি বাণিজ্য সম্ভাবনাময় ভাবা হয়েছিল চর্ম শিল্পকে। যেহেতু ঢাকা ট্যানারিজ তখন ট্যানারি সেক্টরে সবচেয়ে বড়ো উদ্যোগ, তাই আমাদের আমন্ত্রণ জানানো হল প্রতিনিধি দলে অংশ নিতে। নুরুদ্দাহার মিশনে যোগ দিতে অনিচ্ছুক থাকায় আমি নির্বাচিত হই। আমার সফর খরচ দেবে ঢাকা ট্যানারিজ। প্রতিনিধি দলে আমার মর্যাদা বাড়াতে ২৪ বছরের আমাকে অল পাকিস্তান ট্যানারস অ্যাসোসিয়েশনের প্রেসিডেন্ট পদ দেওয়া হল! প্রতিনিধি দলে ছিল তৎকালীন পাকিস্তানের সবচেয়ে বড়ো ব্যবসায়ী দাউদ পরিবারের তরুণ সিদ্দিকি দাউদ এবং সবাই ফার্স্ট ক্লাসে সফর করছিল। আমাকে ইকনমি ক্লাস ছেড়ে তাদের সঙ্গী হবার বিড়ম্বনা ভোগ করতে হল – যা থেকে বোঝা গিয়েছিল আমার যাত্রায় কত পরিমাণ অর্থব্যয় করতে আগ্রহী ছিল ঢাকা ট্যানারিজ।

আমাদের পাঁচ সদস্যের দলে ছিল হাসপাতালের সরঞ্জাম প্রস্তুতকারী এক পাঞ্জাবী, স্পোর্টস গুডস ম্যানুফ্যাকচারার্স অ্যাসোসিয়েশনের প্রেসিডেন্ট, হোসিয়ারি গুডস ম্যানুফ্যাকচারার্স অ্যাসোসিয়েশনের প্রেসিডেন্ট। তালিকা থেকেই বোঝা যায় যে তখন পাকিস্তানে বহুমুখী নির্মাণের ভিত বিশেষ শক্তপোক্ত ছিল না।

আমাদের প্রতিনিধি দলের নেতৃত্ব দিচ্ছিল বাণিজ্য মন্ত্রণালয়ের যুগ্ম সচিব একজন পশ্চিম পাকিস্তানি সিএসপি। আমি আবিষ্কার করি যে সে সময় পাকিস্তান কেন্দ্রীয় সরকারের এমনকি একজন যুগ্মসচিব পর্যায়ের কর্মকর্তাও পূর্ণক্ষমতাপ্রাপ্ত হত। তার উপস্থিতিতে আমাদের ব্যবসায়ী এমনকি রাষ্ট্রদূত পর্যন্ত সালাম ঠুকত। আমার মনে আছে সেই যুগ্মসচিবটির আত্মশ্লাঘা এতটাই

ছিল যে আমরা জাপান পৌঁছলে মিতসুই এবং মিৎসুবিশির মতো বিশাল জাপানি কর্পোরেট সংস্থা, গোটা পাকিস্তানের অর্থনীতিকে কিনে নেবার ক্ষমতা যাদের ছিল, তাদের বরিষ্ঠ কার্যনির্বাহকদেরও এক ঘন্টা অপেক্ষায় রেখে আমাদের প্রতিনিধি দলের সঙ্গে জাপানিদের নির্ধারিত সভায় দুলকি চালে হাজির হলেন তিনি।

এই পূর্ব দেশ সফর আমার পক্ষে বড়ো অ্যাডভেঞ্চার ছিল। দলের কোনো সদস্যই আমার তারুণ্য সম্পর্কে ওয়াকিবহাল ছিল না। যেহেতু আমাকে চব্বিশ বছরের তুলনায় বড়ো দেখাত এবং আরও বয়স্কের প্রত্যয় ছিল আমার কথাবার্তায় তাই আমাকে ওরা সমগোত্রীয় ধরে নিয়েছিল। ইংরেজিতে আমার তুলনামূলক উৎকৃষ্ট দখল এবং প্রতিনিধিদল যেসব দেশ সফর করবে তাদের অর্থনীতি বিষয়ে আমার হোম-ওয়ার্ক থাকায় ব্যবসায়ী হিসেবে সাধারণ মানের হলেও খুব তাড়াতাড়ি দলের প্রধান মুখপাত্র হয়ে গেলাম আমি। যেহেতু যুগ্মসচিবের গরিমাময় পদমর্যাদা মেনে নেবার আগ্রহ দেখাইনি এবং যেহেতু তার চেয়ে ঝরঝরে ইংরেজি বলতে পারতাম তিনিও তাই আমাকে প্রতিনিধি দলের অন্য সদস্যদের তুলনায় বেশি সম্মান দেখান। অন্যরা তার দেমাগি হাবভাব সহ্য করতে পারছিল না।

আমাদের প্রথম যাত্রা বিরতি রেঙ্গুনে – যে নতুন তৈরি বিমানবন্দর দেখলাম তখনই সেটা পাকিস্তানের যেকোনো বিমানবন্দরের তুলনায় আধুনিক। ঔপনিবেশিক ধ্রুপদী স্মৃতিসৌধের একটি স্ট্র্যান্ড হোটেলে আমরা থাকলাম। তখনও বার্মার ব্যবসা জগতে ভালোরকম কর্তৃত্ব বজায় রয়েছে ভারতীয় এবং পাকিস্তানিদের আর বর্মী উদ্যোগে মহিলাদের প্রতিনিধিত্ব বেশি। সে আমলে রেঙ্গুন সমৃদ্ধশালী শহর, তার তুলনায় ১৯৯৯ সালে আবার দেখা সামরিক শাসনের অন্তিম পর্বের রেঙ্গুন কিছুটা বিবর্ণ লেগেছিল।

রেঙ্গুন থেকে আমরা গেলাম ব্যাংকক। ১৯৫৯ সালে সে শহর ঢাকার চেয়ে খুব বেশি উন্নত নয় এবং করাচির তুলনায় আরও কম। সামান্য কিছু বড়ো হোটেল পাওয়া যেত। আমরা গ্র্যান্ড প্যালেসের কাছেই এশিয়া হোটেলে উঠলাম। গ্র্যান্ড প্যালেস ঘিরে বেশিরভাগ সরকারি অফিসগুলো ছিল। তখনও বেশ শান্ত সবুজে ঢাকা শহরটা। তাকে ছেদ করেছে কিছু খাল। টাইম ম্যাগাজিন এবং নিউ স্টেটসম্যান পড়ে থাই রাজনীতি সম্পর্কে যে অনুমিত গভীর জ্ঞান অর্জন করেছিলাম থাই প্রতিনিধিদের সঙ্গে আলোচনায় সেগুলো দিয়ে তাদের খুব প্রভাবিত করি। একজন থাই কর্মকর্তা তো রীতিমত বলেই বসে, সে পাকিস্তান সম্পর্কে কিছুই জানে না তাহলে আমি কী করে থাইল্যান্ড সম্পর্কে এত কিছু জানলাম!

থাইল্যান্ড থেকে আমরা গেলাম ব্রিটিশদের থেকে সদ্য স্বাধীন হওয়া মালয়েশিয়ায়। কুয়ালালামপুরের মূলত ঔপনিবেশিক চরিত্র তখনও বজায়

আছে এবং গুরুত্ববহ কোনো শিল্পের ভিতই নেই। এর যা কিছু সমৃদ্ধি তার সব রাবার গাছ ও টিন রপ্তানি থেকে। আমাদের পরবর্তী গন্তব্য সিঙ্গাপুর দেখে মনে হল সেখানে ব্রিটিশ রাজের ধারাই অনুসরণ চলেছে। আমরা থাকলাম তখন সংস্কারবিহীন ঐতিহাসিক Raffles হোটেলে। সিঙ্গাপুর তখনও ব্রিটিশ শাসনভুক্ত একটা বন্দর শহর, যেখানে Raffles হোটেলের বারান্দায় বসে জিন-টনিক পান করতে হয়ত স্বচ্ছন্দ বোধ করতেন সমারসেট মম।

আমরা যখন সেখানে রয়েছি তখন নির্বাচনী প্রচার চলছে ব্রিটিশ শাসনের আসন্ন অবসানের পর কে সিঙ্গাপুর শাসন করবে তা নির্ধারণ করতে। প্রত্যাশিত যে প্রভাবশালী রাজনৈতিক নেতা মার্শাল যাকে ইতিমধ্যেই সরকারে আনা হয়েছে সেই উত্তর ঔপনিবেশিক শাসনের প্রধান হবে। তাকে চ্যালেঞ্জ জানাচ্ছে তেজি যুবক কেমব্রিজ শিক্ষিত আইনজীবি লি কুয়ান ইউ। সে যে দল চালায় সেটা আমাদের সিঙ্গাপুরী ব্যবসায়ী দোসরদের ধারণায় অতি বামপন্থী হবার কারণে তাদের পক্ষে নির্বাচন জেতা মুশকিল। আমরা সিঙ্গাপুর ছেড়ে আসার কিছু দিন বাদে কাগজে পড়ে খুব অবাক হই যে বামপন্থী দলটিই নির্বাচনে বিপুলভাবে জয়ী হয়েছে এবং তাদের নেতা প্রধানমন্ত্রী নির্বাচিত হয়েছে। বাকিটা তাদের ভাষায় ইতিহাস। দক্ষিণপূর্ব এশিয়ার যেসব দেশ আমরা সফর করলাম তাদেরই মতো এশীয় বাঘ হয়ে আত্মপ্রকাশ করতে তখনও একযুগ দেরি সিঙ্গাপুরের। এটা তখন ব্রিটিশ ব্যবসায়ী সংগঠনগুলো নিয়ন্ত্রিত এক বাণিজ্য কেন্দ্র। তবে আমরা লক্ষ করলাম তাদের চ্যালেঞ্জ জানাতে চীনা ও ভারতীয় ব্যবসায়ী সংগঠনগুলোর আত্মপ্রকাশ শুরু হয়েছে।

সিঙ্গাপুর থেকে আরও দক্ষিণে ইন্দোনেশিয়ায় যাই আমরা, যে দেশ তখন শাসন করছে তাদের প্রতিভাধর প্রতিষ্ঠাতা পুরুষ প্রেসিডেন্ট সুকর্ণ। দেশটার প্রাকৃতিক সম্পদ একসময় তার ডাচ ঔপনিবেশিক প্রভুদের বিত্তশালী করলেও দেখে মনে হল ইন্দোনেশিয়া পাকিস্তানের থেকেও কম উন্নত এবং তার শাসনব্যবস্থা হতদরিদ্র। জাকার্তার সেরা হোটেলগুলোর একটায় আমরা ছিলাম কিন্তু সেখানকার বিদ্যুৎ ও পানি সরবরাহ অনিয়মিত ছিল। আইয়ূব খানের জমানায় পাকিস্তানের জোরদার সমর্থক হয়েছিল সুকর্ণ। পাকিস্তানের পররাষ্ট্রমন্ত্রী ভুট্টো তার বিশেষ বন্ধু ছিল, যার কারণ অবশ্য ছিল দুজনের অভিন্ন কিছু অরাজনৈতিক ঝোঁক।

জাকার্তা থেকে তৎকালীন দক্ষিণ ভিয়েতনামের রাজধানী সায়গন যাত্রা করলাম আমরা। আমরা যখন সায়গন পৌঁছলাম দক্ষিণ ভিয়েতনামের গ্রামাঞ্চলে তখন ভিয়েত কং-দের নেতৃত্বে বিপ্লবের প্রস্তুতিপর্ব চলেছে। যার ফলে বস্তুত আমরা সাইগনের বাইরে যেতে পারলাম না এবং আমাদের রপ্তানি সম্পর্ক উন্নয়নে যা কিছু করবার সবটাই রাজধানী শহরে বসে করতে হল। তখনও এই অভ্যূত্থান সায়গনে ছড়ায়নি, পরে ১৯৬০'র দশকের শুরুতে যা

ঘনীভূত হয়ে ১৯৭৫ সালে কমিউনিস্টদের পূর্ণ বিজয় এবং দুই ভিয়েতনাম একত্রিত করেছিল।

১৯৫৯ সালে সায়গন তখনও মূলত ফরাসি ফাঁড়ি যদিও মার্কিন উপস্থিতি আরও স্পষ্ট হয়েছে। আমরা থাকলাম পুরনো ঔপনিবেশিক আমলের হোটেল ক্যারাভেলে। আশপাশের অধিকাংশ নির্মাণ ফরাসিদের এবং তারা সেগুলো দখল করে আছে। তখনও ভিয়েতনামি সম্ভ্রান্তদের পছন্দের ভাষা ফরাসি, যদিও ইংরেজির ব্যবহার অল্পবিস্তর শুরু হয়েছে যাতে তারা মার্কিন সেনাদের সঙ্গে ভাব বিনিময় করতে পারে। আমলা এবং আমেরিকান ব্যবসায়ীদের একটা ছোটো গোষ্ঠীও নজরে পড়ল। বেশ কিছু রেস্তরাঁয় তখনও ভালো ফরাসি রান্না পাওয়া যায়। অল্প যে কদিন আমরা সেখানে ছিলাম গ্রামাঞ্চলে অভ্যুত্থানের কিছু টুকরো টাকরা খবর পড়লাম তবে আমাকে সায়গনের বাইরে সফরে নিয়ে যাবার জন্য নিমন্ত্রণকর্তাদের অনুরোধ করলেও তারা সবিনয়ে নিরুৎসাহিত করে। মনে নেই সাইগনে রপ্তানি বাণিজ্যের আশ্বাস কতটা পাওয়া গিয়েছিল।

এরপরে আমাদের ম্যানিলা সফরও ফলদায়ী হয়নি। শহরটা ছিল বিধ্বস্ত এবং যে ম্যানিলা হোটেলে আমরা ছিলাম নিরাপত্তার কারণে তার বাইরে যেতে নিরুৎসাহিত করা হয়েছিল আমাদের। ভাগ্যবশত আমার এক কেমব্রিজ সমসাময়িক জো রোমেরো-র সঙ্গে দেখা হল। তার বাবা ম্যানিলার এক সম্ভ্রান্ত পরিবারের সদস্য এবং যুক্তরাষ্ট্রে রাষ্ট্রদূত ছিল। জো আমাকে শহরটা ঘুরিয়ে দেখাল এবং তার ক্লাবে নিয়ে গিয়ে আপ্যায়ন করল যেখানে ফিলিপিনসের অর্থনীতি ও রাজনীতি সম্পর্কে জানতে পারলাম। ব্যবসা সংক্রান্ত আলোচনা আশাজনক হয়নি কারণ ফিলিপিনসের নিজের অর্থনীতির তখনো উন্নয়ন হয়নি বা সমৃদ্ধির কোনো লক্ষণ দেখা যায়নি। দেশের অর্থনীতি ও রাজনীতিতে আমেরিকার প্রবল প্রতাপ, যার দরুণ প্রচ্ছন্নভাবে হলেও ভালোরকম আমেরিকা বিরোধিতা দানা বাঁধছিল।

ম্যানিলা থেকে আমরা উড়ে যাই টোকিও যেখানে ফ্র্যাঙ্ক লয়েড রাইটের তৈরি ধ্রুপদী ইম্পেরিয়াল হোটেলে থাকা হল। প্রধান অর্থনৈতিক শক্তি হিসেবে আন্তর্জাতিক পর্যায়ে বিশিষ্ট হয়ে উঠতে তখনও কিছু বাকি জাপানের, তবে দেশটা যে দ্রুত উন্নতি করছে সেটা বোঝা যাচ্ছিল টোকিওর কিছু অংশের প্রাচুর্য যা আমাদের মুগ্ধ করেছিল। গিনজা অঞ্চলে কিছু ডিপার্টমেন্টাল স্টোরে বিলাসবাহুল্যের যে আভাস পেয়েছিলাম লন্ডনের অক্সফোর্ড স্ট্রিটে আমার দেখা অভিজ্ঞতাকেও সেগুলো ছাপিয়ে গিয়েছিল। সবে উচ্চমুখী (vertical) উন্নয়ন চলছিল শহরটার, কিন্তু সে আমলে অধিকাংশ টোকিতে তখনও সনাতন রীতির বাড়ি রয়েছে যার ভিতরের দেয়াল কাগজে তৈরি এবং মেঝে খড়ের তাতামি মাদুর-ঢাকা।

টোকিওর সেরা কর্পোরেট সম্ভ্রান্তদের সঙ্গে পরিচিতি যতখানি ফলদায়ী হতে পারত তার চেয়ে কমই হল আমাদের প্রতিনিধি দলের নেতার ঢিলেঢালা ধরনধারনের কারণে। যাই হোক, তখনই জাপানের সঙ্গে নানা প্রকল্পে ভালোভাবে যুক্ত পাকিস্তান। ফেঞ্চুগঞ্জ সার কারখানা এবং চট্টগ্রাম ইস্পাত কারখানার মতো কিছু বৃহৎ প্রকল্পে লগ্নি ছাড়াও পাকিস্তান থেকে তুলোর সুতোর সবচেয়ে বড়ো আমদানিকারক দেশগুলোর একটা তখন জাপান। পাকিস্তানের বৃহত্তম টেক্সটাইল নির্মাতা গোষ্ঠীর সদস্য হিসেবে সিদ্দিক দাউদের যথেষ্ট কদর ছিল। জাপানে পাকিস্তানি চর্মশিল্পের রপ্তানির কিছু সুযোগ সন্ধান করতে পেরেছিলাম আমি।

আমাদের সর্বশেষ গন্তব্য ছিল হংকং। আমাদের অভ্যর্থনা জানায় পাকিস্তানের বাণিজ্য কমিশনারের দায়িত্বপ্রাপ্ত বাঙালি আব্দুর রব এবং আমাদের গোটা সফরে যে কজন বাণিজ্য প্রতিনিধিদের দেখেছিলাম তাদের মধ্যে আব্দুর রব ছিল সবচেয়ে দক্ষ এবং চটপটে। স্থানীয় ব্যবসায়ী সম্প্রদায়ের সঙ্গে তার ভালো যোগাযোগ ছিল এবং আমরা যাতে সক্রিয়ভাবে তাদের সঙ্গে যুক্ত হতে পারি সেটাও সে নিশ্চিত করেছিল। হংকং তখন ব্রিটিশ শাসিত বাণিজ্য ফাঁড়ি, এম্পায়ারের কবল মুক্ত হতে তখনও তার অনেক দেরি। ব্যবসায়ী জার্ডিন ম্যাথেসনের মতো ব্রিটিশ তাইপানরাই তখনও মূলত হংকংয়ের অর্থনীতি নিয়ন্ত্রণ করছে হংকং দ্বীপের বাইরে থেকে। হংকংয়ে গ্লচেস্টার হোটেলে আমরা ছিলাম। ইতিমধ্যে রবের সৌজন্যে ঢাকা ট্যানারিজ হংকংয়ে কিছু কিছু রপ্তানি করছে। হংকংয়ে ব্যবসার সম্ভাবনা জানিয়ে আমাদের চিঠিপত্র লিখেছিল রব সুতরাং হংকংয়ে বেশ লাভজনকভাবে সময় কেটেছিল আমার।

শ্রম-নিবিড় পণ্য উৎপাদনকারী এবং রপ্তানিকারক হিসেবে তখনও উন্নয়নের জোয়ার লাগেনি হংকংয়ে। সে কারণে তার অধিকাংশ পণ্য আমদানি হত শুল্ক ছাড়া; ফলে শপারদের স্বর্গ এই স্বীকৃতি তার তখনই জুটেছে। আমাকে পরামর্শ দেওয়া হল মেইনল্যান্ড হংকং অথবা কাউলুন ঘুরে আসার জন্য। তখন হংকং থেকে সেখানে যাবার জন্য খুবই দক্ষ ফেরি সার্ভিস মিলত। মূলত চীনা অধ্যুষিত কাউলুন উত্তর কলকাতার কিছু অংশ মনে করিয়ে দিচ্ছিল আর সে রকমই তার উপচানো জনবসতি, তবে ভালোভাবে সংরক্ষিত। অল্প পয়সায় কেনাকাটা করা যেত আর বেশ কিছু চমৎকার চীনা রান্নাও মিলল।

ঘরে ফিরে উপলব্ধি করি যে আমার এশিয়া সফর এমন একটা জগতের সঙ্গে আমায় পরিচিত করেছিল যার সম্পর্কে আমি কিছুই জানতাম না; কখনও যাব তাও ভাবিনি। পাকিস্তানে আমাদের দৃষ্টি সর্বদা ছিল পশ্চিমী দুনিয়ার দিকে; সবসময় সেটিকেই মনে করেছি সুন্দর জীবন। আমাদের জাপান সফর একটা এশীয় দেশের সম্ভাবনার বিষয়ে আমার চোখ খুলে দিয়েছিল। দক্ষিণপূর্ব

এশিয়ার যে দেশগুলো আমরা সফর করলাম তাদের তুলনায় ১৯৫৯ সালে পাকিস্তানের শিল্প উন্নয়নের ভিত ছিল বৃহত্তর এবং বহুমুখী। প্রাথমিক পণ্য রপ্তানি ছিল ওই দেশগুলোর প্রধান অর্থনৈতিক কর্মকান্ড। শ্রম-নিবিড় উৎপাদন রপ্তানিকারক হিসেবে প্রথমে রিপাবলিক অফ কোরিয়া ও তাইওয়ান, এবং পরে আসিয়ান (অ্যাসোসিয়েশন অফ সাউথইস্ট এশিয়ান নেশনস) অঞ্চলের অন্যান্য দেশের গড়ে ওঠা তখনও বাকি। আমাদের প্রতিনিধি দলের কেউ, অথবা বস্তুত পাকিস্তানের কেউ, অথবা এমনকি দক্ষিণপূর্ব এশিয়ার কারও পক্ষে তখন সাম্রাজ্যের এই ফাঁড়ি এলাকাগুলোর পরবর্তী আর্থিক ভাগ্য বদল তখন ছিল অকল্পনীয়।

৯

ঢাকা বিশ্ববিদ্যালয়: অর্থনীতি পড়ানো এবং শিক্ষক হতে শেখা

ঢাকা বিশ্ববিদ্যালয়: সূত্রপাত

ঢাকা বিশ্ববিদ্যালয়ের সঙ্গে পরিচয়

ঢাকায় আসার পর থেকে চামড়ার ব্যবসা সম্পর্কে নিজেকে শিক্ষিত করা, মাঝেমাঝে ইডেন বিল্ডিংয়ে যাওয়া এবং ফাঁকে ফাঁকে আমার মা-বাবার সম্পত্তি সংক্রান্ত তদারকি করতে কলকাতা সফর, এমনকি মাঝেমধ্যে রাজনীতি জগতে পর্যটকের মতো অ্যাডভেঞ্চার করা এসব নিয়ে ব্যস্ত হয়ে পড়েছিলাম। এ ধরনের বহুমুখী যাপনে অভ্যস্ত হওয়ার ফলে কোনো সুনির্দিষ্ট পেশাজীবন তখনও গড়া শুরু করিনি। আমি যখন ভবিষ্যৎ নিয়ে চিন্তা ভাবনা করছি তখন ভাগ্যক্রমে অধ্যাপক এম এন হুদা সুচিন্তিত হস্তক্ষেপ করলেন।

প্ল্যানিং বোর্ডের সদস্য থাকার সময় হুদা লক্ষ্য করেন প্ল্যানিং বোর্ডের নিয়োগপত্র পাবার জন্য বারবার সচিবালয়ে নিষ্ফল যাতায়াত আমার হতাশা বাড়াচ্ছে। সেপ্টেম্বর ১৯৫৭ নাগাদ তিনি পরামর্শ দিলেন ঢাকা বিশ্ববিদ্যালয়ে অর্থনীতি বিভাগে শিক্ষক নিয়োগ করা হবে এবং কেমব্রিজ থেকে ভালো নম্বর পাওয়া ডিগ্রিধারী আমার উচিত সেখানে সিনিয়র লেকচারার পদের জন্য আবেদন করা। তিনি আমায় বিচক্ষণ উপদেশ দেন যে সরকারি চাকরিতে ক্যারিয়ার তৈরি যদি আমার লক্ষ্য হয়ে থাকে তাহলে আমার উচিত পরীক্ষায় পাশ করে সিএসপি হওয়া। কিন্তু যদি পেশাদার হিসেবে স্বাধীনতা বজায় রাখতে চাই এবং রাজনৈতিক প্রক্রিয়ায় যুক্ত হবার সুযোগ উন্মুক্ত রাখতে চাই তাহলে ঢাকা বিশ্ববিদ্যালয়ের পদ বিভিন্ন পছন্দের সন্ধান দেবে।

তখনও প্ল্যানিং বোর্ডে যোগ দেবার ভাবনা আমার রয়েছে, তবে বুঝতে পারি ঢাকা বিশ্ববিদ্যালয়ের চাকরি আমার জন্য বেশি উপযোগী হবে, যার ফলে অধ্যাপনার পাশাপাশি আমার ব্যবসায়িক উদ্যোগে যুক্ত থাকা এবং অন্যান্য পারিবারিক দায়িত্ব পালন সম্ভব হবে। সে কারণে সিনিয়র লেকচারারের পদে

আবেদনের জন্য আমাকে যে বুঝিয়ে রাজি করান অধ্যাপক হুদা, তাতে আমি আসলে অনেক উপকৃত হয়েছিলাম। যথাবৎ আমি আবেদন করি এবং নির্বাচিত হই। হুদার এই ক্যারিয়ার নির্দেশিকা আজ তাই ধন্যবাদের সাথেই স্মরণ করি, কারণ পরে দেখা গেল যে ঢাকা বিশ্ববিদ্যালয়ের সঙ্গে সংযুক্ত হওয়া আমার ভবিষ্যৎ গঠনে সঠিক প্রভাব ফেলেছিল।

ঢাকা বিশ্ববিদ্যালয়ের অর্থনীতি বিভাগে আমার শিক্ষক জীবন শুরু অক্টোবর ১৯৫৭-য় এবং কার্যকারীভাবে ২৬ মার্চ ১৯৭১ অবধি স্থায়ী হয়। ১৯৭৭ সাল পর্যন্ত বিশ্ববিদ্যালয়ের সঙ্গে আমি সম্পৃক্ত থাকি এবং পরিশেষে অক্সফোর্ড থেকে তখনও অর্থনীতি বিভাগের চেয়ার পদে আসীন প্রফেসর এম এন হুদাকে চিঠি লিখে বিভাগীয় অধ্যাপকের পদ থেকে আনুষ্ঠানিকভাবে পদত্যাগ করি। ১৯৭১-১৯৭৭ এর মধ্যে আমি মুক্তিযুদ্ধে অংশ নিই, প্ল্যানিং কমিশনের সদস্য হিসেবে কাজ করি (জানুয়ারি ১৯৭২-সেপ্টেম্বর ১৯৭৪) এবং মুশাররফ হোসেনের হাত থেকে বাংলাদেশ ইনস্টিটিউট অফ ডেভেলপমেন্ট স্টাডিজের (বিআইডিএস) চেয়ারম্যানের দায়িত্বভার নেবার আগে পর্যন্ত অল্প কয়েক সপ্তাহের জন্য অর্থনীতি বিভাগে ফিরে আসি। এর মধ্যে ১৯৭১ সালে ঢাকা বিশ্ববিদ্যালয়ের শিক্ষক পদ থেকে আমি বরখাস্ত হই, যেহেতু টিক্কা খানের নেতৃত্বে সামরিক আইন প্রশাসন আমাকে তখন দেশদ্রোহী ঘোষণা করেছিল। বাংলাদেশ স্বাধীন হবার পর বরখাস্ত হওয়া অন্যান্য শিক্ষকদের সঙ্গে আমিও পুনর্বহাল হলাম। তবে প্রথমে প্ল্যানিং কমিশন, পরে বিআইডিএস এবং ১৯৭৫ সালের পর অক্সফোর্ডের কুইন্স হাউসে থাকাকালীন আমি সরকারি ছুটিতে ছিলাম। অক্সফোর্ডে থাকার সময় শিক্ষকতা ছেড়ে বিআইডিএস-এ উন্নয়ন গবেষণায় নিজেকে নিয়োজিত করবার অবশ্যম্ভাবী সিদ্ধান্ত নিই।

ঢাকা বিশ্ববিদ্যালয়ের চোদ্দোটা বছর আমার জীবন নির্ধারক সময়। আমার বৌদ্ধিক দৃষ্টিভঙ্গি গড়ে তুলতে রূপান্তরকারী ভূমিকা পালন করেছিল কেমব্রিজ। তবে আমার রাজনৈতিক স্বরূপ নির্মাণ করি ঢাকা বিশ্ববিদ্যালয়ে, আজও যা আমার এবং আমি যে ভাবনার প্রতিভূ সে পরিচয় বহন করে।

প্ল্যানিং বোর্ডের সদস্য থাকার সময় অধ্যাপক হুদা অর্থনীতি বিভাগের প্রধানের দায়িত্ব পালনে সময় দিতেন। সুতরাং অর্থনীতি বিভাগে নতুন শিক্ষক নিয়োগের সময় তিনি ফ্যাকাল্টিতে হাজির ছিলেন। অক্টোবর ১৯৫৭-এ কলা বিভাগের বিল্ডিংয়ে যখন অধ্যাপক হুদার সঙ্গে দেখা করতে গেলাম তখন আমার কোনো ধারণাই ছিল না যে ঢাকা বিশ্ববিদ্যালয় একদিন আমার জীবনে এতখানি গুরুত্বপূর্ণ ভূমিকা নেবে। তখনও প্ল্যানিং বোর্ডের নীতি সংক্রান্ত ইস্যুতে কাজ করবার বাসনা আমার রয়েছে এবং অধ্যাপক হুদা আমাকে আশ্বাস্ত করেন যে সেরকম সুযোগ তিনি আমাকে দেবেন কারণ অর্থনীতি বিভাগের প্রধান পদে থেকেও প্ল্যানিং বোর্ডে তখনও তার সদস্যপদ বহাল রয়েছে। আরও এক বছর

বাদে যখন সামরিক আইন জারি হল হুদা, রাজ্জাক এবং এ এফ এ হোসেন বোর্ডের সঙ্গে তাদের সম্পর্ক ছেদ করলেন। সত্যি বলতে, এর আগে পর্যন্ত ঢাকা বিশ্ববিদ্যালয়ের সঙ্গে আমার সংযোগ অধিকতর স্থায়ী সম্পর্ক হিসেবে গড়ে তোলার কথা ভাবিনি।

তখনও ঢাকা বিশ্ববিদ্যালয়ের কিছু কেতাবি ঔজ্জ্বল্য রয়েছে যা তাকে এক সময় পূবের অক্সফোর্ড পরিচিতি দিয়েছিল। এই অভিধায় ঢাকা বিশ্ববিদ্যালয়ের স্বাতন্ত্র্যের হয়ত কিছু অতিরঞ্জন ছিল তবে ১৯২০'র দশকে প্রতিষ্ঠার সময় থেকে ১৯৪৭-এ পাকিস্তান হওয়া অবধি বিশ্ববিদ্যালয়ের বিভিন্ন শাখায় ভিড় করেছিলেন বহু বিশিষ্ট বিদ্বজ্জন। ১৯৪৭-এ ভারত এবং বাংলা ভাগ হলে সংখ্যাগুরুর ধর্মের নিরিখে তৈরি রাষ্ট্রে নিরাপত্তাবোধের অভাবে বহু খ্যাতনামা পন্ডিত অনিচ্ছায় পূর্ব পাকিস্তান ছেড়ে চলে গেলেন ভারতে তাদের পেশাজীবন বজায় রাখতে। পান্ডিত্য কম ছিল না অবশিষ্ট মুসলিম শিক্ষকদের, যাদের স্ফুরনে সহায় হয়েছিলেন দেশভাগের পর কয়েক বছর অর্থনীতি বিভাগের প্রধান পদে থেকে যাওয়া প্রফেসর আইয়ারের মতো ফ্যাকাল্টির অল্প কিছু হিন্দু সদস্য। কিন্তু বিদায়ী সতীর্থদের সৃষ্ট শূন্যতা ভরাট করা মুসলিম শিক্ষকদের পক্ষে খুবই কঠিন ছিল। এই নিষ্ক্রমণ পরবর্তী পর্বেও ঢাকা বিশ্ববিদ্যালয়ে ইসলামিক ইতিহাসের অধ্যাপক হাবিবুল্লাহ, বিখ্যাত প্রত্নতাত্ত্বিক অধ্যাপক আহমেদ হাসান দানি এবং খ্যাত পরিসংখ্যানবিদ কাজী মোতাহার হোসেনের মতো বেশ কিছু বিশিষ্ট পন্ডিত ছিলেন।

এই নিষ্ক্রমণে ক্ষতিগ্রস্ত বিভাগগুলোর একটি ছিল অর্থনীতি বিভাগ। প্রফেসর আইয়ার ভারতে চলে যাবার পর বিভাগীয় প্রধান পদে তার স্থলাভিষিক্ত হন যে অধ্যাপক এম এন হুদা, ছাত্র হিসেবে তিনি কেতাবি বিশিষ্টতা অর্জন করেছিলেন। বিশ্ববিদ্যালয়ের এমএ/এমএসসি পরীক্ষার্থীদের মধ্যে অসামান্য রেজাল্ট করে কালী নারায়ণ স্কলারশিপ পান এবং পরে কর্নেল বিশ্ববিদ্যালয় থেকে পিএইচডি অর্জন করেন। হুদা অর্থনীতি বিভাগের মর্যাদা বৃদ্ধি করেছিলেন তবে গবেষণা বা প্রকাশনায় বেশি সময় দিতে পারেননি। তার দক্ষতা নিহিত ছিল অর্থনীতি বিভাগ গড়ে তোলায় এবং পরবর্তী বছরগুলোয় নীতি নির্ধারণে। তিনি পাকিস্তান প্ল্যানিং কমিশনের সদস্য পদে কাজ করেন, পরে পূর্ব পাকিস্তানের গভর্নর মোনেম খানের আমলে প্রাদেশিক অর্থমন্ত্রী হন এবং পরিশেষে ১৯৭৭-৮১ সালে জেনারেল জিয়াউর রহমানের আমলে অর্থমন্ত্রী হয়েছিলেন।

সহকর্মী এবং কমরেডরা

অত্যন্ত পরিশীলিত মানুষ ছিলেন হুদা যিনি ডিপার্টমেন্টে তার সীমিত সম্পদের পূর্ণাঙ্গ সদব্যবহারের চেষ্টা করেন। ঢাকা বিশ্ববিদ্যালয়ে ছাত্রাবস্থা থেকে তার প্রধান সহযোগী ছিলেন দীর্ঘদেহী, সুদর্শন ডক্টর মাজহারুল হক। তার পার্শ্বচিত্র

ছিল রোমান সম্রাটের মতো। হক আবার ফজলুল হক হলের প্রোভোস্টও ছিলেন। তখনও মাত্র রিডার হওয়া সত্ত্বেও বিশ্ববিদ্যালয়ের সুপরিচিত ব্যক্তিত্ব ছিলেন তিনি। তিনি ছিলেন লন্ডন বিশ্ববিদ্যালয়ের ডক্টরেট এবং অর্থনৈতিক ভাবনার ইতিহাস বিষয়ে একটি পেপার পড়াতেন। কিন্তু মনে হত গবেষণার সময় তার ছিল না।

নিঃসন্দেহে ডিপার্টমেন্টের অ্যাকাডেমিক নক্ষত্র ছিল নুরুল ইসলাম। অসাধারণ ছিল তার অ্যাকাডেমিক রেকর্ড। ঢাকা বিশ্ববিদ্যালয়ে অর্থনীতিতে বিএ অনার্স এবং এমএ দুটো পরীক্ষাতেই সে প্রথম হয়। এই রেজাল্টের ভিত্তিতে হার্ভার্ডে পিএইচডি করতে তাকে জাতীয় বৃত্তি দেওয়া হয়েছিল। হার্ভার্ডেও তার ক্লাসের সেরা ছাত্রদের একজন হিসেবে নিজেকে প্রতিষ্ঠিত করেছিল নুরুল এবং বিদেশি লগ্নির উপর তার গবেষণাপত্র অবশেষে প্রকাশিত হয়। ১৯৫৫-য় হার্ভার্ড থেকে ফিরলে অর্থনীতি বিভাগের রিডার পদ দেওয়া হয় তাকে। ডিপার্টমেন্টে সে অর্থনৈতিক তত্ত্ব পড়াত এবং সে ছিল সামান্য সংখ্যক সিনিয়র শিক্ষকদের একজন, যে কেবল অর্থনীতির সাম্প্রতিকতম বিকাশের সঙ্গেই পরিচিত ছিল তা নয়, গুরুত্বপূর্ণ কিছু গবেষণায়ও নিজেকে নিযুক্ত করেছিল।

নুরুলের সঙ্গে দেখা হবার সঙ্গে সঙ্গেই সখ্য গড়েছিল আমাদের। লক্ষ করেছিলাম তার বরিষ্ঠ সহকর্মীদের থেকে সে কিছুটা বিচ্ছিন্ন বোধ করত। নুরুলের মনে হত তার বরিষ্ঠ সহকর্মীরা আধুনিক অর্থনীতির কিছুই জানে না অথবা গবেষণায় কোনো আগ্রহই নেই তাদের। ঠিকই ছিল তার বিশ্বাস, যে শিক্ষাগত যোগত্যার ভিত্তিতেই তার অধ্যাপক পদ প্রাপ্য ছিল। তখনকার আমলে ডিপার্টমেন্টগুলোর একটা মাত্র অধ্যাপকের পদ থাকত যার ফলে নুরুলের মতো যোগ্যরাও দীর্ঘ দিন রিডার পদে থেকে অবসাদ বোধ করত। ১৯৬০ সালের আগে পর্যন্ত নুরুলের জন্য দ্বিতীয় পদ তৈরি হয় নি। পরিশেষে ১৯৬২ সালে হুদা এবং পরে মাজহারুল হক ট্যারিফ কমিশনের দুই সদস্য হয়ে করাচি চলে গেলে ডিপার্টমেন্টের চেয়ারম্যান পদ পায় নুরুল। অল্প কয়েক বছরের জন্য নুরুল চেয়ারম্যান পদে ছিল। ১৯৬৫ সালে সেও করাচি চলে যায় মর্যাদাপূর্ণ পাকিস্তান ইনস্টিটিউট অফ ডেভেলপমেন্ট ইকনমিকসের (পিআইডিই) প্রথম দেশীয় ডিরেক্টর হিসেবে। এই পদে তার আমেরিকান পূর্বসূরী গাস রানিস, হেনরি ব্রুটন এবং মার্ক লেজারসন প্রমুখের কাজ আরও এগিয়ে নিয়ে পিআইডিই-কে বিশ্বের প্রধান গবেষণা প্রতিষ্ঠানগুলোর একটি করে তুলতে মুখ্য ভূমিকা নিয়েছিল নুরুল। ঢাকা বিশ্ববিদ্যালয় থেকে বেশ কিছু তরুণ বাঙালি অর্থনীতিককে সে নিয়ে আসে। পাকিস্তানি উন্নয়ন পদ্ধতি পূর্ব পাকিস্তানের ক্ষেত্রে যে বৈষম্যের দৃষ্টান্ত তৈরি করেছিল সে রকম বিভিন্ন বিষয় খতিয়ে দেখতে তার সঙ্গে একযোগে কাজ করে তারা। পাকিস্তানের উন্নয়ন কর্মসূচির আরও বহুবিধ দিক নিয়ে কাজ করেছিল পিআইডিই এবং উচ্চমানের

গবেষণার উৎস হয়ে ওঠার পাশাপাশি নীতি সংক্রান্ত পরামর্শদাতার ভূমিকাও পালন করে।

চমৎকার অ্যাকাডেমিক রেজাল্ট করা আরও কিছু প্রতিশ্রুতিমান তরুণ অর্থনীতিককে অধ্যাপক হুদা জুনিয়ার লেকচারার পদে নিয়োগ করেন যারা অক্টোবর ১৯৫৭-এ আমার সঙ্গে অর্থনীতি বিভাগে যোগ দিয়েছিল। এদের মধ্যে ছিল এমএ-তে ফার্স্ট ক্লাস ফার্স্ট হওয়া আনিসুর রহমান, মকসুদ আলিরও একই রকম প্রশংসাপত্র ছিল। আরও ছিল মুজাফফর আহমেদ, মহিউদ্দিন আহমেদ এবং মাহফুজুল হক। এই নবনিযুক্তরা শুধু ভালো সতীর্থই হয়নি, তারপর থেকে বাকি জীবন আমরা বন্ধু থেকে গেছি।

আমার সতীর্থদের মধ্যে একমাত্র মুজাফফর আহমেদ তার পেশার প্রতি নিষ্ঠাবান থেকেছে। ২০১২ সালে মৃত্যুর আগে অবধি সে শিক্ষকতা করে গেছে। শিকাগো বিশ্ববিদ্যালয় থেকে পিএইচডি করে সে, এবং সেখানেই রওনকের বড়ো বোন রওশন জাহানের সঙ্গে তার পরিচয় ও বিয়ে। রওশন একই বিশ্ববিদ্যালয়ের ইংরেজির স্নাতক ছাত্রী ছিল। কিছুদিনের জন্য ঢাকা বিশ্ববিদ্যালয়ে ছিল না মুজাফফর এবং পরে বাংলাদেশ প্ল্যানিং কমিশনের সূচনাপর্বে ১৯৭২ থেকে ১৯৭৫ সাল পর্যন্ত আমার সঙ্গে ঘনিষ্ঠভাবে কাজ করে। পরিশেষে ১৯৭৫ সালে অর্থনীতি বিভাগে ফিরে গিয়েছিল মুজাফফর এবং পরে ঢাকা বিশ্ববিদ্যালয়ের ইনস্টিটিউট অফ বিজনেস অ্যাডমিনিস্ট্রেশন-এর প্রধানের কার্যভারের চ্যালেঞ্জ নিয়ে সেটিকে ঢাকা বিশ্ববিদ্যালয়ের অসামান্য ফ্যাকাল্টিগুলোর একটিতে পরিণত করে।

হার্ভার্ডের পিএইচডি আনিসুর রহমান বোধহয় আমার অন্য সতীর্থদের মধ্যে অ্যাকাডেমিক বিচারে সবচেয়ে প্রতিভাধর ছিল। তার তাত্ত্বিক দক্ষতা ছিল প্রবল; আর ছিল সহায়ক প্রগতিশীল এবং সৃজনশীল চেতনা - সব মিলিয়ে যার জন্য তার সঙ্গে সনাতন অর্থনীতিবিদদের দূরত্ব তৈরি হয়েছিল। আনিস আমাদের সঙ্গে প্ল্যানিং কমিশনে যোগ দিয়েছিল; কিন্তু ১৯৭৫ সালের পর বিশ্ববিদ্যালয় ছেড়ে তার পেশাজীবনের সেরা অংশটা কাটায় জেনেভায় ইন্টারন্যাশনাল লেবার অফিসে (আইএলও)। অবসর নিয়ে ঢাকায় ফিরে এসে সে অংশগ্রহণমূলক গবেষণার বিষয়ে তার চিন্তাভাবনাগুলো কার্যকারী করার চেষ্টা করেছিল। কিন্তু এই পরবর্তী বছরগুলোয় তার দায়বদ্ধতার বেশিরভাগটাই সে নিয়োগ করে করে রবীন্দ্রসংগীত অনুধাবনে। রবীন্দ্রনাথের বিষয়ে তার লেখালিখিও তাকে কিছু স্বীকৃতি দিয়েছিল।

অধ্যাপক হুদার অফিসে অর্থনীতি বিভাগের সঙ্গে আমি প্রথম পরিচিত হই। ঢাকা মেডিক্যাল কলেজের দক্ষিণ প্রান্তে আর্টস ফ্যাকাল্টির প্রথম তলে করিডোরের শেষে দুটো গুহাসদৃশ ঘর নিয়ে ছিল তখনকার অর্থনীতি বিভাগ। একটা ঘর ছিল হুদার অফিস, অন্যটা ছিল ডিপার্টমেন্টের সচিবের জন্য এবং

শিক্ষকরাও এখানেই মিলিত হতেন। আমাদের খুব নিপুণভাবে দেখভাল করত ডিপার্টমেন্টের সবচেয়ে দীর্ঘদিনের কর্মী যে নিজেই একটি প্রতিষ্ঠানসম ছিল, ডিপার্টমেন্ট সহযোগী কানু।

দক্ষিণ প্রান্তের দ্বিতীয় তলায় আরও অনেকগুলো ডিপার্টমেন্ট ছিল। আমাদের ডিপার্টমেন্টের উল্টোদিকে ছিল ছাত্রীদের কমন রুম যেখানে ক্লাস শেষে মেয়েরা এসে জড়ো হত। করিডোরের অন্য প্রান্তে ছিল টিচার্স ক্লাব। সেখানে ভাঁড়ার সহ একটা ছোটো ঘরে ক্লাসের ফাঁকে শিক্ষকরা চা-সিঙ্গারা খেতেন, গল্পগুজব করতেন। নীচের তলা, প্রথম ও দ্বিতীয় তলার ক্লাসরুমগুলো ডিপার্টমেন্ট অফিসের সঙ্গে জায়গা ভাগাভাগি করে নিয়েছিল।

কলা বিভাগের বাকি অংশ অবস্থিত ছিল একটা বিরাট পুকুর সংলগ্ন ফ্যাকাল্টি মাঠগুলোর আশেপাশে কয়েকটি জরাজীর্ণ ভবন মিলিয়ে। এদের মধ্যে ছিল বাণিজ্য বিভাগ, রাষ্ট্রবিজ্ঞান, ইসলামিক ইতিহাস এবং দর্শন বিভাগ। মেডিকেল কলেজের উল্টোদিকে নতুন তৈরি নিজস্ব ভবনে কলা বিভাগ স্থানান্তরিত না হওয়া অবধি কিছু সময়ের জন্য অর্থনীতি বিভাগকেও এই প্রান্তিক এলাকায় নির্বাসিত করা হয়েছিল। পুরানো কলাভবন সংলগ্ন মধুর ক্যান্টিন ছিল বিশ্ববিদ্যালয়ের ছাত্র রাজনীতির আখড়া এবং এর কাছেই ছিল ঐতিহাসিক আমতলা যেখানে বছরের পর বছর এদেশের ছাত্র রাজনীতি আত্মপ্রকাশ করেছে।

প্রথম সাক্ষাতেই হুদা আমাদের কেতাবি দায়িত্ব অর্পণ করলেন। আমি খুশি হলাম প্রথম বছর অনার্সের ছাত্রদের অর্থনৈতিক ইতিহাস পড়াবার দায়িত্ব পেয়ে। এর মধ্যে ছিল মার্কিন যুক্তরাষ্ট্র এবং সোভিয়েত ইউনিয়নের ইতিহাস। কেমব্রিজে দুটো দেশের উপরেই আমি পেপার করেছি এবং সোভিয়েত অর্থনৈতিক ইতিহাস বিষয়ে মরিস ডবস ও মার্কিন অর্থনৈতিক ইতিহাস বিষয়ে ফ্র্যাঙ্ক থিসেলথ্ওয়েটের রচনা এবং তাদের লেকচার শুনে যেসব চমৎকার ক্লাস নোটস বানিয়েছিলাম সেগুলো এখন আমার কাজে লেগে গেল।

তবে আমাকে এমএ ফাইনাল ক্লাসে আর্থিক তত্ত্বের বিষয়ে স্পেশাল পেপার পড়াতে বলে অবশ্য আমার দুশ্চিন্তা বাড়িয়ে দেন হুদা। এটা আমার জন্য বেশ কড়া চ্যালেঞ্জ ছিল, যেহেতু আমি যখন বিশ্ববিদ্যালয়ে যোগ দিই তখন আমার বয়স বাইশ; অর্থাৎ এমএ ক্লাসের ছাত্রছাত্রীরা আমার বয়সের কাছাকাছি অথবা তার চেয়ে বড়ো ছিল। তার উপর, এই বিষয়টায় আমার খুব বেশি দখল ছিল এমন দাবি করতে পারব না। ফলে এই দায়িত্ব সম্পর্কে অতিরিক্ত আগ্রহ না দেখিয়ে কেমব্রিজে পড়া কেইনীসিয়ান অর্থনীতির উপরই ভরসা রেখেছিলাম।

১৯৬০ নাগাদ আমি এবং নুরুল উন্নয়ন অর্থনীতি বিষয়ে পেপার চালু করতে বুঝিয়ে রাজি করাই অধ্যাপক হুদাকে। তখন অর্থনৈতিক তত্ত্বের ক্লাস নেবার বদলে সেটা পড়াবার দায়িত্ব আমাকে দেওয়া হল। বিষয়টা আমার অনেক বেশি মনোমত ছিল এবং প্রায় শৈশবে থাকা অবস্থায় একটা বিষয়

সম্পর্কে নতুন লেখালিখির সঙ্গে পরিচিত হতে সাহায্য করেছিল। সে সময় উন্নয়নের উপর বেঞ্জামিন হিগিনস, মেয়র অ্যান্ড বল্ডউইনের লেখা পাঠ্য বই এবং আর্থার লুইসের 'ইকনমিক গ্রোথ' ধরনের গ্রন্থের সাহায্য নেওয়া যেত। আমি আমার পুরনো প্রিয় লেখক র‍্যাগনার নার্ক্সে-র 'ক্যাপিটল ফরমেশন ইন আন্ডারডেভোলাপড কান্ট্রিজ' বইটার সাহায্যও নিয়েছিলাম। এই বইটা কেমব্রিজের ক্লাসে অনগ্রসরতার বিষয়ে আমাকে পরিচয় করিয়েছিল।

১৯৬১ নাগাদ নুরুল ইসলাম আর আমি দুজনে অধ্যাপক হুদাকে বোঝাই পাকিস্তানি অর্থনীতির উপর একটা কোর্স চালু করতে যেটা খুবই আশ্চর্যের বিষয় যে, তার আগে অবধি পাঠ্যসূচীতে ছিল না। ফলে ছাত্রছাত্রীরা পাকিস্তানি অর্থনীতির হালের থেকে সোভিয়েত অথবা সার্বিকভাবে উন্নয়ন সম্পর্কে বেশি জানত। এ বিষয়ে এস এম আখতারের পুরনো টেক্সট ছাড়া খুব কম টেক্সট বই পাওয়া যেত। আর একটা বই ছিল পরবর্তী সময়ে আজিজ আলি এফ মোহাম্মদের লিখা। সে কারণে আমার সহায়তায় তৈরি পাঠ্যক্রমের লেকচার শেষ করতে পাকিস্তানি অর্থনীতি বিষয়ে নিজেকে গবেষণা করতে হয়। পিআইডিই থেকে গবেষণার কাজ দ্রুত আসতে শুরু করার পর জাতীয় অর্থনীতি সম্পর্কে আমাদের বোধ আরও সমৃদ্ধ হতে থাকে। আমি পরবর্তী দশকে তৃতীয় বর্ষ অনার্সের ছাত্রদের পাকিস্তানি অর্থনীতির উপর কোর্স করাই। পাকিস্তানি অর্থনীতির অবস্থা এবং গঠন সম্পর্কে আরও জটিল প্রেক্ষিত, পাকিস্তানি অর্থনীতির উন্নয়নে আঞ্চলিক ভারসাম্যহীনতার প্রসঙ্গ এবং তার অন্তর্নিহিত রাজনৈতিক অর্থনীতির সঙ্গেও তাদের পরিচয় করাই।

ছাত্রছাত্রীদের সঙ্গে

সোভিয়েত অর্থনীতি ইতিহাসের বিষয়ে একদল প্রতিশ্রুতিমান ছাত্রছাত্রীদের লেকচার দিতে আমার প্রথম ক্লাসে যেদিন ঢুকলাম সেটা তাদেরও বিশ্ববিদ্যালয় জীবনের প্রথম দিন। এই প্রথম ব্যাচে বেশ কিছু তরুণ ছিল পরে যাদের খুবই বিশিষ্ট ক্যারিয়ার হয়। ক্লাসের প্রথম তিনজনই অনার্স এবং এমএ-তে প্রথম শ্রেণী পেয়েছিল। এদের মধ্যে ছিল ফখরুদ্দীন আহমেদ যার ক্যারিয়ার শেষ হয় তত্ত্বাবধায়ক সরকারের প্রধান হিসেবে – ২০০৭-০৮ সালে গণতন্ত্রের পথে বাংলাদেশের যাত্রা ব্যাহত হলে যে সরকার কাজ চালিয়েছিল। আর ছিল মির্জ্জা আজিজুল ইসলাম যে ফখরুদ্দীনের ক্যাবিনেটের অর্থবিষয়ে অ্যাডভাইজার হয়। শিক্ষক হিসেবে ফখরুদ্দীন এবং আজিজ দুজনেরই সম্ভাবনাময় ক্যারিয়ার ছিল, কিন্তু দুজনেই সিএসপি-তে যোগ দেওয়া বেছে নিয়েছিল।

আমার প্রথম ব্যাচের ছাত্রছাত্রীদের মধ্যে সবচেয়ে উজ্জ্বল ছাত্র ছিল মুহাম্মদ ইউনূস। সে ভালো ছাত্র ছিল, তবে ফার্স্ট ক্লাস পায়নি। ১৯৬১ সালে এমএ পাশ করে অর্থনীতি বিভাগ ছাড়বার পর যেহেতু ইউনূস আন্তর্জাতিক খ্যাতি অর্জন

করে, তাই তার ক্যারিয়ার পরবর্তী সময় কোন ধারায় প্রবাহিত হল তা নিয়ে আর বিস্তারিত আলোচনায় যাচ্ছি না। আমি একজন নোবেল লরিয়েটের শিক্ষক ছিলাম এই জানাটা সর্বদাই খুব সন্তোষজনক হলেও তার জীবনে পরিবর্তন আনা আবক্র পথে কোনো প্রভাব ফেলেছি এমন দাবি আমি করতে পারি না – এ বিষয়ে তার ঋণ নিজের দায়বদ্ধতাবোধের কাছে। বহুবছর বাদে ইউনূসের সঙ্গে আমার নতুন করে যোগাযোগ হয় যখন ১৯৯৬ সালে তদানীন্তন অর্থমন্ত্রী এস এ এম এস কিবরিয়া আমাকে ১৯৮৩ সালে ইউনূসের গড়ে তোলা গ্রামীণ ব্যাংকের বোর্ড অফ ডিরেক্টরসের প্রধান হতে আমন্ত্রণ জানান।

লক্ষণীয় যে ১৯৫৭ থেকে ১৯৭১ পর্যন্ত ঢাকা বিশ্ববিদ্যালয়ে আমার শিক্ষকতা পর্বে আমার সেরা ছাত্র-ছাত্রীরা যাদের ঢাকা বিশ্ববিদ্যালয়ের কেতাবি অভিজাত পরিচিতি ছিল, তারা সকলেই সিভিল বা ফরেন সার্ভিস বেছে নিয়েছিল। অর্থনীতিকে পেশা করার জন্য তাদেরকে বোঝাতে আমি ব্যর্থ চেষ্টা করি। ওই আমলের তরুণ প্রজন্মের কাছে সিভিল সার্ভিস ক্যারিয়ার তাদের সামাজিক উচ্চাশার চূড়ান্ত বিন্দু ছিল এবং এর ফলে বৈবাহিক সুবিধাও পাওয়া যায় বলে তারা মনে করত। তাদের ক্যারিয়ার পথ ঠিক করতে উৎসাহ দিত তাদের পরিবার যারা শিক্ষকতা পেশাকে তাদের সন্তাদের উপর লগ্নীর সেরা রিটার্ন ভাবতে রাজি ছিল না। অবশেষে ফখরুদ্দীন, মির্জ্জা আজিজ, এ এম এ রহিম, আবুল আহসান, মনোয়ারুল ইসলাম, মোস্তফা ফারুক মোহাম্মদ, শামসুল আলম, ফরাসউদ্দিন এবং শাহ মোহাম্মদ ফরিদের মতো ফার্স্ট ক্লাস পাওয়া ছেলেরা সকলেই সিভিল সার্ভিসের পেশা বেছে নিয়েছিল। তাদের কেউ কেউ স্বাধীনতা উত্তর পর্বে বিদেশে উঁচু ডিগ্রি লাভ করে এবং এদের মধ্যে বেশ কয়েকজন বিভিন্ন আন্তর্জাতিক প্রতিষ্ঠানে যায় অর্থনীতিবিদের ক্যারিয়ার সন্ধানে।

খুব সামান্য যে কজন শিক্ষকতা পেশা বেছে নিয়েছিল তাদের মধ্যে অন্যতম আজিজুর রহমান খান তার পেশাজীবনের সেরা সময়টুকু দিয়েছিল অর্থনীতির অধ্যাপনায় ইউনিভার্সিটি অফ ক্যালিফোর্নিয়া, রিভারসাইডে। সেখানে তার আন্তর্জাতিক খ্যাতি হয় উন্নয়ন অর্থনীতির চীন বিশেষজ্ঞ হিসেবে। প্রথমে সে আমাদের সঙ্গে ঢাকা বিশ্ববিদ্যালয়ে অর্থনীতি বিভাগে লেকচারার হিসেবে যোগ দেয় কিন্তু এই ক্যারিয়ারে থাকা তার পক্ষে সম্ভব হয়নি যেহেতু সমস্ত শিক্ষককে তখন তাদের চাকরি পাকা করতে গোয়েন্দা সংস্থার দেওয়া রাজনৈতিক স্বচ্ছতার প্রশংসাপত্র পেতে হত। আজিজ এবং তার সহপাঠী আমিনুল ইসলাম ছাত্রাবস্থায় দুজনেই সক্রিয়ভাবে ইপিএসইউ-তে যুক্ত ছিল, যে সংগঠন বাম ভাবাপন্ন ছাত্রদের আকর্ষণ করত। তারা দুজন এবং স্বদেশ বোস যে জীবনের প্রাথমিক পর্বে সক্রিয় রাজনীতি করেছিল – এরা ফার্স্ট ক্লাস পাওয়া সত্ত্বেও ঢাকা বিশ্ববিদ্যালয় ছেড়ে করাচিতে পিআইডিই-তে চলে যেতে বাধ্য হয়।

মজার বিষয় হলো অর্থনীতি বিভাগে ফার্স্টক্লাস ফার্স্ট পাওয়া আমার কিছু সেরা ছাত্র- মির্জ্জা আজিজুল ইসলাম, এম ফরাসউদ্দিন, পরে যে বাংলাদেশ ব্যাংকের গভর্নর হয়েছিল, বর্তমানে বাংলাদেশ কমিউনিস্ট পার্টির সেক্রেটারি জেনারেল মুজাহিদুল ইসলাম সেলিম - এরা সবাই সক্রিয় ছাত্র রাজনীতি করেছে। তবে সে রাজনীতি যে আদর্শ চালিত ছিল সেখানে পেশিশক্তির থেকে কিতাবি গুণপনা সম্পদ হিসেবে বিবেচিত হত। এই প্রবণতার একেবারে বিপরীত হলো আজকের দিনের ছাত্র রাজনীতি, যার নিয়ন্ত্রক গুন্ডারা প্রধানত রাজনৈতিক নীতির উর্ধ্বে জাগতিক লাভের দ্বারা চালিত।

শিক্ষক হতে শেখা

শিক্ষক হিসেবে সপ্তাহে আমাকে ছ'ঘন্টার লেকচার দিতে হত যেটা ভাগ করা ছিল আমাকে দেওয়া দুটো কোর্সে এবং আরও দুটো বিষয়ের ছ'ঘন্টার টিউটোরিয়ালে। টিউটরিয়ালগুলোতে আমাকে পড়াতে হত বিএ ক্লাসগুলোর ৫০ জন এবং এমএ ক্লাসের ৬০ থেক ৭০ জনের দল থেকে বেছে নেওয়া সাত থেকে আটজন ছাত্রকে। এমএ ক্লাসে আবার এমএ প্রাথমিক ক্লাসের কিছু অতিরিক্ত ছাত্র থাকত যারা বিশ্ববিদ্যালয় অনুমোদিত বিভিন্ন কলেজ থেকে বিএ পাস ডিগ্রি নিয়ে বিশ্ববিদ্যালয়ে ভরতি হত।

সেই প্রাথমিক পর্যায়ে আমার ছাত্র পড়াবার ধরন আমার কাছে একটা শিক্ষণ পদ্ধতির কাজ করেছিল। আমি তখন এক তরুণ শিক্ষক এবং এমন একজন মানুষ যার উচ্চাশা যে সমাজে সে ঘর বেঁধেছে সেই সমাজের গতিকে প্রভাবিত করা। তখন সদ্য সদ্য কেমব্রিজের শিক্ষা পদ্ধতিতে আলোকিত আমি চাইছিলাম আমাদের প্রচলিত শিক্ষা ব্যবস্থার যা অঙ্গ, সেই মুখস্থ করে শিখবার পদ্ধতিতে আবদ্ধ না রেখে ছাত্রদের নিজের মতো চিন্তা করায় উৎসাহ দিতে। ছাত্রদের মধ্যে স্বাধীন চিন্তা বাড়াতে তখন বিশ্ববিদ্যালয়ের চালু টিউটোরিয়াল ব্যবস্থাটাকে কাজে লাগাতে চাইছিলাম আমি। টিউটোরিয়াল সিস্টেমের আদি প্রেরণা ছিল অক্সব্রিজ সিস্টেম। কিন্তু কেমব্রিজে এই ব্যবস্থা পুষ্ট হয়েছিল আরও ভালো শিক্ষক-ছাত্র অনুপাত থাকার কারণে, যাতে একজন শিক্ষক সাধারণত এক থেকে দু'জন ছাত্রের সঙ্গে বসতেন। ছাত্ররা প্রতি সপ্তাহে তার সঙ্গে এক ঘন্টা কাটাত যেটা আন্তঃব্যক্তি পর্যায়ের মিথষ্ক্রিয়া প্রণোদিত করত। কেমব্রিজে আমার শেষ বছরে একের মুখোমুখি এক ভিত্তিতে জোন রবিনসনের কাছে পড়বার সুযোগ পেয়েছি আমি।

ঢাকা বিশ্ববিদ্যালয়ের ডিপার্টমেন্টগুলোর তুলনামূলকভাবে পাঠন সীমাবদ্ধতা থাকায় আমার টিউটোরিয়াল ক্লাসগুলোয় ৮-১০ জন ছাত্রছাত্রী থাকত। আমার সাপ্তাহিক বরাদ্দ ছিল ছ'টা টিউটোরিয়াল অতএব একটা অনার্স ক্লাসে ৫০ জন ছাত্রছাত্রী থাকলে এই অনুপাত বজায় রাখতে আমাকে ছয়

থেকে আটটা টিউটোরিয়াল গ্রুপ তৈরি করতে হত। টিউটোরিয়ালে আমার পদ্ধতি ছিল গ্রুপের একজন সদস্যকে পেপার পড়তে বলা, তারপর সেটা গ্রুপে আলোচনা এবং আমার মন্তব্যের জন্য রাখা হত। এই পদ্ধতি টিউটোরিয়ালের ছাত্রছাত্রীদের কিছু গবেষণা করা এবং শিক্ষকের সামনে ও তার সঙ্গে তাদের ভাবনা প্রকাশ ও আলোচনা করার প্রেরণা দিত।

আমি যেরকম ভেবেছিলাম তার থেকে অনেকটা চ্যালেঞ্জের ছিল প্রক্রিয়াটা। শিক্ষকের সঙ্গে বা সামনে কথা বলার প্রচলিত ধারা এবং সেটা ইংরেজিতে চালিয়ে যাওয়া ছাত্রছাত্রীদের কাছে বস্তুত এক বোঝা ছিল, বিশেষ করে এই বিদেশি ভাষায় আমার দখল তাদের আতঙ্কিত করত। আমার টিউটোরিয়ালে ইংরেজি মিডিয়াম শিক্ষার সঙ্গে পরিচিত সামান্য সংখ্যক ছাত্রছাত্রী অনেক সবাক ছিল তবে এরাই যে অকাট্যভাবে সবচেয়ে সপ্রতিভ গ্রুপ হত, তা নয়। এছাড়াও, কঠিনতর চ্যালেঞ্জের ছিল আমার সুপারিশ করা বই থেকে উপাদান নকল করার পরিবর্তে উপস্থাপনায় সৃজনশীল হতে নিবন্ধ লেখকদের উৎসাহিত করা।

এই চ্যালেঞ্জ দ্বিগুণ হত আমার ক্লাসের ছাত্রীদের ক্ষেত্রে। সে আমলে একটা ক্লাসে সর্বোচ্চ চার থেকে পাঁচ জন ছাত্রী থাকত। চালু রীতি ছিল ছেলেরা বসবার পরে মেয়েরা ক্লাসে ঢুকবে এবং সাধারণত তারা সেটা করত শিক্ষক ঠিক ক্লাসে ঢোকার পরে। অবধারিতভাবে তারা একসঙ্গে প্রথম সারিতে বসত। যে মুহূর্তে ক্লাস শেষ হত তারা শিক্ষকের পায়ে পায়ে ক্লাসরুম ছেড়ে বেরিয়ে তাদের কমন রুমে আশ্রয় নিত। এক ধরনের কয়েদখানার কুঠুরির কাজ করত ছাত্রীদের কমন রুম যেখান থেকে কেবল ক্লাসে অথবা লাইব্রেরিতে যাওয়ার জন্য তারা বেরোতে পারত। কোনো ছেলে কোনো মেয়ের সঙ্গে কথা বলতে চাইলে তাকে প্রক্টরের লিখিত অনুমোদন নিতে হত। সহ-শিক্ষা পরিচালনায় এরকম মঠের মানসিকতা সম্ভবত মেয়েদের বিশেষ করে ক্লাসে বা এমনকি টিউটোরিয়ালেও কথা বলা থেকে অবদমিত থাকার কারণ হয়েছে। এই নিয়মের কিছু স্পষ্ট ব্যাতিক্রম লক্ষ করে খুশি হয়েছিলাম। তবে মেয়েদের কথা বলাতে আমাকে তাদের নিয়ে আলাদা টিউটোরিয়াল গ্রুপও তৈরি করতে হয়েছিল। এরকম লিঙ্গ বিভাজিত ব্যবস্থা যে সবসময় ছাত্রছাত্রীদের রোম্যান্স নিরুৎসাহিত করত তা নয়, বরং এমন কিছু ঘটনা দ্রুত বিবাহে নিষ্পন্ন হয়েছে।

আমার টিউটোরিয়াল গ্রুপ বিন্যাসে এক ধরনের অভিজাততন্ত্র রক্ষার দোষ আমার ছিল। যথাক্রমে প্রথম বছর অনার্স ও এমএ ক্লাসগুলোর জন্য আমি ইন্টারমেডিয়েট ও তৃতীয় বছর অনার্সের রেজাল্ট বিচার করতাম। এই তালিকাগুলো থেকে আমি সেরা রেজাল্ট করা ৭-৮ জন ছাত্রছাত্রীকে বেছে নিতাম এবং তাদেরকে রাখতাম যেটা আমার ধারণায় এ গ্রুপ সেখানে। পদ্ধতিটা কিছুটা অগণতান্ত্রিক হলেও যথেষ্ট সুফলদায়ী ছিল কারণ এ গ্রুপ ছিল গবেষণা

করার জন্য সবচেয়ে তৈরি এবং তাদের সবাক হবার প্রবণতা থাকত বেশি। এই ব্যবস্থার মাধ্যমে আমি গবেষণার দক্ষতা বাড়ানো এবং ছাত্রছাত্রীদের মধ্যে ভিন্নমত পোষণকারী বৌদ্ধিক আলোচনা উস্কে দিতে পারতাম। সেরা আলোচনা যেমন এ গ্রুপে হত, তেমন আবার বছর গড়াতে অনেক বেশি গণতান্ত্রিক পদ্ধতিতে তৈরি গ্রুপগুলো থেকে অপ্রত্যাশিতভাবে গবেষণা এবং বিতর্ক করার যোগ্য প্রতিভার সন্ধান পাওয়া যায়। এই প্রক্রিয়ায় আমার চ্যালেঞ্জ মোকাবিলায় কোনো অংশে কম যোগ্যতার প্রমাণ দেয় না মেয়েদের গ্রুপগুলোও।

বছর পেরিয়ে টিউটোরিয়াল সিস্টেম আমার ছাত্রছাত্রীদের সঙ্গে আমার ঘনিষ্ঠ সম্পর্ক গড়ে তুলতে বিশেষ উপযোগী প্রমাণিত হয়। এভাবে এমন এক ঘনিষ্ঠ সম্পর্ক তৈরি হয়েছিল আমার এ গ্রুপগুলোর সঙ্গে, যে এদের অধিকাংশই গত পঞ্চাশ বছর ধরে আমার সঙ্গে যোগসূত্র বজায় রেখে গেছে। আজও ক্রমশ বয়স বাড়া আমার প্রাক্তন ছাত্রছাত্রীদের গোষ্ঠী আমাকে সম্ভাষণ জানায়, আজও তারা আমাকে তাদের শিক্ষক বলে মনে রেখেছে, যদিও সেটা ভয়ে না ভালোবাসায় সেটা সবক্ষেত্রে পরিষ্কার হয় না। আমিও তাদের ব্যক্তি হিসেবে মনে রেখেছি। অবশ্য এক সময় যা আমার সজীব স্মৃতির অংশ ছিল দীর্ঘ বছর বাদে সেই মুখগুলো দেখামাত্র নামের সঙ্গে মেলাতে পারি না।

ক্লাসরুমের বাইরে বিশ্ববিদ্যালয়ের জীবন

পুরনো বিল্ডিংয়ে টিচার্স কমন রুমে অর্থনীতির বাইরে অন্যান্য বিভাগের সহকর্মীদের সঙ্গে সাক্ষাৎ ও পরিচয় হয় যেমন রাষ্ট্রবিজ্ঞান বিভাগের অধ্যাপক আব্দুর রাজ্জাক (স্যার), ইংরেজি বিভাগের রিডার ড. সারওয়ার মুরশিদ, এবং বাংলা বিভাগের আনিসুজ্জামান এবং মুনীর চৌধুরী। আমার চেয়ে কয়েক বছরের বড়ো সারওয়ার মুরশিদের সঙ্গে আমার বিশেষ বন্ধুত্ব হয়। সে 'এনকাউন্টার' ধরনের বহুমুখী পত্রিকা 'নিউ ভ্যালুজ' সম্পাদনা করত যেটা সবসময় আর্থিক সঙ্কটে ভুগত এবং কিছুটা খুঁড়িয়ে খুঁড়িয়ে চলত। আমি মাঝেমাঝে পত্রিকায় লেখা দিতাম এবং মুরশিদের সঙ্গে একজোট হয়ে কিছু আলোচনার আয়োজন করতাম। আইয়ূবের সেই সামরিক শাসনকালে এ ধরনের একটা প্রয়াসে 'রাজনীতিতে সামরিক বাহিনী' এই বিষয়ে বক্তব্য রাখেন স্যার, যেখানে তার একটি মন্তব্য ছিল যেহেতু পাকিস্তানের যেকোনো পরিবারের কম বুদ্ধিমান সদস্যকেই সেনাবাহিনীতে যোগ দিতে উৎসাহিত করা হয়, সুতরাং এ থেকেই বোঝা যায়, দেশ চালাবার পক্ষে তারাই সবচেয়ে কম উপযুক্ত লোক। সে যুগে এ ধরনের আত্মবিধ্বংসী বক্তব্য খুব বেশি শ্রোতা আকর্ষণ করেনি। কিছু শিক্ষক যারা এরকম বিদ্রোহীদের সঙ্গী হওয়ার বিষয়ে আশঙ্কিত ছিল তারা নিরাপদ দূরত্বে আড়ালে দাঁড়িয়ে আমাদের আলোচনা শুনছিল।

ঢাকা বিশ্ববিদ্যালয়ে প্রবেশের দু'বছরের মধ্যে বিশ্ববিদ্যালয়ের ভিতরে আমি ক্রমশ দৃশ্যমান হয়ে উঠি। যে লোক নিজের গাড়ি চালিয়ে ক্যাম্পাসে ঢোকে, হেঁড়ে গলায় লেকচার দিয়ে কেবল নিজের ছাত্রছাত্রীদের নয়, এমনকি তার ক্লাসরুমের ধারেকাছে থাকা হতভাগ্যদেরও দৃষ্টি আকর্ষণ করে এবং যে লোক আবার রাজনীতি-সক্রিয় ছাত্রদের আয়োজিত বিতর্ক এবং আলোচনায় যোগ দেবার আগ্রহ দেখায় তার পরিচিতি অবশ্যই বেশি হওয়া সম্ভব।

রাজনৈতিকভাবেও আমি অনেক দৃশ্যমান হয়ে যাই মাঝে মাঝে কাগজপত্রে লেখালিখি করে এবং রথী মহারথীদের মোকাবিলা করতে গিয়ে। ১৯৬০ সাল নাগাদ সামরিক শাসন চলাকালীন কিছু সংখ্যক কেন্দ্রীয় মন্ত্রী বিশ্ববিদ্যালয় পরিদর্শনে আসার সিদ্ধান্ত নেয়, শিক্ষক ও ছাত্রদের সঙ্গে কথা বলে আইয়ূব খানের চালু করা তথাকথিত সংস্কার প্রক্রিয়ায় তাদের মন ভোলাবার চেষ্টা করতে। এই পরিদর্শকদের মধ্যে ছিলেন তরুণ জুলফিকার আলী ভুট্টো, তৎকালীন জ্বালানি মন্ত্রী। ভুট্টোর বিশ্বাস ছিল তার অক্সফোর্ড শিক্ষা, ঝরঝরে ইংরেজি বুলি, তার্কিক দক্ষতা এবং সংস্কারপন্থী বাগড়ম্বর ঢাকার বুদ্ধিজীবি উচ্চবর্গীয়দের মন ভুলিয়ে দেবে। কলাবিভাগের মিটিংয়ে তাকে তীক্ষ্ণ প্রশ্নের মুখোমুখি হতে হয় ছাত্রদের এবং আমাদের কয়েকজন শিক্ষকের কাছে। বাঙালিদের বঞ্চনা, গণতন্ত্র ফিরিয়ে আনা ইত্যাদি প্রশ্নগুলো তীক্ষ্ণতর হতে থাকলে ভুট্টো চূড়ান্ত সমাধানের প্রতি তার দায়বদ্ধতা ইত্যাদি পরিচিত কথার আড়ালে আশ্রয় খোঁজে। দুর্ভাগ্যবশত লেনিনের উক্তি, এমনকি প্রাচীন দার্শনিকদের উক্তিতে বোঝাই তার বাগাড়ম্বর আমাদের মুগ্ধ করতে ব্যর্থ হয় এবং ভুট্টো বাধ্য হয় এই মোকাবিলা থেকে দ্রুত সরে পড়তে।

বিশ্ববিদ্যালয় জীবন প্রথম দিকে আমার আধা ব্যবসায়ী ভূমিকার সঙ্গে সহাবস্থান করত। ১৯৬২ সাল অবধি ঢাকা বিশ্ববিদ্যালয় থেকে দুপুর দুটোয় গাড়ি নিয়ে বেরিয়ে আরমানিটোলায় ঢাকা ট্যানারিজের অফিসে পৌঁছে যাওয়া। যেহেতু বিশ্ববিদ্যালয়ের অর্ধেক বেলা লেকচার ও টিউটোরিয়াল ক্লাসে কাটত, তারপর এই কর্মসূচি – গবেষণার জন্য আর সময় অবশিষ্ট রাখত না। বিকেল পাঁচটায় বিশ্ববিদ্যালয় ফিরে এসে গবেষণার কাজ করা যেত, কিন্তু ততক্ষণে অধিকাংশ শিক্ষক তাদের ক্লাস শেষ করে বাড়ি চলে গেছে। বিশ্ববিদ্যালয় কোয়ার্টারের আবাসিক শিক্ষকদের কেউ কেউ টিচার্স ক্লাবে আসত বিশেষ করে নীলক্ষেত রোডে বিশ্ববিদ্যালয়ের প্রশাসনিক ভবনের উল্টোদিকে একটা বিশেষ ভবন তৈরি হবার পর। এখানে রাজ্জাক স্যার আর কাজী মোতাহার হোসেনের মতো উৎসাহী দাবাড়ুরা দাবা খেলতেন, অন্যরা খেলতেন ব্রিজ। তুলনায় কম প্রতিভাধরেরা কেন্দ্রীয় কমন রুমে বসে গল্পগুজব করতেন, অধিকাংশ সময়েই রাজনীতির আলোচনা হত। একমাত্র মুজাফফর আহমেদ চৌধুরী এবং নুরুল ইসলামের মতো কিছু মনস্বী কেতাবি মানুষ লাইব্রেরিতে সময় দিতেন অথবা

বাড়িতে অধিক রাত জেগে পড়াশোনা করতেন। তবে সেটা খুব সহজ ছিল না কারণ শিক্ষকদের আবাসনগুলোয় স্থানাভাব এবং পারিবারিক দায়দায়িত্বের চাপ ছিল।

নবীন অর্থনীতিকের ভ্রমণ

আমাদের পশ্চিম পাকিস্তানি সহকর্মীদের সঙ্গে সাক্ষাত

শিক্ষকতার প্রথম বছরে পশ্চিম পাকিস্তানি অর্থনীতিকদের সঙ্গে সাক্ষাতের সুযোগ পাই। ডিপার্টমেন্টে যোগ দেবার দুমাসের মধ্যে লাহোরে পাকিস্তান ইকনমিক অ্যাসোসিয়েশন (পিইএ)-এর দ্বিবার্ষিক সম্মেলনে যোগ দিতে নির্বাচিত শিক্ষকদের দলে আমাকে ঢুকিয়ে দেন অধ্যাপক হুদা। যোগ্যতা অর্জনে আমাকে কেবল একশো টাকা খরচ করতে হয়েছিল অ্যাসোসিয়েশনের আজীবন সদস্যপদ অর্জনের জন্য। অনুমান আমি এখনও পিইএ-র সদস্য; সেই সঙ্গে তার উত্তরসূরী ১৯৭২ সালে আনুষ্ঠানিকভাবে প্রতিষ্ঠিত বাংলাদেশ ইকনমিক অ্যাসোসিয়েশনেরও (বিইএ)।

ডিসেম্বর ১৯৫৭-এ সিনিয়র সহকর্মী নুরুল ইসলাম, আর এইচ খন্দকার এবং রাজশাহী বিশ্ববিদ্যালয়ের শামসুল ইসলামের সঙ্গে আমি লাহোর যাত্রা করি। লাহোরে আমাদের থাকতে দেওয়া হল সেখানকার একমাত্র ভালো হোটেল ফালেত্তি'জ-এ। যতদূর মনে আছে সীমিত অর্থ বরাদ্দের কারণে দুর্ভাগ্যবশত আমাদের তিনজনকে এক ঘরে রাখা হয়েছিল। সম্মেলনটা হয়েছিল পাঞ্জাব বিশ্ববিদ্যালয় ক্যাম্পাসে।

সম্মেলনে পশ্চিম পাকিস্তানের কিছু বরিষ্ঠ অধ্যাপকের সঙ্গে পরিচিত হই। এদের মধ্যে ছিলেন অধ্যাপক এস এম আখতার পাঞ্জাব বিশ্ববিদ্যালয়ের অর্থনীতি বিভাগের চিরকালীন প্রধান। 'পাকিস্তান ইকনমিকস' এই একটি মাত্র পাঠ্যবই লিখেই তিনি খ্যাত হন। অন্য যে বরিষ্ঠ শিক্ষকদের সঙ্গে পরিচয় হয়েছিল তিনি কে এম ফারদ, করাচি বিশ্ববিদ্যালয়ের অর্থনীতি বিভাগের প্রধান। এরা কেউই খুব গুরুত্বপূর্ণ গবেষণা করেছেন বলে মনে হল না। মনোমত এবং স্থায়ী বন্ধুত্ব গড়ে উঠেছিল মর্যাদাপূর্ণ লাহোর সরকারি কলেজের অর্থনীতির বিভাগীয় প্রধান অধ্যাপক এম রশিদের সঙ্গে, যিনি মাহবুবুল হকের শিক্ষক ছিলেন। আর একজনের সঙ্গে পরিচিত হই পাঞ্জাব বিশ্ববিদ্যালয়ের রিডার, ড. সাজিদ আব্বাস, তিনি জ্যান টিনবার্জেনের ছাত্র হিসেবে নেদারল্যান্ডস থেকে পিএইচডি করেছিলেন এবং ঢাকার এক বাঙালি রাবেয়া ইসলামকে বিয়ে করেন।

সম্মেলনে আখলাকুর রহমানের সঙ্গেও প্রথম পরিচিত হই। সে তখন পেশোয়ার বিশ্ববিদ্যালয়ের অর্থনীতি বিভাগের রিডার, যেখানে একই পদ আমাকেও দিতে চেয়েছিলেন সেখানকার বিভাগীয় প্রধান অধ্যাপক ওয়াইজ।

আকর্ষক চরিত্র ছিল আখলাক - চিন্তাভাবনায় সংস্কারপন্থী, খুব তাড়াতাড়ি রেগে যেত এবং অত্যন্ত আক্রমণাত্মক হয়ে উঠত। কিন্তু ভুলচুকের ক্ষেত্রে তার দৃষ্টিভঙ্গি ছিল স্নেহশীল এবং উদার। পরিশেষে আখলাক পেশোয়ার থেকে করাচি চলে আসে পিআইডিই-তে নিযুক্ত প্রথম বরিষ্ঠ পাকিস্তানি অর্থনীতিবিদ হিসেবে।

আমার সফরের যৌক্তিকতা প্রমাণে অর্থনৈতিক ব্যবস্থাপনার হাতিয়ার হিসেবে মুদ্রা (monetary) নীতির তুলনায় আর্থিক (fiscal) নীতির গুরুত্বের বিষয়ে একটা পেপার উপস্থাপন করি। কিছুটা কাঁচা কাজ হয়েছিল সেটা। এই অনুষ্ঠান অর্থনৈতিক বৈষম্য সংক্রান্ত বিতর্ক এবং পূর্ব ও পশ্চিম পাকিস্তানি অর্থনীতিবিদদের মধ্যে বাড়তে থাকা বিভাজিকার সঙ্গে প্রত্যক্ষ পরিচয়ের সুযোগ করে দিয়েছিল।

১৯৫৮ গ্রীষ্ম জুড়ে আমাদের কয়েকজনকে সুযোগ দেওয়া হয়েছিল পাঞ্জাবের শৈল শহর মারীতে ছ'সপ্তাহের সামার স্কুলে হাজির থাকার। এই দারুণ আয়োজন করেন কেমব্রিজ বিশ্ববিদ্যালয়ে আমার এক শিক্ষক অধ্যাপক অস্টিন রবিনসন। এই উদ্যোগ, এবং পিআইডিই-র প্রতিষ্ঠা প্রথমে পাকিস্তানে, পরে বাংলাদেশে, অর্থনীতি পেশার সঙ্গে অস্টিনের জীবনভর প্রেমের প্রতিফলন। পাকিস্তানের অর্থনীতির অধ্যাপকদের জন্য একটা রিফ্রেশার কোর্সের ব্যবস্থা করে তাদের অর্থনীতিবিদ্যার সাম্প্রতিকতম অগ্রগতি বিষয়ে অবহিত করতে ইন্টারন্যাশানাল ইকনমিক অ্যাসোসিয়েশনকে বুঝিয়ে রাজি করান অস্টিন। মারীতে আমাদের ভাষণ দিতে একঝাঁক সুপরিচিত অর্থনীতিক জ্যোতিষ্ককে নিয়ে আসেন অস্টিন। তাদের মধ্যে ছিলেন গ্যারি জনসন, জেরি মেয়ার, অ্যালান ব্রাউন, ব্রায়ান রেড্ডাওয়ে, এমনকি আমার কেমব্রিজের শিক্ষক পিটার বাওয়ারও। তারা বিরাট বৌদ্ধিক ভোজে আপ্যায়িত করে অর্থনীতিবিদ্যায় আমাদের ক্ষুধা বাড়িয়ে দেন। এই আবহে অনুষ্ঠানে উপস্থিত পশ্চিম পাকিস্তানিদের সঙ্গে আরও মধুর সম্পর্ক গড়তে পেরেছিলাম আমরা। আমার জানা নেই এ ধরনের কোনো বৌদ্ধিক ভোজ আমাদের দ্বিতীয়বার খাওয়ানো হয়েছিল কি না, অন্তত যে কদিন পাকিস্তানের সঙ্গে আমাদের সম্পর্ক বজায় ছিল। দুর্ভাগ্যবশত চিন্তন দক্ষতার দীনতায় স্বাধীনতা-উত্তর বাংলাদেশে এধরনের শিক্ষামূলক অভিজ্ঞতা অর্জনের ব্যবস্থা আমরা করতে পারিনি।

মারী থেকে ফেরার ঠিক পরেই সামরিক শাসন জারি করল আইয়ুব খান। তারপর আর কখনও সুযোগ হয় নি আমাদের পশ্চিম পাকিস্তানি সহকর্মীদের সঙ্গে এমন খোলামেলা পরিবেশে মত বিনিময় করবার। অবশ্য পরে হায়দরাবাদ বিশ্ববিদ্যালয়, পেশোয়ার বিশ্ববিদ্যালয় আয়োজিত আরও কিছু সম্মেলনে তাদের সঙ্গে সাক্ষাৎ হয়েছে। পেশোয়ার বিশ্ববিদ্যালয়ের কথা বিশেষ করে মনে

আছে কারণ সেবার পেশোয়ারের পুরনো শহরের মাঝখানে কিসাখানি বাজারে কোলেস্টরেল বর্ধক 'পাটায় টিক্কা'-র ভূরিভোজ করেছিলাম আমরা।

নতুন পৃথিবী সফর

ঢাকা বিশ্ববিদ্যালয়ের দিনগুলোতে শুধু পশ্চিম পাকিস্তান নয়, যুক্তরাষ্ট্র সফরেরও সুযোগ পেয়েছিলাম একবার, যে জগৎ এতদিন আমার সফরসূচীর অনেক দূরে, কেবল আমার সাহিত্যিক কল্পনায় ছিল। ১৯৬০-এর দশকের গোড়ায় সাবেক ঢাকার ছোটোখাটো বহুজাতিক সম্প্রদায়ের বাসিন্দাদের কয়েকজনের সঙ্গে কিছু সন্ধ্যা কাটিয়েছিলাম। ১৯৫৭-৬০ এই সময়ের মধ্যে ঢাকা বিশ্ববিদ্যালয়ের সবচেয়ে সোচ্চার তরুণ শিক্ষাবিদদের একজন আমি কিছু মহলে পরিচিত হই ঝড়ের পাখি হিসেবে যে সরকার ও তার বহির্বিশ্বের পৃষ্ঠপোষক উভয়কেই সমালোচনা করে। এটা অবশ্য বহুজাতিক সম্প্রদায়ের উদারপন্থী সদস্যদের আমাকে বা পরবর্তী সময় অক্সফোর্ড ফেরত কামালকে বাজিয়ে দেখা থেকে দমিয়ে রাখেনি। তখন আমাদের ঘনিষ্ঠ বন্ধু হয়েছিল এইচএজি-র সঙ্গে যুক্ত বিল হলিংগার ও তার স্ত্রী ফ্লোরা এবং তাদের আরও কিছু সহকর্মী। এইচএজি তখন পূর্ব পাকিস্তান প্ল্যানিং বোর্ডের পরামর্শদাতা হিসেবে কাজ করছে।

ইউএস কনস্যুলেটের কিছু সদস্যও তখন আমাদের সান্নিধ্যপ্রার্থী ছিল; সম্ভবত সেটা ছিল বাঙালিদের মধ্যে প্রতিবাদী কণ্ঠের সঙ্গে যোগাযোগ রাখার প্রক্রিয়ার অংশ। এ ধরনের মিথষ্ক্রিয়া উপজাত যুক্তরাষ্ট্র সফরের জন্য আমি আমন্ত্রিত হই। উঠতি বুদ্ধিজীবিদের আমেরিকান জীবনযাত্রার সঙ্গে পরিচিত করতে ইউএস স্টেট ডিপার্টমেন্টের স্পনসর করা বিনিময় কর্মসূচির অংশ ছিল সেটা। চার মাস আমেরিকা সফরের সুযোগ দিয়েছিল এই কর্মসূচি। আমার পছন্দমতো যেকোনো জায়গায় সফর করার অনুমোদন ছিল। পাকিস্তানের ঘটনাপ্রবাহ প্রভাবিত করতে যে দেশ এত গুরুত্বপূর্ণ ভূমিকা নিচ্ছিল, তার সবটুকু গ্রহণযোগ্য না হলেও, এমন একটি দেশ সফর করা এবং তাকে বোঝার ভালো সুযোগ হিসেবে আমি এই আমন্ত্রণকে গ্রহণ করি। আমার কাছে এই যুক্তরাষ্ট্র সফর অত্যন্ত শিক্ষণীয় হয়েছিল। আমার প্রথম যাত্রা বিরতি ছিল ওয়াশিংটন ডিসি যেখানে আমি যেসব পছন্দের জায়গা বা প্রতিষ্ঠানে যেতে চাই এবং যেসব মানুষদের সঙ্গে দেখা করতে চাই সেগুলো বিশদ জানাতে বলা হল। আমার কর্মসূচির ব্যবস্থাপক ছিল ইন্টারন্যাশানাল ইনস্টিটিউট অফ এডুকেশন (আইআইই) যার স্থানীয় কার্যালয়গুলো অনুরোধ মতো আমার কর্মসূচি সাজিয়ে দেবে এবং একজন স্থানীয় নিমন্ত্রণকর্তা খুঁজে দেবে যিনি আমাকে ঘরে রান্না খাবার দিতে পারবেন এবং দরকার পড়লে গাড়িতে করে ঘোরাতেও পারবেন।

ওয়াশিংটনে আমি ইউএস কংগ্রেসের সদস্য, স্টেট ডিপার্টমেন্ট এবং ইউএসএইড অফিসিয়ালদের সঙ্গে সাক্ষাতের ইচ্ছা প্রকাশ করি যাদের কাছে আমি মার্কিন নীতির গতিবিধি সম্পর্কে জানতে পারব এবং যাদের সঙ্গে এ বিষয়ে বিতর্কও করতে পারব। নিজের দেশের সামরিক একনায়ককে মদত দেওয়ার জন্য যুক্তরাষ্ট্র সরকারকে নির্ভয়ে দোষী করতে পারে একটি তুচ্ছ এশীয় দেশের এমন এক অকালপক্ক ছোকরা – এ সম্পর্কে ওইসব প্রতিষ্ঠিত এবং প্রবীণরা কী ভেবেছিলেন সে বিষয়ে আমি নিশ্চিত নই।

ওয়াশিংটন থাকার সময় আমি টেনেসীতে একটা ছোটো সফর করি টেনেসী ভ্যালি অথরিটি দেখতে। টেনেসী ভ্যালি তখন বৃহৎ পরিকাঠামোর প্রকল্প নির্মাণ ও সংরক্ষণে পাবলিক সেক্টর মধ্যস্থতার বিশ্বায়িত মডেল। আমেরিকান সাউথ ভ্রমণে জাতিভেদের পরিচয় পেলাম। দেখলাম সেখানকার বাস স্টপের টয়লেটগুলো 'অশ্বেতকায়' এবং 'শ্বেতকায়' দুভাগে বিভক্ত। সর্বসমক্ষে কালো মানুষদের সংহতি জানানো উচিত নাকি স্থানীয় কর্তৃপক্ষকে চ্যালেঞ্জ করে 'কেবল সাদাদের জন্য' সুবিধা ভোগ করা উচিত কোনটা ঠিক হবে আমার এইসব ভেবে ঈষৎ উৎকণ্ঠা বাড়ে। মনে করতে পারি না এই সমস্যার সমাধান করতে পেরেছিলাম নাকি আমার মূত্রাশয়ের উপর আরও বেশি নিয়ন্ত্রণ জারি করেছিলাম।

ডি সি থেকে আমি নিউইয়র্ক যাই এবং সেখানে দু' সপ্তাহ থাকি। এই সফর কাজে লাগিয়ে কলাম্বিয়া বিশ্ববিদ্যালয়ের উন্নয়ন অর্থনীতির পথিকৃৎ র‍্যাগনার নার্কসে-র সঙ্গে দেখা করি। ওয়াল স্ট্রিটের কর্পোরেট নেতাদের সঙ্গে কথা বলি, দ্য নিউইয়র্ক টাইমসের সাংবাদিকদের সঙ্গে বিতর্ক করি এবং টাইমস স্কোয়ারে নাথান'স-এর ফ্রাঙ্কফার্টারস-এর স্বাদ নিই। এমনকি ইয়াঙ্কি স্টেডিয়ামে সর্বকালের সেরা জ্যাজ ডিজি গিলেস্পি-র অনুষ্ঠানে হাজির হবার বিলাসিতাও করেছিলাম।

নিউইয়র্ক থেকে আমি ম্যাসাচুসেটসের কেমব্রিজে গেলাম। আমি নিজেই প্রোগ্রাম বানিয়েছিলাম এখানে আমার বেশিরভাগ সময় কাটাব হার্ভার্ড এবং ম্যাসাচুসেটস ইনস্টিটিউট অফ টেকনোলজি-র (এমআইটি) অধ্যাপকদের সঙ্গে পারস্পরিক মত বিনিময় করে এবং সেই সঙ্গে হার্ভার্ড সামার স্কুলে আমার পছন্দসই কোর্সে অংশ নিয়ে। সামার স্কুলের ক্লাসগুলো অনেকটা যেন অ্যাকাডেমিক পাঁচমিশালি ভোজ 'স্মরগ্যাসবোর্ড', ঠিক গুরুগম্ভীর শিক্ষালাভের অভিজ্ঞতা নয়। আমি সুপরিচিত পণ্ডিত এবং বিখ্যাত ব্যক্তিদের ক্লাস বেছেছিলাম এবং মুখোমুখি হই জে কে গ্যালব্রেইথ, পল স্যুইজি, অ্যালভিন হ্যানসেন এবং জন ডানলপের মতো কিংবদন্তি অর্থনীতিবিদদের। এমআইটি-তে আমি ওয়াল্ট রস্টো, পল স্যামুয়েলসন এবং চার্লস কিন্ডেলবার্গারের সঙ্গে দেখা করি যাদের লেখা আমি কেমব্রিজে থাকার সময় এবং তার পরেও পড়েছিলাম।

কেতাবি সাক্ষাৎকার ছাড়া আমি অনেকটা সময় কাটাই হার্ভার্ডের ল্যামন্ট এবং ওয়াইডেনার লাইব্রেরিতে। ওখানকার কেমব্রিজের সমৃদ্ধ সাংস্কৃতিক জীবনের স্বাদও নিই। মনে আছে ট্যাংগেলউড ফেস্টিভ্যালে একটা কনসার্ট শুনতে গিয়েছিলাম; তাছাড়াও শুনেছিলাম আমার চিরদিনের প্রিয় ফোক গায়ক জোন বায়েজ এবং পিট সিগারের গান যারা দুজনেই তখন তাদের প্রেরণাদায়ক ক্যারিয়ারের শুরুর পর্বে রয়েছেন।

সে সময় আনিসুর রহমান এবং আবু মাহমুদ দুজনেই হার্ভার্ডে তাদের পিএইচডি শেষ করছে সুতরাং তাদের সঙ্গেও পারস্পরিক মত বিনিময় হল। কেমব্রিজে অবস্থান আমাকে এতটাই উজ্জীবিত করেছিল যে আমি সেখানে অক্টোবরের জন্য ফের বুকিং করি। সেটা ছিল আমার সফরের শেষ দু'সপ্তাহ এবং আমি সেবার আনিস ও তার স্ত্রী ডোরার কাছে থাকি। সে সময় সুখময় চক্রবর্তী এবং অমর্ত্য সেন দু'জনের সঙ্গেই দেখা হয়। ওরা ভিজিটিং প্রফেসর হিসেবে এক বছরের জন্য এমআইটি এসেছিল। অমর্ত্য তখন সবে নবনীতাকে বিয়ে করেছে যাকে সেবারই আমি প্রথম দেখলাম এবং তখন থেকে আমি নবনীতার বন্ধু।

কেমব্রিজ থেকে আমি শিকাগো যাই যেখানে আমার কেমব্রিজের সমসাময়িক জগদীশ ভাগবতী এবং তার পরামর্শদাতা ও আমার কেমব্রিজের শিক্ষক হ্যারি জনসনের সঙ্গে দেখা হল। আমরা একসাথে সুন্দর সময় কাটালাম এবং শিকাগোর প্রান্তবর্তী একটা লেকে সকলে মিলে সাঁতার কাটি। সে সময় শিকাগো বিশ্ববিদ্যালয়ের ক্যাম্পাস ছিল শিকাগো দক্ষিণে, শহরের ঘেটো-র (ghetto) নিকটবর্তী। জায়গাটার দুর্নাম ছিল বিপজ্জনক এলাকা হিসেবে। সেজন্য সন্ধের পরে ওই এলাকার জনস্থানে ঘোরাঘুরি না করার পরামর্শ দেওয়া হয়েছিল আমাকে।

শিকাগো থেকে একটা ছোটো শহর ম্যাকোল আইডাহো-তে যাবার সুযোগ হয়েছিল। ঢাকায় ইউনাইটেড স্টেটস ইনফরমেশন সার্ভিস (ইউএসআইএস)-এর প্রোগ্রাম অফিসিয়াল আইভান ইভান্সের মা-বাবা ওখানে থাকতেন। ইভান্সই আমার যুক্তরাষ্ট্র সফরের বন্দোবস্ত করেছিল। আমেরিকার ছোটো এক শহরের জীবন উপভোগের একটা অনবদ্য সুযোগ পেয়েছিলাম সেখানে। লেকের উপর লগ কেবিনে বরিষ্ঠ ইভান্সদের সঙ্গে থাকলাম, বারবিকিউ উপভোগ করলাম, টাউনের খুব বন্ধুভাবাপন্ন মানুষদের সঙ্গে আলাপ হল যারা কখনও পাকিস্তানের নাম শোনেনি এবং এমন একটা পৃথিবীর ছবি দেখা হল যেটার সঙ্গে সাধারণত পরিচয় হয় না ভ্রমণকারীদের।

আইডাহো থেকে সান ফ্রান্সিসকোয় যাই এবং সেখানে আরও দু'সপ্তাহ কাটাই। যুক্তরাষ্ট্রের যে কটা শহর দেখেছি তার মধ্যে আমার সেরা পছন্দ সান ফ্রান্সিসকো। এর হার্দ্য জীবনচর্চা, ঢেউ খেলানো রাস্তা, মহাদেশীয় ট্রাম গাড়ি,

ফিশারম্যান'স হোয়ার্ফে দুর্দান্ত সীফুড রান্না এবং প্রাচুর্যময় সাংস্কৃতিক জীবন আমার অত্যন্ত উপভোগ্য লেগেছে। সান ফ্রান্সিসকো থাকার সময় আমি নিউইয়র্ক ফিল হারমনিক অর্কেস্ট্রার লিওনার্দ বার্নস্টেইনের পরিচালনায় বীটহোভেনের কনসার্ট শুনি; কিংবদন্তী কিড অরি-র জ্যাজ কনসার্ট শুনি; এবং এমনকি হাংরি আই ক্যাফেতে যাই যেখানে সে সময়ের সেরা কমিক স্যাটায়ারিস্ট মর্ট শাহল প্রতি সন্ধ্যায় আমেরিকার রাজনৈতিক সংগঠনকে ব্যবচ্ছেদ করত। অ্যাকাডেমিক শিক্ষার জন্য আমি নিয়মিত বার্কলে সফর করতাম যেখানে অর্থনীতি বিভাগের কারও কারও সঙ্গে দেখা করি যেমন লরি তারশিস। স্ট্যানফোর্ডে একটা সেমিনারেও হাজিরা দিই, যার ফলে সুযোগ হয়েছিল আমার কেমব্রিজের বন্ধু দিলীপ আদারকারের সঙ্গে কিছুদিন কাটাবার। আদারকার তখন সবে স্ট্যানফোর্ড থেকে পিএইচডি করে কাছের সান হোসে-তে একটা চাকরি করছে।

সান ফ্রান্সিসকো থেকে আমি লস এঞ্জেলেসে গেলাম। সেখানে আমার স্থানীয় আমন্ত্রণকর্তা গাড়িতে করে গোটা শহর ঘুরিয়ে দেখালেন। এ শহরে সরকারি যানবাহনে যাতায়াত খুব সহজলভ্য ছিল না। ওরা আমাকে আমার স্বপ্নের জায়গা ডিজনী ল্যান্ড এবং হলিউড নিয়ে গেল। জায়গাটা অপরিচ্ছন্ন লেগেছিল ঠিক আমার কল্পনার সঙ্গে মেলেনি। লস এঞ্জেলেস থেকে টেক্সাস হয়ে নিউ অরলিয়েন্সে পৌঁছাই যেখানে আমার উপভোগ্য লেগেছিল কাজুন কুকিং এবং ফরাসি মহল্লার জ্যাজ।

আমার সফরের সময় ১৯৬০-এর আমেরিকান প্রেসিডেন্ট নির্বাচনের প্রচার জোর কদমে চলছিল। সে লড়াইয়ে রিপাবলিকান প্রার্থী, তখন আইজেনহাওয়ার প্রশাসনে উপ-রাষ্ট্রপতি, রিচার্ড নিক্সনকে চ্যালেঞ্জ জানাচ্ছে ম্যাসাচুসেটসের এক তরুণ সিনেটর জন এফ কেনেডি (জেএফকে), যে হার্ভার্ড অ্যাকাডেমিক মহলের প্রিয় প্রার্থী। আমি থাকাকালীন টিভিতে নিক্সন-কেনেডি-র দুটি বিতর্ক দেখি। সেবারই ওদেশের ইতিহাসের প্রথমবারের মত প্রেসিডেনশিয়াল ডিবেট হয়, পরবর্তীকালে যেটা এক প্রাতিষ্ঠানিক আয়োজনে পরিণত হয়েছে। আমার মনে আছে হার্ভার্ড উপদেষ্টাদের কাছে বিভিন্ন বিষয়ে প্রশিক্ষিত তরুণ কেনেডি ঘর্মাক্ত কলেবর, থুতনিতে সকাল সাতটায় কামানো খোঁচা দাড়িময় রিচার্ড নিক্সনকে খুব ভালোভাবেই হারিয়ে দিয়েছিল। মার্কিন নির্বাচনী রাজনীতির সম্পর্কে আমার শিক্ষা ধারলো হয়েছিল ইউএস কংগ্রেসে আমার সফরে এবং হার্ভার্ডের আলোচনায়। এই শিক্ষা চূড়ান্ত হয়েছিল পরবর্তী সময়ে ১৯৬০ নির্বাচনের বিষয়ে থিওডোর হোয়াইটের দিশারি লেখা 'দ্য মেকিং অফ আ প্রেসিডেন্ট' পড়ে।

সে সময় আন্তর্জাতিক রাজনৈতিক ঘটনাবলীও নির্বাচনী প্রচারে মেশানো হয়েছিল। সেপ্টেম্বরের শেষে আমার দ্বিতীয় দফা নিউইয়র্ক সফরে জাতিসংঘের

সাধারণ পরিষদের বৈঠকে যোগ দিয়েছিলেন সোভিয়েত নেতা নিকিতা খ্রুশ্চেভ। তাকে আমরা সকলে টেলিভিশনে দেখলাম পরিষদে যুক্তরাষ্ট্রের এক বক্তার বক্তব্যের বিরুদ্ধে প্রতিবাদ জানাতে তার ডেস্কের উপর জুতো দিয়ে ঠুকছেন। দীর্ঘ গেরিলা অভ্যুত্থানের পর তখন সবে কিউবার ক্ষমতায় আসা ফিদেল কাস্ত্রোও এ পরিষদে উপস্থিত ছিলেন। তার আসায় সবচেয়ে ক্ষিপ্ত হয়েছিল দক্ষিণপন্থীরা যারা সব ডাউনটাউন প্রধান হোটেলগুলোকে কাস্ত্রো ও তার প্রতিনিধিদের থাকার জায়গা না দেবার পরামর্শ দেয়। কাস্ত্রো জনকল্পনা উস্কে দেন হারলেমের এক হোটেল বেছে নিয়ে যেখানে আফ্রো-আমেরিকানরা অনেক বেশি স্বাগত জানিয়েছিল তাকে।

ঘরে ফেরার পথে আমি লন্ডনে থামি। সৌভাগ্য আমার তখন "ম্যান ফর অল সীজনস্"-এর মহাকাব্যিক নাট্যরূপ দেখতে পেয়েছিলাম। টমাস মোর-এর ভূমিকায় পল স্কফিল্ডের অভিনয় এ যাবৎ আমার দেখা শ্রেষ্ঠ মঞ্চায়ন। আমি যুক্তরাষ্ট্র থেকে ফিরি হট ফাজ সান্ডি, ট্যাড'স স্টেকস, ন্যাথান'স ফ্রাঙ্কফার্টারস-এর আস্বাদনসহ মার্কিন রাজনীতিতে আমার আজীবন আগ্রহ নিয়ে।

১০

ঢাকা: ঘনিষ্ঠজনদের আবহে

প্রথম দিকের জীবন

ঢাকায় পেশাজীবন স্থায়ীভাবে শুরু করা এবং সেই সঙ্গে অন্যান্য ধরনের বিষয়ে জড়িয়ে যাওয়ায় আমার ব্যক্তিগত জীবন অনুসন্ধান থেমে থাকেনি। তখনকার ঢাকা আজকের তুলনায় অনেক চাপমুক্ত ছিল এবং ট্র্যাফিক জ্যামের অনুপস্থিতিতে সাধারণ সামাজিকতার অনেক বেশি সুযোগ পাওয়া যেত। ঢাকায় প্রথম বছরগুলোয় এই ঢিলেঢালা যাপনের সঙ্গে আমার কিছুটা পরিচয় হয়, কিন্তু ১৯৬০ সালে কামাল অক্সফোর্ড থেকে ফেরার পর এই ফাঁকা জায়গাগুলো সঙ্কুচিত হয়ে যায়। তখন আমাদের সন্ধ্যেগুলো আরও রাজনৈতিক উদ্দেশ্যবাহিত হয়ে ওঠে। আমার ভাগ্য ভালো কামাল ফিরে এসে ঢাকার অগ্রণী আইন প্রতিষ্ঠান অর্ ডিগনামস-এ যোগ দিয়েছিল এবং অনেক সন্ধ্যে অবধি তাকে কাজ করতে হত। যার ফলে আমার সামাজিক জীবন একেবারে বন্ধ হয়ে যায়নি।

সে সময় আমার সামাজিকতার খোরাক যোগাতাম বিশ্ববিদ্যালয়ে আমার কিছু সহকর্মীর কাছে গিয়ে যেমন - রাজ্জাক স্যার, নুরুল ইসলাম এবং সারওয়ার মুরশিদ যারা তখন আজিমপুর কলোনিতে ইউনিভার্সিটি অ্যাপার্টমেন্টসে থাকতেন। বিশ্ববিদ্যালয়ের বাইরে ঘনিষ্ঠ বন্ধুত্ব হয় জিয়াউল হক টুলুর সঙ্গে। সে তখন অবিবাহিত, ফ্যাশনদুরস্ত এবং বিশিষ্ট সামাজিক পরিচয়সম্পন্ন এক উঠতি ব্যবসায়ী। টুলু গ্রীন রোডে তার বাবা ফজলুল হকের সঙ্গে থাকত। ফজলুল হক খুব সম্মানিত মানুষ এবং উদার নিমন্ত্রণকর্তা ছিলেন, মাঝেমাঝেই যিনি তার বন্ধুদের ডেকে মাছের রসাল সব পদ খাওয়াতেন।

আমার আর এক ভালো বন্ধু ছিল সাংবাদিক এস এম আলী। সে সময় সে ছিল মিঁয়া ইফতেখারুদ্দীনের কাগজ পাকিস্তান টাইমসের পূর্ব পাকিস্তানের মুখ্য সংবাদদাতা। আলীর সঙ্গে আমার আলাপ ১৯৫৩ সালে যেবার আমরা আমাদের প্রথম ইংল্যান্ড যাত্রায় ব্যাটরি জাহাজের সহযাত্রী হই। ঢাকায় আসার পর আমি আলীর সঙ্গে নতুন করে যোগাযোগ করি। সে তখন প্রতিষ্ঠিত সাংবাদিক। তার উচ্চাশা ছিল নিউ স্টেটসম্যান ধরনের ইংরেজি দৈনিক অথবা

সাপ্তাহিক পত্রিকা বের করার। আমায় তার ইচ্ছের কথা জানাত আলী। আমি বামপন্থী সাপ্তাহিক নিউ টাইমসের একজন আগ্রহী পাঠক ছিলাম এবং আলীর স্বপ্নের অংশীদার হই। আমরা আশা করতাম আমাদের এই উদ্যোগে অর্থলগ্নী করতে মিঁয়া ইফতেখারুদ্দীনকে রাজি করানো যাবে।

তার সম্ভাব্য উদ্যোগের জন্য স্থানীয়ভাবেও কিছু টাকাকড়ির যোগাড়ের চেষ্টা করছিল আলী। ন্যাশনাল ব্যাংক অফ পাকিস্তানের সদরঘাট শাখার তৎকালীন জেনারেল ম্যানেজার মাহবুব রশিদের সঙ্গে দেখা করতে আমাকে সঙ্গে নিয়ে গেল। আমার বন্ধু মোশাররফ হোসেনকেও এই সাংবাদিকতার উদ্যোগে আমরা শামিল করেছিলাম। অতি সুপন্ডিত এবং প্রগতিশীল দৃষ্টিভঙ্গির রশিদ সে সময় সেগুনবাগিচায় একটা ছোটো বাড়িতে থাকেন। দেখা গেল, আমাদের উদ্যোগের জন্য অর্থ সংগ্রহের আলোচনার বদলে আমরা রাজনীতি আলোচনায়ই বেশি সময় কাটালাম।

আমাদের নিউ স্টেটসম্যান উদ্যোগ হঠাৎ বন্ধ হয়ে যায় অক্টোবর ১৯৫৮-এ আইয়ূব খানের সামরিক শাসন জারি এবং পাকিস্তান টাইমস অধিগ্রহণের পর। এর ফলে আমাদের উদ্যোগে অর্থলগ্নীর আশা যে শুধু ধূলিসাৎ হয়েছিল তাই নয়, পাকিস্তান টাইমসের নতুন সরকারি মালিকানায় কাজ করবার সমস্ত উৎসাহ হারিয়ে ফেলে আলী। এরপর সে ব্যাংকক পোস্ট কাগজে একটা কাজ জোগাড় করে নিয়ে দক্ষিণ এশিয়া ও পূর্ব এশিয়ায় এক লম্বা সাফারিতে রওনা দিয়েছিল। তিরিশ বছর বাইরে কাটিয়ে ঢাকায় ফিরে সে মাহফুজ আনামের সঙ্গে ডেইলি স্টার পত্রিকা চালু করে।

১৯৬০ সালে ঢাকা থেকে ব্যাংকক রওনা দেবার জন্য যখন তৈরি হচ্ছে আলী সে সময় খ্যাতিমান ভাস্কর নভেরা আহমেদের সঙ্গে সে আমাকে পরিচয় করিয়ে দিতে চাইল। কয়েক বছর নভেরা আহমেদের ঘনিষ্ঠ বন্ধু ছিল আলী। কামাল কোর্ট থেকে ঠিক আড়াআড়ি রাস্তায় নিউ বেইলি রোডের অ্যাপার্টমেন্টে একা থাকত নভেরা। ইতিমধ্যে তার নাম হওয়া সত্ত্বেও সে খুব বিচ্ছিন্ন জীবন যাপন করত। তার বন্ধুবান্ধব খুব সীমিত ছিল এবং এমনকি নিজের পরিবারের সঙ্গেও খুবই সীমিত যোগাযোগ রাখত। সে কারণে আলীর মনে হয়েছিল যে নভেরাকে তার নিজের কিছু বন্ধুদের সঙ্গে যোগাযোগ করিয়ে দেওয়া উচিত।

পরিচয় করাতে আমাকে নভেরার অ্যাপার্টমেন্টে নিয়ে গেল আলী। নভেরা সবসময় কালো পোশাক পরত, অন্তত আমি যখনই তার সঙ্গে দেখা করতে গেছি তাই দেখেছি। তার গায়ের রং ফর্সা এবং মুখাবয়ব পূর্ব এশীয়, যেটা অত্যন্ত আকর্ষণীয় এক অপার্থিব চেহারা দিয়েছে তাকে। তার চিরাচরিত ঢিমে আলোজ্বলা নিরালা রাজ্যে আমার অনুপ্রবেশ অনাসক্তভাবে নেয়নি নভেরা। আলী ব্যাংকক চলে যাবার পর মাঝামাঝেই সন্ধ্যেতে তার অ্যাপার্টমেন্টে যেতাম, তবে তার আগে ফোনে জেনে নিতাম তার অবসর আছে কিনা। দিনের

বেলায় তার অ্যাপার্টমেন্টের স্টুডিওতে ভাস্কর্যের কাজ করত নোভেরা। খুব বেশি কথা সে বলত না, তবে তার জীবনের নানান বিষয় ও তার অস্তিত্ব বিষয়ক উৎকণ্ঠা নিয়ে আমরা আলোচনা করতাম।

গভীর অনুভূতিপ্রবণ এবং অতি সংবেদনশীল ছিল নভেরা। একবার আমার পাশ্চাত্য ধ্রুপদী যন্ত্রসংগীতের কিছু লং-প্লেয়িং রেকর্ড নিয়ে গিয়েছিলাম তাকে শোনাতে। বাজনাগুলো শুনে সে ভীষণ আবিষ্ট হয়ে পড়ে বলে মনে হয়েছিল। বিশেষত একটা মূর্ছনাময় বাজন শোনার পর নভেরা যেন সম্মোহিত হয়ে পড়ে। ব্যাপারটা রীতিমতো ভীতিপ্রদ হওয়াতে এরপর থেকে বাজনা নির্বাচনে আমাকে যথেষ্ট সতর্ক হতে হয়েছিল। মাঝেমধ্যে তাকে গাড়িতে নিয়ে ঘুরতাম। একবার ব্রিটিশ কাউন্সিল আয়োজিত এক সফরকারী নাট্যদলের অভিনয় দেখতে নিয়ে যাই। জনসমক্ষে আমাদের দু'জনের এই ঘোরাঘুরিতে কিছু গুজব ছড়িয়েছিল। তখনকার আমলে অবিবাহিত যুবকের সুন্দরী একাকিনী মহিলার অ্যাপার্টমেন্টে নিয়মিত যাতায়াত অস্বাভাবিক ছিল। আমাদের সম্পর্কের এই দিকটা বিশেষ প্রচার পায়নি, তবে জনস্থানে নভেরাকে সঙ্গে করে ঘোরা সকলের নজর এড়িয়ে যাবে এমন সম্ভাবনা প্রায় ছিলই না।

১৯৬২ সালে সালমার সঙ্গে বিয়ের জন্য আমার লন্ডন চলে যাবার আগে পর্যন্ত এক বছরের বেশি সময় আমি নভেরার কাছে যাতায়াত করেছি। সে সময় নভেরাও ঢাকা ছেড়ে ইউরোপ সফরে পাড়ি দেয় যেখান থেকে সে আর কখনও ফেরেনি।

যদি বলি নভেরা আমাকে আকর্ষণ করেনি, অথবা আমাদের সম্পর্ককে আরও এগিয়ে নিয়ে যাবার বাসনা আমার হয়নি, তবে তা সত্য হবে না। আমি জানি না, নভেরার পক্ষ থেকেও আমার প্রতি এমন অনুভূতি ছিল কিনা বা আমাদের সম্পর্ক আর এগিয়ে নিয়ে যাবার বাসনা তার হত কিনা। ওর শৈল্পিক প্রকৃতির প্রতি আমি অনুভূতিহীন ছিলাম না, তবে আমি তখন আমার রাজনৈতিক পর্বে প্রবেশ করছি এবং আমরা বুঝতে পেরেছিলাম যে আমাদের দুই পৃথিবী সর্বদাই দুই মেরুতে বিভাজিত থাকবে।

ফলে যেটা হয়েছিল, আমাদের সম্পর্ক প্লেটোনিক স্তরেই থেকে যায়, সুতরাং আমি সালমাকে বিয়ে করছি এই সিদ্ধান্ত তাকে জানাবার সময় কোনো আবেগের বোঝা আমাদেরকে বিসর্জন দিতে হয়নি। ও বুঝতে পেরেছিল যে আমাদের সম্পর্ক শেষ হবে। ওর সান্নিধ্যে আমি আনন্দ পেয়েছি এবং ওর কাছ থেকে বিদায় নিতে দুঃখ হয়েছে। পরে জেনেছিলাম নভেরা প্যারিস চলে গেছে। দিন গড়িয়েছে, আমি মাঝে মাঝে ওর সতীর্থ শিল্পীদের কাছে ওর খবর জানতে পেরেছি। শাহাবুদ্দীন, আমাদের সবচেয়ে বিশিষ্ট চিত্রকরদের একজনের সঙ্গে সম্প্রতি ঢাকায় দেখা হতে সে আমায় জানিয়েছিল নভেরা তখনও প্যারিসেই রয়েছে, তবে বস্তুত সে নিঃসঙ্গ জীবন যাপন করে। ২০১৫-র গ্রীষ্মে প্যারিসেই নভেরার মৃত্যু হয়।

সালমা: জীবনসাথীর সঙ্গে দেখা

প্রথম সাক্ষাৎ

বার্মা শেল একজিকিউটিভ এরফান আহমেদের পরীবাগের বাড়ি আমার একটা পছন্দের আড্ডাখানা ছিল যেখানে কামালও প্রায়ই আমার সঙ্গে যোগ দিত। খুলনা নিবাসী পরিবারের সদস্য এরফান পাকিস্তান নৌবহরের কমান্ডার পদ থেকে স্বাস্থ্যের কারণে অবসর নিয়েছিল। এরফানকে আমার সুপন্ডিত এবং চমৎকার একজন সঙ্গী মনে হয়েছিল। সে বিয়ে করেছিল সিন্ধি মেয়ে খুরশিদ আখুন্দকে। খুরশিদ ছিলেন চমৎকার এক ব্যক্তিত্ব এবং নিজে অবিচল থেকে সুক্ষ রসিকতা করতে পারতেন। এরফান ও খুরশিদের বাড়ি এবং তাদের সঙ্গে আমাদের সম্পর্ক থেকে অন্তত তিনটি বিবাহ বন্ধন তৈরি হয়েছিল - আমার সঙ্গে সালমার, কামালের সঙ্গে খুরশিদের ছোটো বোন হামিদার, এবং তার বড়ো বোন রশিদার সঙ্গে সিএসপি অফিসার সৈয়দ আখলাক হোসেনের।

বস্তুত আমি ছিলাম রশিদা এবং আখলাকের যোগসূত্রকারী। পূর্ব পাকিস্তানে চাকরি করা অবাঙালি সিএসপি অফিসারদের একজন আখলাকের সঙ্গে আমার ভালো বন্ধুত্ব হয়েছিল। রশিদা এবং হামিদা দুজনেই করাচিতে অক্সফোর্ড ইউনিভার্সিটি প্রেসে কাজ করত এবং মাঝেমাঝে খুরশিদের সঙ্গে দেখা করতে ঢাকায় আসত। এরকমই এক সফরে তারা তাদের নিজ নিজ জীবনসঙ্গী খুঁজে পেয়েছিল। রশিদার খুব কাছের বন্ধু সালমাও ঢাকায় এসে খুরশিদের কাছে থাকত। আমদের কেমব্রিজের দিনগুলোয় সালমার সঙ্গে আমার পরিচয় হয়েছিল খুবই অল্প সময়ের জন্য, তবে সে ঘরে ফিরে আসার পর আর তার দেখা পাইনি। সালমার সঙ্গে আমার পুনর্মিলনের মূল সূত্র ছিল রশিদা এবং আখলাক দুজনেই।

নভেরা ছাড়া অন্য কোনো মহিলার সঙ্গে ঘনিষ্ঠ হবার সুযোগ ঘটেনি আমার। আমার ২৬ বছর বয়সে বরিষ্ঠ আত্মীয়দের অনেকেই আমাকে বিয়ে করার জন্য চাপ দিচ্ছিলেন, আমার মা-বাবা যদিও তুলনায় কম। সেজন্য সঠিক সঙ্গিনী খুঁজতে চোখ খোলা রেখেছিলাম, তবে খুব গভীরভাবে মাথা ঘামাইনি বিষয়টা নিয়ে।

আখলাক বলল সালমা খুবই মিষ্টি স্বভাবের মেয়ে যে একজন সম্ভাব্য সঙ্গিনী হতে পারে। যেহেতু আমি তাকে তার সম্ভাব্য সঙ্গিনী রশিদার সঙ্গে আলাপ করিয়ে দিয়েছিলাম আমার সন্দেহ সে কারণে দেয়া-নেয়ার মানসিকতায় প্রসঙ্গটা উত্থাপন করেছিল আখলাক। খুব উদ্দেশ্যপ্রণোদিত ছিল না ব্যাপারটা। সুতরাং করাচি সফর করার সময় আমি রশিদার সৌজন্যে সালমার সঙ্গে আবার যোগাযোগ করতে যাই।

সালমা তখন করাচি ফিরেছে এক অসাধারণ ধীশক্তির অধিকারিণী মহিলার সুনাম নিয়ে। ১৯৫৮ সালে কেমব্রিজের গ্রিটন কলেজ থেকে আইনশাস্ত্রে বিএ

অনার্স ডিগ্রি পেয়েছে সে। সেখানে সে উপভোগ্য তিন বছর কাটিয়েছে এবং তার অনেক বন্ধুবান্ধব হয়েছে, যাদের সঙ্গে তার আজীবন সম্পর্ক বজায় ছিল। যতদিন সে কেমব্রিজে ছিল পুরো সময়টাই তার বাবা লন্ডনে পাকিস্তানের হাইকমিশনার ছিলেন। তার বাবাকে বলা হয় যে ১৯৫৮-র শেষে পররাষ্ট্র সচিবের দায়িত্ব নেবার জন্য তাকে ফের ডেকে নেওয়া হবে। জুন মাসে কেমব্রিজ থেকে আইনের ডিগ্রি পায় সালমা এবং লিঙ্কনস ইন-এ বার পরীক্ষা দেবার জন্য লন্ডনে সে একটা বছর খোশমেজাজে কাটাবে এটাই প্রত্যাশিত ছিল। পরীক্ষা দেবার যোগ্যতা অর্জন করতে হবু ব্যারিস্টারদের ইনস অফ কোর্টে অনেক ডিনার খেতে হত, তবে ব্যারিস্টার হবার কঠিন পরীক্ষায় উত্তীর্ণ হতে পরিশেষে খুব শ্রমসাধ্য পড়াশোনা করারও দরকার হত। সালমাকে যখন তার বাবা জানায় যে বার-এর যোগ্যতা অর্জনে এক বছর লন্ডনে থাকা তার হচ্ছে না, তখন সে মোটেও খুশি হতে পারেনি। তাকে ডিসেম্বরের মধ্যে পরীক্ষায় বসতে হবে যাতে লন্ডনে বায়াম শ আর্ট কলেজ থেকে স্নাতক হতে যাওয়া তার বোন নাজ এবং সে দুজনে তাদের মা-বাবার সঙ্গে করাচি ফিরতে পারে।

ছ'মাসের মধ্যে বার ফাইন্যাল পরীক্ষায় বসার জন্য সালমাকে ভীষণ খাটতে হয়েছিল। এই অল্প সময়ের মধ্যে সালমা পরীক্ষা দেয় এবং পাশ করে ২১ বছর বয়সে ব্যারিস্টার হয়। এর ফলে সালমা হল ব্যারিস্টারি পাশ করা দ্বিতীয় পাকিস্তানি মহিলা এবং মহিলা বা পুরুষ পাকিস্তানি ব্যারিস্টারদের মধ্যে কনিষ্ঠতম সদস্যা। করাচি ফিরে সালমা করাচির অগ্রণী আইন ব্যবসায়ী প্রতিষ্ঠান সারিজ অ্যান্ড বীকেনো-তে যোগ দেয়। আইনের পেশায় থেকে গেলে পাকিস্তানের প্রথম সারির একজন আইনজীবি হতে পারত সে। সালমাকে তার জুনিয়র হিসেবে নিতে তার মামা শহীদ সোহরাওয়ার্দী খুবই আগ্রহী ছিলেন। কিন্তু পাকিস্তানের সামনের সারির তিন-চারজন আইনজীবির একজন হলেও রাজনৈতিক ক্রিয়াকলাপে সোহরাওয়ার্দী একাগ্রভাবে যুক্ত থাকার কারণে আইনি পেশায় তার সঙ্গে নামাটা সালমার পক্ষে কিছুটা অনিশ্চিত ক্যারিয়ার হয়ে যেত।

করাচিতে আইনের পেশা চালিয়ে যাওয়ার খুব প্রগাঢ় বাসনা সালমার ছিল না। প্যারিসে সরবন ল' স্কুলে এক বছরের স্কলারশিপের প্রস্তাব পাওয়া মাত্র সে সাগ্রহে লুফে নেয়। তার উচ্চাশা ছিল প্যারিসে থেকে কোনো ল' ফার্মে কাজ করবে; তবে সব কিছুর উর্ধ্বে তার স্বপ্ন ছিল সেখানে স্থায়ী হয়ে সীন নদীর দক্ষিণ তীরে জীবন উপভোগ করার ফাঁকে উপন্যাস লেখা।

প্যারিস নিয়ে সালমার চলমান স্বপ্ন চূর্ণ করি আমি তার আবেগের দখলদার হয়ে এবং অবশেষে তাকে বিয়ের প্রস্তাব দিয়ে। করাচির সমাজে পাত্রী হিসেবে সালমা এবং নাজ দুজনেরই খুব কদর ছিল। তাদের মায়েরও বিয়ের ব্যাপারে মেয়েদের ওপর চাপ ছিল। তখন চিত্রকর হিসেবে ক্রমে প্রতিষ্ঠা অর্জন করা

অতীব সুন্দরী এবং প্রাণোচ্ছল তরুণী নাজের কদর ছিল বেশি; তবে ভালো বউ হিসেবে সালমাকেও কদর করতেন হবু শাশুড়িরা। তবে তার মনমতো না হলে কোনো পাণিপ্রার্থীকেই আপ্যায়ন করতে রাজি হত না সালমা। জেন অস্টিনের উপন্যাস খুব ভালোবাসত সালমা এবং তাদের সবকটিই বস্তুত তার মুখস্থ ছিল। দুই মেয়ের বিয়ের ব্যাপারে তার মায়ের মনোভাবকে প্রায়ই সে 'প্রাইড অ্যান্ড প্রেজুডিস' উপন্যাসের নায়িকা এলিজাবেথ বেনেটের মা মিসেস বেনেটের মনোভাবের সঙ্গে তুলনা করত।

অবশেষে বেনেট ভগ্নীদ্বয়ের পরিণতি থেকে সালমা এবং নাজ দুজনেই রক্ষা পেয়েছিল যখন ১৯৬১-র কোনো একসময় পররাষ্ট্রসচিব পদ থেকে অবসর নেবার পর তার বাবা কমনওয়েলথ ইকোনমিক কমিটির মর্যাদাপূর্ণ চেয়ারম্যানের পদ নেবার জন্য লন্ডনে আমন্ত্রিত হলেন। পরবর্তীতে কমনওয়েলথ ইকোনমিক কমিটি কমনওয়েলথ সেক্রেটারিয়েটে পরিণত হয়। নাজ ও তার ছোটো বোন সারভাত, সবাই যাকে বিটলাম বলে চিনত, দুজনে তাদের মা-বাবার সঙ্গে লন্ডন চলে যায়। সালমা করাচিতে থেকে যায় তার বড়ো ভাই ইনামের সঙ্গে ক্লিফটনের কাশানায় তাদের পারিবারিক বাড়িতে।

জীবনের নানা সিদ্ধান্ত

আমি আজ পর্যন্ত ঠিক ধরে উঠতে পারিনি কী ভেবে সালমা প্যারিসে থেকে ঔপন্যাসিক হবার উচ্চাশা ছেড়ে আমাকে বিয়ে করার সিদ্ধান্ত নিয়েছিল। আগেই বলেছি, পারিবারিক বিচারে আমাদের জুড়ি খুবই উপযুক্ত ছিল। আমার নিজের শিক্ষাগত এবং সে কারণে পেশাগত পরিচয় খুব ছোটো ছিল না। আমার রাজনীতিতে জড়িয়ে থাকা সালমার বাবার উদ্বেগের কারণ হলেও তার প্রতিষ্ঠানবিরোধী মা ব্যাপারটা তারিফ করতেন এবং তার মামা শহীদের তো এ ব্যাপারে অনুমোদনই ছিল। আইসিএস অফিসারের কন্যা এবং সোহরাওয়ার্দী পরিবারের তরুণী সালমা যে স্বচ্ছলতায় বড়ো হয়েছে, ঢাকা বিশ্ববিদ্যালয়ের শিক্ষক হিসেবে আমার মাইনে তাকে সে নিশ্চয়তা কখনই দিতে পারবে না এই ছিল তাদের দুশ্চিন্তা।

সালমা নিজে অবশ্য আমার আর্থিক যোগ্যতা নিয়ে চিন্তিত ছিল না এবং আমি যে শিক্ষকতা পেশা পছন্দ করতাম, সেটাই তার কাছে গ্রহণযোগ্য মনে হয়েছিল। সে বুঝতেই পারেনি ঢাকা বিশ্ববিদ্যালয়ের শিক্ষকের স্ত্রী হওয়া আর কেমব্রিজ বিশ্ববিদ্যালয়ে শিক্ষকের স্ত্রী হওয়া এক জিনিস নয়। আমার রাজনৈতিক সংলগ্নতার মর্মও সে পুরো উপলব্ধি করতে পারেনি। অথচ আমার এই রাজনৈতিক সংশ্লিষ্টতার অভিঘাত আমাদের সংসারে নেমে আসে বেশ কয়েকবার। প্রথম, ১৯৬৬ সালে লন্ডনে স্বেচ্ছা-নির্বাসনে যেতে হয়েছিল

আমাদের; পরে ১৯৭১ সালে ক্যান্টনমেন্টে প্রায় কারারুদ্ধ হচ্ছিল সালমা এবং ১৯৭৫ সালে বঙ্গবন্ধু নিহত হওয়ার পর আবার অক্সফোর্ডে নির্বাসনে যেতে হয়েছিল আমাদের।

জীবনের শেষ পর্যায়ে আইন ও সালিশ কেন্দ্র প্রতিষ্ঠা করেছিল সালমা এবং উইমেন লিভিং আন্ডার মুসলিম ল'জ – এই আন্তর্জাতিক সংস্থার একজন অগ্রণী সদস্যা হয়। জনমনে সালমার স্মৃতি অক্ষয় হয়ে আছে মানবাধিকার, বিশেষ করে মহিলাদের অধিকার রক্ষায় নিবেদিতপ্রাণ এক ব্যক্তিত্ব হিসেবে। কিন্তু এক সাধারণ শিক্ষাবিদের ঘরণী হয়ে থাকার সাধ তার পূরণ হয়নি, যে তাকে তার বড়ো প্রিয় বই পড়া, বাগান চর্চার জায়গা দিয়েছিল, জেন অস্টিনের রীতিতে উপন্যাস লেখার অপূর্ণ সাধ পূরণের জায়গা করে দিয়েছিল।

আমার স্ত্রী হওয়ার সিদ্ধান্ত নিতে সালমার অনুমান যাই থেকে থাকুক, ১৯৬১-র অক্টোবর আমার দ্বিতীয়বার করাচি সফরের মধ্যেই খুব তাড়াতাড়ি আমরা দুজনে মনস্থির করে ফেলেছিলাম। সরবনে যাবার জন্য তখন প্রস্তুত সালমা; ফলে আমাদের বিয়ের কারণে প্যারিসে এক বছর কাটাবার সুযোগ হাতছাড়া করতে অনিচ্ছুক ছিল সে। সেজন্য আমরা ঠিক করি ১৯৬২'র গ্রীষ্মে লন্ডনে আমাদের বিয়ের আগে এক বছর প্যারিসে কাটাবে সালমা, যেখানে সালমার মা-বাবা এবং ঘটনাচক্রে আমার মাও তখন রয়েছেন।

মানুষ আর ইঁদুরের সেরা ফন্দিফিকির মাঠেই মারা যায়। আমার প্রস্তাব পাবার পরেই অক্টোবর মাসে সালমা লন্ডন হয়ে প্যারিস যাত্রা করে। লন্ডন পৌঁছে তার মা-বাবাকে আমার প্রস্তাবের কথা জানায়। আমাদের দুই পরিবারের দীর্ঘকালের যোগসূত্রের কথা মনে রেখে তারা আমায় গ্রহণযোগ্য বিবেচনা করলেন; আমি ধন্য হলাম। দুর্ভাগ্যবশত প্যারিসে পৌঁছেই গুরুতর অসুস্থ হয়ে পড়ে সালমা। তার টাইফয়েড ধরা পড়ে যে জীবাণুর সংক্রমণ করাচিতে থাকতেই তার হয়েছিল। তখনকার ইউরোপে টাইফয়েড প্লেগের মতোই মারাত্মক বিবেচিত হত এবং সালমাকে প্রথমে প্যারিসের হাসপাতালে ভরতি হতে হল, পরে লন্ডনের স্কুল অফ ট্রপিক্যাল মেডিসিনে স্থানান্তরিত করা হল। সেখানে অস্বস্তিকর এবং ক্লান্তিকর কোয়ার‍্যান্টাইনে থাকতে হয় সালমাকে। সে অসুস্থ হবার আগে ইতিমধ্যেই সরবন কর্তৃপক্ষ তাকে নথিভুক্ত করেছে। সালমা সুস্থ হবার পর তাকে সেখানে তিন মাস কাটাবার সহৃদয় অনুমতি দেয় তারা। যে কারণে যত ক্ষণস্থায়ীই হয়ে থাকুক, একেবারে অপূর্ণ থাকেনি সালমার উচ্চাশা। যখন সে হাসপাতালে ভরতি, এবং পরে প্যারিসে রয়েছে, সেই সময় আমাদের দীর্ঘ পত্রালাপ চলতো, আজকের ই-মেইলের যুগে যা অকল্পনীয়।

আনন্দ-বেদনা

১৭ মে ১৯৬২ সালে রিজেন্ট পার্কের ইসলামিক সেন্টারে খুব ধুমধাম করে আমাদের বিয়ের আয়োজন করেছিলেন সালমার মা। এরপর একটা বড় রিসেপশন হল কমনওয়েলথ সেক্রেটারিয়েটের মার্লবারো হাউসে। আমার বাবা ব্রিটিশ পূর্ব আফ্রিকায় পাকিস্তানের হাই কমিশনার পদ থেকে ইস্তফা দিয়ে নাইরোবি থেকে লন্ডন এলেন। মা তখন ছ'মাস সাউথ কেনসিংটনে রয়েছেন। আর ছোটো ভাই অক্সফোর্ডের কুইনস কলেজে ইতিহাসের ছাত্র হিসেবে সবে প্রথম বছর শেষ করেছে। আমিই একমাত্র যাকে ঢাকা থেকে লন্ডন উড়ে যেতে হয়েছিল করাচিতে থাকা আমার সৎমা নাইয়ার বেগমের সঙ্গে।

করাচি ও কলকাতায় তার দেখা সমস্ত বিয়ের সাংস্কৃতিক আচরণের সঙ্গে সঙ্গতি বজায় রাখতে চাইছিলেন সালমার মা। ফলে রিজেন্ট পার্কে আমাদের অনুষ্ঠান একটা সাংস্কৃতিক দৃশ্যায়ন হিসেবে তৈরি করা হয়েছিল যেখানে জরির কাজ করা শেরওয়ানি সজ্জিত, মাথায় বিশেষভাবে বাঁধা পাগড়ি পরে আমি আবির্ভূত হই। পাগড়ি বেঁধে দিয়েছিল আমার কেমব্রিজের বন্ধু শাহরিয়ার মোহাম্মদ খান, যে তখন লন্ডনে পাকিস্তান হাইকমিশনের তৃতীয় সচিব (Third Secretary) হিসেবে কাজ করছে। ১৯৩৭ থেকে ১৯৩৯ পর্যন্ত সালমার বাবা যখন লন্ডনে ভারত সরকারের ট্রেড কমিশনার ছিলেন, সেই আমল থেকে গড়ে ওঠা বিভিন্ন মহলের ব্রিটিশ বন্ধুবান্ধবের বিরাট পরিধি ছিল সালমার মা-বাবার। ইকরামুল্লাহরা আরও উচ্চপর্যায়ের বৃহত্তর বন্ধু গোষ্ঠী তৈরি করেন যখন সালমার বাবা লন্ডনে পাকিস্তানি হাইকমিশনার পদে বহাল হলেন। তার মধ্যে ছিল রাজ পরিবারের সঙ্গে গড়ে ওঠা মধুর সখ্যতা। পরিশেষে আমার শ্বশুরকে নাইট উপাধি দিয়েছিলেন রাণী। ইসলামিক সেন্টারে আমাদের বিয়ের কাবিননামা-য় সাক্ষী হিসেবে সই করেছিলেন হ্যারল্ড ম্যাকমিলানের তৎকালীন টোরি সরকারের পররাষ্ট্র সচিব স্যার অ্যালেক ডগলাস-হোম, যিনি পরে ইংল্যান্ডের প্রধানমন্ত্রী হন। পরে আমরা লেক ডিস্ট্রিক্টে দারুণ মনোরম মধুচন্দ্রিমা কাটাই এবং অবশেষে করাচি ফিরি অ্যাঙ্কর লাইনের জাহাজে যেটা আমাদের মধুচন্দ্রিমা দীর্ঘায়িত করেছিল।

করাচিতে আমাদের মুখ্য উদ্দেশ্য ছিল সালমার মামা শহীদ সোহরাওয়ার্দীর সঙ্গে দেখা করা। সোহরাওয়ার্দী সালমাকে অত্যন্ত স্নেহ করতেন, কিন্তু করাচি সেন্ট্রাল জেলে আটক থাকার জন্য লন্ডনে আমাদের বিয়েতে যেতে পারেননি। ১৯৬২ নাগাদ যখন আমি ও সালমা করাচি ফিরলাম সোহরাওয়ার্দী তখনও করাচি সেন্ট্রাল জেলে বন্দী। মামার সঙ্গে দেখা করতে বদ্ধপ্রতিজ্ঞ ছিল সালমা, তবে সেটা খুব সহজ কাজ ছিল না যেহেতু তখনও তাকে আইয়ুব শাসনের জন্য ত্রাস ভাবা হচ্ছিল। সৌভাগ্যবশত আমার কেমব্রিজের সমসাময়িক মুজিবুর

রহমান তখন করাচির অতিরিক্ত ডেপুটি কমিশনার (এডিসি)। সালমার মামার সঙ্গে জেলে দুবার দেখা করার অনুমতিপত্র আমাকে আর সালমাকে খুশি মনে জোগাড় করে দিয়েছিল মুজিব। দেখলাম শহীদ সোহরাওয়ার্দীর স্বাস্থ্যের অবনতি হয়েছে, যদিও চাপিয়ে দেওয়া অবসর বেশ সদ্ব্যবহার করছিলেন তিনি এবং আগের মতোই হাসিখুশি রয়েছেন। তিনি বইয়ের একটা লম্বা তালিকা দিলেন জোগাড় করে দেবার অনুরোধ জানিয়ে এবং সেই সঙ্গে মাছি মারার হাতলও চেয়েছিলেন, কারণ জেলের মাছি তার জীবন অতিষ্ঠ করে তুলেছিল।

করাচিতে থাকার সময় আমরা লখম হাউসে শহীদ সোহরাওয়ার্দীর বাসায় বেড়াতে যাই। সেখানে কয়েকজন বিরোধী রাজনীতিবিদদের সঙ্গে আমাদের দেখা হয় যারা আইয়ূবের সংবিধান আরোপিত অবরোধ সত্ত্বেও জাতীয় পার্লামেন্টে নির্বাচিত হতে পেরেছিল। এদের মধ্যে ছিলেন ন্যাপের তৎকালীন নেতা মশিউর রহমান যাদু মিয়া। সাক্ষাতের কথোপকথনে তিনি নিজেদের পূর্ব পাকিস্তানের রাজনীতির দ্বিতীয় সারির দল বলে অভিহিত করেন, যেহেতু বঙ্গবন্ধু, আতাউর রহমানের মতো প্রধান রাজনৈতিক ব্যক্তিত্ব তখন নির্বাচনে প্রতিদ্বন্দ্বিতা করার অযোগ্য বলে ঘোষিত হয়েছেন। আমার লেখার মাধ্যমে সেখানকার অধিকাংশ আমার নামের সঙ্গে পরিচিত ছিলেন কিন্তু কখনও আমাকে দেখেননি। শহীদ সাহেবের বাড়িতে তাদের সঙ্গে দেখা হওয়া আমাকে তাদের চোখে একটা বিশেষ পদমর্যাদা দিয়েছিল, যে কারণে পরবর্তী সময় যখনই তাদের সঙ্গে দেখা করতে চেয়েছি তখনই প্রবেশাধিকার পেয়েছি।

আমার বিয়ের পর একটা দুর্ভাগ্যজনক ঘটনা ঘটে। আমার বাবা তার স্ত্রীর সঙ্গে লিভারপুল থেকে পরের একটা অ্যাঙ্কর লাইন জলযানে করাচি ফেরা স্থির করলেন। দেশীয় জলসীমার বাইরে গভীর সমুদ্রে হৃদরোগে আক্রান্ত হয়ে সেখানেই তার মৃত্যু হয়। করাচি এনে আবার ঢাকায় নিয়ে যাওয়ার চেয়ে তার মরদেহ করাচিতে নামিয়ে নেওয়া হয় যেখানে আমি ও তার বড়ো ভাই ফজলে হায়দার দুজনে মিলে পিইসিএইচএস সমাধিস্থলে তাকে সমাহিত করি।

ঢাকায় বিবাহিত জীবন

আমি ইত্যবসরে ঢাকায় বিবাহিত জীবনে থিতু হওয়া শুরু করেছি। আমার বাবার অপ্রত্যাশিত মৃত্যু তার নিকটজনদের খুবই আঘাত দিয়েছিল বিশেষ করে নাইয়ার ও তার ছেলে – আমার ভাই নাভীদকে – যার তখন মাত্র চার বছর বয়স। বাবার বয়স হয়েছিল মাত্র ৫৭ বছর এবং তখনও তাঁর সামনে দীর্ঘ জীবন পড়ে ছিল। আমার ও সালমার জীবন শুরুর পর্বে ঘটে যাওয়া তার মৃত্যু আমার ভবিষ্যৎ জীবনে রূপান্তরকারী প্রভাব ফেলেছিল।

সালমা কখনোই বুঝতে পারত না কীভাবে একজন বিশ্ববিদ্যালয়ের শিক্ষাবিদের পক্ষে ব্যবসায়ীর দ্বৈত জীবন যাপন সম্ভব। এ ধরনের জীবনে

তার নিজের পক্ষে ঠিক রুচিশীল ছিল না এবং সে এটিও বুঝতে পারে যে আমারও এরকম জীবন পছন্দের নয়। আমরা ধনী হই এমন কোনো তাড়নায় সে ভোগেনি এবং আমাদের যথাসাধ্য রোজগারে আমি পুরোপুরি শিক্ষাবিদের জীবন অতিবাহিত করি এটাতেই সে সুখী ছিল। ফল দাঁড়াল, বাবার মৃত্যুর পরের মাসগুলো থেকে ঢাকা ট্যানারিজে আমি ক্রমে কম সময় দেওয়া শুরু করলাম। অবশেষে পরবর্তী দু'বছরে অফিসে হাজিরা দেওয়া বন্ধ করে আমি ট্যানারিজের কাজকর্ম সম্পূর্ণভাবে আমাদের অংশীদারদের হাতে ছেড়ে দিই।

আমি খুব আগ্রহী ছিলাম যে ঢাকায় সক্রিয় পেশাদারের জীবন শুরু করুক সালমা। শুধুমাত্র পরার্থপরতা এই অভীষ্টকে প্রাণিত করতে পারে না। আমার ব্যবসা জগৎ ছেড়ে দেবার এই অর্থ দাঁড়িয়েছিল যে আমাদের রোজগার পরিপূরণে ফের শ্রমজীবি শ্রেণীতে প্রবেশ করা দরকার সালমার। এটা সে খুব সানন্দে মেনে নেয়নি যেহেতু ইতিমধ্যে তৈমুর তার গর্ভে এসেছে। যাই হোক, তার শিক্ষাগত যোগ্যতার বলে সে সঙ্গে সঙ্গেই আইন বিভাগে সিনিয়র লেকচারারের পদ পেয়ে যায় যার প্রধান ছিলেন জার্মান পন্ডিত ড. ঢাম (Dham)। ঢাম-কে সহযোগিতা করতেন দু'জন পূর্ণ সময়ের শিক্ষক যাদের একজন ছিল কেমব্রিজে আমার সমসাময়িক শাহাবুদ্দীন যেখান থেকে সে আইনে ট্রাইপজ করেছিল। পরে ড. ঢাম জার্মানি ফিরে গেলে শাহাবুদ্দীন ফ্যাকাল্টি প্রধান হয়।

আইন বিভাগে অধ্যাপনার একটা সুবিধে ছিল যে ক্লাসগুলো বিকেলে হত, কেননা বিভাগের অধিকাংশ ছাত্র ছিল আইন ব্যবসায় নিযুক্ত আইনজীবি। ইতিমধ্যে স্নাতক হয়ে যাওয়া আইনের বহু ছাত্রও কর্মরত ছিল। তার ফলে সালমা তার ঘরের দৈনন্দিন কাজ ও সন্তান প্রতিপালন কৃত্য সেরে ঠিক আমার ঘরে ঢোকার সময় বিশ্ববিদ্যালয় রওনা হতে পারত।

২রা মার্চ ১৯৬৩ সালে যখন ইস্কাটন রোডে সে আমলে ক্যাথলিক নানদের দক্ষভাবে পরিচালিত হলি ফ্যামিলি হাসপাতালে তৈমুর জন্ম নিল, তখনও আমার সন্তান লালনের দক্ষতার পুরোপুরি বাস্তব পরীক্ষা করা হয়নি। আমাদের সকলের সৌভাগ্য সালমার মা তাদের বহুদিনের ধাত্রী হেলেন ডি'ক্রুজ নামের একজন অ্যাংলো ইন্ডিয়ান মহিলাকে লন্ডনে তার পরিবারের সঙ্গে অবসর কাটানো ছেড়ে তৈমুরের দেখাশোনার জন্য ঢাকায় আসতে বুঝিয়ে রাজি করাতে পেরেছিলেন। অধ্যাপনার পেশায় সালমার প্রবেশ অনেক ক্লেশহীন হয়েছিল কারণ ১৯৬২ সালের প্রথম দিকে শহীদ সোহরাওয়ার্দীর গ্রেপ্তারের পর ঢাকায় বিস্ফোরিত ছাত্র আন্দোলনে বিশ্ববিদ্যালয় তখন প্রচন্ড অশান্ত। চালু থাকা প্রতিবাদ কর্মসূচির মধ্যে ছিল লাগাতার হরতাল, যখন বিশ্ববিদ্যালয়ে ক্লাস বন্ধ থাকত।

ঢাকা ট্যানারিজ থেকে আমার পরিমিত আয় বন্ধ হলে দুটো মাইনের টাকাতেও আমাদের আর্থিক হাল বেশ করুণ হয়ে পড়েছিল। আমি আমার মাইনের ঘাটতি

পূরণের চেষ্টা করি কিছু উপদেষ্টা-বৃত্তির বরাত জোগাড় করে এবং পরিশেষে গবেষণা প্রকল্পে যুক্ত হয়ে। কিন্তু এগুলো তেমন একটা লাভজনক ছিল না। ঢাকায় ফেরার ঠিক পরেই ৮৩১/৮৩৩ শান্তিনগরের বাসা পুরোটি ছেড়ে দেয়া হয় আমাদেরকে। বিয়ের আগে এ বাড়ির অর্ধেকাংশের ভাড়াটিয়া ছিলাম আমি। বাকি অংশের ভাড়াটিয়ারা ছিল পাকিস্তান এয়ারলাইন্সের (পিআইএ) বৈমানিকেরা। তারা তাদের অংশ ছেড়ে দিলে আমাকে পুরো ভাড়া ৬০০ টাকা দিতে হত বাড়ির মালিক বেগম নওশাবা হুদাকে। নওশাবা হুদা পরবর্তী সময়ে এরশাদ সরকারের মন্ত্রী হওয়া শামসুল হুদার স্ত্রী। আমাদের বিবাহিত জীবনের প্রথম দু'বছর আমরা ওখানে কাটাই, তারপর উঠে গিয়েছিলাম স্যাভেজ রোডে ঢাকা বিশ্ববিদ্যালয়ের টিচার্স কোয়ার্টারে, যার দরুণ আমাদের আর্থিক চাপ অনেকটাই লাঘব হয়।

বড়ো বাসার ভাড়া জোগানোর কষ্ট লাঘব করেনি তৈমুরের জন্ম। পারিবারিক প্রথা ভেঙে সন্তান প্রসবের সময় করাচিতে তাদের বাড়িতে থাকতে রাজি হয়নি সালমা কারণ সে কয়েক সপ্তাহ আমাকে ছেড়ে থাকতে চায়নি। ফলে কিছুটা অনিচ্ছুক, অখুশি হয়েই ঢাকার শান্তিনগরে আমাদের বাসার সাদামাটা পরিবেশে তার মাকে আসতে হয়েছিল। সালমার বাবাও ঢাকায় এসেছিলেন তার প্রথম দৌহিত্রকে শুভেচ্ছা জানাতে। এরপর তিনি লন্ডন ফিরে গিয়েছিলেন এবং সারভাতের সঙ্গে রোমে ছুটি কাটাবার সময় পাকিস্তানি রাষ্ট্রদূত বেগম লিয়াকত আলির বাড়িতে চা পান করার সময় হঠাৎ হৃদরোগে আক্রান্ত হন। তিনি বেগম লিয়াকত আলির অতিথি ছিলেন। সালমার আর আমার বাবা দুজন এক বছরের ব্যবধানে মারা গেলেন। একই বছর সালমার মামা শহীদ সোহরাওয়ার্দীও মারা যান বৈরুতে। আমাদের বিয়ের পরবর্তী বছর আমাদের উভয় পরিবারেরই ব্যাপক হারানোর বেদনা সইতে হয়েছিল।

ঢাকা বিশ্ববিদ্যালয়ের টিচার্স কোয়াটার্সে চলে আসার পর ১৯৬৪ সালটা আমাদের ভালো কেটেছিল। দোতলায় সাদামাটা দুই শয়নকক্ষের অ্যাপার্টমেন্টে ছিলাম আমরা। বেশ রুচিসম্মতভাবে ঘরবাড়ি সাজিয়েছিল সালমা। ১৯৬৪ সালের মধ্য ঢাকা ট্যানারিজের সঙ্গে আমার সম্পর্ক মোটামুটি মিটে গিয়েছিল এবং পরবর্তী তিন বছর, ১৯৬৬ সালের নভেম্বরে লন্ডন চলে যাবার আগে অবধি, আমি পূর্ণকালীন শিক্ষকতা করি। সহকর্মীদের সঙ্গে আমাদের সামাজিক সম্পর্ক ইতিমধ্যে মজবুত হয়েছে। আমাদের উল্টোদিকের অ্যাপার্টমেন্টে থাকত সারওয়ার মুরশিদ, মুনীর চৌধুরি এবং আনিসুজ্জামান। আমাদের অ্যাপার্টমেন্টের ফাঁকা জায়গায় প্রতিবেশী শিক্ষকদের বাচ্চাদের সঙ্গে খেলে বেড়াবার মতো তাড়াতাড়িই বেড়ে উঠেছিল তৈমুর।

টিচার্স কোয়ার্টারের অপর দিকের রাস্তায় সলিমুল্লাহ হলের কাছেই থাকতেন রাজ্জাক স্যার। হামেশাই সকালে তিনি চলে আসতেন বাজার থেকে কিনে

আনা স্বাদু মাছ বা তাজা মাংস হাতে করে। আমাদের সঙ্গে প্রাতরাশ খেতে খেতে সালমা এবং আমাদের রাঁধুনি সাহেব আলিকে সেগুলোর রন্ধনপ্রাণালী বিস্তারিত বুঝিয়ে দিতেন।

বেশ ঢিলেঢালা হলেও সংগঠিত ছিল আমার নিজের রুটিন। আমি মেডিকেল কলেজ কমপ্লেক্স থেকে প্রথম পর্বে উঠে আসা কলা বিভাগের নতুন তৈরি ভবনে চলে যেতাম যেখানে আমাদের কয়েকজনের নিজেদের ঘর ছিল। দু'বছর বাদে আমরা চলে যাই নীলক্ষেত রোডের আরও খোলামেলা চত্বরে, আজও যেখানে রয়েছে কলাভবন। নতুন ভবন স্যাভেজ রোডে আমাদের অ্যাপার্টমেন্টের কাছেই হওয়ার জন্য আমি বেলা দুটো নাগাদ ঘরে ফিরতাম মধ্যাহ্ন ভোজ সারতে। বিকেলে পাঁচটা অথবা আরও বেশি সময় অবধি নিজের ডেস্কে বসে কাজ করতাম। মেডিকেল কলেজের উল্টোদিকের চত্বরে আইন বিভাগে সালমার সান্ধ্যকালীন ক্লাস থাকলে আমি ঘরে বসেই কাজ করতাম, যদি না আমাদের ঘরে পূর্বনির্দিষ্ট অন্য কোনো অনুষ্ঠানসূচি থাকত।

ততদিনে গুলশানের উত্তর প্রান্তে আমরা আমাদের বাড়ি তৈরি শুরু করেছি। গুলশানে একখন্ড জমি আমার বাবাকে বরাদ্দ করা হয়েছিল। কিন্তু ১৯৬২-র আগস্টে তিনি মারা যাবার পর ডিআইটি সেটি নিয়ে নেয় যেহেতু বাবা কিস্তির টাকা শোধ করে যেতে পারেননি। আমি এ ব্যাপারে ডিআইটি-র কাছে প্রতিবাদ জানাই। যেহেতু ইতিমধ্যে নিজের অধিকার বলে বরিষ্ঠ বাঙালি আমলাদের কাছে আমি পরিচিত হয়ে গেছি, ওরা আমাকে গুলশানের ৬৯ নম্বর রোডের এনডব্লু(এ) ৮ নম্বর প্লটটি দেয়। তখনকার আমলে উত্তর গুলশান ছিল গ্রাম্য অবকাশের জায়গা যেখানে ঢাকার নাগরিকরা চড়ুইভাতি করতে যেত এবং রাতে বেশ নির্ভয়ে শিয়াল ঘুরে বেড়াত। একেবারে প্রান্তিক আমাদের এলাকাটা ছিল ক্যান্টনমেন্ট ঘেঁষা। সেখানে তখন সবে একটি নির্মাণ প্রকল্প শুরু করেছেন প্রধান বিচারপতি মাহবুব মোর্শেদ।

সীমিত সঙ্গতির কারণে কিছুটা সাহসী ছিল আমাদের নির্মাণ উদ্যোগ। যদিও ২,৫০০ বর্গফুটের একটা বাড়ি করতে সে আমলে এক লাখ টাকার বেশি লাগত না তবুও হাউস বিল্ডিং ফাইন্যান্স কর্পোরেশনের দেওয়া ঋণের টাকার পরিপূরক হিসেবে আরও ব্যাংক ঋণ তৎসহ আমাদের প্রথম ভাড়াটের কাছ থেকে অগ্রিম ভাড়া নিতে হয়েছিল। আমি ১৯৬৬ সালে ফেলোশিপ নিয়ে লন্ডনে যাবার ঠিক আগে বাড়ি তৈরি শেষ হয়েছিল, তবে ১৯৬৯ সালে লন্ডন থেকে ফেরার আগে অবধি আমরা সে বাড়িতে উঠতে পারিনি।

১৯৬৪ সালে যখন বাড়ি তৈরি করা শুরু করি সে সময় কোনো প্রপার্টি ডেভেলপার সংস্থা ছিল না। সুতরাং বাড়িগুলো ঠিকাদারেরা বানাতো মালিকের তত্ত্বাবধানে যেটা বেশ সময়সাপেক্ষ ব্যাপার ছিল। আমাদের ভাগ্য অভাবিত রকমের ভালো ছিল - সে আমলে ঢাকার সেরা স্থপতি মাজহারুল ইসলাম

আমাদের বাড়ির নকশা তৈরি করে দিতে রাজি হয়। এটা সে করেছিল মূলত একজন বুদ্ধিজীবি সহযাত্রীর প্রতি বন্ধুত্বের নিদর্শন হিসেবে। বাড়ির ইঞ্জিনিয়ারিং নকশা নির্মাণ এবং তত্ত্বাবধান করে বাস্তুকলাবিদে তার অংশীদার ইঞ্জিনিয়র শহীদুল্লাহ যে আবার মাজহারুলের সংস্কারপন্থী রাজনৈতিক ভাবনারও অংশীদার ছিল। পরীবাগে বাস্তুকলাবিদ অফিস চত্বরে মাঝেমাঝেই যখন যেতাম তখন বাড়ি বানানোর পরিকল্পনার থেকে রাজনীতি আলোচনা করেই আমাদের বেশিরভাগ সময় কেটে যেত। কিন্তু এর ফলে নির্মাণ কাজের গুণগত মান বা তাদের প্রচেষ্টায় কোনোরকম ঘাটতি হয়নি – যার জন্য তাদের দুজনের কাছেই আমরা চিরকৃতজ্ঞ। পরিশেষে মাজহার মুজাফফরের ন্যাপ-এ যোগ দিয়েছিল, কিন্তু শহীদুল্লাহ আরও বেশি বামপন্থায় সরে গিয়ে মাওবাদে ঝোঁকা কমিউনিস্ট পার্টির মতিন আলাউদ্দিন শাখায় যোগ দেয় এবং ১৯৭০-৭১ সাল নাগাদ কিছু সময় জেলবন্দী থাকে।

মাজহার এবং শহীদুল্লাহ মিলে আমাদেরকে এক চমৎকার বাড়ি বানিয়ে দেয়। বাড়িটি তৈরি হয়েছিল একটা ছোটো উঠোন ঘিরে যেখানে একটা অতি সুফলা কামরাঙ্গা গাছ ছিল। বাড়িতে যে কোনো অতিথি আসলেই এর নির্মাণশৈলীর দিকটি নিয়ে অবশ্যই তারিফ করতেন।

মরক্কোর পথে

আমাদের বাড়ি শেষ হবার আগে আমি আর সালমা মরক্কোয় সফরের এক সুযোগ পাই, পৃথিবীর যে অংশটা কখনও দেখতে পাব এমন ভাবিনি, অন্তত সে বয়সে তো নয়ই। এই সুযোগ পেয়েছিলাম আমার শাশুড়ি বেগম ইকরামুল্লাহর (শায়েস্তা) ভাগ্য পরিবর্তনের কারণে। সালমার বাবা মারা গিয়েছিলেন ১৯৬৩ সালে। ফলে তার মা এবং বোন লন্ডন থেকে করাচির বাড়িতে ফিরে আসে। ওদের পরিবারের সেটা খুব দুঃসময় কারণ সালমার বাবা ছিলেন পরিবারের ভরকেন্দ্র, শক্তির উৎস এবং সকলের অত্যন্ত ভালোবাসার মানুষ। বেগম ইকরামুল্লাহর জনপরিচিতি এবং অসাধারণ বুদ্ধিমত্তা সত্ত্বেও সালমার বাবার মৃত্যুতে তার জীবন ভারাক্রান্ত হয়েছিল।

অপ্রত্যাশিতভাবে প্রেসিডেন্ট আইয়ূব খান তাকে মরক্কোয় পাকিস্তানের রাষ্ট্রদূত হবার প্রস্তাব দেয়। এটা শায়েস্তার পক্ষে বিশেষ সম্মানের কিছু ছিল না, যেহেতু নিজের যোগ্যতা গুণেই তিনি জনসমক্ষে মর্যাদা অর্জন করেছিলেন। পরিবারের সদস্যরা ভাবলেন যে এই প্রস্তাব তার জীবনের প্রতি অনুরাগ ফিরিয়ে আনার পক্ষে হয়তো সঠিক উদ্দীপক হবে। সালমা ও আমি, এবং তার মা-ও বস্তুত এই ভেবে কিছুটা চিন্তিত ছিলেন যে সামরিক একনায়কের সেবা করতে হবে তাকে; কিন্তু এও মনে হয়েছিল আমাদের এই চিন্তা তার পথের বাধা হতে দেওয়া ঠিক হবে না।

মুসলিম রাজতন্ত্রের জন্য একজন মহিলাকে রাষ্ট্রদূত হিসেবে বাছাই করাটা সবসময়ই চ্যালেঞ্জের। যাই হোক, সালমার মায়ের একটা সুবিধা ছিল যে তিনি ও তার প্রয়াত স্বামী উভয়েই মরক্কোয় বেশ সম্মানিত ছিলেন। পররাষ্ট্র সচিব থাকার সময় ইকরামুল্লাহ ফরাসি ঔপনিবেশিক শাসন থেকে মরোক্কোর স্বাধীনতার লড়াইকে জোরালো সমর্থন জানিয়েছিলেন। সেই সঙ্গে জাতিসংঘের সাধারণ সভায় মরক্কোয় স্বাধীনতার সমর্থনে বেগম ইকরামুল্লাহর বক্তব্য পেশ করা – সব ঘটনাই মরক্কোবাসীরা মনে রেখেছিল এবং সেগুলো তাদের প্রশংসা অর্জন করেছিল।

সালমার মা মরক্কোর রাজধানীতে গুছিয়ে বসার পর খুবই উৎসুক হয়ে চাইছিলেন যে তৈমুরকে নিয়ে আমরা তার কাছে যাই। ১৯৬৫-র গ্রীষ্মে আমি, সালমা, তৈমুর এবং তৈমুরের আয়া সকলে মিলে প্রথমে লন্ডনে গেলাম। সেখানে কিছু সময় থেকে প্যারিস হয়ে রাবাত পৌঁছই। তৈমুর তখন সবে দু'বছরের, কিন্তু বেশ ভালো কথা বলতে শিখেছে। এবং খুব চঞ্চল। আমাদের পারিবারিক ইংরেজ বন্ধুদের একজন বেশ কল্পনা উস্কে দিয়ে বলে যে তৈমুরের নাভি থেকে যেন সূর্যরশ্মি বিচ্ছুরিত হচ্ছে!

আমাদের মরক্কো ভ্রমণও দারুণ সমৃদ্ধ এক অভিজ্ঞতা ছিল। সদ্য স্বাধীন মরক্কোয় ফরাসি উত্তরাধিকার তখনও বজায় আছে ফরাসি পরিচালিত ভাতা ব্যবস্থায়, ফরাসি রুটি প্রস্তুতকারক বেকারি বুলাঞ্জরিস-এর উপস্থিতিতে এবং ফরাসি ঔপনিবেশিক প্রশাসনিক সংস্করণের অন্যান্য জানানদারি প্রদর্শনের মাধ্যমে। শুধু যে সমাজের ওপর মহলেই এ দিকটি স্পষ্ট ছিল তা নয়, অর্থনীতির মধ্যবর্তী পর্যায় নিয়ন্ত্রণকারী ছোটোখাটো কর্মচারীদের মাধ্যমেও প্রতিফলিত হচ্ছিল।

তাঞ্জিয়ারস ও ক্যাসাব্লাঙ্কার মতো অনেকটাই ফরাসি চৌকি ধাঁচের ছিল রাবাত। কিন্তু ফেজ এবং মারাকেশ সফর অসাধারণ হয়েছিল। এই শহরগুলো একদা সমৃদ্ধ আরব সভ্যতার পুরনো নগরকেন্দ্র হিসেবে তখনও টিঁকে রয়েছে, বিংশ শতকে এসেও বজায় রেখেছে তাদের মধ্যযুগীয় চরিত্র। তখনও আন্তর্জাতিক পর্যটকদের গন্তব্য হয়ে ওঠেনি মরক্কো, সুতরাং ১৯৬৫ সালে সেখানকার জীবন ছিল অন্য ধরনের আনন্দময়।

মরক্কোর রাজনীতি বিষয়ে অনেক কিছু শিখেছিলাম এবং এক পর্যায়ে ওদেশের রাজতান্ত্রিক স্বৈরাচার এবং গণতন্ত্র ইস্যুর বিতর্কে কিছুটা অংশও নিই। সেখানে তখন গণতান্ত্রিক আন্দোলনের নেতৃত্ব দিচ্ছেন মরক্কোর রাজনীতির বুড়ো দাদা, পুরনো কেতার উদারনৈতিক দল ইশতিকলাল পার্টির নেতা, আল্লাল-আল-ফাস্সি। তার সঙ্গে বহুবার সাক্ষাৎকার হয়েছে দোভাষীর মাধ্যমে। তিনি আমায় মুগ্ধ করেন এবং পাকিস্তানে ফেলে আসা রাজনৈতিক আলোচনাগুলোর কথা মনে করিয়ে দিচ্ছিলেন।

সালমার মা নিজেকে খুব ভালো রাষ্ট্রদূত প্রমাণ করেছিলেন, তবে ঘরণী হিসেবে তার উৎসাহে ঘাটতি ছিল। ভাগ্যবশত এ কাজের দায়িত্ব নিয়েছিল তার ছোটো মেয়ে সারভাথ যে রাবাতে রাষ্ট্রদূতের গৃহস্থালি অসাধারণ দক্ষতায় সামাল দিতে কেমব্রিজে পড়তে যাবার সুযোগ ছেড়ে দেবার সিদ্ধান্ত নিয়েছিল। তার অনর্গল ফরাসি বলার দক্ষতা অর্জন পরবর্তীতে একটা মস্ত সম্পদ প্রমাণিত হয়েছিল।

বেলগ্রেড হয়ে আমরা ঢাকা ফিরে এসেছিলাম। বেলগ্রেডে আমরা ছিলাম কায়সার মোর্শেদের কাছে। সে তখন সেখানকার দূতাবাসের ফার্স্ট সেক্রেটারি, যেখানে রাষ্ট্রদূত ছিলেন লেফটেন্যান্ট জেনারেল শের আলী খান। ১৯৫৬ সালে প্রাগ সফরের পর এটা ছিল কোনো কমিউনিস্ট দেশে আমার দ্বিতীয় সফর। প্রাগের চেয়ে কিছুটা কম বিবর্ণ ছিল বেলগ্রেড, তবে পশ্চিম ইউরোপে যে প্রাচুর্য তখন আরও প্রকট হচ্ছিল তার কোনো বিকিরণ বেলগ্রেডে ছিল না।

বেলগ্রেডে আমরা কয়েকটি দীর্ঘ সন্ধ্যা কাটিয়েছিলাম জেনারেল শের আলীর সঙ্গে, আইয়ূব খান সম্পর্কে যিনি বেশ নিচু ধারণা পোষণ করতেন। পতৌদির নবাবের ছোটো ভাই শের আলী খান তার নিজের বংশ পরিচয় নিয়ে খুবই গর্বিত ছিলেন। তিনিও আইয়ূব খানের মতো স্যান্ডহার্স্টের স্নাতক ছিলেন, এবং বিশ্বাস করতেন যে, আইয়ূব খানের থেকে সৈন্যবাহিনী পরিচালন দক্ষতা তার অনেক বেশি ছিল। সে সময় ভুট্টো স্থানীয় বিদ্রোহীর ছদ্মবেশে পাকিস্তানি সামরিক কমান্ডোদের কাশ্মীরে ঢুকিয়ে দেবার কৌশল শুরু করেছে। এর কড়া জবাব দেওয়া শুরু করেছিল ভারতীয় সেনা এবং সীমান্ত অতিক্রম করে পাকিস্তানি পাঞ্জাবে ঢুকে পড়ার হুমকি দিচ্ছিল। শের আলী খুব সঠিকভাবে ভবিষ্যদ্বাণী করেন যে ভুট্টোর এই কৌশল ভারত-পাকিস্তানের পূর্ণাঙ্গ যুদ্ধ ত্বরান্বিত করবে যার উপযুক্ত প্রস্তুতি পাকিস্তানের নেই। শের আলীর অনুমান যথেষ্ট দূরদর্শী প্রমাণিত হয়েছিল এবং এ কারণে ভুট্টোর সঙ্গে তার আজীবন শত্রুতা তৈরি হয়। অক্টোবর ১৯৬৫-এ ভারত-পাকিস্তান পূর্ণাঙ্গ যুদ্ধ শুরুর আগে সালমা এবং আমি ঢাকায় ফিরতে পেরেছিলাম।

বাবার দায়িত্বে

১৯৬৫-র যুদ্ধের উত্তেজনা শেষ হবার পর তার রাজনৈতিক তেজস্ক্রিয়তা থিতিয়ে গিয়ে ঢাকার জীবন যখন স্বাভাবিক হয়ে আসছে তখন খানিকটা অপ্রত্যাশিতভাবে আমার ভাই ফারুক জানায় সে বিয়ে করার কথা ভাবছে। এর মধ্যে অস্বাভাবিক কিছু ছিল না, যেহেতু সে তখন পঁচিশ বছরের যুবা। ১৯৬৪ সালে সে অক্সফোর্ড থেকে ইতিহাসে অনার্স নিয়ে পাশ করে সে বছরেই সিএসপি পরীক্ষায় পাশ করেছিল এবং ১৯৬৪-র ব্যাচের সদস্য হিসেবে লাহোরের সিভিল সার্ভিস অ্যাকাডেমিতে যোগ দেয়। এই ব্যাচ পরে খুব খ্যাত হয়েছিল যার বড়ো সংখ্যক

প্রাক্তনী উঁচু সরকারি পদ লাভ করেছিল। অ্যাকাডেমিতে থাকার সময় নাসরিন রশিদের সঙ্গে ফারুকের পরিচয় হয়; সে তখন লাহোরের অভিজাত কিনেয়ার্ড কলেজের ছাত্রী। সুন্দরী, বুদ্ধিমতী নাসরিন ছিল কমোডোর রশিদের মেয়ে। কমোডোর রশিদ পাকিস্তান নৌবাহিনীতে কর্মরত বাঙালিদের মধ্যে সর্বোচ্চ পদমর্যাদা পেয়েছিলেন এবং তাকে সরিয়ে অন্য লোককে নৌসেনা প্রধানের পদ দেবার কারণে চাকরি থেকে অবসর নেবার সিদ্ধান্ত নিয়েছিলেন। পরে তিনি ঢাকার ইপিআইডিসি-র ডিরেক্টর হন। নাসরিনের মা শামস রশিদ তার জীবনের পরবর্তী পর্যায়ে বাংলা উপন্যাস লেখিকা হিসেবে খ্যাতি পেয়েছিলেন।

বড়ো ভাই হিসেবে বাবার মৃত্যুতে তার দায়িত্বপ্রাপ্ত আমি প্রচলিত কায়দাতেই ফারুককে সতর্ক করি এবং আমার মাও তাই করেন, যে তখন সবে ১৯ বছর বয়সী নাসরিন - অন্তত ওর গ্র্যাজুয়েট হওয়া অবধি অপেক্ষা করা উচিত তাদের। কিন্তু অল্পবয়সী যুগলের তাড়া ছিল। সিভিল সার্ভিস বদলে ফরেন সার্ভিস বেছে নিয়েছিল ফারুক, এবং তার আশা ছিল খুব তাড়াতাড়ি তাকে বিদেশে পাঠানো হবে। আমার মাও তখন তার স্বামী সৈয়দ মাসুদ হোসেনের সঙ্গে ব্যাংককে যাবার প্রস্তুতি নিচ্ছেন। ইপিআইডবলুটিএ-র চেয়ারম্যান পদ থেকে অবসর নেবার পর সৈয়দ মাসুদ হোসেনকে ইউএনএস্কাপ ডিভিশন চীফ পদে নিযুক্ত করা হয়েছে। সে কারণে আমরা ফারুকের বিয়েটা সেরে ফেলার সিদ্ধান্ত নিই। ১৯৬৬ সালের মাঝামাঝি অনেক আমোদ-ফুর্তিতে তখনও ঢাকার সেরা হোটেল শাহবাগ হোটেলে বিয়ের আয়োজন করা হয়েছিল।

বাবা কে এফ সোবহানের সঙ্গে, সেন্ট পল'স স্কুলে ভরতির ঠিক আগে, সাত বছরের আমি, মার্চ, ১৯৪২

সেন্ট পল'স স্কুলে সিনিয়র ম্যারাথন জয়, ১৯৫০

নাথিয়াগল্লিতে মা হাসমত আরা বেগম, ভাই ফারুক সোবহানের সঙ্গে, ১৯৫২

কেমব্রিজ বিশ্ববিদ্যালয় থেকে স্নাতক হয়ে, জুন, ১৯৫৬

সালমার সঙ্গে বাগদান, লন্ডন, ১৯৬২

পিছনের সারি - বাঁদিক থেকে ডাইনে - আমার বাবা কে এফ সোবহান, সালমার বাবা - এম ইক্রামুল্লা
সামনের সারি - বাঁ দিক থেকে ডানে - সালমার মা - শায়েস্তা ইক্রামুল্লা, আমার মা - হাসমত আরা বেগম

আমার ভাই ফারুকের বিবাহ অনুষ্ঠান, শাহবাগ হোটেল, ১৯৬৬

বাঁ দিক থেকে ডানে - সালমা, আমি, আমার মা, ফারুক, তার স্ত্রী নাসরিন রশিদ, শেখ মহম্মদ আলী, কামারারা জামান

কলকাতা সাউথ ক্লাব, ১৯৫০

মাটিতে বসে বাঁ দিক থেকে চতুর্থ পনেরো বছরের আমি; মাটিতে বসা বাঁ দিকে থেকে প্রথম ভারতের হবু জাতীয় টেনিস চ্যাম্পিয়ন এবং উইম্বল্ডন সেমিফাইন্যালিস্ট রামানাথন কৃষ্ণান; আমার ঠিক পিছনে বসা ১৯৫৫ উইম্বল্ডন চ্যাম্পিয়ন জারোস্লাভ ড্রবনি

পাকিস্তানের প্রধানমন্ত্রী সচিবালয়, ১৯৫২
কে এফ সোবহান (বাঁ দিক থেকে তৃতীয় উপবিষ্ট, পি এম-এর রাজনৈতিক সচিব),
খাজা নাজিমুদ্দিন (দাদামশাই); প্রধানমন্ত্রী (মাঝে উপবিষ্ট)

এচিসন কলেজ, কেলি হাউস, ১৯৫২
আমি (হাউস পারফেক্ট), সামনের সারিতে উপবিষ্ট বাঁদিক থেকে পঞ্চম

সামনের সারি (বাঁ দিক থেকে ডানে) – মকরন্দ দেহেজিয়া, ইরান ইস্পাহানি, পন্ডিত নেহরু,
শ্যাম সারদা, স্বরণ সিং, অমল বোস
পিছনের সারি (বাঁ দিক থেকে ডানে) মিনু টাটা, ললিত জয়বর্ধনে, দিলীপ আদরকার,
আরিফ ইফতিকার, দীপঙ্কর ঘোষ, রেহমান সোবহান, হরিষ রাণা

১১

ঢাকা বিশ্ববিদ্যালয়ে সক্রিয় রাজনীতির সঙ্গে পরিচয়

১৯৬০-এর দশকের ঢাকার সংকীর্ণ সামাজিক এবং রাজনৈতিক পরিসরে নিরাপদ থাকবে এই আশা করা ঢাকা বিশ্ববিদ্যালয়ের পক্ষে সম্ভব ছিল না। ছাত্ররা অবধারিতভাবে রাজনৈতিক প্রক্রিয়ায় যুক্ত হত এবং রাস্তার যেকোনো জমায়েতে তাদের সামনের সারির সেনানী হিসেবে ব্যবহার করত রাজনৈতিক দলগুলো। রাজনৈতিক নেতা হবার উচ্চাকাঙ্ক্ষীদের সূতিকাগার ছিল সক্রিয় ছাত্র-রাজনীতি। অর্থনীতি বিভাগে আমার ছাত্রদের একজন রাশেদ খান মেনন তখন ইপিএসইউ-র (ইপসু) সাধারণ সম্পাদকও ছিল। ১৯৬৫ সালে এমএ পরীক্ষা দেবার সময় তাকে ঢাকা কেন্দ্রীয় কারাগারে আটক করা হয়। ফলে আবু মোহাম্মদ, আনিসুর রহমান এবং আমাকে জেলের পরিসরেই তার মৌখিক পরীক্ষা নিতে হয়েছিল। মেনন তার ক্লাসে পঞ্চম স্থান অধিকার করে, কিন্তু সে রাজনীতিকের জীবন বেছে নিয়েছিল এবং ন্যাপের এক গোষ্ঠীর একজন নেতা হয় যে দল এখন বাংলাদেশ ওয়ার্কার্স পার্টি নামে পরিচিত।

ঢাকা বিশ্ববিদ্যালয়ের রাজনৈতিক আবর্তে শিক্ষকরা আন্দোলিত না হয়ে পারেননি। রাষ্ট্রবিজ্ঞান বিভাগের মুজাফফর আহমেদ চৌধুরী, বাংলা বিভাগের মুনীর চৌধুরী ১৯৫২-এর ভাষা আন্দোলনে কারারুদ্ধ হয়েছিলেন যদিও আন্দোলনটা মূলত ছাত্র সমাজেই কেন্দ্রীভূত ছিল। এরা এবং অন্যান্য শিক্ষকরা কখনোই ছাত্রদের উপর নিজেদের মতাদর্শ চাপিয়ে দেননি। যেসব শিক্ষকদের নিজস্ব রাজনৈতিক দৃষ্টিকোণ ছিল তারা তাদের মতবাদ সমমনা ছাত্রদের সঙ্গে শেয়ার করতেন। কিন্তু এসব হত ক্লাসরুমের বাইরে। অধিকাংশ শিক্ষক, এবং বস্তুতপক্ষে ছাত্রদের একটা বড়ো অংশের প্রবণতা ছিল অরাজনৈতিক। যার ফলে সে সময় ছাত্র ভরতি, পরীক্ষার ফলাফল এবং শিক্ষকদের পেশাগত অগ্রগতি তাদের রাজনৈতিক পরিচয়ের উপর নির্ভরশীল হয়নি যা আজকের দিনে শোনা যায়।

দৃশ্যত এই নিয়মের কিছু ব্যতিক্রম ছিল; কখনো কখনো শিক্ষকরা রাজনৈতিক সম্পদ হিসেবে বিশেষ ছাত্রগোষ্ঠীকে কাজে লাগাতে সচেষ্ট হতেন

অথবা নিজেরাই ছাত্রদের রাজনৈতিক সক্রিয়তার অংশবিশেষে প্রত্যক্ষভাবে জড়িয়ে যেতেন। এই অধ্যায়ে তিনটি ঘটনা থেকে ছাত্র-শিক্ষকদের উপরোক্ত পারস্পরিক রাজনৈতিক বিক্রিয়ার আলোচনা করব, আমি যেগুলোর প্রত্যক্ষদর্শী ছিলাম অথবা স্বয়ং জড়িয়ে পড়েছিলাম। এরকম দু'টি দৃষ্টান্তে এনএসএফ নামের একটি ছাত্র সংগঠনকে হাতিয়ার হিসেবে ব্যবহার করেন শিক্ষকরা। অন্য সক্রিয় ছাত্র-রাজনীতির ঘটনার আমি ছিলাম দর্শক এবং পরোক্ষ অংশগ্রহণকারী।

ঝুঁকিপূর্ণ বিষয়ে ছাত্র-শিক্ষক সম্পর্ক

সামরিক শাসনের প্রথম বছরগুলো বিশ্ববিদ্যালয়ে রাজনৈতিক সক্রিয়তা স্তিমিত থাকে এবং যদি বা কিছু দেখাও যেত সেসবই ছিল বিশ্ববিদ্যালয় চত্বরে সীমাবদ্ধ। নিউম্যান অ্যাফেয়ার এরকমই একটা ঘটনা যেটার সঙ্গে এক শিক্ষকের ছাত্র-রাজনীতিতে জড়িত হবার কথা প্রকাশ পায়। জার্মান বংশোদ্ভূত রাষ্ট্রবিজ্ঞানী অধ্যাপক নিউম্যান দীর্ঘদিন ঢাকা বিশ্ববিদ্যালয়ের রাষ্ট্রবিজ্ঞান বিভাগের প্রধান ছিলেন। শিক্ষাজগতে নিউম্যানের অবদানের বিষয়ে আমি বিশেষ কিছুই জানি না, তবে দক্ষিণপন্থী মতবাদের সমর্থক হিসেবে ক্যাম্পাসে তার পরিচিতি হয়েছিল এবং সে সুবাদে দেশীয় এবং সম্ভবত বিদেশি গুপ্তচর সংস্থাগুলোর সঙ্গেও তার যোগাযোগ ছিল। গোটা ক্যাম্পাস বিশ্বাস করত যে তিনি তার রাজনৈতিক অবস্থান প্রকাশ করতেন বামপন্থী ও সংস্কারপন্থী শিক্ষক ও ছাত্রদের সম্পর্কে তথ্য পাচার করে। তার প্রধান শত্রু ছিলেন অধ্যাপক আব্দুর রাজ্জাক (স্যার) এবং মুজাফফর আহমেদ চৌধুরী তার খুব প্রিয়পাত্র ছিল গুলাম ওয়াহেদ চৌধুরি, পরে যে রাষ্ট্রবিজ্ঞান বিভাগের প্রধান হিসেবে তার স্থলাভিষিক্ত হয়।

শোনা যেত অধ্যাপক নিউম্যান কুখ্যাত এনএসএফ-এর প্রেরণাদাতা এবং তার পরামর্শদাতাদের একজন ছিলেন, এনএসএফ-এর নেতা ইউসুফ তার বিশেষ ঘনিষ্ঠ এরকম রটনা ছিল। যেসব ছাত্রদের এনএসএফ দলে নেওয়া হত তারা মুসলিম লীগপন্থী অথবা ইসলাম ধর্মীয় মানসিকতার হবে এটা যেমন প্রত্যাশিত ছিল, সেই সঙ্গে এই দলে খুব বেশি সংখ্যায় পেশিবহুল চেহারার ছাত্র সদস্য নেওয়া হত রাজনীতি চর্চায় হিংসা প্রয়োগের সামর্থ্য এবং প্রবণতা দুটোই যাদের ছিল।

বিশ্ববিদ্যালয়ে নিউম্যানের অনিষ্টকারী ভূমিকার কথা সকলেই জানত কিন্তু তার ডিপার্টমেন্টের চৌহদ্দির বাইরে বিশ্ববিদ্যালয়ের ক্রিয়াকলাপে সেটা ছড়ায়নি। সুতরাং ব্যাপারটা একেবারেই অপ্রত্যাশিত ছিল যে ড. মাহমুদ হোসেনের মতো একজন আলোকপ্রাপ্ত উপাচার্যের আমলে নিউম্যানের ভূমিকা আরও বিতর্কিত হয়ে উঠবে। ড. হোসেন তখন পূর্ব পাকিস্তানের গভর্নর লেফট্যান্যান্ট জেনারেল আজম খানের দ্বারা সবে উপাচার্য নিযুক্ত হয়েছেন। পুলিশের প্রাক্তন আইজি জাকির হোসেনের হাত থেকে গভর্নরের দায়িত্ব নিতে ১৯৫৯ সালে আজম

খানকে পাঠায় ফিল্ড মার্শাল আইয়ূব খান। খুব বুদ্ধিমান ছিলেন না আজম খান, তবে সদিচ্ছাসম্পন্ন এই লোকটি পাকিস্তান সেনাবাহিনীর স্যান্ডহার্স্ট ঘরানার প্রতিভূ ছিল। লাহোরে ১৯৫৩ সালে পাঞ্জাবের মুখ্যমন্ত্রী মুমতাজ দওলতানার গোপন মদতে জামাতে ইসলাম প্ররোচিত কাদিয়ানী বিরোধী দাঙ্গা নির্মমভাবে দমন করে খ্যাত হয়েছিল আজম খান।

পাকিস্তানের একদা অবহেলিত এই প্রদেশে উন্নয়নের গতি বাড়াতে দৃঢ়প্রতিজ্ঞ আজম খান ঢাকায় এসে নিজেকে পূর্ব পাকিস্তানের বন্ধু হিসেবে দেখাতে চাইছিলেন। এই চিন্তা করে ঢাকা বিশ্ববিদ্যালয়ে শিক্ষকদের মধ্যে বাঙালিদের বঞ্চনার বিরুদ্ধে সরব বলে পরিচিত আমাদের মতো কয়েকজনকে মাঝে মাঝেই ডেকে পাঠিয়ে এই বঞ্চনার প্রক্রিয়া বদলে দিতে তার কী করণীয় সে ব্যাপারে মতামত চাইতেন। বঞ্চনার বিষয়ে আলোচনা করা ছাড়াও আজমের রাজনৈতিক চেতনায় গণতন্ত্রের কিছু বীজ বুনে দিতে পেরেছিলাম আমরা। আইয়ূব খান সামরিক শাসন থেকে গণতান্ত্রিক শাসনে ফিরে গেলে আজম খান দৃশ্যত এ শাসন-ব্যবস্থা রাজনৈতিক গতিপ্রকৃতির সমালোচক হয়ে উঠেছিল। আশ্চর্যের নয় যে আইয়ূব তাকে জেনারেল হেডকোয়ার্টার্সে ডেকে পাঠায়। অফিস ছাড়ার মাত্র কয়েকদিন আগে কামাল, রাজ্জাক স্যার আর আমাকে গভর্নমেন্ট হাউসে নৈশভোজে আপ্যায়ন করে আজম খান, এবং সেখানেই আমাদের জানান যে সেনাবাহিনী থেকে পদত্যাগ করে প্রকৃত গণতন্ত্রের প্রয়োজনে সরব হবার সিদ্ধান্ত নিয়েছেন তিনি।

আজম খান কিছুটা তার আশপাশের বাঙালি আমলাদের দ্বারা প্রভাবিত হয়েছিলেন। এদের মধ্যে ছিলেন গভর্নরের সচিবালয়ে তৎকালীন সহকারী সচিব কাজী ফজলুর রহমান। ঢাকা বিশ্ববিদ্যালয়ের কালীনারায়ণ স্কলার এবং ১৯৫৬ সালে সেন্ট্রাল সুপিরিয়র সার্ভিস পরীক্ষায় সর্বোচ্চ স্থান অধিকারী প্রগতিমনস্ক এবং নিবেদিত আধিকারিক ছিলেন কাজী। ঢাকা বিশ্ববিদ্যালয়ের উপাচার্য নিয়োগে কাজীর পরামর্শ নিয়েছিলেন আজম। সে আবার রাজ্জাক স্যারের সঙ্গে আলোচনা করেন, কারণ স্যারকে তিনি খুব সম্মান করতেন। স্যার তাকে ঢাকা বিশ্ববিদ্যালয়ের পূর্ববর্তী বছরগুলোতে ইতিহাসের অধ্যাপক পদে বহাল থাকা ড. মাহমুদ হোসেনের নাম সুপারিশ করার পরামর্শ দিলেন। ড. হোসেন তার সহকর্মীদের অত্যন্ত শ্রদ্ধেয় ছিলেন। ঢাকা বিশ্ববিদ্যালয়ের উপাচার্য হিসেবে ১৯৬০ থেকে ১৯৬৩ মাহমুদ হোসেনের সংক্ষিপ্ত কার্যক্রম বিশ্ববিদ্যালয়ের এক রকম স্বর্ণযুগ ছিল। তার আমলে নীলক্ষেতে নতুন কলাভবন এবং স্যাভেজ রোডে বড়ো ধরনের শিক্ষক আবাসন নির্মাণ এসব প্রধান উন্নয়ন প্রকল্প যেমন গৃহীত হয়েছিল, তেমনই বেড়েছিল বিশ্ববিদ্যালয়ের শিক্ষার মান।

১৯৬০-এর প্রথম দিকের ঘটনা কুখ্যাত 'নিউম্যান অ্যাফেয়ার'। বিশ্ববিদ্যালয় ক্যাম্পাস তখন খুব নিরিবিলি ছিল। অর্থনীতি বিভাগ তখন পুরনো কলাভবন

থেকে সরিয়ে নিয়ে যাওয়া হয়েছিল পুকুর লাগোয়া আউট-হাউসগুলোর কিছু ঘরে। সেখানে রাষ্ট্রবিজ্ঞান শাখার প্রতিবেশী হয়েছিলাম আমরা। ১৯৬০ সালের এক সকালে সবেমাত্র ডিপার্টমেন্টে পৌঁছেছি আমি। আমার সেদিন আগে একটা ক্লাস ছিল। দেখলাম নিউম্যান তার অফিসের দিকে হেঁটে যাচ্ছে তাকে ঘিরে ছাত্রদের একটা ছোটো জটলার নেতৃত্ব দিচ্ছে পাকিস্তান স্টুডেন্টস ফোর্স নামে একটা ছোটো ছাত্রদলের নেতা মওদুদ আহমদ। তারা রাষ্ট্রবিজ্ঞান শাখার এক সেরা ছাত্র তালুকদার মনিরুজ্জামানের ন্যায়বিচারের দাবিতে স্লোগান দিচ্ছিল। খবর ছিল যে নিউম্যানের সম্ভাব্য কারসাজিতে এমএ পরীক্ষায় ফার্স্টক্লাস পাওয়া থেকে বঞ্চিত হয়েছে মনিরুজ্জামান। এই ক্রুদ্ধ জনতা অনুসৃত নিউম্যান যখন রাষ্ট্রবিজ্ঞান শাখার দিকে এগিয়ে যাচ্ছি, দেখি নিউম্যানের অফিস ঘরের বারান্দায় জড়ো হওয়া ছাত্রদের আর একটা ছোটো দল ঘটনাটা লক্ষ করছে। তাদের মাঝে দাঁড়িয়ে এ আর ইউসুফ। নিউম্যান ডিপার্ট্মেণ্ট পৌঁছনো মাত্র ইউসুফের ইশারায় আবুল হাসনাত নামে পুরনো ঢাকার একটা তাগড়াই ছেলের নেতৃত্বে একদল পেশিবহুল ছেলে বারান্দা থেকে লাফিয়ে নেমে মওদুদ ও তার বহুবর্ণের দলটার উপর ঝাঁপিয়ে পড়ল। আমি নিজের চোখে দেখলাম মওদুদের মুখের ঠিক জায়গা লক্ষ্য করে কয়েকটা ঘুঁষি চালালো হাসনাত যার ফলে পরের কয়েকদিন ক্যাম্পাসে ফোলা চোয়াল নিয়ে ঘুরে বেড়াতে হয়ছিল মওদুদকে। তার অনুগামীরা যাদের চিৎকার করার থেকে মারামারির ক্ষমতা কম ছিল তারা খুব দ্রুত পালায়। এই ঘটনায় শুধু যে নিউম্যানের সঙ্গে এনএসএফ-এর সাজশের প্রত্যক্ষ প্রমাণ পাওয়া গেল তাই নয়, ক্যাম্পাসে নিউম্যানের হাতের তলোয়ার হতে এনএসএফ সদস্যরা যে বদ্ধপরিকর সেটাও বোঝা গেল।

দুর্ভাগ্যবশত তালুকদারের ঘটনা নিউম্যানের জয়গাথা হয়নি। ঢাকা বিশ্ববিদ্যালয় থেকে ওটাই হল তার বিদায়ী সংগীত। সংবাদমাধ্যম নিউম্যান-এনএসএফ যোগাযোগ হাইলাইট করে খবরটার জোর প্রচার চালায়। বিশ্ববিদ্যালয়ের আচার্য পদাধিকারবলে আজম খান হাইকোর্টের শ্রদ্ধেয় বিচারপতি জাস্টিস আসির পরিচালিত একটি তদন্ত কমিশন গঠন করে যিনি তার প্রতিবেদনে বিশ্ববিদ্যালয় থেকে নিউম্যানের অপসারণ সুপারিশ করেন। সেটি কার্যকর হলে নিউম্যান জার্মানি ফিরে যায়। দুর্ভাগ্যবশত ক্যাম্পাসে গোঁড়া মতবাদ কায়েমে এনএসএফ-কে ব্যবহার করার ঘটনা নিউম্যান অ্যাফেয়ার দিয়েই শেষ হয়নি।

সক্রিয় ছাত্র-রাজনীতিতে জড়ানো

ছাত্র-শিক্ষক পারস্পরিক বিক্রিয়ার পরবর্তী দুটো ঘটনায় আমি কেবল দর্শক ছিলাম না, বরং আরও ঘনিষ্ঠভাবে ওই প্রক্রিয়ায় জড়িয়ে যাই। এই দু'টি ঘটনার

প্রথমটিতে জাতীয় রাজনীতি ঢাকা বিশ্ববিদ্যালয়কে যেভাবে প্রভাবিত করছিল তারই আঁচ লাগে আমার গায়ে।

সামরিক শাসনের সময় রাজনৈতিক সক্রিয়তা কণ্ঠরুদ্ধ ছিল এবং রাজনীতিকরাও তখন নীরব থেকেছেন। সেই পরিস্থিতিতে আমরা কয়েকজন শিক্ষক যারা পাকিস্তানের রাজনৈতিক অর্থনীতি বিষয়ে প্রকাশ্যে লেখালিখি এবং বক্তব্য রাখছিলাম তাদের একটা রাজনৈতিক দৃশ্যমানতা তৈরি হয় যেটা রাজনৈতিক ক্ষেত্রে আমাদের কণ্ঠস্বর শ্রুত হতে সহায়ক হয়েছিল। পাকিস্তানের রাজনৈতিক অর্থনীতির উপর আমার নিবন্ধ কাগজে প্রকাশ পাওয়া এবং বেশ কিছু সেমিনারে উক্ত বিষয়ে বক্তব্য রাখা শুরু করলে আমার কাজের নীতি এবং রাজনৈতিক উদ্দেশ্য নিয়ে আলোচনা করতে শুধু সক্রিয় রাজনীতিকরা নয়, আমার কিছু ছাত্রও আমাকে খুঁজে বের করেছিল।

প্রাথমিকভাবে ছাত্রদের সঙ্গে আমার আলাপচারিতা প্রধানত শিক্ষা সংক্রান্ত ছিল, তবে রাজনৈতিক পরিস্থিতি ক্রমে আরও অস্থির হতে থাকলে আলোচনাগুলো আঞ্চলিক মাত্রা পায়। ১৯৬১ সালের শেষ অবধি আইয়ুব শাসননীতি বিষয়ক সূচিগুলো পাকিস্তানের কোনো অঞ্চলেই তেমন চ্যালেঞ্জের সামনে পড়েনি। বাহ্যিক রাজনৈতিক উদ্দীপনার অভাবে একসময় অশান্ত ছাত্রদের অধিকাংশ নিষ্ক্রিয় হয়ে পড়েছিল। এই সময় আইয়ূব দেশকে তার সংবিধান উপহার দেবার প্রস্তুতি নিচ্ছিল যার অগণতান্ত্রিক চেহারা বিতর্ক ও শঙ্কা জাগিয়ে তোলে।

হোসেন শহীদ সোহরাওয়ার্দীর গ্রেপ্তার হওয়া সামরিক আইন জমানার বিরুদ্ধে প্রথম প্রতিবাদের অনুঘটক হয়ে ওঠে। প্রথম দিকে এর বিরুদ্ধে জনতা জোরালো প্রতিবাদ করেনি, যেটা কামাল এবং আমাকে বিস্মিত করেছিল। আমরা জানতাম না যে ইপসু (ছাত্র ইউনিয়ন) এবং ইপিএসএল (ছাত্রলীগ) ৩১ জানুয়ারি রাতে মিটিং করে সহমত হয় যে সোহরাওয়ার্দীর গ্রেপ্তারের প্রতিবাদে পরের দিন, পয়লা ফেব্রুয়ারি, হরতাল অথবা সাধারণ ধর্মঘট হবে। আরও লক্ষ্য ছিল আইয়ূব খানের ঢাকায় আসার দিনটাই ধর্মঘটের জন্য বেছে নেওয়া। আমতলায় ঢাকা বিশ্ববিদ্যালয়ের ছাত্রদের ডাকা বিক্ষুব্ধ সমাবেশ দিয়ে ধর্মঘট শুরু হয়েছিল। ক্যাম্পাস থেকে মিছিল বেরিয়ে সামরিক আইন ও আইয়ূব খানের বিরুদ্ধে স্লোগান দিতে দিতে পুরনো ঢাকার রাস্তায় ছড়িয়ে পড়ে। সামরিক আইনের বিরুদ্ধে এই প্রথম জনতার চ্যালেঞ্জের জবাবে বঙ্গবন্ধুসহ পূর্ব পাকিস্তানের বহু সক্রিয় রাজনৈতিক কর্মী তাদের নানান স্তরের সহযাত্রী এবং সাংবাদিকদের গ্রেপ্তার করা হল।

এই গণবিক্ষোভের পরবর্তীতে স্বরাষ্ট্র দপ্তরের তদানীন্তন সহকারী সচিব আখলাক হোসেন আমাকে হুঁশিয়ার করে যে আমি আর কামাল প্রিভেন্টিভ ডিটেনশনের সম্ভাব্য তালিকাভুক্তদের মধ্যে রয়েছি এবং সে কারণে আমাদের উচিত হবে খুব বেশি প্রকাশ্যে না আসা। এই প্রথম আত্মগোপনের প্রয়োজনীয়তার সঙ্গে পরিচিত হয়ে আমরা রোমাঞ্চিত হই এবং নারায়ণগঞ্জে

আমার চাচাতো ভাই আখতার মোর্শেদের বাড়িতে অস্থায়ী আশ্রয় নিই। যাই হোক, বেশিদিন আমরা সেখানে থাকিনি, আইনের আশ্রয় নিয়ে কী হয় দেখব ঠিক করি এবং পরিশেষে ঢাকায় ফিরে আসি। ভাগ্যবশত আমরা গ্রেপ্তারির যোগ্য বিবেচিত হইনি – যেটা আমাদের কিছুটা চুপসে দিয়েছিল।

দ্রোহী ছাত্র সক্রিয়তা

গোয়েন্দা সংস্থাগুলোর কাছে আমার কুখ্যাতি যত না ছিল আমার লেখালিখির জন্য, তার চেয়ে বেশি হয়েছিল ঢাকা বিশ্ববিদ্যালয়ের আইয়ূব শাসন বিরোধী আন্দোলনকারী ছাত্রদের সঙ্গে আমার মিথস্ক্রিয়ার কারণে। লেখালিখি যা কিছু সেসব তো প্রকাশ্য ব্যাপার। এই দিকটা প্রচার পেয়েছিল ১৯৬২ ফেব্রুয়ারির ৩ তারিখে আইয়ূবের ঢাকা সফরের সঙ্গী তৎকালীন পররাষ্ট্রমন্ত্রী মনজুর কাদেরের ঢাকা বিশ্ববিদ্যালয় সফর করার পর থেকে। পাকিস্তানের মুখ্য আইনজ্ঞদের একজন কাদেরের নিজের জ্ঞান ও বাগ্মীতার অহমিকা ছিল।

কাদের বুঝতে পারে আসল চ্যালেঞ্জ হল বাঙালি বুদ্ধিজীবিদের মুখোমুখি হওয়া ঢাকা বিশ্ববিদ্যালয়ে যারা ব্যাপক কেন্দ্রীভূত বলে অনুমান করা হত, এবং আইয়ূবের সংবিধানের গুণাবলী সম্পর্কে অবহিত না থাকার কারণে বাঙালি বুদ্ধিজীবি তার ঘোর সমালোচক হবে এই আন্দাজ করে কাদের। কাদেরের গুণ ছিল সে যুক্তির ক্ষমতায় বিশ্বাস করত। সুতরাং ঢাকা সফরের সময় কলা বিভাগের পুরনো ভবনের বড়ো লেকচার হলগুলোর একটায় শিক্ষক ও ছাত্রদের সভায় কাদেরের ভাষণের ব্যবস্থা হয়েছিল। কাদেরের দুর্ভাগ্য পয়লা ফেব্রুয়ারির ছাত্র সমাবেশের পরেই তার বিশ্ববিদ্যালয় পরিদর্শন হয় যার ফলে সে যখন আসে বিশ্ববিদ্যালয় চত্বরের পরিবেশ তখন অগ্নিগর্ভ হয়ে উঠেছে।

সভার আগে ইপসু-র সক্রিয় কর্মী জিয়াউদ্দিন মাহমুদের নেতৃত্বে আমার ছাত্রদের মধ্যে বেশি রাজনীতিমনস্ক কয়েকজন কাদেরকে তারা কী কী প্রশ্ন করবে সেগুলো নিয়ে আলোচনা করতে আমার কাছে এল। এই বিষয়ে আমাদের অনেক মত-বিনিময় হয় এবং অবশেষে আমি তাদের জন্য একগুচ্ছ প্রশ্নের খসড়া করে দিই যাতে প্রেসিডেন্ট এবং আইনসভা নির্বাচনে অধিকার সংকোচন এবং বাঙালিদের বঞ্চনা দুটো ইস্যুই উত্থাপন করি।

কাদের যখন হাজির হয় ঢাকা বিশ্ববিদ্যালয়ের কলাভবনে তখন যে ডামাডোল ইতিমধ্যেই শুরু হয়েছে সেটা কেবল অগণতান্ত্রিক সংবিধানের বিরুদ্ধে বিক্ষোভ ছিল না তার চেয়ে অনেক বেশি ঘনীভূত ছিল বিরোধী নেতা ও তাদের অন্যান্য সহযাত্রীদের গ্রেপ্তারের বিরুদ্ধে বিক্ষোভ। ৩ ফেব্রুয়ারি মাঝ সকালে যখন অডিটোরিয়ামে প্রবেশ করলাম সেটা তখন ছাত্রদের সমবেত উপস্থিতিতে কানায় কানায় ভরেছে। বাতাসে কেমন একটা উত্তেজনার আভাস

পেলাম যেটা বুদ্ধিজীবিদের মধ্যে শান্তিপূর্ণ মত বিনিময়ের পক্ষে শুভ ইঙ্গিত মনে হল না।

মিটিংয়ের সভাপতি পদে তৎকালীন উপাচার্য ড. মাহমুদ হোসেনের সংক্ষিপ্ত ভূমিকার পর কাদের সংবিধানের সমর্থনে পান্ডিত্যপূর্ণ বক্তব্য রাখা শুরু করল। আমাদের কয়েকজন যখন পয়েন্ট ধরে ধরে কাদেরের যুক্তি খন্ডনে তৈরি হচ্ছি স্পষ্টত অন্য পরিকল্পনা করছিল ছাত্ররা। উপাচার্য আলোচনার ওপর শ্রোতাদের প্রশ্নপর্ব আহ্বান করা মাত্র কয়েকজন ছাত্র উঠে দাঁড়িয়ে কিছুটা রূঢ় গলায় তাদের প্রশ্ন করতে থাকে। কাদের প্রশ্নগুলোর উত্তর দেবার চেষ্টা করে কিন্তু ছাত্রদের সঙ্গে যুক্তিতর্ক করার উপযোগী মেজাজ আদপেই থাকে না। দ্রুত অনেক ছাত্র দাঁড়িয়ে উঠে চিৎকার করে তাদের প্রশ্ন করা শুরু করে যেগুলো অবশেষে আইয়ূব শাসন বিরোধী স্লোগানে পরিণত হয়।

লক্ষ করি বেশ কিছু ছাত্র ভীতিপ্রদভাবে আস্তে আস্তে বক্তার দিকে এগিয়ে যাচ্ছে। তাদের কেউ কেউ কাদেরের খুব কাছে চলে গেছে যেখান থেকে তার মুখে থুতু ছিটানো যায় এবং জিয়াউদ্দিন এমনকি তার কলার টেনে ধরবার চেষ্টা করে। উপাচার্য সঙ্গে সঙ্গে মিটিং বন্ধ করে কাদেরকে হলের বাইরে নিয়ে যেতে থাকেন। সিঁড়ি দিয়ে নামা আরও বিপজ্জনক হয়ে ওঠে। বারান্দায় নেমে আসতে আসতেই সম্ভবত কাদেরকে বাঁচাতে যাওয়া কিছু শিক্ষকের পিঠে কিলঘুঁষি এসে পড়েছিল। ভিসি তার নিজের গাড়িতে কাদেরকে তুলে নিয়ে নীলক্ষেত রোডে তার বাড়ির দিকে চলে যান।

সিঁড়ি দিয়ে নামার সময় শান্তিপূর্ণ পরিবেশে বিতর্ক আয়োজন করা গেলে তাতে অংশ নেবার আগ্রহ দেখিয়েছিল কাদের। আমরা সেইমত ভিসি-কে বলি কাদের রাজি থাকলে রোকেয়া হলের উল্টোদিকে শিখ গুরুদুয়ারার পাশের যে বাড়িতে টিচার্স ক্লাব তখন স্থানান্তরিত হয়েছিল, সেখানে তার সঙ্গে তাৎক্ষণিক আলোচনায় বসতে পারি। কয়েকজন শিক্ষক দ্রুত টিচার্স ক্লাবে চলে যায় কাদেরের সঙ্গে আমাদের মুখোমুখি বসবার আয়োজন করতে।

অকুতোভয় ব্যারিস্টার আমাদের সঙ্গে বাকযুদ্ধে নামতে প্রতিশ্রুতি মতো উপস্থিত হয়েছিল। যদি ঠিক মনে করতে পারি তবে বিতর্ক চলেছিল তিন ঘন্টারও বেশি সময়। অন্যান্যদের মধ্যে রাজ্জাক স্যার, আবু মাহমুদ, আনিসুর রহমান এবং আমি বিতর্কে অংশ নিই যার মূল কেন্দ্রবিন্দু ছিল বাঙালিদের প্রতি বঞ্চনা, তবে আলোচনার প্রেক্ষিত ছিল আরও বড়ো। তার মধ্যে কাদেরের প্রিয় বিষয় সংবিধানও ছিল যার অগণতান্ত্রিক দিকগুলোর প্রতি কাদেরের সমর্থনকে আমাদের অনেকেই চ্যালেঞ্জ করে।

সন্ধ্যে হয়ে আসতে কাদেরের পরিপাটি আত্মবিশ্বাস এবং তার ভদ্র আচরণে কিছুটা চিড় ধরেছিল, তবে অবশেষে সে অন্য এক সরকারি কাজের দোহাই দিয়ে ছাড়া পেতে প্রার্থনা করে। আমাদের উদ্বেগের বিষয়ে পাকিস্তানের পররাষ্ট্র

মন্ত্রীকে বোঝাতে না পারলেও তার শাসনব্যবস্থার প্রতি আমাদের দৃষ্টিভঙ্গি সম্পর্কে তাকে নিশ্চিত অবহিত করতে পেরেছিলাম আমরা। পরিবর্তে উপস্থিত শিক্ষকরা পশ্চিম পাকিস্তানের প্রধান বুদ্ধিজীবি খেতাবের দাবিদার এক উচ্চ ক্ষমতাসম্পন্ন ব্যক্তির কাছে এত খোলাখুলিভাবে নিজেদের মতামত ব্যক্ত করতে পেরে একধরনের আনন্দ অনুভব করেন। আজকের বাংলাদেশ বা পাকিস্তানের কোনো মন্ত্রী রাজনৈতিকভাবে প্রতিকূল এমন পরিবেশে বিতর্কে অংশ নিচ্ছেন এটা ভাবা কঠিন।

অসামরিক পোশাকে সামরিক আইন

জাতীয় এবং বিশ্ববিদ্যালয় রাজনীতির ইন্টারফেস-এর সঙ্গে তৃতীয় দফার পরিচয় আমার পেশাজীবন এবং ব্যক্তিগত জীবনের উপর আরও প্রত্যক্ষ প্রভাব ফেলেছিল। মার্শাল ল' জমানা থেকে অসামরিক পোশাকে সামরিক জমানায় রূপান্তর গণতান্ত্রিক প্রক্রিয়ার পক্ষে কোনো অংশে কম বিধ্বংসী ছিল না। সরকারের সামরিক দিকটায় ময়ান দিয়ে লোকচক্ষে নরমসরম চেহারায় হাজির করতে সাধারণত মনজুর কাদেরের মতো বরিষ্ঠ আমলা, মানী পেশাদার ধরনের শ্রদ্ধাভাজন অসামরিক মানুষদের প্রশাসনে অন্তর্ভুক্ত করার প্রয়োজন হয় সামরিক শাসকের। আইয়ূব খানের সামরিক শাসনে বেশ কিছু বিশিষ্ট, শ্রদ্ধেয় বাঙালি সরকারি কর্মী ছিলেন। এদের একজন বিচারপতি ইব্রাহিম, আগে যিনি ঢাকা বিশ্ববিদ্যালয়ের উপাচার্য ছিলেন, তিনি ক্যাবিনেট মিটিংয়ে বাঙালিদের দাবিদাওয়ার সমর্থনে বক্তব্য রাখা শুরু করেন অধ্যাপক নুরুল ইসলামের সহায়তায় আইয়ূবকে লিখিত আর্জি জানিয়ে। পরিশেষে আইয়ূব তার অগণতান্ত্রিক সংবিধান ঘোষণার আগে সেটার বিরোধিতা করে সরকার থেকে পদত্যাগ করেন।

ইউনিফর্ম পরা জেনারেল থেকে শেরওয়ানি ও কারাকুল টুপি পরা রাজনৈতিক নেতায় আইয়ূবের বিবর্তন বাহ্যত স্বচ্ছ প্রশাসন প্রতিষ্ঠাকারী তার একনায়ক ভাবমূর্তিকে রূপান্তরিত করেছিল জনজীবনে অসাধু চরিত্রদের একজন সামন্ত নায়কে। তার মুসলিম লীগ জমানার যেসব রাজনৈতিক চরিত্রকে নতুন করে অন্তর্ভুক্ত করা হয় তাদের কাছে দুর্নীতি ছিল জীবন যাপনের উপায়। বিশেষ করে পূর্ব পাকিস্তানে গ্রামীণ পর্যায়ে দুর্নীতি ছড়িয়ে রাজনৈতিক সমর্থনের ভিত্তি গড়তে বেসিক ডেমোক্রেসিস ব্যবস্থাকে কাজে লাগায় আইয়ূব সরকার। আইয়ূব শাসনামলের দুর্নীতির অধিকাংশ যখন নথিবদ্ধ করছিল ইত্তেফাক, সংবাদ, পাকিস্তান অবজারভার ধরনের অপেক্ষাকৃত স্বাধীন সংবাদ মাধ্যমগুলো, সে সময় এই প্রক্রিয়ায় আমার নিজের অন্তর্দৃষ্টি তৈরি হয়েছিল ১৯৬৬ সালে প্রকাশিত আমার বই 'বেসিক ডেমোক্রেসিস, ওয়ার্কস প্রোগ্রাম অ্যান্ড রুরাল ডেভেলপমেন্ট ইন ইস্ট পাকিস্তান' লেখার জন্য গবেষণা করতে গিয়ে।

বাঙালিদের উপর আইয়ূবের শাসনের প্রধান হাতিয়ার ছিল আবদুল মোনেম খান নামে ময়মনসিংহের এক অর্ধ শিক্ষিত জেলা আইনজীবি। জেলা রাজনীতিবিদের কৃষ্টি ছাড়িয়ে আর উর্ধ্বে উঠেনি মোনেম খান। টাকা এবং পেশিশক্তি দুটোই ব্যবহার করেছে নিজের রাজত্ব কায়েম রাখতে। ঢাকা ক্যান্টনমেন্টে পাকিস্তানি সেনার নয় নম্বর ডিভিশন মোতায়েন না থাকলে গভর্নমেন্ট হাউসে এই লোকের মেয়াদ আরও সংক্ষিপ্ত হত।

ক্যাম্পাসে লাঠিয়াল

ঢাকা বিশ্ববিদ্যালয়ে মোনেম খানের মারত্মক শাসনের প্রতিফলন ঘটেছিল সবচেয়ে সর্বনাশা আকারে এবং তার ফলে বস্তুত বিশ্ববিদ্যালয়ের স্বর্ণযুগে যবনিকাপাত ঘটে যায়। এই অন্ধকারের যুগে ঢাকা বিশ্ববিদ্যালয়কে আওয়ামী লীগ/ন্যাপপন্থী শিক্ষকদের দখলমুক্ত করা মোনেমের মিশন হয়ে দাঁড়িয়েছিল। সে বিশ্বাস করত ১৯৫২-র ভাষা আন্দোলনের পর থেকে এরাই চিরাচরিতভাবে ঢাকা বিশ্ববিদ্যালয়কে নিয়ন্ত্রণ করে এসেছে। এ বিশ্বাস ছিল তার মনগড়া যেহেতু ছাত্রদের সক্রিয় হয়ে ওঠায় এমনকি রাজনীতিপ্রবণ শিক্ষকদেরও সামান্যই হাত ছিল। ছাত্রদের এই প্রবণতা আপন শক্তিতেই পুষ্ট হয়েছিল। এই কর্মসূচির অঙ্গ হিসেবে স্বাধীনচেতা মাহমুদ হোসেনকে ভিসি পদ থেকে সরিয়ে ময়মনসিংহ কৃষি বিশ্ববিদ্যালয়ের প্রাক্তন ভিসি মৃত্তিকা বিজ্ঞানের অধ্যাপক ওসমান গণিকে তার জায়গায় বসায় মোনেম খান। গভর্নর হতাশ হয়নি, যেহেতু গণি তার মেয়াদের পুরোটাই বিশ্বস্ত কর্মচারী হয়ে থেকেছে। অবশ্য এক সময় যে ঢাকা বিশ্ববিদ্যালয়ের সম্মানিত শিক্ষাবিদ ছিল গণি, সেখানে তার বহু প্রাক্তন সহকর্মী আশা করেনি যে ক্যাম্পাসে মোনেম খানের চালু করা জেলা পর্যায়ের লাঠিয়াল রাজনীতিতে গণি এতটা জড়িয়ে যাবে।

বিশ্ববিদ্যালয়ে নিজের হাত শক্ত করতে সিনিয়র টিচারদের মধ্যে যারা গভর্নরের খেলায় মাততে রাজি ছিল, তাদের নিয়ে একটা গুপ্তচক্র তৈরি করে গণি। এই দলে ছিল গণিত বিভাগের প্রধান অধ্যাপক আজিজ, রসায়ন বিভাগের প্রধান এবং সলিমুল্লা হলের প্রোভোস্ট অধ্যাপক মফিজউদ্দীন, অঙ্কবিদ্যা বিভাগের শিক্ষক এবং ঢাকা হলের প্রোভোস্ট ড. মুশফিকুর রহমান, এবং সাময়িকভাবে ছিল পদার্থবিদ্যা বিভাগের প্রধান ড. আব্দুল মতিন চৌধুরি। বাস্তববুদ্ধিতে মোনেম জমানার দেয়াল লিখন পড়তে পেরে করাচিতে পারমাণবিক শক্তি কমিশনের সদস্যপদ গ্রহণ করে মতিন চৌধুরি। ১৯৬৯ সালে আইয়ূব শাসনের পতন হলে তার রাজনৈতিক পুনর্জন্ম ঘটে এবং অবশেষে ১৯৭৩ সালে বঙ্গবন্ধু তাকে অধ্যাপক মুজাফফর আহমেদ চৌধুরীর জায়গায় ঢাকা বিশ্ববিদ্যালয়ের উপাচার্য নিয়োগ করেন। গণির অভ্যন্তরীণ গোষ্ঠীতে আরও কিছু সদস্য ছিল যাদের নাম আমার স্মৃতি থেকে হারিয়ে গেছে।

মোনেম-ওসমান গণি যুগ শুরুর প্রাথমিক পর্বের বিপর্যয়ের মধ্যে একটি ছিল ১৯৬৪ সালের ঢাকা বিশ্ববিদ্যালয়ের প্রথম সমাবর্তন উৎসবের কেলেঙ্কারি যেখানে আচার্য হিসেবে মোনেম খানের উপস্থিত থাকবার কথা ছিল। ১৯৬২ সাল থেকেই অশান্ত ছিল ঢাকা বিশ্ববিদ্যালয়। আইয়ুব আমলের অসামরিকীকরণ পরবর্তী পূর্ব পাকিস্তানের রাজনৈতিক পরিবেশের প্রতিফলন ঘটেছিল বিশ্ববিদ্যালয়ে। ১৯৬৪ সালে অত্যন্ত ঘৃণিত চরিত্র হিসেবে আবির্ভূত হয় মোনেম খান। সুতরাং ঢাকা বিশ্ববিদ্যালয় ক্যাম্পাসে তার যেকোনো প্রকার উপস্থিতি ছাত্র এবং বহু শিক্ষক উস্কানিমূলক বলে মনে করত। সে কারণে ছাত্ররা সমাবর্তন কেবল বর্জনই করেনি, তাতে বাধাও দিয়েছিল এবং চরম এক বিশৃঙ্খলায় শেষ হয়েছিল অনুষ্ঠান।

যেসব ছাত্র সমাবর্তনের মারপিটে সক্রিয় ভূমিকা নিয়েছিল বলে ধরা হয় যেমন বঙ্গবন্ধুর এক ভাতিজা ইপিএসএল-এর ফজলুল হক মনি সহ আমার এক প্রিয় ছাত্র ইপিএসইউ-র সঙ্গে যুক্ত থাকা জাকির আহমেদ – এ রকম বেশ কিছু ছাত্রদের ডিগ্রি বিশ্ববিদ্যালয় আটকে রেখেছিল। কামাল হোসেনের মাধ্যমে এবং সিনিয়র আইনজীবি এস আর পালের পরিচালনায় জাকির আহমেদ এই বেআইনি সিদ্ধান্তের বিরুদ্ধে মামলা দায়ের করে এবং প্রথমে ঢাকা হাইকোর্টে বিচারপতি সাত্তার এবং পরিশেষে পাকিস্তান সুপ্রিম কোর্টের দেওয়া অনুকূল রায়ের সুবাদে তার ডিগ্রি ফেরত পায়। আইন রিপোর্ট তালিকায় জাকির আহমেদ বনাম ঢাকা বিশ্ববিদ্যালয় মামলাটি মুদ্রিত হয়েছিল। জাকির আহমেদ পরিশেষে আইন পেশা বেছা নিয়েছিল এবং ঢাকা হাইকোর্টের বিচারপতি নিযুক্ত হয় ১৯৮০-র দশকে। কিন্তু বেঞ্চে থাকাকালীন তার অকালমৃত্যু হয়।

শিক্ষক সমাজের অশুভ ভূমিকা সম্পর্কে মোনেম খানের বদ্ধমূল ধারণা যাই থেকে থাক, সে বুঝতে পারে যে তার সরকারের প্রধান বিপদগুলোর একটা ঢাকা বিশ্ববিদ্যালয়ের ছাত্ররা এবং রাজনৈতিক শক্তি হিসেবে তাদের শক্তি খর্ব করতে উদ্যোগী হয়। ছাত্রদের মোকাবিলা করতে এবং বিশ্ববিদ্যালয়ের দখল নিতে মোনেমের প্রধান অস্ত্র ছিল এনএসএফ যেটা তৈরি করা হয় ছাত্রসমাজে ইপসু/ইপিএসএল-এর প্রভাব কমানোর তুল্যশক্তি হিসেবে। যাই হোক, এনএসএফ গঠনে এ আর ইউসুফের মতো আদর্শপ্রাণিত রাজনৈতিক কৌশলীকে ব্যবহার করা মোনেম খানের লাঠিয়াল রাজনীতির সঙ্গে ঠিক খাপ খায়নি। ফলে ঢাকা বিশ্ববিদ্যালয়ে এনএসএফ নেতৃত্বের যে নতুন প্রজন্মকে নিয়োগ করা হল তারা পুরোদস্তুর গুন্ডা – যাদের চালিকা শক্তি টাকা, রাজনীতি নয়। বিভিন্ন ঠিকাদারি পাইয়ে দিতে বিশ্ববিদ্যালয় কর্তৃপক্ষের উপর চাপ তৈরির যে সর্বব্যাপী রীতি বর্তমানে চালু হয়েছে ১৯৬০ সালে রাষ্ট্রীয় মদতপ্রাপ্ত এনএসএফ ছাত্রনেতাদের এই নতুন গোষ্ঠী সেটা শুরু করেছিল।

এই নয়া এনএসএফ নেতাদের বাছা হয়েছিল তাদের পেশিবহুল শরীর দেখে এবং যেহেতু তারা শক্তি প্রয়োগে এমনকি মারাত্মক অস্ত্র ব্যবহারে ইচ্ছুক ছিল। তাদের নেতা ইউনিভার্সিটি স্তরের অ্যাথলেট জাহাঙ্গীর ফয়েজ ঢাকা হলকে তার মাফিয়া রাজের খাসতালুক বানিয়েছিল। এখানে তার রাজ্যপাটকে মদত দিত হল প্রোভোস্ট ড. মুশফিকুর রহমান। শিক্ষক হিসেবে ঢাকা হলের সঙ্গে আমি আনুষ্ঠানিকভাবে জড়িত ছিলাম, বস্তুত যে কারণে বছরে একবার হলের ছাত্র ইউনিয়নের নির্বাচন তদারকিতে আমার ডাক পড়ত। আমি দেখতাম হল প্রোভোস্টের আশীর্বাদপুষ্ট জাহাঙ্গীর অনুশীলিত চোখে নির্বাচনী প্রক্রিয়ায় নজর রাখছে। দিনের শেষে সে তার ভোট দেবে। ভোট দেবার আগে প্রত্যেক ছাত্রকে একজন শিক্ষকের দ্বারা শনাক্ত হতে হবে। একবার আমি জানতে চেয়েছিলাম শিক্ষকদের মধ্যে কে জাহাঙ্গীরকে শনাক্ত করবেন। তার জবাবে জাহাঙ্গীর ঘৃণাভরে বলে "এখানে হাজিরদের মধ্যে আমাকে শনাক্ত করার মতো এত বড়ো কেউ নেই। একমাত্র সর্বোচ্চ স্তরে আমার শনাক্তকরণ সম্ভব।" বলা নিষ্প্রয়োজন, ঢাকা হল স্টুডেন্টস ইউনিয়নের নিয়ন্ত্রণ ভার পরিশেষে এনএসএফ-এর হাতেই গিয়েছিল।

জাহাঙ্গীরের আশপাশে ঘোরা অন্য গুন্ডাদের একজন ছিল সাইদুর রহমান যার ডাক নাম ছিল 'পাসপাত্তুর'। তার এই ডাকনাম হবার পিছনে একটা গল্প ছিল। তাকে যদি কেউ তার শিক্ষাগত যোগ্যতার কথা জিজ্ঞাসা করত, বস্তুত যা তার ছিল না, তবে সে খুব রহস্য করে উত্তর দিত 'পাসড পার্ট টু'। জাহাঙ্গীরের দলের আর একজন ছিল খোকা, যে গলায় একটা সাপ জড়িয়ে ক্যাম্পাসে ঘোরাঘুরি করত। সাপটা বোধহয় বিষহীন ছিল। এইসব গুন্ডাদের রক্ষাকর্তা মোনেম খানের সঙ্গে সংযোগরক্ষাকারী ছিল অর্থনীতি বিভাগে আমার এক ছাত্র জমির আলি। জমানার দুর্বৃত্তশাসনের দিকটা দেখভালের দায়িত্বে যারা ছিল গভর্নরের সেই দুই ছেলের সঙ্গে ঘনিষ্ঠ সংযোগ বজায় রাখত জমির।

এইসব বর্ণোজ্জ্বল চরিত্র এবং তাদের আরও কিছু সঙ্গীসাথী মিলে ক্যাম্পাসে এক ত্রাসের রাজ্য তৈরি করেছিল যার পরিণতিতে আমার সহকর্মী অর্থনীতি বিভাগের প্রধান আবু মাহমুদ শারীরিক নিগৃহীত হলেন। এই কুখ্যাত ঘটনাটি ঘটে ১৯৬৬ সালের ফেব্রুয়ারিতে ওসমান গণি ভিসি পদে থাকার দু'বছর অতিক্রান্ত হলে। যাদেরকে শাসকের গোপন শত্রু মনে হয়েছিল তাদের বিতাড়িত করে বিশ্ববিদ্যালয় শোধন করতে উদ্যোগী হয় গণি। তাত্ত্বিক মার্কসবাদী আবু মাহমুদ আমার সঙ্গে নিয়মিত কাগজে নিবন্ধ লিখতেন যেগুলো সরকারের সমালোচনা করত, তবে বিশেষভাবে চালু সমাজব্যবস্থার সমালোচনা তার লেখায় প্রাধান্য পেত। তিনি আক্রমণের লক্ষ্যবস্তু হয়ে গেলেন কারণ তিনি ছিলেন অর্থনীতি বিভাগের প্রধান, মোনেম সরকার যেটাকে বিশ্ববিদ্যালয়ের উপদ্রুত এলাকা বলে আলাদা করে চিহ্নিত করেছিল। ১৯৬২ সালে হার্ভার্ড থেকে পিএইচডি

ডিগ্রি নিয়ে ফিরে এসে মাহমুদ বিভাগীয় প্রধানের পদ পেলেন ১৯৬৫ সালে, যখন পিআইডিআই-তে যোগ দিতে নুরুল ইসলাম করাচি চলে যান। সে সময় বয়স এবং চাকরির দৈর্ঘ্যের বিচারে তিনিই ডিপার্টমেন্টের সবচেয়ে প্রবীণ সদস্য।

সে সময় আবু মাহমুদ, ডিউক বিশ্ববিদ্যালয়ের পিএইচডি জনতত্ত্ববিদ ড. কে টি হোসেন এবং আমি এই তিনজন ছিলাম ডিপার্টমেন্টের রিডার। ডিপার্টমেন্টের অন্য রিডার আনিসুর রহমান তখন বিদেশে ছুটি কাটাচ্ছে। মাহমুদের উপযুক্ত রাজনৈতিক বিকল্প হিসেবে কোনোভাবেই আমাকে ভাবা যেত না। গণি সে কারণে মাহমুদকে টপকে কে টি হোসেনকে ডিপার্টমেন্টের প্রধান নির্বাচিত করে। যেহেতু মাহমুদের থেকে অনেক জুনিয়র হোসেন এবং তার কোনো উল্লেখযোগ্য অ্যাকাডেমিক প্রকাশনা ছিল না সে কারণে এই সিদ্ধান্ত দৃশ্যত অন্যায্য এবং অভূতপূর্ব হয়েছিল। তাকে টপকে অন্য প্রার্থীর নির্বাচনকে চ্যালেঞ্জ করে মাহমুদ হাইকোর্টে একটি রিট আবেদন পেশ করার সিদ্ধান্ত নেন। মামলাটি ওঠে পূর্ব পাকিস্তানের প্রধান বিচারপতি জাস্টিস মাহবুব মোর্শেদের এজলাসে। মাহবুব ছিলেন অতি ধীমান, ন্যায়পরায়ণ এবং স্বাধীনচেতা। এ থেকে তৎকালীন বিচারব্যবস্থার একটা স্পষ্ট আভাস পাওয়া সম্ভব। এমনকি সামরিক শাসনেও এ ধরনের বিচারকরা রাষ্ট্রের বেআইনি কাজকে চ্যালেঞ্জ জানাতে পারতেন।

মাহমুদের মামলার বয়ান তৈরি করেছিল কামাল হোসেন এবং বিচারকমন্ডলীর সামনে কার্যকরীভাবে সওয়াল করেন এস বি পাল, এবং বেঞ্চ মাহমুদের জায়গায় কে টি হোসেনের নিয়োগ রদ করতে একটি স্থগিতাদেশ জারি করে ইউনিভার্সিটির উপর। তা সত্ত্বেও সম্ভবত মোনেম খানের চাপে কে টি হোসেনকে অর্থনীতি বিভাগের প্রধান নিযুক্ত করে বিশ্ববিদ্যালয়। মাহমুদ তার আইনজীবিদের পরামর্শে তৎক্ষণাৎ উপাচার্য গণির বিরুদ্ধে একটি 'আদালত অবমাননার' আবেদন পেশ করেন। এই রিটের পক্ষেও আইনজ্ঞ পাল মোর্শেদের আদালতে সওয়াল করেন এবং প্রধান বিচারপতি মোর্শেদ একটি দৃষ্টান্তমূলক রায় দিয়ে ঢাকা বিশ্ববিদ্যালয়ের উপাচার্য ড. ওসমান গণিকে আদালত অবমাননার দায়ে অভিযুক্ত করেন। এই রায় শুনতে আমি, মাহমুদ ও আমার বিশ্ববিদ্যালয়ের অন্যান্য কিছু সহকর্মী আদালতে উপস্থিত ছিলাম। আমাদের সকলের জন্য, বিশেষ করে মাহমুদ, ডিপার্টমেন্ট ও বিচারব্যবস্থার স্বাধীনতার পক্ষে এটা ছিল একটা বিরাট জয়, এবং বিচারকক্ষে বিপুল উল্লাসে এই রায়কে স্বাগত জানানো হয়েছিল।

আমাদের উল্লাস দীর্ঘস্থায়ী হয়নি। তখন জানা গেল আদালতের রায় গণির বিরুদ্ধে যাচ্ছে অনুমান করে রায় দানের আগের রাতে একটি সভায় সিদ্ধান্ত হয় যে রায় মাহমুদের পক্ষে গেলে এনএসএফ গুন্ডারা মাহমুদকে উচিত শিক্ষা

দেবে। ১৯৬৬ সালের ১৫ ফেব্রুয়ারি দুপুরে রায় বেরোবার পরে আমরা যে যার ঘরে ফিরে আসি। মাহমুদ তার ছোটো ফিয়াট ৬০০ চালিয়ে স্যাভেজ রোডের টিচার্স কোয়ার্টার্সে তার অ্যাপার্টমেন্টে ফিরে যান। অ্যাপার্টমেন্ট ব্লকের সামনে গাড়ি থেকে নামামাত্র জাহাঙ্গীর ফয়েজ, আফতাফ হুসেন, পাসপাত্তুর, খোকা এবং আরও দু'জন এনএসএফ-এর ছ'জন গুন্ডার একটা দল হকি স্টিক দিয়ে মাহমুদের উপর হামলা চালায় এবং তার গাড়িরও ক্ষতি করে। তাদের হিংস্র আক্রমনে মাহমুদকে ভীষণ ভুগতে হয় এবং ঢাকা মেডিকেল কলেজে সে বেশ কয়েক সপ্তাহ চিকিৎসাধীন থাকে।

আক্রমণের খবর ক্যাম্পাসে দ্রুত ছড়িয়ে পড়ে এবং ব্রিটিশ কাউন্সিলের উল্টোদিকে আমার অ্যাপার্টমেন্টে পৌঁছায়। আমি তখন সালমাকে রায়ের সুখবর শোনাচ্ছিলাম। হন্তদন্ত হয়ে মাহমুদের অ্যাপার্টমেন্টে পৌঁছে দেখি তিনি বেশ ক্ষতবিক্ষত অবস্থায় রয়েছেন যদিও যথেষ্ট সজাগভাবে হামলার আনুপূর্বিক বর্ণনা দিলেন এবং আততীয়দেরও শনাক্ত করতে পারছিলেন।

এনএসএফ-এর দলটাকে ক্যাম্পাসে সকলে চিনত এবং এরা কয়েক মাস আগেই আমাদের এক ছাত্র, সে আমলে ইপসুর চীনপন্থী শাখার সক্রিয় কর্মী, মাহবুবুল্লাহকে কলা ভবনের চত্বরে মারধর করে। আক্রমণের পর মাহবুবুল্লাহ আর্টস বিল্ডিংয়ে মাহমুদের অফিসে আশ্রয় নিয়ে আমাদের কয়েকজন শিক্ষকের সামনে এনএসএফ-এর সঙ্গে তার মোকাবিলার ঘটনা বর্ণনা করেছিল। তখন খবর পাওয়া গিয়েছিল যে গুন্ডারা অর্থনীতি বিভাগে সরকার-বিরোধী শিক্ষকদের খুঁজে বার করার হুমকি দিয়েছে।

অ্যাম্বুলেন্স এসে মাহমুদকে হাসপাতালে নিয়ে না যাওয়া পর্যন্ত আমি তার সঙ্গে থাকি, পরে একই ক্যাম্পাসের আর একটা বিল্ডিংয়ে রাজ্জাক স্যারের অ্যাপার্টমেন্টে যাই। ঢাকা বিশ্ববিদ্যালয়ের একজন শিক্ষক ছাত্রদের হাতে প্রহৃত হয়েছে শুনে স্যার এতটাই মানসিক আঘাত পেলেন যে তিনি মেঝেতে বমি করে ফেললেন এবং পরের কয়েকদিন তিনি নির্বাক হয়ে যান।

ক্যাম্পাসে প্রলয় কান্ড শুরু হল। এনএসএফ আর ইপসু-ইপিএসএল ছাত্রদের মধ্যে হিংসাত্মক মারাপিট শুরু হয়ে যায়। এনএসএফ গুন্ডারা সংখ্যায় কম হলেও তারা ভালোরকম সশস্ত্র এবং মারামারিতেও দক্ষ ছিল। সুতরাং ক্যাম্পাস তাদেরই দখলে রইল। পুলিশের কাছে মাহমুদের আক্রমণকারীদের বিরুদ্ধে এফআইআর দায়ের করা হল এবং সময়ের যেমন ধারা তার সঙ্গে তাল রেখে পুলিশ মামলা নিতে অস্বীকার করে। বিরোধী রাজনৈতিক শিবির এবং সংবাদমাধ্যম মাহমুদের উপর হামলাকে বিশাল ঘটনা হিসেবে অভিহিত করে উপাচার্যের তাৎক্ষণিক অপসারণ দাবি করে। আমরা বিষয়টি প্রশাসনের কাছেও নিয়ে যাই। মনে আছে আমি ব্যক্তিগতভাবে প্রসঙ্গটি গভর্নরের তৎকালীন সচিব সিনিয়র সিএসপি অফিসার করিম ইকবালের কাছে উত্থাপন করি। বাতাস কোন দিকে বইছে সেটা

আমার কাছে তখন স্পষ্ট হয়ে গিয়েছিল যখন ভিন্ন পরিস্থিতিতে ইকবালের মতো একজন অত্যন্ত দক্ষ অফিসার আমাকে তিরস্কার করে বলে – "বাতাসে যে ঝড় তোলে, ঘূর্ণির ঝাপটা তাকেই সামলাতে হবে।" আমি বুঝে গেলাম যে আইন প্রয়োগকারী প্রতিনিধি অথবা প্রশাসন কারও কাছেই সুবিচার আশা করতে পারেন না মাহমুদ।

এই ঘটনার কিছুদিন বাদে মোনেম খান আচার্য হিসেবে সিনিয়র টিচারদের গভর্নমেন্ট হাউসে ডেকে পাঠায়। যে শিক্ষকরা সামনের সারিতে বসেছিলেন তাদের কথা বলতে অনুমতি দেওয়া হয়েছিল। তাদের কেউ কেউ মাহমুদের ন্যায়বিচার প্রার্থী ছিলেন। মোনেম খুব জোর গলায় তাদের তিরস্কার করে বোঝাতে চায় মাহমুদ তার প্রাপ্য পেয়েছে। মোনেমকে দেখে মনে হল নিজের শিক্ষার অভাবে শিক্ষকদের সামনে সে হীনমন্যতায় ভুগছে। সে হাস্যকর মন্তব্য করে যে, শিক্ষাগত যোগ্যতার অভাব খুব গুরুত্বপূর্ণ বিষয় নয় যেহেতু রবীন্দ্রনাথ ঠাকুরেরও বিশ্ববিদ্যালয়ের ডিগ্রি ছিল না।

মাহমুদের ঘটনার কয়েক সপ্তাহ বাদে গোটা ঢাকা শহর যখন উত্তাল সে সময় আইয়ূব খান শহর পরিদর্শনে আসেন। বেগম সুফিয়া কামালের নেতৃত্বে একটি প্রতিনিধি দল, তাদের মধ্যে কামাল হোসেনও ছিল, আইয়ূব খানের সঙ্গে দেখা করে কিছুটা আশা নিয়ে যে ঢাকা বিশ্ববিদ্যালয়ে ন্যায় ও শান্তি ফিরিয়ে আনতে বিষয়টায় হস্তক্ষেপ করবে আইয়ূব। আইয়ূবকে ইতিমধ্যে যা বোঝাবার বুঝিয়েছে মোনেম খান এবং আইয়ূব সেসব প্রতিনিধিদের আক্রমণাত্মক ঢঙে অভিযোগ করেন যে বিশ্ববিদ্যালয়ের শিক্ষকরা রাজনীতি প্রভাবিত, সরকার-বিরোধী এমনকি পাকিস্তান-বিরোধী। বেগম সুফিয়া কামাল চোস্ত উর্দু বলতেন, এবং বেরিয়ে আসার আগে ইনসানিয়াৎ (মানবতা)-এর নামে কিছু করতে অনুরোধ জানান আইয়ূব খানকে। আইয়ূব জবাবি উর্দুতে বলেন, ঘটনায় জড়িত সরকার-বিরোধীরা ইনসান (মানুষ) নয় হাইওয়ান (পশু)।

ক্ষান্তির সময়

মাহমুদের উপর হামলার পরবর্তীতে আক্রমণকারীদের বিরুদ্ধে কোনোরকম ব্যবস্থা নিতে প্রশাসন সরাসরি অস্বীকৃতি জানানোর পর এবং ক্যাম্পাসে এনএসএফ-এর সামরিক আধিপত্য কায়েম হলে ঢাকা বিশ্ববিদ্যালয়ে অন্ধকার নেমে আসে। আদালতের রায় সত্ত্বেও কে টি হোসেন অর্থনীতি বিভাগের বিভাগীয় প্রধান থেকে যায়। সরকারবিরোধী শিক্ষকদের অকিঞ্চিৎকর করে তোলার প্রয়াস প্রসারিত হয়ে এবার শিকার হলেন রাজ্জাক স্যার। বিশ্ববিদ্যালয় প্রশাসনের মাধ্যমে তার বিরুদ্ধে ব্যবস্থা নেওয়া হল, এবং প্রশাসন বিশ্ববিদ্যালয়ের শিক্ষক পদ থেকে তার অপসারণ চাইল। আরও মোকদ্দমা তার

জন্য অপেক্ষা করছে এই আশঙ্কায় স্যার বিশ্ববিদ্যালয় থেকে বর্ধিত ছুটি নিয়ে ১৯৬৭ সাল নাগাদ ইংল্যান্ড চলে গেলেন। নিত্য হামলার আশঙ্কায় আশঙ্কিত আবু মাহমুদ আর আইনি ব্যবস্থায় না গিয়ে বিশ্ববিদ্যালয় থেকে পদত্যাগ করে ব্যাংককে জাতিসংঘের কাজ নিয়ে চলে যান। আমার সহকর্মী মুজাফফর আহমেদ ঘটনাপ্রবাহে এতটাই বীতশ্রদ্ধ হয়ে পড়ে যে সেও পদত্যাগ করে করাচিতে ইউনাইটেড ব্যাংকের প্রধান কার্যালয়ে অর্থনৈতিক উপদেষ্টার চাকরি নিয়ে চলে যায়, যেখান থেকে ইপিআইডিসি-র মুখ্য অর্থনীতিক পদে পরে সে ঢাকায় ফিরেছিল। আর এক সহকর্মী, অর্থনীতি বিভাগের প্রতিষ্ঠানবিরোধী শিক্ষক হিসেবে চিহ্নিত হয়ে যাওয়া আনিসুর রহমান ১৯৬৫ নাগাদ ইয়েল বিশ্ববিদ্যালয়ের শিক্ষা সংক্রান্ত কাজে নিযুক্ত হয়ে বিদেশ চলে গিয়েছিল।

মাহমুদের ঘটনাটা ভস্মে পরিণত হলে এবং প্রশাসন রাজ্জাক স্যারকে আক্রমণ করা শুরু করলে আমি বুঝলাম অ্যাকাডেমিক কাজ এবং রাজনৈতিক সক্রিয়তা দুটোর পক্ষেই ক্ষতিকর হয়ে উঠছে পরিবেশ। মোনেমের অনুগত শিক্ষকরা ক্যাম্পাস শাসন করছিল। বিশ্ববিদ্যালয় শিক্ষকের উপর এনএসএফ-এর হামলার ঘটনা ব্যাপক গণপ্রচার পাওয়া সত্ত্বেও আইনের শাসনের আওতার বাইরে নিজেদের প্রতিষ্ঠিত করা এনএসএফ বিশ্ববিদ্যালয়ে তাদের সন্ত্রাস-রাজ কায়েম করে। যে ইপসু/ইপিএসএল ছাত্ররা একদা ক্যাম্পাসের প্রভাবশালী শক্তি ছিল তাদের পক্ষে এমনকি জনসভা করাও মুশকিল হয়ে যায়।

শুধু ঢাকা বিশ্ববিদ্যালয় নয়, গোটা পূর্ব পাকিস্তানে তখনকার দমবন্ধ করা পরিবেশে আমার মনে হল কিছুদিনের জন্য রাজনৈতিক সংশ্রব থেকে ছুটি নেওয়া এবং নিজেকে কেতাবি অন্বেষায় পুরোপুরি নিয়োজিত করা দরকার। তখন বিদেশ গিয়ে পিএইচডি করতে পিআইডিই পরিচালিত ফোর্ড ফাউন্ডেশন ফেলোশিপ নেবার সুযোগ পেয়ে গেলাম নুরুল ইসলামের মাধ্যমে। কেমব্রিজ থেকে ফেরার পর থেকে আমি বস্তুত কখনওই আরও ডিগ্রি অর্জনের উচ্চাশা করিনি এবং ইচ্ছে ছিল নিরবচ্ছিন্ন শিক্ষকতা করব যেটা রাজনীতির সঙ্গে আরও জড়িয়ে থাকাতে আমায় সাহায্য করবে।

সালমার তখন বিদেশ যাবার কোনো আগ্রহই নেই। কারণ সে তখন আমাদের ইউনিভার্সিটি অ্যাপার্টমেন্টে নিজেকে পুরোপুরি গুছিয়ে নিয়েছে, বিশ্ববিদ্যালয়ের আইন বিভাগে পড়ানো উপভোগ করছে এবং বাংলা একাডেমির ক্লাসে খুব মন দিয়ে বাংলা শিখছে। আমি তাকে বোঝাতে পারলাম যে বিশ্ববিদ্যালয় এবং আমাদের চারপাশের রাজনৈতিক জগতের পরিবেশ জীবনে যে উদ্বেগ তৈরি করেছে তার থেকে বিরাম হিসেবে আমাদের বিদেশ সফরকে সে গ্রহণ করতে পারে। আশা ছিল রাজনৈতিক পরিস্থিতির উন্নতি হওয়া মাত্র ঢাকায় ফিরে আসব, তবে সেটা যে খুব সত্বর হতে যাচ্ছে ১৯৬৬-র শেষে, এমন আশ্বাস ছিল না।

আমি লন্ডন স্কুল অফ ইকনমিকসে (এলএসই) পিএইচডি ছাত্র হিসেবে নিজের নাম নিবন্ধ করলাম। ইচ্ছে ছিল পাকিস্তানের আঞ্চলিক বৈষম্যের উপর গবেষণাপত্র লিখব। পাকিস্তানে অন্য বাতাস বইতে শুরু করলে দ্বিধায় পড়ে যাই, প্রজেক্ট শেষ পর্যন্ত করব নাকি এই বিষয়ে একটা মুদ্রণযোগ্য বই লিখে ফিরে যাব। স্পষ্টত ঐকান্তিক অ্যাকাডেমিক সাধনার যথেষ্ট প্রস্তুতি আমার ছিল না। যাই হোক, এলএসই-তে যে দু'বছর কাটিয়েছিলাম শেষ অবধি তার পরিণতি নিষ্ফলা হলেও আমার বিদ্যাচর্চায় সেটা কাজে লেগেছিল। বাঙালির স্বায়ত্বশাসনের সংগ্রামে জড়িয়ে রাজনৈতিক অর্থনীতির পন্ডিত হওয়ার পরিবর্তে ক্রমে রাজনৈতিক অর্থনীতিবিদ হয়ে ওঠার এক ধরনের তাড়না আমাকে চালিত করছিল। ফলে পিএইচডি শেষ করার বাসনা ত্যাগ করার পেছনে সেটিও একটি বড় কারণ।

১২

রাজনৈতিক অর্থনীতি থেকে রাজনীতিক অর্থনীতিবিদ

পাকিস্তানের রাজনৈতিক অর্থনীতির অন্তর্দর্শন

প্রাথমিক শিক্ষা

পূর্ব পাকিস্তান প্ল্যানিং বোর্ডে রাজনৈতিক অর্থনীতি চর্চার সঙ্গে যেটুকু প্রাথমিক পরিচয়, ঢাকা বিশ্ববিদ্যালয়ের আলাপ আলোচনা, এমনকি ব্যবসায় সীমিত সময় জড়িত থেকেও আমার কাছে এতটুকু স্পষ্ট হয়ে গিয়েছিল যে পাকিস্তানের রাজনৈতিক আলোচনার সারবস্তু পশ্চিম ও পূর্ব পাকিস্তানের মধ্যে অসম ও অন্যায্য সম্পর্ক। এ বিষয়টি সম্বন্ধে আমি সামান্য কিছুটা অবহিত ছিলাম। কেননা বেশ অনেক দিন আগে, ১৯৫৯ সালে আইয়ূব শাসনের বিবিধ নীতি সংস্কার প্রচারে প্রতিষ্ঠিত ব্যুরো অফ ন্যাশনাল রিকন্সট্রাকশনে (বিএনআর) কর্মরত অধ্যাপক কবীর চৌধুরী বিএনআর থেকে প্রকাশিতব্য পূর্ব পাকিস্তানের ওপর বিশেষ সংখ্যায় অর্থনীতি বিষয়ে আমাকে লিখতে বলেন। সেই বিশেষ সংখ্যার উদ্দেশ্য ছিল পূর্ব পাকিস্তানকে নিয়ে একটি আশাবাদী পরিপ্রেক্ষিত তুলে ধরা যা আইয়ূবের দর্শনকে দেখাবে প্রগতিশীল হিসেবে।

পূর্ব পাকিস্তানের অর্থনীতির বিষয়ে লেখা নিবন্ধে সংশ্লিষ্ট প্রদেশের প্রতি অর্থনৈতিক অবহেলার ইস্যুটি স্পষ্টভাবেই প্রকাশ পায়। ফলে নিঃসন্দেহে তা কর্তাব্যক্তিদের তুলনামূলক কম প্রগতিবাদী মনে হয়েছিল; আমার পরবর্তী লেখাগুলো যদিও তাদের কাছে আরও নিরাশাব্যঞ্জক ছিল। কবীর চৌধুরী আমাকে মত প্রকাশের পূর্ণ স্বাধীনতা সম্পর্কে আশ্বস্ত করেছিলেন। সুতরাং নিবন্ধ আমি যেভাবে জমা দিই সেটাকে ১৯৬০ সালের গোড়ায় প্রকাশিত সেই সংখ্যায় অন্তর্ভুক্ত করতে তার কোনো আপত্তি ছিল না। পরে যখন প্রকাশিত বইটির একটি সংখ্যা সংগ্রহ করতে বিএনআর গেলাম, তখন স্পষ্টত বিব্রত কবীর চৌধুরীর মুখে শুনে বেশ খুশিই হলাম যে বিএনআর-এ তার উর্ধ্বতন কর্তৃপক্ষ আমার নিবন্ধে সমালোচনার সুর সম্পর্কে তীব্র আপত্তি জানিয়েছেন

এবং ইতিমধ্যে ছাপা হওয়া বহু কপি সার্কুলেশন থেকে তুলে নেওয়ার আদেশ দিয়েছেন। এই সংখ্যাটি কয়েক মাস বাদে পুনর্মুদ্রিত হয়; এবার সেখানে পূর্ব পাকিস্তানের অর্থনীতি বিষয়ে ঢাকা বিশ্ববিদ্যালয়ে আমার সহকর্মী বাণিজ্য বিভাগের আবদুল্লাহ ফারুকের বেশ প্রশংসাপূর্ণ একটি লেখা ছাপা হয়েছিল।

১৯৬১-র মধ্যে পূর্ব এবং পশ্চিম পাকিস্তান দুটি অঞ্চলের অর্থনীতি কাঠামোর সুস্পষ্ট বৈশিষ্ট্য উপলব্ধি করে আঞ্চলিক বৈষম্য ও তার রাজনৈতিক সমাধানের উপায় বের করা প্রসঙ্গটি আরও জোরদার হতে থাকে। যেহেতু দুই অঞ্চলেই সামরিক আইন রাজনৈতিক নেতাদের বাক্‌রুদ্ধ করেছিল, সে কারণে অ্যাকাডেমিক জগতের যারা এই বিষয়গুলো নিয়ে জনসমাবেশে বলতে অথবা সংবাদ মাধ্যমে লেখালিখি করতে ইচ্ছুক ছিলেন, জনসাধারণ তাদের প্রতিই আকৃষ্ট হচ্ছিল। যদিও আমাদের বয়স এবং পেশাগত অবস্থানের তুলনায় তা ছিল কিছুটা সামঞ্জস্যহীন।

বিএনআর প্রকাশনার ঘটনাটা ছাড়াও নীতি-নির্ধারকদের সঙ্গে ইতিমধ্যেই আমার বেশ কিছু বিতন্ডা হয়েছিল, যেগুলো খুব বেশি প্রচার পায়নি। ১৯৫৯ সালের শেষ দিকে রাজশাহী বিশ্ববিদ্যালয়ের সদ্য প্রতিষ্ঠিত অর্থনীতি বিভাগে যোগ দেওয়া মুশাররফ হোসেন, করাচির পিআইডিই-তে সদ্য যোগ দেওয়া আখলাকুর রহমান এবং আমি এই তিনজনকে তখন নির্মীয়মাণ দ্বিতীয় পঞ্চবার্ষিকী পরিকল্পনার ইনপুট সরবরাহে পূর্ব পাকিস্তান প্ল্যানিং বোর্ডের সহায়ক উপদেষ্টা প্যানেলে অংশ নেবার জন্য আমন্ত্রণ জানানো হয়। তখন সবে ২৫ বছর বয়সী আমার পক্ষে এটা বেশ বড় দায়িত্ব হওয়া সত্ত্বেও আমি তা খুশি মনে গ্রহণ করেছিলাম।

এই মিশ্রিত উপদেষ্টা দলের একজন সদস্য ছিলেন চট্টগ্রামের শ্রমিক নেতা এবং মুসলিম লীগ রাজনীতিক প্রয়াত ফজলুল কাদের চৌধুরী, আমাদের দলটির সাথে যার সম্পর্ক কিছুটা অদ্ভুত ধরনের ছিল। দীর্ঘদেহী চৌধুরীর গলা ছিল খুব বাজখাঁই এবং আমাদের ছোটো গ্রুপে ইডেন বিল্ডিংয়ের ছোটো সভাঘরে যখনই তাকে কথা বলার সুযোগ দেওয়া হত, তখনই তিনি আমাদের এমনভাবে সম্ভাষণ করতেন যেন আমরা পল্টন ময়দানের শ্রোতা। আমরা অবশ্য যথেষ্ট মজা পেতাম চৌধুরীকে তার বাসনা পুরণের সুযোগ দিয়ে। একবার তিনি আখলাককে খেপিয়ে দিলেন। আখলাকও কম গোঁয়ার ছিল না; ফলে দু'তরফের গলাবাজির লড়াই শুরু হল, যেটার পরিণতি আরও মারাত্মক হতে পারত।

আমাদের সংস্কারপন্থী প্রস্তাব দ্বিতীয় পরিকল্পনাকে খুব প্রভাবিত করেনি। এই পরিকল্পনার যুক্তি ছিল অগ্রগতির চালিকা শক্তি হিসেবে পশ্চিম পাকিস্তানের উন্নয়ন বজায় রাখতে হবে, এবং সেই উন্নয়নের ফলাফল উপচে পড়ে (spill over) পূর্ব পাকিস্তানের বৃদ্ধি ত্বরান্বিত করবে। দৃশ্যত উদ্দেশ্যপ্রণোদিত এই যুক্তি খাড়া করতে যেসব তথ্য সাজানো হয়েছিল সেগুলো ছিল দুর্বল, এবং

সংবাদমাধ্যমে আর বিদ্বজ্জন সমাবেশে বাঙালি অর্থনীতিকরা সেগুলোর তীব্র সমালোচনা করছিলেন। নুরুল ইসলাম তার স্মৃতিচারণে এই বিষয়গুলোর আরও মনমতো আলোচনা করেছেন, সুতরাং আমি এখানে বিতর্কগুলোর পেশাগত দিক নিয়ে আলোচনায় যাচ্ছি না।

পরিশেষে ১৯৬০ সালের মাঝামাঝি দ্বিতীয় পঞ্চবার্ষিকী পরিকল্পনা প্রকাশিত হলে সেটা নিয়ে আলোচনা করতে কিছু বাঙালি অর্থনীতিককে রাওয়ালপিন্ডির এক সম্মেলনে আমন্ত্রণ করা হয়। অর্থমন্ত্রী মোহাম্মদ শোয়েব, পরিকল্পনা কমিশনের সহ-সভাপতি সৈয়দ হাসান এবং কেন্দ্রীয় সরকারের আরও অন্যান্য সচিব, পরিকল্পনা কমিশনের বরিষ্ঠ সদস্যদের পূর্ণ উপস্থিতিতে তিন চারদিন বিষয়টি নিয়ে খুব আন্তরিক আলোচনা করি আমরা। দলে পরে যোগ দিয়েছিল ইয়েল থেকে সদ্য পিএইচডি করে আসা কমিশনের উপ-মুখ্য অর্থনীতিক মাহবুবুল হক।

বাঙালি দলে অন্যদের মধ্যে নুরুল ইসলাম এবং ঢাকা থেকে আমি রূঢ় না হয়েও জোরালোভাবে আমাদের অবস্থান ব্যাখ্যা করি। মজার বিষয়, এ রকম বক্তব্য রাখার জন্য আমাদের বিরুদ্ধে ষড়যন্ত্রের অভিযোগ দায়ের হয়নি অথবা আজকালকার মতো শাসকবর্গীয় অর্থনীতিকদের আলাপচারিতায় যাকে বলে আবোলতাবোল বকা সেরকম কোনো বদনামও দেওয়া হয়নি। আমাদের থেকে বয়সে বড়ো এবং শীর্ষ ক্ষমতায় আসীন এইসব সরকারি কর্তকর্তা আমাদের সঙ্গে ধৈর্য ধরে যুক্তিসিদ্ধ বিতর্ক করতে ইচ্ছুক ছিল। আমার ধারণা তাদের এই প্রশ্রয় দেওয়ার কারণ তারা বুঝতো যে পাকিস্তানের ক্ষমতাহীন কোণে পড়ে থাকা একদল তরুণ শিক্ষাবিদ বনাম তারা, যাদের হাতে অপরিসীম ক্ষমতা এবং সে ক্ষমতা বছরের পর বছর বেড়েই যাবে বলে যারা বিশ্বাসী, এই দুটো দলের মধ্যে ক্ষমতার বিন্যাসটা সম্পূর্ণই অসম।

১৯৬১ সালে গণতন্ত্র বঞ্চিত হবার ইস্যুতে যেহেতু বাঙালি আরও অস্থির হয়ে উঠছিল, উত্তরোত্তর বেড়ে চলা অর্থনৈতিক বৈষম্য সংক্রান্ত বিতর্কগুলোয় তাদের হতাশা প্রকাশ পেতে থাকে। মনে করা হত পশ্চিম পাকিস্তানি জেনারেল, বরিষ্ঠ আমলা, সামন্ততান্ত্রিক জমিদার, ধনী ব্যবসায়ী – এমন অভিজাত শাসিত পাকিস্তান রাষ্ট্রের অন্যায্য গঠনতন্ত্র এই বৈষম্যের কারণ – যেখানে বাঙালির একেবারেই ঠাঁই নেই। সুযোগ হলেই বাঙালি শিক্ষাবিদরা এসব বিষয়ে মুখ খুলতেন, যদিও তাদের অধিকাংশই জনসমাবেশে এসব কথা বলতে ইচ্ছুক ছিলেন না।

দুই অর্থনীতি এবং অন্যান্য

মনে আছে ১৯৬১ সালের জুন মাস নাগাদ ঢাকা বিশ্ববিদ্যালয়ের কার্জন হলে আমি এবং নুরুল ইসলাম দুই অর্থনীতি-র বিষয়ে একটা সেমিনারের আয়োজন করি যেখানে বক্তা ছিলাম আমি, নুরুল ইসলাম এবং পাকিস্তান পরিকল্পনা

কমিশনের তৎকালীন ডেপুটি চীফ ড. হাবিবুর রহমান। আমার বিআইডিএস সহকর্মী সুলতান হাফিজ রহমানের বাবা ড. রহমান দুই অর্থনীতি থিমের ওপর বেশ কিছু দারুণ নিবন্ধ লিখেছিলেন যেগুলো প্রেসিডেন্ট আইয়ূবের উষ্মার কারণ হয়। সে কারণে একজন সরকারি কর্মকর্তা হিসেবে আমাদের আয়োজিত এ রকম বিদগ্ধ আলোচনাচক্র ছাড়া অন্য কোথাও নিজের মতামত গণ-প্রচারে তিনি অনিচ্ছুক ছিলেন।

এই সেমিনারে দুই অর্থনীতি বিষয়ে আমিও একটি নিবন্ধ পাঠ করি। নুরুল ইসলাম এবং ড. রহমান দুজনেই বিষয়টি নিয়ে আলোচনা করেছিলেন তবে কোনো এক অজ্ঞাত কারণে গণমাধ্যমের দৃষ্টি বেশ ভালো রকম আকর্ষণ করে আমার নিবন্ধ। পরের দিন সকালে পাকিস্তান অবজারভার খুলে দেখি প্রথম পাতার হেডলাইনে লিখেছে - "রেহমান সোবহান বলেছেন পাকিস্তানে বর্তমানে দুই অর্থনীতি বিদ্যমান।" আমার নিবন্ধ আরও দুর্নাম কুড়োয় কারণ সে সময় আইয়ূব খান তার উপনিবেশ সফরে হাজির ছিলেন। আমাদের কার্জন হল সেমিনারের দিনেই ঢাকা থেকে ফিরলে সাংবাদিকরা দুই অর্থনীতির বিষয়ে তার মত জানতে চায়। আমার মন্তব্যের পাশেই আইয়ূবের প্রতিক্রিয়াও প্রথম পাতায় বড় বড় হরফে ছেপে অবজারভার লেখে - "আইয়ূব খান বলেছেন পাকিস্তানের একটাই অর্থনীতি।" একজন অতি শক্তিমান সমরনায়কের মন্তব্যের পাশাপাশি এক ২৬ বছরের বিশ্ববিদ্যালয় শিক্ষকের মন্তব্য ছেপে দেওয়ার ঘটনায় পাকিস্তান রাষ্ট্রের জনমতের গতি পরিবর্তনের ইঙ্গিত ছিল অবশেষে যা স্বাধীন বাংলাদেশে চূড়ান্ত পরিণতি পায়।

সে বছরের শেষ দিকে, অক্টোবর নাগাদ, বোধহয় দ্য পাকিস্তান অবজারভার আমাকে প্রচারের আলোয় নিয়ে আসার কারণেই, 'কীভাবে একটি সুসংগঠিত পাকিস্তান গড়ে তোলা যায়' এই বিষয়ে বিএনআর আয়োজিত জাতীয় সেমিনারে আমাকে বক্তব্য রাখার জন্য আমন্ত্রণ জানানো হয়। বিএনআর-এর সঙ্গে আমি পূর্বপরিচিত ছিলাম। সামরিক শাসক নিজেদের সংস্কারক ও দেশনির্মাতা ভাবমূর্তি প্রতিষ্ঠিত করতে যেসব নিবেদিত প্রতিষ্ঠান তৈরি করেছিল, বিএনআর ছিল তাদেরই একটি। যাই হোক, আইয়ূব তার সরকারের রাজনীতিকরণে উদ্যোগী হলে বিএনআর বেশি করে রাজনৈতিক ভূমিকায় নামে। এর কারণ ছিল, নাগরিকদের মধ্যে একটা উল্লেখযোগ্য অংশ, যাদের বেশিরভাগ বাঙালি বলে অনুমান করা হত, তারা ইসলামিক পরিচয়ের ভিত্তিতে গড়ে ওঠা পাকিস্তান রাষ্ট্রের ধারণা থেকে বিচ্ছিন্ন হয়ে পড়ছিল বলে মনে করা হচ্ছিল। ভাবা হতো, এই বিচ্ছিন্নতা একটা মুষ্টিমেয় সংখ্যক বুদ্ধিজীবিদের অপপ্রচারের ফলে তৈরি হচ্ছিল। এই দুষ্কর্ম সংশোধনে পাকিস্তান ভাবাদর্শ প্রচারে বিএনআর আরও বেশি করে সক্রিয় হয়ে উঠে বিশেষ অনুমোদিত প্রকাশনার মাধ্যমে আর জাতীয় সেমিনারের আয়োজন করে যেখানে দুই প্রান্তের বুদ্ধিজীবিদের জড়ো

করা হবে, যাতে তারা পরস্পরকে আরও ভালো করে বুঝতে পারেন এবং সেই সঙ্গে পাকিস্তান রাষ্ট্রের যৌক্তিকতাও অনুধাবন করতে পারেন।

এদের বোধহয় মনে হয়েছিল রেহমান সোবহান বিপথগামী এক বুদ্ধিজীবি মাত্র, ঠিক বিচ্ছিন্নতাবাদীদের দালাল নয়; এবং এভাবেই তাকে আলাদা করে সরকার অনুগত পশ্চিম পাকিস্তানিদের সঙ্গে আরও নিবিড় মিথষ্ক্রিয়ার মাধ্যমে জাতীয় সংহতি নির্মাণের কাজে ব্যবহার করা যাবে। সেমিনারের নামকরণের উদ্দেশ্য ছিল আমার নিবন্ধ পরিধির সীমা বেঁধে দেওয়া যাতে আমি মূল বার্তা থেকে সরে যেতে না পারি। আমার নির্দিষ্ট সূচি ছিল ‘পাকিস্তানের জাতীয় অর্থনীতির অবিচ্ছিন্নতা’ বিষয়ে নিবন্ধ উপস্থাপনা।

আমার লেখা পড়ে বিএনআর নিশ্চয়ই বিস্মিত হয়েছিল। আমি যুক্তি দেখিয়েছিলাম যে পাকিস্তানের সংহতি সবচেয়ে ভালো রক্ষিত হবে যদি এই রাষ্ট্র তার দুটি খন্ডে নীতি নির্ধারণে সর্বোচ্চ স্বাধীনতা দেয় – এতে করে প্রত্যেক অংশ তার নিজস্ব রাজস্ব আদায়, রপ্তানি বাণিজ্যের আয় নিয়ন্ত্রণের ক্ষমতাপ্রাপ্ত হবে। সেই সময় অবধি দেশের অর্ধেকের বেশি বৈদেশিক মুদ্রা আয়ের উৎস ছিল পূর্ব পাকিস্তান।

সেমিনারের প্রাসঙ্গিক পর্বেই আমার উপস্থাপনা শেষ করেছিলাম এই মন্তব্য করে, যা আমার লিখিত অ্যাকাডেমিক পেপারে ছিল না। যদি পূর্ব পাকিস্তানকে পূর্ণ আঞ্চলিক স্বায়ত্বশাসন না দেওয়া হয় এবং বছরের পর বছর যদি বৈষম্য বাড়তে থাকে, তাহলে এর ফলে ভবিষ্যতে পাকিস্তানের অখন্ডতা বিপন্ন হবে এবং পাকিস্তানকে একটি সংগঠিত রাষ্ট্র হিসেবে গড়ে তোলার উদ্দেশ্য ব্যর্থ হবে।

আমার বক্তব্য বিস্তার, বিশেষ করে পরিসমাপ্তি, যা লিখিত অংশের মধ্যে ছিল না, সেমিনারের মূল সুর থেকে একেবারেই বিচ্ছিন্ন ছিল। অধিবেশনের সভাপতিত্ব করছিলেন পশ্চিম পাকিস্তান হাইকোর্টের যে বিচারক তিনি আমার বন্ধু ইফতেখার বুখারিকে খুঁজে বের করেন। বুখারি আমার সঙ্গে ওই সেমিনারে এসেছিল। তার কাছে সভাপতি জানতে চেয়েছিলেন আমি যুবকটি কে এবং আমি কি জানতাম না যে পাকিস্তানে তখনও সামরিক শাসন চলছে!

বিএনআর এবং তার রাজনৈতিক প্রভুদের দুশ্চিন্তা ভীষণ বেড়ে যায় যখন তারা আবিষ্কার করে যে লাহোরে আমার বক্তৃতা, যেটা পশ্চিম পাকিস্তানি সংবাদমাধ্যম মূলত উপেক্ষা করেছিল, সেটাই ঢাকার প্রধান খবরের কাগজগুলোর প্রথম পাতায় বড়ো করে ছাপা হয়। দ্য পাকিস্তান অবজারভার তাদের ২৩-২৫ অক্টোবর ১৯৬১ সংস্করণে আমার নিবন্ধ পুরোটা ছাপে। এই প্রচার সরকার ও তার গুপ্তচর সংস্থাগুলোর রাজনৈতিক রাডারের পর্দায় আমাকে তুলে আনে। কয়েক বছর পর পাকিস্তান পরিকল্পনা কমিশনের একজন অর্থনীতিক ড. আনিসা ফারুকি, আমার সঙ্গে তার ভালো আলাপ হয়েছিল

যখন তিনি এলএসই-তে পিএইচডি করছেন, তিনি আমাকে জানালেন যে এই সেমিনারে নিবন্ধ পাঠের পর আমার লেখা খুঁজে বের করে সেগুলোর যুক্তি খন্ডনে প্ল্যানিং কমিশনের কিছু সদস্যকে নিযুক্ত পর্যন্ত করা হয়েছিল।

২৬ বছর বয়সের এক বিশ্ববিদ্যালয় শিক্ষককে এতখানি গুরুত্ব দেওয়ায় যে বিষয়টি আসলে ভেবে দেখা হয়নি তা হলো আমার মতামত অসাধারণ বা মৌলিক কিছু ছিল না – বরং বাঙালি অর্থনীতিবিদদের একটা বৃহত্তর অংশই বিভিন্ন সময় বিভিন্ন মাত্রার তীক্ষ্ণতায় এবং পরিশীলিতভাবে একই মত ব্যক্ত করেছেন – যাদের মধ্যে উল্লেখ্য ছিলেন এই দ্বান্দ্বিকতার পুরোধা ড. এ আর সিদ্দিকী, ড. নুরুল ইসলাম, ড. আখলাকুর রহমান, ড. মোশাররফ হোসেন, অধ্যাপক আব্দুর রাজ্জাক, এবং এমনকি অধ্যাপক এম এন হুদা ও অধ্যাপক এ এফ এ হোসেন প্রমুখ। দুই অর্থনীতি ধারণার কথা উচ্চারিত হয়েছিল ১৯৫৬ সালে পাকিস্তানের প্রথম পঞ্চবার্ষিকী পরিকল্পনার একটি বেসরকারি রিপোর্টে যেটি আওয়ামী লীগ জমানায়, যখন অনেক বেশি বাকস্বাধীনতা ছিল, তখন পেশ করেছিলেন বাঙালি অর্থনীতিকরা। অক্টোবর ১৯৫৮ থেকে ১৯৬২-র মাঝামাঝি সামরিক শাসনের পর্যায়ে শিক্ষাবিদরা বিতর্কিত বিষয়ে তাদের মতামত প্রকাশে অনেকখানি দমিত বোধ করতেন এবং সে সময় নিজস্ব মতামত প্রকাশে সেমিনার অথবা কেতাবি লেখালেখির মধ্যে সীমাবদ্ধ থাকাই তাদের বেশি পছন্দের ছিল।

রাজনৈতিক যোদ্ধা হিসেবে অর্থনীতিকরা

১৯৬০-৬১ এই সময়টা আমাদের প্রতিবাদ প্রতিধ্বনিত হয়ে ওঠে। সে সময় গোটা পূর্ব পাকিস্তান জুড়ে পশ্চিম পাকিস্তান নিয়ন্ত্রিত অগণতান্ত্রিক এবং বৈষম্যমূলক সামরিক আইনের বিরুদ্ধে যে রাজনৈতিক প্রতিবাদ গড়ে উঠছিল সেখানে আমাদের কথাগুলোরই প্রতিফলন ঘটে। আইয়ূব সে সময় অসামরিক ছাঁদের আড়ালে তার সামরিক শাসন চিরস্থায়ী করতে নতুন সংবিধান চালু করার দিকে এগোচ্ছে। তখন যেসব বাঙালি রাজনীতিকদের জনসভায় ভাষণ দেওয়া নিষিদ্ধ করা হয়েছিল তারা বুঝতে পারেন যে আমাদের বিধ্বংসী ক্ষমতাসম্পন্ন ধারণাগুলোর রাজনৈতিক প্রাসঙ্গিকতা রয়েছে। আমাদের মতো কয়েকজন অর্থনীতিক এবং সমবেদী সরকারি আমলাদের তারা তখন খুঁজে বের করেন যারা স্বায়ত্তশাসন এজেন্ডার নীতিগত মাত্রা কী হওয়া উচিত সে সম্পর্কে তাদের অবহিত করতে পারেন।

আইয়ূব সরকারের সামরিক শাসন পর্বে পাকিস্তান রাষ্ট্রের পরিকাঠামোয় বাঙালিদের বঞ্চনা নিয়ে বিশ্ববিদ্যালয় শিক্ষক এবং অন্যান্য বুদ্ধিজীবিদের সরব হতে ইতিমধ্যে আমরা দেখেছি। যাই হোক, আমাদের প্রয়াসে সাড়া দেবার

মতো রাজনৈতিক শক্তি যেহেতু তখন অনুপস্থিত, তাই আমাদের উস্কানিমূলক মতামতগুলোকে প্রশ্রয় দেবার সঙ্গতি আইয়ূব সরকারের ছিল। ১৯৬০ থেকে ১৯৬২-র মধ্যে আমরা যেসব নিবন্ধ লিখেছি, বিভিন্ন সেমিনারে মন্ত্রী, বরিষ্ঠ আমলাদের সঙ্গে যেসব বিতর্কে জড়িয়েছি সেই সময়ের নিরীখে সেগুলো যথেষ্ট সাহসী ছিল। ওই ধরনের প্রয়াস আজকের স্বাধীন গণতান্ত্রিক বাংলাদেশেও সামান্যই সহ্য করা হবে। তখন থেকে উপলব্ধি করি যে কোনো সরকার তার সমালোচনার বিরুদ্ধে কড়া প্রতিক্রিয়া দেখায় যতটুকু না সমালোচনাগুলোর শক্তির কারণে, তার চেয়ে বেশি এই কারণে যে সেগুলো সংশ্লিষ্ট সরকারের দুর্বলতা এবং নিরাপত্তার অভাব প্রকট করে।

আইয়ূব সরকার অর্থনীতিকদের সমালোচনা হজম করেছিল, তবে উপেক্ষা করতে পারেনি। সরকারি মুখপাত্ররা প্রায়ই আমাদের বিরুদ্ধে যুদ্ধে নামত। এ রকম একটি আক্রমণের ঘটনা আমার মনে আছে যখন পাকিস্তানি পরিকল্পনা কমিশনের তৎকালীন ডেপুটি চেয়ারম্যান, সরকারি আমলা, সাইদ হাসান রেডিও পাকিস্তানে প্রচারিত তার এক ভাষণে যুক্তি দেখায় যে বৈষম্য আসলে একটা 'মরা ঘোড়া' এবং হাসান অভিযোগ করে বাঙালি অর্থনীতিকরা 'বিদেশি শক্তির মধ্যমেধার চাটুকার'। আনিস, আবু মাহমুদ আর আমি এর তীব্র প্রতিবাদ করি। জবাবে ঢাকা টাইমস পত্রিকায় "বৈষম্য: মরা ঘোড়া নাকি জ্বলন্ত সমস্যা?" এই শিরোনামে আমি একটা নিবন্ধ লিখি যেখানে হাসানের বক্তব্যকে তুলোধুনা করেছিলাম।

পাকিস্তানের একটাই অর্থনীতি - এ কথা বলে আইয়ূব আমার সঙ্গে অভাবিত বিতন্ডায় জড়িয়েছিলেন তার উল্লেখ আগেই করেছি। আইয়ূবের এই উক্তির পরেই অক্টোবর ১৯৬১-এ লাহোর সেমিনারে 'দুই অর্থনীতি' বিষয়ে আমার ভাষণ সংবাদমাধ্যমে ব্যাপক প্রচার পায়। আমার ভাষণের কয়েক সপ্তাহ বাদে ঢাকা সফরে এসে একটা জনসভায় ভাষণ প্রসঙ্গে অর্থনৈতিক বৈষম্যের কথা সরাকারিভাবে মেনে নিয়ে কীভাবে পাকিস্তানের দুটো প্রদেশের মধ্যে জনসম্পদ বন্টন হবে সেটা ঠিক করতে একটা অর্থনীতি কমিশন চালু করার কথা ঘোষণা করেন আইয়ূব।

সেই ঢাকা সফরে বৈষম্য সম্পর্কে বাঙালি অর্থনীতিবিদদের মতামত জানতে তাদের সঙ্গে একটা বৈঠকের আয়োজন করার অনুরোধ করেছিলেন আইয়ূব। এই বৈঠকে এম এন হুদা, এ এফ এ হোসেন, মাজহারুল হক, আবদুল্লাহ ফারুক এবং নুরুল ইসলামকে আমন্ত্রণ জানানো হয়। বৈঠক সৌহার্দ্যপূর্ণ পরিবেশে হয়েছিল বলে নুরুল ইসলামের কাছে জেনেছিলাম। আইয়ূবের অনুরোধে বাঙালি অর্থনীতিকরা তাকে পূর্ব পাকিস্তানের অর্থনৈতিক বঞ্চনা সংশোধনে নুরুল ইসলামের লেখা কড়া ভাষার স্মারকপত্র পাঠায়।

বৈষম্যের ইস্যুকে রাজনৈতিক মঞ্চের কেন্দ্রবিন্দু করে তোলার যে প্রচেষ্টা বাঙালি অর্থনীতিকরা করছিলেন অর্থনীতি কমিশন গঠন বস্তুত তারই ফলাফল। এই ইস্যুতে সাড়া দেওয়া যে উচিত সেটা বুঝেছিল আইয়ূব, যেহেতু তখন সে দেশের কাছে এমন একটা নতুন সংবিধান হাজির করতে চলেছে যা মূলত সামরিক আইন থেকে অসামরিক প্রশাসনে রূপান্তরের আইনি ভিত্তি হিসেবে কাজ করবে। ১৯৬০-এর দশকে আইয়ূব ছিলেন সেই সব জেনারেলদের একজন, বিশ্ব জুড়ে যারা তখন গণতন্ত্র জয় করে এমন শাসনব্যবস্থা প্রবর্তনে উদ্যোগী, হার্ভার্ডের অধ্যাপক স্যামুয়েল হান্টিংটন যার ধারণা দিতে গিয়ে 'উন্নয়নশীল রাষ্ট্র' কথাটা ব্যবহার করেন। পরবর্তী সময়ে আইয়ূবের পথ অনুসরণ করেন যেসব জেনারেল তাদের মধ্যে ছিলেন যথাক্রমে রিপাবলিক অফ কোরিয়ার পার্ক চুং হি; ইন্দোনেশিয়ায় সুহার্তো; ল্যাটিন আমেরিকার বিভিন্ন সামরিক প্রশাসক এবং আফ্রিকার বিভিন্ন পদে থাকা সৈন্যরা। বস্তুত এই সব সৈনিক-নেতারা বুঝতে পেরেছিল যে দীর্ঘদিন প্রজা শাসন করতে হলে সামরিক পোশাক খুলে অসামরিক হতে হবে তাদের। আইয়ূব ছিলেন একেবারে শুরুর পর্বের একজন যিনি এমন একটা সাংবিধানিক মডেল তৈরি করেন, আইনের শাসন এবং গণতন্ত্রের নামে, যেটা তার শাসন চিরস্থায়ী করবে।

আইয়ূবীয় গণতন্ত্রের সঙ্গে মোকাবিলা

তদনুযায়ী আইয়ূব একটি সংবিধান কমিশন গঠন করেন, যার সভাপতি হয় সুপ্রিম কোর্টের বিচারক শাহাবুদ্দিন। কমিশনে নেওয়া হয় কিছু আইনজ্ঞ এবং জি ডব্লিউ চৌধুরীর মতো রাজনৈতিকভাবে অনুকূল স্বভাবের কিছু শিক্ষাবিদদের, যারা আইয়ূবের নির্দেশ মেনে চলবে। আইয়ূব একে জনগণের সহজাত দক্ষতার সঙ্গে মানানসই সংগঠন আখ্যা দেয়, যদিও আসলে সে চাইছিল এমন একটা দলিল তৈরি করতে যেটা তার নিজের সহজাত দক্ষতা এবং নিজের ক্ষমতা বজায় রাখার বাসনার সঙ্গে মানানসই। সেটি সুনিশ্চিত করা হল প্রেসিডেন্ট, জাতীয় সংসদ এবং পূর্ব ও পশ্চিম পাকিস্তানের দুই প্রাদেশিক আইনসভা নির্বাচনে ভোটাধিকারের সীমা বেঁধে দেওয়ার মাধ্যমে। এই তিন অঙ্গনের নির্বাচকমন্ডলী গঠিত ছিল পূর্ব ও পশ্চিম পাকিস্তানে বিভক্ত ৮০,০০০ বেসিক ডেমোক্র্যাটদের নিয়ে। বেসিক ডেমোক্র্যাটরা আবার নিম্নতম প্রশাসনিক স্তর ইউনিয়ন কাউন্সিলের প্রতিনিধি হিসেবে ভোটারদের দ্বারা সরাসরি নির্বাচিত হত।

ঢাকা বিশ্ববিদ্যালয়ের ব্যুরো অফ ইকনমিক রিসার্চের জন্য তৈরি একটা গবেষণা প্রকল্পের ভিত্তিতে লেখা ১৯৬৬ সালে প্রকাশিত আমার প্রথম বইয়ের নাম ছিল 'বেসিক ডেমোক্রেসিজ, ওয়ার্কস প্রোগ্রাম অ্যান্ড রুরাল ডেভেলপমেন্ট ইন ইস্ট পাকিস্তান'। বইটার পরিবেশক ছিল অক্সফোর্ড ইউনিভার্সিটি প্রেস এবং সেটার ক্রেতার সংখ্যা অল্প হলেও তারা ছিল বাছাই করা পাঠক। আজ

এতদিন পরেও হঠাৎ দেখা হলে তারা আমাকে লেখাটির জন্য অভিনন্দন জানান। বইটির গবেষণা যুক্তি ছিল আইয়ূব সরকার তাদের রাজনৈতিক নির্বাচনীক্ষেত্র তৈরি করেছে নিয়ন্ত্রণযোগ্য ৮০,০০০ বেসিক ডেমোক্র্যোটদের দিয়ে, যারা গ্রামীণ সমাজের তুলনায় সুবিধাভোগী অংশ থেকে নির্বাচিত। এই শ্রেণীর আনুগত্য নিশ্চিত করা হয়েছে আনুকূল্য হিসেবে তাদের হাতে সরকারি সম্পদ সঞ্চালন করে। আনুকূল্যের মুখ্য সংস্থান জোগানো হত রুরাল পাবলিক ওয়ার্কস প্রোগ্রাম (আরপিডব্লিউপি) মাধ্যমে যেটার বিপুল পরিমাণ অর্থ আসত মার্কিন যুক্তরাষ্ট্রের পাবলিক ল' (পিএল) ৪৮০ এইড প্রোগ্রাম থেকে। এই প্রকল্প তৈরি হয়েছিল মার্কিন কৃষকদের দেওয়া সরকারি অনুদানজাত উদ্বৃত্ত শস্যের বিরাট ভান্ডার ব্যবহার করে বিশ্বের অভাবী মানুষদের অন্ন সংস্থানে সাহায্য করার জন্য।

পাকিস্তান এবং তার অন্তর্ভুক্ত পূর্ব পাকিস্তান সম্ভবত সে সময়ে বিশ্বের বৃহত্তম পিএল ৪৮০ গম প্রাপক ছিল। এই গম স্থানীয় বাজারে বিক্রি হত এবং খাদ্যদ্রব্যের মূল্য নিয়ন্ত্রণে সাহায্য করার পাশাপাশি এ থেকে সংগৃহীত রাজস্ব গ্রামাঞ্চলে পরিকাঠামো তৈরিতে সরকারি নির্মাণ কাজে লগ্নী করা হত। এই অর্থলগ্নীর উদ্দেশ্য ছিল শীতের শুষ্ক মরসুমে পূর্ব পাকিস্তানের ভূমিহীনদের জন্য অতি প্রয়োজনীয় কর্মসংস্থান করা, যার ফলে যেমন গ্রামীণ দারিদ্র্য দূরীকরণ হবে, তেমনই বেসিক ডেমোক্র্যাটদের প্রতি স্থায়ী রাজনৈতিক আনুগত্য নিশ্চিত করা যাবে।

যে রাজনৈতিক অর্থনীতি আমার অনুমানের ভিত্তি ছিল তার সত্যতা প্রমাণিত হল যখন ১৯৬২ এবং ১৯৬৪ সালে পরপর দু'বার আইয়ূবকে প্রেসিডেন্ট নির্বাচিত করল বেসিক ডেমোক্র্যাটরা। জাতীয় এবং প্রাদেশিক আইনসভাগুলোর নির্বাচনও মুসলিম লীগের অবশিষ্টাংশ নিয়ে তৈরি আইয়ূবের দলের ভালো রকম সংখ্যাগরিষ্ঠতা প্রাপ্তি নিশ্চিত করে বেসিক ডেমোক্র্যোটরা। ১৯৬৪-এর নির্বাচনে আইয়ূব কম্বাইন্ড অপোজিশন পার্টি অফ পাকিস্তান-এর প্রার্থী পাকিস্তানের প্রতিষ্ঠাতা মোহাম্মদ আলী জিন্নাহর বোন বেগম ফাতিমা জিন্নাহর বিরুদ্ধে প্রতিদ্বন্দ্বিতা করে জয়ী হয়।

পূর্ব পাকিস্তানের বেসিক ডেমোক্র্যাট ব্যবস্থার ওপর আমার গবেষণা প্রমাণ করে মূলত মামুলি মানের গ্রামীণ রাস্তা তৈরিতে সম্পদ লগ্নীকারক আরপিডব্লিউপি ভ্রষ্টাচারের উৎস হয়ে দাঁড়িয়েছে যারা গ্রামীণ উচ্চবর্গীয়দের সমৃদ্ধ করছে এই প্রত্যাশায় যে এরা আইয়ূব সরকারের স্থায়ীত্বকে নিজেদের শ্রীবৃদ্ধির কার্যকারণ ধরে নেবে। শিক্ষাবিদ এবং বিরোধী রাজনৈতিক উভয়পক্ষের কাছেই সমাদর পেয়েছিল আমার কাজ যেহেতু তা আইয়ূবের অর্থনৈতিক সাফল্যের মিথকে চ্যালেঞ্জ জানিয়েছিল ও মূল উন্নয়ন প্রকল্পের অন্তরীন রাজনৈতিক সুবিধাবাদের চেহারাটা উন্মুক্ত করে দিয়েছিল। খুব শিক্ষামূলক ছিল পূর্ব পাকিস্তান সরকারের প্রতিক্রিয়া। ওবায়েদুল্লাহ খান, যে তখন সম্ভবত

ডিপার্টমেন্ট অফ বেসিক ডেমোক্র্যাসিজের পরিচালক, তাকে নির্দেশ দেওয়া হয়েছিল এটা নিশ্চিত করতে যেন আমার বইয়ের কোনো কপি কোনো সরকারি কর্তাব্যক্তি অথবা কূটনীতিকের হাতে না পড়ে। ওবায়েদুল্লাহ বিশ্বস্তভাবে এ দায়িত্ব পালন করেছিল তবে সে ঈষৎ বিব্রত হয়, যেহেতু কিছু সরকারি রেকর্ডের নাগাল পেতে সে আমায় সাহায্য করেছিল যেগুলো আমি গবেষণার কাজে লাগাই। শুধু তাই নয়, বেসিক ডেমোক্র্যাসিজ এবং আরপিডব্লিউপি-র সঙ্গে যুক্ত একজন সরকারি কর্তাব্যক্তি হিসেবে এই ব্যবস্থার মজ্জাগত দুর্নীতি সম্পর্কে তার নিজের মতামতও জানিয়েছিল ওবায়েদুল্লাহ।

হার্ভার্ড অ্যাডভোকেসী গ্রুপের মোকাবেলা

হার্ভার্ড অ্যাডভোকেসী গ্রুপকেও (এইচএজি) ক্ষুব্ধ করেছিল আমার কাজ। ১৯৬০-এর দশকের পুরোটাই এই সংস্থা পাকিস্তান পরিকল্পনা কমিশন এবং দুটো প্রাদেশিক পরিকল্পনা বিভাগের স্থায়ী উপদেষ্টা হিসেবে একদল অর্থনীতিককে একত্রিত করেছিল। এইচএজি নামকরণ হয় কারণ পাকিস্তান সরকারকে পরামর্শ দানে সহায়তা করতে হার্ভার্ড বিশ্ববিদ্যালয়ের ডেভেলপমেন্ট অ্যাডভাইজরি সেন্টার (ডিএসি)-এর সঙ্গে চুক্তি করেছিল মার্কিন সরকার। এইচএজি উপদেষ্টাদের অধিকাংশ ছিল গোটা বিশ্ব থেকে ডিএসি নির্বাচিত মাঝারি পর্যায়ের পেশাদারেরা, কিন্তু প্রাথমিক পর্বে এর নেতৃত্বে ছিল হার্ভার্ডের ফ্যাকাল্টি সদস্য ডেভিড বেল।

পাকিস্তানের উন্নয়ন কৌশল পরিচালনায় এইচএজি-র ভূমিকা ছিল অতিকৃত এবং পূর্ব পাকিস্তানের আরপিডব্লিউপি নির্মাণেও তারা বিশ্লেষাত্মক ভূমিকা নেয় যে প্রকল্পকে তার পূর্ব পাকিস্তানের গ্রামীণ উন্নয়ন ও দারিদ্র্য দূরীকরণে অতীব গুরুত্বপূর্ণ মনে করতো। সরকারি নির্মাণ কাজে তাদের উৎসাহ কিছুটা প্রেরণা পেয়েছিল প্রবাদপ্রতিম আখতার হামিদ খানের কাজ এবং রচনা থেকে। বাংলাদেশ অ্যাকাডেমি ফর রুরাল ডেভেলপমেন্ট (বার্ড)-র মাধ্যমে গ্রামীণ সমবায়গুলোর সাথে কুমিল্লায় তিনি যে প্রশংসনীয় কাজ করেন সেটা সাহায্যদাতাদের তীর্থে পরিণত হয়েছিল। একই সঙ্গে যে গবেষকরা গ্রামীণ দরিদ্রদের ঘিরে সফল উন্নয়নের গল্প সন্ধান করেছেন তাদের পক্ষেও আদর্শ লক্ষ্য হয়েছে আখতার হামিদ খানের উদ্যোগ। আমি নিজে আখতার হামিদ খানের একজন অনুরাগী ছিলাম এবং বহুবার বার্ড দেখতে গিয়েছি। দুর্ভাগ্য, আখতার হামিদ আইয়ূব সরকারের কাজকর্মগুলোকে প্রভাবিত করতে পারেননি। তারা বাছাই করা কয়েকটি প্রকল্পকে অর্থ সাহায্য করে এবং তারপর হামিদের কিছু ধারণার অপব্যবহার করে যার মধ্যে ছিল গ্রামীণ সরকারি নির্মাণ কাজের ব্যবহার। আখতার হামিদ প্রতিপন্ন করতে চেয়েছিলেন যে গ্রামীণ জল নিয়ন্ত্রণ এবং সেচ

প্রকল্পে লগ্নীতে অগ্রাধিকার দিতে হবে, কিন্তু দেখা গেছে আরপিডব্লিউএফ এ ধরনের প্রকল্পকেই অবহেলা করেছে।

বেসরকারি প্রতিবেদন খুব কমই পড়ত পাকিস্তান সরকার, এবং ঢাকা বিশ্ববিদ্যালয়ের এক শিক্ষকের প্রয়াস উপেক্ষা করাই তাদের জন্য স্বাভাবিক ছিল। তবে তাদের চেয়েও আমার কাজে বেশি ক্ষুব্ধ হয়েছিল এইচএজি। এইচএজি-র এক অল্প বয়সী সদস্য জন টমাস হার্ভার্ডে পিএইচডি থিসিস করে আরপিডব্লিউপি-এর ওপর যেটাকে সে এক বিরাট উন্নয়ন সাফল্যের গল্প হিসেবে দেখাতে চায়। আরপিডব্লিউপি সম্পর্কে আমাদের দুজনের মতদ্বৈততা নিয়ে টমাস আর আমার মধ্যে পণ্ডিতি এবং কিছুটা ধারালো বিতর্ক হয়েছিল লন্ডন থেকে প্রকাশিত সাউথ এশিয়া জার্নাল পত্রিকার কলামে।

পাকিস্তান প্ল্যানিং কমিশনের এইচএজি নেতাদের সঙ্গে বাঙালি অর্থনীতিবিদদের সম্পর্ক ছিল কিছুটা উদ্বেগজনক। আমরা এইচএজি-কে দেখতাম রাষ্ট্র অনুমোদিত ধনতন্ত্রের আদর্শগত প্রেরণা এবং আইয়ূব সরকারের পশ্চিম পাকিস্তান কেন্দ্রিক নীতি অগ্রাধিকারের প্রবক্তা হিসেবে। এইচএজি-র প্রতি আমাদের এই দৃষ্টিভঙ্গি আরও পোক্ত হল যখন এইচএজি-র ডেপুটি লীডার, হার্ভার্ড শিক্ষিত অর্থনীতিক গুস্তাভ পাপানেক আইয়ূব সরকারের উন্নয়ন দর্শন সমর্থনে লেখা একটা বইতে 'লোভের সামাজিক প্রয়োজনের' পক্ষে সওয়াল করল। আনিস এবং আমি বইটার বেশ কড়া পর্যালোচনা লিখি এবং পাকিস্তানের উন্নয়ন নীতির ওপর যুক্তরাষ্ট্র ও বিশ্বব্যাংকের নীতির প্রভাব নিয়ে আমাদের যুক্তির সমর্থনে প্রায়ই বইটা থেকে উদ্ধৃত করতাম আমরা।

তখন থেকে আজ অবধি গাস ও তার স্ত্রী হান্না-র সঙ্গে আমার হার্দ্য সামাজিক সম্পর্ক বজায় আছে। লিঙ্গ সমতার লড়াইয়ে শামিল রওনক ও হান্না পরস্পরের ভালো বন্ধু। গ্রুপের প্রধান রিচার্ড গিলবার্টের সঙ্গেও আমার হার্দ্য সম্পর্ক ছিল। অর্থনীতিকের তুলনায় বেশি রাজনীতিক ছিল গিলবার্ট এবং সে ছিল আমাদের আক্রমণের বিশেষ লক্ষ্য। আইয়ূব জমানার সঙ্গে এইচএজি-র মাখামাখি পুনরায় প্রমাণিত হয় যখন আইয়ূবের পতনের পর তার উত্তরাধিকারী ইয়াহিয়া সরকার প্ল্যানিং কমিশনের সঙ্গে এইচএজি-র চুক্তি পুনর্নবীকরণ করতে অস্বীকার করে। আমি তখন 'ফোরাম' নামে একটা সাপ্তাহিক সম্পাদনা করি। সেখানে এ বিষয়ে আমি একটা ছোটো লেখা লিখি। লেখাটা এইএজি-র পছন্দ হয়নি এবং প্রতিবাদে গাস পাপানেক একটি চিঠি লেখে যেটা আমি ছেপেছিলাম।

পরিকল্পনা কমিশনের মুখোমুখি

বাঙালি অর্থনীতিকদের আসল লড়াইটা ছিল পাকিস্তান প্ল্যানিং কমিশনের বিরুদ্ধে, যাকে আমরা পূর্ব ও পশ্চিম পাকিস্তানের মধ্যকার বর্ধমান অর্থনৈতিক

বৈষম্যের উৎস মনে করতাম। প্রথমে পাকিস্তান অবজারভার অথবা ঢাকা টাইমস এবং পরে আরও নিয়মিত ফোরাম-এর কলামে আমার লেখালিখির অধিকাংশের লক্ষ্য ছিল কমিশন। উন্নয়ন পরিকল্পনার আধার ছিল পরিকল্পনা কমিশন এবং আইয়ূব সরকারের রাজনৈতিক অর্থনীতি রূপায়নের গুরুত্বপূর্ণ অভিনেতা। প্রথমে দ্বিতীয় পঞ্চবার্ষিকী পরিকল্পনা (১৯৬০-৬৫) এবং পরে তৃতীয় পঞ্চবার্ষিকী পরিকল্পনায় (১৯৬৫-৭০) বরাদ্দের অগ্রাধিকার বিষয়ে আমরা কমিশনের বিরুদ্ধে লড়াইয়ে নামি। পরিকল্পনা বাস্তবায়নে যেসব অর্থনৈতিক নীতি নেওয়া হয়েছিল আমাদের বিচারে সেগুলো পশ্চিম পাকিস্তান এবং সেখানকার ব্যবসায়ী ও সামন্ততান্ত্রিক অভিজাতদের প্রতি পক্ষপাতিত্বমূলক ছিল। পাকিস্তানের রাজনীতি নিয়ন্ত্রণ করত এই শ্রেণীরা এবং এরাই উন্নয়নের লভ্যাংশ আত্মসাৎ করতো, যে লভ্যাংশ দুই প্রদেশ এবং সমাজের বিভিন্ন পর্যায়ের মানুষের মধ্যে অসমভাবে বন্টিত হত।

১৯৬০-এর দশকের শক্তিশালী কাঠামো ছিল পরিকল্পনা পর্ষদ যা কেবল মাত্র উন্নয়ন প্রক্রিয়ার তদারকিই করত না, পাশাপাশি অনুদান বিষয়ক আলাপ-আলোচনার দায়িত্বও বহন করত। সেসময়ে পর্ষদের ডেপুটি চেয়ারম্যান সাইদ হাসান এবং পরবর্তী সময়ের এম এম আহমেদ যিনি বর্তমানে পাকিস্তানে কার্যত নিষিদ্ধ ঘোষিত আহমেদিয়া সম্প্রদায়ের একজন বরিষ্ঠ সদস্য ছিলেন – এদের দুজনকে অর্থনৈতিক নীতি বিষয়ে পাকিস্তানের অর্থমন্ত্রীর থেকেও ক্ষমতাবান মনে করা হত। কমিশন ছিল বৃহৎ, উপযুক্তসংখ্যক কর্মী নিয়ে গঠিত সংস্থা যেখানে বেশ কিছু যোগ্য অর্থনীতিক কাজ করতেন। সেখানকার বাঙালি কর্মীদের মধ্যে ছিলেন এ এফ এ আহমেদ, যাকে সদস্য করা হয়েছিল সংযুক্ত পাকিস্তানের অন্তিম বছরে। অন্যান্য বাঙালিদের মধ্যে ছিলেন ড. হাবিবুর রহমান এবং ড. আর এইচ খন্দকার। এছাড়াও এ এম এ মুহিত এবং ড. এম এ সাত্তারের মতো বাঙালি আমলারা ছিলেন। কমিশনের পেশাদার প্রধান ছিলেন, প্রশিক্ষণপ্রাপ্ত কেমিস্ট ড. এম এল কুরেশি, যিনি অর্থনীতির তুলনায় রাজনৈতিক অর্থনীতির বিষয়টাই ভালো বুঝতেন।

পর্ষদের উজ্জ্বল নক্ষত্র ছিল আমার কেমব্রিজ সমসাময়িক মাহবুবুল হক যে সহকারী মুখ্য অর্থনীতিকের পদে সেখানে পেশাজীবন শুরু করে। খুব তাড়াতাড়ি তার পদোন্নতি ঘটে এবং ১৯৬৮ সাল নাগাদ সে মুখ্য অর্থনীতিক হয়। মাহবুব ছিল অত্যন্ত দক্ষ পলিসি অর্থনীতিক এবং সৃজনশীল মনের অধিকারী। নম্রভাষী হলেও সে কিন্তু বিতর্কে এবং লেখায় দু'টিতেই বাকস্ফূর্ত ছিল এবং সকলের সঙ্গে মানিয়ে নিয়ে চলতে পারত। এর ফলে মাঝে মাঝে তাকে নিজের বৌদ্ধিক অবস্থান তার সঙ্গে আলাপচারীর মতামতের মানানসই করে কাটছাঁট করতে হত। কেমব্রিজে থাকার সময় মাহবুব কখনও মজলিশে সক্রিয় হয়নি, অথবা অমর্ত্য বা এমনকি আমার বা আরিফের সঙ্গেও রাজনৈতিক বিতর্কে

জড়ায়নি। কিন্তু আমরা একটা সৌহার্দ্যময় সম্পর্ক উপভোগ করেছি। যখনই করাচি গিয়েছি আমি কমিশনের অফিসে গিয়ে তার সঙ্গে দেখা করেছি এবং অবধারিতভাবে আমাকে তার বাড়িতে সে ও তার স্ত্রী খাদিজা হকের সঙ্গে খাবার নিমন্ত্রণ জানিয়েছে। বন্ধু মহলে বাণী নামে পরিচিত খাদিজা ছিল পিআইডিই-তে কর্মরত বাঙালি অর্থনীতিক। ষাট বছরের কোঠায় অকাল মৃত্যুর আগে অবধি খাদিজার সঙ্গে চমৎকার বিবাহিত জীবন কাটিয়েছে মাহবুব।

মানুষজনের সঙ্গে সম্পর্ক রেখে চলার প্রশংসনীয় গুণ থাকা সত্ত্বেও কমিশনের বাঙালি অর্থনীতিকরা মাহবুবকে আমাদের মুখ্য প্রতিপক্ষ ভাবত এবং আমাদের লেখায় তার সমালোচনা থাকত। খুব কম ক্ষেত্রেই সে প্রত্যুত্তর দিত, এমনকি সেমিনারে মুখোমুখি হয়েও। ১৯৬৫ সালে যখন তৃতীয় পঞ্চবার্ষিকী পরিকল্পনার কাজ প্রায় শেষের দিকে, আমি করাচি সফরে গেলে সে প্রস্তাব দিল যে পরিকল্পনা পর্যালোচনার জন্য অর্থনীতিকদের প্যানেলে সদস্য হিসেবে কাজ করতে আমাকে আর মুশাররফ হোসেনকে সে আমন্ত্রণ করতে চায়। প্যানেল প্রথা মতো পরিকল্পিত হয়েছিল স্বাধীন বিশেষজ্ঞদের প্যানেল-কে দিয়ে যার মাধ্যমে পরিকল্পনার বাহ্যিক অনুমোদন করা হবে। দ্বিতীয় পরিকল্পনার মূল্যায়নে নিযুক্ত অর্থনীতিকদের প্যানেল-এর সদস্য হিসেবে আমার সিনিয়র সহকর্মীরা যথাক্রমে এম এন হুদা এবং এ এফ এ হোসেন তাদের অনুমোদন দিয়েছিলেন। মাহবুব আমাকে বলে বৃদ্ধির বিচারে পাকিস্তানের উন্নয়ন সফল হলেও বস্তুত তা অসম, এবং তার মনে হয়েছে যে প্যানেল-এ আমাদের উপস্থিতি এই বিষয়ে আলোকপাত করবে। তার আশা আরও সুষম বন্টন নীতির প্রয়োজনীয়তা প্রতিপন্ন করতে প্রয়াসী হব আমরা।

করাচি পৌঁছে প্যানেলের প্রথম মিটিংয়ে পূর্ব পাকিস্তান তখনও যেভাবে অসম বন্টন ব্যবস্থার শিকার হচ্ছিল তার বিরুদ্ধে আমি আর মোশাররফ আক্রমণ শানাই। কমিশনের কাছে এটা পরিচিত থিম ছিল। সুতরাং বিতর্ক চলে, কিন্তু সেটা নিয়ন্ত্রণের বাইরে চলে যায়নি। আমরা সামাজিক বৈষম্য প্রসঙ্গ উত্থাপন করা মাত্র আলোচনাটা জটিল হয়ে ওঠে। কৃষি সংস্কার এবং পাকিস্তানের বাইশটি অগ্রণী ব্যবসায়ী পরিবারের হাতে জড়ো হওয়া সম্পদের সমবন্টনের মাধ্যমে আর্থিক ভারসাম্য ফিরিয়ে আনতে সরকারি ক্ষেত্র প্রসারিত করা এবং বৃহত্তর সামাজিক সাম্য গড়ে তুলতে এরকম আরও কিছু নীতিগত হস্তক্ষেপের কথা বলি আমরা।

মজার বিষয় হল আঞ্চলিক বৈষম্য অবসানের জন্য বিতর্ক করার থেকে বেশি প্ররোচনামূলক হয়ে ওঠে পশ্চিম পাকিস্তানি অভিজাতদের আর্থিক ক্ষমতাকে চ্যালেঞ্জ করে উত্থাপিত ইস্যুগুলো। প্যানেল-এর দ্বিতীয় অথবা তৃতীয় মিটিংয়ে আমাদের প্রধান এম এল কুরেশি জানালেন যে কমিশনের ডেপুটি চেয়ারম্যান সাইদ হাসান পশ্চিম পাকিস্তানের গভর্নর ভীতিপ্রদ কালাবাগের

নবাবের কাছ থেকে একটা ফোন পেয়েছেন। নবাবের ছেলে মুজাফফর খান এইচেসনে আমার সহপাঠী ছিল। পাঞ্জাবের সবচেয়ে বৃহৎ ভূসম্পত্তির মালিক ছিলেন নবাব। সামন্ততান্ত্রিক প্রভু হিসেবে তিনি একাধারে তার এস্টেট এবং গোটা পশ্চিম পাকিস্তানের ওপর খবরদারি করতেন। সুতরাং প্যানেল্‌ভুক্ত অর্থনীতিকরা ভূমি সংস্কার নিয়ে আলোচনা করছে এ কথা কাগজে পড়ে তিনি ভীষণ ক্রুদ্ধ হয়েছেন। নবাব হাসানকে উপদেশ দিলেন যে ভূমি সংস্কার প্ল্যানিং কমিশনের বিষয়ই নয়, অতএব এ বিষয়টা এজেন্ডা থেকে বাদ দিতে প্যানেল-কে যেন হুকুম দেন তিনি। কিছুটা বিব্রত কুরেশি রাজনৈতিক বাস্তবতা চিন্তা করে তুলনায় কম বিতর্কিত বিষয় নিয়ে আলোচনা করতে প্যানেল-কে অনুরোধ করেন। আমাদের সহকর্মীরা, বিশেষ করে পশ্চিম পাকিস্তানের সহকর্মী যারা ছিলেন, তারা বেশ খুশিই হলেন আদেশ মেনে। মোশাররফ আর আমি কিন্তু তেমন কোনো বাধ্যবাধকতা অনুভব করিনি এবং আমরা দুজনে মাহবুবের সমর্থন প্রত্যাশী ছিলাম। চিরকাল যেরকম কূটনৈতিক বুদ্ধিধর ছিল, মাহবুব ঠিক সেভাবেই রহস্যের হাসি হেসে বিষয়টা এড়িয়ে যায়। ফলে নিজেদের ভরসাতেই নবাবের আপতিক আদেশকে চ্যালেঞ্জ করতে হয়েছিল দুই বেয়াড়া বাঙালিকে। অমীমাংসিতভাবে শেষ হয়েছিল মিটিং। মোশাররফ এবং আমি পাকিস্তানের ভূমি সংস্কারের প্রয়োজনীয়তা, সম্ভাবনা ও সম্ভাব্য পরিধি বিষয়ে একটি পেপার দেবার প্রতিশ্রুতি দিয়েছিলাম।

প্যানেল-এর আর কোনো বৈঠক ডাকা হয়নি এবং প্যানেল গুটিয়ে নেওয়া হয়েছে এই মর্মে এম এল কুরেশির একটা রহস্যময় বার্তা পেয়ে আমি বিস্মিত হইনি। সুতরাং চারটি পরিকল্পনার মধ্যে তৃতীয় পরিকল্পনাই একমাত্র যেটি প্যানেল অর্থনীতিকদের সহযোগী রিপোর্ট ছাড়া প্রকাশিত হয়েছিল। পরে যখন বিষয়টাতে মৌনতা অবলম্বন এবং প্যানেল সক্রিয় রাখতে তার ব্যর্থতা নিয়ে মাহবুবকে চ্যালেঞ্জ করি তখন সে আমাকে বলে যে সে পাকিস্তান সরকারের এক দীন অনুগৃহীত কর্মী মাত্র এবং আমাদের হয়ে সে যে হস্তক্ষেপ করেছিল সেটা আরও বলশালীদের দ্বারা প্রতিহত হয়। আমার মনে হয়েছিল এই ঘটনা মাহবুবের টিপিক্যাল কর্মপদ্ধতির নমুনা। সংস্কারপন্থী সে অবশ্যই ছিল, কিন্তু অসম উন্নয়ন নীতি অনুসরণকারী সামরিক একনায়কদের কাজ দক্ষতার সঙ্গে করেও বিশ্ব উন্নয়নপন্থী সমাজের কাছে উন্নয়নের সংস্কারপন্থী প্রবক্তা হিসেবে নিজের পরিচয় অক্ষুণ্ণ রাখতে পেরেছিল। আমার সমস্ত কেমব্রিজ সহযোগীদের মধ্যে, ভারতের পরবর্তী প্রধানমন্ত্রী মনমোহন সিং সহ, রাজনৈতিক অর্থনীতি সবচেয়ে ভালো বুঝত মাহবুব এবং তার সঙ্গে যোগ হয়েছিল মানুষের সঙ্গে ভাব আদানপ্রদানে তার অপরিসীম দক্ষতা, যে কারণে তার বিরাট ভক্তকূল ছিল। তার আত্মার শান্তি কামনা করি।

রাজনৈতিক অর্থনীতিকের আত্মপ্রকাশ

এক রাজনৈতিক বিগ্রহের সঙ্গে পরিচয়

পাকিস্তানের চতুর্থ পঞ্চবার্ষিকী পরিকল্পনা বিষয়ে ১৯৭০ সালে আয়োজিত অর্থনীতিকদের প্যানেল মিটিংয়ে জনৈক পশ্চিম পাকিস্তানি সদস্য মন্তব্য করেন যে আমি আর রাজনৈতিক অর্থনীতির ক্ষেত্রে কথা বলছি না, বরং আর্থ-রাজনীতিবিদে পরিণত হয়েছি। যদিও বক্তার উদ্দেশ্য ভিন্ন ছিল, কথাটাকে আমি প্রশংসা হিসেবেই নিয়েছিলাম সম্ভবত এ কারণে যে রাজনীতির সঙ্গে আরও প্রত্যক্ষভাবে জড়িয়ে পড়ার যে উচ্চাকাঙ্ক্ষা আমার ছিল, সেটা উস্কে দিয়েছিল এই মন্তব্য।

রাজনীতি জগতে আমার জড়িয়ে যাওয়া দীর্ঘায়িত এবং কিছুটা অপরিকল্পিত প্রক্রিয়া। অর্থনীতির তরুণ শিক্ষক থেকে বাঙালিদের বঞ্চনা বিষয়ক বিতর্কের এক যোদ্ধায় পরিণত হওয়ার পথে আমার যাত্রা প্রক্রিয়ার প্রাথমিক অভিজ্ঞতা থেকে আবিষ্কার করলাম যে ১৯৬০-এর দশকের পাকিস্তানে বাঙালিদের বঞ্চনা নিয়ে লেখালিখি করা এবং বঞ্চনার প্রসঙ্গ রাজনীতির কেন্দ্রীয় ইস্যু হয়ে ওঠার এক জগত প্রত্যক্ষ করা – এ দুয়ের ভেদ-রেখা খুব তরল। সুতরাং রাজনৈতিক প্রক্রিয়ায় আমার জড়িয়ে পড়া কোনো পর্যায়ক্রমিক কাহিনীর অংশ নয়, বরং সেটা আমার শিক্ষকতা এবং রাজনৈতিক অর্থনীতি চর্চার সঙ্গে পাশাপাশি চলেছে।

রাজনৈতিক অর্থনীতির অন্তর্নিহিত মূল বিষয় হলো বাস্তব রাজনীতি। অধিকাংশ দেশে রাজনীতির বাস্তবতা থেকে রাজনৈতিক অর্থনীতি পড়ানো এবং আলোচনার অবস্থান অনেক দূরে। ১৯৫৭ সালের গোড়ার দিকে যখন ঢাকায় আসি, তখন কিছু নিবন্ধ পড়ে, কিছু বইপত্র ঘেঁটে, অল্প-বিস্তর অনুসন্ধান করে রাজনীতি সম্বন্ধে যেটুকু জেনেছি, বাস্তব রাজনীতি জগতের সাথে তার সামান্যই মিল – যেন এক রকমের পর্যটকের দৃষ্টিভঙ্গি ছিল আমার। আমি বুঝতে পারলাম যে রাজনৈতিক অর্থনীতির যে সামান্য জ্ঞান আমার রয়েছে, তার রাজনৈতিক উপাদান ভালোভাবে বুঝতে হলে পাকিস্তানি রাজনীতির প্রাথমিক পাঠশালায় আমার ভর্তি হতে হবে।

১৯৫৮ সালে সামরিক আইন জারির পর আমার রাজনৈতিক প্রশিক্ষণে ছেদ পড়ে যার ফলে রাজনৈতিক সাফারির সুযোগ আর আমার হল না। তবে এর ফলে কিছু রাজনৈতিক নেতার সঙ্গে মিথস্ক্রিয়ার সুযোগ হয়েছিল, যারা তখন প্রায় ছদ্মবেকার; ফলে রাজনৈতিক আলোচনার জন্য যাদের সঙ্গ পাওয়া সম্ভব ছিল। অল পাকিস্তান আওয়ামী লীগের সভাপতি হোসেন শহীদ সোহরাওয়ার্দীর সঙ্গে যোগাযোগ থাকায় আমার রাজনৈতিক শিক্ষা বিশেষভাবে

বৃদ্ধি পায়। আমরা অনেকে যাকে এইচএস বলে চিনতাম, সেই সোহরাওয়ার্দী এবং আরও অনেক রাজনৈতিক নেতার রাজনীতিতে অংশগ্রহণ ইলেকটিভ বডিজ ডিসকোয়ালিফিকেশন অর্ডার, যা ইবিডিও এই সংক্ষিপ্ত নামে পরিচিত, বিশেষ ধারায় সামরিক প্রশাসন নিষিদ্ধ করেছিল। ৩৫ বছর ধরে সোহরাওয়ার্দী প্রাদেশিক ও জাতীয় রাজনীতির প্রথম সারির নেতা ছিলেন। তার তুলনীয় রাজনৈতিক অভিজ্ঞতা ও পরিশীলন খুব কম জনেরই ছিল। তদানীন্তন পূর্ব পাকিস্তানের সবচেয়ে শক্তিশালী দলের বাঙালি নেতা হিসেবে সোহরাওয়ার্দীর বিশেষত্ব ছিল তিনি ছিলেন উর্দুভাষী এবং থাকতেন করাচিতে তার মেয়ে আখতার সুলেইমানের কাছে। ঠাট্টা করে বলতেন পাকিস্তান অখন্ড রেখেছে দুই প্রতিষ্ঠান – এক তিনি, এবং দ্বিতীয়টি জাতীয় বিমানসংস্থা পিআইএ।

১৯৫৯-৬১ এই সময়টায় যখন তার রাজনীতি চর্চায় নিষেধাজ্ঞা জারি হলো, সোহরাওয়ার্দী তখন ব্যারিস্টারি পেশায় আরও মনোনিবেশের সুযোগ পেলেন, যে পেশায় তিনি ছিলেন পাকিস্তানের সেরা এবং সর্বাধিক আয়ের ব্যারিস্টারদের একজন। সুতরাং ভ্রাম্যমান সুপ্রিম কোর্ট এবং পূর্ব পাকিস্তানের হাইকোর্টে মক্কেলদের মামলা লড়তে প্রায়ই তাকে ঢাকা আসতে হত। ঢাকায় আসলে তিনি থাকতেন বাংলা দৈনিক ইত্তেফাকের সম্পাদক মানিক মিঁয়ার বাড়িতে। দৈনিক ইত্তেফাক কাগজ চালু করতে এইচএস-এর আইনি পেশার রোজগার অনেকটাই ব্যবহার হয়েছিল। কাকরাইলে মানিক মিঁয়ার বাড়িতে সাধারণত তার বিছানায় মামলার ব্রিফ পরিবৃত সোহরাওয়ার্দী তার আওয়ামী লীগ অনুচরদের নিয়ে বৈঠক করতেন।

প্রায়ই তিনি কামাল হোসেনদের বাড়ি কামাল কোর্টে যেতেন কেননা কামালের বাবা ডা. আহমেদ হোসেন ছিলেন সোহরাওয়ার্দীর চিকিৎসক। এর ফলে সোহরাওয়ার্দী এবং বঙ্গবন্ধুসহ নানান আওয়ামী লীগ নেতা যারা কামাল কোর্টে তার সাথে দেখা করতে আসতেন তাদের সঙ্গে আলাপচারিতার সুযোগ পেতাম আমি ও কামাল। কামাল কোর্টে সোহরাওয়ার্দীর সঙ্গে এরকম একটা মিথষ্ক্রিয়ার ঘটনার কথা মনে পড়ে। সোহরাওয়ার্দী তার প্রধানমন্ত্রীত্বের আমলের কিছু ফিল্ম দেখাচ্ছিলেন যেখানে তার বক্তৃতা শুনতে জড়ো হওয়া বিরাট জনতার ভিড় দেখা যাচ্ছিল। কিছুটা খেদের সঙ্গে সোহরাওয়ার্দী বলেন – "কোথায় গেল আজ এই জনতা?" বঙ্গবন্ধু সঙ্গে সঙ্গে বলে উঠেছিলেন – "বস, আপনি শুধু ডাক দেন, দেখবেন আবার ওরা ওখানে জড়ো হবে।"

আমি এবং কামাল রাজনীতি বিষয়ে অনেক কিছু শিখেছিলাম সোহরাওয়ার্দীর কাছে; পাকিস্তানের রাজনীতিকদের মধ্যে যে পরিমাণ মর্যাদা তিনি পেয়েছিলেন একমাত্র জিন্নাহ আর ফজলুল হকই তা পেয়েছেন। অত্যন্ত পরিশীলিত ছিল তার মন, পড়াশোনাও বিস্তর করেছিলেন। রমণীয় ছিল তার রসবোধ এবং প্রাণচঞ্চল এক ব্যক্তিত্ব ছিলেন তিনি। আমার রাজনীতির প্রাথমিক শিক্ষার অবিচ্ছেদ্য অঙ্গ

ছিল তার সঙ্গে আলাপচারিতা। পরবর্তী সময়ে বঙ্গবন্ধু এবং তাজউদ্দীনের সঙ্গে মিথস্ক্রিয়ায় আমার রাজনীতি শিক্ষা দ্বিতীয় ধাপে উন্নীত হয়েছিল। সারাদিন মোকোদ্দমার ব্রিফের কাজ করে, আদালতে হাজিরা দিয়ে, দলীয় সহকর্মীদের সঙ্গে সাক্ষাৎ সেরে, রাত ১০টা নাগাদ তখনও স্ফুর্ত সোহরাওয়ার্দী পার্টিতে আসতেন তুলনায় নবীন এবং কম ওজনদার জনতার সাহচর্যে আয়াস করতে।

সামরিক শাসন যতদিন জারি ছিল, ততদিন রাজনৈতিকভাবে নিষ্ক্রিয় ছিলেন সোহরাওয়ার্দী। তা সত্ত্বেও তার রাজনৈতিক মর্যাদা এবং বিশেষ করে যেহেতু তিনি পূর্ব পাকিস্তানের বৃহত্তম জনভিত্তিক দল আওয়ামী লীগের নেতা ছিলেন সে কারণে আইয়ূব সরকার তাকে বিপজ্জনক মনে করত। ১৯৬২-র প্রথম দিকে সোহরাওয়ার্দীকে গ্রেপ্তার করা হয়েছিল যতটা না তার রাজনৈতিক ক্রিয়াকলাপের জন্য, তার চেয়ে বেশি আইয়ূব সরকারের তার সম্পর্কে ভীতির কারণে। সোহরাওয়ার্দী চিকিৎসার জন্য বিদেশ যেতে চান জানতে পেরে অবশেষে তাকে কারামুক্ত করতে রাজি হয়েছিল আইয়ূব। ছাড়া পেয়ে আইয়ূব সরকারের বিরুদ্ধে একটি যৌথ বিরোধী মোর্চা গড়ে তুলতে উদ্যোগী হলেন সোহরাওয়ার্দী। আওয়ামী লীগ সহ বিভিন্ন দল তাদের পৃথক রাজনৈতিক সত্তা সম্মিলিত করে ন্যাশানাল ডেমোক্রেটিক ফ্রন্ট (এনডিএফ) গড়ে। ফের অসুস্থ হয়ে পড়ায় তিনি আর এনডিএফ-এর নেতৃত্ব দিতে পারেননি। শেষ যেবার আমি ও সালমা তাকে দেখতে যাই তিনি তখন করাচির হাসপাতালে চিকিৎসাধীন। মোটামুটি সুস্থ হয়ে তিনি লন্ডন চলে যান। সালমার মা-বাবা যেখানে থাকতেন সে রাস্তা ধরে এগিয়ে এসে ব্রুকল্যান্ড রাইজ-এ ছেলে রশিদের কাছে এক বছর ছিলেন সোহরাওয়ার্দী। এই সময় একটি অত্যন্ত তথ্যবহুল ও সুপাঠ্য আত্মজীবনী লিখেছিলেন তিনি, দুর্ভাগ্যক্রমে যা অসমাপ্ত থেকে যায়।

লন্ডন থেকে ফেরার পথে বৈরুতে হৃদরোগে আক্রান্ত হয়ে ৫ ডিসেম্বর ১৯৬৩ মৃত্যু হয় সোহরাওয়ার্দীর। ঢাকায় তার শেষ যাত্রায় শহরে এ যাবৎ দেখা বৃহত্তম জনসমাবেশগুলোর একটি হয়েছিল রেসকোর্স ময়দানে আয়োজিত তার জানাজায়। পুরনো বিমানবন্দর থেকে রেসকোর্স অবধি শবাধার অনুগামী দীর্ঘ মোটর গাড়ি শোভাযাত্রার পুরোভাগে তার ছেলে রশিদের সঙ্গে খোলা জিপে বসে ছিলাম আমি। রেসকোর্সে আমাদের পৌঁছাতে কয়েক ঘন্টা লেগে যায়। সেখানে আমাদের অপেক্ষায় ছিলেন গভীর শোকাচ্ছন্ন বঙ্গবন্ধু। সোহরাওয়ার্দীকে সমাধিস্থ করা হল বাংলার রাজনীতিতে তার সবচেয়ে বড়ো প্রতিদ্বন্দ্বী শের-ই-বাংলার পাশে, যেখানে পরের বছর সমাধিস্থ হলেন তার আরেক রাজনৈতিক প্রতিদ্বন্দ্বী আমার নানা খাজা নাজিমুদ্দিন।

প্রায় এক যুগ বাদে ১৭ মার্চ ১৯৭২ স্বাধীন বাংলাদেশে বঙ্গবন্ধুর প্রথম জন্মদিন পালনের সময় অগণিত শুভার্থী তাকে ফুলেল শুভেচ্ছায় ঢেকে দেয়। সে সন্ধেয় জনতা বিদায় নিলে বঙ্গবন্ধু ওই ফুলের পাহাড় তিন নেতার মাজারে

নিয়ে গিয়ে তার বস-এর সমাধিতে রেখে আসেন। সম্প্রতি প্রকাশিত বঙ্গবন্ধুর কিছু ডায়েরিতেও দেখা যায়, তিনি 'বস'-এর প্রতি তার ঋণের কথা স্বীকার করেন। এ লেখাগুলো থেকে সোহরাওয়ার্দীর প্রথম পর্বের রাজনৈতিক ভূমিকার গভীর অন্তর্দৃষ্টিমূলক বিবরণ পাওয়া যায়।

বঙ্গবন্ধুর সঙ্গে প্রথম পরিচয়

এনডিএফ-এ খুব গভীর আস্থা বঙ্গবন্ধুর কোনোদিনই ছিল না তবে তিনি তার বস-কে সম্মান করতেন। সোহরাওয়ার্দীর মৃত্যুর পর ১৯৬৪-র নির্বাচনে বঙ্গবন্ধু এনডিএফ থেকে আওয়ামী লীগকে আলাদা করে জাতীয় ও প্রাদেশিক আইনসভায় একটি পৃথক দল হিসেবে তার নিজস্ব ব্যানারে প্রতিদ্বন্দ্বীতায় দাঁড় করাতে আগ্রহী হলেন। ফলে আওয়ামী লীগের যেসব বর্ষীয়ান সদস্য বিশ্বাস করতেন যে আওয়ামী লীগের এনডিএফ-এ থাকা উচিত তারা দলত্যাগ করেন এবং বঙ্গবন্ধু কার্যত দলের নেতা হয়ে যান। ১৯৬৪-র জাতীয় ও প্রাদেশিক আইনসভার নির্বাচনে প্রতিদ্বন্বিতার ইশতেহারের খসড়া তৈরির জন্যে আওয়ামী লীগকে পরামর্শ দিতে আমাকে এবং কামালকে ডেকে নিলেন বঙ্গবন্ধু। তখনও ছয় দফা তৈরি হয়নি, তবে বঙ্গবন্ধুর সঙ্গে আলোচনা থেকে আমরা বুঝতে পারলাম যে পূর্ণ গণতন্ত্র এবং তার সাথে সাথে প্রাদেশিক স্বায়ত্তশাসনের জন্য লড়াই চালিয়ে যাওয়া এই নেতাদের কাছে প্রধান গুরুত্বের বিষয়।

১৯৬৪-র নির্বাচনে নিজের প্রার্থীপদ ঘোষণা করে সরকারি বিবৃতিতে ক্ষমতায় আসার পর থেকে তার সরকারের সাফল্যের যেসব গুণগান আইয়ুব খান করে আসছিল, তার একটি কড়া প্রত্যুত্তর পেশ করে আইয়ূবের রেকর্ডকে চ্যালেঞ্জ জানান বঙ্গবন্ধু। এবারও কামাল ও আমাকে আমন্ত্রণ জানানো হয় তার জবাবের খসড়া তৈরি করে দিতে। জোরদার আর্থিক উপাদান সম্বলিত বিবৃতিতে উপস্থাপিত আমার দেওয়া উপাত্ত সরকারের তথাকথিত উন্নয়ন সাফল্যগুলোর সম্পর্কে প্রশ্ন তোলে। বঙ্গবন্ধু এবং আওয়ামী লীগে তার সহযোগীদের সঙ্গে এই ধরনের পরিচয়ের সুবাদে আমার এবং কামালের রাজনৈতিক প্রক্রিয়া এবং জাতীয় আত্মপ্রতিষ্ঠায় সংশ্লিষ্ট সংগ্রামের সঙ্গে গভীরভাবে জড়িয়ে যাওয়া শুরু হয়েছিল।

শিক্ষাজগত এবং রাজনীতির দূরত্ব মোচন

এনএএসইপি: এক অগ্রণী উপদেষ্টা গোষ্ঠী

১৯৬০ সালে কামাল অক্সফোর্ড থেকে ফিরে আসার পর আমরা রাজনৈতিক প্রক্রিয়ার সঙ্গে আরও প্রত্যক্ষভাবে যুক্ত হবার চেষ্টা করি। সোহরাওয়ার্দীর

সঙ্গে সাক্ষাৎকারগুলো আমাদের প্রয়াসের সহায়ক হয়েছিল। যে রাজনৈতিক সংস্কৃতিতে ব্যক্তিগত যোগাযোগ খুবই গুরুত্বপূর্ণ হয়ে ওঠে সেখানে সোহরাওয়ার্দীর সঙ্গে যুক্ত থাকার সুবাদে এই নিরুদ্ধ গোষ্ঠীতে আমাদের গ্রহণযোগ্যতা বেড়েছিল। যাই হোক আমরা এও বুঝতে পেরেছিলাম যে সোহরাওয়ার্দীর সঙ্গে আমাদের ঘনিষ্ঠতা ঢাকার বামপন্থীদের সঙ্গে মিথষ্ক্রিয়ায় প্রতিবন্ধকতা তৈরি করবে, যে যোগসূত্র তৈরির চেষ্টা আমরা করছিলাম টুলু আর মোশাররফের মাধ্যমে। ১৯৫৬-৫৭ সালে সোহরাওয়ার্দী প্রধানমন্ত্রী থাকার সময় আওয়ামী লীগের আমেরিকা-পন্থী হয়ে ওঠা এবং ন্যাপ প্রতিষ্ঠায় আওয়ামী লীগের শত্রুতা এই নির্বাচনী কেন্দ্রের অনেকের কাছে সোহরাওয়ার্দী এবং তার দলকে ঘোর অপছন্দের করে তুলেছিল।

রাজনৈতিক এবং বুদ্ধিজীবি সম্প্রদায়ের সংযুক্তি প্রাতিষ্ঠানিক করে তুলতে, আর সেই সঙ্গে আওয়ামী লীগ ও ন্যাপ সমর্থকদের বিভাজনে সেতু বাঁধতে এবং পূর্ব পাকিস্তানের প্রধান সমস্যাগুলোর কার্যকরী সমাধান অনুসন্ধান ও উদ্ভাবনে একটা নীতি সমীক্ষা গোষ্ঠী গড়ার সিদ্ধান্ত নিই কামাল আর আমি। কিছুটা না ভেবেচিন্তেই আমরা গোষ্ঠীর নাম দিলাম ন্যাশনাল অ্যাসোসিয়েশন ফর সোশ্যাল অ্যান্ড ইকনমিক প্রগ্রেস (এনএএসইপি)।

এনএএসইপি গড়ায় অংশত অনুঘটকের কাজ করেছিল আমার পড়া উইলিয়াম এইচ হোয়াইট রচিত 'দ্যা মেকিং অফ দ্যা প্রেসিডেন্ট' বইটি। ১৯৬০ সালে মার্কিন প্রেসিডেন্ট নির্বাচনে জন এফ কেনেডির জয়ের অন্তর্দৃষ্টিমূলক বিবরণ রয়েছে এই বইয়ে। অসাধারণ এ বইয়ের পরবর্তী সময়ে এ ধরনের আরও কিছু বই লেখেন হোয়াইট, যার ফলে এ বিষয়ের ওপর লেখালিখি প্রায় শিল্পের পর্যায়ে চলে যায়, যা এখনও বিদ্যমান। হোয়াইটের বইয়ে উইলিয়াম স্লেজিঙ্গার, জে কে গ্যালব্রেইথ, ম্যাকজর্জ বান্ডি-র মতো উজ্জ্বল বুদ্ধিজীবি গোষ্ঠীর সঙ্গে কেনেডির ঘনিষ্ঠ সম্পর্কের বিবরণ আমার বিশেষ ভালো লেগেছিল। সাংবাদিক ডেভিড হলবারস্ট্যাম তার লেখা "দ্যা বেস্ট অ্যান্ড দ্যা ব্রাইটেস্ট" বইয়ে তুলনামূলকভাবে চাঁছাছোলা বর্ণনায় এদের চিহ্নিত করেছেন। আকৃষ্ট হয়েছিলাম জেনে যে মার্কিন রাজনীতিতে নতুন দিশা দিতে এই বুদ্ধিজীবিদের পরামর্শ নিতে আগ্রহী ছিলেন কেনেডি এবং পরিশেষে প্রেসিডেন্ট নির্বাচিত হয়ে এদের নিজের প্রশাসনে নিয়ে আসেন। কামাল আর আমি বিশ্বাস করতাম যে পাকিস্তানে রাজনীতি যত না সারবান, তার চেয়ে বেশি বাকসর্বস্ব - যেখানে নীতি বদলের তুলনায় ক্ষমতা দখলের অভিপ্রায় রাজনৈতিক ক্রিয়াকলাপকে উজ্জীবিত করত। আমরা বিশ্বাসী ছিলাম যে গণতান্ত্রিক রাজনীতির ফোকাস হওয়া উচিত পলিসি ইস্যু যেটা দলের নির্বাচনী প্রচার এবং নির্বাচিত হবার পরের কার্যাবলীকে পথ দেখাবে।

আমাদের এই অনুমান ভিত্তিহীন ছিল না। ১৯৫৪ সালের নির্বাচনে যুক্তফ্রন্টের জয় স্পষ্টতই ২১ দফা কর্মসূচির এজেন্ডা দ্বারা প্রভাবিত হয়েছিল। বাঙালি জাতীয়তাবাদকে এগিয়ে নিয়ে যেতে বঙ্গবন্ধুর এজেন্ডা তৈরি হয়েছিল পূর্ব পাকিস্তানের পূর্ণ স্বায়ত্তশাসন অর্জনের লক্ষ্যে সুচিন্তিত এবং আলোচিত ছয় দফা কর্মসূচিকে ঘিরে। '২১ দফা' তৈরির ক্ষেত্রে ঢাকা বিশ্ববিদ্যালয়ের বেশ কিছু বুদ্ধিজীবি অবদান রেখেছিলেন; তারা ১৯৫২-র ভাষা আন্দোলনেও যুক্ত ছিলেন।

প্রাক-সামরিক শাসন পর্বে শিক্ষাবিদ এবং রাজনীতিকদের মধ্যে নিয়মিত যোগসূত্র প্রতিষ্ঠা খুব সীমিত ঘটনা ছিল তবে এটা অন্তত বৈধ সম্পর্কের স্বীকৃতি পেয়েছিল। আইয়ূব সরকারের জারি করা আইন কার্যত বিশ্ববিদ্যালয় শিক্ষকদের রাজনীতিতে অংশগ্রহণ নিষিদ্ধ করতে চাইছিল। একমাত্র রাজ্জাক স্যার (রাষ্ট্রবিজ্ঞান বিভাগের অধ্যাপক আব্দুর রাজ্জাক) এই আইন চ্যালেঞ্জ করেন ঢাকা হাইকোর্টে। তার মামলায় সওয়াল করেন বিশিষ্ট আইনজীবি এ কে ব্রোহী, যার সহযোগী ছিল কামাল হোসেন। বিচারপতি সাত্তারের নেতৃত্বে একটি বেঞ্চ স্যারের পক্ষে এই আইনি যুক্তি দেখিয়ে রায় দেয় যে ১৯৩৫ সালে স্যার যখন বিশ্ববিদ্যালয়ের শিক্ষক পদে যোগ দেন, সে সময়ে স্যারের নিয়োগের যে শর্তাবলী সেগুলো লঙ্ঘন করেছে ওই নিয়ন্ত্রণ। তদনুসারে এই রায় সমস্ত শিক্ষকদের ক্ষেত্রেও বলবৎ হল, যাদের দলে নতুন আইন চালু হবার আগে চাকরিতে ঢোকা আমিও ছিলাম। এই আইন অবশ্য ১৯৬১-র নতুন আইন চালু হবার পরে নিযুক্ত সব শিক্ষকদের জন্য প্রযোজ্য ছিল।

এরকম প্রতিকূল রাজনৈতিক পরিস্থিতে এনএএসইপি-র টিকে থাকার সম্ভাবনা খুবই ভঙ্গুর হয়ে গিয়েছিল। আমাদের অর্থের যোগান কিছুই না থাকায় সংগঠনের পুরো কাজটাই জনস্বার্থের প্রেরণায় করতে হত। আমাদের প্রতিষ্ঠাতা সদস্য হিসেবে কামাল এবং আমি মুশাররফকে অন্তর্ভুক্ত করি। সে তখন রাজশাহী বিশ্ববিদ্যালয়ের অর্থনীতি বিভাগের রিডার হয়ে চলে গেছে। পরবর্তীতে মুশাররফ রাজশাহী বিশ্ববিদ্যালয়ে তার দুই সতীর্থ, ইতিহাস বিভাগের প্রধান অধ্যাপক সালাউদ্দিন আহমেদ এবং বদরুদ্দীন উমর, যিনি অক্সফোর্ডের রাষ্ট্রনীতি, দর্শন এবং অর্থনীতির (পিপিই) সাম্মানিক ডিগ্রিধারী ছিলেন এবং রাজশাহী বিশ্ববিদ্যালয়ে রাষ্ট্রবিজ্ঞান পড়াতেন, এদেরকে এনএএসইপি-তে যোগ দিতে রাজি করায়। এরা দুজনেই কঠোরভাবে ধর্মনিরপেক্ষ এবং বামপন্থী ভাবধারার ছিলেন। বিশেষ করে উমর লেনিন, স্ট্যালিন এবং মাও সে তুং-এর রাজনীতিতে নিবেদিতপ্রাণ ছিলেন। স্যার, যিনি তখন আমাদের সকলের গুরু, তাকেও নেওয়া হল আমাদের পরামর্শদাতা হিসেবে। স্বাভাবিকভাবেই, বিদ্যমান রাজনৈতিক পরিস্থিতিতে আমাদের উদ্যোগ সম্পর্কে স্যার যথেষ্টই অনাস্থাশীল ছিলেন, এবং আমাদের রাজনৈতিক বাস্তববোধ সম্পর্কেও ব্যাপক সংশয় ছিল তার।

কেতাবি জগতের বাইরে আমরা ইরফান আহমেদকে নিই। সে আমাদের অনেক চিন্তার সমমনা অংশীদার ছিল এবং জিয়াউল হক-কেও (টুলু) নেওয়া হয়, ব্যবসায় প্রতিষ্ঠিত হতে যে তখন লড়াই চালাচ্ছে কিন্তু বাঙালি জাতীয়তাবাদের প্রতি যার প্রগাঢ় নিষ্ঠা ছিল। সাহিত্যিক, শিল্পী এবং সাংবাদিক মহলের বাম ও ধর্মনিরপেক্ষ বুদ্ধিজীবিদের সঙ্গে খুব ঘনিষ্ঠ যোগাযোগ ছিল টুলুর। আওয়ামী লীগের সঙ্গে সক্রিয়ভাবে যুক্ত কামরুদ্দিন আহমেদকেও নেওয়া হল। তার রচিত "বাংলার সামাজিক ও রাজনৈতিক ইতিহাস" আমরা সকলে পড়েছিলাম এবং সেটা জাতীয়তাবাদী আন্দোলনের কেতাবি ঘরানা বহির্ভূত ইতিহাস হিসেবে ব্যবহৃত হত।

অনিয়মিতভাবে এনএএসইপি-র সভা বসত নিউ বেইলি রোডে কামালের ঘরে অথবা বেইলি রোডের কাছাকাছি ৮৩১/৮৩৩ শান্তিনগরে আমাদের বাড়িতে। আমাদের আলোচনাগুলো বেশ খোলামেলা হত। যে কারণে মনে হয়েছিল যে আমাদের এটাকে আরও ফোকাস দেওয়া দরকার এবং কিছু নীতিভিত্তিক প্রকাশনার মাধ্যমে আরও দূর বিস্তৃত করা প্রয়োজন যাতে করে এগুলো রাজনৈতিক গোষ্ঠীর হস্তগত হয়। আমাদের প্রচেষ্টার প্রাথমিক এবং একমাত্র ফসল ছিল তিন বিষয়ের ওপর লেখা তিন পুস্তিকা - যথাক্রমে কামালের 'দ্যা চ্যালেঞ্জ অফ ডেমোক্রেসি', মুশাররফের 'দ্যা চ্যালেঞ্জ অফ এডুকেশন' এবং আমার লেখা 'দ্যা চ্যালেঞ্জ অফ ডিসপ্যারিটি'। ইংরেজিতে লেখা পুস্তিকাগুলো সস্তা নিউজপ্রিন্ট কাগজে 'সংবাদ' পত্রিকা দপ্তরে ছাপা হয়েছিল। তখন আহমেদুল করিম (মনু) ও তার স্ত্রী লায়লার সঙ্গে আমার ভালো বন্ধুত্ব হয়েছে। ওরা খুব সহৃদয় হয়ে আমাদের উদ্যোগে ওদের অবদান হিসেবে নিখরচায় পুস্তিকাগুলো ছাপতে রাজি হয়েছিল। যথেষ্ট পরিমাণ রাজনৈতিক শ্রোতার কাছে পৌঁছবার জন্য পুস্তিকাগুলো হয় বাংলায় তৈরি করতে অথবা নিদেনপক্ষে বাংলায় অনুবাদ করে নিতে আমাদের পরামর্শ দিলেন স্যার। কোনো কারণে কিছু ঘটনার পরিপ্রেক্ষিতে অনুবাদ প্রক্রিয়া বিঘ্নিত হয়, যার ফলে আমাদের পুস্তিকার পাঠকমন্ডলী সীমিত থেকে গিয়েছিল। আমাদের রাজনৈতিক বয়ঃসন্ধিকালের এই উদ্যোগের কিছু বিবর্ণ কপি আজও আমার কাছে রয়েছে তবে তাদের বিষয়বস্তুর দূরদর্শিতা এখনও অম্লান।

জনমৈত্রী পরিষদ: বিভেদের সাক্ষী

বছর দুয়েকের বেশি স্থায়ী হয়নি এনএএসইপি-র অস্তিত্ব এবং তার জায়গা নেয় জনমৈত্রী পরিষদ। এনএএসইপি-র ভিতের উপরেই তৈরি হয়েছিল এই সংগঠন, তবে এবার এতে যোগ দেয় অর্থনীতি বিভাগের আমার এক প্রাক্তন ছাত্র মঈদুল হাসান। দৈনিক ইত্তেফাক কাগজের একজন নির্ভীক সাংবাদিক হিসেবে নিজেকে প্রতিষ্ঠিত করেছিল মঈদুল এবং আইয়ূব সরকারের বিরুদ্ধে

১৯৬২-র প্রথম রাজনৈতিক বিক্ষোভে সে কারাবাসও করে। মঈদ আবার তৎকালীন পূর্ব পাকিস্তান জার্নালিস্ট ইউনিয়নের প্রেসিডেন্ট প্রতিভাধর বিহারি সালাউদ্দিন মোহাম্মদের সঙ্গে আমাদের আলাপ করিয়ে দিয়েছিল। বিহারি সালাউদ্দিন ছিল অত্যন্ত ক্যারিশমাটিক এক চরিত্র। ইত্তেফাক কাগজেও কাজ করেছিল সে, পরে মানিক মিঁয়া তাকে ইংরেজি সাপ্তাহিক ঢাকা টাইমস চালু করার জন্য নিয়ে যান। ইংরেজি কিছুটা নড়বড়ে ছিল সালাউদ্দিনের। ফলে সম্পাদকের কলম কিছুটা দুর্বল রয়ে যায়। যাই হোক, আইয়ূব সরকারের চূড়ান্ত সমালোচনা করা কিছু নির্ভীক সংবাদ প্রকাশ করে ঢাকা টাইমস। এই সাপ্তাহিকে আমি বেশ কিছু লেখা লিখি। অবশ্য লেখা ছাপার জন্য আমার পছন্দের কাগজ ছিল সে আমলে সর্বাধিক পঠিত পাকিস্তান অবজারভার, যার সম্পাদক ছিলেন আরেক প্রবাদপ্রতিম সাংবাদিক আব্দুস সালাম।

শুধু আমরা নয়, গোটা সাংবাদিক গোষ্ঠীর প্রিয়পাত্র সালাউদ্দিনের রাজনৈতিক সংযোগ খুব ভালো ছিল এবং আইয়ূবের পার্লামেন্টের প্রথম অধিবেশনে যোগ দিতে ঢাকায় আসা বালুচ জাতীয়তাবাদী আন্দোলনের তিন ঐতিহাসিক চরিত্র গাউস বক্স বিজেনজো, সর্দার আতাউল্লাহ খান মেঙ্গাল এবং সর্দার খায়ের বক্স মারি-র সঙ্গে সে আমাকে আলাপ করিয়ে দেয়। এই তিন আকর্ষক চরিত্র বালুচদের জাতীয় সত্তা প্রতিপন্ন করতে দৃঢ়প্রতিজ্ঞ ছিলেন। মেঙ্গল এবং মারি উপজাতি পরিশেষে আইয়ূব সরকারের বিরুদ্ধে উপজাতীয় বিদ্রোহ শুরু করে এবং তাদের নিষ্ঠুরভাবে দমন করে 'বালুচিস্তানের কসাই' নাম কেনে জেনারেল টিক্কা খান।

সালাউদ্দিন সন্দেহজনক লোকজনের সঙ্গে ঘোরাফেরা করছে জানতে পেরে ১৯৬৫ সালের ভারত-পাকিস্তান যুদ্ধের পর আমরা তার সঙ্গে সম্পর্ক ছেদ করি। আইয়ূব সরকারের পতনের আগে ও পরে পূর্ব পাকিস্তানে জাতীয়তাবাদী সংগ্রাম তীব্রতর হয়ে উঠলে বিসদৃশ হয়ে ওঠে সালাউদ্দিন। অবশেষে ১৯৭১ সালে সে সপরিবার পশ্চিম পাকিস্তানে চলে গিয়েছিল।

মঈদ এবং সালাউদ্দিন বলেছিল যে এনএএসইপি খুব অল্পসংখ্যক মানুষের কাছে পৌঁছতে পেরেছে এবং এর নামটাও বড়ো বেশি রকমের কেতাবি। জনমৈত্রী পরিষদ (জেএমপি) নামকরণ হয়েছিল যাতে তার বিষয়ে রাজনৈতিকভাবে আরও বেশি সক্রিয় বাম ও জাতীয়তাবাদী গোষ্ঠীরা জানতে পারে, আগ্রহী হয়। জেএমপি-র প্রধান ভূমিকা ছিল নানা ধরনের রাজনৈতিক এবং পলিসি ইস্যু নিয়ে বৈঠকের আয়োজন করা যেগুলো হয় কামাল কোর্টে বসত অথবা হত স্যাভেজ রোডে ব্রিটিশ কাউন্সিলের উলটোদিকে ঢাকা বিশ্ববিদ্যালয়ের টিচার্স কোয়ার্টারে আমার ঘরে যেখানে আমি আর সালমা ১৯৬৪ সালে চলে এসেছিলাম।

জনমৈত্রী পরিষদ সংস্কারপন্থীদের একটা বড়ো অংশকে কাছে টানতে পেরেছিল, এদের মধ্যে ছিল এনায়েতুল্লাহ খান যে তখনও 'হলিডে' প্রকাশ শুরু

চ্যাথাম হাউসে এর আগেও আমার বেসিক ডেমোক্র্যাসি সংক্রান্ত বইয়ের ওপর বক্তৃতা দিয়েছিলাম।

আইয়ূব সরকারের সম্ভাব্য পতনের কথা ভেবে অধীর হয়ে আমি দেশে ফিরে গিয়ে এই ঐতিহাসিক রাজনৈতিক বিক্ষোভে অংশ নিতে খুবই উদ্দীপিত বোধ করছিলাম। আমার থিসিস শেষ হতে তখন আরও কয়েক মাস কাজের দরকার ছিল, কিন্তু আমার ওই মনের অবস্থায় থিসিস লিখতে যে একাগ্র প্রয়াস প্রয়োজন তা কিছুতেই সম্ভব হচ্ছিল না। ফলে সালমার প্রবল বিরক্তির মাঝেই আমার অ্যাকাডেমিক কাজ ত্যাগ করে ঢাকায় ফিরে যাওয়া ঠিক করি। তার বিরক্ত বোধ করার হয়তো যথেষ্ট কারণ ছিল। প্রথমত ঢাকায় সাংসারিক জীবনে স্থিতি চলে আসায় সালমা বিদেশে আর আসতেই চায়নি। তারপর সে যখন বিদেশের যাপনে মানিয়ে নিয়েছে এবং দেশে ফিরে আসার তেমন ইচ্ছে তার নেই, তখন আমার ঢাকা ফিরে যাবার সিদ্ধান্ত তাকে আবার হতাশ করেছিল। সে বোধহয় ঠিকই বুঝতে পেরেছিল যে, এবার যদি পিএইচডি না করে আমি দেশে ফিরি, তাহলে আমাদের জীবনের এতগুলো বছর নষ্ট হবে। এও ঠিক যে, তার ভাবনার পূর্ণ বিরোধিতাও আমি করতে পারছিলাম না। তবুও তার পছন্দের বিরুদ্ধে স্বার্থপরের মতো আমার রাজনৈতিক এজেন্ডাগুলোকে তার ওপর জোর করে চাপিয়ে দেওয়ার যন্ত্রণাবোধ আজও আমার বিবেককে ভারাক্রান্ত করে।

ইংল্যান্ডে আমরাই একমাত্র বাঙালি রাজনৈতিক শরণার্থী ছিলাম না। মোশাররফ সে সময় ছুটি নিয়ে ইয়র্ক বিশ্ববিদ্যালয়ের ফেলোশিপ গ্রহণ করেছিল - ১৯৬৮-৭০ দু'বছর সে তার পরিবার নিয়ে সেখানে কাটায়। ফলে লন্ডন ও ইয়র্ক দু'জায়গাতেই আমাদের দেখা হত। স্যারও (অধ্যাপক আব্দুর রাজ্জাক) লন্ডনে এসে আমাদের সঙ্গে ব্রুকল্যান্ড রাইজ-এ ছিলেন ১৯৬৯-এর মার্চে আমরা ঢাকা ফিরে আসার আগে পর্যন্ত। পরে তিনি দিল্লি স্কুল অফ ইকনমিকসের (ডিএসই) অসাধারণ উজ্জ্বল অর্থনীতিক অর্জুন সেনগুপ্ত, যিনি এলএসই-র ভিজিটিং লেকচারার ছিলেন, তার কাছে চলে যান। লন্ডনে থাকতে অর্জুন এবং তার স্ত্রী জয়শ্রীর সাথে আমার আর সালমার ঘনিষ্ঠ বন্ধুত্ব গড়ে ওঠে, যে সম্পর্ক বহু বছর স্থায়ী হয়েছে।

উপভোগ্য জীবন শৈলীর নিরিখে আমাদের দু'বছর লন্ডন বাস একেবারে নিস্ফলা হয়নি। ওখানকার খোলামেলা জীবনযাপন আমরা উপভোগ করতাম। প্রায়ই থিয়েটার, সিনেমা এবং কনসার্টে যাওয়া হত। ১৯৬০-এর দশকের শেষ দিকের ইংল্যান্ড তার নিজস্ব সাংস্কৃতিক বিপ্লবের জোয়ারে ভাসছে। সামাজিক মূল্যবোধের উদারীকরণ হচ্ছে এবং যুব সমাজের রাজনৈতিক চেতনা সংস্কারমুখী হয়ে উঠছে। ভিয়েতনাম যুদ্ধবিরোধী আন্দোলন তখন তুঙ্গে পৌঁছেছে এবং তাহিরা ও মাজাহার আলির ছেলে তারিক আলির মতো ব্যক্তিত্ব, যারা এই আন্দোলনের নেতৃত্ব দিচ্ছিল তাদের নাম ঘরে ঘরে উচ্চারিত হত।

১৯৬৭-র গ্রীষ্মে পাকিস্তান ক্রিকেট দল ইংল্যান্ড সফর করে, ফলে আমি আমার ক্রিকেট অনুরাগ ঝালিয়ে নেবার সুযোগ পেলাম। পাকিস্তান বনাম মিডলসেক্স দলের খেলা দেখতে লর্ডসে হাজির হই। সেবার এইচেসন এবং কেমব্রিজের এক বন্ধু ফকির আইজাজউদ্দিন কিছুটা আশ্চর্যজনকভাবেই পাকিস্তান দলে সুযোগ পেয়েছিল, সুতরাং তার সঙ্গে দেখা হবে এই আশাও ছিল। ওপেন করতে নেমে তার রক্ষণাত্মক ব্যাটিং দেখবার পর আমি বিখ্যাত লর্ডস প্যাভেলিয়নের কাছে গিয়ে প্লেয়ার্স ড্রেসিং রুমে একটা বার্তা পাঠাই ফকিরকে আমার উপস্থিতি জানান দিতে। বার্তা পাওয়া মাত্র দরজায় হাজির হয়ে আমাকে জড়িয়ে ধরে ফকির। সে আমাকে লর্ডস প্যাভেলিয়নের প্লেয়ার্স ব্যালকনিতে নিয়ে যায়। সেখানে তখন সাঈদ আহমেদ, আসিফ ইকবাল, ইন্তিখাব আলমের মতো তার বিশিষ্ট সতীর্থ খেলোয়াড়েরা বসে আছে। তাদের সান্নিধ্যে লর্ডসের প্লেয়ার্স ব্যালকনিতে বসবার এক স্মরণীয় অভিজ্ঞতা আমার হয়েছিল। শুধু তাই নয়, শেষ টেস্টে ওভালের প্যাভিলিয়নেও আমি ঢুকতে পারি, যে খেলায় আসিফ ইকবালের ১৪৭ রানের মহাকাব্যিক ইনিংস পাকিস্তানকে ইনিংস পরাজয়ের গ্লানি থেকে বাঁচিয়েছিল।

মামা সাঈদ শাহাবুদ্দীন ১৯৬৮ সালে ইংল্যান্ড সফরে গিয়েছিলেন; তার সৌজন্যে আরেকটি বোনাস খেলা দেখার সুযোগ হয়। ওয়েম্বলীতে ইউরোপীয় কাপের ফাইনালে ম্যাঞ্চেস্টার ইউনাইটেড (ম্যানইউ) বনাম পর্তুগালের বেন ফিকা ক্লাবের খেলা দেখার দুটো টিকিট তিনি জোগাড় করতে পেরেছিলেন। ম্যান ইউ-র তখন সেরা সময়, ফার্স্ট ডিভিশন লীগে তারা এক নম্বর দল হয়েছে এবং এফএ কাপ জিতেছে। তাদের দল নেতৃত্ব দিচ্ছে দুর্দান্ত এক ফরোয়ার্ড লাইন যাতে ছিলেন ববি চার্লটন, ডেনিস ল এবং জাদুকরি জর্জ বেস্ট। বেনফিকা-র আক্রমণভাগের নেতৃত্বে ছিল বিশ্বের সর্বকালের সেরা ফরোয়ার্ডদের একজন ইউসেবিও। দুর্দান্ত এক ম্যাচ শেষে খেলা জিতে প্রথমবারের মতো ইংল্যান্ডে ইউরোপীয় কাপ নিয়ে আসে ম্যান ইউ।

চ্যাথাম হাউসে সাউথ এশিয়া গ্রুপের সঙ্গে আমার সাপ্তাহিক আলোচনা-আড্ডাগুলোও দারুণ অভিজ্ঞতা ছিল। এই অভিজ্ঞতা আমি পরবর্তীতে ১৯৭১ সালে বাংলাদেশের পক্ষে জনমত গড়ে তোলার সময় কাজে লাগিয়েছিলাম। একইভাবে ৭১-এ কাজে লেগেছিল এই সময় তৈরি হওয়া আমার সাংবাদিকতা জগতের সাথে সংযোগগুলো। ট্যাম ড্যালিয়েল-এর মতো কেমব্রিজ সমসাময়িকদের সঙ্গেও এ সময় নতুন করে যোগাযোগ শুরু করি। সে তখন হাউস অফ কমন্স-এ লেবার দলের প্রতিনিধি। যার ফলে লেবার পার্টির অন্দরমহলে যাতায়াতের কিছুটা সুযোগ পাই; এটিও আমাদের ১৯৭১ সালের লড়াইয়ে সহায়ক হয়েছিল।

ব্যক্তি জীবনে ২২ জুলাই ১৯৬৭ লন্ডনে আমাদের পুত্র বাবরের জন্ম হয়। আমরা ভাগ্যবান আয়া ডি'ক্রুজ তখনও আমাদের সঙ্গে ছিলেন এবং প্রথম

বছর বাবরের পরিচর্যা তিনিই করেছিলেন। আমরা ঢাকার উদ্দেশ্যে রওনা হলে অবশ্য তিনি লন্ডনে তার পরিবারের সঙ্গে থেকে যাওয়ার সিদ্ধান্ত নিলেন। আমাদের আরাম করে সন্তান প্রতিপালনের দিন সেখানেই অবসান হয়েছিল। এরপর থেকে আমাদের দুই পুত্রের দেখভালের প্রাথমিক দায়িত্ব সালমাকেই নিতে হয়, যে কাজ সে গভীর ভালোবাসা এবং যত্নের সঙ্গে করে গিয়েছে। এ ব্যাপারে আমার কাছ থেকে সে খুব সামান্যই আর বলতে গেলে মোটামুটি অপটু কিছু সহায়তা পেয়েছে।

আম্মান, জর্ডান হয়ে অবশেষে আমরা ঢাকায় ফিরে এলাম মার্চ ১৯৬৯-এ আইয়ূবের পতন আর ইয়াহিয়া খান ফের সামরিক শাসন চালু করার পর। আমাদের আম্মান যাওয়া হয়েছিল ১৯৬৮-র অক্টোবর নাগাদ করাচিতে সালমার কনিষ্ঠতমা বোন সারভাথের সঙ্গে জর্ডানের রাজা হোসেনের ছোটো ভাই যুবরাজ হাসান বিন তালালের বিয়ের সূত্র ধরে। হাসান এবং সারভাথ ছোটোবেলা থেকেই পরস্পরকে চিনত, ১৯৫০-এর দশকের মাঝামাঝি সময়ে যখন সালমার বাবা মোহাম্মদ ইকরামুল্লাহ লন্ডনে পাকিস্তানের হাইকমিশনার হিসেবে নিযুক্ত তখন থেকে। সেই সময় বেগম ইকরামুল্লাহ ইংল্যান্ডের হাসানকে হাইকমিশনের বাসভবন ৫৬ অ্যাভিনিউ রোড, স্যুইস কটেজে তার ছেলেমেয়েদের সঙ্গে চা-পানে আমন্ত্রণ জানান। হাসান তখন লন্ডনে কেবল প্রাথমিক স্কুলের ছাত্র। ১৯৬৮ সালে পাকিস্তানে রাষ্ট্রীয় সফরে এলে সেই সময়ের কথা মনে রেখে বেগম ইকরামুল্লাহর সঙ্গে সৌজন্যমূলক সাক্ষাৎ করেন হাসান - সেখানেই সে কুড়ি বছরের প্রাণচঞ্চল সারভাথকে দেখে। সারভাথ তখন সে বছরের শেষ দিকে কেমব্রিজ বিশ্ববিদ্যালয়ে ভরতি হবার প্রস্তুতি নিচ্ছে। রাজা হোসেন সারভাথ ও তার মাকে আম্মান সফরে আমন্ত্রণ জানান, এবং বাকিটা, যেমন বলা হয়, ইতিহাস হয়ে রয়েছে। কেমব্রিজ যাবার বদলে সারভাথ তার বয়সী হাসানকে বিয়ে করে। ২১ বছরের হাসান তখন অক্সফোর্ডের ক্রাইস্টচার্চ কলেজ থেকে প্রাচ্য ভাষায় ডিগ্রি লাভ করেছে। তাকে বুদ্ধিমান, বিনয়ী, বয়সের তুলনায় পারপক্ক এবং এক সজাব রসবোধসম্পন্ন যুবক বলে আমার মনে হয়েছিল।

আমরা ঢাকা ফিরেছিলাম অস্ট্রিয়া হয়ে সেন্ট উলফগ্যাংয়ে ছুটি কাটিয়ে; সেখান থেকে গেলাম ইস্তাম্বুল। মনে আছে, বাবরকে পুশচেয়ারে বসিয়ে টপকাপি প্যালেস মিউজিয়াম ঘুরিয়েছিলাম।

আম্মান তখন কেবল একটা ছোটো প্রাদেশিক শহর, যার বিমানবন্দর ঢাকার চেয়ে খুব বড়ো ছিল না। সেখানে পৌঁছলে হাসান এবং সারভাথ আমাদের অভ্যর্থনা জানায়। তারপর গাড়িতে করে নিয়ে যাওয়া হল ওদের বাসভবনে, একসময় যেটা ব্রিটিশ হাইকমিশনারের ছিল। সুসজ্জিত হলেও মোটেও প্রাসাদোপম ছিল না সে বাড়িটি। আম্মানে ঘুরতে গিয়ে দেখলাম সর্বত্র প্যালেস্টাইন লিবারেশন

অর্গানাইজেশন (পিএলও)-এর সশস্ত্র বাহিনী রয়েছে এবং সমান্তরাল সরকারের ধাঁচে অনেক জায়গায় তারা তাদের চেকপোস্ট বসিয়ে রেখেছে। স্পষ্টই বোঝা যাচ্ছিল যে, রাজকীয় সরকার এবং প্যালেস্টিনীয়দের মধ্যে বেশ ভালো রকম উত্তেজনা কাজ করছে। ফলে সেপ্টেম্বর ১৯৭০-এ জর্ডান বাহিনী, যার বেশির ভাগ সেনা হাশেমাইট পরিবার অনুগত বেদুইন সেনাদের নিয়ে গঠিত ছিল, জর্ডান জুড়ে পিএলও ক্যাম্পগুলোতে অতর্কিত আক্রমণ চালায়। ইতিহাসে এ ঘটনা 'ব্ল্যাক সেপ্টেম্বর' নামে কুখ্যাতি কুড়িয়েছে। আক্রমণে পিএলও-র বহু সেনা নিহত হয় এবং এর পর ইয়াসির আরাফাত ও পিএলও উভয়কেই জর্ডান থেকে বহিষ্কার করা হয়।

আইয়ুব শাসনামলের শেষ দিনগুলো

আম্মান থেকে করাচি এসে দেখি, নভেম্বর ১৯৬৬-এ যখন আমরা লন্ডন যাই, তখনকার তুলনায় সম্পূর্ণ বদলে গেছে জনমতের হাওয়া। আমরা ফেরার আগের মাসগুলোতে যে ঝড় অবরুদ্ধ আইয়ুব সরকারকে চোখ রাঙাচ্ছিল, সেটা পশ্চিম থেকে পূর্ব পাকিস্তানের দিকে সরে গেছে। পূর্ব পাকিস্তানে সরকারের বিরুদ্ধে যে প্রাথমিক জমায়েত হচ্ছিল যার পুরোধা ছিল ঢাকা বিশ্ববিদ্যালয়ের ছাত্রসংগ্রাম পরিষদের ছাত্ররা; সেখান থেকে সেটা বিস্তৃত হয়ে কৃষক আর শ্রমিকদের মধ্যেও ছড়িয়ে পড়ে। গ্রামাঞ্চলে অভ্যুত্থানের লক্ষ্য ছিল প্রধানত বেসিক ডেমোক্র্যাটরা যারা আরপিডব্লুপি-র দুর্নীতির ফায়দা লুটে ফুলে ঢোল হয়েছিল। এই প্রকল্পের রাজনৈতিক পরিণতি, বিষয়ে যে পূর্বাভাস আমি আমার প্রথম প্রকাশিত বইয়ে বলেছিলাম, বাস্তবেও তাই ঘটতে দেখায় বুঝলাম আমার অনুমানই সত্য ছিল। অবাঙালি পুঁজিপতিদের নিয়ন্ত্রিত শিল্প সাম্রাজ্যে শ্রমিকদের প্রকৃত আয় কমে আসছিল; ফলে তারা বেতন বাড়ানোর দাবীতে তাদের নিয়োগকর্তাদের ঘেরাও অথবা অবরোধ করছিল। প্রতিরোধের এই তিন ধারা – ছাত্র, শ্রমিক ও কৃষক – সকলে মিলে একটা সমীহ জাগানো শক্তিতে রূপান্তরিত হয়েছিল যেটাকে বিপ্লব এবং পূর্ব পাকিস্তান বিচ্ছিন্ন হবার পূর্বাভাস ভেবে কম্পিত হচ্ছিল পশ্চিম পাকিস্তানিরা। আওয়ামী লীগের ছয় দফা কর্মসূচির প্রতি নিরুৎসাহী সমর্থন জুগিয়ে যে মওলনা ভাসানী এতদিন আইয়ুব সরকারের এক রকম অনুমোদন পেয়ে আসছিলেন, তিনি এবার এই বিপ্লবী অভ্যুত্থানের অগ্রদূত হিসেবে নিজেকে তুলে ধরতে চাইলেন।

বস্তুত বাঙালি জাতীয়তাবাদের কেন্দ্রবিন্দু এবং পূর্ব পাকিস্তানের অভ্যুত্থানের প্রধান মুখপাত্র হয়ে উঠলেন বঙ্গবন্ধু। যে কুখ্যাত আগরতলা ষড়যন্ত্র মামলায় বঙ্গবন্ধুসহ বহু বাঙালি আমলা এবং সামরিক ব্যক্তির বিরুদ্ধে স্বাধীন বাংলাদেশ তৈরি করতে ভারতীয়দের সঙ্গে হাত মেলাবার অভিযোগ আনা হল, রাজনৈতিকভাবে সেটা বিপরীত ফল দেয়। আদালতে বঙ্গবন্ধুর

পক্ষ-সমর্থন সংগঠিত করতে সক্রিয়ভাবে যুক্ত কামাল সেই বিচারের বিষয়ে বিস্তারিত লিখেছে, যেমন আরও অনেকে লিখেছেন। বাঙালিদের চোখে বঙ্গবন্ধু জাতীয় বীর ও সম্ভাব্য শহীদের মর্যাদা লাভ করলেন। তোফায়েল আহমেদ ছিলেন ছাত্র সংগ্রাম পরিষদের সভাপতি এবং একাধারে ইপিএসএল কর্মী ও ঢাকা বিশ্ববিদ্যালয় কেন্দ্রীয় ছাত্র সংসদের (ডাকসু)-এর সহ-সভাপতি। তিনি ১১ দফা কর্মসূচি পেশ করেন। এই ১১ দফায় বঙ্গবন্ধুর ছয় দফাকে বাড়িয়ে আরও পাঁচটি দফা যোগ করা হয়েছিল, যেগুলো ছিল বাম আন্দোলনের আরও সংস্কারপন্থী চিন্তাভাবনার প্রতিফলন। সে সময় নির্বাচনী দিক থেকে গুরুত্বহীন হলেও ছাত্র সমাজে সেগুলোর যথেষ্ট শক্তিশালী প্রভাব ছিল।

১৯৬৮-র শেষ দিকে কোনো এক সময়ে পূর্ব পাকিস্তানে ছাত্রদের আইয়ূববিরোধী বিক্ষোভ শুরুর আগে, ক্যাম্পাসে এনএসএফ গুন্ডাদের উপদ্রব ঠেকাতে ইপিএসইউ আর ইপিএসএল হাত মেলায়, যদিও অন্য সময় তারা সারাক্ষণ পরস্পরের সঙ্গে ঝগড়ার মধ্যেই থাকত। ১৯৬৬ সালের গোড়ায় আবু মাহমুদের ওপর হামলা করার পর থেকে গভর্নর মোনেম খানের পূর্ণ সমর্থনপুষ্ট এনএসএফ ক্যাম্পাসে রাজত্ব করে আসছিল। ইপিএসইউ-র কিছু কর্মী ছাত্রদের সঙ্গে এনএসএফ-এর সংঘর্ষে সবচেয়ে ভয়ঙ্কর গুন্ডা পাসপাত্তু গুরুতর আহত হয়ে হাসপাতালে মারা যায়।

পাসপাত্তুরের মৃত্যু ক্যাম্পাসে শক্তি ভারসাম্যে পরিবর্তন ঘটিয়েছিল। এনএসএফ-এর বাকি গুন্ডারা হঠাৎ অদৃশ্য হয়ে যায়। এ পর্যায়ে এনএসএফ-এর কিছু রাজনীতি সচেতন নেতা আইয়ূববিরোধী আন্দোলনে যুক্ত হওয়া সমীচীন মনে করে। আতঙ্কের হাতিয়ার হিসেবে এনএসএফ-এর শক্তি হ্রাস ছাত্রদের কণ্ঠস্বর হিসেবে ইপিএসইউ/ইপিএসএল-কে পুনঃপ্রতিষ্ঠিত করে এবং বিশ্ববিদ্যালয় চত্বরের ভেতর থেকে আইয়ূববিরোধী আন্দোলন শুরু করতে তাদের সাহস জোগায়। যেহেতু ঢাকা বিশ্ববিদ্যালয় তখন গোটা পূর্ব পাকিস্তানে ছাত্রদের সক্রিয় হয়ে উঠতে প্রেরণা জুগিয়েছে, সংগ্রাম পরিষদের নেতৃত্বে আন্দোলন তাই দাবানলের তীব্রতায় পূর্ব পাকিস্তানের সকল ক্যাম্পাসে ছড়িয়ে পড়েছিল।

দুই পাকিস্তানেই আইয়ূব সরকার ভেঙে পড়ায় ১৯৬৯ সালের ফেব্রুয়ারির শেষে ইসলামাবাদে একটা গোলটেবিল বৈঠক ডেকে সময় নেবার চেষ্টা করে আইয়ূব। পূর্ব পাকিস্তান জুড়ে আন্দোলনের তীব্রতা এতটাই ছিল আইয়ূব সরকারের রাজনৈতিক শক্তি সম্পূর্ণ চুরমার হয়ে যায়। তার মন্ত্রীরা অদৃশ্য হল, তাদের বাড়িতে আগুন ধরিয়ে দেওয়া হল, এবং ঢাকায় সে সময় যেকোনো পতাকাবাহী গাড়ি উন্মত্ত জনতার লক্ষ্যবস্তু হয়ে গিয়েছিল। অবশেষে ক্যান্টনমেন্ট জেল থেকে মুজিব ছাড়া পেলেন যেখান থেকে ঢাকা রেসকোর্স

ময়দানে ছাত্র সংগ্রাম পরিষদের ডাকা বিশাল জনসভায় ভাষণ দিতে তিনি আবির্ভূত হলেন। সভার আহ্বায়ক তোফায়েল আহমেদ তাকে "বঙ্গবন্ধু" (বাংলার বন্ধু) খেতাব দিলেন।

বঙ্গবন্ধু ইসলামাবাদ গেলেন একজন বিজয়ী বীর রূপে যার বিশ্বাস ছিল ইতিহাসের বাতাস তার পেছনে রয়েছে। আইয়ূববিরোধী শক্তি সমাবেশে বিবিধ ইস্যু জড়ো হয়েছিল, বঙ্গবন্ধু তার রাজনৈতিক দূরদৃষ্টি দিয়ে বুঝতে পারছিলেন যে, বাঙালিদের প্রধান চিন্তা ২৫ বৎসরের পাকিস্তানি প্রভুত্ব থেকে স্বায়ত্বশাসন লাভ। এই লক্ষ্যে গণতন্ত্রকে একটি সহায়ক ভূমিকা পালন করবে মনে করা হয়েছিল। সুতরাং বঙ্গবন্ধু যখন গোলটেবিল বৈঠকে বসলেন তখন ছয়/এগারো দফা এজেন্ডাকেই পূর্ব পাকিস্তানের মানুষের প্রধান দাবি বলে পেশ করলেন। বৈঠকে তার দাবিদাওয়া আরও পেশাদারি রীতিতে পেশ করতে তিনি কামাল হোসেনকে দলে নিলেন। তার সাথে ঢাকা বিশ্ববিদ্যালয় থেকে নিলেন সারওয়ার মুরশিদ এবং মুজাফফর আহমেদ চৌধুরীকে। তার উপস্থাপনা তৈরিতে সাহায্য করতে করাচি থেকে নুরুল ইসলাম, আর ইসলামাবাদ বিশ্ববিদ্যালয়ের অর্থনীতি বিভাগের দুই অধ্যাপক আনিসুর রহমান এবং ওয়াহেদুল হককেও দলভুক্ত করা হল।

গোলটেবিল বৈঠকে আসা পশ্চিম পাকিস্তান থেকে অন্যান্য অংশগ্রহণকারী এবং আওয়ামী লীগের সদস্য নয়, পূর্ব পাকিস্তানের এমন প্রতিনিধিরা আইয়ূব খানের নিষ্ক্রমণ, প্রত্যক্ষ ভোটাধিকার প্রয়োগের ভিত্তিতে নতুন আইনসভা গঠনের জন্য নির্বাচনের ব্যবস্থা করা ইত্যাদি দাবিতেই সন্তুষ্ট ছিল। তবে বঙ্গবন্ধু চাইছিলেন আইয়ূব সরকার বদলের সূচক হিসেবে সর্বদলীয় চুক্তি সইয়ের পূর্বশর্ত হিসেবে তার ছয় দফা এজেন্ডা গৃহীত হোক। পাঞ্জাবী কর্তৃত্ব থেকে স্বায়ত্বশাসনের দাবিদার পাঠান ও বালুচরা ছাড়া আইয়ূব বা পশ্চিম পাকিস্তানি নেতাদের পক্ষে বঙ্গবন্ধুর দাবি মেনে নেওয়া সম্ভব ছিল না।

ভুট্টো এবং ভাসানী এ বৈঠকে অনুপস্থিত ছিলেন। ভুট্টোকে সামরিক দপ্তরে থাকা তার বন্ধুরা সতর্ক করে দেয় যে আইয়ূবের দিন ফুরিয়ে এসেছে এবং অবশেষে সে ইয়াহিয়া খানের হাতে ক্ষমতা তুলে দেবে। ফলে সে বুঝতে পেরেছিল যে এ বৈঠকটি একটি লোক দেখানো ব্যাপার, যেখানে অংশ নিলে জনসাধারণের চোখে তার যে বিপ্লবী ভাবমূর্তি আছে সেটা নষ্ট হবে। হয়তো ভাসানীকেও একই পরামর্শ দিয়েছিল তার ঘনিষ্ট সঙ্গী মাসিহুর রহমান (যাদু মিঁয়া) সেনাবাহিনীর সঙ্গে যার ঘনিষ্ঠ সম্পর্ক ছিল।

শোনা যায় যে, বঙ্গবন্ধু ইসলামাবাদ থাকার সময় ইয়াহিয়া খান তার সঙ্গে যোগাযোগ করে ইঙ্গিত দেন যে আইয়ূবের কাছ থেকে ক্ষমতা অধিগ্রহণ করে সে 'এক জন-এক ভোট' এই ভিত্তিতে নির্বাচন মেনে নেবে যেটা মুজিবকে তার রাজনৈতিক ক্ষমতা প্রতিষ্ঠা এবং তা ব্যবহার করে নিজের পছন্দ মতো

সংবিধান পাশ করিয়ে নেওয়ার সুযোগ দেবে। এক জেনারেলের বদলে আরেক জেনারেলের সভাপতিত্বে অনুষ্ঠিত গোলটেবিল বৈঠকে পাকিস্তানের প্রধান রাজনৈতিক খেলোয়াড়েরা এবার মার্শাল ল'-এর আওতায় আরেক জেনারেলের অধীনেই আইয়ূব পরবর্তী জমানাকে সমর্থন করে এবং তাদের বাগাড়ম্বরতায় শেষ হয় সেই বৈঠক। বঙ্গবন্ধু ফিরে আসেন বাঙালির আপোসহীন এবং আপোস না করা নেতা হিসেবে। নির্বাচন পদ্ধতির মাধ্যমে ক্ষমতা অর্জনের প্রতিদ্বন্দ্বিতায় নামার অপেক্ষায় তৈরি হতে থাকেন তিনি।

নতুন প্রভাত

নতুন রাজনীতির যুগে ঘরে ফেরা

১৯৬৯ সালের মার্চ মাসের শেষে আমরা করাচি পৌঁছবার মধ্যে আইয়ূব শাসনামল শেষ হয়ে জেনারেল ইয়াহিয়া খানের নেতৃত্বে আর এক সামরিক শাসন ক্ষমতায় বসল। ১৯৫৮ সালের তুলনায় ইয়াহিয়ার সামরিক শাসন আমাদের বেশি বিরক্ত করেনি। পূর্ব পাকিস্তানে আইয়ূব বিরোধী বিদ্রোহে বিমুক্ত শক্তির যে নতুন ভারসাম্য সৃষ্টি হল এবং রাজনৈতিক শক্তি হিসেবে বঙ্গবন্ধুর উত্থান এই দুটো বিষয় থেকে প্রেরণা পেতেই বেশি উৎসাহী ছিলাম আমরা।

ব্যক্তিগত পর্যায়ে করাচিতে আমার বন্ধুবান্ধব ও আত্মীয়দের কাছে জেনে অবাক হলাম যে আমার পাকিস্তানি বন্ধুরা আমার ব্যাপারে যুগপৎ ত্রস্ত এবং মাঝে মাঝে প্রশংসাও করে। লন্ডন ছেড়ে আসার ঠিক আগে 'নিউ স্টেটসম্যান' পত্রিকায় একটি নিবন্ধ লিখেছিলাম এবং সেখানে আমি ইঙ্গিত দিই যে পূর্ব পাকিস্তানের পূর্ণ স্বায়ত্তশাসনের দাবি মানা না হলে এর পরিণতি স্বাধীনতা সংগ্রামে গড়াবে। যেভাবেই হোক এই লেখাটা পাকিস্তানে প্রচার পেয়ে যায়, আমার কাছে যা কিছুটা আশ্চর্যের ছিল। আমি ভেবেছিলাম এখানে খুব কম লোকই 'নিউ স্টেটসম্যান'- এর মতো নাক-উঁচু বামপন্থী সাপ্তাহিকের খবর রাখে। আমাকে উপদেশ দেওয়া হল যে ইসলামাবাদের ক্ষমতাধারীরা আমার লেখালিখিকে সম্ভাব্য বিচ্ছিন্নতাবাদী মনে করে। আমি তখন আমার ভাবমূর্তিতে রীতিমত আনন্দিত, ফলে এই সতর্কবাণীকে চিন্তার বিষয় না ভেবে বরং প্রশংসা হিসেবেই নিয়েছিলাম।

দেখলাম করাচির লোকজন বঙ্গবন্ধুকে পাকিস্তান ধ্বংসের বার্তাবাহক মনে করে। যারা রাজনীতির কিছু খবর রাখত তাদের চিন্তা অবশ্য সুক্ষ্মতর ছিল। আমার বুদ্ধিমান বন্ধু সুভাষী আইনজ্ঞ কামাল আজফার, যার সঙ্গে ১৯৬০-এর দশকে ভালো পরিচিত হই এবং আমার সেন্ট পল'স সহপাঠী রফি রাজা যে অক্সফোর্ড ফেরতা সফল আইনজীবি হিসেবে তখন করাচিতে প্রতিষ্ঠিত এবং

ভুট্টো প্রতিষ্ঠিত পিপিপি-তে সক্রিয়, এরা দু'জন জানতে চায় ছয় দফা কর্মসূচির ওপরে আপোস রফায় যাবেন কিনা বঙ্গবন্ধু। আমার পরামর্শ শুনে তারা খুব একটা আশ্বস্ত হয় না যে ছয় দফার ভিত্তিতে নির্মিত সংবিধানই অখন্ড পাকিস্তান বাঁচিয়ে রাখার শেষ আশা হতে পারে। নিঃসন্দেহে করাচির সমাজে কম রাজনীতি সচেতনরা হয় ইয়াহিয়া খানের সামরিক শাসনের মাধ্যমে প্রবর্তিত সমাধান প্রার্থনা করছিল অথবা পাকিস্তানের বাইরে পুঁজি লগ্নি ও স্থানান্তরের সম্ভাবনা খতিয়ে দেখছিল।

করাচিতে থাকার সময় ঘটনার বিবরণ জানতে আমি নুরুল ইসলাম এবং পিআইডিই-র বাঙালিদের সঙ্গে কথা বলি। বঙ্গবন্ধুর তাকে ইসলামাবাদে ডেকে পাঠানো এবং গোলটেবিল বৈঠকের উপস্থাপনায় তার, কামাল, আনিস আর ওয়াহেদুল হকের দেওয়া ইনপুট কীভাবে আইয়ূবের কল্পিত ক্ষমতা হস্তান্তর কার্যত নিষ্ক্রিয় করে দিয়েছিল সে সম্পর্কে আমাকে ওয়াকিবহাল করে নুরুল। বরাবরের সংশয়বাদী নুরুল বিশ্বাস করত যে আইয়ূব কর্তৃক ইয়াহিয়াকে ক্ষমতা হস্তান্তর পূর্বনির্দিষ্ট ছিল এবং আসল দুই রাজনৈতিক খেলোয়াড় অর্থাৎ বঙ্গবন্ধু এবং ভুট্টো এই এজেন্ডার কথা জানতেন। নির্বাচনী প্রক্রিয়ার মাধ্যমে ছয় দফা বাস্তবায়নের দীর্ঘমেয়াদি ইস্যু নিয়েও আরেক সংশয় ছিল নুরুলের। আমার সন্দেহ, তার রাজনৈতিক দূরদৃষ্টি খুব উঁচু মানের ছিল তা নয়, বরং মানুষের অবস্থা সম্পর্কে সে স্বভাবতই নিরাশাবাদী ছিল। বাস্তব জগতে ঘটনাচক্রে হামেশা নিরাশাবাদীদেরই সঠিক প্রমাণিত হবার সম্ভাবনা বেশি থাকে। যাই হোক, নুরুলের নৈরাশ্য অনুমান করতে পারেনি যে মাঝে মাঝে মেঘের ফাঁকেও সূর্য উঁকি দেবার সম্ভাবনা থাকে এবং সে ভাবেনি যে পিআইডিই-তে আমাদের দেখা হবার তিন বছরের মধ্যে বাংলাদেশ গণপ্রজাতন্ত্রের প্ল্যানিং কমিশনের প্রথম ডেপুটি চেয়ারম্যানের পদ গ্রহণের জন্য বঙ্গবন্ধু তাকে আমন্ত্রণ জানাবেন।

পরের বছরগুলোতে করাচি থেকে ঢাকায় পিআইডিই সরিয়ে নেবার আলোচনায় মধ্যস্থতা করে বাংলাদেশের স্বার্থে আরও কাজ করেছিল নুরুল। কামালের মাধ্যমে এই প্রচেষ্টায় পূর্ব পাকিস্তানের গভর্নর অ্যাডমিরাল আহসান ও ইয়াহিয়া মন্ত্রীসভার কিছু বাঙালি সদস্যের সহায়তা নিয়েছিল নুরুল। ইতিমধ্যেই যেহেতু কিছু কেন্দ্রীয় সরকারি প্রতিষ্ঠান পূর্ব পাকিস্তানে সরিয়ে নিয়ে যাওয়ার জন্য ইয়াহিয়া সরকারের ওপর চাপ ছিল, তাই স্থির হল সামান্য রিটার্ন প্রদায়ী পিআইডিই-র মতো সম্পদ বিনা তর্কে পূর্ব পাকিস্তানকে ছেড়ে দেওয়া যেতে পারে। ফলে নভেম্বর ১৯৭০ নাগাদ পুরো ফ্যাকাল্টি, এবং তার সাথে সাথে উন্নয়ন বিষয়ক রচনাবলীর অমূল্য লাইব্রেরিসহ করাচি থেকে ঢাকার মতিঝিলে আদমজি কোর্টে স্থানান্তরিত হল পিআইডিই। পরিশেষে বাংলাদেশের আবির্ভাব হলে পিআইডিই এবং তার সামান্য পুঁজিই ছিল নতুন দেশের একমাত্র কেন্দ্রীয় উত্তরাধিকার।

আপন ঘর চিরদিনের

এপ্রিল মাসের শুরুতে ঢাকায় ফিরে এসে দেখলাম কামালের মতো আওয়ামী লীগ ঘনিষ্ঠদের মধ্যে নতুন আশার সঞ্চার হয়েছে। অপরদিকে 'বামপন্থীরা' এই ভেবে শঙ্কিত যে ছাত্র, শ্রমিক, কৃষকের বৈপ্লবিক উত্থান যে স্বাধীনতা ও সামাজিক বিপ্লব ঘটাতে পারত তাকে বিকিয়ে দিয়ে এসেছেন বঙ্গবন্ধু।

আমার তাৎক্ষণিক কর্তব্য ছিল ৬৯ নম্বর গুলশান রোডে আমাদের ৯ নম্বর বাড়িতে উঠে আসা, নভেম্বর ১৯৬৬-এ লন্ডনের উদ্দেশ্যে রওনা হওয়ার আগে যে বাড়ি আমরা ভাড়া দিয়ে গিয়েছিলাম। অবশেষে ১৯৬৯-এর এপ্রিলে আমাদের বাড়িতে উঠে আসা আমার কাছে এক অভূতপূর্ব আনন্দদায়ক অভিজ্ঞতা হয়েছিল। কারণ ৩৪ বছরের জীবনে এই প্রথম নিজের বাড়িতে থাকার আয়াস উপভোগ করতে পারলাম। জন্মের পর থেকে পারিবারিক পরিস্থিতি আমাকে যাযাবর অস্তিত্ব মেনে নিতে বাধ্য করেছিল যার ফলে কলকাতা, দার্জিলিং, লাহোর, করাচি, লন্ডন, কেমব্রিজ এবং পরিশেষে ঢাকা - এরকম অসংখ্য জায়গায় হরেক বাসস্থানে আমি থেকেছি, যেগুলোর কোনোটাকেই আমি নিজের বাড়ি ভাবতে পারিনি। পরম ভালোবাসা ও যত্নে আমাদের বাড়ি সাজালাম আমি আর সালমা। ৫৩ এলিয়ট রোড থেকে উত্তরাধিকার হিসেবে পাওয়া চমৎকার ল্যাজারাস আসবাবগুলোর সদ্ব্যবহার করা হল তখন।

১৯৬৯-এর গোড়ায় গুলশানের একেবারে উত্তরতম প্রান্তে বসবাসের জন্য উঠে আসা বেশ এক অ্যাডভেঞ্চার ছিল কারণ তখন কাছেপিঠে একমাত্র অন্য বাড়িটি ছিল বিচারপতি মাহবুব মোর্শেদের। আমাদের বন্ধু আলিজুন ইস্পাহানি তখন আমাদের ঠিক পাশেই বাড়ি করছেন যার নকশা করে দিয়েছিলেন মাজহারুল ইসলাম। কিন্তু সে বাড়িতে উঠে আসতে ওদের আরও এক বছর সময় লেগেছিল। তখন নিরাপত্তা রক্ষী বা এমনকি একজন দারোয়ান রাখার সঙ্গতিও আমাদের ছিল না। সুতরাং নিরাপত্তার পুরো ব্যাপারটাই সম্ভাব্য ডাকাতদের সুবুদ্ধির ওপর ছেড়ে দিতে হয়েছিল এই আশায় যে এক অভাবী বিশ্ববিদ্যালয় শিক্ষকের বাড়ির পাশ কাটিয়ে অধিক আকর্ষক উপরি পাওনার দিকে হাত বাড়াবার সুমতি তাদের হবে। সৌভাগ্যবশত দিনকাল তখনও কম লোলুপ ছিল এবং মানুষের ওপর আমার বিশ্বাস ভুল প্রমাণিত হয়নি। সুতরাং পুরো জীবনই আমরা পূর্ণ নিরাপদ থেকেছি সেখানে। একবারই, ১৯৭১ সালে, পাকিস্তানি সেনাদলের দ্বারা আক্রান্ত হয়েছিল আমাদের বাড়ি। সেবার মার্চ মাসে ওরা আমাকে গ্রেপ্তার করতে আসে এবং পরে যখন আমরা বাড়ি ছেড়ে চলে গিয়েছিলাম তখন আমাদের যা কিছু সম্পদ লুট করতে চড়াও হয়।

আমি গুলশানের ৬৯ নম্বর রোডের ৯ নম্বর বাড়িতে পরবর্তী ৪৬ বছর থেকেছি। সালমা এবং আমি এটাকে অত্যন্ত ভালোবাসার ঘর বানিয়েছিলাম।

আমাদের অতিথিদের কাছে এ বাড়ি একটি দিকচিহ্ন হয়ে উঠেছিল। এই বাড়িতেই বড়ো হয়েছে আমাদের ছেলেরা; আমরা ওখানে থাকার সময়েই জাফরের জন্ম হয়। দীর্ঘ সময়ে সালমা সেখানে নানা ধরনের গাছ লাগায়, যে গাছগুলো ভালো জাতের আম, কাঁঠাল এমনকি লিচুও খাইয়েছে আমাদের। এপ্রিল ১৯৬৯-এ নতুন বাড়িতে উঠে এসে নিজেদের জন্য যে শোবার ঘর নির্বাচন করেছিলাম অবশেষে সে ঘরেই ২৯ ডিসেম্বর ২০০৩ কালরাত্রে শেষ নিঃশ্বাস ফেলে সালমা।

নয়া শাসনের অধীনে ঢাকা বিশ্ববিদ্যালয়

গুলশানে নিজেদের বাড়িতে গুছিয়ে বসা ছাড়া আমার দ্বিতীয় তাৎক্ষণিক করণীয় ছিল অর্থনীতি বিভাগে আমার কাজে পুনরায় যোগ দেওয়া। প্রায় এক যুগ প্রথমে করাচি ও পরে মোনেম খানের পূর্ব পাকিস্তান আঞ্চলিক সরকারের অর্থমন্ত্রী থাকার পর অধ্যাপক এম এন হুদা আবার অর্থনীতি বিভাগের চেয়ারম্যান হিসেবে যোগ দিয়েছেন। আইয়ুব সরকারের শেষ কয়েক সপ্তাহে রাজনৈতিক শক্তিগুলোর চাপ প্রেসিডেন্টকে অবরুদ্ধ করলে অনিচ্ছায় মোনেম খানকে সরিয়ে দিয়ে গভর্নর পদে হুদাকে বসায় আইয়ুব। এই পদোন্নতি ক্ষণস্থায়ী হয়েছিল, যেহেতু অল্প দিনের মধ্যেই হুদার জায়গায় নৌপ্রধান অ্যাডমিরাল আহসানকে স্থলাভিষিক্ত করা হয়। দেশের শাসনব্যবস্থাকে সামরিক আইন থেকে নির্বাচন-লব্ধ একধরনের গণতান্ত্রিক ব্যবস্থায় পরিবর্তিত করার দুরূহ প্রক্রিয়া তদারকির দায়িত্ব আহসানকে দেয় ইয়াহিয়া খান।

ইরফান আহমেদের ঘনিষ্ঠ বন্ধুদের একজন অ্যাডমিরাল আহসান আমার খুব নিকট পরিচিত ছিল। নৌবাহিনীতে থাকার সময় দুই ঘনিষ্ঠ সহকর্মী ছিল ইরফান এবং আহসান। আহসানের সঙ্গে আমাদের পরিচয় আরও নিবিড় হয় আমার সৎপিতা সৈয়দ মাসুদ হোসেনের জায়গায় ইপিআইডব্লুটিএ-র চেয়ারম্যান হিসেবে যখন সে কয়েক বছরের জন্য ঢাকায় আসে। প্রথম সাক্ষাতে ভারতের হায়দরাবাদ থেকে আসা আহসানকে দেখে বুঝেছিলাম সে অত্যন্ত পরিশীলিত, সুপন্ডিত এবং প্রকৃত উদারমনস্ক চিন্তার মানুষ। পাকিস্তানি সামরিক বাহিনীর যে বিশ্বদর্শনের সঙ্গে আমরা পরিচিত ছিলাম আহসান তার থেকে একেবারেই আলাদা ছিল। ১৯৬৮-তে ইয়াহিয়া খান সেনাপ্রধানের দায়িত্ব নেবার সময় নৌপ্রধান নিযুক্ত হয় আহসান এবং ২৬ মার্চ ১৯৬৯-এর পর বিমান বাহিনী প্রধান এয়ার মার্শাল নূর খানের সঙ্গে একসাথে ডেপুটি চীফ মার্শাল ল' অ্যাডমিনিস্ট্রেটর পদ লাভ করে।

তবে আহসানের গভর্নর পদ এবং পূর্ব পাকিস্তানের চীফ মার্শাল ল' অ্যাডমিনিস্ট্রেটর পদ একই সীমাভুক্ত ছিল না। ফলে তার পরিবর্তে পাকিস্তান সেনাবাহিনীর প্রধান বুদ্ধিজীবি বলে খ্যাত লেফট্যান্যান্ট জেনারেল সাহেবজাদা

ইয়াকুব খানকে একাধারে পূর্ব পাকিস্তানের জেনারেল অফিসার কমান্ডিং (জিওসি) এবং চীফ মার্শাল ল' অ্যাডমিনিস্ট্রেটর করে পাঠায় ইয়াহিয়া। ভারতের সামন্ত রাজ্য রামপুরের ভূস্বামী পরিবারের সন্তান ছিল ইয়াকুব। সেখানকার নবাবের সঙ্গে বিয়ে হয়েছিল তার বোনের। পান্ডিত্য এবং ভাষায় দখলের জন্য খুব গর্ব ছিল তার। শোনা যায় রাশিয়ান ও ফরাসিসহ আটটি ভাষা জানত সে, যার মধ্যে ফরাসিতে অনর্গল দখল ছিল তার। ঢাকায় আসা মাত্র ঢাকা বিশ্ববিদ্যালয়ের বাংলা বিভাগের অধ্যাপক রফিকুল ইসলামকে নিজের শিক্ষক নিযুক্ত করে সে এবং মার্চ ১৯৭১-এ ঢাকা ছেড়ে যাবার আগে আমাদের মাতৃভাষায় যথেষ্ট পারদর্শী হয়ে উঠেছিল।

এখানে আসার সময় থেকেই আহসান বুঝতে পেরেছিল যে নির্বাচনী প্রক্রিয়ায় গণতান্ত্রিক ব্যবস্থা চালু করে বঙ্গবন্ধুর সঙ্গে সমঝোতার মাধ্যমেই পাকিস্তানের অখন্ডতা বজায় রাখা যাবে। ঔদ্ধত্য নয়, ইরফান, কামাল এবং আমার সঙ্গে ঘনিষ্ঠতা গড়ে তুলে আহসান সম্ভবত নিজের রাজনৈতিক সচেতনতা বৃদ্ধি করছিল। বঙ্গবন্ধুর সঙ্গে তার যোগসূত্র ছিল কামাল, যার ফলে ১৯৬৯-৭১-এর মধ্যে অনেকগুলো সঙ্কটজনক পরিস্থিতি নিয়ন্ত্রণ করা যায়, যা থেকে সামরিক আইন প্রশাসকদের সঙ্গে গণতন্ত্রের জন্য আন্দোলনকারীদের খোলাখুলি সংঘর্ষ ছড়াবার আশঙ্কা আটকানো যায়।

আহসানের সঙ্গে আমার ঘনিষ্ঠতা পরে বর্ণনা করব। সেই সময় আমার অধ্যাপনা জগতে ফেরা দরকারি ছিল যেটা তখন বস্তুত খুবই কঠিন কাজ ছিল যেহেতু আমার নিজের এবং এমনকি আমার ছাত্রদের মনোঃসংযোগও অত্যন্ত অস্থির রাজনৈতিক পরিস্থিতিতে নিবদ্ধ ছিল। এপ্রিল ১৯৬৯-এ অর্থনীতি বিভাগের অধ্যাপকদের সংখ্যা উদ্বেগজনকভাবে কমে গিয়েছিল যেহেতু মাহমুদ, মুজাফফর আহমেদ, আনিসুর রহমান এবং আমার মতো বেশ কিছু শিক্ষক তখন বাইরে রয়েছেন। আমি ফিরে এসে অধ্যাপক হুদাকে পরামর্শ দিলাম আনিস এবং ওয়াহিদুল হক, যারা তখন ইসলামাবাদ বিশ্ববিদ্যালয়ে অধ্যাপনা করছিল, তাদের সঙ্গে যোগাযোগ করে অধ্যাপক পদ দেবার প্রস্তাব দিয়ে ঢাকা বিশ্ববিদ্যালয়ে ফিরে আসায় তাদের উৎসাহিত করতে।

তখনকার সরকারও ঢাকা বিশ্ববিদ্যালয়ে একজন অধিক গ্রহণযোগ্য উপাচার্য নিয়োগে সহায়তা করেছিল। গভর্নর আহসানকে বোঝানো হয় নিরাপদ পথ অনুসরণ করে শিক্ষাবিদ মহল থেকে একজন অন্তর্বর্তী উপাচার্য নিয়োগ করতে যিনি হবেন একাধারে বিশিষ্ট পণ্ডিত এবং রাজনৈতিক বিতর্কের ঊর্ধ্বে। এটি একটি বেশ জটিল চ্যালেঞ্জ ছিল। আহসান তৎকালীন হাইকোর্ট বিচারক আবু সাঈদ চৌধুরীকে বেছে নেয়, অধ্যাপক আবু মাহমুদের মামলায় যিনি স্বাধীন রায় দিয়ে সকলের সম্মান অর্জন করেছিলেন। চৌধুরীর নির্বাচন অত্যন্ত

সঠিক প্রমাণিত হয় এবং ১৯৬৯-৭১ সালের অগ্নিগর্ভ পরিস্থিতিতে অত্যন্ত দক্ষ ও সংযমীভাবে বিশ্ববিদ্যালয় পরিচালনা করেছিলেন তিনি।

আমি আমার ডিপার্টমেন্টে কাজ করতে থাকি। তৃতীয় বর্ষ অনার্স ক্লাসে পাকিস্তানের অর্থনীতি পড়াই এবং এমএ ক্লাসে উন্নয়ন অর্থনীতি পড়াই। সে সময় সিনিয়র ছাত্রদের সঙ্গে বেশ কিছু সময় কাটাই যারা দেশের ঘটনাক্রমের সম্ভাব্য অভিমুখ এবং কীভাবে তারা তার সঙ্গে সম্পৃক্ত হতে পারে সে বিষয়ে আমার পরামর্শ চাইত। ঘটনাপ্রবাহ সম্পর্কে সে সময় আমার ছাত্র অথবা সহকর্মীদের কারও তুলনায় বেশি জ্ঞান আমার ছিল না। যাই হোক, রাজনৈতিক গোষ্ঠী, বিশেষ করে বঙ্গবন্ধুর সংস্পর্শে আসা মাত্র আমার সচেতনতা মোটামুটি বেড়েছিল। বঙ্গবন্ধুর সঙ্গে আমার তাৎক্ষণিক যোগসূত্র ছিল কামাল। আগরতলা ষড়যন্ত্র মামলায় তার আইনি রক্ষার ব্যবস্থাপনায় মুখ্য ভূমিকা নিয়ে ইতিমধ্যেই বঙ্গবন্ধুর বিরাট আস্থাভাজন হয়ে উঠেছিল কামাল।

আশার দিন

রাজনীতিতে জড়ানো

সামরিক আইন পুনরায় চালু করে 'এক জন-এক ভোট' নীতিভিত্তিক নির্বাচন করতে উদ্যোগী হয় ইয়াহিয়া যা পরবর্তী প্রাদেশিক অ্যাসেম্বলীতে পূর্ব পাকিস্তানের সংখ্যাগরিষ্ঠতা লাভের সম্ভাবনা তৈরি করে, যে অ্যাসেম্বলী গণতান্ত্রিক পাকিস্তান গড়তে নতুন সংবিধান লিখবে। সামরিক শাসকের অধীনে নির্বাচন পথের অনিশ্চয়তা, ঝুঁকি এবং চ্যালেঞ্জ বঙ্গবন্ধু বুঝতে পেরেছিলেন। তার এমন কোনো মোহ ছিল না যে ছয় দফা কর্মসূচিতে প্রকাশিত পূর্ব পাকিস্তানের পূর্ণ স্বায়ত্তশাসনের লক্ষ্য নির্বাচন জিতলেই বাস্তবায়িত হবে। কামাল এবং আমার সঙ্গে আলোচনায় তিনি জানালেন বিদ্যমান পরিস্থিতিতে ছয় দফার পেছনে পূর্ণ সমর্থন যোগাড় করতে তার সময় ও পরিসর প্রয়োজন এবং এজন্য তিনি রাজনৈতিক প্রচারের দিকে তাকিয়ে আছেন। তিনি মনে করছিলেন প্রচারণাকালীন গণসংযোগই তাকে ও তার দলকে বাঙালি জনগণের সঙ্গে রাজনৈতিক সম্পর্ক পুনঃপ্রতিষ্ঠায় সাহায্য করবে যাতে তাদের আগামী সংগ্রামে নিয়োজিত করা যায়।

আজ বামপন্থী বুদ্ধিজীবিমহল থেকে অনেক আলোচনা শোনা যায় যে বঙ্গবন্ধু উচ্চাশী বাঙালি বুর্জোয়ার হাতিয়ার হয়েছিলেন। এই দর্শনের রাজনৈতিক প্রেক্ষাপট যাই হয়ে থাক, ১৯৬৯ সালে পূর্ব পাকিস্তানের বাস্তবতা দাবি করত যে বঙ্গবন্ধুকে অবশ্যই বৃহত্তর জাতীয় নির্বাচনে নির্বাচকমন্ডলীর কাছে পৌঁছনো দরকার, যাদের অধিকাংশই শ্রমিক শ্রেণীভুক্ত। ব্রিটিশ ভারতে এবং পরের ২২ বছরে পাকিস্তানি শাসনে দীর্ঘ বছরের অধীনতা ও বঞ্চনার শিকার হয়েছে

সমাজের নিচুস্তরের মানুষ। বঞ্চিতদের নিয়ে গঠিত এই বিশাল নির্বাচকমন্ডলী সেনাবাহিনীকে চ্যালেঞ্জ জানাবার জন্য প্রয়োজনীয় বিপুল জনসমর্থন বঙ্গবন্ধুকে দিতে পারবে এবং যদি গণতান্ত্রিক পথে এই বিবাদের নিষ্পত্তি না হয় তাহলেও তাদের তিনি পাশে পাবেন। অন্য যেকোনো সংস্কারপন্থী রাজনীতিকের তুলনায় বঙ্গবন্ধু বুঝতে পারেন যে উদীয়মান বাঙালি বুর্জোয়া যারা ১৯৬৯-র পর থেকে তার রাজনৈতিক জনপ্রিয়তার শকটে চড়ে বসেছে তারা গুরুত্বপূর্ণ হলেও বিশ্বাসযোগ্য মিত্র নয়। তার আশঙ্কা ছিল যখন পাকিস্তানি সেনাবাহিনীর বিরুদ্ধে রুখে দাঁড়াবার আসল সময় আসবে, তখন স্বায়ত্বশাসনের লড়াইয়ে আপোস রফার জন্য এই শ্রেণীই প্রথম চাপ দেওয়া শুরু করবে।

আমার ফিরে আসার অব্যবহিত পরেই কামাল আমাকে ৩২ নম্বর রোডে নিয়ে গেল। আমি বঙ্গবন্ধুর কাছে আগন্তুক ছিলাম না। আমাকে তিনি চিনতেন। তার 'বস' শহীদ সোহরাওয়ার্দীর সঙ্গে অনেক সাক্ষাৎকারে অংশীদার ছিলাম আমি। তাছাড়া লেখালিখির কারণে এবং ১৯৬০-র দশকে আমাদের একাধিকবার দেখা সাক্ষাৎ হওয়ার সুবাদেও আমি তার পরিচিত ছিলাম। কখনও কোনো মুখ ভুলতেন না বঙ্গবন্ধু। প্রথম সাক্ষাতের সঙ্গে সঙ্গে আমাকে মনে করিয়ে দিলেন ১৯৫৭ সালে বাইতুল আমানে আমার নানা খাজা নাজিমুদ্দীনের দেওয়া নৈশভোজে আমাদের প্রথম দেখা হওয়ার কথা। মুসলিম লীগের সঙ্গে তার দীর্ঘ বছরের বৈরিতা সত্ত্বেও মানুষ হিসেবে আমার নানার চারিত্রিক অখন্ডতা এবং ১৯৬৬-র নির্বাচনে আইয়ূবকে হারাতে বিরোধী জোটের আন্দোলনে শরিক হবার যে সাহস তিনি জীবনের শেষ পর্যায়ে দেখিয়েছিলেন তা শ্রদ্ধার সাথে উল্লেখ করেন বঙ্গবন্ধু।

আমাদের প্রথম দিকের সাক্ষাৎকারগুলোয় অধিকাংশ সময় আমি রাজনীতির হাল এবং আগামী দিন সম্পর্কে বঙ্গবন্ধুর দৃষ্টিভঙ্গি জানবার চেষ্টা করতাম। এই সময় আমার তাজউদ্দীন আহমদের সাথে ঘনিষ্ঠ পরিচয় গড়ে উঠে। তার সঙ্গে ১৯৬৪ সালে আওয়ামী লীগের ইশতেহার তৈরির সময় সংক্ষিপ্ত পরিচয় হয়েছিল। এবারের পরিচয়ে তাকে আরও ভালোভাবে জানার সুযোগ ঘটে এবং প্রতিটি ক্ষেত্রেই তার রাজনৈতিক বিচক্ষণতা এবং বৌদ্ধিক গভীরতার ছাপ দেখতে পাই। তাজউদ্দীনের সঙ্গে প্রতিটি বৈঠক আমার রাজনৈতিক শিক্ষাকে পরিণত করেছিল এবং তার সম্পর্কে আমার শ্রদ্ধা গভীরতর হয়ে উঠেছিল। তাজউদ্দীনকে বঙ্গবন্ধু ভালোবাসতেন, বিশ্বাস করতেন এবং শ্রদ্ধা করতেন। মুক্তিযুদ্ধের লক্ষ্যে শক্তিশালী এবং অবিনশ্বর কেন্দ্রবিন্দু হয়ে উঠেছিলেন এরা দু'জন। স্বাধীনতা পরবর্তী পর্যায়ের শোকাবহ ঘটনাগুলোর মধ্যে ১৯৭৫ সালে বঙ্গবন্ধু এবং তাজউদ্দীন উভয়েই নিহত হওয়ার পিছনে তাজউদ্দীনের শত্রুদের হাত ছিল যারা তাকে বঙ্গবন্ধুর কাছ থেকে বিচ্ছিন্ন করতে চেয়েছিল। তবে এটা আমাদের ইতিহাসের একটা অন্ধকার পর্বের ভিন্ন কাহিনীর অংশ।

বঙ্গবন্ধুর সেরা গুণ ছিল মানুষের কাছে পৌঁছবার ক্ষমতা এবং তাদের উপলব্ধ গুণাবলী তার তাৎক্ষণিক রাজনৈতিক লক্ষ্যে কাজে লাগানো। তিনি ইতিমধ্যেই আইনজ্ঞ হিসেবে কামালের দক্ষতা চিনতে এবং কাজে লাগাতে পেরেছিলেন এবং রাজনৈতিক কমরেড হিসেবে কামালের চারিত্রিক অখন্ডতাও তার নজরে পড়েছিল। তিনি কামালকে বোঝান আনুষ্ঠানিকভাবে আওয়ামী লীগের সদস্য হতে যাতে সে দলের মধ্যে নিজের গ্রহণযোগ্যতা প্রতিষ্ঠিত করতে পারে। পার্লামেন্টে কামালকে তার সঙ্গী হিসেবে চেয়েছিলেন বঙ্গবন্ধু। পরিশেষে ১৯৭০-এর নির্বাচনে তিনি একাধিক আসনে জয়ী হয়েছিলেন যার মধ্যে ঢাকার একটি আসন তিনি কামালের জন্য ছেড়ে দেন।

আমার ভাষাগত সীমাবদ্ধতা এবং সাধারণ বাঙালির থেকে সাংস্কৃতিক দূরত্ব সম্পর্কে সচেতন ছিলেন বঙ্গবন্ধু। কিন্তু তিনি বুঝতে পারেন আমার কিছু দক্ষতা তার রাজনৈতিক লক্ষ্য অর্জনে ব্যবহারযোগ্য হতে পারে। অর্থনৈতিক ইস্যুগুলোকে কেন্দ্র করে তার ছয় দফা কর্মসূচির বৈধতা দিতে নুরুল এবং অন্যদের সঙ্গে আমাকে বিভিন্নভাবে নিযুক্ত করেছিলেন বঙ্গবন্ধু এবং আমাদের কাজের সাহায্য নিয়ে এই এজেন্ডাকে কার্যকরী করার আশা করেছিলেন তিনি। যুক্তিসিদ্ধ এবং মজবুত কর্মসূচি হিসেবে ছয় দফাকে তুলে ধরার গুরুত্ব তিনি উপলব্ধি করেন যার সমর্থনে রাজনৈতিক এবং পেশাগতভাবে দেশে এবং আন্তর্জাতিক পর্যায়ে বক্তব্য রাখা যায়।

বামপন্থায় আমার ঝোঁক সম্পর্কেও তিনি অবহিত ছিলেন এবং বামদের ১১ দফা এজেন্ডার সঙ্গে তার ছয় দফা কর্মসূচির সঙ্গতিপূর্ণ মেলবন্ধনে আমাকে কাজে লাগানো সম্ভব বলে মনে হয়েছিল তার। শ্রমিক/কৃষক নির্বাচকমন্ডলীর কাছে পৌঁছতে ১১ দফা কর্মসূচির প্রগতিশীল উপাদানগুলোর গুরুত্ব তিনি উপলব্ধি করেছিলেন। যে কারণে সঙ্কটময় পরিস্থিতিতে তার বেশ কিছু রাজনৈতিক ভাষণের খসড়া তৈরি করতে তিনি কামালের সঙ্গে আমাকে যুক্ত করেন। তার মনে হয়েছিল আমার অতি সংস্কারপন্থী প্রবণতায় রাশ টানতে পারবে কামাল।

ন্যায়নিষ্ঠ সমাজের এজেন্ডা তৈরি

১৯৭০ সালের আসন্ন নির্বাচনের জন্য তৈরি আওয়ামী লীগের নির্বাচনী ইশতেহারের উদ্দেশ্য ছিল এটা বঙ্গবন্ধুর রাজনৈতিকে এজেন্ডার অনুমোদনের চূড়ান্ত অভিব্যক্তি হিসেবে কাজ করবে। আমি আর কামাল তাজউদ্দীন আহমদের সঙ্গে নিবিড় পরামর্শ করে দলিলটা তৈরি করি। এই দলিল তৈরির আগে এপ্রিল ১৯৭০-এ আমি আর কামাল করাচি যাই, পিআইডিই-তে নুরুল ইসলাম, এ আর খান, স্বদেশ বোস এবং হাসান ইমামের সঙ্গে কথা বলে ইশতেহার প্রস্তুত করতে। ইসলামাবাদ থেকে আনিস আসে আমাদের সঙ্গে এই কাজে যোগ দিতে। খসড়াটা ঢাকায় নিয়ে এসে তাজউদ্দীনের সঙ্গে আলোচনা করি এবং

তিনি তার পরিমার্জন করেন ও পরিশেষে বঙ্গবন্ধুর সঙ্গেও আলোচনা হয়। তিনি খসড়ার মূল বৈশিষ্ট্যগুলো যত্ন সহকারে খুঁটিয়ে খুঁটিয়ে দেখে যেসব জায়গা তার কাছে রাজনৈতিকভাবে অবাস্তব মনে হয়েছিল সেগুলো সংশোধনের প্রস্তাব দেন। বঙ্গবন্ধু চূড়ান্ত দলিলে সই করেন যা ৬ জুন ১৯৭০ ঢাকায় অনুষ্ঠিত আওয়ামী লীগ পর্ষদের ঐতিহাসিক বৈঠকে পেশ করা হয় এবং গৃহীত হয়।

এ যাবৎ পাকিস্তানের যে কোনো দল প্রকাশিত দলিলের মধ্যে সবচেয়ে সুচিন্তিত দলিল বলে কথিত এই ইশতেহার সম্ভবত যেকোনো বামপন্থী দল প্রকাশিত ইশতেহারের তুলনায় বেশি সংস্কারপন্থী হয়েছিল। দলিলটি একটি সমাজবাদী অর্থনৈতিক ব্যবস্থার স্বপ্ন তুলে ধরেছিল যেখানে অর্থনৈতিক বৈষম্য দূর করা হবে, অর্থনৈতিক উন্নয়নকে উৎসাহ দেওয়া হবে এবং এ ধরনের বৃদ্ধির সুফল যাতে ন্যায্যভাবে সমাজের সমস্ত শ্রেণীর মধ্যে, দেশের বিভিন্ন অঞ্চলে বন্টিত হয় তার ব্যবস্থা করা হবে। এই লক্ষ্য বাস্তবায়নে ইশতেহারে “রাষ্ট্রীয়করণ ও সমবায় উদ্যোগ গড়ে তোলার মাধ্যমে এবং ইক্যুইটি ও শিল্প উদ্যোগ পরিচালনায় শ্রমিকের অংশগ্রহণের মতো নতুন প্রাতিষ্ঠানিক ব্যবস্থা প্রবর্তনের দ্বারা সরকারি খাত সম্প্রসারণ” - এ রকম কিছু ব্যবস্থা গ্রহণের প্রস্তাব করা হয়। ইশতেহার প্রস্তাব রাখে:

১. পশ্চিম পাকিস্তানে চালু থাকা জায়গিরদারি জমিদারি এবং সর্দারি ব্যবস্থার সম্পূর্ণ বিলোপ।
২. আসল কর্ষকদের স্বার্থ যাতে পরিপূর্ণ রক্ষিত হয় সে লক্ষ্যে ভূমি ব্যবস্থার বিন্যাস।
৩. জমির মালিকদের জমির সীমা বেঁধে দেওয়া এবং এই সর্বোচ্চ সীমা অতিক্রম করা জমি ভূমিহীন কৃষকদের মধ্যে বন্টন।
৪. বহুমুখী সমবায় প্রতিষ্ঠার জন্য একটি বৃহৎ কর্মসূচি গ্রহণ।
৫. সারা পাকিস্তানে ২৫ বিঘা (৮.৩৩ একর) পর্যন্ত জমি ভূমি রাজস্বের আওতার বাইরে থাকবে এবং এই পরিমাণ জমির বকেয়া খাজনা মওকুফ করা হবে।

বিদেশ নীতির ক্ষেত্রে আওয়ামী লীগ ইশতেহার বলে “সিয়াটো, সেন্ট্রাল ট্রিটি অর্গানাইজেশন (সেন্টো) এবং অন্য সামরিক চুক্তিতে অংশ নেওয়া আমাদের জাতীয় স্বার্থের পরিপন্থী এবং সেই কারণে এই ইশতেহার চায় সিয়াটো ও সেন্টো এবং অন্যান্য সামরিক চুক্তি থেকে পাকিস্তান দ্রুত সরে আসুক”।

আওয়ামী লীগ কাউন্সিল বৈঠকে বিনা প্রতিদ্বন্দ্বিতায় ইশতেহারটি গৃহীত হল। এটি খসড়া প্রস্তুতকারীদের বিস্মিত করেছিল যেহেতু আওয়ামী লীগ নেতৃত্বের তথাকথিত বুর্জোয়া চরিত্রের কাছ থেকে কিছুটা চ্যালেঞ্জ তারা আশা করেছিল। যাই হোক, পর্ষদে দলিলটি তার নিজস্ব ভাবনার প্রতিফলন বলে উপস্থাপন

করেন বঙ্গবন্ধু, ফলে সেসময় বা পরবর্তীতে তিনি ক্ষমতায় থাকাকালীনও এটিকে কোনো চ্যালেঞ্জ হজম করতে হয়নি। এটি তার উপদেষ্টাদের খুশি করে থাকলেও দলের পক্ষে শুভ সংকেত ছিল না – কেননা যেকোনো নীতি প্রস্তাবনা গৃহীত হবার আগে সেগুলো দলের পর্ষদে নিয়ে বিতর্কই প্রত্যাশিত। আমি সেই কাউন্সিল মিটিংয়ে উপস্থিত ছিলাম তখন ঢাকা সফরে আসা নুরুল ইসলাম আমার সঙ্গে ছিল। এত বিস্তীর্ণ রাজনৈতিক তাৎপর্যময় একটা দলিল নিয়ে বিতর্কের অভাব লক্ষ্য করে আমরা কিছুটা বিচলিতই হয়েছিলাম।

বঙ্গবন্ধুর ভবিষ্যৎ ভাবনা ইশতেহারে প্রকাশ হওয়ায় আওয়ামী লীগের পক্ষে সহজ হল নির্বাচনী প্রচারনাকে বাংলাদেশের শ্রমজীবি মানুষের কাছে পৌঁছে দেবার। ডিসেম্বরে নির্বাচনের আগে ২৮ অক্টোবর ১৯৭০ রেডিও, টেলিভিশনে ৩০ মিনিট প্রচারের জন্য বঙ্গবন্ধুর ভবিষ্যৎ ভাবনা বিষয়ক ভাষণ তৈরি করেছিলাম আমি, কামাল ও তাজউদ্দীন। এই ভাষণের সেরা প্রশংসাটি আসে বঙ্গবন্ধুর নাছোড় সমালোচক বদরুদ্দীন উমরের কাছ থেকে। তার মহামূল্যবান গ্রন্থ "দ্য ইমার্জেন্স অফ বাংলাদেশ: ভলিউম ২: রাইজ অফ বেঙ্গলি ন্যাশানালিজম (১৯৫৮-৭১)" – এ তিনি লেখেন:

> "মুজিবুর রহমান জানতেন নির্বাচনে হাড্ডাহাড্ডি লড়াই হবে এবং তিনি আশাবাদী ছিলেন সে লড়াইয়ে তার জয় অবশ্যম্ভাবী। তিনি বক্তব্য রেখেছিলেন একজন আত্মবিশ্বাসী বক্তা হিসেবে যদিও তিনি যা যা বলেছিলেন, তার অধিকাংশ রুটিন প্রতিশ্রুতি, তবে তার ভাষণে এটুকু স্পষ্ট ছিল যে তিনি বা তার উপদেষ্টারা জানতেন যদি নির্বাচন জেতেন এবং সরকার গড়েন তবে কী ধরনের সমস্যা তাদের মোকাবেলা করতে হবে।"

ইশতেহারের মাধ্যমে যেসব সংস্কারপন্থী ভাবনা আওয়ামী লীগের রাজনৈতিকে এজেন্ডায় অন্তর্ভুক্ত করা হয় সেগুলো বঙ্গবন্ধু অনুভূত রাজনৈতিক চাহিদা অনুরূপ ছিল। তিনি বুঝতে পেরেছিলেন স্বায়ত্বশাসন কায়েমের লড়াইয়ে কয়েক লক্ষ শ্রমজীবি মানুষকে সক্রিয়ভাবে যুক্ত করতে হলে ছয় দফা ছাপিয়ে তাদের কাছে আরও সর্বগ্রাহী সমাজ গড়ার সম্ভাবনা তুলে ধরতে হবে তার আবেদনকে। এই দর্শনের পুরোপুরি অংশীদার ছিলেন তার সবচেয়ে বিশ্বস্ত কমরেড তাজউদ্দীন। তবে এটা বোঝা যাচ্ছিল না বঙ্গবন্ধুর অন্যান্য বরিষ্ঠ সহকর্মীরা বঞ্চিত সংখ্যাগরিষ্ঠদের জন্য তার উৎকণ্ঠার কতখানি ভাগীদার ছিলেন। যাই হোক, বঙ্গবন্ধুর বার্তা জনগণের কাছে পৌঁছে দিতে আওয়ামী লীগের ছাত্র ও শ্রমিক অংশের জন্য গুরুত্বপূর্ণ আবেদন রেখেছিল এই এজেন্ডা।

ভবিষ্যতের ফোরাম

বঙ্গবন্ধু ও তাজউদ্দীনের সঙ্গে সরাসরি কাজ করে আওয়ামী লীগের নীতি এজেন্ডায় আমাদের যুক্ত হওয়ার এই প্রয়াস ছিল জাতীয়তাবাদী আন্দোলনের

সঙ্গে আমার সম্পৃক্তির একটা অংশ। কামাল এবং আমি দুজনেই বুঝতে পারছিলাম যে সময় এসেছে আমাদের ছয় দফা কর্মসূচির ভিত্তিতে একটা সংবিধান রচনার তাৎপর্য সম্পর্কে প্রকাশ্য আলোচনার ব্যবস্থা করার। এছাড়াও দারিদ্র্য ও সামাজিক অবিচারের মৌলিক সমস্যাগুলো নিয়েও বিশ্লেষণধর্মী বক্তব্য তৈরি করা উচিত, যা গণতান্ত্রিকভাবে নির্বাচিত সরকারের কাজ করার জন্য প্রয়োজন হবে। শুধু পূর্ব পাকিস্তানের চিন্তাশীল ব্যক্তিদের নিয়েই নয়, পশ্চিম পাকিস্তানিদেরও এই বিতর্কে অংশ নিতে রাজি করাতে আগ্রহী ছিলাম আমরা। এই উদ্দেশ্য বাস্তবায়িত করতে আমরা একটা ভালো সাপ্তাহিক পত্রিকা প্রকাশের সিদ্ধান্ত নিই, যেটা এ ধরনের বিতর্কে উৎসাহ জোগাবে এবং ভবিষ্যতের পলিসি এজেন্ডার বীজতলা তৈরি করবে। আমাদের প্রাথমিক লক্ষ্য ছিল পূর্ব পাকিস্তানের নীতি প্রণয়নকে প্রভাবিত করা, তবে পশ্চিম পাকিস্তানের অঙ্গীভূত প্রদেশগুলোসহ পাকিস্তানের বৃহত্তর সমস্যাগুলো নিয়ে আলোচনার ইচ্ছাও আমাদের ছিল।

'ফোরাম' নাম দিয়ে পত্রিকা দাঁড় করা হয়তো অনেক সহজ ছিল; পত্রিকার বিষয়সুচি, লেখক যোগাড় করা ইত্যাদিও ছিল সহজ; কিন্তু অনেক বেশি চ্যালেঞ্জিং ছিল ইংরেজি একটি সাপ্তাহিক পত্রিকাকে প্রতিষ্ঠা করা – প্রকাশ করা এবং তাকে টিকিয়ে রাখা।

কামাল, হামিদা, জিয়উল হক টুলু এবং আমাকে প্রতিষ্ঠাতা সদস্য করা হল। কামাল হোসেনের নামে পাবলিকেশন অর্ডিন্যান্সের ঘোষণাপত্র জোগাড় হল। হামিদা সম্পাদক হল, এবং আমি হলাম কার্যনির্বাহী সম্পাদক। নিউ বেইলি রোড ছাড়িয়ে ৩ সার্কিট হাউস রোড, যেটা এখন প্রেস ইন্সটিটিউটের অফিস, সেখানে কামালের বাড়ির গ্যারেজের উপরে পরিচারক কোয়ার্টারের একটা ছোটো ঘরে আমাদের অফিস করা হল। এই ঘরে হামিদা আর আমি আমাদের ডেস্ক-টেবিল সাজিয়ে নিলাম। এখানে সংবাদ পত্রিকার একজন অভিজ্ঞ সাংবাদিককেও বসানো হল যিনি পার্ট-টাইম ভিত্তিতে ফোরাম-এর কাজ করতেন। তার দায়িত্ব ছিল কপির প্রুফ সংশোধন করা; আরেক ডেস্কে এই কপি হাতে কম্পোজ করত আখতার মিঁয়া। আখতারকেও আমাদের ধার দিয়েছিল 'সংবাদ'। এদের দুজনকে অবশ্য আমরা সামান্য বেতন দিতাম।

আমাদের উদ্যোগের প্রধান ভরসাদের একজন ছিল সংবাদ-এর মালিক আহমেদুল কবীর। সংবাদ শুধু আমাদের পেশাদার কর্মচারীই দেয়নি, তারা আমাদেরকে বিনা পয়সায় ফোরাম ছেপেও দিত তাদের বংশাল অফিসের প্রেস থেকে। 'ফোরাম' প্রকাশিত হবার আগের দিন হাতে কম্পোজ করা প্রত্যেক পাতার টাইপ-সেট রিকশায় করে 'সংবাদ' পত্রিকা অফিসে নিয়ে যাওয়া হত। ওই রাতেই আমি ও হামিদা 'সংবাদ'-এর ছাপাখানায় হাজির হতাম সাপ্তাহিকের পেজ প্রুফগুলোর প্রুফ নিজেরা সংশোধন করতে। তারপর সেগুলো ছাপা হত,

বাঁধাই হত এবং শনিবার সকালে কাগজের হকাররা সেগুলো বিলি করত। 'ফোরাম' ছাপার জন্য তৈরি হয়ে গেলে হামিদা আর আমি অনেক রাত পর্যন্ত 'সংবাদ' অফিসে থেকে যেতাম। যে দেড় বছর ফোরাম চালু ছিল, আমার মনে আছে, অন্ধকার রাস্তায় গাড়ি চালিয়ে ভোর রাতে বাংশাল থেকে গুলশান ফিরতাম। ফোরাম-এর আরও একটা সংখ্যা প্রকাশ পেল - এক রকমের কৃতিত্বের তৃপ্তি অনুভব করতাম।

ফোরাম প্রকাশনার কাজ সম্ভবত সহজতর ছিল; কঠিনতর ছিল সামান্য পুঁজি নিয়ে সেটাকে চালু রাখা। অত্যন্ত অল্প টাকায় আমাদের অফিস চালাতে হত। আমি বা হামিদা কোনো পারিশ্রমিক নিতাম না, কিন্তু আমাদের প্রুফরিডার, কম্পোজিটর এবং পিয়ন জয়নাল আবেদিনকে সামান্য মাইনে দিতে হত। 'সংবাদ' যদিও আমাদের কাছে ছাপার খরচ নিত না তবে নিউজপ্রিন্ট, ছাপার কালি এবং সংশ্লিষ্ট অন্যান্য সাপ্তাহিক খরচ আমাদের দিতে হত। দুঃখের বিষয়, আমাদের নামি লেখকদের কাউকেই সম্মানী দেওয়া হত না। ভালোবেসে, সাধারণের স্বার্থে, আমাদের অ্যাডভেঞ্চারের অংশীদার হতে তাদের রাজি করিয়েছিলাম আমরা।

কিছু অসাধারণত্ব ছিল 'ফোরাম' সহযাত্রীদের। লাহোরের মাজহার আলি খান ছিলেন আমাদের আসল সম্পদ যিনি 'বিটুইন দ্য লাইনস' শিরোনামে আমাদের একটা সাপ্তাহিক কলাম পাঠাতেন। পাকিস্তানের অসাধারণ ও শ্রদ্ধেয় সাংবাদিকদের একজন ছিলেন মাজহার আলি খান। তার জন্ম এক বিশিষ্ট পাঞ্জাবী পরিবারে এবং তিনি বিয়ে করেন ১৯৪০-এর দশকে অবিভক্ত পাঞ্জাবের মুখ্যমন্ত্রী এবং ইউনিয়নিস্ট পার্টির প্রতিষ্ঠাতাদের একজন নবাব স্যার সিকান্দার হায়াতের মেয়ে তাহিরাকে। মাজহার এবং তাহিরা দুজনেই ছিলেন ১৯৩০-৪০-এর সেই পুরনো বামপন্থী ঘরানার অংশ, ভারতীয় ভূ-ভাগের সংখ্যাগরিষ্ঠ পিছিয়ে পড়া মানুষের সমস্যাকে অগ্রাধিকার দেবার প্রগতিবাদী সংবেদনশীলতা যাদের আসলেই অনুপ্রাণিত করত। পাকিস্তান প্রতিষ্ঠিত হবার ঠিক পরেই মিঁয়া ইফতেখারুদ্দীন, যার সম্বন্ধে এইচেসন কলেজ ও কেমব্রিজ অধ্যায়ে আলোচনা করেছি, তিনি ঠিক করলেন তার ভূসম্পত্তির একাংশ 'প্রগ্রেসিভ পেপারস' প্রতিষ্ঠায় খরচ করবেন। মূল সংস্থা 'প্রগ্রেসিভ পেপারস' চালাতেন বিশিষ্ট প্রগতিশীল কবি ফয়েজ আহমেদ ফয়েজ যিনি মাজহার সম্পাদিত ইংরেজি দৈনিক 'পাকিস্তান টাইমস' এবং আহমেদ সিবতেইন সম্পাদিত উর্দু দৈনিক 'ইমরোজ' দুটোই প্রকাশ করতেন।

'পাকিস্তান টাইমস' অবশ্যই তার মালিক ও সম্পাদকের প্রগতিশীল মনোভাব প্রকাশ করত, তবে সব কিছুর ঊর্ধ্বে গুণগত মানের কথা ভাবলে এটা ছিল পাকিস্তানে প্রকাশিত সর্বকালের সেরা কাগজ। মাজহার আলির ইংরেজিতে দখল ছিল অসাধারণ। তীক্ষ্ণ রাজনৈতিক মনন এবং দারুণ সম্পাদকীয় দক্ষতা

ছিল তার। আইয়ূবের সামরিক আইন জমানার প্রথম নিশানাগুলোর একটি ছিল 'প্রগ্রেসিভ পেপারস' দখল, ১৯৫৯ সালে। সাংবাদিকতা থেকে বিতাড়িত হলেন মাজহার। আর কখনও ফিরে আসেননি এই পেশায় কারণ তার মনে হয়েছিল মিডিয়া ক্যান্টনমেন্টে শাসন-বন্দী হয়েছে। বোধহয় আমাদের সেরা কৃতিত্ব ছিল 'ফোরাম'-এ সাপ্তাহিক কলাম লিখে সাংবাদিকতায় পুনঃপ্রবেশে মাজহারকে রাজি করানো। আমাদের স্বল্পায়ু সাপ্তাহিকের জীবদ্দশায় একবারের জন্যও তার নির্দিষ্ট সময়সীমা বজায় রাখতে ভুল হয়নি মাজহারের এবং কাজের জন্য একটি পয়সাও নেননি। কঠোর বামপন্থী দর্শন সত্ত্বেও তিনি ছিলেন বনেদি ঘরানার ভদ্রজন, পরিশীলিত, সম্মানীয় এবং তিনি তার কড়া মতামত ব্যক্ত করতেন মধুরভাবে এবং সংযমী হয়ে।

মাজহারের তুলনায় তাহিরা ছিলেন অগ্নিকন্যা, সামাজিক অবিচারে ক্রুদ্ধ হতেন। তিনি ছিলেন পশ্চিম পাকিস্তানের সেই সীমিত সংখ্যক কণ্ঠস্বরের একজন, যিনি বাংলাদেশে পাকিস্তানি সেনার গণহত্যার বিরুদ্ধে প্রকাশ্যে মুখ খুলবার সাহস করেছিলেন। কয়েক বছর আগে স্ট্রোক করার আগে অবধি প্রবল অনুরাগে প্রগতিশীল ভাবনা আঁকড়ে ছিলেন তাহিরা। প্রগতিশীল হেতুতে মা-বাবার মতো নিষ্ঠাবান হলেও ছেলে তারিক আলি লন্ডনেই জীবন কাটানো পছন্দ করেছে। সেখানে ঔপন্যাসিক এবং রাজনৈতিক বিষয়ের ভাষ্যকার হিসেবে তার সুনাম হয়েছে।

মাজহার ছাড়া পশ্চিম পাকিস্তান থেকে ফোরাম-এর নিয়মিত কলমচি ছিলেন করাচির খুবই মানী সাংবাদিক, প্রগতিশীল এবং ধর্মনিরপেক্ষ এম বি নাকভি। ঢাকায় আমাদের নিয়মিত কলমচিদের মধ্যে ছিলেন এ বি এম মূসা, যিনি তখন পাকিস্তান অবজারভার-এর বরিষ্ঠ সাংবাদিক। তিনি আমাদের জন্য 'রেনিগেড' শিরোনামায় একটি কলাম লিখতেন যেটায় ঢাকা প্রেসের সারা সপ্তাহের বিষয়বস্তু নিয়ে আলোচনা হত। আরেক বরিষ্ঠ সাংবাদিক মর্নিং নিউজ কাগজের এ এল খতিব 'সানশাইন অ্যান্ড ক্লাউডস' শিরোনামায় একটা কলাম লিখতেন। রাজিয়া খান আমিন লিখতেন আমাদের সাহিত্য বিষয়ক কলামে। বাংলা সাহিত্য সম্পর্কে ধারাবাহিক চমৎকার সব নিবন্ধ লিখেছেন তিনি যেগুলো সাহিত্যের যেকোনো ক্লাসের তথ্যসূত্র হতে পারত। সিরাজুল ইসলাম চৌধুরী ছিলেন আমাদের আর এক কলমচি যিনি 'ফোরাম'-এর জন্য চমৎকার কিছু সাহিত্যিক বিবরণ লিখেছিলেন।

আর যারা ধারাবাহিকভাবে রাজনীতি বিষয়ে লিখতেন তাদের মধ্যে ছিলেন মঈদুল হাসান, মওদুদ আহমদ এবং শ্রমিকনেতা সিরাজুল হোসেন খান। আমার অর্থনীতিক সহকর্মী যারা ধারাবাহিক লেখা দিতেন তারা হলেন নুরুল ইসলাম, আনিসুর রহমান, আখলাকুর রহমান, এ আর খান এবং কবীরউদ্দিন আহমেদ। সাংবিধানিক এবং প্রশাসনিক সংস্কারের বিষয়ে জ্ঞানগর্ভ নিবন্ধ লিখতেন

মুজাফফর আহমেদ চৌধুরী। কে জি মুস্তাফা এবং এ আর খান দুজনে পূর্ব পাকিস্তানের বামপন্থার বিষয়ে কিছু অত্যন্ত তথ্যবহুল লেখা দিয়েছিলেন। ঢাকা বিশ্ববিদ্যালয়ের ওয়াহিজুর রহমান শিক্ষা ব্যবস্থার সংস্কার সম্পর্কে কলাম লিখতেন। ব্যাংক কর্মকর্তা মমতাজ ইকবাল, সামরিক বিষয়ে যার আগ্রহ ছিল, তিনি পাকিস্তানি সেনাবাহিনীর হালচাল নিয়ে কিছু আকর্ষক লেখা লেখেন। এর মধ্যে 'ফোরাম'-সাপ্তাহিকের শেষ সংস্করণে প্রকাশিত 'হু'জ হু ইন অ্যাভিয়ারি' কলামে সেনা হাই কমান্ডের যেসব বাজপাখি বাংলাদেশের ওপর ঝাঁপাতে প্রস্তুত হচ্ছিল তাদের বিবরণ ছিল।

এইচেসন এবং কেমব্রিজে আমার সমসাময়িক তখন সিভিল সার্ভিসে কর্মরত হারুন-উর-রশিদ আমাদের উদ্বোধক সংখ্যায় ফোরাম রিসার্চ ইনস্টিটিউট (এফআরইউ) এই শৌখিন লোগো ব্যবহার করে 'দ্য স্পেক্টর অফ ফেমিন' শিরোনামায় ধারাবাহিক কিছু অনুসন্ধানী সাংবাদিকতার সূচনা করে। এই সংখ্যার প্রথম পাতা অলংকরণে জয়নুল আবেদিনের আঁকা ১৯৪৩-এর দুর্ভিক্ষের বিখ্যাত ছবিগুলির একটি ব্যবহার করা হয়েছিল। 'রূপপুর অডিসি' এই বিষয়ের ওপর আরেকটি এফআরইউ অনুসন্ধানী নিবন্ধ লেখেন তখন পাকিস্তান অ্যাটমিক কমিশনে কর্মরত ড. আনোয়ার হোসেন। লেখাটি ছিল সোভিয়েত আর্থিক সহায়তায় রূপপুরে আমাদের পারমাণবিক শক্তি প্রকল্প তৈরির প্রথম চটুল প্রয়াসের ওপর। পশ্চিম পাকিস্তান থেকে হামজা আলাভী সংস্কার সম্পর্কে নূর খানের সঙ্গে তার অভিজ্ঞতার বিবরণ দিয়ে কিছু দীর্ঘ নিবন্ধ পাঠান। দিল্লি স্কুল অফ ইকনোমিকস থেকে অমর্ত্য সেন ভারতে ব্যাংক জাতীয়করণ বিষয়ে একটি লেখা পাঠিয়েছিলেন। ভারতীয় রাজনীতি ও অর্থনীতি বিষয়ে অনেকগুলো লেখা দিয়েছিলেন তার সেখানকার সহকর্মী অর্জুন সেনগুপ্ত। মাঝে মাঝে লন্ডন থেকে আমার বন্ধু নেভিল ম্যাক্সওয়েল লেখা পাঠাত, যার মধ্যে একটা ছিল ইন্দো-চীন যুদ্ধ এবং আরেকটা ছিল জে কে গলব্রেইথ-এর স্মৃতিচারণ 'অ্যাম্ব্যাস্যাডরস জার্নাল' – বইটির চমৎকার পর্যালোচনা। 'ফোরাম' পুরানো সংখ্যার হলুদ হয়ে আসা পাতা উল্টে দেখতে গিয়ে গর্ব আর বিস্ময় হয় যে মূলত ভাবনার খোরাক যোগানোর জন্য একটা সাপ্তাহিক বের করার উদ্যোগ থেকে এত অল্প সময়ের মধ্যে এত অসাধারণ লেখকদের একটি তালিকা আমরা তৈরি করতে পেরেছিলাম।

এ ধরনের অল্প পয়সার উদ্যোগে অবধারিতভাবে যা হয়ে থাকে কাজের আসল বোঝাটা বহন করতাম আমি আর হামিদা মিলে। হামিদা অফিসের কাজ দেখাশোনা করত, প্রবল উদ্যমে প্রত্যেক সংখ্যায় যে কপি ছাপা হত তার সম্পাদনা করত, এবং মাঝে মাঝে নিজের কলাম লিখত। সাপ্তাহিকের নৈমিত্তিক টুকিটাকি কাজগুলো ছিল আমার। আমাকেও সম্পাদনার কাজ করতে হত। প্রায়ই আমাদের কয়েকজন বিশিষ্ট কলমচি যাদের ইংরেজিতে দখল

কিছুটা কম ছিল, তাদের লেখা পুরো নতুন করে লিখতে হত। কিন্তু সাপ্তাহিক সম্পাদকীয় লেখাটাই ছিল আসল কাজ। আর সেই সাথে কলাম লেখা, মাঝে মাঝে একাধিক, যেসব ক্ষেত্রে দ্বিতীয়টি নানা ছদ্মনামে প্রকাশিত হত। রশিদ আখতার নামটাই বেশি ব্যবহার করেছি। মাঠ সাংবাদিক এবং অনুসন্ধানী সাংবাদিকের দ্বৈত ভূমিকাও পালন করেছি। এজন্য প্রকাশ্য সমাবেশে হাজির থাকতে হত। যেমন একবার ১৯ জানুয়ারি ১৯৭০ সালে সন্তোষে মৌলানা ভাসানী আয়োজিত কৃষক সমাবেশে উপস্থিত ছিলাম। ফোরাম-এ আমার লেখা 'রেড ডন ফর দি রেড ক্যাপস' তৈরি করেছিলাম কৃষক সমিতি-র সাধারণ সম্পাদক আব্দুল হকের দেওয়া এক দীর্ঘ ব্রিফিং-এর ভিত্তিতে। পরে তোহার সঙ্গে দল ছেড়ে বেরিয়ে এসে মাওবাদের ভাবধারায় কমিউনিস্ট পার্টির একটা বিচ্ছিন্ন শাখা তৈরি করেছিল আব্দুল হক।

ফোরাম লেখালেখির গবেষণার অংশ হিসেবে আমি সেসময় বিভিন্ন সমাবেশে যেতে শুরু করি। সন্তোষের সমাবেশ এবং তার পরবর্তী পল্টন ময়দানের সভায় এ কারণেই আমার উপস্থিতি। একইভাবে পল্টন ময়দানের বহু সমাবেশে আমি হাজির থাকতাম। এমনকি জামাত-এর মিটিংয়েও যাই, যেখানে জনতা আক্রমণ করে বসে এবং আমাকে রণক্ষেত্র থেকে পালিয়ে ডিআইটি (এখন রাজউক) টাওয়ারে আশ্রয় নিয়ে ঘটনার নজরদারি করতে হয়। সাবেক রেসকোর্স, এখনকার সোহরাওয়ার্দী উদ্যানে বঙ্গবন্ধুর সব প্রধান সভায় আমি হাজির থেকেছি এবং ঘোড়াশালের জনসভায় ভাষণ দিতে যাওয়া বঙ্গবন্ধুর নৌকা সফরের সঙ্গী হয়েছিলাম আমি। ঘূর্ণিঝড় বিধ্বস্ত মনপুরার এলাকাগুলো পরিদর্শনে যাই তাজউদ্দীনের সঙ্গে, এবং সবচেয়ে প্রান্তিক চর কুকরি মুকরি গিয়েছিলাম দুই আসনবিশিষ্ট প্লেনে চড়ে। এই সফরগুলো আমাকে দুটো নিবন্ধ লিখতে অনুপ্রাণিত করেছিল, যথাক্রমে 'আউটপোস্ট অফ দ্য ড্যামনড' এবং 'জার্নি ইনটু হেল'। এই সমস্ত জায়গায় আমার ঘোরাঘুরি ও অভিজ্ঞতার বৃত্তান্তের ঠাঁই হয় 'ফোরাম'-এর কলামে, আমার সে সময়ের কিছু পশ্চিম পাকিস্তান সফরের বৃত্তান্তও তাই। তবে আমার সবচেয়ে কার্যকর কিছু মাঠ সাংবাদিকতার ভিত্তি হয়েছিল আমার দেখা মার্চ ১৯৭১-এর ঘটনাবলী এবং পলাশী যুদ্ধের পর বাঙালির স্ব-শাসনের প্রাথমিক পর্বে আমার নিজের যুক্ত হবার অভিজ্ঞতাভিত্তিক।

আমার সবচেয়ে নিয়মিত কলাম ছিল অর্থনীতি সংক্রান্ত যেজন্য আমি নিয়মিত সচিবালয়ে যেতাম পরিকল্পনা বিভাগের সচিব ড. রব্বানি অথবা বিভাগীয় উপ-মুখ্য অর্থনীতিক ড. শাহাদাতুল্লাহর কাছে – পঞ্চবার্ষিকী পরিকল্পনার বাজেট নিয়ে আলোচনার জন্য কেন্দ্রীয় সরকারের সঙ্গে তাদের বিভিন্ন বৈঠকের বিবরণ জানতে। এই বৈঠকগুলো সম্পর্কে আমার পরিবেশিত অনেক টাটকা খবরের ভিত্তি ছিল সরকারে থাকা সেইসব বাঙালি বন্ধুর

দেওয়া প্রাথমিক বিবরণ যারা স্বায়ত্তশাসন সম্পর্কে আমাদের অঙ্গীকারের অংশীদার ছিল। ছয় দফা এবং অন্যান্য নীতিসংক্রান্ত ইস্যু নিয়ে আরও বিস্তৃত বিশ্লেষাত্মক প্রতিবেদনও আমি লিখতাম। ফোরামে লেখা আমার অনেক কলাম এবং সম্পাদকীয় আমার সংগৃহীত রচনাবলীর দ্বিতীয় খন্ড 'মাইলস্টোনস টু বাংলাদেশ' (সেন্টার ফর পলিসি ডায়লগ, বাংলাদেশ থেকে ২০০৮ সালে প্রকাশিত)-এ রয়েছে।

সম্পাদক, কলাম লিখিয়ে এবং অনুসন্ধানী সাংবাদিকের ভূমিকা পালন করা ছাড়াও আমাদের পত্রিকার চলমান পরিমিত ব্যয় নির্বাহে অর্থ জোগাড়ের কাজেও আমি যুক্ত ছিলাম। প্রধানত বিজ্ঞাপন পাবার অনুরোধ নিয়ে ব্যবসায়ী সংস্থাগুলোর কাছে যেতে হত। এই কাজে আমি টুলুর সাহায্য পেয়েছি। সে তার বিস্তৃত ব্যবসায়িক সংযোগগুলোকে কাজে লাগাত। টুলু তখন সবে উঠতি বাঙালি বুর্জোয়া শ্রেণীভুক্ত হয়েছে। জহরুল ইসলামের সঙ্গে অংশীদারিত্বে সোনালি জুট মিল খুলতে ইপিআইডিসি সহায়তার এক সত্ত্বভোগী টুলু ছিল সোনালি জুট মিলের সিইও।

আমার মনে হয় না যে বিপণন ব্যবস্থাপক হিসেবে আমার ভূমিকা কলাম লিখিয়ে হিসেবে আমার ভূমিকার মতোই সফল ছিল, তবে আমাদের পুরো খরচ মেটানোর মত পরিমিত যদিও অপর্যাপ্ত আয় আমাদের হয়েছিল। সংবাদপত্র এজেন্টদের মাধ্যমে কাগজ বেচে বেশি আয় হত না; কারণ খুব কম ক্ষেত্রেই আমাদের সার্কুলেশন হাজার কপির বেশি হত। আমরা কিছু নিয়মিত গ্রাহক জোগাড় করতে পেরেছিলাম, যার মধ্যে একটা শ্রেণীকে আশাবাদী হয়ে 'আজীবন গ্রাহক' হিসেবে চিহ্নিত করা হয়েছিল। এরা ১০০০ টাকা দিয়েছিলেন আজীবন 'ফোরাম' সরবরাহের প্রতিশ্রুতিতে। আমাদের এরকম একজন গ্রাহক হয়েছিলেন আর কেউ নন, স্বয়ং বঙ্গবন্ধু যাকে আমরা গ্রাহক করি 'ফোরাম' প্রথম প্রকাশের দিন ২২ নভেম্বর বিকেলে রমনা গ্রীনে এবং যিনি সঙ্গে সঙ্গে তার পুরো গ্রাহকমূল্য দিয়ে দিয়েছিলেন। বঙ্গবন্ধুর মৃত্যুর কয়েক বছর আগে ২৬ মার্চ ১৯৭১ 'ফোরাম'-এর মৃত্যু হয়েছিল যখন সামরিক আইনের আদেশে পত্রিকাটি নিষিদ্ধ ঘোষণা করে। কিন্তু আজও আমি তার কাছে ঋণী শুধু আর্থিকভাবে নয়, আমাদের স্বল্পপরিণত উদ্যোগে যে আস্থা তিনি দেখিয়েছিলেন সে কারণে।

ঢাকা থেকে প্রকাশিত একটা ইংরেজি ভাষার সাপ্তাহিক, হাজারের কম যার সার্কুলেশন, সেটা দুনিয়া কাঁপিয়ে দেবে সে সম্ভাবনা ছিল না। স্বভাবতই আমাদের পাঠক সংখ্যা ছিল সীমিত, কিন্তু পাঠকদের একাংশ ছিল চিন্তাশীল মানুষ, নীতিপ্রণেতা যাদের মধ্যে ইয়াহিয়া সরকার এবং বিশেষত সামরিক গুপ্তচর সংস্থাগুলোর সদস্যরা ছিলেন। যেহেতু আমি কোনো রকম সতর্কতা ছাড়াই কলাম লিখতাম, যা এমনকি কামালকেও ভয় পাইয়ে দিত, চীফ মার্শাল ল'

অ্যাডমিনিস্ট্রেটররের প্রেস সচিব মেজর সিদ্দিক সালেক কয়েক দিন পর পরই আমাকে ডেকে পাঠিয়ে সতর্ক করতেন যে আমি সীমা ছাড়িয়ে যাচ্ছি। এমনকি চীফ মার্শাল ল' অ্যাডমিনিস্ট্রেটর জেনারেল ইয়াকুবের সঙ্গেও আমাকে একবার আনুষ্ঠানিক সাক্ষাত করতে হয়। তিনি আমার সঙ্গে বেগম ইকরামুল্লাহর সম্পর্ক সম্বন্ধে জানতেন, তাই যথেষ্ট সংযতভাবেই আমাকে শুধু হুঁশিয়ারি দিয়েছিলেন তিনি। পরে মেজর সালেক ১৯৭১-এর ঘটনাবলী নিয়ে 'উইটনেস টু সারেন্ডার' নামে একটি বই লেখেন।

যেহেতু কর্মরত সাংবাদিক হিসেবে ইতিমধ্যে পরিচিত হয়ে গিয়েছিলাম, সেজন্য প্রতি বছর একদল বাঙালি সম্পাদকের সঙ্গে ইসলামাবাদে বার্ষিক বাজেট পেশে হাজির থাকার আমন্ত্রণ পেতাম। এর দরুণ পাকিস্তানের তৎকালীন অর্থমন্ত্রী এম এম আহমেদের সঙ্গে মুখোমুখি হবার সুযোগ হত। সংবাদ সম্পাদক জহুর হোসেন চৌধুরী, পাকিস্তান অবজারভার-এর আব্দুস সালাম এবং মর্নিং স্টার কাগজের বদরুদ্দীনের মতো বরিষ্ঠ সম্পাদকদের দলে আমি তখন কনিষ্ঠ হলেও আমার অর্থনীতি বিষয়ক লেখার সুনামের কারণে বাজেট পরবর্তী সাংবাদিক বৈঠকে এম এম আহমেদ ও তার সহকারীদের জিজ্ঞাসাবাদের নেতৃত্ব দিতে বাকিরা আমাকেই ঠেলে দিত। ইসলামাবাদের আর্থিক সংস্থার কাছে ততদিনে আমি ভালোরকম পরিচিত হয়ে গেছি, সুতরাং আমার প্রশ্নগুলো তারা সতর্কভাবে নাড়াচাড়া করত।

একবার ইয়াহিয়ার ঢাকা সফর উপলক্ষে ইয়াহিয়া ও স্থানীয় সম্পাদকদের এক বৈঠকে সাংবাদিক হিসেবে আমি আমন্ত্রিত হলাম; যেখানে আমি তাকে প্রশ্ন করি কেন তিনি একজন বাঙালিকে প্ল্যানিং কমিশনের ডেপুটি চেয়ার পদে নিয়োগ করছেন না। ইয়াহিয়া বেরসিক ছিলেন না এবং ব্যঙ্গভরেই আমাকে পদটা নেবার প্রস্তাব দেন। আমি জবাবে বলেছিলাম আমার পরামর্শ দরকার হলে 'ফোরাম'-এর সাপ্তাহিক গ্রাহকমূল্যের বিনিময়েই তিনি সেটা পেতে পারেন! শেষ পর্যন্ত পাকিস্তানি সামরিক প্রশাসন 'ফোরাম'-কে আমাদের প্রত্যাশার থেকেও বেশি গুরুত্ব দিয়েছিল। ফলে তাদের গণহত্যা শুরুর আগে যে তিনটি কাগজ টিক্কা খান নিষিদ্ধ করে, তার মধ্যে একটি ছিল 'ফোরাম'।

'ফোরাম' সম্পাদনা করার সময় শিক্ষক হিসেবেও আমার দায়িত্ব পালন করে গেছি এবং আমাকে যে ক্লাসগুলো দেওয়া হয়েছিল সেগুলো সবই নিয়েছি। আমি এমন দাবি করব না যে সেইসব অশান্ত দিনগুলোতে এই দায়িত্বগুলো যতখানি সুষ্ঠভাবে পালনীয় ছিল সেভাবেই মেটাতে পেরেছিলাম। কিন্তু সে সময় আমার তুলনায় কোনো অংশে কম অন্যমনস্ক ছিল না আমার ছাত্ররা। এমএ উন্নয়ন অর্থনীতি ক্লাসে মুজাহিদুল ইসলাম সেলিম এবং মাহফুজ আনামের মতো কিছু ছাত্র এপিএসইউ-র সক্রিয় সদস্য ছিল এবং ওরা সামরিক বাহিনীর সঙ্গে চূড়ান্ত লড়াইয়ের জন্য তৈরি হচ্ছিল। কমিউনিস্ট পার্টির বিক্ষুব্ধ

মতিন-আলাউদ্দিন গ্রপের সদস্য মাহবুল্লাহ সামরিক বাহিনীর বিরুদ্ধে কোনো সশস্ত্র ঘটনায় জড়িয়ে জেলে ছিল এবং ঢাকা সেন্ট্রাল জেল থেকে সে আমাকে চিঠি লিখত।

এ ধরনের সংঘর্ষ এবং হিংসার ঘটনা মাঝে মাঝেই হত যার ফলে জীবন অনিশ্চিত হয়ে পড়েছিল। একবার ঢাকা বিশ্ববিদ্যালয়ের ছাত্ররা সামরিক আইন প্রশাসকদের কোনো কাজের বিরুদ্ধে চ্যালেঞ্জ জানিয়ে কলাভবন থেকে মিছিল বের করার হুমকি দিল। সকালের ক্লাস নিতে গাড়ি চালিয়ে ক্যাম্পাসে হাজির হয়ে দেখি নাইনথ ডিভিশনের সেনারা ক্যাম্পাসের গেটগুলো আটকে রেখে কলাভবনের উপরে মেশিনগান বসিয়েছে। এ ধরনের শক্তি প্রদর্শনের মুখোমুখি হয়ে আমি কামালকে সঙ্গে করে গভর্নমেন্ট হাউসে অ্যাডমিরাল আহসানের সঙ্গে দেখা করে ক্যাম্পাসে এরকম আক্রমণাত্মক কাজের তীব্র প্রতিবাদ করি। আহসান জানান এই ব্যবস্থা তার প্রশাসনের নেওয়া নয়, চীফ মার্শাল ল' অ্যাডমিনিস্ট্রেটরের হেডকোয়ার্টার থেকে সরাসরি নেওয়া হয়েছে। তিনি ব্যাখ্যা করেন এই ব্যবস্থা নেবার উদ্দেশ্য সামরিক বাহিনীর সঙ্গে সংঘর্ষে না জড়াতে ছাত্রদের সতর্ক করা; অন্যথায় স্বাভাবিক রাজনৈতিক ক্রিয়াকলাপ ফের শুরু করার যে অনুমোদন জানুয়ারি ১৯৭০ থেকে চালু হবে তা বাধাগ্রস্ত হবে। এই আশ্বাসে আমি খুব শান্ত হলাম না, তবে বস্তুত ক্যাম্পাস থেকে সেনা সরিয়ে নেওয়া হয়েছিল। এমনও হতে পারে যে বঙ্গবন্ধু হস্তক্ষেপ করে ইএসপিএল-এর মারমুখী সদস্যদের সতর্ক হবার পরামর্শ দিয়েছিলেন। যেহেতু তিনি নিজে নির্বাচনের পথে চলার সিদ্ধান্ত নিয়েছেন, এ ধরনের কোনো সংঘাত সেই প্রক্রিয়াকে লাইনচ্যুত করুক তা তিনি চাইছিলেন না।

পাকিস্তানের রাজনৈতিক অর্থনীতি নিয়ে বিতর্ক

চূড়ান্ত পর্ব

১৯৬৯-৭০ সালে ঢাকা বিশ্ববিদ্যালয়, 'ফোরাম' এবং আওয়ামী লীগের কাজকর্মে জড়িত থাকার বাইরেও অর্থনৈতিক বৈষম্যের ওপর আমার বিতর্কে অংশগ্রহণ চালিয়ে যাচ্ছিলাম। মার্চ ১৯৬৯ পর্যন্ত বাঙালি অর্থনীতিকদের কণ্ঠস্বর বেশিরভাগটাই অরণ্যেই রোদন ছিল। হয়তোবা ইসলামাবাদে নথিভুক্ত হতো বা সেগুলো নিয়ে অ্যাকাডেমিক বিতর্ক হত, কিন্তু রাজনৈতিকভাবে উপেক্ষিতই থেকে যেত। আইয়ূবের পতনের পর রাজনৈতিক শক্তি হিসেবে বাঙালি জাতীয়তাবাদের উঠে আসায় যত অবাঞ্ছিতই হোক, আমাদের মতামতে বেশি মনোনিবেশ করা শুরু করেছিল ইসলামাবাদ। অর্থনীতি, উন্নয়ন বাজেট, পরিশেষে চতুর্থ পঞ্চবার্ষিকী পরিকল্পনা ইত্যাদি সম্পর্কে আমার লিখিত কলামগুলো পরিকল্পনা কমিশনে নিয়মিত পঠিত হত এবং সম্ভবত গুপ্তচর

সংস্থাগুলোও পড়ত। একইভাবে পড়া হত আমার সহকর্মী নুরুল ইসলাম, আনিসুর রহমান, এ আর খান এবং স্বদেশ বোসের আরও পান্ডিত্যপূর্ণ লেখাগুলোও। এ সময় এমন কিছু ধারণাও জন্মেছিল যে আমাদের অর্থনৈতিক দৃষ্টিভঙ্গি বঙ্গবন্ধু এবং তার দলের মতের প্রতিফলন। কেন্দ্রীয় সরকারের বরিষ্ঠ আমলারা আমাকে খুঁজে বের করতেন ছয় দফা নিয়ে আলোচনার জন্য এবং এভাবে আওয়ামী লীগ নেতৃত্বের চিন্তাভাবনা সম্পর্কে কিছুটা অন্তর্দৃষ্টি লাভের চেষ্টা করতেন।

অবিভক্ত পাকিস্তানের মধ্যে পাকিস্তানি উন্নয়ন সংস্থার সঙ্গে আমাদের অন্তিম সাক্ষাৎকার হয় যেবার পাকিস্তানের চতুর্থ পঞ্চবার্ষিকী পরিকল্পনার পর্যালোচনার জন্য গঠিত অর্থনীতিকদের প্যানেলে একজন সদস্য হিসেবে কাজ করার জন্য আমন্ত্রিত হলাম। তৃতীয় পরিকল্পনার জন্য গঠিত অনুরূপ প্যানেলে আমার এবং মোশাররফ হোসেনের ব্যর্থ যোগদানের কথা ইতিমধ্যে উল্লেখ করেছি, যে প্যানেল এক রকম আমাদেরই কারণে ভেঙ্গে দেওয়া হয়েছিল। চতুর্থ পরিকল্পনার জন্য গঠিত প্যানেলে বাঙালিদের বেশ ভালো রকম উপস্থিতি ছিল যার মধ্যে ছিলেন নুরুল ইসলাম, আখলাকুর রহমান, আনিসুর রহমান এবং পাকিস্তান ইকোনমিক অ্যাসোসিয়েশনের প্রেসিডেন্ট হিসেবে আমাদের বরিষ্ঠ সহকর্মী ড. মাজহারুল হক। পশ্চিম পাকিস্তান দলে ছিলেন পেশোয়ার বিশ্ববিদ্যালয়ের অর্থনীতি বিভাগীয় প্রধান অধ্যাপক মতিন; করাচি বিশ্ববিদ্যালয়ের ইনস্টিটিউট অফ বিজনেস অ্যাডমিনিস্ট্রেশনের ডিরেক্টর অধ্যাপক মুখতার; পশ্চিম পাকিস্তান পরিকল্পনা পর্ষদের মুখ্য অর্থনীতিক ড. পারভেজ হাসান; স্টেট ব্যাংক অফ পাকিস্তানের মুখ্য অর্থনীতিক ড. মঈন বাকি; এবং প্যানেলের চেয়ার হিসেবে ছিলেন পাকিস্তান পরিকল্পনা পর্ষদের মুখ্য অর্থনীতিক পদে উন্নীত ড. মাহবুবুল হক।

জাতীয় নির্বাচনের আগে চতুর্থ পরিকল্পনা করার যে উদ্যোগ পরিকল্পনা পর্যদ নিয়েছিল তার সমালোচনা করে 'ফোরাম'-এ ইতিমধ্যে আমি লিখেছিলাম। বস্তুত ৬ জুন ১৯৭০ আওয়ামী লীগ কাউন্সিল বৈঠকে বঙ্গবন্ধু যে বক্তব্য রাখেন সেই ভাষণে এরকম একটা ভাবনা আমি যুক্ত করেছিলাম। সেখানে তিনি দুঃখ প্রকাশ করেন যে চতুর্থ পরিকল্পনা ভবিষ্যতের সরকারের জন্য ছেড়ে দেবার দাবি থাকা সত্ত্বেও সেটি তৈরি করেছে সামরিক সরকার। বঙ্গবন্ধু ঘোষণা করেছিলেন নতুন সরকার ক্ষমতায় আসলে চতুর্থ পরিকল্পনা বাতিল করা হবে। সুতরাং প্যানেলে তাদের থাকা উচিত কিনা এই নিয়ে একটা সন্দেহ ছিল বাঙালিদের। এটা নিয়ে আমি তাজউদ্দীনের সঙ্গে আলোচনা করি এবং তা থেকে সিদ্ধান্ত হয়েছিল যে বঙ্গবন্ধুর ছয় দফা এজেন্ডা নির্মাণ যা থেকে প্রেরণা পেয়েছিল, বাঙালিদের সেই অর্থনৈতিক বঞ্চনার অপরিসীম গুরুত্ব জনসাধারণের নজরে আনতে এই প্যানেল একটা ভালো মঞ্চ হিসেবে কাজ করবে।

ইসলামাবাদে আমাদের প্রথম বৈঠকে বাঙালিরা এককাট্টা হল যে মাহবুব যেহেতু আইয়ূব সরকার ও তার অর্থনৈতিক নীতিগুলোর সঙ্গে ঘনিষ্ঠভাবে জড়িত ছিল, তাই তার সভাপতিত্বে প্যানেলের হয়ে তারা কাজ করবে না। অত্যন্ত ভদ্র মাহবুব নিজেকে সরিয়ে নিয়েছিল এবং আমরা তখন পিইএ-র প্রেসিডেন্ট পদাসীন এই যোগ্যতার নিরিখে মাজহারুল হককে প্যানেল প্রধান হবার আমন্ত্রণ জানাতে সম্মত হলাম। আইয়ূব সরকারের পতন এবং এইচএজি-তে তার জোরালো সমর্থকদের পাকিস্তান থেকে চলে যাওয়ায় মাহবুব ইতিমধ্যেই বেহাল হয়ে গিয়েছিল। ফলে সে তখন রবার্ট ম্যাকনামারা পরিচালনাধীন বিশ্বব্যাংকে সিনিয়র পদে কার্যভার নেবার সিদ্ধান্ত নেয়। পারভেজ হাসান, সৈয়দ জাভেদ বারকী এবং খালেদ ইকরামের মতো পাকিস্তানের পলিসি সংগঠনের সেরা এবং উজ্জ্বল কিছু চরিত্রকেও সে তার সঙ্গে বিশ্বব্যাংকে নিয়ে গিয়েছিল। কমিশনে তার আরেক ঘনিষ্ঠ সহযোগী সারতাজ আজিজও বিদেশে চলে যায়, তবে রোমে, ওয়াশিংটন ডিসি-তে নয়।

প্যানেলের বাঙালিরা তখন খুবই উল্লসিত এবং আপোসহীন মেজাজে রয়েছে। আমার এবং আনিসের মেজাজ চূড়ান্ত আক্রমণাত্মক। করাচিতে প্যানেলের একটা অধিবেশনে আমার মৌখিক আক্রমণে পারভেজ হাসানকে এতটাই ক্ষিপ্ত করেছিলাম যে সে রাগে ফেটে পড়ে কিছুটা ভবিষ্যৎবক্তার ঢঙে বলে বসে ‘‘আপনি এভাবে কথা বলা চালিয়ে গেলে আমরা আপনার সঙ্গে এমন কিছু করব যে আপনি শিউরে উঠবেন।’’

প্যানেলের বাদানুবাদ সম্পর্কে নুরুল ইসলাম আরও বিস্তারিতভাবে লিখেছেন তার স্মৃতিচারণে (অ্যান ইকোনমিস্ট’স টেল) সুতরাং আমি এ বিষয়ে অল্প কিছুটাই উল্লেখ করলাম। মনে আছে, আমাদের পশ্চিম পাকিস্তানি পক্ষ যদিও বরাদ্দ ও নীতি সংক্রান্ত বিষয়ে পূর্ব পাকিস্তানকে কিছুটা সুযোগ দিতে রাজি ছিলেন, তা সত্ত্বেও, রাজনৈতিক খেলার ওই শেষবেলাতেও, পরিকল্পনার জন্য এমন কোনো কৌশল তারা গ্রহণ করতে অনিচ্ছুক ছিলেন, যা কিনা অর্থনৈতিক বৈষম্যের ধারাকে বিপরীত মুখে চালিত করতে পারত। সম্ভাব্য অচলাবস্থার সম্মুখীন হয়ে, আমরা ঠিক করি প্যানেল থেকে আমরা দুটো পৃথক রিপোর্ট প্রকাশ করব, যার একটিতে পশ্চিম পাকিস্তানি সদস্যদের মতামত প্রতিফলিত হবে এবং অন্যটি হবে বাঙালিদের লেখা। পূর্ব ও পশ্চিম পাকিস্তানের মধ্যে বর্ধমান আর্থিক বৈষম্যের ধরন ও যে পরিস্থিতি সেগুলো তৈরি করেছিল এবং এই গতিপথ বিপরীতমুখী করতে কী করা উচিত এই সংক্রান্ত বাঙালিদের লেখা রিপোর্ট এমনকি আজও একটা নির্ধারক বিবরণ হয়ে আছে। আমরা দু’তরফই ভালো করেই জানতাম যে, আমাদের রিপোর্ট হবে একটি কেতাবি চর্চা মাত্র – অর্থনৈতিক ইতিহাসবিদদের রসদ জোগানো ছাড়া যেটা আর কোনো

কাজে লাগবে না। দলিলটি পূর্ব ও পশ্চিম পাকিস্তানের শিক্ষাবিদ এবং তৎসহ নীতিনির্ধারকদের দু'দশকের দ্বন্দ্বের বৌদ্ধিক শোকগীত হয়ে আছে।

শেষ বিদায়

প্যানেলের কাজ শেষ হবার অল্পসময় বাদেই আমাদের পূর্বতন স্বদেশবাসীদের সঙ্গে বিদায়ী সাক্ষাৎকার হয়েছিল। আপার নিউইয়র্ক স্টেট-এর রচেস্টার বিশ্ববিদ্যালয়ে আগস্ট ১৯৭০-এ পাকিস্তানের বর্তমান ও ভবিষ্যৎ সম্পর্কে আলোচনার জন্য একটা কনফারেন্সে যোগ দিতে আমাকে আমন্ত্রণ জানিয়েছিলেন বিশিষ্ট রাষ্ট্রবিজ্ঞানী ড. খালেদ বিন সৈয়দ, যিনি একসময় ঢাকা বিশ্ববিদ্যালয়ে শিক্ষকতা করেছিলেন পরে কানাডার কুইন'স বিশ্ববিদ্যালয়ে চলে যান। ঢাকা বিশ্ববিদ্যালয়ের রাষ্ট্রবিজ্ঞান বিভাগের ড. রশিদুজ্জামান এবং আমি ছিলাম ঢাকা থেকে একমাত্র আমন্ত্রিত। এই অনুষ্ঠানে রওনক জাহানের সঙ্গে আমার প্রথম সাক্ষাতের বিবরণ ইতিমধ্যে দিয়েছি। সম্মেলনে যোগদানকারী অন্যান্য বাঙালির মধ্যে প্রধানত ছিল আমার প্রাক্তন ছাত্ররা – আবু আবদুল্লাহ, মহিউদ্দিন আলমগীর প্রমুখ যারা তখন হার্ভার্ড সহ যুক্তরাষ্ট্রের অন্যান্য বিশ্ববিদ্যালয়ে পিএইচডি করছে। মিটিংয়ে হার্ভার্ডের বাঙালিরা সবাই পাকিস্তান রাষ্ট্রের অবিচার সম্পর্কে সাহসী সুস্পষ্ট বক্তব্য রাখে।

রচেস্টারে পরিকল্পনা কমিশনে আমার বিরোধীপক্ষদের অনেককে হাজির থাকতে দেখে ভালো লেগেছিল। তারা তখন বিশ্বব্যাংকে রয়েছে এবং সম্মেলনে হাজির হয়েছিল গাস এবং হান্না পাপানেক-এর মতো কিছু আক্রমণাত্মক আমেরিকান সাঙ্গপাঙ্গ নিয়ে। যুদ্ধক্ষেত্রের বাইরে মাহবুব ও তার সতীর্থরা অনেকটাই বন্ধুত্বপূর্ণ আচরণ করেছিল এবং পাকিস্তানের পূর্ব ও পশ্চিমের মধ্যে বর্ধমান মতানৈক্যের সেতুবন্ধনে কী করা উচিত সে বিষয়ে জানতে উদগ্রীব ছিল। অন্য দিকে, বাঙালি জাতীয়তাবাদের জোয়ারে ভেসে চলা আমি আমার সেরা বাগ্মীতা প্রদর্শন করি এবং তাদের উদ্বেগ প্রশমনে কোনো সহায়তাই করি না। আমাকে তারা ইসলামাবাদে আসন্ন আওয়ামী লীগ পরিচালিত সরকারের অংশ হিসেবে তাদের ছেড়ে আসা চেয়ারের সম্ভাব্য দখলদার ভেবেছিল নাকি নিজের পরিণতি কী হতে চলেছে সে সম্পর্কে অচেতন বোকা বাঙালি ভেবেছিল, সেটা অবশ্যই তাদের স্মৃতিচারণের অংশ হবে।

পারভেজ হাসান যেমন ভবিষ্যদ্বাণী করেছিলেন, আমি সত্যিই পাকিস্তানি সেনাদের বাঙালি গণহত্যায় শিউরে উঠেছিলাম এবং অল্পের জন্য এর শিকার হওয়া থেকে রক্ষা পেয়েছিলাম। আবার যখন ১৯৭১ সালে কোনো এক সময় ওয়াশিংটন ডিসি-র রজার স্মিথ হোটেলের কফিশপে নুরুল ইসলাম ও আমি মাহবুবের দেখা পেলাম, ততদিনে আমি বাংলাদেশের অস্থায়ী সরকারের

একজন দূত। মাহবুব তখন আবার সেতু গড়তে উদগ্রীব। কিন্তু আমাদের সেই অস্বস্তিকর কথা চালাচালিতে আমি তাকে পরামর্শ দিই যে সেসব সুযোগ চলে গেছে ১৯৬০-এর দশকের বৌদ্ধিক আলোড়নে। সেদিন যখন আমরা কথা বলছি সে মুহূর্তে বাঙালির ওপর গণহত্যার বিভীষিকা নামিয়ে এনেছে পাকিস্তানি সেনা, যা আমাদের মধ্যে সব সেতু চূড়ান্তভাবে ধ্বংস করে দিয়েছিল।

১৪

পূর্ণতা: একটি রাষ্ট্র জন্মের সাক্ষী

গণতান্ত্রিক পদ্ধতির রেনেসাঁ

নির্বাচনী গণতন্ত্রের ভরা জোয়ার

আসন্ন জাতীয় নির্বাচনের প্রত্যাশায় রাজনৈতিক দলগুলোকে তাদের রাজনৈতিক ক্রিয়াকলাপ নতুন করে শুরু করতে সুযোগ দেবার যে প্রতিশ্রুতি ইয়াহিয়া বঙ্গবন্ধুকে দিয়েছিলেন, তা সে রেখেছিলেন। ১৯৭০-এর অক্টোবরে নির্বাচনের দিন স্থির হয়েছিল এবং লিগ্যাল ফ্রেমওয়ার্ক অর্ডার (এলএফও) ঘোষণার মাধ্যমে কোন পথে সে প্রক্রিয়া চালিত হবে সেটাও বিশদ বুঝিয়ে দেন ইয়াহিয়া। নির্বাচিত প্রতিনিধিদের হাতে ক্ষমতা তুলে দেবার আগে অনেকগুলো শর্ত নির্দিষ্ট করা হয় এলএফও-র মাধ্যমে। এলএফও-র বিরুদ্ধে ছাত্ররা প্রতিবাদ জানায় এবং 'ফোরাম'-সহ অন্যান্য সংবাদমাধ্যমেও সমালোচনার ঝড় ওঠে। এই সম্ভাব্য অবরোধগুলোকে উপেক্ষা করেন বঙ্গবন্ধু। তিনি হিসাব করে দেখেছিলেন যে প্রকাশ্য রাজনৈতিক ক্রিয়াকলাপকে সে মুহূর্তে অগ্রাধিকার দেওয়া প্রয়োজন যাতে নির্বাচনী প্রচার শুরু করে জনসাধারণের সঙ্গে তিনি সরাসরি নতুন করে সংযোগ তৈরি করতে পারেন।

পাকিস্তানের ইতিহাসে সবক্ষেত্রেই যেমন হয়েছে, এক্ষেত্রেও বিষয়টি তেমনই ছিল। লিখিত শব্দই আসল কথা নয়, আসল হচ্ছে তার নিগূঢ়ার্থের পাঠোদ্ধার। এলএফও-র সংক্ষিপ্ত অলিখিত বার্তা ছিল নির্বাচিত প্রতিনিধিদের হাতে ক্ষমতা তুলে দেওয়া হবে কিনা বা আদতে কখন হবে তার চূড়ান্ত সিদ্ধান্ত থাকছে সেনাবাহিনীর হাতে। বঙ্গবন্ধুও এই নিগূঢ়ার্থ বুঝেছিলেন। তার বিশ্বাস ছিল নির্বাচনী প্রচার ও তার নির্বাচনী ফলাফল নিজেই নিজের রাজনৈতিক বেগ তৈরি করবে যেটা তার ও ইয়াহিয়া খানের মধ্যে শক্তির ভারসাম্য নির্দিষ্ট করবে। ঘটনাপ্রবাহ এই অনুমানের যথার্থতা পুরোপুরি প্রমাণ করলেও এর অন্তিম পরিণতি ভিন্ন দিকে মোড় নিয়েছিল।

বঙ্গবন্ধু অবশ্য রাজনৈতিকভাবে সক্রিয় ছিলেন, বেশিরভাগটাই দলের ভবিষ্যৎ আন্দোলনের কর্মপন্থা নির্ধারণে রুদ্ধদ্বার দলীয় বৈঠকে। তার মূল চিন্তা

ছিল অস্থির সমর্থকদের কোনো ধরনের আবেগতাড়িত কাজে যেন সেনাদের সঙ্গে স্থায়ী সংঘর্ষ শুরু হয়ে না যায়। গভর্নর আহসানের সঙ্গে তিনি নিয়মিত যোগাযোগ রাখতেন এবং সুস্থ রাজনৈতিক বোধসম্পন্ন আহসানও সাধারণত তার চিন্তাভাবনা গ্রহণ করতেন।

১ জানুয়ারি ১৯৭০ ইয়াহিয়া প্রকাশ্য রাজনীতি চর্চা অনুমোদন করা মাত্র পূর্ব পাকিস্তানের রাজনৈতিক দৃশ্যপট আমূল বদলে গেল। আগরতলা ষড়যন্ত্র মামলা পরবর্তী পর্যায়ে বঙ্গবন্ধুর রাজনৈতিক মর্যাদা ইতিমধ্যেই উচ্চাসীন হয়েছিল। এবার পাকিস্তানের ২২ বছরের ইতিহাসে প্রথম সাধারণ নির্বাচনে প্রতিদ্বন্দ্বিতা করার সুযোগ আসায় স্বমূর্তিতে প্রকাশিত হলেন বঙ্গবন্ধু। আওয়ামী লীগ বিপ্লবী দল ছিল না, কিন্তু তার শিকড় ছিল জনমানসের গভীরে, যা নির্বাচন প্রতিদ্বন্দ্বিতায় সম্পদ হিসেবে প্রমাণিত হয়েছিল। জনগণের সঙ্গে নতুন করে সংযোগ তৈরি এবং তাদের সমর্থন যোগাড়ের সুযোগটুকু শুধু প্রয়োজন ছিল বঙ্গবন্ধুর।

পরের এগারো মাস জলোচ্ছ্বাসের মতো সারা দেশকে ভাসিয়ে নিয়ে গেলেন বঙ্গবন্ধু। অনেক আগেই বাংলাদেশের অধিকাংশ মানুষ বুঝতে পারে নির্বাচনে বিপুলভাবে জয়ী হবে আওয়ামী লীগ। মনে আছে, মনপুরার ঘূর্ণিঝড় বিধ্বস্ত এলাকা পরিদর্শনে তাজউদ্দীনের সঙ্গে সফর করতে গিয়ে গাড়িতে তাকে প্রশ্ন করেছিলাম কতগুলো আসন আওয়ামী লীগ জিতবে বলে তিনি মনে করেন। তাজউদ্দীন এক হাতের কর গুণে কতগুলো আসনে আওয়ামী লীগ পরাজিত হতে পারে তার হিসাব করলেন। দেখা গেল, ময়মনসিংহের কাউন্সিল মুসলিম লিগ প্রার্থী প্রাক্তন মুখ্যমন্ত্রী নুরুল আমিন এবং চট্টগ্রাম পার্বত্য এলাকায় নির্দলীয় প্রার্থী চাকমা নেতা ত্রিদিব রায় - এই দুটো মাত্র আসনে আওয়ামী লীগ হারতে পারে।

১৯৭০ জুড়ে আদর্শ হয়ে ওঠেন বঙ্গবন্ধু এবং সকল নির্বাচনী প্রচারে দীর্ঘায়িত হয় তার ছায়া। 'ফোরাম'-এর একটা নিবন্ধ হিসাব দেয় যে সমস্ত নির্বাচনী কেন্দ্রে বঙ্গবন্ধু গেছেন সেখানে আওয়ামী লীগ প্রার্থীর ভোট ১০ শতাংশ বেড়েছে। কুষ্টিয়ায় প্রথমবার আওয়ামী লীগ প্রার্থী ব্যারিস্টার আমীর-উল ইসলামের সঙ্গে এক আলাপচারিতার কথা মনে আছে। তিনি আমাকে জানান তার নির্বাচন কেন্দ্রের এক বৃদ্ধ কৃষককে তিনি জিজ্ঞাসা করেছিলেন তিনি তাকে ভোট দেবেন কিনা। জবাবে ওই বৃদ্ধ বলেন-"মাফ করবেন আপনাকে ভোট দিতে পারব না, আমি ভোট দিচ্ছি মুজিবুদ্দিনকে।"

ঢাকা থেকে কালীগঞ্জ যাচ্ছিলেন বঙ্গবন্ধু তাজউদ্দীনের নির্বাচনী এলাকায় সভায় ভাষণ দিতে। আমি তার সঙ্গী ছিলাম। পথে আদমজী নগরে বঙ্গবন্ধুকে অভ্যর্থনা জানাতে এবং তাকে সমর্থনের অঙ্গীকার দিতে সদলে জড়ো হয়েছিল শিল্পাঞ্চলের শ্রমিকরা। নারায়ণগঞ্জ লঞ্চঘাট থেকে কালীগঞ্জ অবধি নদীর

তীরগুলোয় জয়ধ্বনি দেওয়া জনতার ভিড় উপচে পড়ছিল রুটের প্রতি ইঞ্চি। সে সময় বাম দলগুলোর কিছু সমর্থকদের বিশ্বাস ছিল যে বঙ্গবন্ধু বাঙালি বুর্জোয়াদের প্রতিনিধি। সে ধারণার সম্পূর্ণ বিপরীতে সাধারণ শ্রমজীবি মানুষের বিপুল সমর্থন তিনি আদায় করতে পেরেছিলেন। সাধারণ মানুষের কল্পনা তাকে শুধু একজন রাজনৈতিক নেতা থেকে তাদের আশা ও স্বপ্নের প্রতিমূর্তি করে তুলেছিল। যেকোনো মানুষের পক্ষে এ এক ভারী বোঝা ছিল এবং এত বড় ম্যান্ডেটের মানে কি হতে পারে তা নিয়ে তিনি আমাদের সঙ্গে আলোচনা করেন।

শুধুমাত্র পাকিস্তানের নির্বোধ গুপ্তচর সংস্থাগুলো বাংলাদেশের উদীয়মান রাজনৈতিক প্রেক্ষিত পুরোপুরি উপলব্ধি করেনি। সবুর খান, ওয়াহিদুজ্জামান এবং ফজলুল কাদের চৌধুরীর মতো কাইয়ূম মুসলিম লীগ (কিউএমএল) দলের নেতারা জাতীয় নিরাপত্তা প্রধান এবং ইয়াহিয়া খানের রাজনৈতিক কৌঁসুলী লেফটেন্যান্ট জেনারেল উমরকে ভুল বোঝায় যে তাদের দল এবং ভাসানীর ন্যাপ যৌথভাবে পূর্ব পাকিস্তান জাতীয় সংসদে যথেষ্ট পরিমাণ আসনে জয়লাভ করবে যাতে মুজিব নিশ্চিতভাবে বিপুল সংখ্যাগরিষ্ঠতা পাবে না এবং পাকিস্তানের প্রধানমন্ত্রী হবার বাসনা থাকলে তাকে ছয় দফা কর্মসূচির ওপর আপোস রফা করতেই হবে। এই লক্ষ্যে পাকিস্তান সেনাবাহিনীর তহবিল থেকে বিপুল অর্থ কিউএমএল-কে দেয় উমর। তারা আরও ধারণা করেছিল যে পশ্চিম পাকিস্তানে ভুট্টোর নির্বাচনী আক্রমণকে নিষ্ক্রিয় করতে কিউএমএল নেতা, এনডব্লুপিএফ-এর আবদুল কাইয়ূম খানকে ব্যবহার করা যাবে। ভোট গণনার পর দেখা গেল নির্বাচনে সবুর, ফজলুল কাদের এবং তাদের অধিকাংশ নেতাদের জামানত জব্দ হয়েছে এবং পাঞ্জাব ও এনডব্লুপিএফ অঞ্চলে কাইয়ূমের দলকে প্রায় মুছে দিয়েছে ভুট্টো।

১৯৭০ সালের গোটা বছর নির্বাচনী প্রয়াস বানচাল করার ষড়যন্ত্র আশঙ্কা করেছিলাম আমরা। এই আশঙ্কা যে বাস্তবায়িত হয়নি তার কারণ সম্ভবত উমরকে দেওয়া সবুর ও তার দলবলের ভুল খবর যার জন্য বাংলাদেশের মানুষ তাদের প্রতি যৎসামান্য কৃতজ্ঞ। যাই হোক, সে বছরের আগস্টের বন্যা বা নভেম্বরের ভয়াবহ ঘূর্ণিঝড়ের মতো প্রাকৃতিক দুর্যোগ যখনই বাদ সেধেছে, বঙ্গবন্ধু আশঙ্কা করেছেন নির্বাচনী প্রক্রিয়া বিলম্বিত করার একটি অজুহাত হয়ে উঠবে সেটা।

আগস্ট-এর বন্যায় ইয়াহিয়া ৫ থেকে ৭ অক্টোবরে নির্ধারিত নির্বাচন পিছিয়ে দিলে বঙ্গবন্ধু সেটা মেনে নেন। ১২ নভেম্বরে ফের বাংলাদেশের উপকূলবর্তী এলাকাগুলো ঘূর্ণিঝড় ও জলোচ্ছ্বাস কবলিত হলে নির্বাচন পিছানোর চেষ্টা হয়। তবে ইয়াহিয়া নয়, এই চেষ্টা করে আওয়ামী লীগের প্রতিদ্বন্দ্বী পূর্ব পাকিস্তানের বিরোধী রাজনৈতিক দলগুলো, যার নেতৃত্বে ছিলেন মওলানা ভাসানী। পরিশেষে

যেসব দল নির্বাচন বয়কট করেছিল তারা হল যথাক্রমে ভাসানীর ন্যাপ, আতাউর রহমান খানের অণুপ্রমাণ দল ন্যাশানাল লীগ, জামাত উলেমা-ই-ইসলাম এবং কেএসপি। তবে নির্বাচন থেকে তাদের নাম প্রত্যাহারে এত দেরি হয়েছিল যে উক্ত চার দলের নির্বাচনী প্রতীক ব্যালট পেপারে থেকে যায়। ফলে তাদের প্রার্থীদের জামানত জব্দ হওয়ার অবমাননা হজম করতে হয়েছিল।

খুব সম্ভবত নির্বাচনী বিপর্যয় আসন্ন আন্দাজ করেই মওলানা ও অন্যান্য নেতারা সরে দাঁড়িয়েছিলেন। অবশ্য বঙ্গবন্ধু নিজে ভোট পিছিয়ে যাবার সম্ভবনায় এতটাই শঙ্কিত ছিলেন, যে তার দেওয়া সাধারণ বিবৃতিতে তিনি বলেন ভোট যদি বানচাল হয় তবে "লাখো মৃতদের ঋণ শোধে বাংলাদেশের মানুষ প্রয়োজনে আরও লাখো জীবন চরম বলি দেবে, আমরা যাতে স্বাধীনভাবে বাঁচতে পারি এবং বাংলাদেশ তার নিজের ভাগ্যবিধাতা হয়ে উঠতে পারে।"

১৯৭০ সাল জুড়ে চালু থাকা দীর্ঘ নির্বাচনী প্রচারের সুযোগ কাজে লাগায় আওয়ামী লীগ। প্রতিদিনের প্রচার বঙ্গবন্ধু ও তার দলকে তাদের জাতীয়তাবাদী দাবির বার্তা আরও বেশি মানুষের কাছে পৌঁছে দিতে সাহায্য করেছিল। ডিসেম্বরে বাংলাদেশে এমন একটা ঘরও ছিল না যার কাছে নির্বাচন ব্যাপারটা কী এবং বঙ্গবন্ধু কে তা অজানা ছিল। ডিসেম্বরের নির্বাচনে আওয়ামী লীগের বিপুল জয় তাদের জাতীয় সংসদে সার্বিক সংখ্যাগরিষ্ঠতা দেয়। শুধু ইয়াহিয়ার সঙ্গে নয়, গোটা বিশ্বের সঙ্গে বাঙালির হয়ে কথা বলার নিরঙ্কুশ রায় পেয়ে গিয়েছিলেন বঙ্গবন্ধু। দেশকে এক ছাতার নিচে এনে মার্চ মাসে সার্বভৌম বাংলাদেশ প্রতিষ্ঠা এবং ১৯৭১-এর ২৫ মার্চ রাতে সংঘবদ্ধভাবে পাকিস্তানি সেনার সামরিক আগ্রাসন রুখতে এই ক্ষমতা অত্যন্ত জরুরি ছিল।

১৯৪৭ সালের ১৪ আগস্ট পাকিস্তানের জন্মের পর ডিসেম্বর ১৯৭০-এর নির্বাচন ছিল সরাসরি ভোটদানের ভিত্তিতে হওয়া প্রথম জাতীয় নির্বাচন। কয়েকটি রাজনৈতিক দলকে মদত দিয়ে নির্বাচনের ফলাফল প্রভাবিত করার কিছু চেষ্টা যদিও করেছিল ইয়াহিয়া সামরিক চক্র, তবে অধিকাংশের বিচারে অবাধ এবং সুষ্ঠু হয়েছিল সে নির্বাচন। নির্বাচনী প্রক্রিয়ার শুদ্ধতা সুনিশ্চিত করতে বাঙালি মুখ্য নির্বাচন কমিশনার বিচারপতি সাত্তারকে অবাধ স্বাধীনতা দেওয়া হয়েছিল। ১৯৭০ সালের নির্বাচন তিনি যে দক্ষতার সঙ্গে পরিচালনা করেছিলেন তার তুলনায় অনেক কম অবাধ ও সুষ্ঠু নির্বাচনের মাধ্যমে তিনি নিজে বাংলাদেশের রাষ্ট্রপতি হয়েছিলেন ১৯৮১ সালে।

বাঙালিদের রাজনৈতিক মনোভাব বুঝতে সক্ষম যে কারও কাছে ডিসেম্বর ১৯৭০-এর নির্বাচনের চূড়ান্ত ফল স্পষ্ট ছিল। তবে বঙ্গবন্ধু ও তাজউদ্দীন ছাড়া বাকি সবাইকেই বোধহয় বিস্মিত করে থাকবে এই চূড়ান্ত ফলাফল। পূর্ব পাকিস্তান থেকে ১৬২ আসনের মধ্যে ১৬০ আসন পায় আওয়ামী লীগ; ফলে ৩০০ আসনের সংসদে নিরঙ্কুশ সংখ্যাগরিষ্ঠতা পায় তারা। বিপরীতে

পশ্চিম পাকিস্তানের ১৩৮ আসনের ৮৮ আসন পায় ভুট্টোর পিপিপি, মূলত পাঞ্জাব আর সিন্ধু থেকে।

রেডিও পাকিস্তান আমাকে নির্বাচনের একজন ধারাভাষ্যকার হবার আমন্ত্রণ জানালে ৬ ডিসেম্বর ময়মনসিংহ রোডে রেডিও পাকিস্তানের স্টুডিওতে রাত কাটাই। রাত ভরে নির্বাচন কমিশনের পাঠানো ফলাফলগুলো দেখতে থাকি এবং নির্বাচনের গতিপ্রকৃতি নিয়ে পর্যায়ক্রমিক মন্তব্য জানাই। রাত যত বাড়ে এবং আওয়ামী লীগের অনুকূলে নির্বাচনী ধস নামার পূর্ণ পূর্বাভাস ফুটে উঠতে থাকে। ওই ঐতিহাসিক মুহূর্তের আনন্দ চেপে রাখা আমার পক্ষে কঠিন হয়ে ওঠে। আমি এও বুঝতে পারি, এমন একটা দুর্বার জনমত বঙ্গবন্ধুর দরকষাকষি শক্তি বাড়ালেও তার সামনে খুব বেশি রাজনৈতিক পথ খোলা থাকবে না। তবে এ কথা অবশ্য আমি আমার রেডিও ধারাবিবরণে রেকর্ড করিনি।

সেই ঐতিহাসিক রাতে আমরা এটাও দেখলাম যে পশ্চিম পাকিস্তানে উল্টে গেছে সামরিক জান্তার রাজনৈতিক হিসাব। সামন্ততন্ত্র নির্ভর যে দলগুলো চিরাচরিতভাবে পাঞ্জাব এবং সিন্ধুর রাজনীতিতে ছড়ি ঘুরিয়েছে তাদের বিরুদ্ধে পিপিপি-কে ঐতিহাসিক জয়ে নেতৃত্ব দিয়েছে জুলফিকর আলি ভুট্টো। পিপিপি-র স্লোগান 'রোটি, কাপড়া অউর মকান' (রুটি, কাপড় আর বাসস্থান) সাধারণ মানুষকে আকর্ষণ করে এবং চিরকাল সামন্ত প্রভুরা তাদের ওপর যে কর্তৃত্ব করে এসেছে নির্বাচনে তা তারা চলতে দিতে অস্বীকার করে। এনডব্লুএফপি এবং বালুচিস্তানে ন্যাপ ও তার সহযোগী দলগুলোর জয় সামরিক শাসকচক্রের অঙ্ক আরও উল্টে দিয়েছিল।

গণতন্ত্রের বন্দী

জনসমক্ষে ছয় দফার ভিত্তিতে পাকিস্তান রাষ্ট্রের জন্য সংবিধান নির্মাণে যে প্রতিশ্রুতি তিনি দিয়েছিলেন এবার তার পূর্ণ তাৎপর্যের মুখোমুখি হতে হল বঙ্গবন্ধুকে। আওয়ামী লীগের নির্বাচনী প্রচারের সারাংশ ছয় দফা হলেও দলের নির্বাচনী ইশতেহারে আরও বিভিন্ন সংস্কারপন্থী প্রস্তাব আমরা রেখেছিলাম যেগুলো সামরিক সরকার বা পশ্চিম পাকিস্তানি দলগুলোর ঘুমের ব্যাঘাত ঘটায়নি। তাদের সমস্ত দৃষ্টি নিবদ্ধ ছিল সংবিধানে অন্তর্ভুক্তির মাধ্যমে ছয় দফা কার্যকরী হওয়ার সম্ভাবনা নিয়ে, যে সংবিধান গঠন করবে ডিসেম্বর ১৯৭০-এর নির্বাচিত কন্সটিটিউয়েন্ট অ্যাসেম্বলি (সিএ)। সামরিক শাসকগোষ্ঠী অথবা বস্তুত পশ্চিম খন্ডের রাজনৈতিক দলগুলো, কারও কোনো স্পষ্ট ধারণা ছিল না বঙ্গবন্ধু তার নির্বাচনী প্রতিশ্রুতির পক্ষ নিয়ে ছয় দফার ভিত্তিতে কেন্দ্রীয় প্রশাসনিক ব্যবস্থা পুনর্নির্মাণে জোর দেবেন কিনা। সামরিক জান্তা পরিচালিত পাকিস্তানি রাজনৈতিক ব্যবস্থা বিশ্বাস করত ছয় দফা বিচ্ছিন্নতার সংকেত অথবা শব্দটাকে

এভাবেই উপস্থাপন করতে চেয়েছিল তারা। পশ্চিম পাকিস্তানের কোনো বড়ো রাজনৈতিক পক্ষই ছয় দফাকে নতুন সংবিধান রচনার বৈধ, রাজনৈতিক অনুমোদিত ভিত্তি হিসেবে মানতে ইচ্ছুক ছিল না।

প্রাথমিকভাবে বঙ্গবন্ধু নিজেও পুরোপুরি নিশ্চিত ছিলেন না যে পাকিস্তান রাষ্ট্রের পুনর্গঠনে ছয় দফা একটি বাস্তব ভিত্তি প্রদান করতে পারে কিনা। তিনি ছয় দফা গ্রহণ করেছিলেন যেহেতু তা স্বশাসিত পূর্ব পাকিস্তান গড়তে তার প্রতিশ্রুতিকে সঠিক ব্যক্ত করেছিল এবং বাস্তব দাবি হিসেবে নির্বাচকমন্ডলীর কাছে এবং রাজনৈতিক এজেন্ডা হিসেবে আলোচনা টেবিলে পেশ করার উপযোগী ছিল। এই দাবির পুরো আইনি, অর্থনৈতিক এবং রাজনৈতিক তাৎপর্য উপলব্ধি করতে তিনি কতটা হোমওয়ার্ক করেছিলেন সে ব্যাপারে আমি নিজেও পুরোপুরি নিশ্চিত ছিলাম না। সেনাবাহিনী এবং পশ্চিম পাকিস্তানি রাজনীতিকরা ধরে নেয় যে ছয় দফা তৈরি হয়েছে আলোচনার ভিত্তি হিসেবে। তাদের ধারণা ছিল যে পূর্ববর্তী বাঙালি নেতারা যে পরম্পরা তৈরি করে গেছে বঙ্গবন্ধুও সে রকমই রাজনৈতিক দরকষাকষির মাধ্যমে কেন্দ্রে ক্ষমতার বড়ো ভাগ নিয়ে খুশি থেকে ছয় দফার জন্য তার দাবির বিষয়ে আপোসে রাজি হয়ে যাবেন।

আমার অর্থনীতিবিদ সহকর্মীদের অধিকাংশ সংশয়বাদী হলেও আন্দোলনের স্বার্থে তাদের কলম ধরতে রাজি ছিলেন। এই গোষ্ঠীর মধ্যে চিরদিনের আশাবাদী আমি আমার লেখালিখিতে যুক্তি দিয়ে বোঝাবার চেষ্টা করি যে আইয়ূব সরকারের পতনের পর বাঙালির স্বায়ত্বশাসনের অভীষ্ট পূরণের অনুকূল পরিস্থিতি তৈরি হয়েছে।

বঙ্গবন্ধুর ব্যক্তিত্ব এবং নেতৃত্বের ধরন অভিজাত কায়দায় রুদ্ধদ্বার রাজনীতিচর্চা বর্জন করেছিল, যে রাজনীতিকে সহজেই চাপে ফেলে আপোস রফায় আসতে বাধ্য করা যায়। তিনি দৃঢ়ভাবে বিশ্বাস করতেন মূলত বাঙালিদের ওপর পাকিস্তান রাষ্ট্রের চালানো কর্তৃত্বকে চ্যালেঞ্জ করা যেকোনো লড়াইয়ের জন্য বাঙালি জনতাকে সংহত করা প্রয়োজন। ১৯৭০-এর নির্বাচনে প্রতিদ্বন্দ্বিতা করতে নির্বাচনী প্রচারে তিনি এই গণভিত্তিকে সংগঠিত করার চেষ্টা করেন। ইতিমধ্যে তার রাজনৈতিক আবেদনের বিস্তার ও গভীরতা নিয়ে আলোচনা করেছি যা ডিসেম্বরের নির্বাচনে তার ব্যাপক জয় সুনিশ্চিত করেছিল। কিন্তু আমার সন্দেহ নির্বাচনী রায়ের সার্বিকতা লক্ষ্য করে বঙ্গবন্ধু নিজেও হয়তো অবাক হয়ে থাকবেন। জনতার নাড়ির গতি বোঝার ক্ষেত্রে অতুলনীয় সংবেদনশীল রাজনৈতিক নেতা হিসেবে তিনি তৎক্ষণাৎ বুঝতে পেরেছিলেন যে তার বিপুল জয় তাকে তারই তৈরি এজেন্ডার হাতে বন্দী করেছে এবং ছয় দফার বিষয়ে কোনো ধরনের আপোস আলোচনার সুযোগ নেই।

নিজের দলের যেসব সদস্য সিএ-তে নির্বাচিত হয়েছিল তাদের মধ্যে কয়েকজনের দায়বদ্ধতা সম্পর্কে সন্দিহান ছিলেন বঙ্গবন্ধু। তার আশঙ্কা ছিল

১৩ বছর রাজনৈতিক নির্বাসনে কাটিয়ে এবার জাতীয় ক্ষমতার ভাগীদার হতে পারার সম্ভাবনায় বিভ্রান্ত তাদের কয়েকজন আপোস মীমাংসার কথা ভাবছে। নির্বাচনের পর তার প্রথম কাজের একটি ছিল জানুয়ারি ১৯৭১-এ ঢাকা রেসকোর্স ময়দানে এক জনসভার ডাক দেওয়া, যেখানে তিনি সিএ-তে নির্বাচিত সমস্ত আওয়ামী লীগ সদস্যদের জনসমক্ষে শপথ নিতে বাধ্য করেন যে ছয় দফার বিষয়ে তারা কোনোরকম আপোস রফায় যাবে না। ছয় দফার প্রতি তাদের আনুগত্য জনসমক্ষে স্বীকার করতে বাধ্য করে বঙ্গবন্ধু কিছু অসন্তোষ তৈরি করেছিলেন, বিশেষ করে দলের বরিষ্ঠ সদস্যদের মধ্যে। কোনোভাবে মঞ্চে ঢুকে পড়ে সেখান থেকে অতিকায় শ্রোতৃমন্ডলীর চেহারা বিহঙ্গচোখে দেখেছিলাম আমি। যে প্রত্যাশা জনতাকে উদ্দীপিত করেছিল সেটা উপলব্ধি করে একাধারে যেমন উৎফুল্ল হয়েছিলাম, তেমন চিন্তিতও হয়েছিলাম জনতার স্বতঃস্ফুর্ত রায়ের প্রত্যুত্তরে আগামী দিনের চ্যালেঞ্জের কথা ভেবে।

সংবিধানে ছয় দফা

সিএ-র প্রথম অধিবেশন পূর্বানুমান করে এমন একটা কার্যকরী সংবিধান তৈরির কাজ শুরু করার সিদ্ধান্ত নিলেন বঙ্গবন্ধু ছয় দফা কর্মসূচির বিধান যাতে পুরোপুরি সংযুক্ত করা যায়। ছয় দফা কর্মসূচিকে নির্বাচনী বাগাড়ম্বের ঊর্ধ্বে নিয়ে গিয়ে আলোচনার টেবিলে এবং সিএ-র সামনে সুচিন্তিত এবং দেশের পক্ষে কার্যকর একটি সাংবিধানিক কর্মসূচির তাৎপর্য বিস্তারিত আলোচনা করতে চাইলেন তিনি।

নির্বাচনের পরের সপ্তাহগুলোতে সংবিধান নিয়ে আলোচনার জন্য বেশ কিছু বৈঠক ডাকেন বঙ্গবন্ধু। এই বৈঠকগুলোতে তাজউদ্দীন আহমদ, সৈয়দ নজরুল ইসলাম, ক্যাপ্টেন মনসুর আলি, কামরুজ্জামান এবং খন্দকার মোশতাক প্রমুখকে নিয়ে গঠিত আওয়ামী লীগ হাইকমান্ড হাজির ছিল। আওয়ামী লীগের নির্বাচিত সদস্য ড. কামাল হোসেন, যাকে তিনি তার ছেড়ে দেওয়া ঢাকা আসনে মনোনীত করেন, নুরুল ইসলাম, মুজাফফর আহমেদ চৌধুরী, সারওয়ার মুরশিদ, আনিসুর রহমান এবং আমাকে আমন্ত্রণ জানালেন বঙ্গবন্ধু। আরটিসি এবং আওয়ামী লীগ কর্মসূচি নির্মাণে ইতিমধ্যেই তিনি কামাল এবং অর্থনীতিবিদদের সক্রিয় করেছিলেন। মুজাফফর আহমেদ চৌধুরী এবং সারওয়ার মুরশিদ ভাষা আন্দোলনের সময় থেকেই আওয়ামী লীগ নেতাদের বুদ্ধিজীবি সহযাত্রী ছিল। সে আন্দোলনে যুক্ত থাকায় মুজাফফরের জেলও হয়েছিল। মুরশিদের স্ত্রী নূরজাহান ১৯৫৪ সালে আওয়ামী লীগের টিকিটে প্রাদেশিক আইনসভায় নির্বাচিত হয়েছিল এবং ১৯৭০-এর নির্বাচনে আওয়ামী লীগের টিকিটেই সিএ-র সদস্য হিসেবে নির্বাচিত হয়।

বৈঠকগুলো লোকচক্ষুর আড়ালে রাখা হয়েছিল যদিও এইসব বৈঠক বা তাদের উদ্দেশ্য ইয়াহিয়া সরকারের গুপ্তচর সংস্থার কাছে একেবারে অজানা ছিল না। সংবাদমাধ্যমের নজর এড়াতে মিটিংগুলো হত হামিদ নামে বঙ্গবন্ধুর বন্ধু ও অনুগত সমর্থক এক পাট ব্যবসায়ীর বাড়িতে। হামিদের বাড়ি ছিল বুড়িগঙ্গার পাড়ে পুরান ঢাকা ও নারায়ণগঞ্জের মাঝামাঝি রাস্তায়। কনভয়ে চাপিয়ে সকালে আমাদের সেখানে নিয়ে যাওয়া হত এবং সেখানে আমরা আটক থাকতাম রাত নামা পর্যন্ত। এই বিস্তারিত আলোচনার ফাঁকে সদ্য-ধরা তাজা মাছের সুস্বাদু সব নানান পদ দিয়ে বড়োসড়ো মধ্যাহ্নভোজ হত।

সেই দীর্ঘ ও গভীর আলোচনার দিনগুলোয় কামাল হোসেনসহ শিক্ষাবিদ অংশগ্রহণকারীরাই সবচেয়ে গুরুত্বপূর্ণ ভূমিকা নিতেন। আর পন্ডিতদের মতোই প্রজ্ঞাময় অবদান রাখতেন তাজউদ্দীন আহমদ যা থেকে তার গভীর রাজনৈতিক অন্তর্দৃষ্টি, দ্বান্দ্বিক দক্ষতা এবং জটিল প্রায়োগিক বিষয় আত্মীকরণ এবং সেগুলোকে তাদের মৌলিক উপাদানে খন্ডিত করার দক্ষতার পরিচয় মিলত। বঙ্গবন্ধু নিজেও এসব আলোচনায় একজন সক্রিয় অংশগ্রহণকারী ছিলেন - তার রাজনৈতিক অভিজ্ঞতা ও তীক্ষ্ণ বাস্তববোধে উপকৃত হতাম আমরা।

আমাদের মূল আলোচ্য বিষয় ছিল ছয় দফা দাবি বস্তুত পূর্ব পাকিস্তানের বিচ্ছিন্ন হবার সমতুল্য কিনা অথবা তাকে সংযুক্ত পাকিস্তানের কাঠামোয় জায়গা দেওয়া যেতে পারে কিনা তা খতিয়ে দেখা। পাকিস্তানি শাসক মহলের বিবেচনায় ছয় দফা ছিল সুক্ষ্ম পর্দার আড়ালে বিচ্ছিন্নতার নকশা। শোনা যেত এম এম আহমেদ, কামরুল ইসলামের মতো অর্থনীতির কর্তাব্যক্তিরা আইয়ূব ও ভুট্টোকে এমনটাই বুঝিয়েছিল। সাম্প্রতিক সময়ে আমাদের পাকিস্তানি প্রতিপক্ষের এই আশঙ্কা সমর্থন করে ডেইলি স্টার পত্রিকায় লেখা অধ্যাপক নুরুল ইসলামের একটি প্রবন্ধ, যেখানে তিনি ছয় দফার অন্তর্নিহিত বিচ্ছিন্নতাবাদী এজেন্ডাগুলোর দিকে দৃষ্টি আকর্ষণ করেন।

আমাদের এই নিবিড় বিতর্কগুলোর সময় বুড়িগঙ্গা তীরে সমবেত শিক্ষাবিদদের কাছে বঙ্গবন্ধু বিশেষভাবে যা বুঝতে চাইতেন তা হল, সংযুক্ত পাকিস্তানের সাংবিধানিক কাঠামোয় বস্তুতই ছয় দফাকে অন্তর্ভুক্ত করা সম্ভব কি না। আমাদের যুক্তি ছিল যে ছয় দফাকে অধিভুক্ত করে একটা বৈধ সংবিধান কার্যকরী করা যাবে শুধুমাত্র যদি রাজনৈতিক সংকটের সাংবিধানিক সমাধান খোঁজার আন্তরিক ইচ্ছা সেনাবাহিনীর থাকে। আলোচনার ফল হিসেবে বঙ্গবন্ধুকে ছয় দফার ওপর দৃঢ় প্রত্যয় রাখতে সাহায্য করেছিল আমাদের সমর্থন। পাকিস্তানি সামরিক শাসকচক্র শান্তিপূর্ণভাবে ছয় দফা কার্যকর হতে দেবে কিনা এ বিষয়ে বঙ্গবন্ধুর যে সংশয় ছিল, তা এ থেকে প্রভাবিত হয়নি। আমাদের দলের কাজ শেষ হলে একটা সাংবিধানিক খসড়া এবং ভবিষ্যতের

কোনো সম্ভাব্য রাজনৈতিক আলাপ আলোচনার জন্য সম্পূর্ণভাবে ছকে দেওয়া একটা অবস্থান আওয়ামী লীগ পেয়ে গিয়েছিল।

এই বৈঠকগুলোর কিছু দিন পর কিছু সংবাদমাধ্যম আমাদের খসড়ার ওপর খবর করে। বঙ্গবন্ধু সন্দেহ করেন যে খসড়াটা গোয়েন্দা সংস্থার কাছে ফাঁস করে দিয়েছিল গোপন বৈঠকে অংশ নেওয়া কোনো একজন। তার অনুমান ছিল ব্যক্তিটি খন্দকার মোশতাক হতে পারে। মোশতাক ছয় দফার বিষয়ে আপোস রফার পক্ষপাতি ছিল বলে মনে করা হত এবং ছয় দফার কার্যকারিতা সম্পর্কে অর্থনীতিবিদরা বঙ্গবন্ধুকে বুঝিয়ে রাজি করাতে এতটা উদ্যোগী হবে সেটা তার ভালো লাগেনি। আমাদের যুক্তি খন্ডনের ক্ষমতা বা সাহস খন্দকারের ছিল না, কিন্তু বিকল্প খুঁজতে অন্য অর্থনীতিকদের মতামত নেবার পরামর্শ সে বঙ্গবন্ধুকে দেয়। তার পরামর্শ বঙ্গবন্ধুকে প্রভাবিত করেনি। দিনের শেষে খসড়ার সমস্ত কপি এবং আমাদের আলোচনার সব নোট তার কাছে হস্তান্তরের পরামর্শ দেন যাতে সেগুলো তার জিম্মায় নিরাপদ থাকে। কার্যত অপরাধ স্বীকারের ভঙ্গিমায়, সহযোগীদের ওপর বঙ্গবন্ধুর এই আস্থাহীনতার প্রদর্শনে আমাদের মধ্যে একমাত্র প্রতিবাদ জানিয়েছিল মোশতাক।

গণতান্ত্রিক সমাধানের খোঁজে

আওয়ামী লীগ তার সাংবিধানিক খসড়া তৈরি করে ফেলার পর আমাদের দরকার ছিল অন্যান্য রাজনৈতিক পক্ষদের অবস্থান জানা। পাঞ্জাব ও সিন্ধুতে অপ্রত্যাশিতভাবে নির্বাচন জেতার পর পিপিপি-র রাজনৈতিক অবস্থান নির্ণয় করতে বিশেষ আগ্রহী ছিলেন বঙ্গবন্ধু। তিনি জানতে চাইছিলেন সংবিধানের ব্যাপারে কোনো গভীর ভাবনা পিপিপি-র আছে কিনা এবং নির্বাচনী প্রচারে গুরুত্ব না দেওয়া ছয় দফার বিষয়ে তাদের প্রকৃত অবস্থান কী।

পিপিপি নেতৃত্বের মনোভাব বুঝতে বঙ্গবন্ধু এবং তাজউদ্দীন ১৯৭১-এর জানুয়ারিতে এক অনানুষ্ঠানিক সফরে পশ্চিম পাকিস্তানে যেতে আমাকে অনুরোধ করেন। যেহেতু শিক্ষা বিষয়ক বৈঠকে আমাকে নিয়মিত পশ্চিম পাকিস্তান যেতেই হত, তাই ধরে নেওয়া হয়েছিল যে আমার সফর আলাদা করে কোনো জল্পনা উস্কে দেবে না। পিপিপি-র কিছু গুরুত্বপূর্ণ নেতার সঙ্গে আমি আবার ব্যক্তিগতভাবে পরিচিত ছিলাম, যার ফলে তাদের ভাবনাচিন্তা ও নেতৃত্বের নাগাল পাওয়া আমার পক্ষে সহজ ছিল।

এ সফরের সময় ফোরাম-এ আমাদের সহকর্মী মাজহার আলি খানের সঙ্গে যোগাযোগ করি। লাহোরের পিপিপি নেতাদের সঙ্গে তার ঘনিষ্ঠ সংযোগ ছিল, আমার লাহোর মিশনের বন্দোবস্ত করতে যা কাজে লাগে। গুলবার্গে তার ছোটো কিন্তু সুন্দর রুচিসম্মতভাবে সাজানো বাড়িতে তিনি ও তার স্ত্রী তাহিরার

সঙ্গে থাকার আমন্ত্রণ করেন মাজহার। তিনি আমার লাহোরের কর্মসূচি ঠিক করে দেন এবং সাধারণত গুরুত্বপূর্ণ অ্যাপয়েন্টমেন্ট থাকলে তিনিই আমাকে গাড়িতে করে পৌঁছে দিতেন। তার মাধ্যমে আমি আলাদাভাবে পিপিপি-র ড. মোবাশ্বের হাসান আর মিঁয়া মাহমুদ আলি কাসুরী-র সঙ্গে দেখা করি। এরা দুজন পিপিপি-র প্রতিষ্ঠাতা সদস্য এবং তারাই দলের মূল মস্তিষ্ক বলে শোনা যেত। পাকিস্তানের বিখ্যাত আইনজীবিদের একজন কাসুরী ছিলেন ন্যাপের সদস্য, এবং সে কারণে বামপন্থী হিসেবে পরিচিতি ছিল তার। তার সংস্কারপন্থী পরিচয় আন্তর্জাতিক স্বীকৃতি লাভ করেছিল। নোবেলজয়ী দার্শনিক বার্ট্রান্ড রাসেল তার প্রতিষ্ঠিত ভিয়েতনাম বিষয়ক আন্তর্জাতিক যুদ্ধাপরাধ ট্রাইব্যুনালে যোগ দিতে কাসুরীকে আমন্ত্রণ জানান। মোবাশ্বের অত পরিচিত ছিলেন না, তবে বিশিষ্ট ইঞ্জিনিয়ার মোবাশেরের কড়া বামপন্থী মনোভাবের প্রতিফলন ঘটে যখন ১৯৭২ সালে তার প্রথম মন্ত্রীসভায় ভুট্টো তাকে অর্থমন্ত্রী নিযুক্ত করে। মোবাশ্বেরের সঙ্গে আমার আলোচনা ছয় দফার থেকে বেশি অর্থনৈতিক নীতি বিষয়েই হয়েছিল। আলাপচারিতায় আমি দেখলাম যে পিপিপি-র বামপন্থী ডানা বলে যাদের ভাবা হত, দলের মহাসচিব, অবসরপ্রাপ্ত কূটনীতিক এবং তথাকথিত পিপিপি ভাবাদর্শী জে আর রহিম এবং মিরাজ মোহাম্মদ খানের মতো কনিষ্ঠ অনুগতরা, তার সকলেই ছয় দফা প্রসঙ্গে আলোচনা এড়িয়ে গেল। তারা যুক্তি দেখালো যে পূর্ব ও পশ্চিম পাকিস্তানে গণতান্ত্রিক অভ্যুত্থানের প্রাথমিক লক্ষ্য সামন্ততন্ত্র ও ধনতন্ত্র উচ্ছেদ এবং এই বিপ্লব অবশ্যই বাঙালিদের কেড়ে নেওয়া অধিকার প্রত্যার্পণ করবে। এ ধরনের কেতাবি কথাবার্তা আমার কাছে খুব নিরাশাজনক মনে হল, কারণ সে সময় পাকিস্তানি রাজনীতির আসল যে দ্বন্দ্ব – পূর্ব-পশ্চিম বিভেদ – তা থেকেই দৃষ্টি সরিয়ে নিচ্ছিল এই আলোচনা।

আমি বুঝিনি মিঁয়া কাসুরীর পাঞ্জাবী আনুগত্য মানবাধিকারের প্রতি তার দায়বদ্ধতাকে ছাপিয়ে যাবে। কাসুরী বিশিষ্ট আইনজীবি হওয়া সত্ত্বেও তাকে দেখে আমার মনে হয়েছিল সংবিধান রচনার বিষয়ে তেমন কোনো গভীর চিন্তা তিনি করেননি এবং জাতীয় সংহতির ব্যাপারে বুলিসর্বস্বতা ছাড়া আর কিছু তার দেবার নেই। স্বাধীনতার পর আমি জেনে মজা পেয়েছিলাম যে কাসুরীর বাড়িতে একান্ত নৈশভোজে সামরিক শাসন অবসানে আওয়ামী লীগ এবং পিপিপি-র একযোগে কাজ করার প্রয়োজন বিষয়ে আমার কিছু উক্তি তিনি সামরিক গোয়েন্দা বাহিনীকে জানিয়ে দেন। পরবর্তী কালে মুক্তিযুদ্ধের সময় অ্যাবোটাবাদের কাছে হরিপুর জেলে বন্দীদশায় কামাল হোসেনকে জেরা করতে গিয়ে সামরিক গোয়েন্দা পক্ষ এ কথা প্রকাশ করে। কামালের জেরাকারীরা তাকে বলেছিল যে তার মামাতো ভাই রেহমান সোবহান পিপিপি-কে সামরিক সরকারের বিরুদ্ধে ষড়যন্ত্রে লিপ্ত করার চেষ্টা চালাচ্ছে। বলতেই হয়, একজন বামপন্থীর পক্ষে বেশ শ্লাঘনীয় হয়েছিল ব্যাপারটা!

লাহোর থেকে করাচি এসে প্রথমেই আমার সেন্ট পল'স-এর বন্ধু ব্যারিস্টার রাফি রাজার সঙ্গে যোগাযোগ করি। মার্চ ১৯৬৯ সালে লন্ডন থেকে ফেরার সময় আমি রাফির সঙ্গে নতুন করে যোগাযোগ করেছিলাম। রাফির সঙ্গে ভুট্টোর পরিচয় ব্রিজ টেবিলে এবং ভুট্টো তাকে পিপিপি- প্রতিষ্ঠায় যোগ দিতে উৎসাহিত করে। পশ্চিম পাকিস্তানে পিপিপি-র জয়ের পর ভুট্টোর সাংবিধানিক পরামর্শদাতা মনোনীত হয় রাফি।

রাফির সঙ্গে আলোচনা করে আমি জানতে পারি আসন্ন সিএ-র জন্য পিপিপি-র সাংবিধানিক অবস্থানের খসড়া তৈরি করতে তাকে নিয়োগ করেছে ভুট্টো। বুড়িগঙ্গা তীরে আওয়ামী লীগ নেতাদের সঙ্গে কথাবার্তার সূত্রে ছয় দফার ভিত্তিতে সংবিধান রচনার কিছু বাস্তব দিক নিয়ে আলোচনায় অংশ নেওয়াতে চেয়েছিলাম রাফিকে। ছয় দফার বিরুদ্ধে সে এবং ভুট্টোসহ তার পিপিপি সতীর্থদের নির্দিষ্ট অভিযোগগুলো কী সেটা রাফির কাছে জানতে চেয়েছিলাম আমি। আমার প্রশ্নের জবাব রাফি দিতে পারেনি। এ বিষয়ে কোনো কাজই সে করেনি যেহেতু সংবিধান তৈরির সুক্ষ্ম দিকগুলো খতিয়ে দেখবার তেমন আগ্রহ ভুট্টোর ছিল না। রাফি আমাকে পরে বলে তার ইংরেজ বউ রোজমেরি, যে আমাদের সেই আলোচনায় হাজির ছিল, তাকে বলেছে যে আওয়ামী লীগ তাদের সংবিধান তৈরিতে অনেক বেশি পেশাদারি মনোভাব দেখিয়েছে; তুলনায় তার কাছে মনে হয়েছে পিপিপি এক অ্যামেচার দল। পরে ভুট্টোর মুখ্য লেফটেন্যান্টদের একজন ব্যারিস্টার আব্দুল হাফিজ পীরজাদার সঙ্গে আমার আলোচনায় এ কথার সত্যতা প্রমাণিত হয়েছিল।

ব্যারিস্টার কামাল আজফারের সঙ্গে মার্চ ১৯৬৯-এ আমার আলাপ হয়েছিল। আমি তার সাথেও কথা বলি। কামাল সে সময় কিছুটা অবিবেচকভাবে মুসলিম লীগে যোগ দিয়েছিল। মুসলিম লীগের নেতৃত্বে ছিলেন মিঁয়া মমতাজ দৌলতানা, অনেকের ধারণায় যিনি ছিলেন পাঞ্জাবের যেকোনো নির্বাচন থেকে জয়ী হয়ে আসার মতো মুখ্য রাজনৈতিক ব্যক্তিত্ব। এই মোহ ভঙ্গ হল যখন নির্বাচনে পিপিপি মুসলিম লীগকে উৎখাত করল। নির্বাচনের পর কামাল কোনোরকম দ্বিধা ছাড়াই ভুট্টোর সঙ্গে ব্রিজ খেলার টেবিলে অন্তরঙ্গতা কাজে লাগিয়ে আনুগত্য বদল করে পিপিপি-তে যোগ দেয়। ইস্কান্দার মির্জার দ্বিতীয় স্ত্রী তরুণী নাহিদ মির্জার সঙ্গে ব্রিজ খেলার টেবিলে আলাপের সূত্রে ৩২ বছরের যুবক ভুট্টোকেই ইস্কান্দার মির্জা এবং ১৯৫৮ সালে আইয়ূব খান সামরিক আইন ক্যাবিনেটে নিয়ে আসে। মনে হয় এই মহান খেলা ভুট্টোর রাজনৈতিক জীবনে বেশ গুরুত্বপূর্ণ ভূমিকা পালন করেছিল।

ইতিমধ্যে ভুট্টোর ঘনিষ্ঠ সার্কেলের সদস্য হয়েছে কামাল, সুতরাং আমি আশা করেছিলাম সে অথবা রাফি আমাকে ভুট্টোর সঙ্গে দেখা করিয়ে দেবার ব্যবস্থা করবে। রাফি এবং কামালকে আমি বোঝাই যে নির্বাচনের পর

বাংলাদেশের রাজনৈতিক প্রেক্ষাপটের বৈশিষ্ট্যগত পরিবর্তন হয়েছে। ছয় দফা বরং এখন রক্ষণশীল অবস্থান হিসেবে বিবেচিত হচ্ছে যেহেতু স্বাধীন বাংলাদেশ প্রতিষ্ঠার জন্য আরও চরমপন্থী মত তৈরি হওয়া শুরু হয়েছে। সামরিক জান্তা এবং পিপিপি যদি ছয় দফা মেনে নিতে অনিচ্ছুক হয় তবে তাদের সজাগ হওয়া ভালো যে বাংলাদেশে বিচ্ছিন্নতাবাদী আন্দোলনের মোকাবিলা তাদের করতে হবে। কামাল আজফার ভুট্টোকে আমার মতামত জানিয়ে পূর্ব পাকিস্তানে নির্বাচনোত্তর পরিস্থিতি আলোচনার জন্য আমার সঙ্গে দেখা করার পরামর্শ দেয়। ভুট্টোর তা করার ইচ্ছে ছিল না এবং আমাকে ও আমার মতামতকে ঢাকার রাজনৈতিক চিন্তার মূলস্রোত বিচ্ছিন্ন বিবেচনা করে খারিজ করে দেয়। সে বুঝিয়েছিল যে আমি মাথা গরম চরমপন্থী হিসেবে পরিচিত। নির্বাচনের আগে ঢাকা সফরের সময় হোটেল ইন্টারকন্টিনেন্টালের ঘরে তার সঙ্গে আমার ও কামালের উত্তপ্ত বাদানুবাদের কথা হয়তো সে মনে রেখেছিল।

লারকানা চক্রান্ত

ঢাকায় ফিরে আমি বঙ্গবন্ধুকে জানিয়েছিলাম সাংবিধানিক আলোচনার কোনো প্রস্তুতি পিপিপি-র নেই এবং ভুট্টোর নিজের রাজনৈতিক এজেন্ডা হয়ত ভিন্নতর লক্ষ্যে ধাবিত। ১২ জানুয়ারি ১৯৭১ ইয়াহিয়ার ঢাকা সফরের সময় এই এজেন্ডা আরও স্পষ্ট হয়ে গেল। সাংবিধানিক বিষয়ে গুরুত্বপূর্ণ আলোচনা করার বদলে বঙ্গবন্ধু ও তার সহকর্মীদের সঙ্গে নিজের সাংবিধানিক খেলা বেছে নেয় ইয়াহিয়া। ঢাকার এইসব বৈঠক থেকে ইয়াহিয়া সম্ভবত নিশ্চিত হয়ে যায় যে, ছয় দফার ভিত্তিতে একটি সংবিধান তৈরি করতে বদ্ধপ্রতিজ্ঞ বঙ্গবন্ধু। এই অনুমানের ভিত্তিতে ইয়াহিয়া তার সামরিক চক্রের পরবর্তী কার্যকলাপ স্থির করেছিল। ঢাকায় অক্টোবর ১৯৬৯ থেকে এপ্রিল ১৯৭১ পর্যন্ত ১৪ নম্বর ডিভিশনের জিওসি থাকাকালীন মেজর জেনারেল খাদিম হোসেন রাজার প্রত্যক্ষ অভিজ্ঞতার বিবরণ দিয়েছে তার উদ্ঘাটক স্মৃতিচারণ 'আ স্ট্রেঞ্জার ইন মাই ওন কান্ট্রি' বইটি। ১২ জানুয়ারি ১৯৭১ ঢাকার এই বৈঠকে ইয়াহিয়ার প্রতিক্রিয়ার বর্ণনা করেছে বইটি:

> "শেখ মুজিব এক ইঞ্চি জমি ছাড়তেও রাজি ছিলেন না। ফলে বিরক্ত হয়ে বৈঠক বন্ধ করে দেন প্রেসিডেন্ট। বেশ ক্রুদ্ধ হয়ে ঢাকা ছাড়লেন তিনি এবং সেখান থেকে লারকানায় গিয়ে ভুট্টোর অতিথি হলেন। তাদের সঙ্গে যোগ দেয় জেনারেল আব্দুল হামিদ খান (আর্মি চীফ অফ স্টাফ)। পরবর্তী দু'দিনে দেশের ভবিষ্যৎ সম্পর্কে গুরুত্বপূর্ণ সিদ্ধান্ত নেওয়া হল।"

রাজার মনোগ্রাহী মুখবন্ধ এবং লারকানা বৈঠক নিয়ে তার প্রতিফলন যে ঠিক ছিল সে সম্পর্কে আমি নিশ্চিত হই চার যুগ বাদে, যখন লারকানায় ইয়াহিয়া-ভুট্টো বৈঠকের পরিণতির একটি চমৎকার অন্তর্দৃষ্টি আমাকে দেওয়া

হল। ২০১১ লাহোর সফরের সময় এই প্রমাণ আমাকে দেয় আমার এক এইচেসন বন্ধু। সে আমাকে জানায় ১৯৭১-এর ঘটনার প্রধান চরিত্রদের একজন লেফটেন্যান্ট জেনারেল গুলাম উমরের সঙ্গে তার সম্প্রতি সাক্ষাৎ হয়েছে। উমর সে সময় জাতীয় নিরাপত্তা প্রধান এবং পূর্ব ও পশ্চিম পাকিস্তানের বিভিন্ন রাজনীতিকদের বাগে আনতে তাকে কাজে লাগিয়েছিল ইয়াহিয়া। বহুদিন আগে অবসর নেওয়া বয়স্ক কিন্তু প্রখর-স্মৃতি উমরকে ২৫ মার্চের পরিণতির জন্য যে ঘটনাবলী দায়ী সেসবে তার কী ভূমিকা ছিল সেটা খুলে বলার জন্য চ্যালেঞ্জ করেছিল আমার বন্ধু।

উমর আমার বন্ধুর কাছে স্বীকার করে মুজিবের সঙ্গে আলোচনার জন্য ইয়াহিয়ার ঢাকা সফরে সঙ্গী হয়েছিল সে। বৈঠক শেষে ইয়াহিয়া ভুট্টোর সঙ্গে দ্রুত সাক্ষাৎ করে লারকানায় একটা বৈঠকের ব্যবস্থা করতে উমরকে নির্দেশ দেয়। ভুট্টো এবং ইয়াহিয়ার মধ্যে এ পর্যায়ের আপাত হৃদ্যতা ছিল সামরিক শাসকচক্রের নির্বাচনোত্তর কৌশলের পরিণতি। যে জান্তা নির্বাচনে ভুট্টোকে হারাতে অর্থ ব্যয় করেছে, পূর্ব পাকিস্তানে আওয়ামী লীগের বিপুল জয়ে রাজনীতি আঙিনায় বাঙালির ক্রম উত্থান ব্যর্থ করতে এবার তারাই মিত্র হিসেবে তাকে ব্যবহার করতে চাইল। সেইমতো মুজিবের বিরুদ্ধে একাট্টা হতে ভুট্টোর সঙ্গে সরাসরি যোগাযোগ করে ইয়াহিয়ার মূল সহায়ক জেনারেল পীরজাদা এবং উমর।

ইয়াহিয়া সরাসরি ঢাকা থেকে লারকানায় চলে যায়। সেখানে ভুট্টো তার সঙ্গে দেখা করে। ভুট্টোর সঙ্গে কথার শুরুতেই ফেটে পড়ে ইয়াহিয়া বলে, "এই বেজন্মা মুজিবকে শায়েস্তা করতেই হবে আমাদের।" লারকানা বৈঠকে কৌশল তৈরি হল কীভাবে ৩ মার্চ ঢাকায় সিএ-র অধিবেশন পিছিয়ে দিতে রাজনৈতিক পূর্বশর্ত আরোপ করবে ভুট্টো। ভাবনাটা ছিল এই মুলতুবির মাধ্যমে মুজিবকে ছয় দফার বিষয়ে আপোস করতে চাপ দেওয়া, যদিও মুজিবের সঙ্গে বৈঠকে এ ধরনের আপোস রফা সম্পর্কে সুনির্দিষ্ট কিছু বলেননি ইয়াহিয়া।

যাই হোক, লারকানা পরিকল্পনা মুলতুবি রাখা হয় জানুয়ারির শেষে ভুট্টোর ঢাকা সফরে বঙ্গবন্ধুর সঙ্গে বাহ্যত আলোচনা অবধি, যেখানে আওয়ামী লীগের অবস্থান সম্বন্ধে একটা নিজস্ব মূল্যায়নের সুযোগ পাবে সে। পিপিপি-র এক বিরাট সংখ্যক অনুগামীর দল ভুট্টোর সঙ্গে ঢাকা এসেছিল। এই আলোচনাগুলো সম্পর্কে তাজউদ্দিনের কাছ থেকে যা জেনেছিলাম তা হল ছয় দফার ভিত্তিতে সংবিধান চালু করার তাৎপর্য আলোচনার বদলে বঙ্গবন্ধুর সঙ্গে ক্ষমতা ভাগাভাগির আপোস রফায় অধিক আগ্রহী ছিল ভুট্টো। সুতরাং ছয় দফার গ্রহণযোগ্যতা নিয়ে রাফি রাজা ও মোবাশ্বের হাসানের সঙ্গে আমি ফের আলোচনায় বসি আমার গুলশানের বাড়িতে। মিটিংয়ে সিএ-র আসন্ন অধিবেশনের জন্য সংবিধানের যে খসড়া আমরা তৈরি করেছিলাম তার কপি দিতে কামালকে অনুরোধ করে রাফি

এবং মুবাশের। কামাল তাজউদ্দিনের পরামর্শ চাইলে তিনি বলেন এই মুহূর্তে আওয়ামী লীগের হাতের তাস দেখানো বোকামি হবে। সংবাদমাধ্যমে যেসব খবর আসছিল এবং লারকানা বৈঠক সম্পর্কে রাজনৈতিক জল্পনা ইত্যাদি থেকে স্পষ্ট হয়ে গিয়েছিল সামরিক শাসকগোষ্ঠীর সঙ্গে ঘনিষ্ঠ যোগাযোগ রেখে চলছে ভুট্টো এবং আমাদের দেওয়া নথির যেকোনো তথ্য ব্যবহার করে আগামী দিনে ইয়াহিয়ার রণকৌশল প্রভাবিত করতে পারে সে।

পিপিপি-আওয়ামী লীগ আলোচনার সুনির্দিষ্ট বিষয়গুলো কামাল হোসেনের সম্প্রতি প্রকাশিত স্মৃতিকথায় (বাংলাদেশ: কোয়েস্ট ফর ফ্রিডম অ্যান্ড জাস্টিস) প্রকাশিত হয়েছে, সুতরাং এ সম্পর্কে আমি কিছু বলব না। আমার নিজস্ব ধারণা পিপিপি অথবা ইয়াহিয়া খান কেউই ১ মার্চ ১৯৭১-এর আগে ছয় দফার বিষয়ে আলোচনার জন্য তাদের চিন্তাশীল অবস্থান কী হওয়া উচিত সেটা নির্ণয় করার কথা ভাবেনি। আমি যতদূর জানি ছয় দফা কার্যকর করায় সংশ্লিষ্ট বাস্তব সমস্যাগুলো নিয়ে আওয়ামী লীগ এবং পশ্চিম পাকিস্তানের কোনো রাজনৈতিক নেতৃত্বের মধ্যে কোনো ধরনের আলোচনা হয়নি। মার্চ ১৯৭১-এ শেষ মুহূর্তে যখন বিস্তারিত আলোচনা শুরু হল ততক্ষণে সাংবিধানিক বিষয়টা ছয় দফার বাইরে চলে গেছে এবং জেনারেলরা ইতিমধ্যেই রক্ত ও আগুন দিয়ে বিষয়টার নিষ্পত্তি করবে বলে ঠিক করে ফেলেছে।

লারকানা এজেন্ডা কার্যকরী করার পরিকল্পনা চালু হল ভুট্টো ঢাকা থেকে ফেরার পর, যেখানে সে ব্যক্তিগতভাবে নিশ্চিত করে যে বঙ্গবন্ধু তার সাথে কোনো ব্যক্তিগত আপোস রফায় রাজি নন। নির্বাচনী প্রচারের সময় পশ্চিম পাকিস্তানের জামাত বা মুসলিম লীগ রাজনীতিকদের প্রতিমুখে ছয় দফা সম্পর্কে কিছুটা নীরব থেকেছে ভুট্টো। ঢাকা ছেড়ে যাবার সময় সে বঙ্গবন্ধুকে আভাস দিয়েছিল আসন্ন ঢাকা সিএ অধিবেশনে এ ধরনের সংবিধান রচনার সুযোগ সম্পর্কে আরও আলোচনা করবে তারা। ফেব্রুয়ারির প্রথম দিকে ছয় দফা সম্পর্কে হঠাৎ প্রকাশ্যে তার অবস্থান বদল করল ভুট্টো যেটা তার মুখ্য রাজনৈতিক চিন্তা হয়ে দাঁড়াল। এবার সে হুমকি দিল মুজিব ছয় দফার ব্যাপারে আপোসে রাজি না হলে ৩ মার্চ আইনসভার অধিবেশন সে বর্জন করবে। পিপিপি-র সদস্য নয়, এমন সব সিএ সদস্য যারা আইনসভার সম্ভাব্য অধিবেশনে যোগ দিতে ঢাকা যাবার সাহস দেখাবে, তাদের মেরে ঠ্যাং ভেঙ্গে দেবার প্রকাশ্য হুমকি দিল ভুট্টো।

আইনসভার অধিবেশন ঢাকা ভণ্ডুল করতে ভুট্টোর এই কর্কশ প্ররোচনা শঙ্কা এবং বিস্ময় দুইই সৃষ্টি করেছিল ঢাকায়। ঢাকা বৈঠকে ভুট্টো কোনোভাবেই কোনো ইঙ্গিত দেয়নি যে আওয়ামী লীগের তরফ থেকে এমন কোনো একগুঁয়ে রাজনৈতিক অবস্থানের মুখোমুখি তাকে হতে হয়েছিল যে কারণে সংঘর্ষের পূর্বাশঙ্কায় এমন আক্রমণাত্মক ভঙ্গি তাকে নিতে হয়। লারকানা বৈঠকে ভুট্টো

যে ইয়াহিয়ার সঙ্গে চক্রান্তের এক অংশীদার ছিল তার জনসভার তর্জনগর্জন সেই সম্ভাবনার প্রমাণ বলে মনে করেছিল আওয়ামী লীগ নেতৃত্ব। অবশেষে বঙ্গবন্ধু প্ররোচনামূলক কাজ এবং মন্তব্য করে আগুন নিয়ে না খেলতে প্রকাশ্যে হুঁশিয়ারি দেন ভুট্টোকে। ষড়যন্ত্র যে দানা বাঁধছে অতর্কিতে আমাদের এ আশঙ্কা বাড়িয়ে দেয় স্বয়ংক্রিয় অস্ত্রসজ্জিত সামরিক বাঙ্কারের আবির্ভাব - ঢাকা বিমানবন্দরের পাশ দিয়ে গাড়িতে যেতে যেতে মধ্য ফেব্রুয়ারির এক সকালে যা ঢাকার মানুষজনকে আকস্মিক অভিবাদন জানায়।

গণতান্ত্রিক পথের অবসান

উত্তেজনা বৃদ্ধি সত্ত্বেও কেউ ভাবেনি সত্যিই সিএ স্থগিত রাখা হবে। ভুট্টো তাদের ঠ্যাং ভেঙ্গে দেবার হুমকি দেওয়া সত্ত্বেও ৩ মার্চ সম্ভাব্য সিএ মিটিংয়ে যোগ দিতে পিপিপি ছাড়া পশ্চিম পাকিস্তানি সিএ সদস্যরা ফেব্রুয়ারির শেষ কয়েক দিনে ঢাকায় আসা শুরু করে। তাদের মধ্যে যাদের আমি চিনতাম, হোটেল ইন্টারকন্টিনেন্টালে ওঠা এমন বেশ কয়েকজন সদস্যের সঙ্গে আমি কথা বলি। তারা তখন আশা করছিল সিএ একবার শুরু হলে ভুট্টো ঠিকই এসে হাজির হবে।

পশ্চিম পাকিস্তানে ন্যাপ নেতা ওয়ালি খান এবং বালুচিস্তানের ন্যাপ নেতা গাউস বক্স বিজেনজো ইন্দিরা রোডে আহমেদুল কবিরের বাড়িতে যাদের সঙ্গে আমার বহুবার দেখা হয়েছে, তারা কিন্তু অতখানি নিশ্চিত ছিল না এবং তারাও এ বিশ্বাস সমর্থন করে যে ইয়াহিয়া ভুট্টোর সঙ্গে হাত মিলিয়ে ক্ষমতা হস্তান্তর বানচাল করার ষড়যন্ত্র করছে। ওয়ালি এবং বিজেনজো দুজনেই যুক্তি দেখায় শুধু বাংলাদেশ এ ষড়যন্ত্রের লক্ষ্য নয়, এটা পাঠান এবং বালুচদের জাতীয়তাবাদী আকাঙ্খাকে বানচাল করার উদ্দেশ্যে করা হচ্ছে, বিশেষ করে যেহেতু এ দুই প্রদেশে ভুট্টো খুব কম আসন জিতেছে। ইন্দিরা রোডের লায়লা কবিরের বাড়িতে সেই প্রশান্ত পরিবেশে বসে ন্যাপ নেতৃত্বের সঙ্গে দীর্ঘ বিষণ্ণ আলোচনার কথা দুঃখের সঙ্গে স্মরণ করি।

৩ মার্চ সিএ অধিবেশনের প্রাক্কালে ঢাকা ইয়াহিয়ার আগমন প্রত্যাশায় ছিল। হেয়ার রোড ও বেইলি রোডের সংযোগস্থলে প্রেসিডেন্ট হাউসের বাইরে জেনারেটর বসানো হয়েছিল। বাংলাদেশ স্বাধীন হবার পর প্রথম বছরগুলো বাড়িটি বাংলাদেশ প্রধানমন্ত্রীর অফিস হয়। ২৭ ফেব্রুয়ারি নাগাদ খবর হল ইয়াহিয়া ইসলামাবাদ থেকে করাচি রওনা হয়েছে তার ঢাকার ফ্লাইট ধরবার জন্য। পরে আমরা জেনেছিলাম বস্তুত সে করাচিতে পৌঁছেছিল, কিন্তু সেখান থেকে সে আবার ইসলামাবাদে ফিরে যায়।

কয়েক বছর বাদে ১৯৭৭ সালে লন্ডনে অ্যাডমিরাল আহসান এবং পরে ১৯৯৩-তে নিউইয়র্কে লেফটেন্যান্ট জেনারেল ইয়াকুবের সঙ্গে আলোচনায়

আমি জানতে পারি তারা দুজনেই ৩ মার্চের অধিবেশন চলতে দেবার জন্য ইয়াহিয়াকে বোঝাবার চেষ্টা করেন এবং তারা এও বোঝাতে চেয়েছিলেন যে অধিবেশন বন্ধের যে কোনো চেষ্টা বাঙালিদের মধ্যে চরম প্রতিক্রিয়া তৈরিতে ইন্ধন জোগাবে। তাদের মতামত গ্রাহ্য হয়নি।

আহসান এবং ইয়াকুবের সঙ্গে আমার নিজের আলোচনার সিদ্ধান্ত রাজার স্মৃতিকথায় সমর্থিত হয়েছে। রাজা জানিয়েছে যে ইয়াহিয়ার সঙ্গে ইসলামাবাদে এক বৈঠকে ইয়াকুবকে ৩ মার্চ ঢাকার অধিবেশন ডাকা স্থগিতের সিদ্ধান্তের কথা জানিয়েছিলেন ইয়াহিয়া। রাজার বয়ান অনুযায়ী, ইতিমধ্যে ফেব্রুয়ারির শুরুতে ইয়াহিয়া অপারেশন ব্লিৎজ নামে একটা সম্ভাব্য পরিকল্পনা তৈরি করেছিলেন সামরিক শক্তি প্রয়োগের জন্য এবং তৎপরবর্তী রাজনৈতিক কার্যকলাপ বন্ধ করার উদ্দেশ্যে, যার ফলে সেনাবাহিনীর আদেশ অমান্যকারী রাজনৈতিক নেতাদের বিরুদ্ধে ব্যবস্থা নেবে এবং তাদের নিরাপত্তামূলক হেফাজতে নিয়ে যাবে। আদেশ কার্যকরী করার জন্য ঢাকার চীফ মার্শাল ল' অ্যাডমিনিস্ট্রেটরকে পাঠানো হয়েছিল অপারেশন ব্লিৎজ পরিকল্পনা। অপারেশন ব্লিৎজ-এর প্রস্তুতির সময়ে তৈরি নির্ঘন্ট থেকে ধারণা হয় যে এটি ভুট্টোর ঢাকা থেকে ফেরার কাছাকাছি কোন সময় ছিল এবং লারকানা এজেন্ডা কার্যকরী করার এটি ছিল একটি অংশ।

ইয়াকুব ছাড়া গভর্নর আহাসানও ইয়াহিয়ার নির্বোধ প্রয়াস ঠেকাতে শেষ মুহূর্তে ছুটে গিয়েছিলেন ইসলামাবাদে। আহসানের যুক্তিতে টলেনি ইয়াহিয়া এবং উল্টো গভর্নরের পদ থেকে খারিজ করে দেয়া হয় তাকে। পূর্ব পাকিস্তানের গভর্নরের পদ নিতে তখন ইয়াকুবকে আদেশ দেওয়া হয়। এক সত্যিকারের পরিশীলিত মানুষ হিসেবে ইতিহাস আহসানকে মনে রাখবে যিনি শুধু ডিসেম্বর ১৯৭০-এর অবাধ ও সুষ্ঠ নির্বাচন নিশ্চিতই করেননি, তার ওপর শেষ মুহূর্ত পর্যন্ত শান্তিপূর্ণ ও গণতান্ত্রিক পরিবর্তনের জন্য চেষ্টা করেছেন।

ইসলামাবাদের এই চলমান নাটকের বিষয়ে ঢাকার আমরা কিছুই জানতাম না। ফলে ইয়াহিয়া পহেলা মার্চ যখন ৩ মার্চের আইনসভা অধিবেশন অনির্দিষ্টকালের জন্য মুলতুবি রাখার কথা ঘোষণা করলো, গোটা পূর্ব পাকিস্তান ক্রোধে ফেটে পড়ে। বেতারে এই ঘোষণা প্রচারিত হবার সময় বঙ্গবন্ধু (তখনকার জিন্নাহ) অ্যাভিনিউতে ঢাকা স্টেডিয়ামে পাকিস্তান বনাম এমসিসি-র ক্রিকেট ম্যাচ চলছিল। দর্শকরা স্বতঃস্ফূর্তভাবে প্রতিবাদী শ্লোগান দিতে থাকে এবং দলবেঁধে স্টেডিয়াম থেকে বেরিয়ে এসে পাশের পূর্বানী হোটেলের দিকে এগিয়ে যায়, যেখানে তখন ইয়াহিয়ার সিদ্ধান্তের জবাব কী হওয়া উচিত তা নির্ধারণে ঢাকা আওয়ামী লীগ সভাপতিমন্ডলীর অধিবেশন চলছিল। বঙ্গবন্ধু জনতাকে স্বাগত জানিয়ে ঘোষণা করলেন বিনা চ্যালেঞ্জে ইয়াহিয়ার এই কাজ মেনে নেওয়া হবে না এবং অনির্দিষ্টকালের জন্য হরতালের ডাক দিলেন।

৩ মার্চের বিকেলে পল্টন ময়দানে ছাত্রসংগ্রাম পরিষদের ডাকে এক বিশাল জনসভায় আমি হাজির ছিলাম। বিভিন্ন ছাত্রনেতা এই সভায় ভাষণ দেয়। সমস্ত বক্তাই ঘোষণা করে যে আমাদের এখন উচিত স্বাধীনতার জন্য লড়াই করা এবং স্বাধীন বাংলাদেশের লাল-সবুজ পতাকা ওড়ানো। পরের দিন এর চেয়েও বড়ো জনসভায় বক্তব্য রাখলেন বঙ্গবন্ধু যে ভাষণে তিনি যে ইয়াহিয়ার সম্পূর্ণ বিরুদ্ধাচরণ করবেন সেটা স্পষ্ট করে দেন এবং পূর্ণ অসহযোগ কর্মসূচি চালু করার কথা ঘোষণা করেন।

অসহযোগ প্রাথমিক পর্ব সম্পূর্ণ শান্তিপূর্ণ ছিল না। জেনারেল ইয়াকুব অপারেশন ব্লিৎজ পুরোপুরি কার্যকর করেনি, যার মাধ্যমে সম্ভবত বঙ্গবন্ধুসহ সব প্রধান রাজনৈতিক নেতাকে গ্রেপ্তার করার পরিকল্পনা ছিল। রাজনৈতিক পরিস্থিতি বিবেচনা করে ইয়াকুব বুদ্ধিমানের মতো বুঝেছিল যে এমন কিছু করা দুঃসাধ্য এবং কান্ডজ্ঞানহীন হবে। যাই হোক, সে সান্ধ্য আইন জারি করে এবং সামরিক শক্তির চেহারাটা পর্যাপ্ত প্রদর্শিত হয়। তার মনে হয়েছিল পরিস্থিতি শান্ত করার জন্য এটাই যথেষ্ট হবে এবং ইয়াহিয়া ও মুজিবের মধ্যে কোনো ধরনের রাজনৈতিক সমঝোতা তৈরির সময় পাওয়া যাবে। ইয়াকুবের সামরিক ও রাজনৈতিক হিসেব মেলেনি। যে বাঙালির দুর্নাম ছিল তারা সৈন্য দেখলে অথবা গোলাগুলির আওয়াজ পেলে পালিয়ে যায় তারা ভিন্ন চরিত্রের প্রমাণিত হল। অভূতপূর্বভাবে তারা সান্ধ্য আইন অমান্য করে দেখিয়ে দেয় সেনাবাহিনীর বন্দুকের মুখে বুক পেতে দিতে তারা রাজি আর রাজি মরণের ঝুঁকি নিতে। সেনাদের সঙ্গে সংঘর্ষে অনেক মানুষ নিহত হয় যদিও অসহযোগ আন্দোলনের প্রথম দিকে স্থানীয় পুলিশ বাঙালিদের ওপর গুলি চালাতে অস্বীকার করেছিল। সরকারি, বেসরকারি সমস্ত সংস্থা, সমস্ত কলকারখানা, শিক্ষা প্রতিষ্ঠান, এমনকি আদালতও অচল হয়ে যায়।

জেনারেল ইয়াকুব যখন বুঝতে পারে যে সেনা দিয়ে কোনো সমাধান হবে না, তখন ৪ মার্চ ১৯৭১ সেনাবাহিনীকে ক্যান্টনমেন্টে ফিরিয়ে নেওয়া হল। ওই মুহূর্তে কার্যত সে পাকিস্তানের সার্বভৌমত্ব বাংলাদেশের হাতে ছেড়ে দিয়েছিল এবং এভাবেই ২৪ বছরের ঔপনিবেশিক শাসনের ওপর পর্দা নেমে এসেছিল। ঢাকায় এসে স্বয়ং পরিস্থিতির সামাল দিয়ে রাজনৈতিক সমাধান খোঁজার জন্য ইয়াহিয়াকে বোঝাতে ব্যর্থ হয়ে চীফ মার্শাল ল’ অ্যাডমিনিস্ট্রেটর এবং ইস্টার্ন কমান্ডের কমান্ডার পদ থেকে ইস্তফা দেয় ইয়াকুব। ৫ মার্চ ইয়াহিয়াকে পদত্যাগ পত্র পাঠিয়ে সে জানায়:

> “প্রশাসনের নিয়ন্ত্রণ চলে গেছে শেখ মুজিবের হাতে; সে এখন কার্যত সরকারের প্রধান এবং সমস্ত জনজীবন নিয়ন্ত্রণ করছে ..... আমি নিশ্চিত এমন কোনো সামরিক সমাধান নেই যেটা বর্তমান পরিস্থিতিতে অর্থবহ হতে পারে। ফলে সামরিক সমাধান মিশন কার্যকর করার দায়িত্ব নিতে আমি অক্ষম – যে মিশনের অর্থ দাঁড়াবে ব্যাপক হারে নিরস্ত্র সাধারণ

মানুষ হত্যা এবং যেটা কোনো সুস্থ লক্ষ্যে পৌঁছবে না। এর পরিণতি হবে বিধ্বংসী" (খাদিম হোসেন রাজা, আ স্ট্রেঞ্জার ইন মাই ওন কান্ট্রি)

ইয়াহিয়া ইয়াকুবের পদত্যাগ গ্রহণ করে অবিলম্বে বালুচিস্তানের কসাই টিক্কা খানকে গভর্নর ও চীফ মার্শাল ল' অ্যাডমিনিস্ট্রেটর দুটো পদের কার্যভার নিতে পাঠায়। ৭ মার্চ ঢাকায় টিক্কার আবির্ভাবই ইঙ্গিত ছিল যে বাঙালির স্ব-শাসন অর্জিত হবার আগে অনেক রক্ত ঝরাতে হবে।

একটি জাতির জন্ম

বঙ্গবন্ধুর শাসন

৫ মার্চ নাগাদ ক্যান্টনমেন্টে সৈন্য সরিয়ে নিয়ে যাওয়া এক ঐতিহাসিক অসহযোগ আন্দোলনের মঞ্চ গড়ে দিয়েছিল যার তুলনা বিশ্বে আগে কখনও কোথাও দেখা যায়নি। সমস্ত অসামরিক আমলা, পুলিশ বাহিনী এবং প্রাদেশিক ও কেন্দ্রীয় সরকারের সমস্ত অংশ প্রতিষ্ঠিত সরকারকে তাদের পরিষেবা দেওয়া বন্ধ করে। অসহোযোগ আন্দোলন শীর্ষবিন্দুতে পৌঁছায় যখন পূর্ব পাকিস্তানের প্রধান বিচারপতি বদরুদ্দিন সিদ্দিকী টিক্কা খানকে পূর্ব পাকিস্তানের গভর্নর হিসেবে শপথবাক্য পাঠ করাতে অস্বীকার করলেন।

অসহযোগ আন্দোলন ভিন্ন আর এক মাত্রা যোগ হল যখন বঙ্গবন্ধুর প্রতি আনুগত্যের শপথ নিতে সরকারি প্রশাসনের সর্বস্তর থেকে প্রতিনিধিদের পাঠানো হল ধানমন্ডির ৩২ নম্বরে। আমলাদের অনুসরণ করে ব্যবসায়ী সম্প্রদায়, যেখানে তখন অবাঙালিদের আধিপত্য, তারাও তাদের সমর্থন দেবার অঙ্গীকার করে। এ ধরনের অনেক আন্দোলনের সাক্ষী হয়েছে দুনিয়া, কিন্তু আমি যতদূর জানি, এমন পর্যায়ে আগের কোনো আন্দোলন পৌঁছায়নি যেখানে প্রশাসন, পুলিশ বাহিনী এবং আদালত শুধু যে দায়িত্বপ্রাপ্ত সরকারের হুকুম অমান্য করার সিদ্ধান্ত নিয়েছে তাই নয়, তার ওপর এমন একজন রাজনৈতিক নেতার প্রতি আনুগত্যের অঙ্গীকার করেছে যার কোনো আনুষ্ঠানিক সরকারি পদ নেই।

রেসকোর্সে ৭ মার্চের বহু প্রত্যাশিত জনসভায় বঙ্গবন্ধু তার ঐতিহাসিক ঘোষণা করলেন- "এবারের সংগ্রাম আমাদের মুক্তির সংগ্রাম, এবারের সংগ্রাম স্বাধীনতার সংগ্রাম।" অনেকে আশা করেছিল তিনি বাংলাদেশের স্বাধীনতা ঘোষণা করবেন। একই সঙ্গে এ রকম আশঙ্কাও ছিল যে তিনি যদি এ ধরনের ঘোষণা করেন, তবে সামরিক বাহিনীর আসন্ন পূর্ণ পর্যায়ের গণহত্যার মুখবন্ধ হিসেবে কুর্মিটোলায় মজুত থাকা পাকিস্তান বিমানবাহিনীকে সমাবেশে বোমা বর্ষণের নির্দেশ দেওয়া ছিল। এ আশঙ্কা যে সঠিক ছিল তার সমর্থন মিলেছে খাদিম হোসেন রাজার স্মৃতিকথায়। তিনি লিখেছেন ওই সময় তিনি আওয়ামী

লীগ নেতৃবৃন্দকে সতর্ক করে দিয়েছিলেন যে স্বাধীনতা ঘোষণার যেকোনো পদক্ষেপে পূর্ণ মাত্রার আক্রমণ হানবে পাকিস্তানি সামরিক বাহিনী।

আমি কামাল হোসেনের কাছে জানতে পারি ৭ মার্চের আগে ৩২ নম্বর রোডে আওয়ামী লীগ হাইকমান্ডের একটি নির্ধারক বৈঠক হয় যেটা প্রায় সারা দিন-রাত ধরে হয়েছিল। পরের দিন জনসভায় বঙ্গবন্ধু কোন পথ অনুসরণ করবেন সেটাই ছিল বৈঠকের আলোচ্য। সম্ভবত বঙ্গবন্ধু ও তাজউদ্দীনের নেতৃত্বে বরিষ্ঠ সদস্যদের বক্তব্য ছিল স্বাধীনতা ঘোষণার সময় এখনও আসেনি এবং মানুষকে এমন রক্তক্ষয়ী লড়াইয়ে নিয়ে আসার আগে জনসচেতনতা আরও সংহত করা প্রয়োজন। বস্তুত সশস্ত্র সংগ্রামে জড়িয়ে পড়ার ক্ষমতা সাধারণ মানুষের কতখানি আছে সে সম্বন্ধে তৎকালীন আওয়ামী লীগ নেতৃত্বের সামান্যই ধারণা ছিল এবং বাংলাদেশের ক্যান্টনমেন্টগুলোতে কর্মরত সেনাসদস্যদের মধ্যে বাঙালিদের সম্ভাব্য প্রতিক্রিয়া বিষয়েও তারা একেবারেই নিশ্চিত ছিলেন না।

বর্ষীয়ান নেতাদের বিপরীতে কাপালিক সিরাজ নামে পরিচিত সিরাজুল আলম খান-এর মতো আওয়ামী লীগের তরুণ প্রজন্ম পুরোদমে মুক্তিযুদ্ধে উদ্বুদ্ধ করতে অনতিবিলম্বে স্বাধীনতা ঘোষণার সপক্ষে বলেছিল। ৭ মার্চের মিটিংয়ে হাজির হবার আগে আমি আর নুরুল ইসলাম ইকবাল হলে যাই তরুণ প্রজন্মের মেজাজ বুঝতে। কাপালিকের সঙ্গে আমাদের দেখা হয়ে যায়, তাকে বিষণ্ণ দেখাচ্ছিল এবং সে আমাদের বলে যে স্বাধীনতার কোনো নাটকীয় ঘোষণা আশা করা যাবে না। দেখা গেল বঙ্গবন্ধু তার রাজনৈতিক জীবনের সেরা কর্তৃত্বব্যঞ্জক ভাষণ দিয়েছেন, যেখানে স্বাধীনতা ঘোষণা না করেও তিনি স্পষ্ট বুঝিয়ে দেন স্বাধীনতার লড়াইয়ে নিজেকে সমর্পণের জন্য প্রস্তুত হতে হবে বাঙালিকে। এর ফলে আলোচনার মাধ্যমে স্বাধীনতা, অথবা আইনত না হলেও অন্তত কার্যত স্বাধীনতা অর্জনের একটা সুযোগ পাওয়া গেল।

পহেলা মার্চের আগে এই সংকটময় সময়ে উপরোক্ত কিছু চিন্তা ফোরাম-এ আমার লেখায় তুলে ধরি। এই লেখাগুলোতে ছয় দফা কার্যকর করার তাৎপর্য পশ্চিম পাকিস্তান রাজনৈতিক নেতৃত্বের কাছে তা স্পষ্টভাবে ব্যাখ্যার চেষ্টা করেছিলাম। ফোরাম-এর কলামে আমার লেখার সার্বজনীন থিম ছিল যে ছয় দফাই পাকিস্তান সমস্যার রাজনৈতিক সমাধানের অন্তিম সুযোগ। এর বাইরের পথ গণসংগ্রাম এবং বাংলাদেশের স্বাধীনতা। পাকিস্তান ধারণার সঙ্গে আবেগের বাঁধন তখন খুব কম বাঙালিরই ছিল। একমাত্র প্রশ্ন হয়ে দাঁড়ায় ছাড়াছাড়িটা সাংবিধানিক বিবর্তন পদ্ধতিতে হবে, নাকি সামরিক সংঘাতে হবে।

প্রেসিডেন্ট ইয়াহিয়া খান ১ মার্চ ১৯৭১ অনির্দিষ্টকালের জন্য সিএ অধিবেশন মুলতুবি রাখার যে সিদ্ধান্ত নেয় আমার ধারণা সেটা বাংলাদেশের রাজনৈতিক স্বাধীনতার জলবিভাজিকা হয়ে দাঁড়ায়। সেদিন বঙ্গবন্ধু শেখ মুজিবুর রহমানের

ডাকে বাংলাদেশ জুড়ে শুরু হওয়া অসহযোগ আন্দোলন বাংলাদেশের সীমানায় পাকিস্তান সরকারের রাজনৈতিক কর্তৃত্ব অস্বীকার করে। এই রাজনৈতিক কর্তৃত্ব আর পুনরুদ্ধার হয়নি। ২৬ মার্চ ১৯৭১-এর পর পাকিস্তান সামরিকচক্রের কর্তৃত্ব পুনরুদ্ধারের সব পরবর্তী চেষ্টা বাংলাদেশের জনগণ ভিনদেশি সামরিক দখলদারের বলপ্রয়োগ করে অন্যায় অধিগ্রহণের প্রয়াস হিসেবেই দেখেছে।

বঙ্গবন্ধুর ডাকা অসহযোগ আন্দোলনের পূর্ণ সাফল্য অবিলম্বে বাংলাদেশের মধ্যে সব নিত্যপ্রয়োজনীয় নাগরিক ও আর্থিক পরিষেবা বজায় রাখার সমস্যা তৈরি করে। সমস্ত শ্রমশক্তি, প্রশাসন এবং আইনরক্ষক কর্তৃপক্ষ বঙ্গবন্ধুর অসহযোগের ডাকে সাড়া দেওয়া মাত্র বাংলাদেশে পাকিস্তান সরকারের সব পরোয়ানা আক্ষরিক অর্থে ক্যান্টনমেন্টগুলোর বাইরে অচল হয়ে পড়েছিল। দেশের আর্থিক এবং সামাজিক জীবন সম্পূর্ণ ভেঙ্গে পড়া প্রতিরোধ করতে এই শূন্যস্থান পূরণের দরকার পড়ে। সুতরাং ৫ মার্চ ১৯৭১ ইয়াহিয়া তার স্থানীয় সেনা কমান্ডার ইয়াকুবের পরামর্শ মেনে পাকিস্তান সেনাবাহিনীকে ক্যান্টনমেন্টে সরিয়ে নিতে রাজি হবার পর সারা দেশের রাজনৈতিক এবং প্রশাসনিক কর্তৃত্বের ভার একযোগে বঙ্গবন্ধুকে নিতে হয়। ১৭৫৭ পলাশির যুদ্ধের পর সেইদিন থেকে বাংলাদেশ প্রথম স্বরাট হল।

ক্যান্টনমেন্ট চৌহদ্দির বাইরে, বাংলাদেশের সীমানায় পাকিস্তানের সামরিক শক্তি শাসিত সার্বভৌম সরকারের হাত থেকে বঙ্গবন্ধুর হাতে ৫ মার্চ ১৯৭১ এই অনন্য কর্তৃত্ব হস্তান্তর স্বাধীনতা ঘোষণা নিয়ে আজকের রাজনৈতিক বিতর্ক একাধারে যুক্তিহীন ও অসার করে দেয়। আনুষ্ঠানিকভাবে বাংলাদেশের স্বাধীনতা ঘোষণার তারিখ যাই হয়ে থাক, সেটা বঙ্গবন্ধু করে থাকুন বা অন্য যে কেউ করে থাকুন, কার্যত বাংলাদেশের স্বাধীনতার তারিখ হওয়া উচিত ৫ মার্চ ১৯৭১, যেদিন বাংলাদেশের ওপর রাজনৈতিক কর্তৃত্বের দায়িত্ব বঙ্গবন্ধু শেখ মুজিবুর রহমানের হাতে ন্যস্ত হয়েছিল। এই তারিখের পর, সামরিক শক্তি ব্যবহারের মাধ্যমে ইয়াহিয়া খানের যেকোনো পদক্ষেপকে সমস্ত বাংলাদেশী একটি সার্বভৌম রাষ্ট্রের বিরুদ্ধে সশস্ত্র আগ্রাসন বলে মনে করেছে। বাংলাদেশীদের জাতীয়তাবোধের এই উন্মেষ ২৫ মার্চ ১৯৭১ পরবর্তী ঘটনাপ্রবাহে তাদের প্রতিক্রিয়ায় প্রতিফলিত হয়েছে।

জনতার রাজ

পাকিস্তান সরকার কার্যত তার কর্তৃত্ব বঙ্গবন্ধুর হাতে ছেড়ে দেবার পর, অর্থনীতিকে সচল রাখতে বিভিন্ন দৈনন্দিন জটিল অর্থনৈতিক সমস্যা সমাধানের প্রয়োজন হয়ে পড়ে। পশ্চিম পাকিস্তানকে অর্থপ্রেরণের ওপর এক্সচেঞ্জ নিয়ন্ত্রণ প্রবর্তন, পাকিস্তানের টাঁকশাল থেকে নগদ টাকা যোগানে ছেদ পড়ার কারণে

উদ্ভূত পাকিস্তানি মুদ্রার ভান্ডারের ওপর নিয়ন্ত্রণ, রপ্তানি চালানের নীতি এবং আবশ্যিক পণ্য ও কাঁচামাল আমদানির মূল্য প্রদান পদ্ধতি – এ ধরনের প্রশ্নের সমাধান করা প্রয়োজন ছিল।

যে অর্থনীতিকদের দল ইতিমধ্যে বঙ্গবন্ধুর সঙ্গে যুক্ত হয়েছেন তাদের সহায়তায় এসব সমস্যা সমাধানে তাজউদ্দীন আহমদ এবং কামাল হোসেনকে দায়িত্ব দিলেন বঙ্গবন্ধু। ধানমন্ডির ৬ নম্বর রাস্তায় নুরুল ইসলামের ভাড়া বাড়িতে শেখ মুজিবুর রহমান সরকারের অর্থনৈতিক সচিবালয় বসল যার নির্দেশনার কেন্দ্রস্থল ছিল ধানমন্ডির ৩২ নম্বর রোড। সার্কিট হাউস রো-তে কামাল হোসেনের বাড়ি ছিল প্রশাসনের আর একটা কেন্দ্র। আমাদের কয়েকজন কিছু বাঙালি সরকারি কর্মচারী, নেতৃত্বস্থানীয় ব্যবসায়ী ও ব্যাংকার নুরুল ইসলামের বাসায় নির্দিষ্ট সমস্যা পর্যালোচনায় নিয়মিত মিলিত হতাম। সেইসব মন্ত্রণা পরিশীলিত ডিক্রি বা নির্দেশনামা হিসেবে ৩২ নম্বর রোড অথবা কামাল হোসেনের বাড়ি থেকে প্রতি সন্ধ্যায় সরকারি কর্মচারী, ব্যবসায়ী নেতা, ব্যাংকারদের হাতে এবং প্রেস সার্কুলেশনে পাঠাতেন তাজউদ্দীন আহমদ এবং কামাল হোসেন।

স্থানীয় অর্থনীতির অবস্থা পর্যালোচনা ছাড়া অর্থনীতিকদের আর একটা কাজ ছিল আন্তর্জাতিক সংবাদমাধ্যমকে পরিস্থিতি অবহিত করা। প্রতিদিন বিদেশি প্রেসের নামি সাংবাদিকেরা নুরুল ইসলামের বাসায় এই অধিবেশনগুলোতে হাজির থাকত। এই সুপরিচিত সাংবাদিকদের মধ্যে ছিল দ্যা নিউইয়র্ক টাইমস-এর টিলম্যান এবং পেগি ডারডিন; দ্যা নিউইয়র্ক টাইমস-এর সিডনি শ্যানবার্গ, মুক্তিযুদ্ধ বিষয়ক প্রতিবেদনের কারণে যাকে ঢাকা থেকে বিতাড়িত করে পাকিস্তানি সামরিক কর্তৃপক্ষ এবং যার দরুণ প্রায় পুলিৎজার পুরস্কার পেয়ে যাচ্ছিলেন শ্যানবার্গ; পিটার প্রেস্টন, পরে যে সম্পাদক হয়; দ্যা গার্ডিয়ান-এর মার্টিন উলাকট এবং মার্টিন অ্যাডেনি; দ্যা টাইমস-এর পিটার হ্যাজলহার্স্ট; দ্যা ডেইলি টেলিগ্রাফ-এর সাইমন ড্রিং; দ্যা ওয়াশিংটন পোস্ট-এর সেলিগ হ্যারিসন; দ্যা ওয়াশিংটন স্টার-এর হেনরি ব্র্যাডশার এবং এজেন্সি ফ্রান্স-প্রেস (এএফপি)-র আর্নল্ড জিটিন। এই সমস্ত অভিজ্ঞ সাংবাদিকরা ঢাকায় এসেছিলেন কারণ স্বাধীন বাংলাদেশ রাষ্ট্রের সম্ভাব্য উত্থান বিশ্ব মিডিয়ার চোখে সেই সময়ের এমন এক নতুন ঘটমান খবর, যা এমনকি তখনকার অন্য প্রধান খবর ভিয়েতনাম যুদ্ধকেও ম্লান করে দিচ্ছে। এই খবর-সন্ধানী সাংবাদিকরা তাদের সংবাদপত্রগুলোকে নিয়মিত তাদের পাঠকদের বাংলাদেশের ঘটনাবলীর নাটকীয় উন্মোচন সম্পর্কে অবহিত রাখতে উন্মুখ ছিল।

পেছন ফিরে দেখলে মনে হয় বাংলাদেশের গল্পের সবচেয়ে বড় বিশেষত্ব ছিল জীবনে বহু ঘটনাপ্রবাহ দেখে কঠিন হয়ে যাওয়া এসব সাংবাদিকদের অনেকে ঢাকায় শুধু খবরের গল্প খোঁজার সীমা পেরিয়ে আমাদের মুক্তিযুদ্ধে

আবেগতাড়িতভাবে যুক্ত হয়ে পড়ে। উলাকট, সিডনি শ্যানবার্গ, সেলিগ হ্যারিসন এবং সাইমন ড্রিং-এর মতো পোড় খাওয়া সাংবাদিকরা পেশাগত কর্তব্যের চাহিদার বাইরে গিয়ে তাদের পাঠকদের কাছে বাঙালিদের লড়াই তুলে ধরেছেন। লন্ডনে নিকোলাস টমালিনের সম্পর্কে একটা গল্প শুনেছিলাম। আমি যখন কেমব্রিজে ঢুকি টমালিন তখন ট্রিনিটি হলের এক উজ্জ্বল জ্যোতিষ্ক। পরে সে দ্যা সানডে টাইমস-এর নামি সাংবাদিক হয় এবং ভিয়েতনাম যুদ্ধের খবর করে খ্যাতি অর্জন করে। বাংলাদেশের বিষয়ে কেমব্রিজে আয়োজিত একটা ঘরোয়া আলোচনায় ভাষণ দিতে গিয়ে টমালিন শ্রোতাদের বলে যে ভিয়েতনাম যুদ্ধসহ সে বহু বড়ো রাজনৈতিক প্রতিবেদন লিখেছে কিন্তু কোনোটাই তাকে এতটা আবেগে জড়ায়নি, যেমনটি জড়িয়েছে বাংলাদেশের ঘটনাপ্রবাহ।

এই সাংবাদিকদের অনেকেই আমাকে তাদের পত্রিকায় কলাম প্রকাশের তাৎক্ষণিক প্রবেশাধিকার দিয়েছিল যখন আমি লন্ডন, নিউইয়র্ক এবং ওয়াশিংটনে আমাদের স্বাধীনতার পক্ষে প্রচার চালাচ্ছিলাম। ফলে আমি বাংলাদেশের যুদ্ধ সম্পর্কে দ্যা টাইমস, দ্যা গার্ডিয়ান এবং লন্ডনে নিউ স্টেটসম্যান এবং যুক্তরাষ্ট্রতে দ্যা নিউ রিপাবলিক এবং দ্যা নেশন-এর মতো সংবাদপত্রে কলাম লিখে বিশ্ববাসীকে আমাদের কথা জানাতে পেরেছিলাম। প্রতিদান হিসেবে তাদের মধ্যে কেউ পাকিস্তানি শাসক শ্রেণীতে কী হচ্ছে সেটা জানতে আমাদের মূল্যবান তথ্য সূত্র হিসেবে কাজ করেছিল। কামাল হোসেনের বাড়িতে মার্চ ১৯৭১-এ চা খেতে গিয়ে পিটার হ্যাজেলহার্স্ট জানিয়েছিল যে সম্প্রতি সে লারকানায় ভুট্টোর একটা সাক্ষাৎকার নিয়েছে যাতে ভুট্টো খুব অবজ্ঞাভরে তাকে বলে বাংলাদেশের এই আন্দোলন হচ্ছে চায়ের কাপে তুফান, যার নেতৃত্ব দিচ্ছে শহরকেন্দ্রিক রাজনীতিকরা, সশস্ত্র সংগ্রামের কিছুই যারা জানে না। সামরিক বাহিনীর এক ঝলক ছররা যাতে ঢাকার কিছু বিক্ষোভকারী মারা যাবে, বাকিরা ভয় পাবে, এবং বহু নেতাকে জেলে ভরা হবে। তার ফলে বিক্ষোভের বেগ কমবে এবং আরও যুক্তিপূর্ণ আপোস আলোচনার আবহ তৈরি হবে। ভবিষ্যদ্বাণীর মতো এ ধরনের বিচক্ষণতা হয়তো লারকানা বৈঠকে ইয়াহিয়াকে ভাগ দিয়ে থাকবে ভুট্টো, কারণ এই ভ্রান্ত ধারণা থেকেই হয়তো ২৫মার্চ ১৯৭১ সামরিক বাহিনীর অ্যাডভেঞ্চারের সূত্রপাত।

এই সময় নুরুল ইসলামের ধানমন্ডির বাসা, যেটা সে সময় বিদ্রোহী সরকারের সচিবালয় এবং সেই সঙ্গে মিডিয়া বৈঠক কেন্দ্র হিসেবে খ্যাতি কুড়িয়েছিল, সেটাকে ষড়যন্ত্রের আখড়া ভাবত সামরিক গোয়েন্দা বাহিনী। এর কারণ ছিল পাকিস্তান সেনাবাহিনীর কর্নেল ইয়াসিন এবং জনাব এস হুদা যিনি তখন টেলিফোন অ্যান্ড টেলিগ্রাফ (টিঅ্যান্ডটি) বিভাগে কাজ করেন, নুরুল ইসলামের এই দুই আত্মীয়ের এই বাড়িতে নিয়মিত যাতায়াত ছিল। ঢাকায় পাকিস্তানি বাহিনীর সরবরাহের দায়িত্বে ছিলেন কর্নেল ইয়াসিন – খাদ্য সরবরাহকদের

তালিকা তিনি তৈরি করতেন। এই তালিকা আমরা আওয়ামী লীগ নেতৃত্বকে দিতাম যারা তাদের কর্মীদের নির্দেশ দিত ওইসব সরবরাহকারীদের কাছে গিয়ে ক্যান্টনমেন্টে খাদ্য সরবরাহ বন্ধ করার জন্য বোঝাতে। এই কৌশল খুব কাজে দিয়েছিল। খাদিম হোসেন রাজা তার স্মৃতিকথায় লিখেছেন মার্চ মাসে টাটকা খাবারের যোগান সম্পূর্ণ ব্যাহত হবার কারণে ক্যান্টনমেন্ট বাসিন্দারা খুব অসুবিধায় পড়ে।

এই ধরনের কার্যক্রমের দুর্ভাগ্যজনক পরিণতি হয়। ২৫ মার্চ সেনাবাহিনীর আক্রমণের পর কর্নেল ইয়াসিন এবং হুদা দুজনকেই গ্রেপ্তার করে সামরিক বাহিনী। হুদাকে ঢাকায় আটকে রেখে জেরা করা হয় এবং তাকে দিয়ে বাধ্যতামূলক স্বীকারোক্তি করানো হয় যে সে নুরুল ইসলাম এবং আমার সঙ্গে একযোগে আওয়ামী লীগের হয়ে ভারতের সঙ্গে টেলিযোগাযোগের ষড়যন্ত্র করে। সম্পূর্ণ বানানো এই অভিযোগ পরে বঙ্গবন্ধুর বিরুদ্ধে আনা ষড়যন্ত্রের চার্জশিটে যুক্ত হয়েছিল ১৯৭১ সালে যে কারণে তার বিচার হয়। কর্নেল ইয়াসিনের কপালে আরও দুর্ভোগ জোটে। তাকেও গ্রেপ্তার করা হয়েছিল, তবে লাহোর নিয়ে যাওয়া হয় শারিরীক নির্যাতন করে জেরা করার জন্য। উদ্দেশ্য ছিল বঙ্গবন্ধু এবং ব্রিগেডিয়ার মজুমদার যিনি ২৫ মার্চের আগে চট্টগ্রামের ইস্ট বেঙ্গল রেজিমেন্টাল সেন্টার-এর কমান্ড্যান্ট ছিলেন, এই দুজনের বিচারে তাকে মিথ্যা সাক্ষী হিসাবে দাঁড় করানো। এর জন্য লাহোরে নির্যাতন করে আলাদা জিজ্ঞাসাবাদ করা হয়েছিল কর্নেল ইয়াসিনকে (সাংবাদিক রুহুল মতিনের সঙ্গে ব্রিগেডিয়ার মজুমদারের সাক্ষাৎকার, ১৯৯৯)।

সেই সময় হরতালের জন্য যখন বেশিরভাগ যান চলাচল বাতিল হয়েছিল আমি আমার ভক্স ওয়াগন চালিয়ে স্বাধীনভাবে ঘোরাঘুরি করতে পারতাম কারণ ফোরাম-এর সম্পাদক হবার সুবাদে আমার গাড়িতে সুবিধাপ্রাপ্ত সাংবাদিকের স্টিকার লাগানো ছিল। ফলে একজন পার্ট-টাইম অর্থনৈতিক প্রশাসক এবং ফুল-টাইম সম্পাদক ও পাশাপাশি ফোরাম-এর মাঠ সাংবাদিক ও উপসম্পাদকীয় লেখক এভাবে আমার দিন ভাগ করে নিতাম। হামিদা এবং আমি দু'জনে মিলে সেনাবাহিনীর নির্যাতন শুরুর সময় পর্যন্ত জার্নালের কিছু ক্ষুরধার সংস্করণ প্রকাশ করি।

নিরবচ্ছিন্ন হরতালের জন্য সেই দিনগুলোতে বস্তুত কেউ কাজ করত না। বেশিরভাগ সময় ব্যয় হত প্রতিবেশীদের সঙ্গে সাদামাঠা দেখাসাক্ষাতে সকলেই যেখানে আসন্ন বিপদ নিয়ে জল্পনা করত। মার্চের প্রথম দিকে এই উৎকণ্ঠা, বিশেষ করে গুলশান-বনানীর অবাঙালি ও অভিজাত বাঙালিদের মধ্যে নিষ্ক্রিয় থেকেছে যেহেতু বাংলাদেশের অধিকাংশ এলাকাই অত্যন্ত শান্ত ছিল। অবাঙালিরা ততটা আশ্বস্ত ছিল না, তারা তাদের ভবিষ্যৎ নিয়ে চিন্তিত ছিল। বাড়িতে আমাদের বিশেষ চিন্তা ছিল সালমার ছোটো বোন নাজ, তার স্বামী

এস এম আশরাফ এবং তাদের সদ্যোজাত কন্যা আমিনাকে নিয়ে। ১৯৫০-এর দশক থেকে আশরাফ কানাডার নাগরিক। সেখানে সে সরকারি কর্মী ছিল। ঢাকায় এক বিদেশি সংস্থার সিনিয়র এক্সিকিউটিভের চাকরি যোগাড় করে নিয়ে নাজ এবং তার সদ্যোজাত মেয়েকে নিয়ে অক্টোবর ১৯৭০-এ ঢাকায় চলে আসে আশরাফ।

১ মার্চের পর পাকিস্তানের রাজনৈতিক পরিস্থিতির আমূল পরিবর্তন আশরাফ পরিবারের মানসিক ধাক্কার কারণ হয়েছিল। স্বভাবসুলভভাবে দারুণ রসিক আশরাফ বুঝতে পারে পরিস্থিতি মোটেই স্বস্তিকর নয়। মার্চ মাসে সঙ্কট ঘনীভূত হলে এবং সম্ভাব্য যুদ্ধের আশঙ্কা দেখা দেওয়ায় বিদেশি নাগরিকদের ঢাকা থেকে দেশে ফিরিয়ে নিতে থাকে তাদের সংশ্লিষ্ট দূতাবাসগুলো। ঢাকার কানাডিয়ান দূতাবাসের সৌজন্যে আশরাফ ব্যাংকক হয়ে করাচিতে নিজের ও তার পরিবারের প্রত্যাবাসনের ব্যবস্থা করতে পেরেছিল। আশরাফের সুন্দর রসবোধ একেবারে হারিয়ে যায়নি। সে দেশলাই জ্বালানো প্রত্যক্ষ করেছিল, এরপর অগ্নিকান্ডের শেষ পর্যায়ে করাচিতে ভারতীয় বিমানবাহিনী বোমাবর্ষণের সময় বন্ধুমহলে ঠাট্টা করে বলতো –"আমিই বেগম ইকরামুল্লাহর একমাত্র ভালো জামাই; প্রিন্স হাসান তো আইনের ঊর্ধ্বে, আর রেহমান সোবহান আইনের চোখে অপরাধী।"

যতক্ষণ বাংলাদেশে জুড়ে সক্রিয় কর্তৃত্ব চালিয়েছেন বঙ্গবন্ধু আইন শৃঙ্খলা জারি রেখেছে হয় আওয়ামী লীগ কর্মীরা অথবা সাধারণ নাগরিকদের দল। সাধারণ মানুষ নিজেরাই সাড়া দিয়ে ব্যাপারটাকে সহজতর করেছিল। দেখা গেল তারা অনেক বেশি আইন মেনে চলছে। মাঝে মাঝে অবাঙালিদের ওপর আক্রমণের খবর এসেছে, বিশেষ করে চট্টগ্রামে। কিন্তু এ ধরনের ঘটনা কম ঘটেছে যেগুলোকে পাকিস্তানি সেনাবাহিনী পরে অতিরঞ্জিত করেছিল তাদের পরবর্তী বাঙালি নিধন সমর্থনে।

অবাঙালিদের দুর্দশার মাত্রা যাই হয়ে থাক, তাদের মধ্যে স্বচ্ছলদের পশ্চিম পাকিস্তানে দলবদ্ধ প্রস্থান লক্ষ করা গেল ১ মার্চের পর। একটা সময় আওয়ামী লীগ নেতৃত্ব আশঙ্কিত হয়ে পড়েছিল যে ঢাকা ছেড়ে যাওয়া কিছু অবাঙালি তাদের অস্থাবর সম্পদ, টাকাপয়সা এবং সোনাদানা নিয়ে পালাচ্ছে। অনুমোদন ছাড়াই কিছু আওয়ামী লীগ স্বেচ্ছাসেবী যেসব গাড়ি বিমানবন্দরগামী মনে হয়েছে তাদের থামিয়ে তল্লাশি করেছে। আওয়ামী লীগ প্রশাসন এ ধরনের কাজ নিরুৎসাহিত করে আদেশ জারি করতে বাধ্য হয় যেহেতু এগুলো আতঙ্ক ছড়াচ্ছিল এবং অবাঙালিদের আরও বিচ্ছিন্ন করছিল। যারা বাংলা বলতে পারে না তাদের বিরুদ্ধে হিংসাত্মক ঘটনার গুজব অবাঙালিদের আতঙ্ক বাড়িয়ে দিয়েছিল।

খবর ছিল যে বিভিন্ন ছাত্রগোষ্ঠী সামরিক প্রশিক্ষণ নিচ্ছে, কিন্তু দেখা গেল ছাত্ররা কেবল মাত্র কাঠের রাইফেল নিয়ে সামরিক কুচকাওয়াজ করছে। আমরা

শুনেছিলাম কিছু থ্রি-নট-থ্রি রাইফেল অফিসের সশস্ত্র প্রহরীদের থেকে চুরি হয়েছে সম্ভাব্য যুদ্ধের জন্য এবং বিশ্ববিদ্যালয়ের কেমিস্ট্রি ল্যাবরেটরি থেকে রাসায়নিক চুরি করা হচ্ছে বিস্ফোরক তৈরি করার জন্য। আমাদের যুবকদের এই অপেশাদারী প্রচেষ্টা অবশ্য এমন কোনো আস্থা তৈরি করেনি যে আমরা সশস্ত্র লড়াইয়ের জন্য বিন্দুমাত্র প্রস্তুত হয়েছি।

আমাদের সংস্কৃতি এবং ইতিহাসের প্রতীকের সঙ্গে সঙ্গতি রেখে আমাদের সহকর্মী আনিসুর রহমান শিল্পী কামরুল হাসানের সঙ্গে তার বিশ্ববিদ্যালয়ের অ্যাপার্টমেন্টে সংস্কৃতি কর্মীদের সভা আয়োজন করে গণসংগীতের সেশন করে এই গোষ্ঠীর মনোবল বজায় রাখতে। আনিস ঠিকই আশঙ্কা করেছিল যে গণহত্যা আসন্ন, এবং সে তার বিদেশি শিক্ষাবিদ বন্ধুদের চিঠি লেখে এরকম একটা ঘটনার বিরুদ্ধে তাদের নিজ নিজ দেশে জনমত গড়ে তোলার জন্য বিশ্ব জুড়ে প্রচার শুরুর আবেদন জানিয়ে।

মার্চের মাঝামাঝি সঙ্কটের শান্তিপূর্ণ সমাধানের একটা সম্ভাবনা তৈরি করে ইয়াহিয়ার ঢাকা সফর। মুজিবের সঙ্গে আলোচনার মাধ্যমে সমস্যার শান্তিপূর্ণ সমাধান চায় বলে সে দাবি করে। কয়েক দিন পরে ভুট্টোও ঢাকায় আসে এই আলোচনায় অংশ নিতে, যদিও কারও কারও ধারণা তার ঢাকা আগমনের উদ্দেশ্য ছিল মুজিব ও ইয়াহিয়ার মধ্যে যেকোনো দ্বিপাক্ষিক সমাধানের সম্ভাবনা বানচাল করা।

শেষ প্রহেলিকা

ইয়াহিয়া এবং মুজিবের মধ্যে আলোচনা শুরু হওয়ার পর থেকে আমাদের মধ্যে কয়েকজনকে সৈয়দ নজরুল ইসলাম, তাজউদ্দীন আহমদ এবং কামাল হোসেনকে নিয়ে গঠিত আওয়ামী লীগ দলকে সাহায্য করার জন্য ডেকে নেওয়া হয়েছিল। মেজর জেনারেল পীরজাদা, বিচারপতি কর্নেলিয়াস, এম এম আহমেদ এবং সরকারের আইনি নকশাকার নামে পরিচিত কর্নেল হাসান প্রমুখকে নিয়ে তৈরি ইয়াহিয়ার বিশেষজ্ঞ দলের সঙ্গে একটা অন্তর্বর্তী সাংবিধানিক সমাধান খুঁজে বার করার লক্ষ্যে এই দল গঠন করা হয়। যেহেতু আলাপ-আলোচনার সবচেয়ে জটিল অংশ ছিল ছয় দফার অর্থনৈতিক দিকগুলো, যেমন রপ্তানি বাণিজ্যের আয়ে পূর্ব পাকিস্তানের নিয়ন্ত্রণ, মুদ্রানীতি এবং বিদেশি সাহায্যের বিষয়ে কথাবার্তা চালাবার অধিকার ইত্যাদি, ফলে আওয়ামী লীগের অর্থনীতিক দলের পরিষেবা এ কাজে খুবই জরুরি হয়ে পড়ে। সেজন্য আলোচনার প্রতি সেশন শেষে আওয়ামী লীগ দলের সঙ্গে আমরা বসতাম ইয়াহিয়ার মুখ্য আর্থিক মধ্যস্থতাকারী এম এম আহমেদের দেওয়া পরামর্শগুলো নোট করে আমাদের প্রতিক্রিয়া পাঠানো অথবা আমাদের নিজস্ব বাস্তব প্রস্তাবগুলো পেশ

করার জন্য। অন্দরমহলের এই প্রয়াসগুলো দীর্ঘ সেশন জুড়ে হত, কিছু ক্ষেত্রে বঙ্গবন্ধুও এই আলোচনায় অংশ নিতেন।

২৫ মার্চ এগিয়ে আসতে থাকলে শেষের দিনগুলোতে একটা চূড়ান্ত সেশন হয়েছিল মতিঝিলে কামাল হোসেনের আইন চেম্বারের সভাঘরে। এই অধিবেশনে পরের দিনের আলাপ-আলোচনার চূড়ান্ত অবস্থান স্থির করতে আওয়ামী লীগ হাইকমান্ড এবং তাদের উপদেষ্টাদের নিয়ে সারা রাত কাজ করেন বঙ্গবন্ধু। প্রয়োজনে হাজিরা দিতে কামালের বাড়িতে অবস্থান নেন অর্থনীতিবিদরা। মনে আছে আনিস অফিসের মেঝেয় লম্বা হয়ে ঘুমিয়ে নিয়েছিল। ২২-২৩ মার্চ নাগাদ এই আলোচনায় আমাদের শেষ অবদান ছিল আগের রাতে আমাদের তৈরি প্রস্তাবগুলোর ওপর এম এম আহমেদের হাতে লেখা সংশোধনীগুলো নিয়ে কথা বলা। মনে আছে আমরা এই সংশোধনীগুলোর সঙ্গে সহমত ছিলাম এবং শেষ পর্যন্ত হয়তো একটা সমাধান পাওয়া গেছে এই চিন্তা নিয়ে বাড়ি চলে যাই।

ইয়াহিয়ার দল যে চূড়ান্ত অবস্থান নিয়েছিল তা থেকে মনে হচ্ছিল যে অন্তত অর্থনৈতিক ইস্যুগুলোতে একটা সমঝোতায় পৌঁছানো যাবে। আশা ছিল ২৪ মার্চ জেনারেল পীরজাদা আলোচনার চূড়ান্ত অধিবেশন ডাকবে যা থেকে একটা সমঝোতার ঘোষণা সংবাদমাধ্যমকে দেওয়া যাবে। পরের দু'দিন কেটে গেল পীরজাদার ফোনের অপেক্ষায়। ২৫ মার্চ আমরা জানতে পারলাম এম এম আহমেদ আর কর্নেলিয়াস আগের রাতে পশ্চিম পাকিস্তান চলে গেছে।

বিশ্বব্যাংকের বরিষ্ঠ উপদেষ্টা এম এম আহমেদের সঙ্গে আবার আমার দেখা হয় ১৯৭৭ সালে ওয়াশিংটন ডিসি-তে। এম এম আহমেদ আমাকে জানায় সেই চরম দিনগুলোয় সেও আওয়ামী লীগ দলের সঙ্গে বৈঠকের অপেক্ষা করছিল যে অধিবেশনে সংবিধানের বিষয়ে একটা অন্তর্বর্তী চুক্তির কথা সরকারিভাবে ঘোষিত হবে। পরিবর্তে জেনারেল পীরজাদা তাকে আচমকা বলে যে তার কাজ শেষ হয়েছে এবং তাকে ও বিচারপতি কর্নেলিয়াসকে অবিলম্বে ঢাকা ছেড়ে দেশে ফিরতে হবে। একাত্তরের সেই আলাপ-আলোচনার সারবস্তু এখানে আর বিস্তারিত করছি না। সে সময়ের তরতাজা স্মৃতি এবং ঘটনাপ্রবাহ নিয়ে আমার নিজস্ব মতামত তুলে ধরেছিলাম সে বছরের সাউথ এশিয়ান রিভিউতে প্রকাশিত আমার "নেগোশিয়েটিং ফর বাংলাদেশ" শীর্ষক প্রবন্ধে। কামাল হোসেনও পৃথকভাবে সেই আলাপ-আলোচনাগুলোর প্রামাণিক বিবরণ দিয়েছে।

উদ্ভূত সংকটের সমাধান খোঁজার প্রচেষ্টা হিসেবে সেসব আলাপ-আলোচনা চলছিল ক্রমে উত্তপ্ত হয়ে ওঠা পরিস্থিতির পরিপ্রেক্ষিতে। কাশ্মীরি উগ্রবাদীরা ইন্ডিয়ান এয়ারলাইনস কর্পোরেশনের (আইএসি) একটা উড়োজাহাজ লাহোরে ছিনতাই করে নিয়ে যাবার পর ভারত তার আকাশসীমা দিয়ে অন্তর্বর্তী উড্ডয়ন বন্ধ করে দেয়। ফলে কলম্বো হয়ে পাকিস্তানি সেনাদলের সংখ্যা রোজ বাড়ানো

হচ্ছিল বাংলাদেশে। সেনাবাহিনীর এই তোড়জোড়ের সঙ্গে পাল্লা দিয়ে বাড়ছিল বাঙালি জনতার রাজনীতি সচেতনতা এবং জঙ্গি মনোভাব।

মার্চের মাঝামাঝি আমাদের এক বন্ধু মঈদুল হাসান আমাকে জানাল ক্যান্টনমেন্টের সূত্রে কাছ থেকে পাওয়া একটা জরুরি বার্তা সে বঙ্গবন্ধুকে জানাতে চায়। এক রাতে দশটা নাগাদ আমি মঈদকে বঙ্গবন্ধুর বাড়িতে নিয়ে যাই এবং সে বঙ্গবন্ধুকে এ খবর দেয় যে পাকিস্তানি সেনা আক্রমণের প্রস্তুতি নিচ্ছে এবং যুদ্ধের জন্য তৈরি রয়েছে। বঙ্গবন্ধু কথাটা শুনলেন বটে, তবে জানালেন যে এই প্রস্তুতির সম্পর্কে তাকে ইতিমধ্যেই জানানো হয়েছে।

ক্যান্টনমেন্ট থেকে আসা এই খবরের প্রাসঙ্গিক বিষয় ছিল সেনাবাহিনীর আক্রমণের প্রকৃত বিপদ সম্পর্কে বঙ্গবন্ধুকে সজাগ করে দেওয়া এবং বাংলাদেশের দিক থেকে আগেভাগে জবাব দেবার প্রয়োজনীয়তা বোঝানো। বাংলাদেশের বিভিন্ন ক্যান্টনমেন্টে থাকা বাংলাদেশি সদস্যরা আক্রমণ শুরু করবে কিনা এ সম্পর্কে বঙ্গবন্ধুর নির্দেশ চাইছিল বাঙালি সেনারা।

চট্টগ্রামে ইস্ট বেঙ্গল রেজিমেন্টাল সেন্টারের কমান্ড্যান্ট এবং পূর্ব পাকিস্তানের বরিষ্ঠতম বাঙালি সামরিক অফিসার ব্রিগেডিয়ার এম আর মজুমদারের একটা বার্তা নিয়ে ২৩ মার্চ আমাদের সঙ্গে দেখা করতে এসে ব্যবসায়ী নেতা ও আওয়ামী লীগের চট্টগ্রাম জেলা সভাপতি এম আর সিদ্দিকী এবং ব্যাংকার এ আর খালেদ আমাকে আর কামালকে একই প্রশ্ন করেছিল। ১৯৯৯ সালে রুহুল মতিনের সঙ্গে সাক্ষাৎকারে মজুমদার বলছেন চট্টগ্রামে কর্মরত বাঙালি সৈন্যদের ভবিষ্যৎ কর্মপন্থা কী হবে এ বিষয়ে বঙ্গবন্ধুর কাছে তিনি নির্দেশনা চেয়েছিলেন। তার দাবি ছিল ইপিআর-ভুক্তদেরকে ধরলে ক্যান্টনমেন্টগুলোতে বাঙালিরা সংখ্যায় পাকিস্তানি সেনাদের থেকে বেশি এবং সে কারণেই পাকিস্তানি সেনারা যখন আক্রমণের প্রস্তুতি নিচ্ছেই, তখন সুবিধা পেতে উল্টো তাদেরই আগে আঘাত হানা উচিত হবে। তারা আরও খবর দিয়েছিল যে এম ভি সোয়াত সবে চট্টগ্রাম বন্দরে ভিড়েছে পশ্চিম পাকিস্তান থেকে জাহাজ বোঝাই অস্ত্র ও সৈন্য নিয়ে এবং বাঙালি সেনাদের হয় ওই জাহাজকে আক্রমণ করতে হবে অথবা নির্দেশ মেনে অস্ত্রশস্ত্র নামিয়ে দিতে হবে যেগুলো পরে পাকিস্তানিরা তাদেরকেই খুন করার জন্য ব্যবহার করবে।

বঙ্গবন্ধুর সঙ্গে দেখা করাতে সিদ্দিকীকে ধানমন্ডি ৩২-এ নিয়ে যায় কামাল। তিনি পরামর্শ দিলেন বাংলাদেশি সেনাদের এখনই আক্রমণে যাওয়া ঠিক হবে না, এবং তাদেরকে তার সংকেতের অপেক্ষা করতে বললেন। সিদ্দিকী চট্টগ্রাম ফিরে যায় সেখানকার বাঙালি বাহিনীর জন্য কোনো স্পষ্ট বার্তা ছাড়াই এবং পাকিস্তান সেনাবাহিনীর প্রস্তুতির জবাব কী হবে স্থির করা তাদেরই ওপর ছেড়ে দেওয়া হল।

ক্যান্টনমেন্টের এ ধরনের ভেতরের খবরে বঙ্গবন্ধুর সাড়া দেওয়া বা ব্যবস্থা নেওয়া উচিত হত কিনা এবং পাকিস্তানি সেনাবাহিনী ও ইপিআর-এর বাঙালি

সশস্ত্র ইউনিটকে প্রথম আঘাত হানার নির্দেশ দেওয়া তার উচিত ছিল কিনা এ নিয়ে পরবর্তীকালে বহু জল্পনা হয়েছে। এই বাহিনী তাদের সংখ্যাধিক্য দিয়ে প্রতিটি ক্যান্টনমেন্টে মজুত থাকা পাকিস্তানি সেনাদের পর্যুদস্ত করতে পারত কিনা সেটাও বিতর্কের বিষয় থেকে যায়। পাকিস্তান থেকে পরবর্তীকালের লেখালিখি ইঙ্গিত দেয় যে এমন সম্ভাবনা সামরিক শাসকদের অজানা ছিল না এবং সম্ভাব্য বিদ্রোহীরা তাদের চরবৃত্তির নজরদারিতে ছিল। অধীনস্থ বাঙালিদের আনুগত্য সম্পর্কে পাকিস্তানি অফিসারদের উদ্বেগের কথা বারবার উল্লেখ করেছে রাজার স্মৃতিকথা। একটা সময় জিওসি হিসেবে সে সমস্ত পশ্চিম পাকিস্তানি অফিসারদের তাদের নিজস্ব অস্ত্র সঙ্গে রাখার পরামর্শ দেয় তাদের ওপর বাঙালি সেনাদের সম্ভাব্য অতর্কিত হামলার মোকাবিলায়।

বাংলাদেশে ছড়িয়ে থাকা বাঙালি ইউনিটগুলোর সংঘবদ্ধ, সমন্বিত প্রথম আক্রমণ বাংলাদেশের পক্ষে বড়ো ধরনের নিরাপত্তা, সাংগঠনিক এবং লজিস্টিক চ্যালেঞ্জ তৈরি করত। এরকম একটা আক্রমণের শেষে গোটা এলাকা জুড়ে ছড়িয়ে থাকা পাকিস্তানি সামরিক বাহিনীকে পর্যুদস্ত করতে যদি তারা ব্যর্থ হত এবং পাকিস্তান থেকে অবধারিতভাবে আসতে থাকা সামরিক সরবরাহ ছিন্ন করতে না পারত, তবে বাঙালি সৈন্যদের সম্মতিতে একপক্ষীয় স্বাধীনতা ঘোষণায় (ইউনিল্যাটারাল ডিক্লেরেশন অফ ইনডেপেন্ডেন্স) বাংলাদেশকে আসলে একটা সীমাহীন গৃহযুদ্ধে জড়িয়ে পড়তে হতো। বাঙালি হয়ত শেষ অবধি এমন লড়াইয়ে জয়ী হত, তবে বাংলাদেশকে দেখা হত কম অনুকূল নজরে, বিচ্ছিন্নতাবাদী এবং বিদ্রোহী হিসেবে, যেমন নাইজেরিয়া থেকে বিচ্ছিন্ন হতে বায়াফ্রার দুর্ভাগ্যজনক প্রচেষ্টাকে দেখা হয়েছিল। আমার মনে আছে, আমাদের আন্তর্জাতিক প্রচারের একটি থিম ছিল লোককে বোঝানো যে 'বাংলাদেশ বায়াফ্রা নয়।'

একপক্ষীয় স্বাধীনতা ঘোষণার ঘরে-বাইরে সম্ভাব্য বিপদগুলো অজানা ছিল না বঙ্গবন্ধুর। পাকিস্তান আমলে একজন বিরোধী নেতার সামান্যই সুযোগ ছিল সামরিক বাহিনীর সঙ্গে খাতির জমাবার, বাঙালি অফিসারদের সঙ্গে ষড়যন্ত্র করা দূরের কথা। বাঙালি সশস্ত্র সেনানী এমন বিদ্রোহে যোগ দেবে কিনা অথবা সেটাকে অন্তিম জয়ে টেনে নিয়ে যাবার মতো সামরিক সক্ষমতা তাদের আছে কিনা বঙ্গবন্ধু কখনোই সম্পূর্ণ নিশ্চিত হতে পারেননি। এ রকম পরিস্থিতিতে একটি একপক্ষীয় স্বাধীনতা ঘোষণা এবং পরিণতি স্বরূপ শুরু হওয়া যুদ্ধ যা বাংলাদেশের মানুষকে সীমাহীন রক্তপাতে ঠেলে দেবে - এসবের সূচনাকারী হতে দ্বিধাগ্রস্ত ছিলেন তিনি।

বঙ্গবন্ধু ও তার দল তত দিনে রাজনীতির আঙিনায় সব ধরনের জয় অর্জন করেছেন এবং বাংলাদেশের মানুষকে এমন এক বিন্দুতে পৌঁছে দিয়েছেন যেখানে তারা শান্তিপূর্ণভাবে এবং গণতান্ত্রিক পদ্ধতিতে পুরো বাংলাদেশে

তাদের সার্বভৌমত্ব প্রতিষ্ঠা করেছে। তিনি বিশ্বাস করতেন স্বায়ত্বশাসনের জন্য যে অভূতপূর্ব সমর্থন বাঙালি প্রকাশ্যে দেখিয়েছে সেটাই যেমন ইয়াহিয়াকে শান্তিপূর্ণ সমাধান খুঁজতে বাধ্য করবে, তেমনই বাংলাদেশের স্বার্থের প্রতি বিশ্বের সম্মান ও সহানুভুতি অর্জনে সহায়ক হবে। তার কৌশলের এই পরবর্তী অংশ সত্যি কাজে দিয়েছিল এবং আমাদের সংগ্রামের জন্য সকল পর্যায়ের বিশ্ব জনমত গড়ে উঠেছিল। গোটা বিশ্বের অধিকাংশ মানুষ ভাবত বাঙালিদের গণতান্ত্রিক আকাঙ্খাকে হতোদ্যম করার জন্য তাদের শান্তপূর্ণ আন্দোলনের ওপর চাপিয়ে দেওয়া গণহত্যার বলি বাঙালিরা।

দুর্ভাগ্যজনকভাবে, এই আন্তর্জাতিক সমবেদনা বহুমূল্য বাঙালি জীবনের বিনিময়ে অর্জিত হয়েছিল। আধুনিক ইতিহাসের এক সর্বাঙ্গীন গণতান্ত্রিক সংহতির মাধ্যমে ইয়াহিয়াকে চাপ দেবার যে পথ বঙ্গবন্ধু নিয়েছিলেন তা নিষ্ফল প্রমাণিত হয়েছিল। বাঙালির বিপুল রক্তস্রোত বইয়ে দিতে কোনো অনুশোচনা ইয়াহিয়ার হয়নি, কারণ সে ও তার সেনাবাহিনী আমাদের বিদেশি শত্রু ভেবেছে সহ-নাগরিক ভাবেনি। ইয়াহিয়াকে আরও বোঝানো হয়েছিল বাঙালিরা বেশি প্রতিরোধ গড়তে পারবে না বা গড়বে না, যার ফলে বঙ্গবন্ধু ও তার আন্দোলনকে খুব সহজেই চূর্ণ করা যাবে এবং আপোস রফায় আসতে বাধ্য করা যাবে। যখন পাকিস্তানি সেনাদের প্রাথমিক ত্রাস বাঙালিদের ভয় দেখিয়ে আপোস করাতে ব্যর্থ হয় এবং তার পরিবর্তে গণপ্রতিরোধ গড়ে উঠে, তখনি পূর্ণাঙ্গ মাত্রার গণহত্যা শুরু হল। আজ অনেকে প্রশ্ন তুলতে পারেন আমাদের জাতিসত্তা সেক্ষেত্রে কম রক্তপাতের বিনিময়ে অর্জিত হত কিনা। এমন যুগান্তকারী ঘটনাপ্রবাহ থেকে দূরে এবং নিরাপদ দূরত্বে থেকে যেকোনো ঐতিহাসিক অতীতকে স্বাধীনভাবে বিচার করতে পারেন। কিন্তু ভাগ্যবিধাতার লেখার আঙুল লিখে চলে গেছে এবং পৃথিবীর সব সম্পদ তার একটি ছত্রও আর ফিরিয়ে আনতে পারে না।

আগেই উল্লেখ করেছি, আলোচনা চলার সময় আমি আহমেদুল কবিরের বাড়িতে এনডব্লিওএফপি-র আব্দুল ওয়ালি খান এবং বালুচিস্তানের গাউস বক্স বিজেনজো-র মতো পশ্চিম পাকিস্তানের কিছু ন্যাপ নেতাদের সঙ্গে দেখা করছিলাম। ওয়ালি খান এবং বিজেনজো দুজনেই তাদের আশঙ্কা আমাকে ব্যক্ত করেছিল যে ইয়াহিয়া, মুজিব এবং ভুট্টোর মধ্যকার আলোচনা সম্ভবত পশ্চিম পাকিস্তানের ক্ষুদ্রতর রাজ্যগুলোর স্বার্থ উপেক্ষা করবে। পাঠান ও বালুচিদের আশঙ্কা ছিল আলোচনায় অংশ নিতে করাচি থেকে ভুট্টো চলে এসেছে যাতে করে পাঞ্জাব ও সিন্ধুতে তার নির্বাচনী সংখ্যাগরিষ্ঠতার জোরে সে পশ্চিম পাকিস্তানে একচ্ছত্র ক্ষমতার দাবিদার হতে পারে। তার বিখ্যাত প্রকাশ্য উক্তি ‘ইধার হাম, উধার তুম’ (এদিকে আমরা শাসন করব, ওদিকে তোমরা শাসন করো) যার মাধ্যমে সে মুজিবের সঙ্গে রফার প্রস্তাব রেখেছিল, সেটাই বালুচ ও পাঠানদের আশঙ্কাকে জোরদার করে।

গণহত্যার আগে

পাকিস্তানি জেনারেলদের প্রতারণা আমি পরে উপলব্ধি করতে পারি – তাদের আলোচনা চালিয়ে যাবার উদ্দেশ্য ছিল আসলে বাংলাদেশে তাদের সামরিক বাহিনীর শক্তি বাড়াবার জন্য সময় নেওয়া। ২৪ মার্চ ন্যাপ নেতারা এবং পশ্চিম পাকিস্তানের অন্যান্য ছোটো দলের রাজনৈতিক ব্যক্তিত্বরা ঢাকা ছাড়ে। তারা রওনা হবার ঠিক আগে যখন আমি তাদের সঙ্গে হোটেল ইন্টারকন্টিনেন্টালে দেখা করি তখন তারা আমায় জানিয়েছিল যে ইয়াহিয়া তাদের এই নির্দেশ দিয়েছে এবং সামরিক আগ্রাসন আসন্ন।

২৫ মার্চের আগে মাজহার আলি খান লাহোর থেকে ঢাকায় আসেন। সেনাবাহিনীর সঙ্গে সংঘর্ষ আসন্ন এবং এর ফলে যে রক্তস্নান হবে, এই চিন্তায় তিনি এবং তাহিরা অত্যন্ত বিষণ্ণ ছিলেন। মাজহারের মনে হয়েছিল যে এই ট্র্যাজেডি এড়াতে তখন ঢাকায় উপস্থিত পিপিপি-র সঙ্গে আওয়ামী লীগের সংযোগ তৈরির একটি শেষ চেষ্টা তিনি করতে চান, পিপিপি-তে তার যোগসুত্রকে কাজে লাগিয়ে। মাজহার ঢাকায় এসে আমাদের বাড়িতেই উঠলেন এবং আমি তাকে আওয়ামী লীগ নেতাদের সঙ্গে দেখা করার জন্য নিয়ে যাই।

দিন যত চলে যেতে থাকে, আলোচনা ব্যর্থ হবার সম্ভাবনা এবং বাঙালিদের ওপর পূর্ণমাত্রায় সামরিক আঘাত নেমে আসার আশঙ্কায় ততই উদ্বিগ্ন হয়ে পড়েন মাজহার। এই শেষ দিনগুলোতে তাকে বঙ্গবন্ধুর কাছে নিয়ে যাবার জন্য আমাকে তিনি জোর করতে থাকেন। সংযুক্ত পাকিস্তানের অন্তিম লগ্ন ২৫ মার্চ কালরাত্রির বিকেল ৫ টার আগে এই সাক্ষাৎকার সম্ভব হয়নি, যখন ধানমন্ডি ৩২-এ বঙ্গবন্ধুর সঙ্গে আমরা দেখা করতে পারলাম। তখন বাড়িটা দখল নিয়েছে সাংবাদিকরা, যারা সম্ভবত বুঝতে পেরেছিল যে পাকিস্তানি সেনাদের আক্রমণ আসন্ন। বহু আওয়ামী লীগ সমর্থক, কর্মী সেই সঙ্গে গুপ্তচর সংস্থার সদস্যরা জড়ো হয়ে ৩২ নম্বরে ভিড় উপচে পড়ছিল।

মাজহার যখন মিঁয়া ইফতেখারুদ্দীনের কাগজ পাকিস্তান টাইমস-এর সম্পাদক তখন থেকে বঙ্গবন্ধু তাকে চিনতেন। তারা একই প্রতিনিধি দলের অংশ হিসেবে বিপ্লবোত্তর চীন সফরে যান ১৯৫৪ সালে। তিনি মাজহারকে উষ্ণ অভ্যর্থনা জানিয়ে ঘর খালি করে দিলেন যার ফলে আমরা মাত্র দু'জন তার সঙ্গে থাকলাম। বঙ্গবন্ধু বললেন ইয়াহিয়া স্থির করেছে সে যুদ্ধের পথে যাবে। তিনি বলেন, এবং আমি স্মৃতি থেকে উদ্ধৃত করছি, "ইয়াহিয়া ভাবছে সে আমাকে খুন করে এই আন্দোলন গুঁড়িয়ে দেবে। কিন্তু সে ভুল বুঝেছে। আমার কবরের উপর স্বাধীন বাংলাদেশ গড়ে উঠবে।" বঙ্গবন্ধুকে দেখে মনে হচ্ছিল তিনি কিছুটা দৈববাদী হয়ে নিজের মৃত্যু আসন্ন মেনে নিয়ে নিয়েছেন। তিনি বলেন এক নতুন প্রজন্ম মুক্তিযুদ্ধ এগিয়ে নিয়ে যাবে।

তার সবচেয়ে মারাত্মক ভয় এবার নিশ্চিত হয়ে যাওয়ায় পিপিপি নেতাদের কয়েকজন আসন্ন রক্তস্নান সম্পর্কে কী ভাবছে তার খবর নিতে চাইলেন মাজহার আলি খান। ৩২ নম্বর রোড থেকে গাড়িতে করে সরাসরি মাজহারকে নিয়ে গেলাম হোটেল ইন্টারকন্টিনেন্টালে তার পরিচিত পিপিপি নেতাদের সঙ্গে দেখা করতে। সাংবাদিক, রাজনীতিবিদ, সামরিক কর্মী এবং সাধারণ বাসিন্দা সব মিলিয়ে হোটেল ছিল ভরপুর। মনে আছে পাকিস্তান সেনাবাহিনীর মুখ্য জনসংযোগ কর্মকর্তা ব্রিগেডিয়ার সিদ্দিকীর সঙ্গে এক ঝলক দেখা হল, যার সঙ্গে আগে আমার দেখা হয়েছে ফোরাম-এর পক্ষ থেকে। সিদ্দিকী আমায় এড়াতে চাইছিল। হোটেল লবিতে আমাদের সংক্ষিপ্ত সাক্ষাতে তাকে অন্যমনস্ক এবং কিছুটা মদ্যপ মনে হয়েছিল।

মাজহার এবং আমি হোটেলের সবচেয়ে উপরের ফ্লোরে যাই বিশেষ বন্ধু কাসুরীর সঙ্গে দেখা করতে। তার স্বভাবসিদ্ধ বাজখাঁই গলায় কাসুরী প্রথমেই এই অভিযোগ দিয়ে আমাকে সম্ভাষণ জানান – "মনে হচ্ছে আওয়ামী লীগ সমাধান চায় না।" আমি যেহেতু জানতাম একটা খসড়া চুক্তি ইতিমধ্যেই করা হয়েছে এবং সেটা প্রেসের কাছে ঘোষণার অপেক্ষায় রয়েছে, তাই তাকে প্রশ্ন করি কোথা থেকে তিনি এই কথা শুনলেন। তিনি জানান জেনারেল পীরজাদা তাকে এ কথা জানিয়েছে। ঢাকার আলাপ-আলোচনায় মূল চরিত্র সেই পীরজাদার কথা আবারও এসে পড়ায় বোঝা গেল ওরা পশ্চিম পাকিস্তানি নেতাদের বিভিন্ন গল্প শোনাচ্ছে আক্রমণের অজুহাত তৈরি করতে। কাসুরী বলতে থাকেন যে দেশের অখন্ডতা বিপন্ন এবং দরকার পড়লে রক্ত ঝরাতে হবে – ঠিক যেভাবে লিঙ্কন গৃহযুদ্ধ লড়েছিলেন মার্কিন যুক্তরাষ্ট্রের অখন্ডতা বজায় রাখতে। মার্কিন ইতিহাসের এই অপ্রয়োজনীয় এবং রাজনৈতিকভাবে অসত্য উল্লেখ কাসুরীর উৎকট দেশপ্রেমী চেহারা স্পষ্ট করে দেয়। আমি কাসুরীর কাছ থেকে বিদায় নিই এই বলে যে তিনি একজন বিশিষ্ট আইনজীবি – বার্ট্রান্ড রাসেলের ওয়ার ক্রাইমস ট্রাইব্যুনালে ভিয়েতনামে মার্কিন গণহত্যা প্রকাশ করতে যিনি কাজ করেছেন। যেহেতু পাকিস্তানি সেনাবাহিনী বাঙালি জনতার গণহত্যা শুরু করতে চলেছে, আমি আশা করবো তিনি ভিয়েতনামের মানুষের জন্য যেভাবে প্রতিবাদী হয়েছিলেন, ঠিক একইভাবে এবারও প্রতিবাদ জানাবেন।

পাকিস্তানি জেনারেলদের এই শঠতা প্রতিপন্ন হলে আমি মাজহারকে নিয়ে সার্কিট হাউস রোডে কামাল হোসেনের বাড়িতে গেলাম এই খবর দিতে যে পীরজাদা নিশ্চিতভাবে পিপিপি কর্মীদের ঢাকা আলোচনা সম্পর্কে গাঁজাখুরি গল্প শুনিয়েছে এবং যুদ্ধের ক্ষেত্র তৈরি হয়ে গেছে। কামালকে দেখে মনে হল খবরটায় সেও খুব অবাক হয়েছে। আলাপ-আলোচনা থেকে সমাধানের বিষয়ে কিছুটা আশাবাদী হয়ে আমরা মাজহারের জন্য আমাদের গুলশানের বাড়িতে নৈশভোজের পরিকল্পনা করেছিলাম যেখানে কামাল ও হামিদা হোসেন,

লায়লা এবং আহমেদুল কবিরের আসার কথা ছিল। এই নৈশভোজ বাতিল করতে হল এবং রাস্তা বন্ধ হবার আগে গাড়ি চালিয়ে মাজহারকে বাড়িতে নিয়ে যেতে হল। কিছু কিছু রাস্তায় আওয়ামী লীগ স্বেচ্ছাসেবীদের অস্থায়ী ব্যারিকেড তোলা দেখে আসন্ন সেনা অভিযানের খবরের সারবত্তা বোঝা গেল।

অন্ধকার, জনহীন রাস্তায় দ্রুত গাড়ি চালিয়ে গুলশানের বাড়ির দিকে ফেরার সময় আমি মাজহারকে বলি যে, আমরা একটা বিরাট ট্র্যাজেডির সাক্ষী হতে চলেছি যেখানে পাকিস্তানি সেনা বাঙালি জাতির ওপর গণহত্যার আগ্রাসী যুদ্ধ চাপিয়ে দেবার জন্য তৈরি হচ্ছে। কখন এবং কতটা মূল্যের বিনিময়ে বাংলাদেশ তার সার্বভৌমত্ব প্রতিষ্ঠা করবে সে মুহূর্তে তা ধারণাতীত ছিল।

১৫

পূর্ণতা: রাজনৈতিক অর্থনীতিবিদ থেকে মুক্তিযুদ্ধের রাজনৈতিক যোদ্ধা

একটি জাতির মৃত্যু

যুদ্ধ শুরু

ঢাকার নাগরিকদের জন্য বাংলাদেশের জাতীয় মুক্তিযুদ্ধের প্রথম তোপ দাগা হল ২৫ মার্চ রাত ৯ টা থেকে ১০ টার মধ্যে আমরা যখন কামানের গর্জন শুনতে পেলাম। ইপিআর এবং পুলিশ সদর দপ্তরের বিরুদ্ধে পাকিস্তান সেনাবাহিনীর আক্রমণ শুরু হওয়ার সঙ্কেত ছিল এটা। ধানমন্ডি ৩২-এর একটি সরাসরি টেলিফোন নম্বর আমার কাছে ছিল। সেটাতেই ফোন করে বঙ্গবন্ধুর নিরাপত্তার বিষয়ে খোঁজ নিলাম। জানি না ফোনে কে কথা বলেছিল, তবে কণ্ঠস্বরে ইঙ্গিত ছিল যে তিনি সেখানেই রয়েছেন। পরের কলগুলো নিরুত্তর থেকে যায়। তারপর সব সংযোগ ছিন্ন হয়ে গিয়েছিল।

পরের ৩৬ ঘন্টা আমরা কামানের গর্জন আর স্বয়ংক্রিয় অস্ত্রের গুলিবর্ষণের আওয়াজ শুনতে পেলাম। আমাদের গুলশানের বাড়ির ছাদ থেকে দেখা গেল দূরে সামরিক আক্রমণে আগুনের লেলিহান শিখা। বালিশে দানবীয় মুষ্টাঘাতের মতো শোনাচ্ছিল গোলাবর্ষণের আওয়াজ। প্রতিটি ধড়াস শব্দে বুঝতে পাচ্ছিলাম মৃত পাকিস্তানের শবাধারে আর একটি পেরেক পোঁতার আওয়াজ শুনছি আমরা।

পরদিন সকালে ইয়াহিয়ার বেতার ভাষণে আমরা শুনলাম আওয়ামী লীগকে নিষিদ্ধ করার ঘোষণা, আর তার সাথে ছিল ঢাকা আলোচনার গতি-প্রকৃতি নিয়ে মিথ্যা বিবরণ। সে বলল, তার প্রাথমিক লক্ষ্য শৃঙ্খলা ফেরানো। কিন্তু বাঙালিরা ইয়াহিয়ার এই কাজকে ঠিকই স্বাধীন বাংলাদেশের ওপর বিদেশি সেনার আক্রমণ হিসেবে ধরে নিল, এবং সেই মতোই জবাব দিল। আমরা বুঝলাম মুক্তিযুদ্ধ শুরু হয়ে গেছে। কখন তা শেষ হবে তার কোনো ধারণা কারও ছিল না।

পরের ৩৬ ঘন্টা আমাদের বাড়িতে আটক থেকে টেলিফোন সংযোগ বিচ্ছিন্ন আমরা কেবল গণহত্যার আওয়াজ শুনতে পাচ্ছিলাম। ২৬ মার্চ মাজহার গুলশন

অ্যাভিনিউ পেরিয়ে রাশিয়ান কনস্যুলেটে গিয়ে খোঁজ নিতে চাইছিলেন সেখানে তার চেনাশোনা কেউ যদি তাকে বিমানবন্দরে পৌঁছাবার ব্যবস্থা করে দিতে পারে। মিশন সফল হয়েছিল এবং দূতাবাসের এক কর্মীর গাড়িতে কুর্মিটোলা বিমানবন্দর পৌঁছে লাহোরগামী প্লেনে উঠতে পেরেছিলেন মাজহার। আমরা পরস্পরের কাছ থেকে বিদায় নিলাম এই জেনে যে হয়তো আর কোনোদিনই আমাদের দেখা হবে না।

২৭ মার্চ সকালে কারফিউ তুলে নেওয়া হল। এ সময় পর্যন্তও নিজেকে যোদ্ধা ভাবিনি। সুতরাং সেদিন সকালে আমি প্রথমেই গুলশানে ফোর্ড ফাউন্ডেশন-এর গেস্ট হাউজে গিয়ে ওখানকার আবাসিক এবং পিআইডিইর ভিসিটিং স্কলার সরবোর্নের ড্যানিয়েল থর্নার-এর সঙ্গে দেখা করি। নুরুল ইসলামের ব্যাপারে আমি বিশেষ চিন্তিত ছিলাম। তার ধানমন্ডির বাড়ি মার্চের ২৫ দিন বিভিন্ন ক্রিয়াকলাপের কেন্দ্রস্থল ছিল। ফলে সে সামরিক বাহিনীর লক্ষ্যবস্তু হতেই পারে। আমি সেজন্য ড্যানিয়েলকে বলি তখনই গাড়ি নিয়ে ধানমন্ডি গিয়ে নুরুল ও তার পরিবার নিরাপদে আছে কিনা তা দেখে আসতে।

বাড়ি ফিরে দেখি আমার বন্ধু মঈদুল হাসান আমার জন্য অপেক্ষা করছে। সে আমাকে বললো আমি যদি প্রাণের মায়া করি, তবে যেন এক্ষুণি এই বাড়ি ছেড়ে যাই। সে জানায় সেনাবাহিনী ইতিমধ্যেই ব্যাপক হারে মানুষ মারা শুরু করেছে। সে কামাল হোসেনের বাড়ির সঙ্গে যোগাযোগ করে জেনেছে তাকে তুলে নিতে সেনারা এসেছিল, কিন্তু কামাল সে সময় বাড়িতে ছিল না। একইভাবে মঈদ নুরুল সহ আরও বেশ কয়েকজন বন্ধুর নিরাপত্তার খোঁজ নেয়। শুরুর সে দিনগুলোতে তাদের নিরাপত্তা নিশ্চিত করতে উদ্যোগী হয় সে এবং দরকার মতো সীমান্ত পেরিয়ে তাদের ঢাকা থেকে পালাবার বন্দোবস্ত করে দেয়। সে নিজে ঢাকা ছাড়ার আগে আমাদের ঘনিষ্ঠ যে দুই বন্ধু এখানে থেকে গিয়েছিল, যথাক্রমে জিয়াউল হক (টুলু) ও মোখলেসুর রহমান (সিধু মিয়া) - এদের দুজনকে নিয়ে তথ্য সংগ্রহ এবং মুজিবনগরের গুরুত্বপূর্ণ মানুষদের কাছে সেগুলো পৌঁছে দেবার একটা পদ্ধতি গড়ে তুলেছিল মঈদ।

আমি এতদিন পর্যন্ত অত্যন্ত নির্বোধের মতো একবারও ভাবিনি যে আমি নিজে কখনও সেনাবাহিনীর টার্গেট হতে পারি। কারণ, রাজনৈতিক অর্থনীতিকের খোলসে থাকায় মনে করেছিলাম সেনাবাহিনী আমাকে সক্রিয় রাজনীতিবিদ হিসেবে বিবেচনা করবে না বা আমাকে একজন সম্ভাব্য যোদ্ধা হিসেবে গ্রেপ্তারের কথা ভাববে না। মঈদ আমার ভুল ভেঙ্গে দেয় এবং বিপদ সম্পর্কে সতর্ক করে পরামর্শ দেয় যে একটুও দেরি না করে বাড়ি ছেড়ে চলে যাওয়া উচিত আমার। আমি কোনোভাবেই আমার পরিবারকে বিপদের মুখে ছেড়ে যেতে রাজী ছিলাম না। কিন্তু সালমার তাৎক্ষণিক সিদ্ধান্ত ছিল আমার উপস্থিতি বরং তাদের বিপদ ডেকে আনতে পারে, এবং যেভাবেই হোক,

ঢাকা ছেড়ে যাওয়া বাচ্চাদের সহ তার একার জন্য অনেক সহজ হবে। ফলে আমি স্বাধীনভাবে মুক্তিযুদ্ধে যুক্ত হতে পারব।

ভীষণ অনিচ্ছায় আমি আমার পরিবারকে ফেলে মঈদের গাড়িতে উঠি। সে আমাকে নিয়ে যায় আমার খালাতো বোন সারওয়ার এবং জামিলুর রহমান খানের বাড়িতে। সেখানে দেখি, তাদের বাসায় ঢাকার বিভিন্ন এলাকা থেকে পালিয়ে আসা মানুষে ভরে গেছে যারা ভেবেছিল সেনাবাহিনীর বন্দুকের হাত থেকে বাঁচতে রমনা বা ধানমন্ডির তুলনায় নিরাপদ আশ্রয় হতে পারে গুলশান। সেখানে হামিদা হোসেন, তার দুই অল্পবয়সী মেয়ে সারা এবং দিনা এবং তার ভাস্তি ফওজিয়া আহমেদকে দেখলাম। হামিদা আমাকে জানায় ২৫ মার্চ রাতে আমি তাদের বাড়ি থেকে বের হওয়ার অল্প কিছুক্ষণ পরেই কামাল বাড়ি ছেড়ে তাজউদ্দিনের বাড়িতে চলে যায় যেখান থেকে তারা দু'জন বঙ্গবন্ধুর সঙ্গে যোগাযোগ করতে পারবে। পরে ভোর রাতে কামালের খোঁজে একদল সেনা তাদের বাড়িতে চড়াও হয়। হামিদার সঙ্গে তারা উদ্ধতভাবে কথা বলে, দুই মেয়েকে ভয় দেখায় এবং ফওজিয়া তাদের এ ধরনের ব্যবহার নিয়ে প্রশ্ন তুললে সেনাদলের কমান্ডিং অফিসার তাকে চড় মারে; সামরিক ভব্যতা ও শৃঙ্খলার দারুণ এক নমুনা বটে। কামালকে সেখানে না পেয়ে তারা চলে যায়, তবে যাবার আগে শাসিয়ে যায় যে তারা ফিরে আসবে। তাদের আবার আসার বিষয়ে হামিদা খুব একটা উদ্বিগ্ন হয়নি, তবে সান্ধ্য আইন ওঠা মাত্র জামিলের কাছে চলে আসার সিদ্ধান্ত নেয়।

জামিল আমাকে পরামর্শ দেয় যে আত্মগোপন যদি আমার উদ্দেশ্য হয়ে থাকে, তবে এত পালিয়ে আসা মানুষের সমাগমে দ্রুত ভরে ওঠা তার বাড়ি নিরাপদ স্থান নয়। তখন আমি মুঈদকে বলি গুলশানে ১ ও ২ নম্বরের মাঝামাঝি আমাদের আর এক বন্ধু ব্যারিস্টার ভিকারুল ইসলাম ও তার স্ত্রীর বাড়িতে আমাকে নিয়ে যেতে। ভিকার জানায় তার বাড়ি খুব নিরাপদ নয়, কারণ পাশেই একটি অ্যাপার্টমেন্টে অজানা জায়গা থেকে আসা এক পাকিস্তানি থাকে যে আমার উপস্থিতির কথা জানিয়ে দিতে পারে। ভিকার তখন মহাখালির কলেরা রিসার্চ ল্যাবরেটরি (সিআরএল)-তে কাজ করা এক আমেরিকান জন রোডি (Rhode)-এর কাছে আমাকে নিয়ে যায়। রোডি পরিবার গুলশান অ্যাভনিউর উল্টো দিকে একটা ছোটো বাড়িতে থাকত। কোনো রকম দ্বিধা ছাড়াই রোডি-রা আমাকে স্বাগত জানায় এবং পরবর্তী দু'রাত সেখানে থাকতে দেয়। রোডি পরিবার এবং উইলিয়াম গ্রিনহাউ এবং ডেভিড নলিন প্রমুখ তাদের সিআরএল সতীর্থদের পরে যুক্তরাষ্ট্রে ফিরিয়ে নিয়ে যাওয়া হয়েছিল। সেখানে তারা নিজেদের বাংলাদেশের সবচেয়ে সরব ও সক্রিয় বন্ধু প্রমাণ করেছিল মার্কিন কংগ্রেসে বাংলাদেশ গণহত্যার প্রমাণ পেশ করে এবং সেখানকার মিডিয়ায় আমাদের অবস্থার কথা প্রচার করে।

বিকেলে মঈদ জানালো সে ঢাকা বিশ্ববিদ্যালয় টিচার্স কোয়ার্টারে গিয়েছিল, সেখানে সে হত্যাকাণ্ডের নমুনা দেখেছে। জগন্নাথ হলের উল্টো দিকে যে ব্লকের ফ্ল্যাটগুলোয় অধ্যাপক আব্দুর রাজ্জাক, অধ্যাপক আনিসুর রহমানরা থাকতেন মুঈদ সে ব্লকে গিয়ে পরিত্যক্ত বিল্ডিংয়ের মেঝেতে, সিঁড়িতে রক্তের স্রোত দেখতে পায়। খবর ছড়িয়েছে যে অধ্যাপক রাজ্জাক সেনাদের হাতে নিহত হয়েছেন। এ খবরে আমি অত্যন্ত বিচলিত হয়ে পড়ি। তিনি শুধু যে আমার ঘনিষ্ঠজন ছিলেন সেজন্যই নয়, এ থেকে আমি এতক্ষণে পরিষ্কার বুঝতে পারি যে সেনাবাহিনীর বর্ধিত নিশানায় এমন মানুষেরাও রয়েছেন, যারা সাম্প্রতিক ঘটনাবলীর সঙ্গে প্রত্যক্ষভাবে যুক্তও নয়।

অর্থনীতিক থেকে যোদ্ধা

২৭ মার্চ রাত কাটালাম আমার নতুন আশ্রয়ে। সে রাতে রেডিও খুলে বাংলাদেশের স্বাধীনতা ঘোষণা করা মেজর জিয়াউর রহমানের ঐকটা ক্ষীণ বেতারবার্তা শুনি। আমরা ভেবে অবাক হই কে এই মেজর জিয়া এবং আশা করি যে এই ঘোষণা নাগরিক মনে এবং বিশ্বে বিভ্রান্তি তৈরি করবে না যারা একমাত্র শেখ মুজিবুর রহমানকেই বাংলাদেশের মুখপাত্র জেনে এসেছে।

আমি যোদ্ধা পদমর্যাদার নই, এ বিষয়ে আমার যা কিছু সংশয় ছিল পরের সকালে তা কাটিয়ে দেয় মঈদ। সে আমাদের বাড়িতে গিয়ে সালমার সঙ্গে দেখা করে আমার কাছে এসেছিল। সালমা তাকে জানিয়েছে আগের সন্ধ্যায় কারিফিউ উঠে যাবার ঠিক পরেই জনৈক ক্যাপ্টেন সাঈদউদ্দিনের সৌজন্যে আমি আনুষ্ঠানিকভাবে মুক্তিযোদ্ধা পদে উন্নীত হয়েছি। একদল সৈন্য নিয়ে সাঈদউদ্দিন আমাদের বাড়িতে এসেছিল আমাকে গ্রেপ্তার করতে। সেনাবাহিনীর যে দলটি ২৫ মার্চ রাতে ধানমন্ডির ৩২ নম্বর রোডের বাড়ি থেকে বঙ্গবন্ধুকে গ্রেপ্তার করে তাদের নেতাদের একজন ছিল সাঈদউদ্দিন।

পাকিস্তানি সেনারা যখন আমার বাড়িতে হানা দেয়, আমার বড়ো ছেলে সবে আট বছরের তৈমুর তখন একা ঘরের মেঝেয় শুয়ে বই পড়ছিল। সাঈদউদ্দিন তাকে জিজ্ঞাসা করে আমি কোথায় আছি। আমাদের বাড়ি লুটপাট করতে থাকা বন্দুক বাগানো সেনাদের সামনে তৈমুর খুব ঠান্ডা মাথায় নিজেকে সামাল দিয়েছিল। বাবরকে নিয়ে পাশের বাড়িতে আমিনা ও আলিজুনের সঙ্গে কফি খাচ্ছিল সালমা। আমাদের দুটো বাড়ির মাঝের দেয়ালে একটা ছোটো সংযোগকারী দরজা ছিল। আমাদের পরিচারিকা ন'মাসের জাফরকে নিয়ে গ্যারাজের বাইরে দাঁড়িয়েছিল। সে তাড়াতাড়ি পাশের বাড়ি চলে গিয়ে জাফরকে সালমার হাতে দিয়ে চিৎকার করে বলে পাকিস্তানি সেনারা আমাদের বাড়িতে ঢুকে পড়েছে। বাড়িতে একা থাকা তৈমুরের জন্য তাৎক্ষণিক উদ্বিগ্ন

সালমা খালি পায়ে সংযোগকারী গেট দিয়ে বাড়িতে ছুটে আসে কিন্তু বন্দুকের নল ঠেকিয়ে তাকে ঢুকতে দেওয়া হয় না। সাঈদউদ্দিন তাকে ঢুকতে দিয়ে প্রথমেই আমি কোথায় আছি জানতে চায়। যখন সে শোনে সবে সেদিন সকালে আমি বাড়ি ছেড়েছি, সে সালমাকে বলে খুব সাহসী অথবা বোকা লোক বলেই আমি এত দীর্ঘ সময় বাড়িতে কাটিয়েছি। তারা ভেবেছিল খুব বেশি দূরে আমি যেতে পারিনি এবং সে বলে যদি আমার স্ত্রী ও ছেলেদের সে পণবন্দী করে নিয়ে যায় তবে 'আমি বেরিয়ে আসতে বাধ্য হব'।

সাঈদউদ্দিনের হিসাব খুব নিখুঁত ছিল কারণ এরকম ক্ষেত্রে আমি অবশ্যই বিনা দ্বিধায় সামরিক বাহিনীর কাছে আত্মসমর্পণ করতাম, যদি তার বিনিময়ে আমার পরিবারের মুক্তি সুনিশ্চিত হত। আমিনা ও আলিজুনের হস্তক্ষেপে এই ভয়ঙ্কর ঘটনা এড়ানো গিয়েছিল। পাশের বাড়িতে সালমার উপস্থিতির জামিনদার থাকার প্রতিশ্রুতি দেয় তারা। সাঈদউদ্দিন এই আশ্বাস মেনে নিয়েছিল, কারণ সে জানত যে জেনারেল ইয়াকুব ইস্পাহানি বাড়ির নিয়মিত অতিথি ছিলেন। আমিনা ও আলিজুনের কাছে আমি রক্ত ঋণে আবদ্ধ যা আমি কোনোদিন শোধ করতে পারিনি।

তাদের অভিযানের প্রথম ৪৮ ঘন্টার মধ্যে আমাকে ধরতে চেয়ে যে সম্মান পাকিস্তান সেনাবাহিনী আমাকে দেয়, তা প্রমাণ করে দিল যে আমি এবার তাদের টার্গেট। মঈদ আমাকে পরামর্শ দেয় আমার ঢাকা ছেড়ে যাওয়া উচিত কারণ এর পর বাড়ি বাড়ি তল্লাশি হবে যেটা আমার আশ্রয়দাতা যে কাউকে বিপদে ফেলবে। মুঈদের হাত দিয়ে সালমাও আমাকে একটা বার্তা পাঠিয়ে পরামর্শ দিল যত তাড়াতাড়ি সম্ভব দেশ ছেড়ে চলে যাওয়া উচিত আমার যাতে তাদের বিপদের আশঙ্কা কমবে। যুদ্ধ কোনদিকে গড়াবে বা আমাদের ভূমিকা সেখানে কী রকম হতে পারে সে সম্পর্কে কোনো দূরদৃষ্টি সে পর্যায়ে ছিল না। আমি একটা চিরকুট পাঠিয়ে সালমাকে বলি ঢাকা ছেড়ে যেতে এবং সেটা বিদেশ হওয়া বাঞ্ছনীয় যাতে মুক্তিযুদ্ধে আরও নিশ্চিন্তভাবে সক্রিয় হতে পারি আমি।

ঢাকা থেকে সালমার করাচি প্রস্থানে সহজ করেছিল আরেক বন্ধু আখতার ইস্পাহানি, যার তখন বিয়ে হয়েছে আলিজুনের চাচাতো ভাই ইস্কি ইস্পাহানির সঙ্গে। ইস্কি সেন্ট পল'স স্কুলে আমার সঙ্গে পড়েছে। আখতার ক্যান্টনমেন্টে তার নিজস্ব যোগাযোগ কাজে লাগিয়ে সালমা ও আমাদের ছেলেদের করাচি যাওয়ার অনুমতি আদায় করে এই আবেদন জানিয়ে যে সালমা একজন দেশভক্ত সরলমতি পাকিস্তানি, যে এই বিচ্ছিন্নতাকামী রেহমান সোবহানকে বিয়ে করেছে তার বিপজ্জনক সঙ্গের কথা না জেনে। সুখের কথা এই ফন্দি কাজে লাগে এবং আমার প্রস্থানের এক সপ্তাহের মধ্যে সালমা ও ছেলেরা করাচি পৌঁছিয়ে তার মায়ের কাছে গিয়ে ওঠে। দিল্লিতে বসে এ খবর পেয়ে

খুব আশ্বস্ত হয়েছিলাম আমি, তবু চাইছিলাম পাকিস্তানের বাইরে, সামরিক বাহিনীর আওতার বাইরে চলে যাক সালমা।

যুদ্ধক্ষেত্রে প্রবেশ

মঈদ আমাকে গুলশানে সিদু মিঁয়ার বাড়িতে নিয়ে যায়, তার বিশ্বাস ছিল সিদু মিঁয়াই আমার ঢাকা ত্যাগের ব্যবস্থা করে দিতে পারবে। সিদু মিঁয়ার বাড়িও তখন আশ্রয় খোঁজা অথবা কোথায় যাবে তার দিশা খোঁজা পলাতকদের চম্বুকের মতো টানছে। সিদু মিয়া আমাকে পরামর্শ দেয় গুলশান থেকে নদী পেরিয়ে বেরাইদ গ্রামে তার শ্বশুর মতিন সাহেবের কাছে যেতে। মতিন সাহেব পুরনো জমানার একজন খ্যাতনামা রাজনীতিবিদ এবং অধ্যাপক রাজ্জাকের খুব ঘনিষ্ঠ বন্ধু। গুলশান থেকে মাঠ পেরিয়ে বেরাইদ গ্রামে পৌঁছে আমি ঢাকা শহর ছেড়ে গ্রামে পলায়মান হাজারো জনতার স্রোতে মিশে যাই। এই নিষ্ক্রমণে আনিসুর রহমানের সঙ্গে আমার দেখা হয়, যে নিজেকে আব্দুর রশিদ ছদ্মনামে পরিচয় দেয় এবং আমাকেও বলে এমন একটা ছদ্মনাম নিতে। তার আশা ছিল এতে করে সম্ভাব্য পাকিস্তানি গুপ্তচরদের কাছে আমাদের পরিচয় গোপন করা যাবে। সেইমতো আমার নাম হল দীন মোহাম্মদ। আনিসের এই পরিচয় বদলের ঝোঁক সীমান্ত পেরিয়ে ভারত পৌঁছানো অবধি বজায় ছিল। ভারতে সে নিজের নাম রাখে অশোক রায়, বুদ্ধি খাটিয়ে দুটো ক্ষেত্রেই তার আসল নাম ও নকল নামের আদ্যাক্ষর এক রেখে দেয়। আর আমার নাম হল মোহন লাল। জানি না এই নাম বদল পাকিস্তানি গুপ্তচরদের বিভ্রান্ত করতে পেরেছিল কিনা, তবে আমি যে বিভ্রান্ত হয়েছিলাম তা বলার অপেক্ষা রাখে না। আমি যে শুধু আনিসের নতুন নাম ভুলে যাচ্ছিলাম তাই নয়, নিজেরটাও ভুলে যাচ্ছিলাম এবং মাঝে মাঝেই আমাদের পরস্পরের উপনাম গুলিয়ে ফেলছিলাম।

২৫-২৬ মার্চের রাতে তার ভয়াবহ অভিজ্ঞতার প্রাথমিক বিবরণ আমাকে শোনান আনিস। সেনাবাহিনী তাদের ফ্ল্যাটের ব্লকে ঢুকে নিচের তলার বাসিন্দা ঢাকা বিশ্ববিদ্যালয়ের ইংরেজি বিভাগের অধ্যাপক জ্যোতির্ময় গুহ ঠাকুরতা এবং উপরের তলায় থাকা পরিসংখ্যান বিভাগের অধ্যাপক মনিরুজ্জামানকে হত্যা করে। ভাগ্যক্রমে অধ্যাপক রাজ্জাক প্রাণে বেঁচে যান। কিছু পাকিস্তানি সৈন্য প্রথম তলায় তার ফ্ল্যাটের দরজায় ধাক্কা দিলে দরজা খুলতে দেরি হয়েছিল রাজ্জাকের। ঘরে কেউ নেই ধরে নিয়ে রাজ্জাক দরজা খুলবার আগেই চলে গিয়েছিল সৈন্যরা।

অধ্যাপক রাজ্জাকের উল্টো দিকে থাকা আনিস রক্ষা পেয়ে ছিল কারণ সতর্কতা হিসেবে তার ফ্ল্যাটের দিকের যাবার একটা গেটে সে তালা লাগিয়ে রেখেছিল, বাইরে থেকে মনে হবে যে ফ্ল্যাট খালি। আনিস এবং তার স্ত্রী ডোরা

এবং তাদের দুই মেয়ে দু'রাত একদিন তার ফ্ল্যাটের অন্ধকার মেঝেতে শুয়ে কাটায়, নিহতদের মৃতদেহ বহন করে সিঁড়ি বেয়ে উপর-নিচ করে সৈন্যরা। ২৭ মার্চ সকালে কারফিউ তুলে নেবার সঙ্গে সঙ্গে এই মৃত্যু কুঠি থেকে সপরিবার পালাতে পেরেছিল আনিস। আনিসের পরিবার তাকে ঢাকা ছেড়ে যাবার পরামর্শ দেয়। সুতরাং তাকেও সিদু মিঁয়ার সাহায্য নিতে হল। ১৯৭১ সালে আমাদের মতো ঢাকা ছেড়ে যেতে চাওয়া বহু মানুষকে স্ত্রী রোজবু-র যোগ্য সহযোগিতায় সিদু ভাই যেভাবে আশ্রয়, সাহায্য, এমনকি নিরাপদ যাত্রার ব্যবস্থা করে দিয়েছিলেন, তা ১৯৭১-এর এক স্বল্প পরিচিত বীরগাথা রয়ে গেছে।

মতিন সাহেবের বেরাইদ গ্রামের বাড়িতে আমাদের দেখা হয় ঢাকা টেলিভিশনের মুস্তাফা মনোয়ারের মতো আরও অনেক বন্ধুর। মতিন সাহেবের বাড়ি তখন ঢাকা থেকে পালিয়ে আসা নানা ধরনের মধ্যবিত্তদের ভিড়ে প্লাবিত, যারা তখন সেখানে একটা অন্তর্বর্তী আশ্রয় খুঁজে নিয়েছে। এই অবসরে ঠিক করতে চাইছিল তারা ঢাকায় ফিরে যাবে নাকি তাদের গ্রামে অথবা বিদেশে চলে যাবে। বেরাইদে ঠিক হল যেহেতু আমি সেনাবাহিনীর সরাসরি টার্গেট হয়ে গেছি, এবং সম্ভবত আনিসও, কাজেই আমরা সীমান্ত পেরিয়ে ভারতে চলে যাব এবং তারপর বাংলাদেশের জন্য আন্তর্জাতিক সমর্থন চেয়ে প্রচার শুরু করব। সেই অনুযায়ী মতিন সাহেব আমাদের যাত্রার ব্যবস্থা করে দিলেন।

৩০ মার্চ সকালে মতিন সাহেবের আত্মীয় ২১ বছরের কলেজ ছাত্র রহমতুল্লাহ এবং ওই এলাকার স্কুল শিক্ষক রশিদের পাহারায় আনিসুর রহমান, মুস্তাফা মনোয়ার এবং আমি সীমান্ত পারে আগরতলার দিকে যাত্রা শুরু করি। এই দু'জন পরবর্তী সময়ে নুরুল ইসলাম সহ বহু মানুষকে সীমান্তে পৌঁছে দিয়েছে। রহমতুল্লাহ পরে একজন সফল ব্যবসায়ী হয়। ১৯৮৬ সালে সে গুলশান থেকে জাতীয় পার্টি-র টিকিটে এমপি হয় এবং তারপর যথাক্রমে ১৯৯৬, ২০০৮ ও ২০১৪ সালে আওয়ামী লীগের টিকিটে নির্বাচনে জেতে। স্বাধীনতার পর রশিদকে বিআইডিএস-এ প্রশাসনিক পদ দেওয়া হয় এবং অবসর নেওয়া অবধি সে সেখানেই ছিল। অবসর নিয়ে রশিদ হাইকোর্টে উকিল হয়েছিল এবং অকালমৃত্যুর আগে পর্যন্ত সেই পেশায় ছিল।

সিদু ভাই নিজে আমাদের মাঠ পেরিয়ে শীতলক্ষ্যা নদীর তীর অবধি পাহারা দিয়ে নিয়ে যায়। আমার পরনে ছিল কিছুটা উদ্ভট খাদি কুর্তা, বেল্ট দিয়ে বাঁধা চেক লুঙ্গি (যেহেতু আগে কখনও লুঙ্গি পরিনি) এবং পাঠানি চপ্পল। যতদূর মনে পড়ে, আনিসুর রহমান আমাকে এ রকম অদ্ভুত পোশাক পরার পরামর্শ দিয়েছিল যাতে পলায়নপর জনতার ভিড়ে আমি মিশে যেতে পারি। অথচ আদতে দেখা গেল, এ বেশভূষায় আমাকে পুরান ঢাকার চকবাজারের অবাঙালি কসাইয়ের মতো দেখা যাচ্ছে, যা আমার ভিনদেশি চেহারা আরও স্পষ্ট করে প্রকাশ করে।

বেরাইদ থেকে আমরা শীতলক্ষ্যা নদী পেরোই নৌকায় এবং সেখান থেকে বাসে নরসিংদী রওনা হই। সারা রাস্তায় ঢাকা ছেড়ে পালানো মানুষজনের সঙ্গে আমাদের দেখা হয়। নরসিংদী থেকে লঞ্চে ব্রাহ্মণবাড়িয়া নদী পেরোতে হল যেখান থেকে আমরা সীমান্ত অতিক্রম করতে পারব। এই অবধি আমরা শুধুই ঢাকা ছেড়ে সেনাবাহিনীর ত্রাস থেকে বাঁচতে ভগ্নমন পলাতক মানুষদের দেখি। চট্টগ্রামে প্রতিরোধের কথা আমরা শুনেছিলাম, কিন্তু এর বেশি কিছু শুনিনি যা থেকে বোঝা সম্ভব ছিল যে পূর্ণাঙ্গ প্রতিরোধের যুদ্ধ শুরু হয়েছে। এই প্রতিরোধের প্রথম আভাস মিলল যখন নরসিংদীর যাত্রীদের তুলতে মেঘনা নদীর ওপার থেকে বাংলাদেশের পতাকা ওড়ানো একটা লঞ্চ এসে দাঁড়ালো।

আত্মঘাতী গোল

লঞ্চে কিছু ছাত্র আমার সঙ্গে কথা বলতে চাইছিল, কিন্তু আমি চুপ করে থাকি। আনিস তাদের বলে আমি অসুস্থ। কিছুক্ষণ বাদে দেখলাম লঞ্চটা নদীর ওপারের একটা ঘাটের দিকে চলেছে কিন্তু সেটা ব্রাহ্মণবাড়িয়া থেকে অনেক দূরের কোনো জায়গা। লঞ্চের যাত্রী কয়েকজন ছাত্র এসে আমাদেরকে বলে ঘাটে নেমে তাদের সঙ্গে যেতে। ভিড়ের মধ্যে যদি পাকিস্তানি চর থাকে তবে তাদের কাছে আমাদের পরিচয় প্রকাশ যাতে না হয়, সে ব্যাপারে তখনও চিন্তিত আমি এবং আনিস। নিজেদের পরিচয় দিতে চাইছিলাম না, কিন্তু অবশেষে আমাদের তীরে নামতে হল। এবার আমরা এক অভাবিত পরিস্থিতির সামনে পড়লাম কারণ আমার 'অবাঙালি' চেহারা এবং অদ্ভুত পোশাক। আমাকে দেখে সন্দেহের বশবর্তী হয়ে সেখানকার কিছু লোক বলতে থাকে যে আমি পাকিস্তানি চর। তীরে আরও বড়ো জনতা আমাদের ঘিরে ফেলে এবং কিছু ধাক্কাধাক্কিও হয়। দুর্ভাগ্যক্রমে আনিসকে কিছু মার হজম করতে হয় যার একটা তার চোয়ালে লেগেছিল যার ফলে কয়েকদিন তার খেতে অসুবিধা হয়েছিল। আমি বরং ভাগ্যবান বক্সার হিসেবে আমার দক্ষতার পরীক্ষা দিতে হয়নি এবং আমার দিকে তাক করে কোনো ঘুঁষি ছোঁড়া হয়েছিল বলে মনে পড়ে না। আনিসের কাছে আমি কৃতজ্ঞ তার 'অবাঙালি' বন্ধুর জন্য তাকে এত হেনস্থা সইতে হয়েছিল। ঘটনাচক্রে সালমার পাঠানো আমার ব্যাগ খোয়া গেল যার মধ্যে কিছু জামাকাপড়, টাকা আর আমার চশমা ছিল। আমরা ঢাকা বিশ্ববিদ্যালয়ের শিক্ষক – মুস্তাফা মনোয়ারের এই বিবৃতি চারপাশের চাপ কিছুটা কমায়।

প্রথমে নদী পাড়ের কিছু দূরে একটা চায়ের দোকানে আমাদের নিয়ে যাওয়া হল। কিন্তু বাইরে তখনও জনতা জড়ো হচ্ছে, এবং তারা অ্যাকশন চাইছিল। দোকানের মাঝখানে বিরাট গোঁফওয়ালা একজনের দিকে আমার নজর পড়ে, সে এক বিশাল বীভৎস ছুরি দিয়ে টেবিলে মাছ বা মাংস কিছু একটা কাটছিল।

সে মুহূর্তে মনে হল বাংলাদেশ মুক্তিযুদ্ধে আমার যোগদানের সম্ভাবনা অকালে শেষ হতে যাচ্ছে। আমার মনে তখন বারবার ঘুরপাক খাচ্ছিল – এ তো 'সেমসাইড গোল' হয়ে যাচ্ছে! 'সেমসাইড গোল' কথাটি আমি প্রায়ই শুনেছি আমার বোন জামাই জামিলের মুখে। জামিল এটি শুনেছিল কলকাতায় মোহনবাগান-মোহামেডান স্পোর্টিং ক্লাবের ফুটবল ম্যাচে। মোহামেডান স্পোর্টিংয়ের ফুল-ব্যাক অসাবধানতাবশত নিজেদের জালে বল ঢুকিয়ে দিলে তাকে 'সেমসাইড গোল' বলে চিৎকার করে অভিনন্দন জানিয়েছিল দর্শকরা। আমি বেশ হতবুদ্ধি হয়ে পড়ি এই ভেবে যে পাকিস্তানি সেনার গুলি খাওয়া থেকে পালিয়ে বাঁচতে গিয়ে এবার এই প্রত্যন্ত নাম না জানা গ্রামে আমারই নিজের দেশের মানুষদের হাতে প্রাণ খোয়াতে বসেছি। অবস্থা আরও বিপজ্জনক হতে পারে আশঙ্কায় মুস্তাফা মনোয়ার উপস্থিত বুদ্ধি খাটিয়ে জনতাকে জিজ্ঞেস করে কাছেপিঠে ঢাকা বিশ্ববিদ্যালয়ের কোনো ছাত্র থেকে থাকলে তাদের যেন তখনই ডেকে পাঠানো হয়, কারণ তারা নিশ্চয়ই তাদের শিক্ষকদের পরিচয় প্রমাণ করতে পারবে।

আনিস এবং আমি বলি আমাদের সংগ্রাম পরিষদের স্থানীয় নেতার কাছে নিয়ে যাওয়া হোক। বঙ্গবন্ধুর ডাকে সারা বাংলাদেশে এ ধরনের নাগরিক গোষ্ঠী গড়া হয়েছিল সামরিক বাহিনীর যেকোনো সম্ভাব্য আক্রমণের মোকাবেলায়। আমরা বলি আমাদের পরিচয় সেই নেতার কাছে গোপনে প্রকাশ করব এমন বিরাট জনতার ভিড়ে নয়। সে মুহূর্তে ঢাকার অক্সফোর্ড ইউনিভার্সিটি প্রেস-এর একজন পিয়ন আমাকে সনাক্ত করতে পারে, আমি সেখানে যাতায়াত করতাম বলে। সে বলে ওঠে সে আমাকে চেনে। এর ফলে জনতার কিছু নেতা অন্তত সংগ্রাম পরিষদের নেতাদের আসা পর্যন্ত অপেক্ষা করতে রাজি হয়। ইতিমধ্যে সংগ্রাম পরিষদের প্রধান, আওয়ামী লীগের সদস্য ঘটনাস্থলে হাজির হয় এবং আমাদের স্থানীয় একটা স্কুলে নিয়ে যাওয়া হল। সেখানে আমরা যারা বলে নিজেদেরকে দাবি করছি, সেই পরিচয়ের সপক্ষে কোনো প্রমাণ তো দিতে পারছি না। তার বাঙালিত্ব প্রমাণে আনিস বেশ কিছু রবীন্দ্রসঙ্গীত গায় যেটা বোধহয় আমাদের রেহাই পাবার সম্ভাবনা বাড়িয়েছিল অথবা হয়তো নিছক আমাদের জেরাকারীদের প্রশমিত করে থাকবে। সংগ্রাম পরিষদের সদস্যদের কেউ কেউ আমার নাম চিনতে পেরেছিল, কিন্তু আমাদের পরিচয় যে আসলেই আমরা যা দাবি করছি তাই, সে সম্পর্কে নিশ্চিত হতে পারছিল না।

আমাদের পরিচয় পরিষ্কার হবার পর স্থির হল যে আমরা বাইরে গিয়ে জনতার উদ্দেশ্যে ভাষণ দেব। বাইরে এসে আমরা মোহাম্মদ মুকতাদা-র দেখা পেলাম যে ঢাকা বিশ্ববিদ্যালয়ের অর্থনীতি বিভাগে আনিস আর আমার সরাসরি ছাত্র এবং তার মামা মোফাক্কের ইতিহাস বিভাগের ছাত্র। তারা পাশের গ্রামে থাকত। ঢাকা বিশ্ববিদ্যালয়ের ছাত্র খোঁজার জন্য মুস্তাফা মনোয়ারের বার্তা শেষ

পর্যন্ত তাদের গ্রামে পৌঁছালে তারা দু'জনে বহু মাইল দৌড়ে আসে আমাদের সনাক্ত করতে। তারা দুজনেই সঙ্গে সঙ্গে বুঝতে পেরেছিল যে দুই শিক্ষকের একজন অবশ্যই তাদের 'স্যার' হবেন যিনি বাংলা অল্পই জানেন এবং ফলে তার জীবন বিপন্ন হতে পারে।

মুকতাদা এবং মোফাক্কের আমাদের খাঁটি বাঙালিত্ব জোরালোভাবে প্রতিষ্ঠা করার পর আমরা ওই নিমেষে এলাকায় বিখ্যাত হয়ে গেলাম। আমাদের স্থানীয় আওয়ামী লীগ নেতার বাড়িতে নিয়ে যাওয়া হল। গ্রামে তখন গুজব ছড়িয়ে গেছে যে বঙ্গবন্ধু এসেছেন! এলাকার বহু মানুষ আমরা যেখানে ছিলাম সেখানে এসে জড়ো হল। পরিশেষে গুজবটা কেটে গিয়েছিল বটে, তবে আমাদের পরিচয় গোপন রাখার কোনো আশাই আর রইল না এবং বোঝা গেল আমাদের এগোতে হবে।

স্থানীয় নেতারা আমাদের বলে গ্রামীণ জনতা সজাগ থাকার কারণে পাকিস্তানি অন্তর্ঘাতক ও প্যারাট্রুপারদের আশঙ্কা করছিল। স্থানীয় জনসাধারণ যা অস্ত্র তাদের হাতে এসেছে তাই দিয়ে নিজেদের সশস্ত্র করেছে এবং তারা অত্যন্ত সজাগ পাহারায় আছে। আমরা যদিও ভুক্তভোগী হলাম, তবু এই ঘটনায় স্বস্তিদায়ক দিক ছিল এই যে, মার্চ মাসে বঙ্গবন্ধুর সংহতি নির্মাণের যে ডাক দিয়েছিলেন, তার ফল হিসেবে গত চার সপ্তাহে বাংলাদেশের গ্রামীণ জনতা সামাজিক ও রাজনৈতিক অবস্থা সম্পর্কে যথেষ্ট সচেতন হয়ে উঠেছে। সেটা এতটাই যে বাংলাদেশের সার্বভৌমত্ব রক্ষায় যত অসমই হোক, পাকিস্তানি সেনাদের বিরুদ্ধে সশস্ত্র লড়াইয়ে নামতে তারা দ্বিধাহীন। স্থানীয় নেতৃত্বের অধীনে গোটা দেশ জুড়ে তারা নিজেদের সংহত করেছে। কিন্তু বীরত্বপূর্ণ হলেও তাদের সামরিক সামর্থ্য খুব একটা আশ্বাসজনক নয়। গ্রামবাসীরা মাঠে দাঁড়িয়ে আছে ধারালো বাঁশের দন্ড নিয়ে যদি পাকিস্তানি সেনা প্যারাসুটে নেমে আসে তবে ওই বল্লমে তাদের বিদ্ধ করবে।

এখান থেকে মুকতাদা, মোফাক্কের কাছেই তাদের গ্রামে আমাদের নিয়ে গেল, মোফাক্কেরের ভাই অধ্যাপক নোমানের বাড়িতে। নোমান ইংরেজির অধ্যাপক ছিলেন পরে ঢাকা কলেজের অধ্যক্ষ হন। সেখানে ঠিক হল আমরা ব্রাহ্মণবাড়িয়ার দিকে রওনা দেব এবং তা গভীর রাতে, নদীপথে। কেননা পাকিস্তানি সেনারা নদীপথ পাহারা দিচ্ছে এমন একটা আশঙ্কা ছিল। ৩১ মার্চ মধ্যরাতের শেষে মুকতাদা, মোফাক্কের এবং তাদের বড়ো ভাই রেডিও পাকিস্তানের কর্মী মোহাদ্দেসকে সঙ্গে নিয়ে নৌকায় ব্রাহ্মণবাড়িয়ায় রওনা হই। রশিদ ও রহমতুল্লাকে বিদায় জানিয়ে বললাম আমাদের পরিবারদের জানিয়ে দিতে যে আমরা সীমান্ত পেরিয়ে ভারতে ঢুকছি।

আমাদের নৌকা ছিল পালতোলা অর্থাৎ বাতাসের ওপর যার গতি নির্ভরশীল। বাতাস না থাকলে মাঝিরা তীরে নেমে নৌকায় লাগানো দড়ি ধরে টেনে নিয়ে

যেত, যাকে গুণ টানা বলে। রাতের আকাশে চাঁদ ছিল না, চারপাশের বিপন্নতার মধ্যে শ্মশান স্তব্ধতায় এক অদ্ভুত প্রশান্তি টের পাচ্ছিলাম।

নদীর ভাঁটিতে রাত্রিবেলা নৌকায় ভেসে যেতে যেতে নিজের অবস্থাটা চিন্তা করার অবকাশ পেয়েছিলাম। আমি আমার পরিবার, বাড়িঘর, সব পার্থিব সম্পদ ফেলে চলে এসেছি এবং আবার তাদের সঙ্গে কোনো দিন মিলিত হতে পারব কিনা আমার জানা নেই। সব পার্থিব সম্পদ ত্যাগ করে এসে খুব অদ্ভুতভাবে মুক্ত মনে হচ্ছিল নিজেকে যেহেতু বুঝতে পারছিলাম আমার আর কিছু হারাবার নেই। তবে আমার পরিবারকে হারাবার ভয় ছিল সবচেয়ে বড়ো এবং বুঝলাম যতক্ষণ তারা পাকিস্তানের বাইরে গিয়ে বিপদমুক্ত না হচ্ছে, ততক্ষণ নিজেকে মুক্ত ভাবা অসম্ভব, ততক্ষণ মুক্তিযুদ্ধে নিজেকে উজাড় করার পর্যাপ্ত সাহস সঞ্চয় আমি করতে পারব না।

মুক্তিযোদ্ধাদের সঙ্গে প্রথম সাক্ষাৎ

৩১ মার্চ খুব ভোরে ব্রাহ্মণবাড়িয়ায় নামলাম আমরা। প্রথমেই নজরে পড়ল বাংলাদেশের পতাকা উড়িয়ে টাউনের রাস্তা টহল দেওয়া একটা সামরিক জিপ। ব্রাহ্মণবাড়িয়া সে সময় মুক্ত বাংলাদেশের অংশ। মনে হল মুক্তিযোদ্ধাদের নিয়ন্ত্রণে রয়েছে শহর। তাদের কয়েকজনের সঙ্গে দেখা করার সুযোগ দেওয়া হল আমাদের। ব্রাহ্মণবাড়িয়ার তিতাস গ্যাস ফ্যাক্টরির অতিথিশালায় যেতে রিকশা নিলাম। সেখানে পৌঁছে হাতমুখ ধুয়ে লাউঞ্জে বসে চা খাচ্ছি এমন সময় খুব বেশি হলে তিরিশ বছর বয়সের এক সুদর্শন যুবক এসে ঢোকে। পরনে উজ্জ্বল হাফ-হাতা চেক শার্ট, খাকি পাজামা, কোমরে গোঁজা রিভলভার। সৈনিকের থেকেও তাকে মনে হচ্ছিল অনেকটা যেন হলিউডের অ্যাকশন হিরো। আসলে জানা গেল, সে ব্রাহ্মণবাড়িয়ার ফোর্থ ইস্ট বেঙ্গল রেজিমেন্টের সেকেন্ড-ইন-কমান্ড মেজর খালেদ মোশাররফ।

খুব প্রত্যয়ের সঙ্গে কথা বলছিলেন মোশাররফ। ঢাকায় সেনা আক্রমণের কথা শোনামাত্র সে স্বতঃস্ফুর্তভাবে তার পাকিস্তানি কমান্ডিং অফিসার লেফটেন্যান্ট কর্নেল ইয়াকুব মালিক এবং অন্য দুই অফিসারকে গ্রেপ্তার করে। খালেদ দাবি করে এরাই মুক্তিযুদ্ধের প্রথম যুদ্ধবন্দী। নিরাপদ হেফাজতে রাখতে তাদের দুজনকে সে আগরতলায় ভারতীয় সেনাবাহিনীর হাতে তুলে দেয়। পরিশেষে সেখান থেকে অন্যান্য পাকিস্তানি যুদ্ধবন্দীদের সঙ্গে তাদের অক্ষত অবস্থায় পাকিস্তানে ফেরত পাঠানো হয়েছিল। পরে খালেদের সৈন্যরা ব্রাহ্মণবাড়িয়ায় তাদের নিয়ন্ত্রণ প্রতিষ্ঠা করা শুরু করে এবং তাদের পরিকল্পনা ছিল কুমিল্লা ক্যান্টনমেন্ট থেকে পাকিস্তানি সেনাবাহিনীর আক্রমণ প্রতিহত করা।

আমাদের ব্রাহ্মণবাড়িয়ার প্রতিরক্ষা পর্যবেক্ষণে নিয়ে যায় মেজর মোশাররফ এবং রাত নামতে আমাদের তিনজনকে নিয়ে গেল তার দখল করা তেলিয়াপাড়া

চা বাগানে, তার কমান্ড পোস্টে। পাকিস্তানি বিমান হানা ঠেকাতে সতর্কতামূলক ব্যবস্থা হিসেবে পুরো এলাকাটা অন্ধকার রাখা হয়েছিল। চা বাগান জুড়ে প্রস্তুত ছিল মোতায়েন করা সশস্ত্র বাহিনী। তাদের হেডকোয়ার্টার – বাগানের ম্যানেজারের বাংলোর – সব আলো নেভানো। সেখানে বসে মেজর মোশাররফ তার ব্যাটেলিয়নের দীর্ঘ দুঃসাহসী অভিযানের গল্প করে, শোনায় তার যে আসল ঘাঁটি ছিল সেই কুমিল্লা ক্যান্টনমেন্টে তার বাঙালি সতীর্থদের হত্যাকান্ডের বিবরণ। অন্যান্য অঞ্চলের প্রতিরোধের সঙ্গে তার ঘনিষ্ঠ যোগাযোগ ছিল না এবং মনে হল সিগন্যাল ব্যবস্থা ও রেডিও মারফৎ চট্টগ্রামের যুদ্ধ ও জিয়াউর রহমানের দুবার স্বাধীনতা ঘোষণা, তার মধ্যে দ্বিতীয়টি বঙ্গবন্ধুর নামে, এসব সম্পর্কে সামান্যই জানা ছিল মোশাররফের।

সেই রাতে রেডিওতে শুনলাম বিদেশে থাকা বাঙালিরা মুক্তিযুদ্ধের জন্য অস্ত্র কিনতে টাকা সংগ্রহের চেষ্টা করছে। মোশাররফ পরামর্শ দিল আরও অস্ত্র যোগাবার যে অনুরোধ তারা করছে সেটা যেন সীমান্ত পেরিয়ে ভারতীয় প্রশাসনকে আমরা জানাই এবং প্রবাসীদের সংগৃহীত টাকায় অস্ত্র কেনার ব্যাপারেও তাদের সাহায্য যেন আমরা চাই। সে বুঝেছিল তাদের প্রতিরোধ শক্তিশালী হলেও যদি খুব তাড়াতাড়ি তাদের কাছে আরও অস্ত্র ও রসদ না পৌঁছায়, শুধু অস্ত্রের পরিমাণের কারণেই পাকিস্তান সেনাবাহিনীর কাছে মুক্তিযোদ্ধারা হার মানতে বাধ্য হবে।

মোশাররফ আরও বলে বর্তমান পরিস্থিতিতে সে ও তার অফিসাররা কিন্তু আসলে অভ্যুত্থানে জড়িত এবং ধরা পড়লে বিদ্রোহী হিসেবে তাদের গুলি করে মারা হতে পারে। এক সময় সে ও তার বাহিনী পাকিস্তান সেনাবাহিনীতে নিযুক্ত হয়েছিল, কিন্তু এখন তাদের যে প্রতিরোধ প্রচেষ্টা, তার একটা বৈধতা দরকার। এ বৈধতা দিতে পারে স্বাধীনতা ঘোষণার মাধ্যমে আইন মোতাবেক গঠিত একটি সার্বভৌম অসামরিক কর্তৃপক্ষ, যারা তাদেরকে নির্দেশ দিতে পারবে। সে প্রস্তাব রাখে যে বাংলাদেশ সার্বভৌম সরকারের নামে বেঙ্গল রেজিমেন্টের সব অফিসার ও কর্মীদের স্বাধীন বাংলাদেশের সেনাবাহিনীতে নতুন করে নিযুক্ত করা উচিত। কর্তৃত্বশীল পক্ষ কে হতে পারে সে সম্পর্কে আমারই মতো অজ্ঞ ছিল খালেদ, কিন্তু তবু সে আমাকে বলে যদি আমার সঙ্গে নির্বাচিত রাজনৈতিক নেতাদের কারও দেখা হয় তাহলে আমি যেন তাদের একথা জানিয়ে দিই। এইসব সৈন্য যারা বাংলাদেশকে মুক্ত করার লড়াইয়ে জীবন পণ করেছে, ক্যান্টনমেন্টে পড়ে থাকা তাদের পরিবারের নিরাপত্তা বিপন্ন করেছে, তাদের নিষ্ঠা গভীর আপ্লুত করে আমাদের।

৩১ মার্চ রাত তেলিয়াপাড়া চা বাগানের স্টাফ কোয়ার্টারে কাটাই। পরের ভোরে ১ এপ্রিল মেজর মোশাররফ আমাদের একটা জিপ দিল সীমানা পেরিয়ে

ত্রিপুরা রাজ্যের আগরতলায় যেতে। মনে হল সীমান্ত তখন ছিদ্রময় হয়ে গেছে এবং অব্যাহতি পেয়ে মানুষ তা পারাপার করছে। ভারতীয় সীমানা টহলদার বর্ডার সিকিউরিটি ফোর্সের (বিএসএফ) এক শিখ পাহারদারকে দেখার পরেই আমি আত্মবিশ্বাসী হলাম যে আমরা ভারতে রয়েছি।

লাল ড্রেসিং গাউন পরা মানুষটি

আগরতলা পৌঁছে আমরা ঠিক করতে পারি না কোথায় যাব। আমি সঙ্গীদের বলি সবচেয়ে কাছের কর্তৃপক্ষ হতে পারে স্থানীয় ডিসি। তখন যেহেতু সকাল মাত্র আটটা বাজে, তাই আমরা ডিসি-র বাংলোয় পৌঁছবার পথনির্দেশ জেনে নিই। বাংলোটি ছিল একটি টিলার উপর। সেখানে পৌঁছে লাল ড্রেসিং গাউন পরা ফর্সা এক অল্পবয়সী যুবককে দেখি বাংলোর বারান্দায় বসে চা পান করছেন। বাংলাদেশি অধ্যাপকদের দেখে তিনি খুব অবাক হননি যেহেতু সীমান্ত পেরিয়ে দলে দলে আসা খাদ্য, আশ্রয় এবং কোনো কোনো ক্ষেত্রে পাকিস্তানের সঙ্গে লড়াইয়ের জন্য অস্ত্রপ্রার্থী বাংলাদেশিদের সঙ্গে ইতিমধ্যেই তিনি কিছুটা পরিচিত হয়ে গেছেন। তিনি জানালেন যে তিনি ভারতের উত্তরাঞ্চল থেকে নির্বাচিত একজন আইএএস অফিসার সবেমাত্র আগরতলার ডিসি নিযুক্ত হয়েছেন। ডিসি-র প্রাত্যহিক কাজে এই হঠাৎ এবং ভালোরকম ধাক্কা দেওয়া ঘটনায় তিনি যথেষ্ট অসহায় বোধ করছেন। পাকিস্তানের বিরুদ্ধে তাদের অস্ত্র যোগাবার আবেদনে সাড়া দেওয়া তো দূরস্থান, তিনি ভেবে পাচ্ছেন না কীভাবে বাঙালিদের এই ভিড় সামলাবেন এবং এ ব্যাপারে তিনি প্রবলভাবে দিল্লির নির্দেশ পাবার চেষ্টা চালিয়ে যাচ্ছেন। তার মনে হচ্ছিল যারা বাংলাদেশের হয়ে বক্তব্য রাখতে পারে ভারতীয় নেতৃবৃন্দের সঙ্গে আলোচনার জন্য তাদের তখনই দিল্লি যাওয়া উচিত। তিনি আমাদের বলেন তিনি শুনেছেন যে কিছু বাংলাদেশি নেতা সম্ভবত সে সন্ধ্যেয় ত্রিপুরার মুখ্যমন্ত্রীর সঙ্গে দিল্লি উড়ে যাবেন এবং আমাদের উচিত এখনই সেই নেতাদের সঙ্গে যোগাযোগ করা। আগরতলা স্টেডিয়ামে বিরাট সংখ্যক বাংলাদেশি শরণার্থীদের সঙ্গে তারা রয়েছেন।

ডিসি-কে বিদায় জানিয়ে আমরা আগরতলা স্টেডিয়ামের দিকে রওনা দিলাম। ঘটনা চক্রে এই ডিসি এবং তার পরিবারের সঙ্গে ১৯৭৩ সালে কুমিল্লা এবং ঢাকার মধ্যে পারাপার করা একটা ফেরিতে দেখা হয়ে যায়। তিনি আগরতলা থেকে সদ্য স্বাধীন বাংলাদেশে ছুটি কাটাতে এসেছিলেন। আমরা স্মৃতিমেদুর শুভেচ্ছা বিনিময় করলাম এবং স্বাধীন বাংলাদেশে আমি তাকে স্বাগত জানালাম যে বাংলাদেশ গড়তে তিনিও অবদান রেখেছেন। আর কখনও তার সঙ্গে আমার দেখা হয়নি তবে লাল রঙের সিল্কের ড্রেসিং গাউন পরা ওই যুবক এত বছর বাদেও আমার স্মৃতিতে গাঁথা হয়ে রয়েছেন।

মিত্রদের সঙ্গে সাক্ষাৎ

নেতাদের খোঁজে

স্পোর্টস স্টেডিয়ামে এম আর সিদ্দিকী, তাহেরুদ্দিন ঠাকুর এবং আরও অনেক আওয়ামী লীগ এমপি, চট্টগ্রাম, নোয়াখালি, কুমিল্লা জেলা থেকে আসা ছাত্র ও কর্মীদের সঙ্গে দেখা হল। এদের মধ্যে ছিলেন, ঢাকা ক্যান্টনমেন্ট থেকে পালাতে পারা অল্প কিছু বাঙালি সেনাদের একজন ক্যাপ্টেন আমিন আহমেদ। স্টেডিয়ামের দলটা কিছুটা বিধ্বস্ত ছিল এবং তাদের দেখে প্রতিরোধ লড়াইয়ে অগ্রদূত মনে হচ্ছিল না, বরং মনে হচ্ছিল সাহায্যপ্রার্থী। সিদ্দিকী ডিসি-র দেওয়া খবর সমর্থন করে বলে সে, ঠাকুর এবং কুমিল্লার অ্যাডভোকেট সিরাজুল হক, পরে যিনি বঙ্গবন্ধু হত্যা মামলায় চীফ প্রসিকিউটর হন, এই তিনজন সেই সন্ধেতে ত্রিপুরার মুখ্যমন্ত্রীর সঙ্গে দিল্লি যাচ্ছে ভারত সরকারকে গণহত্যার ঘটনা জানাতে এবং সাহায্য চাইতে যাতে প্রতিরোধ বজায় রাখা যায়। সিদ্দিকীর কাছে জানতে পারি অন্য আওয়ামী লীগ নেতারা বেঁচে আছে কিনা অথবা তারা কোথায় আছে তা সে জানে না। সে নিজে চট্টগ্রামে প্রতিরোধ গড়ার চেষ্টায় যুক্ত ছিল এবং সবে ত্রিপুরা এসেছে চট্টগ্রাম বাঁচাবার প্রতিরোধে সামরিক সাহায্য চাইতে।

সিদ্দিকী এবং ঠাকুরের সঙ্গে বৈঠকে জানা গেল যে তারা কখনও দিল্লি আসেনি এবং সেখানকার গুরুত্বপূর্ণ লোকদের খুব কমই চেনে। তাদের মনে হয়েছিল আমার এবং আনিসের সঙ্গে বিশিষ্ট ভারতীয় অর্থনীতিকদের যোগসূত্রের মাধ্যমে হয়তো বাংলাদেশের সংগ্রামের স্বার্থে উপযোগী হতে পারেন এমন শ্রোতা পাওয়া যাবে। দিল্লির তৎকালীন ক্ষমতাসীনদের কাছের মানুষ দুই বিশিষ্ট অর্থনীতিক অশোক মিত্র এবং পি এন ধরকে বাংলাদেশি দলের পরিচয় দিয়ে চিঠি লিখে দেবার প্রস্তাব দিলাম আমি। সিদ্দিকী বলল ব্যাপারটা আরও ফলদায়ী হবে যদি আমি তাদের সঙ্গে সেই সন্ধেয় দিল্লির ফ্লাইটে যোগ দিই। ঠাকুর সরে দাঁড়ালেন আমাদের দুজনকে জায়গা করে দিতে। যাত্রাপথে আমাদের সঙ্গী হলেন ত্রিপুরার মুখ্যমন্ত্রী। আমরা আগরতলা থেকে কলকাতা গেলাম, সেখান থেকে কানেক্টিং ফ্লাইটে দিল্লি পৌঁছলাম। আমাকে ও আনিসকে বেশ অপরিচ্ছন্ন লাগছিল। এরকম একটা ঐতিহাসিক মিশনে দর্শনধারী হতে দুজনেই গোসল করে, দাড়ি কামিয়ে ধার করা পাজামা-পাঞ্জাবি পরে নিলাম। এই পোশাকই আগরতলা থেকে দিল্লি যাত্রায় আমাদের সম্বল ছিল।

ফ্লাইটে আমি সিদ্দিকীর সঙ্গে কথা বলছিলাম। তাকে আমি শেষবার দেখি কামালের বাড়িতে মুক্তিযুদ্ধের আগে। আমি তাকে চিনতাম এ কে খানের জামাই, এক পরিশীলিত, সক্ষম ব্যবসায়ী হিসেবে। রাজনীতি থেকে ব্যবসাতেই সে বেশি জড়িত ছিল। সিদ্দিকী আমাকে চট্টগ্রামের লড়াই সম্পর্কে বিস্তারিত

খবর দিল এবং সেই সঙ্গে স্বাধীনতা ঘোষণা নিয়ে বর্তমানে যে রাজনৈতিক বিতর্ক চলছে তার আসল ঘটনাটি শুনালো। সে জানায়, স্থানীয় আওয়ামী লীগ নেতা হান্নানের করা প্রথম ঘোষণা যেটা স্থানীয় রিলে স্টেশন থেকে দুর্বল ট্রান্সমিটারে করা হয়েছিল সেটা প্রায় শোনাই যায়নি। মেজর জিয়াউর রহমানের সেনারা তখন কালুরঘাটে রেডিও পাকিস্তান স্টেশন দখল করেছে। দলের স্থানীয় লোকজন বঙ্গবন্ধুর স্বাধীনতা ঘোষণা বেতারে প্রচার করতে মেজর জিয়াকে অনুরোধ করে। যাই হোক, জিয়া তার প্রথম ঘোষণায় বঙ্গবন্ধুর কোনো উল্লেখ না করে নিজেকে প্রেসিডেন্ট ঘোষণা করে। সবাই বিভ্রান্ত হয়েছিল কারণ জিয়া তখন একজন অপরিচিত আর্মি মেজর – এ ধরনের ঐতিহাসিক বার্তা দেবার কোনো অধিকার তার ছিল না। এরপরে এ কে খান এবং সিদ্দিকী দুজন মিলে বঙ্গবন্ধুর নামে স্বাধীনতা ঘোষণাপত্রের নতুন খসড়া তৈরি করে যেটা পরের দিন আবার সম্প্রচার করে জিয়া।

সেজন্যই কে স্বাধীনতা ঘোষণা করেছিল এই নিয়ে এখনকার বিতর্ক নিরর্থক। ওই সময় মাত্র একটি মানুষেরই ঘোষণা বাংলাদেশের জনগণ এবং বাকি বিশ্বের কাছে বৈধ ও মর্যাদাপূর্ণ হতে পারত – তিনি বঙ্গবন্ধু শেখ মুজিবুর রহমান। জিয়ার সঙ্গে আমার নিজের সাক্ষাৎকারগুলোয়, প্রথমে ১৯৭১ সালে কলকাতায় এবং পরে ঢাকায় ১৯৭২ ও ১৯৭৫ সালে, তিনি একবারের জন্যও স্বাধীনতা ঘোষণাকারী হবার প্রসঙ্গ তোলেননি অথবা তার জীবদ্দশায় তিনি একবারও জাতির উদ্দেশ্যে এমন দাবি রাখেননি।

পুরোদস্তুর ভদ্রলোক, স্বভাব বিনয়ী এবং কিছুটা স্বল্পবাক সিদ্দিকী বাংলাদেশের মুক্তিযুদ্ধের পক্ষে বলার যোগ্য আওয়ামী লীগ নেতা হিসেবে ইন্দিরা গান্ধীর সামনে নিজেকে পরিচয় দেওয়া নিয়ে তার অস্বস্তির কথা আমাকে জানায়। সে দাবি করে সে চট্টগ্রাম আওয়ামী লীগের জেলা সভাপতি মাত্র। সে বাধ্য হয়েছে নেতৃত্বের আংরাখা পরতে যেহেতু তার রাজ্যে প্রভাব ফেলা বাংলাদেশের মুক্তিযুদ্ধে দিল্লির সরাসরি সমর্থন আদায়ের আলাপ-আলোচনায় একজন মোটামুটি প্রতিষ্ঠিত বাংলাদেশি নেতাকে তার পাশে চাইছিলেন ত্রিপুরার মুখ্যমন্ত্রী। সিদ্দিকী নিশ্চিত করে বলে আওয়ামী লীগ নেতাদের মধ্যে কে কে যে জীবিত আছে, তা সে জানে না বা ভারত সরকারের কাছে তার এই মুখপাত্রের ভূমিকা নেওয়ায় তাদের কী প্রতিক্রিয়া হবে সে সম্পর্কেও তার কোনো ধারণা নেই। আমি সিদ্দিকীকে বোঝাবার চেষ্টা করি এটা ব্যক্তিগত বিনয়ের সময় নয়, কারণ ভারতীয় নেতারা এমন কারও সঙ্গে দেখা করতে চান যে বাংলাদেশের হয়ে দক্ষভাবে কথা বলতে পারবে এবং হাতের কাছে সেরকম যোগ্য ব্যক্তি একমাত্র সে। আমি নিশ্চিত নই, সিদ্দিকী বস্তুত ইন্দিরা গান্ধীর সঙ্গে দেখা করেছিল কিনা কারণ এ দায়িত্ব তার কাঁধ থেকে নেমে যায় তাজউদ্দীন আহমদ দিল্লিতে আসার পর।

এফআইআর

১ এপ্রিল ১৯৭১ রাতে দিল্লিতে নেমে আনিস আর আমি মুখ্যমন্ত্রী ও আমাদের সহযোগীদের সঙ্গে ত্রিপুরা রাজ্য অতিথি-ভবনে গেলাম যেখানে আমাদের থাকার কথা। অতিথি-ভবনে পৌঁছে আমি বাড়ির ফোন নম্বরে আমার কেমব্রিজ সহপাঠী অমর্ত্য সেনকে ফোন করি, সে তখন দিল্লি স্কুল অব ইকনমিক্সের (ডিএসই)-র অধ্যাপক। সে অবাক হয়ে যায় এবং আমাদের কথা শুনে খুব আশ্বস্ত হয়। তার আশঙ্কা ছিল আমরা দুজনেই নিহত হয়েছি। সে ও তার স্ত্রী নবনীতা তখনই গাড়িতে ত্রিপুরা হাউসে চলে আসে এবং আমাদের নিয়ে যায় পুরনো দিল্লিতে দিল্লি বিশ্ববিদ্যালয় ক্যাম্পাসের কাছে তাদের বাড়িতে। তিন দিনের মধ্যে সে রাত্রে আমরা প্রথম গরম জলে স্নান করলাম এবং স্বস্তি করে খেলাম। নবনীতা ঘুমের বড়ি খাবার পরামর্শ দেয় যাতে আমাদের রাতের সুনিদ্রা নিশ্চিত হল।

পরের দিন ২ এপ্রিল সকালে অমর্ত্য আমাদের নিয়ে যায় লোধি এস্টেটে ড. অশোক মিত্রের বাড়িতে, পরে যিনি পশ্চিমবঙ্গের সিপিএম সরকারের অর্থমন্ত্রী হয়েছিলেন। তিনি তখন ভারত সরকারের অর্থ মন্ত্রণালয়ের অর্থনৈতিক উপদেষ্টা। আমাদের বৃত্তান্ত শুনে তিনি তখনই নামি শিক্ষাবিদ অর্থনীতিক অধ্যাপক পি এন ধরকে ফোন করে তার বাড়িতে এসে আমাদের সঙ্গে দেখা করতে বলেন। অধ্যাপক পি এন ধর সে সময় সবে ভারতের প্রধানমন্ত্রীর সচিব হয়েছেন। ধরকে আমি এবং আনিস আমাদের যতটুকু জানা ছিল তার সম্পূর্ণ বিবরণ দিই, গণহত্যার প্রেক্ষাপট, ঢাকার হত্যাকান্ড এবং বাংলাদেশি জনগণের প্রতিরোধের অবস্থা সবই বলি। ধরের মনে হল আমাদের কাহিনী সর্বোচ্চ পর্যায়কে শোনানো দরকার।

সেদিনই সন্ধেতে অশোক মিত্র আমাদের নিয়ে গেলেন প্রধানমন্ত্রীর মুখ্য সচিব পি এন হাকসারের বাড়িতে। প্রাক্তন কূটনীতিক হাকসার পুরনো আমলের বামপন্থী। ১৯৩০-এর দশকে লন্ডনে ছাত্রাবস্থায় কৃষ্ণ মেননের পাশাপাশি তিনি ভারতের স্বাধীনতার জন্য আন্দোলন করেন। অসাধারণ ধীমান এবং জ্ঞানী হাকসারের ইতিহাসবোধ প্রখর ছিল। আমাদের ঘটনার বিবরণ হাকসারকে আবার শোনাই। তিনি খুবই বিচলিত হলেন। তার চোখে আবেগাশ্রু দেখেছিলাম। তাকে যথেষ্ট কর্তৃত্বময় ও দায়িত্ববান চরিত্র মনে হল এবং তিনি জানালেন যে এই খবর তৎসহ বাংলাদেশের মুক্তিযুদ্ধকে আশু সমর্থন জানাবার প্রয়োজনীয়তা তিনি অবিলম্বে ইন্দিরা গান্ধীকে জানাবেন। ইন্দিরা গান্ধীর সঙ্গে নৈকট্যের কারণে হাকসার সে সময় ভারতের দ্বিতীয় সর্বাধিক ক্ষমতাবান ব্যক্তিত্ব বলে পরিচিত ছিলেন। আমরা তাই স্বস্তি পেলাম ভেবে যে আসন্ন লড়াইয়ে বাংলাদেশ এক অমূল্য বন্ধু পেয়ে গেল।

সেই ঐতিহাসিক সাক্ষাৎকারের পর থেকে ১৯৯০-এর দশকের শেষ দিকে তার মৃত্যু অবধি হাকসারের সঙ্গে আমার বন্ধুত্ব বজায় ছিল এবং যখনই দিল্লি যেতাম তার বাড়ি শান্তিনিকেতনে গিয়ে তার সঙ্গে দেখা করেছি। জীবন উপান্তে তার স্ত্রী বিয়োগ হয়েছিল, দৃষ্টিশক্তি হারিয়েছিলেন এবং ভারত ও আন্তর্জাতিক ঘটনাপ্রবাহ উভয়ত তাকে হতাশ করেছিল। তবে বাংলাদেশ সম্পর্কে তার গভীর আগ্রহ বজায় ছিল। তার ও আমার চিন্তাপ্রসূত বাক্যালাপ আমার জন্য সবসময় শিক্ষামূলক ও উদ্দীপক হয়েছে। খুব ভালো লেগেছিল যখন তার কন্যা নন্দিতা হাকসার, যে নিজে কোনো অংশে কম সক্রিয় কর্মী ছিল না, মার্চ ২০১২ সালে ঢাকায় আমন্ত্রিত হয় আমাদের মুক্তিযুদ্ধে তার প্রয়াত বাবার অবদানের স্বীকৃতি হিসেবে বাংলাদেশ সরকারের দেওয়া মরণোত্তর পুরস্কার গ্রহণ করতে। হাকসারের গোপন নথি সম্প্রতি পাবার পর বাংলাদেশের উত্থান সম্পর্কে বাস এবং বিশেষত রাঘবনের লেখা সাম্প্রতিক বই দুটোর গুরুত্বপূর্ণ তথ্যসূত্র হয়েছে। দুঃখের বিষয় এই আত্মকথন লেখার সময় হাকসারের নথি আমি যোগাড় করতে পারিনি।

ধর এবং হাকসারের সঙ্গে আমাদের সাক্ষাৎকারই ভারত সরকারের উচ্চ পর্যায়ে পৌঁছে দেওয়া বাংলাদেশ মুক্তিযুদ্ধ প্রেক্ষিতের প্রথম পূর্ণাঙ্গ বয়ান ছিল কিনা এ বিষয়ে আমরা নিশ্চিত নই। হাকসারের প্রতিক্রিয়া দেখে মনে হয়েছিল এসব ঘটনা তিনি প্রথমবারের মতোই শুনছেন। পাশের দেশের সেই ক্রম উন্মোচিত নাটক যার চূড়ান্ত পরিণতিতে পাকিস্তান সেনাবাহিনীর গণহত্যা শুরু, এর বিশদ সম্পর্কে ভারত সরকারের উচ্চতম মহল এত কম জানে দেখে আনিস আর আমি বেশ অবাক হয়েছিলাম। সরাসরি ভারতের কর্তাব্যক্তিদের প্রতিক্রিয়ার সঙ্গে পরিচিত হয়ে বুঝেছিলাম যে পাকিস্তান খণ্ডিত করতে পূর্ব-পরিকল্পিত ভারতীয় চক্রান্তের ধারণা পাকিস্তানি মিথ্যা কল্পনা মাত্র।

আমি ও আনিস যখন হাকসারকে ঘটনার বিবরণ জানাচ্ছিলাম ব্যারিস্টার আমীর-উল ইসলামের সঙ্গে তাজউদ্দীন আহমদও তখন দিল্লি পৌঁছেছেন (শ্রীনাথ রাঘবন (২০১৩) ১৯৭১ : আ গ্লোবাল হিস্ট্রি অফ দ্য ক্রিয়েশন অফ বাংলাদেশ. কেমব্রিজ: হার্ভার্ড ইউনিভার্সিটি প্রেস)। যাই হোক, আমীর-উল ইসলাম আমাকে জানিয়েছিলেন যে, ৩ এপ্রিল সন্ধ্যের আগে তারা ইন্দিরা গান্ধীর সঙ্গে দেখা করেননি, যে তথ্য রাঘবন তার সাম্প্রতিক বইয়ে সমর্থন করেছে। তাজউদ্দীন দিল্লি পৌঁছবার পর বাংলাদেশ আন্দোলন বিষয়ে কর্তৃত্বের সঙ্গে কথা বলার যোগ্যতম ব্যক্তি স্পষ্টত তিনিই ছিলেন। যাই হোক, তিনি যখন দিল্লিতে আসেন ভারতীয় নেতৃবৃন্দ সে সময় বঙ্গবন্ধুর বাইরে বাংলাদেশের আর কোনো নেতাকে চেনা দূরে থাক, নামই শোনেনি। শুধুমাত্র মুজিবই তখন আন্তর্জাতিক পরিচিতি লাভ করেছেন।

বাংলাদেশের প্রথম প্রধানমন্ত্রীকে চেনা

ভারত কর্তৃপক্ষের কাছে বাংলাদেশের রাজনৈতিক নেতাদের সম্পর্কে যে কিছুটা তথ্যের অভাব রয়েছে তা আমি আঁচ করতে পারছিলাম। হাকসারের সঙ্গে দেখা হবার পরদিন সকালে হাকসারের পাঠানো কিছু ভারতীয় কর্তাব্যক্তি আমাকে ও আনিসকে তাদের সঙ্গে দিল্লির একটি বাড়িতে নিয়ে যায়। সেখানে তাজউদ্দীন আহমদকে দেখে আমরা একই সাথে অবাক ও আনন্দিত হই। তবে সেখানে পরিষ্কারভাবে দাড়ি কামানো, সুদর্শন, যুবকটিকে চিনতে আমাদের বেশ কিছু সময় লেগেছিল। দেখা গেল সে আর কেউ নয়, স্বয়ং আমীর-উল ইসলাম – ছদ্মবেশ নিতে সে তার বিখ্যাত জলদস্যু দাড়িটি কামিয়ে ফেলেছে। তাজউদ্দীনকে দেখার পর প্রাথমিকভাবে বিরাট স্বস্তি পেলাম কারণ বঙ্গবন্ধুর পর আমি যাকে বাংলাদেশের কথা বলার যোগ্যতম মনে করেছি সেই মানুষ দিল্লিতে এসেছেন এবং পূর্ণ কর্তৃত্বের সঙ্গে ভারতীয় নেতৃত্বের সাথে মত বিনিময় করবেন।

কিছুক্ষণ পর আমার খেয়াল হল ভারতীয় নেতাদের কাছে অজানা মুখ তাজউদ্দীনের পরিচয়ের সত্যতা যাচাই করতেই হয়তো আমাদের দুজনকে ওই বাড়িতে নিয়ে যাওয়া হয়েছে। ভারতের সঙ্গে তাজউদ্দীনের প্রথম যোগাযোগ এবং তার নিজের প্রথম ভারতে পা রাখা হয়েছিল ৩০ মার্চ ১৯৭১, যেদিন তিনি আমীর-উল ইসলামের সঙ্গে কুষ্টিয়া সীমান্ত পেরোন। আমার দুই ছাত্র – তৌফিক এলাহি চৌধুরী, তৎকালীন এসডিও (সাব-ডিভিশনাল অফিসার) এবং মাহবুবউদ্দিন আহমেদ, ভারত সীমান্তবর্তী চুয়াডাঙ্গার এসডিপিও (সাব-ডিভিশনাল পুলিশ অফিসার) – সক্রিয়ভাবে মুক্তিযুদ্ধে অংশ নিয়েছিল এবং তারা তখন সীমান্তের ওপারে বিএসএফ-এর সঙ্গে যোগাযোগ করা শুরু করেছিল। তাজউদ্দীন এবং আমীরকে পেয়ে তারা স্থানীয় বিএসএফ কমান্ডারের সঙ্গে তাদের পরিচয় করিয়ে দেয়।

আমার সঙ্গে বৈঠকে হাকসার আমার কাছে আওয়ামী লীগের সম্ভাব্য নেতাদের ব্যাপারে জানতে চান যারা বঙ্গবন্ধুর মতো উঁচুমাপের নেতার অনুপস্থিতিতে মুক্তিযুদ্ধের নেতৃত্ব দিতে পারবে। তাজউদ্দীন সেই সময় দিল্লিতে এসেছেন এটা না জেনেই আমি বলেছিলাম এই ভূমিকা সম্ভবত তাজউদ্দীন আহমদই পালন করতে পারেন। তাজউদ্দীনের সম্পূর্ণ রাজনৈতিক বায়োডাটা এবং তার ওপর বঙ্গবন্ধুর অগাধ বিশ্বাসের কথা আমি হাকসারকে জানিয়েছিলাম। বাংলাদেশের রাজনীতির অঙ্গনের প্রধান ব্যক্তিত্বদের সম্পর্কে ভারতীয় কর্তৃপক্ষের তথ্যের অভাব লক্ষ করে বাংলাদেশের রাজনীতিতে কার কোথায় অবস্থান এটা হাকসারকে বোঝাতে আমার খানিকটা সময় লেগেছিল। হাকসারের নিশ্চয়ই দিল্লিতে তাজউদ্দীনের অবস্থান জানা ছিল, কিন্তু তখনও

তিনি তাকে দেখেননি। তার প্রধানমন্ত্রী কীভাবে বাংলাদেশের সম্ভাব্য নেতাদের সঙ্গে সংশ্রব করবেন সেটা তাকে জানানোর আগে তাজউদ্দীন সম্পর্কে আরও কিছু জানার দরকার ছিল হাকসারের।

আমাদের মনে রাখতে হবে যে সে সময় আমাদের মুক্তিযুদ্ধের গতিপ্রকৃতি বিষয়ে ভারতীয়দের খুব স্বচ্ছ ধারণা ছিল না এবং সংগ্রামে জড়িত সমস্ত প্রধান রাজনৈতিক শক্তিগুলোর স্বাধীনতা অর্জিত না হওয়া পর্যন্ত লড়াই চালাবার মনোবল ও দৃঢ় প্রতিজ্ঞা আছে কি না সেটাও তারা জানত না। ফলে তাদের উদ্বিগ্ন হওয়ার মূল কারণ ছিল যে, বঙ্গবন্ধুর অনুপস্থিতিতে এই লড়াইয়ে কে নেতৃত্ব দেবে এবং এরকম নেতার এ ধরনের লড়াই চালিয়ে যাওয়ার যোগ্যতা ও কর্তৃত্ব আছে কিনা।

আমাদের প্রথম সাক্ষাতে তাজউদ্দীন আমাকে বলেন যে, তিনি নিজেও জানেন না তার সহযোগীদের মধ্যে কারা বেঁচে আছে। তিনি জানান সামরিক বাহিনীর তৎপরতার খবর পেয়ে কীভাবে তিনি এবং পরে ড. কামাল হোসেনকে নিয়ে আমীর-উল ইসলাম ২৫ মার্চ রাতে বঙ্গবন্ধুর সঙ্গে দেখা করে তাকে তাদের সঙ্গে নিরাপদ আশ্রয়ে চলে যাবার জন্য বুঝিয়ে রাজি করানোর চেষ্টা করেন। কিন্তু বঙ্গবন্ধু তাদের সঙ্গে যেতে অস্বীকার করেন এবং তাদের আত্মগোপন করে স্বাধীন বাংলাদেশের জন্য লড়াই চালিয়ে যাবার পরামর্শ দেন। তাজউদ্দীন এবং আমীর-উল কামাল হোসেনের কাছ থেকে বিদায় নেন। কামাল হোসেনের আশঙ্কা ছিল তিনজন একসঙ্গে এগোতে থাকলে বরং পাকিস্তানি বাহিনীর দৃষ্টি আকর্ষণ করা হবে। কামাল সেই মতো ধানমন্ডিতে তার এক আত্মীয়ের বাড়িতে তাকে নামিয়ে দিতে বলে যেখান থেকে পরে সে তাদের সঙ্গে মিলিত হবে। তাজউদ্দীন ও ইসলাম পুরনো ঢাকায় আশ্রয় নেন।

যেহেতু কামাল পরে আর তাজউদ্দীন ও আমীরের সঙ্গে যোগাযোগ করতে পারেননি, তারা দুজনে কুষ্টিয়া হয়ে সীমান্ত পেরিয়ে চলে আসে ৩০ মার্চ, যেখানে তাদের স্বাগত জানান বিএসএফ-এর বরিষ্ঠ আধিকারিক গোলোক মজুমদার যিনি তাদের সন্ধেবেলা কলকাতা বিমানবন্দরে নিয়ে যান তার বস কে কে রুস্তমজী-র সঙ্গে পরিচয় করিয়ে দিতে। রুস্তমজী দিল্লি থেকে উড়ে এসেছিলেন তাদের সঙ্গে দেখা করতে। রুস্তমজী বিস্তারিত খোঁজখবর নেবার পর ১ এপ্রিল তাজউদ্দীন এবং আমীরকে দিল্লিতে নিয়ে যাওয়া হয় এবং বিএসএফ-এর একটি নিরাপদ বাড়িতে লুকিয়ে রাখা হয় ৩ এপ্রিল সকালে, হাকসারের সঙ্গে দেখা হবার পরের দিন, সেই গোপন আস্তানায় তাদের সঙ্গে আমার দেখা হল (শ্রীনাথ রাঘবন, ১৯৭১: আ গ্লোবাল হিস্ট্রি অফ দ্য ক্রিয়েশন অফ বাংলাদেশ)।

তাজউদ্দীনের ইন্দিরা গান্ধীর সঙ্গে দেখা করার অ্যাপয়েন্টমেন্ট নির্দিষ্ট ছিল ৩ এপ্রিল। মুক্তিযুদ্ধের গতি বিষয়ে ভারতের প্রধানমন্ত্রীর সঙ্গে জরুরি

আলোচনা করার উপযুক্ত ব্যক্তি তাজউদ্দীন এ সম্পর্কে নিশ্চিত হতে মনে হয় ভারতীয় কর্তৃপক্ষের অন্তত দু'দিন সময় দরকার ছিল। আমি দিনের বাকি সময় তাজউদ্দীন ও আমীরের সঙ্গে কাটালাম প্রধানমন্ত্রীর সঙ্গে এই ঐতিহাসিক বৈঠকে তাজউদ্দীনের সম্ভাব্য পরিকল্পনা এবং পরিশেষে ভারতের কাছ থেকে কী ধরনের সাহায্য আমরা আশা করতে পারি তা নিয়ে আলোচনা হল।

তাৎক্ষণিক গুরুত্বের বিষয় ছিল ইন্দিরার সঙ্গে বৈঠকে কী রাজনৈতিক পরিচয় গ্রহণ করবেন তাজউদ্দীন। আমাদের সঙ্গে আগের সন্ধ্যের বৈঠকে বঙ্গবন্ধুর অনুপস্থিতিতে কে নেতার ভূমিকা নেবে সে বিষয়ে হাকসারের উদ্বেগের কথা আমি তাকে জানাই। আমি এবং আমীর তাজউদ্দীনকে বুঝাই যে এখন নিজের সম্পর্কে কোনো ধরনের সংশয় রাখা চলবে না। বঙ্গবন্ধুর সঙ্গে তার ঘনিষ্ঠতা এবং মার্চ মাসে বাংলাদেশ প্রশাসন পরিচালনায় ইতিমধ্যে যে ভূমিকা তিনি পালন করেছেন, তাতে করে সব মিলিয়ে লড়াইয়ে নেতৃত্ব দেবার সবচেয়ে ভালো প্রস্তুতি দৃশ্যত তারই আছে। তাকে সতর্ক করে দিই যে মুক্তিযুদ্ধের অন্তর্বর্তী নেতা হিসেবে তার যোগ্যতা ও কর্তৃত্বের কথা হাকসারকে আমি জানিয়েছি, সুতরাং আমাদের এমন কিছু করা উচিত হবে না যা তার বিষয়ে ভারতের মনে সংশয়ের জন্ম দেয়। আমার ধারণা, সে সময় তাজউদ্দীনের নেতৃত্বের ভূমিকা গ্রহণ করার বিষয়টি নিয়ে পরবর্তী সময়ে যারা প্রশ্ন তুলেছিল, তাদের কাছে মুক্তিযুদ্ধের ইতিহাসে এই ক্ষুদ্র মূল্যবান মুহূর্তে আমার বিনম্র এবং অযাচিত ভূমিকা নিশ্চয়ই আমাকে অপ্রিয় করে থাকবে।

তাজউদ্দীনের নিরাপদ আশ্রয়ে থাকার সময় রেডিওতে পাকিস্তানি সেনার হাতে কামাল হোসেনের সদ্য ধরা পড়ার খবর শুনে আমরা অত্যন্ত বিচলিত হই। যাই হোক ততদিনে খবর আসতে শুরু করেছে যে আওয়ামী লীগ হাইকমান্ড সদস্যরা একের পর এক সীমান্ত পেরিয়ে আসছে। দ্রুত সীমান্তে পৌঁছে তার সহযোগীদের সঙ্গে দেখা করতে তাই উদ্বিগ্ন হয়ে ওঠেন তাজউদ্দীন আহমদ, যার মাধ্যমে যৌথভাবে স্বাধীন বাংলাদেশ সরকার গঠন করে মুক্তিযুদ্ধ পরিচালনা করা যাবে।

তার বরিষ্ঠ সহকর্মীরা ভারতে পৌঁছে গেছে জানা মাত্র নিজেকে মুক্তিযুদ্ধের মুখ্য মুখপাত্র হিসেবে হাজির করা নিয়ে চিন্তা আরও বেড়ে যায় তাজউদ্দীনের। তিনি বলেন আওয়ামী লীগ দলীয় বিন্যাসে তিনি আওয়ামী লীগ আঞ্চলিক শাখার সাধারণ সম্পাদক, সেখানে সৈয়দ নজরুল ইসলাম, খন্দকার মোশতাক, কামরুজ্জামান এবং মনসুর আলির মতো অন্যান্য নেতারা মনে করতে পারেন যে তারা তার চেয়ে উঁচু পদাধিকারী, সুতরাং তিনি নেতার ভূমিকা নিলে সেটা ক্ষোভের কারণ হবে। তাজউদ্দীনের আশঙ্কা পরবর্তী সময়ে সঠিক প্রমাণিত হয় যখন দিল্লি থেকে ফিরে তিনি তাদের সঙ্গে দেখা করেন। তাজউদ্দীনের নিজেকে সম্ভাব্য প্রধানমন্ত্রী হিসেবে উপস্থাপনের অধিকার তারা

চ্যালেঞ্জ করে। নজরুল ইসলাম মুজিবনগর সরকারের অস্থায়ী প্রেসিডেন্ট ঘোষিত হওয়ায় তাজউদ্দীনের পদোন্নতি মেনে নিয়েছিলেন, কিন্তু খুবই অসন্তুষ্ট হলেন মোশতাক।

তখন সামনে কঠিন চ্যালেঞ্জ ছিল বিশ্ব দরবারে নির্বাচিত সরকার পরিচালিত স্বাধীন বাংলাদেশ রাষ্ট্র গঠনের ইশতেহার জারি করা। এরকম সরকারের অস্তিত্ব প্রচারে, স্বাধীনতার আনুষ্ঠানিক ঘোষণার খসড়া তৈরির প্রয়োজন আছে বলে আমদের মনে হয়েছিল। বঙ্গবন্ধু অনুমোদিত স্বাধীনতার ঘোষণা যা রেডিও চট্টগ্রাম থেকে প্রথমে আওয়ামী লীগের আবদুল হান্নান এবং পরে মেজর জিয়াউর রহমান দ্বারা সম্প্রচারিত হয়েছিল সেটাকে এবার স্বাধীনতার আনুষ্ঠানিক ঘোষণাপত্র হিসেবে সংযুক্ত করা প্রয়োজন হয়ে দাঁড়ায়।

আমীর-উল ইসলামের সঙ্গে আমাকে স্বাধীনতা ঘোষণাপত্রের খসড়া তৈরির দায়িত্ব দিলেন তাজউদ্দিন আহমেদ। ব্যারিস্টার হবার যোগ্যতাবলে আমীর-উল ঘোষণাপত্র তৈরির বেশিরভাগ দায়িত্ব নেন এবং পরে ব্যারিস্টার সুব্রত রায় চৌধুরীর মতো কলকাতার কিছু বরিষ্ঠ আইনজীবির দেওয়া তথ্যের সহায়তায় তার ঐতিহাসিক কাজ সম্পূর্ণ করেন। আমি দুটি তথ্য সংযোজনের দাবি করতে পারি পরিশেষে যেগুলোকে ঘোষণায় জায়গা দেওয়া হয়। আমি মনে করতে পারি 'বাংলাদেশ প্রজাতন্ত্র' এই ঘোষণায় 'গণ' শব্দটা জুড়েছিলাম। এই সংযোজন যেমন আমার আদর্শগত পক্ষপাত প্রাণিত, তেমনই এও সত্য যে, উপস্থিত তিনজনই আমরা সমানভাবে উপলব্ধি করেছিলাম যে, বাংলাদেশ স্বাধীন হলে সেটা হবে গণসংগ্রামের পরিণাম। আমার অন্য ইনপুট পেয়েছিলাম খালেদ মোশাররফের সঙ্গে পরিচয়ের সৌজন্যে। তিনি আমাকে জোর দিয়ে বলেছিলেন এরকম স্বাধীনতা ঘোষণায় অবশ্যই যুদ্ধরত সব বাঙালি সেনাকে স্বাধীন বাংলাদেশের পরিষেবায় নিযুক্ত সেনা হিসেবে পুনর্নিয়োগ করতে হবে। সেইমত সেক্টর কমান্ডার যারা বাংলাদেশ জুড়ে যুদ্ধে নেতৃত্ব দিচ্ছিল তাদেরকে বাংলাদেশ সেনাবাহিনীর কমিশন্ড অফিসার নিযুক্ত করে ঘোষণাপত্র। আমাদের সংবিধানিক ইতিহাসে এই দুই বিনীত সংযোজন ছাড়া আর কোনো ভূমিকার দাবি আমি করি না।

আমাদের স্বাধীনতা সংগ্রামের প্রেক্ষাপট এবং যেসব তাৎক্ষণিক পরিস্থিতি থেকে তা উদ্ভূত এসব বিষয়ে সারা বিশ্ব সামান্যই সচেতন ছিল। আমি তাই ঘোষণাপত্রের প্রেক্ষিত হিসেবে একটি পৃথক বিবৃতি তৈরির পরামর্শ দিলাম। সেটি তৈরি করতে আমাকে অনুরোধ করেন তাজউদ্দীন। কিছুটা ভয়ে ভয়েই এই কাজ শুরু করি যেহেতু এটিও সম্ভবত একটি ঐতিহাসিক নথি হতে চলেছিল।

বেশ খেটে এই ঘোষণাপত্র তৈরি করেছিলাম এবং এর বাস্তব বিষয়সূচি খুঁটিয়ে পরীক্ষা করেছিলন তাজউদ্দীন। ভাষা ব্যবহারে কিছুটা সতর্ক থাকতে হয়েছিল আমাকে। খসড়ার ভাষায় আমার পরিচয় প্রকাশ পাক এটা আমি

চাইনি, কারণ ফোরাম এবং অন্যান্য পত্রপত্রিকায় আমার লেখা পাকিস্তানে বহু-পঠিত ছিল, যার মধ্যে গুপ্তচর সংস্থাগুলোও ছিল। মনে আছে পাকিস্তানি জনগণকে সতর্ক করে এক জায়গায় লিখেছিলাম যে আমাদের লড়াইকে গুঁড়িয়ে দিতে তারা যদি সফল হয় তবে এই সেনাবাহিনীর হাতে তাদের জন্যও একই পরিণতি অপেক্ষা করছে - খসড়ার এই শেষ প্যারা আমি বাদ দিই কারণ এটা আমি যে ভাষায় লিখেছিলাম, তা অত্যন্ত চেনা রীতি ছিল। সুখের কথা, ঘটনার প্রেক্ষাপটের ওপর আমার লেখা প্রথম খসড়া অপরিবর্তিত রাখা হয়। বর্তমানে মুজিবনগর নামে পরিচিত কুষ্টিয়ার আমবাগানে ১৭ এপ্রিল তার মন্ত্রীসভার শপথগ্রহণ অনুষ্ঠানে স্বাধীন বাংলাদেশের প্রধানমন্ত্রী তাজউদ্দীন সম্প্রচারিত ঘোষণায় সেটি বিশ্ব দরবারে উপস্থাপিত হয়েছিল। ওই বিবৃতির একটি বাক্য যা তারপর থেকে বহু উদ্ধৃত - "পাকিস্তান মৃত এবং মৃতের পাহাড়ের নিচে সমাধিত" - আমার তৎকালীন অনুভূতির সংক্ষিপ্ত প্রতিফলন এবং আমার পরবর্তী যাবতীয় ক্রিয়াকলাপের ভিত্তি।

১৬
পূর্ণতা: বিশেষ দূত

প্রধানমন্ত্রীর নির্দেশ

আমার মিশনের সংজ্ঞা নিরূপণ

তাজউদ্দীন এবং আমীরের সঙ্গে থাকার সময় বিবিসি-তে শুনলাম ইয়াহিয়া খানের অর্থনৈতিক উপদেষ্টা এম এম আহমেদ জরুরি মিশনে ওয়াশিংটন যাচ্ছে পাকিস্তানের সাহায্যদাতা সংস্থাসমূহের সংঘের কাছে নতুন সাহায্য চাইতে। তাজউদ্দীনের মনে হল ভর্তুকি দিয়ে পাকিস্তানের যুদ্ধ-মেশিনকে অর্থ জোগাবার যেকোনো চেষ্টা আমাদের কাছে থাকা সমস্ত রাজনৈতিক সঙ্গতি দিয়ে রোধ করতে হবে। সেই অনুযায়ী যত দ্রুত সম্ভব লন্ডন ও ওয়াশিংটন গিয়ে পাকিস্তানের মুখ্য সাহায্যদাতারা যাতে ওই দেশকে সাহায্য দান বন্ধ করে - সেই উদ্দেশ্যে বাংলাদেশ সরকারের হয়ে প্রচার শুরু করার জন্য আমাকে নিয়োগ করেন তাজউদ্দীন। আমার দ্বিতীয় দায়িত্ব হল পাকিস্তানের কূটনৈতিক মিশনে নিযুক্ত সব বাঙালি অফিসারদের বোঝানো তারা যেন পাকিস্তানের পক্ষ ত্যাগ করে বাংলাদেশ সরকারের প্রতি আনুগত্য ঘোষণা করেন। আমার বিশেষ লক্ষ্য হল মার্কিন যুক্তরাষ্ট্রে মিশন চালানো, যোগ্যতম বাঙালি অফিসাররা যেখানে রয়েছেন। তাদের দলত্যাগ রাজনৈতিক বিচারে অতি মূল্যবান সেইসঙ্গে বাংলাদেশের জন্য স্বার্থ-সহায়ক হবে।

তাজউদ্দীন হাকসারকে অনুরোধ করলেন তার বিশেষ দূত হিসেবে আমার যুক্তরাজ্য ও যুক্তরাষ্ট্র সফরের বন্দোবস্ত করতে। তাজউদ্দীনের দূত হিসেবে আমার পরিচয় মূলত তাত্ত্বিক (theoretical) হয়, যেহেতু বাংলাদেশ সরকার তখনও প্রতিষ্ঠিত হয় নি এবং তাজউদ্দীনও তার প্রধানমন্ত্রী পদে অভিষিক্ত হন নি। সুতরাং বাংলাদেশের স্বার্থে আমার প্রথম কূটনৈতিক কেরিয়ার পুরোটাই স্বঘোষিত, এবং এর জন্য প্রবল আত্মবিশ্বাসের ভার বহনের দরকার ছিল। আমরা অবশ্য গোটা বিশ্বে প্রবাসী বাঙালিদের প্রতিক্রিয়ায় অত্যন্ত উৎসাহিত বোধ করছিলাম, যারা বাংলাদেশের পাশে এসে দাঁড়াচ্ছিলেন, বাংলাদেশে গণহত্যা বন্ধ করতে আন্তর্জাতিক ব্যবস্থার দাবি করছিলেন, দাবি করছিলেন আমাদের সার্বভৌমত্বের স্বীকৃতি, যারা অর্থ সংগ্রহ করছিলেন মুক্তিযুদ্ধের সমর্থনে।

আমাদের সাক্ষাৎকারের অল্পকিছু পরেই তাজউদ্দীন এবং আমীর কলকাতা ফিরে গেলেন ইতিমধ্যে সীমান্ত পেরিয়ে আসা তার বিভিন্ন সহযোগীদের সঙ্গে যোগাযোগ করতে যাতে, তারা সরকার গঠনের কাজ শুরু করতে পারেন এবং মুক্তিযুদ্ধে নেতৃত্বের দায়িত্ব গ্রহণ করতে পারেন। আমার যাবার ব্যবস্থা সম্পূর্ণ হবার অপেক্ষায় আমি অশোক মিত্রের কাছে থেকে রাজনৈতিক ও শিক্ষা জগতে বিভিন্ন গুরুত্বপূর্ণ পদে আসীন ভারতীয়দের সঙ্গে নীরবে যোগাযোগ তৈরির চেষ্টা করি বাংলাদেশের স্বার্থের পক্ষে যারা আরও উপযোগী ভূমিকা পালন করতে পারেন।

ভারতের সঙ্গে আমাদের নৈকট্যের নিরিখে, আমাদের ব্যাপারে ওয়াকিবহাল অথবা বঙ্গবন্ধু ছাড়া অন্য কোনো বাঙালির কথা শুনেছে এমন লোক আমি দিল্লিতে খুব কম পেয়েছিলাম। তাছাড়া এটাও মনে রাখতে হবে, এপ্রিল ১৯৭১-এর সেই শুরুর দিনগুলোয়, বিভিন্ন পর্যায়ের ভারতীয়রা – তারা যতই পাকিস্তানি গণহত্যায় ক্ষিপ্ত হোক না কেন – একেবারেই বিশ্বাস করতে পারেনি যে বাংলাদেশিরা শেষ পর্যন্ত মুক্তিযুদ্ধ চালিয়ে যেতে বদ্ধপ্রতিজ্ঞ, এবং তাদের এটাও মনে হয়নি যে প্রকৃতপক্ষে মুক্তিযুদ্ধ একটি বাস্তববাদী আকাঙ্ক্ষা। তাই তাদেরকে সত্যিকার পরিস্থিতি সম্পর্কে অবগত করতে আমার প্রাথমিক কাজ হয়েছিল জর্জ ভার্গিস, কুলদীপ নায়ার, ইন্দর মালহোত্রা, প্রাণ চোপরা, অজিত ভট্টাচার্য ও সংবাদমাধ্যমের অন্যান্য বর্ষীয়ানদের সঙ্গে বৈঠক করা, যারা ভারতীয়দের কাছে বাংলাদেশের লক্ষ্য কী সেটা প্রচার করার সেরা উপযুক্ত জায়গায় রয়েছেন। সংবাদমাধ্যমের এই মহারথীরা স্বতঃস্ফূর্তভাবে এ দায়িত্ব গ্রহণ করেন এবং যতদিন মুক্তিযুদ্ধ চলেছে ততদিন বাংলাদেশের লক্ষ্যের প্রতি তাদের আনুগত্য অবিচল থেকেছে।

সোভিয়েত সরকারের সঙ্গে যোগাযোগ করে আমাদের লক্ষ্য সমর্থনে তাদেরকে বোঝাতে আমায় পরামর্শ দিলেন হাকসার এবং কূটনৈতিক জগতে বর্ষীয়ান সোভিয়েত রাষ্ট্রদূত পেগভ-এর সঙ্গে দেখা করতে বলেন। যেহেতু সালমা তখনও ঢাকায় রয়েছে তাই পাকিস্তানি গোয়েন্দা সংস্থার চোখের সামনে নিজেকে ধরা দিতে বিশেষ আগ্রহী ছিলাম না আমি। হয়ত তাদের সর্বত্র উপস্থিতি সম্পর্কে একটু বেশি বাড়িয়ে ভাবছিলাম আমরা। পি এন ধর তাই পেগভ-এর সঙ্গে ভোরের দিকে অ্যাপয়েন্টমেন্ট করে দিলেন এবং নিজে গাড়ি চালিয়ে আমাকে দূতাবাসে পৌঁছে দিয়ে একঘন্টা পর নিয়ে আসতে রাজি হলেন। গোপন রহস্যময় সেই দূতিয়ালি ঘড়ির কাঁটার মতো নিঁখুত দক্ষতায় চলে। রাষ্ট্রদূতের সঙ্গে একঘন্টার ফলদায়ী আলোচনায় আমাদের অবস্থার পুরো বিবরণ দিই এবং সোভিয়েত ইউনিয়নের সঙ্গে দৃঢ় বন্ধন তৈরি করায় যে গুরুত্ব দিচ্ছে গণপ্রজাতন্ত্রী বাংলাদেশ তাও বলি পেগভ-কে। মনে হল আমার যুক্তিতে রাষ্ট্রদূত সন্তুষ্ট এবং বাংলাদেশের পরিস্থিতি শুনে আবেগপ্রবণ হয়ে পড়েন। তিনি কথা দেন মস্কোর নেতৃত্বকে এই বার্তা পৌছে দেবেন।

পরবর্তী সময়ে সোভিয়েত ইউনিয়ন পাকিস্তান সেনাবাহিনীর গণহত্যার বিরুদ্ধে সবচেয়ে শক্তিশালী প্রতিবাদী কণ্ঠস্বর হয়ে ওঠে; এবং অবশেষে ইন্দিরা গান্ধী যখন বাংলাদেশের মুক্তিযুদ্ধকে তার সরকারের পূর্ণ সমর্থনের প্রতিশ্রুতি দিলেন, তখন গুরুত্বপূর্ণ রাজনৈতিক সিদ্ধান্ত নিয়ে ভারতের পাশে দাঁড়ায়। আগস্ট ১৯৭১-এ স্বাক্ষরিত ভারত-সোভিয়েত শান্তি, মৈত্রী ও সহযোগিতা চুক্তি বাংলাদেশের স্বাধীনতা অর্জনে একটা বিশিষ্ট ঘটনা হয়ে যায় যেহেতু এর মাধ্যমে পাকিস্তানের সমর্থনপুষ্ট চীনের হস্তক্ষেপ থেকে সামরিকভাবে আড়াল পেয়েছিল ভারত। এই ঐতিহাসিক সিদ্ধান্তগুলো সংশ্লিষ্ট দেশগুলোর ভূকৌশলগত বাধ্যবাধকতা থেকে উদ্ভূত হয়। এই ঐতিহাসিক ঘটনাগুলোকে সচল করতে এপ্রিল ১৯৭১-এর সকালে রাষ্ট্রদূত পেগভ-এর সঙ্গে আমার প্রাথমিক সাক্ষাৎকার সম্ভবত একটা ক্ষুদ্র পদক্ষেপ ছিল।

পরে পি এন ধর আমাকে আরব লীগের রাষ্ট্রদূত ক্লোভিস মাকসুদ-এর সঙ্গে পরিচয় করান, যিনি পরবর্তীকালে জাতিসংঘে আরব লীগের প্রতিনিধি হয়েছিলেন। মাকসুদ সাম্যবাদে বিশ্বাসী এবং ভাবা হয়েছিল যে সাম্রাজ্যবাদ বিরোধী সংগ্রামের অংশ হিসেবে স্বাধীন বাংলাদেশের উত্থান বিষয়ক মতবাদে প্রভাবিত হবেন। তাজউদ্দীন চিন্তিত ছিলেন যে, শাহ শাসিত ইরানসহ ইসলামিক দেশগুলোর সাহায্য চাইবে পাকিস্তান, যাতে তারা তৎকালীন বৃহত্তম ইসলামিক রাষ্ট্রের অখন্ডতা অক্ষুণ্ণ রাখতে জোটবদ্ধ হবে। সুতরাং আরব দুনিয়ায় একটা সেতুবন্ধনের প্রয়োজন আমাদের ছিল এবং ক্লোভিস মাকসুদ-কে একজন সম্ভাব্য মিত্র হিসেবে ধরেছিলাম আমরা। ক্লোভিস হয়ত আমার কিছু চিন্তার অংশীদার ছিল, তবে আমার সন্দেহ তখনকার দিনে তার প্রভাব আরব নেতাদের মধ্যে খুব সামান্যই ছিল যারা ১৯৭১ সালে বাংলাদেশের লক্ষ্য সম্পর্কে পুরোপুরি বৈরী না হলেও নিরুৎসাহী ছিল।

অশোকের কাছে থাকার সময় শতচ্ছিন্ন দশায় নুরুল ইসলাম এল বাংলাদেশ থেকে। তাকে পাহারা দিয়ে সীমান্তে পৌঁছে দিয়ে গেছে আমাদের পথপ্রদর্শক রশিদ এবং রহমতুল্লা, এবং তার সফরসঙ্গী ছিল রাজনৈতিক মনোভাবাপন্ন ব্যবসায়ী ওবায়েদ জায়গিরদার এবং চিত্রকর দেবদাস চক্রবর্তী। নরসিংদীর মাঝখান দিয়ে আসতে তারা পাকিস্তানি স্যাবার জেট আক্রমনের বিপত্তির মুখে পড়ে এবং নুরুল মানসিকভাবে খুব বিধ্বস্ত হয়। সে তার পরিবারকে ড্যানিয়েল থর্নারের কাছে রেখে এসেছিল। ড্যানিয়েল ঢাকায় থেকে গিয়েছিল, এবং নুরুলের স্ত্রী চুণী এবং তার বাচ্চা রৌমীন ও নঈমকে নিজে পাহারা দিয়ে পাকিস্তান থেকে বার করে নিয়ে যাবার কথা দেয়। নুরুল ভারত ছেড়ে যুক্তরাষ্ট্র যাবার জন্য উদগ্রীব হয়ে উঠেছিল এবং তার সেখানকার পেশাদার সতীর্থদের সঙ্গে চিঠিপত্রে যোগাযোগ রাখছিল তারা যাতে শিক্ষাবিদের চাকরি তাকে খুঁজে দিতে পারে। পরিশেষে ইয়েল বিশ্ববিদ্যালয় তাকে সে সুযোগ

দেয়, যারা পিআইডিই-র সঙ্গে ঘনিষ্ঠ যুক্ত ছিল নুরুলের দুই পূর্বসূরী ডিরেক্টর গাস রানিস এবং মার্ক লেজারসন-এর মাধ্যমে। অবশেষে যুক্তরাষ্ট্র যাত্রা করে নুরুল তবে সেখানেও কিছু নাটকীয়তা তার অপেক্ষায় ছিল। সে দেখে দিল্লি থেকে তার প্যান অ্যাম বিমান করাচি হয়ে যাবে। তার ভয় ছিল তাকে বিমানবন্দরে আটক করা হবে এবং অবশেষে যুক্তরাষ্ট্রগামী অপেক্ষাকৃত মনমত বিমান সে ধরে।

নুরুল ও আনিস আশোকের বাড়ির একটা অতিথিকক্ষে ছিল, আমি ছিলাম আর একটায়। মনে আছে খুব সঙ্গত কারণেই ডোরা এবং তাদের মেয়েদের পরিণতি সম্পর্কে ক্রমে উদ্বেগ বাড়ছিল আনিসের, বিশেষ করে নুরুল ইসলাম সীমান্ত পেরোবার সময় যে বিমানবাহিনীর আক্রমনের মুখে পড়েছিল সে বৃত্তান্ত শোনার পর থেকে। সম্ভবত মানসিক চাপ থেকে আনিসের কিছু পেটের গোলযোগ দেখা দেয় এবং সে খুবই কম খেত। অশোক মিত্রের স্ত্রী গৌরীর রান্না পাতলা খিচুড়িই বেশিরভাগ সময়ে খেত সে। গৌরী পলাতক বাঙালি অর্থনীতিকদের ছোট্ট দলটির ফ্লোরেন্স নাইটিংগেল হয়ে যান। কিছু দিন আনিস কম কথা বলত এবং তার নিজের ঘরে নিজেকে আবদ্ধ রেখে তার অভিজ্ঞতার রোজনামচা লিখত। পরিশেষে সে কলকাতায় চলে যায় তার পরিবারের জন্য অপেক্ষা করতে, কিন্তু সেটাও ছেড়ে দিয়ে যুক্তরাষ্ট্রে চলে যায় তার হার্ভার্ডের পিএইচডি গবেষণার পরিদর্শক ওয়াসসিলি লিয়নটিফ এবং গাস পাপানেক প্রমুখ শিক্ষাবিদ বন্ধুদের মধ্যস্থতায়। ডোরা এবং তাদের দুই মেয়েকে সীমান্ত পার করে কলকাতা অবধি পৌঁছে দিয়েছিল রোজবু যেখান থেকে অবশেষে তারা যুক্তরাষ্ট্রে আনিসের সঙ্গে মিলিত হয়।

প্যারিসে প্রথম বিরতি

অবশেষে, প্যারিস, লন্ডন, নিউ ইয়র্ক হয়ে ওয়াশিংটন ডিসিগামী বিমানের টিকিট পাওয়া গেল আমার। আমার প্যারিস যাওয়া দরকার ছিল পাকিস্তানের দূতাবাসের দ্বিতীয় সচিব (Second Secretary) আমার ভাই ফারুকের সঙ্গে দেখা করে পরিস্থিতির খোঁজখবর নেওয়ার জন্য। দিল্লি থেকে বিদায় নিলাম আমার বন্ধু অর্জুন সেনগুপ্তের কাছ থেকে ধার করা একগুচ্ছ জামাকাপড় নিয়ে। অর্জুন তখন তার ডিএসই আবাসনে ফিরে গেছে। পোশাকগুলোর মধ্যে ছিল একটা বাদামি হ্যারিস ট্যুইড কোট যেটা গোটা ১৯৭১ সালে আমার যুদ্ধের ইউনিফর্ম হয়েছিল। বন্ধুরা আমাকে রাজকীয় ৩০ পাউন্ড দিল পকেট খরচ হিসাবে। আমার আশা ছিল যে কোনো ভাবে টিকে থাকার ব্যবস্থা করব।

অঘোষিতভাবে প্যারিস পৌঁছলাম এবং র‍্যু দ্য বেলশাস চললাম যেখানে আমার ভাই ফারুক থাকে। তাদের দরজায় কড়া নাড়তে তার বউ নাসরিন বেশ অবাক হয়েই আমাকে অভ্যর্থনা জানাল যেহেতু আমি তখন পলাতক এবং

আমার অকালমৃত্যুর কিছু গুজব ছড়িয়েছে। ফারুক অফিসে গেছে, সুতরাং সে তাকে ফোন করে শুধু বাড়ি চলে আসতে বলে ঘরোয়া জরুরি কারণ দেখিয়ে। যে পাকিস্তান সরকারের তিনি কর্মী সেই সরকারের হাত থেকে পলাতক একজনকে তিনি আশ্রয় দিয়েছেন এ কথা জানতে পারলে বেশ আঘাত পেতেন প্যারিসে পাকিস্তানের রাষ্ট্রদূত এস কে দেহালভি। মজার বিষয় তিনি আবার আমার প্রয়াত বাবার পুরনো বন্ধু ছিলেন। লন্ডন এবং নিউ ইয়র্ক যাবার আগে ভাইয়ের সঙ্গে কথা বলে পরিস্থিতির খবর নেওয়া ছাড়া প্যারিসে বেশি কিছু করার ছিল না আমার। বন্ধু নেভিল ম্যাক্সওয়েলকে ফোন করে বললাম আমি বেঁচে আছি এবং আরও স্পষ্ট করে বললে আমি আশ্রয় নিতে চাই সে ও তার উরুগুয়ান স্ত্রী এভিলিনের হাইগেটের বাড়িতে।

হিথরো-তে আমাকে উষ্ণ স্বাগত জানায় ম্যাক্সওয়েল ও এভিলিন। পরবর্তী কয়েক সপ্তাহ তাদের কাছে যখন ছিলাম গৃহকর্তা ও কর্ত্রী হিসেবে তারা আমাকে যথেষ্ট সাহায্য করেছে। ইতিমধ্যেই উল্লেখ করেছি কীভাবে ১৯৬০-এর দশকে ব্যক্তিগত বন্ধু ও প্রাক্তন সাংবাদিক – দুই হিসেবেই আমি নেভিলের দেখা পেয়েছিলাম। লন্ডন টাইমস-এর দিল্লি নিবাসী সাংবাদিক হিসেবে কাজ করার সময় নেভিল এবং ওয়াশিংটন পোস্ট কাগজের সেলিগ হ্যারিসন অনুমান করে যে দক্ষিণ এশীয় দেশের রাষ্ট্রগুলোর মধ্যে ভাঙনের বীজ রয়েছে। তার মাঝে মাঝে ঢাকা সফরের সময় নেভিল আমার এবং অন্যান্য বাঙালির দ্বারা এই বিশ্বাসে যথেষ্ট প্রভাবিত হয়, যে পাকিস্তান টুকরো হওয়া দিয়ে এই ভাঙন সম্ভবত শুরু হবে। লন্ডনে আমার উপস্থিতি তার প্রিয় তত্ত্বকে প্রায় এক আত্মতৃপ্তিদায়ী ভবিষ্যৎ বাণীর অংশ হিসেবে পর্যাপ্ত সারবত্তা দেওয়ায় তার পেশাদার প্রবৃত্তিগুলো উদ্দীপিত হয়, বিশেষ করে যেহেতু সদ্য বাংলাদেশের যুদ্ধক্ষেত্র থেকে আমি গিয়ে পড়েছিলাম।

আমি খুব বেশি করে চাইছিলাম আম্মান নিবাসিনী আমার শ্যালিকা সারভাত তার যাবতীয় প্রভাব খাটিয়ে সালমা এবং আমাদের ছেলেদের পাকিস্তান থেকে বের করে আনুক। যতক্ষণ ওরা পাকিস্তানে রয়েছে জনসমক্ষে আসতে আমি খুব হতোদ্যম বোধ করছিলাম। সারভাতকে আমি প্যারিস থেকেই ফোন করেছিলাম এবং সে আমায় বলে খুব শিগগিরিই সালমা চলে আসছে। অবশেষে সালমা আম্মান পৌঁছায়, তখন আমি নেভিলের সঙ্গে রয়েছি। যখন তার গলা শুনলাম ফোনে এবং আম্মানে ছেলেদের সঙ্গে কথা হল, তখন মনে হল আমার বুক থেকে একটা ভারী পাথর নেমে গেল। কিছুটা উন্মাদের মতো আক্রমণাত্মক ঢঙে আমি লন্ডনের রাজনৈতিক আঙিনায় প্রবেশ করলাম।

প্যারিসে আমি প্রায় অদৃশ্য প্রোফাইল বজায় রেখেছিলাম। একমাত্র অ্যালিস থর্নার-এর সঙ্গে তার র‍্যু গাই দ্য ল্যব্রস-এর অ্যাপার্টমেন্টে দেখা করি। তার

স্বামী ড্যানিয়েলকে ঢাকায় রেখে সে চলে এসেছে। তার ঢাকাস্থ পিআইডিই-এর সতীর্থদের কয়েকজনকে দেশের বাইরে নিয়ে যেতে যথাসাধ্য করতে স্থিরপ্রতিজ্ঞ ছিল ড্যানিয়েল। সে সময় নুরুল ইসলামের পরিবারকে ঢাকা থেকে সরিয়ে এনে যুক্তরাষ্ট্রে পাঠানোর সহায়ক ছিল সে। তারপর সে পিআইডিই-র গবেষক অর্থনীতিক হাসান ইমামকে তার সঙ্গে প্যারিসে নিয়ে আসে এবং সেখানে তাকে আশ্রয় দেয় যতদিন না ইমামের স্ত্রী এবং মেয়ে তার সঙ্গে মিলিত হয়েছে। পাকিস্তান থেকে ভারতে এসে ড্যানিয়েল তার পুরনো বামপন্থী ভারতীয় পরিচিতদের সক্রিয় করে যারা তখন বিভিন্ন পদে রয়েছে, যেমন পি এন হাকসার, ডি পি ধর, অশোক মিত্র প্রমুখ। দিল্লিতে ড্যানিয়েলের সঙ্গে আমাদের পুরনো বন্ধু মঈদুল হাসানের দেখা হয় যাকে সে প্রথম দেখেছিল ঢাকায় আমাদের সঙ্গে। মঈদুলকে সে ইন্দিরা সরকারের ক্ষমতার কেন্দ্রগুলোয় প্রবেশপথ চিনিয়ে দেয়। আমি যখন প্যারিসে, ড্যানিয়েল তখনও ঢাকায় রয়েছে। আমি অবশ্য অ্যালিসকে বিস্তারিত সব বলি ফরাসি প্রেসে বাংলাদেশ সম্পর্কে তার প্রতিবেদন উপস্থাপনের জন্য।

কূটনীতিতে প্রথম পদক্ষেপ

লন্ডনে আমি আবু সাঈদ চৌধুরীকে খুঁজে বের করলাম। পাকিস্তানের বাইরে তিনিই প্রথম গুরুত্বপূর্ণ বাঙালি যিনি নিজেকে বাংলাদেশের স্বার্থে নিবেদিত বলে ঘোষণা করেন। তিনি সপরিবারে লন্ডন সফরে এসেছিলেন। একজন স্বাধীন প্রতিনিধি হিসেবে সাহসের সঙ্গে কাজ করা তাই তার পক্ষে সম্ভব ছিল। তার উপস্থিতি লন্ডন প্রবাসী বাঙালিদের একত্র হবার জমি তৈরি করে এবং সম্ভবত ওই ভীষণভাবে চিড় ধরা, কলহপ্রবণ গোষ্ঠীর আপাতদৃষ্ট ঐক্যবদ্ধ বহির্ভাগ নির্মাণ ও সংরক্ষণে গুরুত্বপূর্ণ হয়ে ওঠে। কোনো সন্দেহ নেই যে তিনি না থাকলে যুক্তরাজ্য নিবাসী বাঙালিদের রাজনৈতিক ও ব্যক্তিগত মতভেদ নিঃসন্দেহে বহু বিবাদমান কণ্ঠে পূর্ণ বিকশিত হত। তার বিশিষ্টতা এই বিভেদকারী প্রবণতাকে সামলে নিয়েছিল; যে কারণে প্রচারের আলোয় তেমনভাবে না আসা অন্তর্দলীয় কোন্দল যাই থেকে থাক, জনসমক্ষে ঐকতান বজায় রাখায় সচেষ্ট হয়েছিলাম আমরা।

লন্ডনে আমার সাংবাদিক বন্ধু দ্যা গার্ডিয়ান পত্রিকার মার্টিন উলাকট, পিটার প্রেস্টন এবং মার্টিন আর্নল্ড-ফরস্টার-এর কাছ থেকে খবর জোগাড় করি। তখন দ্যা গার্ডিয়ান পত্রিকার বরিষ্ঠ পদাধিকারী মার্টিন তার পত্রিকায় বাংলাদেশের উপর ছোটো একটি লেখা আমাকে লিখতে দিয়েছিল, উপরন্তু সে নিজে ঘটনাগুলো বিস্তারিতভাবে প্রকাশ করে। সামরিক আক্রমণ শুরু হবার সময় মার্টিন উলাকট ঢাকাতে ছিল। তখন ও তার পরবর্তী সময়ে বাংলাদেশ সফরকালে অত্যন্ত

কার্যকরীভাবে পাকিস্তানি সেনাবাহিনীর অপরাধগুলো আলোকিত করে। নেভিল-এর মাধ্যমে দ্যা টাইমস পত্রিকা আমার একটি লেখা ছাপে। দ্যা স্টেটসম্যান পত্রিকাও আমাদের ভালো কভারেজ দেয়, আমার মনে হয় তখন পত্রিকা সম্পাদক ছিলেন লেবার সরকারের প্রাক্তন ক্যাবিনেট মন্ত্রী রিচার্ড ক্রসম্যান।

প্রথম থেকেই লেবার পার্টি বাংলাদেশের স্বার্থের বিষয়ে সহানুভূতিশীল ছিল। আর এক সাংবাদিক বন্ধু ব্রায়ান ল্যাপিং আমাকে লেবার পার্টির পররাষ্ট্র নীতি বিষয়ক কমিটির (Foreign Policy Committee) সঙ্গে যোগাযোগ করিয়ে দেয়। আমি এই গোষ্ঠীর সঙ্গে গভীর ও সদর্থক আলোচনা করেছিলাম। পরে তাদের ছায়া পররাষ্ট্র সচিব ডেনিস হিলি-র সঙ্গে আমার ব্যক্তিগত বৈঠক হয়েছিল। সেই সময় থেকে লেবার পার্টি সম্পূর্ণভাবে বাংলাদেশের লক্ষ্যের সমর্থক হয়ে যায়। এপ্রিলের শেষের সেই প্রথম মিটিংয়ের প্রাক্তনীদের (alumni) কয়েকজন যেমন জন স্টোনহাউস, টোবি জেসাপ প্রমুখ এই ইস্যুতে হাউস অফ কমনস-এ সরব হয়েছিল। বৈদেশিক সাহায্য বিষয়ে লেবার পার্টির মুখপাত্র জুডিথ হার্ট-এর সঙ্গেও দেখা করতে পেরেছিলাম। তার রিচমন্ডের বাড়িতে তিনি আমাকে স্বাগত জানান এবং সেই বৈঠকের পর পাকিস্তানকে সাহায্য দান বন্ধ করতে স্টোনহাউস-এর স্পন্সর করা একটি প্রাইভেট মেম্বার'স বিল সমর্থনে অগ্রণী ভূমিকা নেন।

আমাদের দুর্ভাগ্য টোরি-রা সে সময় ক্ষমতায় রয়েছে। তৎকালীন পররাষ্ট্র সচিব লর্ড হোম-এর সঙ্গে দেখা করতে আমি খুব আগ্রহী ছিলাম। এই প্রত্যাশা লালন করেছিলাম কারণ হোম, সালমার মা-বাবার ঘনিষ্ঠ বন্ধু ছিলেন এবং ১৯৬২ সালে রিজেন্ট পার্ক ইসলামিক সেন্টারে আমাদের বিয়েতে শুধু যে হাজির ছিলেন তাই নয় বিয়ের নথি স্বাক্ষরকারীদের একজন হয়েছিলেন। তাছাড়া, হোম-এর তৎকালীন ব্যক্তিগত সচিব নিকোলাস ব্যারিংটন ইসলামাবাদে ব্রিটিশ হাইকমিশনে কর্মরত থাকার সময় আমি তাকে চিনতাম। দুর্ভাগ্যবশত পারিবারিক সেই বন্ধুত্বের সম্পর্ক কিংবা নিকোলাসের সংযোগ কোনোটাই মহামান্য লর্ডের সাক্ষাৎকার নেবার কাজে লাগেনি। কমনওয়েলথ-এর সহ-সদস্য একটা দেশের অখন্ডতার পক্ষে বিপজ্জনক বিচ্ছিন্নতাবাদী আন্দোলনের এক প্রতিনিধির সঙ্গে গোপন শলা করার বিপক্ষে যে প্রোটোকল, সে সম্পর্কে সচেতন ছিলেন লর্ড। নিকোলাস অবশ্য আশ্বস্ত করেছিল যে আমাদের অবস্থানের বিষয়ে হোম-কে সবকিছু জানানো হয়েছে।

টোরি হাইকমান্ডের নাগাল পেতে আর যে পথ আমি ব্যবহার করি সেটা ছিল আমার শ্বশুরবাড়ির অন্য এক ঘনিষ্ঠ বন্ধু ডগলাস ডডস-পার্কার-এর মাধ্যমে। ডগলাস প্রভাবশালী টোরি এমপি, অনবদ্য সব যোগাযোগ ছিল তার। অবশ্য আমার ব্যক্তিগত অগ্রণী প্রচেষ্টাগুলো অনেকটা পোক্ত হয় যুক্তরাজ্যের বাঙালি সম্প্রদায় পুরোপুরি সংঘবদ্ধ হওয়ার পর; যার ফলে মে মাসের মধ্যে আমরা কার্যত গোটা ব্রিটিশ প্রেস-কে আমাদের পাশে পেয়ে যাই। লেবার দল সাহায্য

দান বন্ধে দৃঢ়প্রতিজ্ঞ থাকে এবং প্যারিস কনসরটিয়াম-এ মিটিংয়ে প্রদেয় সাহায্যের প্রবাহ অনুমোদন কমিয়ে দিতে যথেষ্ট বাধ্য হয় টোরি-রা।

লন্ডনে তাসাদ্দুক আহমেদের সঙ্গে বেশ ঘনিষ্ঠতা হয়েছিল। জেরার্ড স্ট্রিট, সোহো-তে গ্যাঞ্জেস রেস্তোরাঁর উপরে তার অফিস ঘর আমার প্রচারণা অভিযানের হেডকোয়ার্টার হয়ে যায়। পুরনো বামপন্থী তাসাদ্দুক হামজা আলভির সঙ্গে 'ক্যাম্পেন ফর রেস্টোরেশন অফ ডেমোক্র্যাসি ইন পাকিস্তান' আন্দোলনে সক্রিয়ভাবে যুক্ত ছিল ১৯৬০-এর দশকে, যেখান থেকে আমি তাকে ও তার জার্মান বউ রোজমেরিকে ভালোভাবে চিনে গিয়েছিলাম। ১৯৭১ সালে সব স্তরের বিভিন্ন বাঙালি সক্রিয় কর্মীদের সঙ্গে, জন স্টোনহাউস, ডোনাল্ড চেসওয়ার্থ-দের মতো স্থানীয় সাংবাদিক এবং ব্রিটিশ সক্রিয় কর্মীদের সঙ্গে পরিচিত হতে আমাকে খুব সাহায্য করেছিল তাসাদ্দুক। এদের মধ্যে ডোনাল্ড চেসওয়ার্থ সমাজসেবী হিসেবে বিখ্যাত ছিল।

তাসাদ্দুক তার অফিসে ওয়ালি খানের মতো উপমহাদেশের ঐতিহাসিক চরিত্রদের সঙ্গে আমার বৈঠকের ব্যবস্থা করত। তখন ওয়ালি খান লন্ডনে, এবং সে বাংলাদেশে ইয়াহিয়া খানের কার্যকলাপ সমর্থন করছে না বলে শোনা যাচ্ছে। দ্যা গ্যাঞ্জেস-এ ঐতিহাসিক নাগা নেতা ফিজোর সঙ্গে বৈঠক করি এই আশায় যে তার মাধ্যমে আমরা চীনকে বোঝাতে পারব পাকিস্তানের প্রতি তাদের সমর্থন বিচার করে দেখতে এবং বাংলাদেশের স্বাধীনতা সংগ্রামকে ভারতের আঞ্চলিক উচ্চাশা না ভেবে একটি প্রকৃত ও স্বতন্ত্র মুক্তির সংগ্রাম হিসাবে মেনে নিতে। ফিজোর সঙ্গে আলোচনা খুব বেশি এগোয় নি। অধিকাংশ ক্ষেত্রে তার মেয়েকে দোভাষী করে সে বোঝাতে চেয়েছিল যে চীনাদের ব্যাপারে সে আমাদের সাহায্য করতে রাজি যদি বাংলাদেশের নেতারা এর পরিবর্তে দিল্লিকে নাগাল্যান্ডের স্বাধীনতার জন্য রাজি করাতে পারে। দ্যা গ্যাঞ্জেস রেস্তোঁরার ভাঁড়ার ঘরে এই পরাবাস্তব আলোচনা আরও উদ্ভট করে তোলে ফিজোর বিরল চোখের সমস্যা। তার চোখের মণি কোটর থেকে পিছলে বেরিয়ে আসার প্রবণতা ছিল এবং সেগুলোকে হাত দিয়ে ঠেলে ঢুকিয়ে দিতে হত। নাগা জাতির স্বাধীনতার অধিকারকে কেন্দ্র করে আমাদের আলোচনা বেশী দূর আগায়নি যেহেতু আমার নিজের মনোযোগ সম্পূর্ণ নষ্ট করেছিল ফিজোর নড়বড়ে চোখের মণি। দ্যা গ্যাঞ্জেস-এর ভাঁড়ার ঘরের সবজি ও মশলার ভেতর তার চোখের মণি পড়ে যাওয়ার আশংকায় আমি দ্রুত আলোচনা শেষ করি।

লন্ডনের সেই সাময়িক প্রবাসে তাসাদ্দুক বাংলাদেশের মুক্তিযুদ্ধের বিষয়ে পুরো ব্রিটিশ জনগণের দৃষ্টিভঙ্গি বদলে দেওয়া একটি নতুন খবরের প্রতি আমার দৃষ্টি আকর্ষণ করেছিল। এটা ছিল কুমিল্লা ও নোয়াখালিতে পাকিস্তানি সেনাদের নৃশংসতা সম্পর্কে দ্যা সানডে টাইমস পত্রিকার সাংবাদিক এন্টনি (টনি) মাস্কারেনাস-এর নিজের চোখে দেখা ঘটনার সাড়া জাগানো বিবরণ।

টনি করাচিতে থাকা গোয়ান সাংবাদিক, যার সঙ্গে শোনা যেত সামরিক গোয়েন্দা বাহিনীর ঘনিষ্ঠতা আছে, এর বেশি তার সম্পর্কে তখন পর্যন্ত আমি বিশেষ কিছু জানতাম না। নিঃসন্দেহে এই ঘনিষ্ঠতা তাকে খুনে পাকিস্তানি অফিসারদের সঙ্গে ঘোরার সুযোগ করে দিয়েছিল। এই অফিসাররা নির্দ্বিধায় এক বিখ্যাত সাংবাদিকের সামনে বাঙালি অসামরিক জনতাকে ঠান্ডা মাথায় গুলি করে মারে। পাকিস্তানের নাগরিক মাস্কারেনাস খুব বুদ্ধিমানের মতো দ্যা সানডে টাইমস কর্তৃপক্ষকে বলে যে সানডে টাইমস-এ তার প্রতিবেদন প্রকাশিত হলে তার জীবনের কানাকড়ি মূল্যও থাকবে না পাকিস্তানে; সুতরাং কর্তৃপক্ষকে তার ও তার পরিবারের নিরাপদ নিষ্ক্রমণ, ব্রিটেনে আশ্রয় এবং দ্যা সানডে টাইমস-এ তাকে নিয়মিত কাজ দেওয়ার প্রতিশ্রুতি দিতে হবে। পাকিস্তানি খুনেদের চাক্ষুষ বিবরণ যা বছরের সেরা একটা খবর – তার বিনিময়ে এই মামুলি মূল্য দিতে সানন্দেই রাজি হয়েছিল দ্য সানডে টাইমস।

তাসাদ্দুকের মাধ্যমে এই প্রতিবেদন প্রকাশিত হওয়ার অল্প দিনের মধ্যেই মাস্কারেনাস-এর সঙ্গে আমি দেখা করি। দ্যা গ্যাঞ্জেস-এ যখন তার সঙ্গে দেখা হল সে তখন তার লন্ডনের বাসায় রয়েছে ব্রিটিশ পাসপোর্ট পাওয়ার অপেক্ষায়। আমাদের সাক্ষাৎকারে তার আরও কিছু বীভৎস অ্যাডভেঞ্চারের কথা সে আমাকে জানায় যেগুলো সে সানডে টাইমস-কে দেয়নি। স্বাধীনতার পরেই ঢাকায় শ্যুটিং হওয়া বাংলাদেশ টেলিভিশনের একটা ইংরেজি অনুষ্ঠানে আমরা দু'জন অংশ নিয়েছিলাম। ১৯৭৭ নাগাদ অক্সফোর্ডে আবার আমাদের দেখা হয়েছিল। তখন সে একটা প্রামাণ্যচিত্র দেখায় যাতে সে বঙ্গবন্ধুর স্বঘোষিত হত্যাকারীদের একজন কর্নেল ফারুক রহমানের সাক্ষাৎকার নিয়েছিল। সেই প্রামাণ্যচিত্রে হত্যাকান্ডের পরিকল্পনা এবং কীভাবে তা করা হয়েছিল এ ব্যাপারে ফারুকের স্বীকারোক্তি নথিবদ্ধ করেছিল মাস্কারেনাস। আমার ধারণা একটি গুরুত্বপূর্ণ দলিল হিসেবে ফারুকের বিচারে এই তথ্যচিত্রটি ব্যবহার করেছিল প্রসিকিউশন, ফলে তখন মৃত মাস্কারেনাস এক অর্থে ফারুককে ফাঁসিতে ঝোলানোর জন্য তার কবর থেকে সাক্ষ্য দেয়।

নিউ ইয়র্ক: পুরনো বন্ধুদের নতুন করে খুঁজে পাওয়া

লন্ডনে আমার প্রাথমিক সংক্ষিপ্ত সফর ছিল যুক্তরাষ্ট্র অভিযানের উপলক্ষণ, যেটা আমার প্রাথমিক গন্তব্য হিসেবে ঠিক করেছিলেন তাজউদ্দীন। আমি নিউ ইয়র্ক নামলাম অর্জুন সেনগুপ্তের কাছ থেকে ধার করা বাদামি ট্যুইডের জ্যাকেট, লন্ডনে জোগাড় করা একটা ধূসর ট্রাউজার এবং অন্যান্য ধার করা পোশাক চাপিয়ে। সব মিলিয়ে আমাকে পাঁচমিশালী পণ্যের মূল্যহ্রাসের চলমান বিজ্ঞাপনের মতো দেখাচ্ছিল। ওয়াশিংটন ডিসি যাবার আগের রাত আমাকে

নিউ ইয়র্কে কাটাতে হল। টাইমস স্কোয়ারে কেবল সস্তা দরের হোটেলের খরচ জোগাবার সামর্থ্য ছিল আমার, তবে রাস্তার কাছেই নাথানের দারুণ বিফ ফ্র্যাঙ্কফুর্টার খাওয়ার ইচ্ছা পূরণ করেছিলাম। টাইমস স্কোয়ারে কাছে উলসওয়ার্থ-এর দোকানে ঢুকেছিলাম কিছু জিনিস কিনতে। সেখানে আমার ভারতীয় ছদ্মনাম মোহন লাল বলে ডেকে কেউ আমাকে স্বাগত জানাল। ঘুরে দেখি আর কেউ নয় সুখী, নিরুদ্বিগ্ন হাসিমুখে দাঁড়িয়ে আছে আনিসুর রহমান এবং অল্পকিছু দূরেই নুরুল ইসলাম, লোধী এস্টেটের সেই তাড়া খাওয়া, ভূতগ্রস্ত চেহারা তার আর নেই। আমি নিশ্চিত নই কী কারণে তারা নিউ ইয়র্কে এসেছিল। ওরা দু'জনেই দিল্লি থেকে নিউ ইয়র্ক রওনা দিয়েছিল এবং তাদের এই হাসিখুশি মেজাজের কারণ ড্যানিয়েল থর্নার নুরুলের স্ত্রী ও দুই সন্তানকে পাকিস্তান থেকে বের করে আনতে পেরেছিল। ড্যানিয়েল আমাদের বলেছিল, এটা গেস্টাপোর নাকের ডগায় রেসিস্ট্যান্স যোদ্ধাদের লুকিয়ে বের করে আনার চেয়ে কোনো অংশে কম অ্যাডভেঞ্চার ছিল না, যেহেতু ঢাকা বিমানবন্দরে যে কাউকে ইসলাম পরিবারের কাছে ঘেঁষতে দেখলেই প্রত্যেককে পাকিস্তানের দালাল বলে সন্দেহ করেছে ড্যানিয়েল।

ডোরা এবং তার দুই মেয়ে ঢাকা থেকে পালায় কষ্ট করে। রোজবু - সিধু মিয়ার স্ত্রী - তাদের নিজের পাহারায় আগরতলা নিয়ে এসে সেখান থেকে কলকাতা পৌঁছে দিয়েছিল। রহমান পরিবার যুক্তরাষ্ট্রে মিলিত হয়। আনিস উইলিয়ামস কলেজে ফেলোশিপ পেয়েছিল। একই চাকরি নুরুলকে দিয়েছিল ইয়েল। অর্থনীতির পুরনো সহপাঠীদের নেটওয়ার্ক আমাদের খুব কাজে এসেছিল; অবশ্য আনিস এবং নুরুল উভয়েরই পেশাদারি প্রমানপত্র এতটাই ভালো ছিল যে ওই ধরনের ফেলোশিপের প্রস্তাব দিয়ে আসলে তাদের প্রতি আলাদাভাবে কোনো আনুকূল্য দেখানোর কিছু ছিল না। যুক্তরাষ্ট্র থাকাকালীন আনিস ও নুরুল দুজনেই বাংলাদেশের স্বার্থে বিভিন্নভাবে সক্রিয় ছিল।

নিউ ইয়র্কে হারুন-অর-রশিদের সঙ্গেও আমার দেখা হয়ে যায়। মাত্র ২৪ ঘন্টার মধ্যে ঘটনাচক্রে তিন ঘনিষ্ঠ বন্ধুর দেখা পাওয়া আমার জন্য একটি চূড়ান্ত চমক ছিল। আমার মনে হল এটা শুভ লক্ষণ। আমার সঙ্গে লাহোরের এইচেসন কলেজ ও কেমব্রিজে পড়েছে হারুন। ১৯৭০ নাগাদ সে বিশ্বব্যাংকে চাকরি পায় এবং ১৯৭০-এর বিখ্যাত রচেস্টার সম্মেলন থেকে ফিরতি পথে ওয়াশিংটন সফরে আমি তাদের সঙ্গে ভার্জিনিয়ার ম্যাকলিনে তাদের বাড়িতে ছিলাম। প্রথম থেকেই বাংলাদেশের সংগ্রামের পক্ষে সক্রিয় হারুন ১৯৭১ সালে বিশ্বব্যাংকে মুক্তিযুদ্ধের চর হিসেবে কাজ করে। ১৯৭১ সালে বিশ্বব্যাংকের কর্মী হয়েও তার অধিকাংশ কর্মশক্তি ব্যয় হয়েছিল বাংলাদেশের হয়ে কাজ করায়। ওয়াশিংটনের বাংলাদেশি গোষ্ঠী তাকে কলকাতায় পাঠিয়েছিল মুজিবনগর সরকারের সঙ্গে যোগাযোগ করতে।

ওয়াশিংটন ডিসি: বাংলাদেশের মুখপাত্র

তাজউদ্দীনের আজ্ঞা পালন

হারুনের সঙ্গে নিউ ইয়র্কে যখন দেখা হল তখন সে সবেমাত্র কলকাতা থেকে ফিরেছে। আমরা একসঙ্গে ওয়াশিংটনে চললাম এবং বিমানবন্দরে আমাদের স্বাগত জানান আবুল মাল আবদুল মুহিত। মুহিত যেহেতু পাকিস্তান দূতাবাসের বরিষ্ঠ কূটনীতিক, যতক্ষণ তিনি মিশনে রয়েছেন ততক্ষণ আমার মতো ঘোষিত অপরাধীর সঙ্গে প্রকাশ্য সাক্ষাৎকার তার পক্ষে সম্ভাব্য বিপজ্জনক কাজ। আমি হারুনের সঙ্গে ম্যাকলিনে তার বাড়িতে যাই এবং পরের মাসটা সেখানেই থাকলাম – তার থাকার ঘরের ডিভানকে আমার শোবার ঘর বানিয়ে, তার ফোন আমার জনসংযোগের মাধ্যম করে, তার গাড়ি আমার ট্যাক্সি হিসেবে ব্যবহার করে এবং ব্যাংকে তার অফিসকে আমার প্রচারকাজের হেডকোয়ার্টার বানিয়ে।

সেই রাতে ওয়াশিংটন দূতাবাসের বাঙালি গোষ্ঠী এনায়েত করিমের বাড়িতে জড়ো হয় মুজিবনগর সরকারের তরফ থেকে আসা তাদের প্রথম দূতের সাক্ষাৎ পেতে। এটা আমার প্রশংসাপত্রের কিছু অতিশয়োক্তি, যেহেতু আমি যখন দিল্লি ছাড়ি সরকার তখনও গঠিত হয় নি। সুতরাং আমার সম্বল ছিল তাজউদ্দীনের মৌখিক নির্দেশ। ওয়াশিংটন গিয়ে দাতাদের কনসরটিয়াম বিশেষত যুক্তরাষ্ট্রের কাছে সাহায্যপ্রার্থী পাকিস্তানি দূত এম এম আহমেদের মিশন ব্যর্থ করা, ওয়াশিংটন এবং নিউ ইয়র্কের দূতাবাসে বাঙালি কর্মীদের দলত্যাগ সংগঠিত করা, এবং বাংলাদেশকে স্বীকৃতি জানানোর যে বার্তা তাজউদ্দীন পাঠিয়েছেন সেটা যুক্তরাষ্ট্র সরকারকে জানানোর নির্দেশ আমাকে দেওয়া হয়েছিল। এই প্রায় অসম্ভব মিশনের দায়িত্ব পড়েছিল ঢাকা বিশ্ববিদ্যালয়ের অর্থনীতি বিভাগের ৩৬ বছর বয়সী এমন এক রিডারের উপর, যার পরনে ছিল ধার করা পোশাক, পকেটে ছিল ৩০ পাউন্ড, এবং যে কিনা পরিচিত ছিল দক্ষিণ এশিয়ার সবচেয়ে অ-কূটকৌশলী অর্থনীতিক হিসেবে।

আমার কথা শুনতে এনায়েত করিমের বাড়িতে মান্যগণ্য লোকজনদের জমায়েত হয়েছিল। ওয়াশিংটনে পাকিস্তানি দূতাবাসের ডেপুটি চিফ অফ মিশন ছিলেন এনায়েত করিম। আমাদের পররাষ্ট্র দপ্তরের চাকরিতে উজ্জ্বল ব্যক্তিত্বদের একজন করিমের খুব শিগগিরি রাষ্ট্রদূত হবার কথা ছিল। করিমের পরেই ছিলেন মিশনের কাউন্সেলর (রাজনৈতিক উপদেষ্টা) আমাদের আর এক কৃতী সন্তান এস এ এম এস কিবরিয়া। এনায়েত এবং কিবরিয়া দুজনেই ছিলেন পিএফএস ক্যাডার, মুহিত সিভিল সার্ভিসের মানুষ যাকে বিশেষ দায়িত্ব দিয়ে ওয়াশিংটন দূতাবাসের অর্থনীতিক কাউন্সেলর করা হয়েছিল। আমাদের সিভিল সার্ভিসের আর এক সেরা ফসল মুহিতের অ্যাকাডেমিক গুণাবলী চমৎকার ছিল।

মুহিত ছাড়া মিশনের আর এক বিশিষ্ট জন শিক্ষাবিষয়ক অফিসার অধ্যাপক আবু রশিদ মতিনউদ্দিন সাহিত্য জগতে সুপরিচিত ছিলেন। মিশনের অন্যদের মধ্যে ছিল আমার সাংবাদিক বন্ধু এস এম আলির ছোটো ভাই থার্ড সেক্রেটারি সৈয়দ মোয়াজ্জেম আলি, এবং রুস্তম আলি, রাজ্জাক খান, শরিফুল আলমের মতো 'নন-পিএফএস' কিছু প্রশাসনিক কর্মী।

বেশ থমথমে ছিল সেই প্রথম রাতের পরিবেশ। এনায়েতের বাড়িতে যারা উপস্থিত ছিল তারা পাকিস্তান সরকারের অধীনস্থ কর্মকর্তা। বেথেসডা, আলেকজান্দ্রিয়া এবং ম্যাকলিনে আরামপ্রদ বাড়িতে থাকার, তাদের ছেলেমেয়েদের ভালো স্কুলে পড়ানোর জন্য পাকিস্তান সরকার তাদের মাইনে দিত এবং তারপরেও ছিল চাকরির নিরাপত্তা ও কেরিয়ারে উন্নতির সম্ভাবনা। সকলেই আমাকে ব্যক্তিগতভাবে অথবা আমার পরিচিতির সূত্রে চিনত, আওয়ামী লীগ নেতৃত্বের সঙ্গে আমার নৈকট্যের কথা জানত। সুতরাং তাদের অধিকাংশদের থেকে বয়সে ছোটো, তুলনায় কম পদ-মর্যাদার এই আমাকে যতখানি প্রাপ্য তার চেয়ে অনেক বেশি শ্রদ্ধা ও আন্তরিকতার সাথে তারা গ্রহণ করেছিল। আলোচনার প্রথম পর্বে যেসব ঘটনা থেকে সামরিক বাহিনীর আক্রমণের সূত্রপাত হয়েছিল সেগুলো আমি তাদের বলি। বলি আমার নিজের অ্যাডভেঞ্চারের কথা, তাজউদ্দীনের সঙ্গে আমার পরিচয় এবং যুক্তরাষ্ট্রের বাঙালিদের তিনি যে বার্তা পাঠিয়েছেন সেসব কথা।

কর্মকর্তাদের সঙ্গে সেটাই আমার প্রথম আদানপ্রদান এবং যখন বললাম তাজউদ্দীন তাদেরকে বাংলাদেশের স্বার্থে ভাগ্য সঁপে দিতে অনুরোধ করেছেন তখনই বুঝতে পারছিলাম কত বিশাল এবং অবাস্তব আমার অনুরোধ। ধার করা পোশাক পরিহিত এক ভবঘুরে, নির্দিষ্ট ঠিকানাহীন, পাকিস্তান রাষ্ট্রের বিরুদ্ধে অনির্দিষ্ট দেশদ্রোহিতার অভিযোগে পাকিস্তানি সেনাবাহিনী যাকে খুঁজছে, এই আমি তাদের সামনে হাজির তখনও এক কল্প-রাষ্ট্রের প্রধানমন্ত্রীর মৌখিক বার্তা নিয়ে। সেই বার্তাটি ছিল, চাকরি জীবনে যা কিছু তারা করেছে ওয়াশিংটন পৌঁছাতে সেসব বিপন্ন করুক তারা। নিশ্চিত বলতে পারি না, এই অনুরোধ জানানোর সময় আমার চেহারায় হাসি ফুটে উঠেছিল কিনা, অথবা আমার ধৃষ্টতার কথা ভেবে মনে মনে হেসেছিলাম কিনা। তবে সে সময় মানুষের সঙ্গে যোগাযোগের ক্ষেত্রে যথেষ্ট আবেগ ফুটিয়ে তুলতে এবং বয়স ও পদমর্যাদার তুলনায় বেশি কর্তৃত্ব জাহির করতে পারতাম আমি।

মিশনের বাঙালিরা সবাই ছিল অনুগত দেশপ্রেমী। স্বজনদের উপর পাকিস্তানি সেনার অত্যাচার তাদের ক্ষিপ্ত করে তুলেছিল এবং সকলেই স্বাধীন বাংলাদেশের উত্থানের বিষয়ে নীতিগতভাবে দায়বদ্ধ ছিল। তারা এও বুঝত যে বাংলাদেশের স্বার্থে দলবদ্ধভাবে তাদের আনুগত্য পরিবর্তন শুধু যুক্তরাষ্ট্রের জনমত নয়, বিশ্ব জনমতের উপরও শিহরণ জাগানো প্রভাব ফেলবে।

আমার সামনে সমবেত বাঙালিদের পক্ষে এরকম একটা লক্ষ্যে এমন প্রাথমিক পর্যায়ে প্রত্যক্ষভাবে সাড়া দেওয়া বাস্তবিক তাৎপর্যময় ছিল। সে সময় যুক্তরাষ্ট্রবাসী ও সেখানে কর্মরত অন্যান্য বাঙালি হোক, কিংবা রেহমান সোবহানের মতো ঘোষিত অপরাধী যারা ইতিমধ্যেই পাকিস্তানের বিরুদ্ধে যুদ্ধ ঘোষণা করেছে, তাদের ক্ষেত্রে এ সমস্যা ছিল না। বিপরীতে এইসব অফিসারদের ভাবতে হয়েছে তাদের পরিবারের জীবিকা, সন্তানদের পড়াশোনার কথা; এমনকি যদি পাকিস্তানের কাঠামো মেনে আপোসরফায় ব্যর্থ হয় এই লড়াই, অথবা যদি অনির্দিষ্ট কাল চলতে থাকে, তবে তাদের কী পরিণতি হবে সে সম্পর্কিত চিন্তাও অবান্তর ছিল না। বাংলাদেশ কেবল স্বাধীনতা পেতে বদ্ধপ্রতিজ্ঞ নয়, একবছরের মধ্যেই সেটা অর্জিত হবে এমন কিছু আশাবাদী কথার বাহাদুরিতে তাদের উদ্দীপিত করা ছাড়া এসব উৎকণ্ঠার কোনো নির্দিষ্ট নিজস্ব জবাব আমার ছিল না।

আমি নিশ্চিত বলতে পারব না উপস্থিত ক'জন আমার আশাবাদের অংশীদার ছিল, তবে পরের মিটিংগুলোতেও ওয়াশিংটন ডিসি ও নিউ ইয়র্কের বাঙালি মিশন কর্মীদের বাংলাদেশের প্রতি আনুগত্য ঘোষণার প্রায়োগিক তাৎপর্য আলোচনায় বেশ কিছু সময় দিয়েছিলাম আমরা। এটা কেবল আর্থিক সহায়তার ইস্যু ছিল না, সময় নির্ধারণের প্রশ্ন এবং যুক্তরাষ্ট্রে তাদের পরবর্তী পদমর্যাদা ও মান্যগণ্য আশ্রয়দাতা প্রশাসনের সঙ্গে তাদের সম্পর্কের প্রসঙ্গও ছিল।

এই অফিসারদের বাংলাদেশের প্রতি আনুগত্য ঘোষণার জন্য তদবির করতে বাঙালি সম্প্রদায়ের যেসব প্রতিনিধি ওয়াশিংটন এসেছে তারা ইতিপূর্বে এসব সমস্যা নিয়ে তাদের সঙ্গে কথা বলেছে। তাদের পরিবারের জন্য অর্থ সংগ্রহের প্রতিশ্রুতি দিয়েছে সম্প্রদায়। ছ'সপ্তাহ চলে যাওয়ার পরেও দূতাবাস থেকে কোনো জবাব না পেয়ে ইতিমধ্যেই বেশ ক্ষুব্ধ হয়েছে সম্প্রদায়। পরে ওয়াশিংটন থেকে নিউ ইয়র্ক ফিরে গিয়ে এটা আমি লক্ষ করি এবং কঠোর বামপন্থী বাঙালি চিকিৎসক ডক্টর আলমগীরের ক্যুইনসের বাড়িতে বাঙালি সম্প্রদায়ের কিছু সদস্যের সঙ্গে এ বিষয়ে আমার আলোচনা হয়। আরামপ্রদ জীবনযাপন ত্যাগ করতে বাঙালি কূটনীতিকদের অনীহা খুবই ক্রুদ্ধ করেছিল বাঙালি সম্প্রদায়কে। বাংলাদেশের এইসব মহান সন্তানদের দেশপ্রেম সম্পর্কে আমি তাদের আশ্বস্ত করার চেষ্টা করি এবং কূটনীতিকরা দলত্যাগী হলে তাদের ভরণপোষণে যে অর্থের জোগান দরকার সে বিষয়ে বাস্তব আলোচনায় যুক্ত করি প্রতিনিধিদের। মনে আছে বাংলাদেশি মিশনের বিভিন্ন সদস্যদের বেতন স্কেল এবং বাংলাদেশ সরকারের চাকরিতে যোগ দিলে যে অফিস তারা ব্যবহার করবে তার প্রাতিষ্ঠানিক খরচ নিয়ে আলমগীরের বাড়িতে রাতভর বসে আলাপ-আলোচনা চলেছিল।

ওয়াশিংটনে থাকার সময় আমাদের কূটনীতিকদের নিয়ে এরকম একটা বাজেট আমি তৈরি করেছিলাম যেটা আমাদের আলোচনার ভিত্তি হয়েছিল।

নির্ধারিত বেতনে আরামে থাকা কূটনীতিকদের যাপন শৈলীর ভালোরকম কাটছাঁট প্রয়োজন হয়ে পড়ে। কিন্তু যে সম্প্রদায়কে অর্থ জোগাড়ে এমনকি ট্যাক্সি চালক ও রেস্তোরাঁর ওয়েটার প্রভৃতিদের মুখাপেক্ষী হতে হয়, তাদের পক্ষে এরকম বেতন বিন্যাসও খুব বেশি মনে হয়। নিউ ইয়র্কের এক মিউনিসিপ্যাল টাউনে বসে বাংলাদেশ ফরেন সার্ভিসের উচ্চপদস্থদের হয়ে পে অ্যান্ড সার্ভিস কমিশন-এর এই উদ্ভট কাজে আমি বাঙালি সম্প্রদায়ের কঠিন দর কষাকষির এবং সেইসঙ্গে বাংলাদেশের স্বার্থে পহেলা জুলাইয়ের মধ্যে সমস্ত বাঙালি কর্মীকে প্রকাশ্যে আনুগত্য বদল করতে হবে এই মর্মে তাদের কঠোর দাবির মুখোমুখি হই।

বস্তুত দলত্যাগ হল পহেলা আগস্ট যখন ওয়াশিংটন এবং নিউ ইয়র্ক মিশনের বাঙালিরা সারা বিশ্বে প্রচারিত এক অনুষ্ঠানে প্রকাশ্যে বাংলাদেশের প্রতি তাদের আনুগত্য ঘোষণা করে। দেখা গেল যুক্তরাষ্ট্রে ভাবী বাংলাদেশ মিশন প্রতিষ্ঠার ব্যয় বহন করতে ভারত সরকারকে রাজি করায় মুজিবনগর সরকার। এর ফলে আমাদের কূটনীতিকদের জীবনযাপন শৈলী আরও আরামদায়ক হওয়া নিশ্চিত হয়েছিল, বাংলাদেশি সম্প্রদায়ের সঙ্কুচিত ও অনিশ্চিত অর্থ জোগানের উৎসের ভরসায় যা করা সম্ভব হত না। যাই হোক বাংলাদেশের প্রতি তাদের আনুগত্যের মূল্য হিসেবে তাদের যাপন শৈলীতে কিছু কাটছাঁটের প্রয়োজন ছিল। সবাইকে ছোটো বাড়িতে চলে যেতে হয়েছিল এবং পারিবারিক বাজেট সামলাতে কারও কারও স্ত্রীকে চাকরির সন্ধান করতে হয়েছিল।

অস্থায়ী বাংলাদেশ সরকারের প্রথম বৈদেশিক মিশন আনুষ্ঠানিকভাবে প্রতিষ্ঠিত হল কানেকটিকাট অ্যাভিনিউর একটি অ্যাপার্টমেন্টে এবং মিশনের নেতৃত্ব দিতে বাংলাদেশ সরকার কলকাতা থেকে এম আর সিদ্দিকীকে পাঠায়। আমাদের প্রথম দূতাবাস কর্মীদের মধ্যে ছিলেন এনায়েত করিম, এস এ এম এস কিবরিয়া এবং এ এম মুহিতের মতো বাংলাদেশের সবচেয়ে যোগ্য আধিকারিকরা। সুতরাং কাজ শুরুর সঙ্গে সঙ্গেই মিশন বাংলাদেশের স্বার্থ সুরক্ষায় দুর্দান্ত কূটনৈতিক সম্পদ হয়ে উঠেছিল।

তখন জাতিসংঘে পাকিস্তানের ডেপুটি পার্মানেন্ট রিপ্রেজেনটেটিভ এসএ করিম তার ওয়াশিংটন সহকর্মীদের মতোই আনুগত্য বদল করেছিলেন। তিনি বিশ্ববিদ্যালয়ের অর্থনীতি বিভাগে আমার প্রাক্তন ছাত্র এবং রওনক জাহানের সমসাময়িক আবুল হাসান মাহমুদ আলীকে নিয়ে নিউ ইয়র্কে একটা ছোটো অফিস খোলেন। মাহমুদ আলী নিউ ইয়র্কে পাকিস্তানের ডেপুটি কনসাল জেনারেল হিসেবে দায়িত্ব পালন করেন, এবং যুক্তরাষ্ট্রে কর্মরত বাঙালি কূটনীতিকদের মধ্যে তিনিই প্রথম ১৯৭১-এর এপ্রিলের শেষে বাংলাদেশের প্রতি আনুগত্য ঘোষণা করেন। ২০১৩ থেকে বাংলাদেশের পররাষ্ট্রমন্ত্রী হয়েছে মাহমুদ আলী।

মিডিয়ার সঙ্গে মৈত্রী

উপরোক্ত বিবরণ ভবিষ্যতের সঙ্গে সম্পর্কিত। মে মাসের গোড়ায় ওয়াশিংটনে বাংলাদেশের কথা বলবার জন্য কোনো নির্ধারিত মুখপাত্র না থাকায় দূতাবাসের কোনো কোনো সদস্য নিজ থেকেই বাংলাদেশের সমর্থনে ব্যক্তিগতভাবে কূটনীতি করা শুরু করেছিল। বিশেষ করে মুহিত প্রায়ই ক্যাপিটল হিলে (যুক্তরাষ্ট্রের কংগ্রেস) যেত আপাতদৃষ্টিতে পাকিস্তানের হয়ে কাজ করতে, বস্তুত সে সেখানে তার যোগাযোগ কাজে লাগিয়ে বাংলাদেশের হয়ে কথা বলত। দূতাবাসের অন্যরাও তাদের নিজেদের মতো করে তদবির করত তবে আরও সতর্কভাবে।

এই সময়ে দূতাবাসের কূটনীতিক নয় এমন দুই অফিসার রাজ্জাক খান এবং শরিফুল আলম আমার সঙ্গে প্রকাশ্যে কাজ করে এবং অনেকটা আমার সচিবালয়ের ভূমিকা নেয়। এভাবে তারা পাকিস্তান দূতাবাসে নিজেদের চাকরি বিপন্ন করে। আমার মিশনে সহায়তা করেছিল দুই বাংলাদেশি ছাত্র সিভিল সার্ভেন্ট ডক্টর কামাল সিদ্দিকীর ভাই মহসিন সিদ্দিকী এবং ঐতিহাসিক ডক্টর এনায়েতুর রহিম যিনি শেষ বয়সে অন্যান্য বিষয়ের মধ্যে বঙ্গবন্ধুর সম্প্রতি প্রকাশিত ডায়েরি সম্পাদনায় সাহায্য করেছেন। এই চারজন সহযোগী আমাকে ওয়াশিংটনের চারপাশে তাদের গাড়িতে ঘুরিয়ে প্রেস, টিভি ও কংগ্রেসের সঙ্গে যোগাযোগ করিয়ে দিতে খুব সাহায্য করেছিল যার ফলে আমি ওদের কাছে বাংলাদেশের বিষয়ে কথা বলতে পেরেছিলাম। রাজ্জাক আমাকে ওয়ারেন উনা-র সঙ্গে যোগাযোগ করিয়ে দিয়েছিল। খ্যাতনামা সাংবাদিক ও টিভি ভাষ্যকার ওয়ারেন উনা আমাকে বেশকিছু প্রাইম-টাইম টিভি শো-তে হাজির হওয়ার সুযোগ করে দেয় যেটা আমাদের উদ্দেশ্যকে মূল্যবান প্রচার দিয়েছিল। এই প্রথম আমি টিভি অনুষ্ঠান করি সুতরাং মনে নেই মিডিয়া স্টার হবার বৈশিষ্ট্য আমার ছিল কিনা। কিন্তু সে আমলে আমার ভিতরে একটা আগুন ছিল যে কারণে মনে হত আমি পর্বত আরোহণ করতে পারি। সুতরাং মিডিয়া স্টার, সাংবাদিক, কূটনীতিক, শিক্ষাজগত এবং রাজনীতি জগতে মানুষ খ্যাপানো ভাষণদাতা – এই বহুবিধ ভূমিকা খুব সহজেই পালন করতে পারতাম।

প্রেস ফ্রন্টে আমার কাজের সুবিধা করে দিয়েছিল দ্যা নিউ ইয়র্ক টাইমস-এর সিডনি শ্যানবার্গ, নিউজউইক-এর টোনি ক্লিফটন-এর মতো মার্কিন সাংবাদিকরা যারা ইতিমধ্যে মার্কিন প্রেসে বাংলাদেশকে প্রথম পাতার খবরে পরিণত করেছিল। পাকিস্তানকে সাহায্য দেওয়া বন্ধ করার জন্য অনুরোধ জানাতে এম এম আহমেদের আসন্ন ওয়াশিংটন সফরের প্রত্যাশায় ওয়াশিংটনের সংবাদমাধ্যমকে বাংলাদেশের প্রতি অবিচার সম্পর্কে সচেতন করতে তাদের কাছে পৌঁছুনো আমার লক্ষ্য ছিল। আমি তাই ওয়াশিংটন

স্টার-এর হেনরি ব্র্যাডশার, ওয়াশিংটন পোস্ট-এর লুই সিমন্স, বাল্টিমোর সান-এর অ্যাডাম ক্লাইমার, নিউইয়র্ক টাইমস-এর ওয়াশিংটন অফিসের বেন ওয়েলস, নামি প্রাত্যহিক দ্যা নিউ রিপাবলিক-এর সম্পাদক গিলবার্ট হ্যারিসন-এর সঙ্গে দেখা করি। এগুলোই ওয়াশিংটনে প্রধান পঠিত কাগজ, এবং এইসব কলাম লিখিয়ে এবং তাদের সম্পাদকীয় লিখিয়ে বরিষ্ঠ সাংবাদিকরা মার্কিন কংগ্রেসের মতামত তৈরিতে যথেষ্ট প্রভাব ফেলত।

আমার কাজ ছিল মিডিয়াকে মুক্তিযুদ্ধের প্রেক্ষিত সম্পর্কে ওয়াকিবহাল করা, ঘটনাক্রম এবং গণহত্যার বিস্তার, বাংলাদেশের স্বাধীনতার অবশ্যম্ভাবিতা এবং পরিশেষে তাদের বৈদেশিক সাহায্য দান যা পাকিস্তানকে তাদের গণহত্যায় সহায়তা করছিল, তা বন্ধ করার ক্ষেত্রে যুক্তরাষ্ট্রের মুখ্য ভূমিকার গুরুত্ব বোঝানো। সুতরাং, বাংলাদেশের স্বার্থে একটা বড়ো অভ্যুত্থান ঘটে যায় যখন বাংলাদেশের গণহত্যা বন্ধ না করা পর্যন্ত পাকিস্তানকে সাহায্য দেওয়া বন্ধ করার অনুরোধ নিয়ে এমএম আহমেদের ওয়াশিংটন আসার সঙ্গে তাল রেখে ওয়াশিংটনে সে সময় পঠিত প্রধান চারটা কাগজ মোটামুটি একসঙ্গে সম্পাদকীয় লেখে।

মার্কিন কংগ্রেসের নাগাল ছোঁয়া

বাংলাদেশের উৎকণ্ঠায় সাড়া দিতে মার্কিন প্রশাসনের অনিচ্ছা দেখে বন্ধুরা আমাদের পরামর্শ দেয় মার্কিন কংগ্রেসের দ্বারস্থ হওয়ার যেখানে ডেমোক্র্যাট-রা সংখ্যাগরিষ্ঠ। আমি ওয়াশিংটনে পৌঁছুবার আগে ইতিমধ্যে ক্যাপিটল হিলে যথেষ্ট সক্রিয় হয়েছিল মুহিত। সেখানে সে ভালো একটা সংযোগ তৈরি করে সে সময় যেটা বাংলাদেশের স্বার্থের পক্ষে খুব উপযোগী দু'জন সমর্থক সিনেটর এডওয়ার্ড কেনেডি এবং সিনেটর ফ্র্যাঙ্ক চার্চের সঙ্গে আমার যোগাযোগ করাতে তাকে সাহায্য করে। সিনেটর ফ্র্যাঙ্ক চার্চ তখন সিনেট ফরেন রিলেশনস কমিটির র‍্যাঙ্কিং মেম্বার। ক্যাপিটল হিলে মুহিতের মুখ্য সূত্র ছিল সিনেটর চার্চের সহায়ক টম ডাইন। পক্ষান্তরে ডাইন আমাদের সিনেটর এডওয়ার্ড কেনেডির সহযোগী জেরি টিঙ্কার ও ডেল ডিহান-এর সঙ্গে পরিচয় করায়। টম, জেরি এবং ডেল পরিশেষে আমাদের ঘনিষ্ঠ বন্ধু এবং বাংলাদেশের স্বার্থের সক্রিয় মুখপাত্র হয়েছিল। তাদের মাধ্যমে শুধু চার্চ ও কেনেডি নয়, আরও বেশকিছু সিনেটরের সঙ্গে আমি দেখা করি।

সেসময় কেনেডি, চার্চ এবং গ্যালাগার-এর নেতৃত্বে হাউস অফ রিপ্রেজেনটেটিভস-এ কংগ্রেসের সদস্য এবং সিনেটররা হাউসের ফ্লোরে দাঁড়িয়ে গণহত্যার নিন্দা করে এবং পাকিস্তানকে দেওয়া মার্কিন সাহায্য পুনর্বিবেচনা করার দাবি জানায়। চার্চ ও কেনেডি প্রেরণা পেয়েছিলেন

আমাদের বার্তায়, এবং পরিশেষে বাংলাদেশে চলমান গণহত্যার রিপোর্ট এবং ইয়াহিয়াকে সংযত করতে মার্কিন প্রশাসনের ব্যর্থতার কথা জানিয়ে ঢাকার মার্কিন কনসাল জেনারেল আর্চার ব্লাড-এর পাঠানো ঐতিহাসিক টেলিগ্রাম থেকে। গ্যারি বাস-এর লেখা দ্যা ব্লাড টেলিগ্রাম আর্চারের পাঠানো টেলিগ্রামের প্রভাব এবং তার পরিণতি সম্পর্কে অনেক তথ্য জুগিয়েছে। এছাড়া আমেরিকান সিভিলিয়ান যারা ২৬ মার্চের পর বাংলাদেশ থেকে এসেছিল তাদের পাঠানো নথি এবং চিঠিপত্রও কংগ্রেসের রেকর্ডভুক্ত করা হয়। এ ব্যাপারে বিশেষ সক্রিয় ছিল আমার ঢাকার আমন্ত্রণকর্তা জন রোডি এবং তার সিআরএল সতীর্থ ডেভিড নলিন এবং বাকি গ্রিনহাও।

তখন খবর পেলাম সিনেটর সেমিংটনের নেতৃত্বে মার্কিন কংগ্রেসে পাকিস্তানের কিছু পুরনো বন্ধু এম এম আহমেদ ওয়াশিংটনে পৌঁছুলে তার জন্য চা-চক্রের আয়োজন করতে চায়, যাতে পাকিস্তানের ঘটনাবলী সম্পর্কে তিনি তার মত সিনেটরদের জানাতে পারেন। আহমেদের অনুষ্ঠানে কম লোক এসেছিল, তবে হিলে আমাদের বন্ধুদের মনে হয়েছিল যে আমাদের এ থেকে উৎসাহিত হওয়া উচিত। যেহেতু চার্চ এবং কেনেডি ডেমোক্র্যাটিক পার্টির অগ্রণী চরিত্র, তাই তুলনায় কম গোঁড়া সিনেট সদস্যদেরকে একত্র করে আমাকে লাঞ্চে আপ্যায়িত করার কথা ভাবা হল, যেখানে রিপাব্লিকান ও ডেমোক্র্যাট দু'তরফই উপস্থিত থাকার আগ্রহ দেখাতে পারে। টম ডাইন যোগাযোগ করে ওহিও-র উইলিয়াম স্যাক্সবি-র সহায়ক, সম্মানীয়, মধ্যমপন্থী রিপাব্লিকান মাইক গার্টনার-এর সঙ্গে এবং তিনি এই মধ্যাহ্নভোজের আমন্ত্রণকর্তা হতে রাজি হয়ে যান। এর ফলে এম এম আহমেদের চা-চক্রের তুলনায় অনেক বেশি সংখ্যক ও বিশিষ্ট পদমর্যাদায় সিনেটর-রা এই অনুষ্ঠানে হাজির হয়েছিলেন। আমার শ্রোতাদের মধ্যে ছিলেন সিনেটর চার্চ, সিনেট ফরেন রিলেশনস কমিটি-র চেয়ারম্যান ফুলব্রাইট, এবং রিপাবলিকান দলের সিনেট মাইনরিটি লিডার সিনেটর স্কট। আমেরিকান রাজনৈতিক প্রতিষ্ঠানের এই বিশিষ্টজনেরা পাকিস্তানি গণহত্যার প্রেক্ষিতের ঘটনাবলীর পূর্ণ বিবরণ এবং পাকিস্তানের মুখ্য সাহায্যদাতা হিসেবে এই কুকাজে মার্কিন সরকারের সহায়তার কথা ধৈর্য ধরে শোনেন। এই প্রাথমিক প্রচেষ্টা থেকে মার্কিন বৈদেশিক সাহায্য বিল (Foreign Aid Bill)-এর স্যাক্সবি-চার্চ সংশোধনী তৈরি হয় যেটার লক্ষ্য ছিল বাংলাদেশে গণহত্যা যতদিন চলবে ততদিন পাকিস্তানকে মার্কিন সাহায্য দান বন্ধ করা। তবে এটা পরবর্তী গল্পের অংশ এবং তার জন্য আরও বড় আকারের সংহতি দরকার ছিল।

আমার মনে আছে লাঞ্চ টেবিলে স্যাক্সবির পাশে বসে আমার সামনে উপস্থিত রাজনৈতিক ব্যক্তিত্বের সারি দেখছিলাম আর নিজেকে ভাগ্যবান ভাবছিলাম কারণ সাধারণত কেবল মন্ত্রী কিংবা সমমর্যাদার বিশিষ্ট অতিথিদের সঙ্গে ভোজ খেতে তাঁরা আসেন। আর আমি ছিলাম এক অখ্যাত বিশ্ববিদ্যালয়ের

অর্থনীতির এক অশ্রুত শিক্ষক যে তখনও বাংলাদেশ নামে অচেনা এক দেশের হয়ে মার্কিন রাজনীতির উচ্চবর্গীয়দের সামনে প্রথম প্রকাশ্য ঘটনা উপস্থাপন করছি। আমার সন্দেহ, এই ভিআইপি লাঞ্চের ব্যবস্থাপনায় টম ডাইন এবং মাইক গার্টনার নিশ্চিতভাবে বাংলাদেশ প্রতিষ্ঠার এক গুরুত্বপূর্ণ চরিত্র হিসেবে আমাকে বাজারে হাজির করেছিল, বস্তুত যা আমি ছিলাম না। সে কারণে আস্থা এবং পান্ডিত্যের সঙ্গে বক্তব্য পেশ করে নিজেকে একজন কর্তৃত্বপূর্ণ ব্যক্তি হিসেবে উপস্থিত করতে হয়েছিল। এই চেষ্টায় নিশ্চয়ই সফল হয়েছিলাম কারণ আমার বন্ধুরা জানিয়েছিল যে আমার প্রচেষ্টা শ্রোতাদের ভালো লেগেছিল এবং কংগ্রেসীয় মত এর দ্বারা প্রভাবিত হয়, যেটা অবশেষে বাংলাদেশের আসল সাহায্যের উৎস হয়েছিল।

শুধু বক্তৃতা দেওয়া নয়, সিনেটরদের সঙ্গে কথা বলা, তাদের প্রশ্নের উত্তর দেওয়া – লাঞ্চে এগুলোও আমাকে করতে হচ্ছিল। তবে আমার জন্য অনুষ্ঠানের কম প্রাসঙ্গিক চ্যালেঞ্জ ছিল আমাকে দেওয়া চমৎকার লাঞ্চ গলধঃকরণ করা! এর মধ্যে ছিল আমার খাওয়া সেরা হট ফাজ সানডে। যখনই হিল-এ গিয়েছি তখনই সিনেট কাফেটেরিয়ায় এই খাবার খেতে যাওয়া বাধ্যতামূলক হয়ে যায়।

সিনেটে আমাদের সাফল্যের পর শুনলাম স্থির হয়েছে এম এম আহমেদ ন্যাশনাল প্রেস ক্লাবে সাংবাদিক সম্মেলন করবেন। আমরা ঠিক করি তাকে হারাতে হবে এবং হিল-এর বন্ধুদের মধ্যস্থতা এবং রাজ্জাক খান ও তার সহযোগীদের প্রচেষ্টার ফলে আমরা নিজেদের সম্মেলনের ব্যবস্থা করতে পেরেছিলাম। এখানে প্রেস, রেডিও এবং টিভি মিডিয়ার ভালো উপস্থিতি ছিল। ভয়েস অফ আমেরিকা আমার ভাষণের অংশ প্রচার করে, গোটা বিশ্ব যা শুনেছিল। আমাদের প্রচারের পালটা জবাব দিতে দ্যা ডন-এর সাংবাদিক নাসিম আহমেদ, পরে যে ভুট্টোর তথ্য সচিব হয়, এবং আর একজন বরিষ্ঠ সাংবাদিক কুতুবুদ্দিন আজিজকে পাঠিয়েছিল পাকিস্তান। আমার সাংবাদিক সম্মেলনে নাসিম আহমেদ উপস্থিত ছিল তবে আমাকে কোনো গুরুত্বপূর্ণ প্রশ্ন করার থেকে সম্মেলনে কারা এসেছে সেটা শনাক্ত করতে সে অধিক আগ্রহী ছিল। সম্মেলনের সাফল্য এবং মিডিয়ায় যে অনুকূল প্রচার বাংলাদেশ পাচ্ছিল সেটা এম এম আহমেদকে যথেষ্ট নিরুৎসাহিত করে যিনি পরিশেষে তার সাংবাদিক সম্মেলন বাতিল করে দেন।

ন্যাশনাল প্রেস ক্লাবের সামনে আমার আবির্ভাব অর্থপূর্ণ ছিল কারণ এরা প্রচলিত রীতি অনুযায়ী রাষ্ট্রপ্রধান অথবা সমতুল্য বিদেশি বিশিষ্ট খ্যাতনামাদের ভাষণ দিতে আমন্ত্রণ জানিয়ে থাকে। আমি সঠিক বলতে পারব না ক'জন, অথবা আদপেই কোনো বাংলাদেশি প্রধানমন্ত্রী অথবা বরিষ্ঠ মন্ত্রী ন্যাশনাল প্রেসক্লাবে আমন্ত্রিত হয়েছেন, কিনা। কিন্তু তবুও আমার মতো একজন চালচুলোহীন মানুষ এমন অভিজাত প্রতিষ্ঠানের সামনে হাজির হলাম। তখন বুঝলাম যে বাস্তব

অবস্থানের থেকে আরও বড়ো করে নিজেকে দেখাতে মানুষকে উৎসাহিত করেছে মুক্তিযুদ্ধ। দুর্ভাগ্যবশত স্বাধীনতা উত্তর বাংলাদেশের প্রবণতা হয়েছে, মানুষকে তার সত্যিকারের অবস্থান থেকে ছোট করে দেখানো।

হেনরিকে জাগানো

আমাদের সবচেয়ে বড়ো চ্যালেঞ্জ ছিল নিক্সন প্রশাসন ও নিক্সনের জাতীয় নিরাপত্তা উপদেষ্টা হেনরি কিসিঞ্জারকে পাকিস্তানকে সাহায্য দেওয়া বন্ধ করতে এবং স্বাধীন বাংলাদেশের অভ্যুদয়কে মেনে নেবার জন্য বুঝিয়ে রাজি করানো। তখন আমাদের কোনো ধারণা ছিল না যে পিপলস রিপাবলিক অফ চায়না (পিআরসি)-কে ওয়াশিংটনের দরজা খুলে দেবার বড়ো ধরনের কৌশলগত খেলায় গুরুত্বপূর্ণ খেলোয়াড় হয়েছে পাকিস্তান। তখনও চীনের নেতৃত্বে থেকে সংস্কৃতি বিপ্লবকে এগিয়ে নিয়ে যাবার চেষ্টা করছিলেন মাও সে তুং। এই বৃহৎ খেলায় ইয়াহিয়ার গুরুত্বের কারণে ক্ষমতাবান উপদেষ্টা কিসিঞ্জারের প্রণোদনায় নিক্সন কোনোভাবেই ইয়াহিয়াকে চটাতে রাজি ছিলেন না যদিও বাংলাদেশের মানুষের উপর চাপিয়ে দেওয়া গণহত্যা আন্তর্জাতিক মহল প্রত্যক্ষ করছিল এবং এ বিষয়ে মার্কিন স্টেট ডিপার্টমেন্ট-এর কাছে পাঠানো ঢাকার মার্কিন দূতাবাসের আর্চার ব্লাড এবং তার সতীর্থদের রিপোর্ট খুব স্পষ্ট ছিল। ব্লাড-এর রিপোর্ট শুধু যে কিসিঞ্জারের পরামর্শে সরিয়ে রাখা হয়েছিল তাই নয়, উপরন্তু বাংলাদেশের স্বার্থে পক্ষপাতিত্বের জন্য তাকে ধমকে দেয় প্রথমে ইসলামাবাদে মার্কিন রাষ্ট্রদূত ফারল্যান্ড এবং পরে কিসিঞ্জার স্বয়ং। এই পরিস্থিতিতে বাংলাদেশের কাউকে মার্কিন প্রশাসনের কোনো গুরুত্বপূর্ণ ব্যক্তির কাছে যেতে দেওয়া হত না।

কিসিঞ্জারের বড়ো খেলার অন্তর্নিহিত প্রেক্ষাপটের সঙ্গে তখনও আমরা পরিচিত হই নি, এবং আমাদের ধারণা হয়েছিল যে প্রশাসনকে যতখানি অবহিত দেখায় তার চেয়ে ভালো করে তাদের জানানোর দরকার আছে। আমরা তাই কিছুটা অবাক হয়েছিলাম দেখে যে মার্কিন কংগ্রেস এবং মিডিয়া আমাদের বক্তব্যের অনুকূল শ্রোতা হলেও নিক্সন প্রশাসনের উপরমহলে প্রবেশ করা যথেষ্ট কঠিন। হেনরি কিসিঞ্জারের সঙ্গে যোগাযোগ করার লক্ষ্য আমাদের ছিল। হার্ভার্ডের আন্তর্জাতিক সেমিনারে কিসিঞ্জার অনেক বাঙালিকে পড়িয়েছেন, ডক্টর কামাল হোসেন যাদের একজন; এবং মুক্তিযুদ্ধের প্রেক্ষিত সম্পর্কে তিনি অনেক বেশি পরিচিত বলে মনে করা হত। খুব তাড়াতাড়ি জানতে পারলাম মার্কিন প্রশাসন বাংলাদেশিদের জন্য দরজা বন্ধ করে দিয়েছে।

কেমব্রিজে গিয়ে কিসিঞ্জারের প্রাক্তন হার্ভার্ড সতীর্থদের সঙ্গে দেখা করে তাদের মাধ্যমে কিসিঞ্জারকে আমাদের কথা শুনতে রাজি করানোর চেষ্টা করতে পরামর্শ দেওয়া হল আমাকে। অধ্যাপক ডরফম্যান-এর মতো কিছু উচ্চপদমর্যাদা সম্পন্ন

অর্থনীতিক ছাড়া রাষ্ট্রবিজ্ঞান বিভাগে কিসিঞ্জারের এক বিশিষ্ট সতীর্থ অধ্যাপক স্যামুয়েল হান্টিংটন এবং কিসিঞ্জারের আর এক ঘনিষ্ঠ বন্ধু হার্ভার্ড বিজনেস স্কুলের অধ্যাপক লজ-এর সঙ্গে আমি দেখা করি। দুটো যোগাযোগের কোনোটাই বিশেষ কাজে লাগে না। এক সময় কিসিঞ্জারের অনেক প্রাক্তন হার্ভার্ড সতীর্থ ওয়াশিংটনে এসে কিসিঞ্জারের অফিসের সামনে ধর্না দিয়ে স্লোগান তুলেছিল "হেনরি জাগো।" তখন এইচএজি (Harvard Advisory Group)-তে থাকা গাস পাপানেকও সে দলে ছিল। একযুগ পাকিস্তান প্ল্যানিং কমিশনের উপদেষ্টা হয়ে পাকিস্তানে কাটিয়েছে এইচএজি। হার্ভার্ডে পিএইচডি শেষ করে আসা ছাত্র মহিউদ্দিন আলমগীর এবং তার সতীর্থ ডক্টরাল ছাত্র ভারতের শঙ্কর আচার্যের সহায়তায় তৈরি একটা বিবৃতি মার্কিন কংগ্রেসের কাছে পেশ করেছিল হার্ভার্ডের তিন অতি বিশিষ্ট অর্থনীতিক এডওয়ার্ড ম্যাসন, রবার্ট ডরফম্যান এবং স্টিফেন মারগালিন। এরা দু'জন কাজ করেছিল রওনক জাহানের গবেষণাপত্র 'পাকিস্তান: ফেইলিওর ইন ন্যাশনাল ইন্টিগ্রেশন' থেকে উপাদান নিয়ে।

মার্কিন প্রশাসনের কাছে ওয়াশিংটনের সরকারি পর্যায়ে বাংলাদেশ সীমা বহির্ভূত হয়ে যাওয়ায় আমার পক্ষে যেটা করা সম্ভব ছিল তা হল এনায়েত করিমের বাড়িতে স্টেট ডিপার্টমেন্টে বাংলাদেশ ডেস্ক অফিসার ক্রেগ বাকস্টারের সঙ্গে দেখা করা। অবশেষে মার্কিন স্টেট ডিপার্টমেন্টের জুনিয়র অফিসার অ্যান্টনি ক্যুইনটন-এর সঙ্গে বৈঠকের ব্যবস্থা হল ১৪ মে ১৯৭১। ক্যুইনটন তার ঊর্দ্ধতন ভ্যান হলেন-কে যে রিপোর্ট দিয়েছিল সেটা আমি পাই প্রথম আলো পত্রিকার বাংলাদেশি সাংবাদিকের কাছ থেকে। ১৯৭১-এর ঘটনাবলীর সম্প্রতি উন্মুক্ত দলিল তার অধিগত হয়েছে। রিপোর্টটি বইয়ের শেষে সংযোজিত হয়েছে। আমার মতামতের বিশ্বাসযোগ্য প্রতিলিপি এই রিপোর্টটিতে আমাকে অনেক পরিপক্ক দেখায়, তখন নিজেকে যা ভাবতে পারি নি।

পরে নিউ হাভেন থেকে ওয়াশিংটন সফররত নুরুল ইসলামের সঙ্গে বিশ্বব্যাংকের পরামর্শদাতা টম হেক্সনার-এর ক্ষমতাবলে তৎকালীন ইউএসএইড-এর ডেপুটি ডিরেক্টর মরিস উইলিয়ামসের সঙ্গে দেখা করি। এই বৈঠক আমার মনে আছে উইলিয়ামসের দেওয়া বার্তার কারণে। সে বলেছিল বাংলাদেশ যদি আশা করে ওয়াশিংটন তার স্বার্থকে আরও গুরুত্ব দিয়ে বিবেচনা করুক, তবে তাকে তার সামরিক ক্ষমতা দেখাতে হবে। একজন এইড অ্যাডমিনিস্ট্রেটর-এর এমন মন্তব্য উদ্ভট হলেও নিক্সন প্রশাসনের বাস্তববাদী রাজনীতির প্রতিফলন এখানে ঘটেছে।

অলিম্পাসে আরোহণ

ওয়াশিংটনে আমার পরবর্তী লক্ষ্য ছিল বিশ্বব্যাংক, যারা তখন পর্যন্ত পাকিস্তান এইড কনসরটিয়াম-এর মূল নেতৃত্ব দিয়েছে এবং আন্তর্জাতিক উন্নয়নের লক্ষ্যে

গঠিত এই গোষ্ঠীতে সে দেশের আসল মুখপাত্র হিসেবে কাজ করেছে। আমি প্রথম যোগাযোগ করি ইংরেজ আই পি কার্গিলের সঙ্গে যিনি তখন দক্ষিণ এশিয়ার ভারপ্রাপ্ত ভাইস প্রেসিডেন্ট এবং পাকিস্তান কনসরটিয়ামের প্রধান। তিনি এম এম আহমেদের আইসিএস আমলের ঘনিষ্ঠ বন্ধু এবং পাকিস্তানের বিষয়ে সবচেয়ে বেশি ওয়াকিবহাল। বিগত পাঁচ-ছ'বছর তিনি নিজেকে ব্যাংকের প্রো-কনসাল হিসেবে জাহির করেছেন, পাকিস্তানের উন্নয়ন পরিকল্পনায় খবরদারি করছেন এবং ওই দেশ সফরে গেলে তাকে রাজকীয় অভ্যর্থনা দেওয়া হয়েছে। আমাদের তাই আশঙ্কা ছিল তিনি তার পূর্বতন জায়গিরের গোঁড়া সমর্থক হবেন এবং তার বন্ধু এম এম আহমেদের অনুরোধ রাখতে সাধ্যাতীত চেষ্টা করবেন।

কারগিলের প্রতিক্রিয়া আমাদের অবাক করে। মে মাসে কনসরটিয়ামের প্যারিস মিটিংয়ে কারগিলের নির্দেশ অনুযায়ী সদস্যরা পাকিস্তানকে আর সাহায্য দেবার বিবেচনা মুলতবি রেখেছে যতদিন না পাকিস্তানগামী ব্যাংক-ফান্ড মিশন বাংলাদেশের পরিস্থিতি সরেজমিন দেখে রিপোর্ট জমা দিচ্ছে। আমি ওয়াশিংটন পৌঁছাবার প্রথম দিকে অপ্রত্যাশিতভাবে কারগিল আমার কথা দীর্ঘক্ষণ ধরে শোনেন এবং এই ধারণা দিলেন যে বাংলাদেশে সামরিক ক্রিয়াকলাপ বন্ধ না হওয়া পর্যন্ত নতুন সাহায্য দেবার প্রতিশ্রুতি দেবার সম্ভাবনা নেই। পাকিস্তানের সামরিক আগ্রাসনে মনে হল তিনি অখুশি এবং বাংলাদেশের সঙ্গে সম্পর্ক স্থাপনে আগ্রহী; তার বিশ্বাস বাংলাদেশের স্বাধীনতা অবশ্যম্ভাবী।

কারগিল-এর পরে আর এক অলিম্পিয়ান চরিত্র বিশ্বব্যাংকের প্রেসিডেন্ট রবার্ট ম্যাকনামারা। আমি শুনলাম ব্যাংকে কর্মরত আমাদের বন্ধুদের অনেক চেষ্টার পর ম্যাকনামারা আমার সঙ্গে দেখা করতে রাজি হয়েছেন। আমাকে পরামর্শ দেওয়া হয় যে তার কম্পিউটার ঘেঁষা মন কেবলমাত্র যতখানি সম্ভব সংক্ষিপ্ত তথ্য উপস্থাপনে মনোনিবেশ করতে পারে। এর প্রস্তুতি নিতে মুহিত ও ওয়াশিংটনের অন্যান্য বাঙালিদের নিয়ে পাকিস্তানকে সাহায্য দান বন্ধ করার পক্ষে যুক্তি সাজিয়ে একটা লেখা তৈরি করলাম। পরে এই লেখাটা ছাপা হয় এবং ব্যাপক প্রচারিত হয়। মনে হয় লেখাটার নাম ছিল 'এইড টু পাকিস্তান: ব্যাকগ্রাউন্ড অ্যান্ড অপশনস'। আমাদের সংক্ষিপ্ত বৈঠকে সমস্যাটার মানবিক দিক নিয়ে খুব উদ্বেলিত মনে হল ম্যাকনামারাকে এবং বাংলাদেশের সমস্যার বীভৎসতা সম্পর্কে তার সত্যিকারের উদ্বেগের আভাস পেলাম।

বাংলাদেশ পরিস্থিতি সম্পর্কে ম্যাকনামারার প্রতিক্রিয়া পাকিস্তান এইড কনসরটিয়ামে ব্যাংকের ভূমিকায় কতটা প্রভাব ফেলেছিল সেটা আলাদা করে বলা মুস্কিল। শুধু দেখা গেল ব্যাংক পাকিস্তানে একটা প্রতিনিধিদল পাঠায় এবং এই প্রতিনিধিদল বাংলাদেশে পাকিস্তান সেনাবাহিনীর তান্ডব এবং ওই এলাকায় উন্নয়ন প্রক্রিয়া সম্পূর্ণ ভেঙ্গে পড়ার বিষয়ে একটা মারাত্মক রিপোর্ট দাখিল করে। মিশনের রিপোর্ট নিউ ইয়র্ক টাইমস-এ ফাঁস করে দেয়

হারুন-অর-রশিদ। যুক্তরাষ্ট্রে আমাদের হয়ে যারা তদবির করছিল তাদের পক্ষে স্যাক্সবি-চার্চ সংশোধন আনতে প্রচুর তথ্য-বোঝাই এই রিপোর্ট একটি জরুরি সহায়ক দলিল হয়েছিল, এবং প্যারিস কনসরটিয়ামে জুন ১৯৭১ বৈঠকে পাকিস্তান এইড কনসরটিয়ামের সদস্যদের নতুন সাহায্যের প্রতিশ্রুতি দান থেকে বিরত রাখতে সাহায্য করে।

চলমান কূটনীতি

কংগ্রেস, বিশ্বব্যাংক এবং মিডিয়ার সঙ্গে মিটিংয়ের বাইরেও যুক্তরাষ্ট্রপ্রবাসী বিপুল সংখ্যক বাংলাদেশিদের মধ্যে গড়ে ওঠা দলগুলোর কয়েকটার সঙ্গেও যোগাযোগ রেখেছিলাম। প্রধান দলটির সভাপতি ছিলেন প্রয়াত এফ আর খান, শিকাগোর বিখ্যাত স্থাপত্যবিদ যিনি বিশ্বের উচ্চতম বাড়ি সিয়ারস টাওয়ারের নির্মাতা। যুক্তরাষ্ট্রে বাংলাদেশের সমর্থনে জনমত সংগঠিত করতে ও মুক্তিযুদ্ধের জন্য অর্থ সংগ্রহে জড়িত ছিলেন খান।

এরকম গুরুত্বপূর্ণ কিছু কাজে জড়িত থাকা ছাড়াও যা কিছু অবশিষ্ট সময় পেতাম, ব্যক্তিবিশেষ বা গ্রুপগুলোর সঙ্গে দেখা করতাম যেকোনোভাবে যাদের বাংলাদেশের কাজে সংগঠিত করা যায়। নিউ ইয়র্কে আমি দ্যা নিউইয়র্ক টাইমস-এর জিম ব্রাউনের সঙ্গে পরিচিত হই পরে বাংলাদেশে পাকিস্তানের কার্যকলাপের সমালোচনা করে যে বেশকিছু গুরুত্বপূর্ণ লেখা লেখে। আমি আরও কিছু টিভি অনুষ্ঠানে অংশ নিই। ঢাকার বন্ধু পেনসিলভানিয়া বিশ্ববিদ্যালয়ের শিক্ষিকা সুলতানা আলমের আমন্ত্রণে ফিলাডেলফিয়ায় একটা অত্যন্ত মূল্যবান সফরে গিয়েছিলাম। সেখানে বাংলাদেশের সমর্থনে সুলতানার তৈরি করা একটা গ্রুপে আমি ভাষণ দিই। বাঙালি অথবা আমেরিকানদের এধরনের অন্য যেসব গ্রুপ বাঙালিরা সংগঠিত করেছিল তারাও শ্রোতা ছিল। ফিলাডেলফিয়ার এই মিটিংয়ে আমার ভাষণ এক বাংলাদেশি শ্রোতা রেকর্ড করেছিল এবং বক্তা হিসেবে আমার তৎকালীন বিক্রমের সাক্ষ্য হিসেবে অনেক বছর বাদে আমাকে সেটা উপহার দেয়।

নিউ ইয়র্কে আমি পাকিস্তানের জাতিসংঘ প্রতিনিধিদের তৎকালীন ডেপুটি পার্মানেন্ট রিপ্রেজেনটেটিভ এস এ করিম ও তার সুন্দরী, প্রাণচঞ্চল স্ত্রী আয়েশার সঙ্গে তাদের আপার-ইস্ট সাইডের বাড়িতে ছিলাম। করিম তখনও পাকিস্তান সরকারের কর্মী, তাই দেশদ্রোহে অভিযুক্ত একজনের তার বাড়ির অতিথি হওয়া তার পক্ষে বিপজ্জনক ছিল। যেহেতু আমি আবার নিরাপত্তা পরিষদে আসীন জাতিসংঘের বিভিন্ন প্রতিনিধিদের সঙ্গে খোলাখুলিভাবে যোগাযোগ করছিলাম, করিমের বিপদ তার ফলে আরও বাড়ছিল। কিন্তু আয়েশার উৎসাহে করিম এই ঝুঁকি নিতে রাজি হয়। করিম তার নিজস্ব সংযত কায়দায় পাকিস্তানের প্রচার

এবং বাংলাদেশের আসল অবস্থার মধ্যে বিরাট ফারাকের কথা বিভিন্ন মিশনের প্রতিনিধি হিসেবে নিযুক্ত তার জাতিসংঘের সতীর্থদের জানিয়ে দিত।

যুক্তরাষ্ট্র সফরের শেষ দিকে একদিনের জন্য অটোয়া গেলাম সেখানকার এক বাঙালি অ্যাকশন গ্রুপের আমন্ত্রণে, যারা মনে করেছিল বাংলাদেশ সরকারের মুখপাত্র হিসেবে আমার উপস্থিতি মূল্যবান হতে পারে। অটোয়া পৌঁছে আমি একটা সাংবাদিক সম্মেলনে বক্তব্য রাখি। সভায় ভালো লোক সমাগম হয়েছিল। এরপর অটোয়ার কিছু এমপির সঙ্গে মধ্যাহ্নভোজ সারি। সেখানে বিরোধীপক্ষের ছায়া-পররাষ্ট্রমন্ত্রী উপস্থিত ছিলেন। বিকেলে আমাকে নিয়ে যাওয়া হল একটা প্রাইভেট ক্লাবে একজন মন্ত্রীসভা সদস্যের সঙ্গে গোপন সাক্ষাতের জন্য। মন্ত্রী হিসেবে তিনি আমার সঙ্গে প্রকাশ্যে সাক্ষাৎ করতে অনিচ্ছুক ছিলেন, কিন্তু খুব সহানুভূতির সঙ্গে আমার কথা শুনলেন। সন্ধ্যেবেলা আমি অটোয়ার বাঙালি সম্প্রদায়ের সঙ্গে দেখা করলাম। আমার একদিনের অটোয়া সফর এই প্রচার অভিযানে কাটানো সবচেয়ে ফলপ্রসূ দিনগুলোর একটি ছিল।

ইউরোপীয় কূটনীতি

পরিবারের সাথে পুনর্মিলন

মে মাসের শেষে আমি লন্ডন ফিরলাম। আমি যুক্তরাষ্ট্রে থাকার সময় সালমা এবং ছেলেরা আম্মান থেকে লন্ডনে চলে এসে ওয়েস্ট লন্ডনের ক্লেয়ারেন্ডন রোডে মার্ক এবং ভ্যাল আর্নল্ড-ফরস্টারদের বাড়িতে উঠেছিল। নিজেদের বড়ো পরিবার হওয়া সত্ত্বেও তারা ওদের উদারভাবে গ্রহণ করেছিল। পরিবারকে কাছে ফিরে পাওয়ার উল্লাস এবং স্বস্তির অনুভূতি কথায় প্রকাশ করা যায় না। করাচি যাত্রা ও সেখানে তার থাকার অভিজ্ঞতার কথা দীর্ঘ সময় ধরে বলে সালমা। বাংলাদেশে যে নৃশংস ঘটনা ঘটছে সে ব্যাপারে তার করাচির বন্ধু ও সমগোত্রীয়দের উদাসীন, অনুভূতিশূন্য ব্যবহার সালমা লক্ষ করেছে। করাচিতে একমাত্র যে ব্যক্তি সালমার কাছে আমি ভালো আছি কিনা খোঁজ নিতে আসে সে হল আমার সেন্ট পল'স স্কুলের বন্ধু রাফি রাজা। করাচির অভিজ্ঞতা তাকে বুঝিয়েছিল যে তারা যাদেরকে স্বদেশবাসী বলে দাবি করে সেইসব মানুষদেরে উপর চালানো গণহত্যা সম্পর্কে পশ্চিম পাকিস্তানের মানুষ যদি এতখানি সংবেদনাহীন হতে পারে, তবে পাকিস্তানের মৃত্যু হয়েছে। এই বার্তা জর্ডানে তার বোনের স্বামী ক্রাউন প্রিন্স হাসানকে জানানোর চেষ্টা করে সালমা, যেহেতু হাসানের সরকার চিরকাল পাকিস্তানের গোঁড়া সমর্থক।

ইংল্যান্ডে আসার পর কিছু বাস্তব সমস্যাও আমাকে সামলাতে হয়। আমি বিশ্ব ভ্রমণ করে বেড়ালে পরিবারের ভরণপোষণ কীভাবে চলবে সেটা একটা বড়ো ভাবনা ছিল। সৌভাগ্য যে ক্যুইন এলিজাবেথ হাউস (কিউইএইচ)-এর

তৎকালীন ওয়ার্ডেন পল স্ট্রিটেন আমাকে তার প্রতিষ্ঠানে একটা রিসার্চের কাজ দেয়। এর ফলে নর্থ অক্সফোর্ডের উলভারকোটে ছোট্টো একটা বাড়ি ভাড়া নেওয়া হল এবং সেখানে সংসার পাতে সালমা। আমার অবর্তমানে আমাদের তিন ছেলের দেখাশোনা সালমাকেই করতে হত। তৈমুরের বয়স তখন আট এবং নিজেই স্কুলে যেতে পারত। কিন্তু চার বছরের বাবরকে সামারটাউনে তার নার্সারি স্কুলে পৌঁছে দিয়ে আসত সালমা একবছরের জাফরকে প্র্যামে চাপিয়ে। বাচ্চাদের রাখার কাজ এবং বাজার করা – দুইটাতেই সহায়তা করত অক্সফোর্ডের ছাত্র আকবর নোমান ও তার নরউইজিয়ান বউ। আমার মা ব্যাংকক থেকে ইংল্যান্ডে এসে অক্সফোর্ডে কয়েকদিন থেকে গেলেন সালমাকে সাহায্য করতে। আমাদের সীমিত রোজগারের পরিপূরক হিসেবে সালমাকে অক্সফোর্ড কলেজ অফ ফারদার এডুকেশন-এ খন্ডকালীন শিক্ষিকার কাজ নিতে হল। বাচ্চা সামলাবার কাজটা নোমানরা, আমার মা এবং পরে চাচা কে জি মোর্শেদ যিনি লন্ডন থেকে এসেছিলেন আমাদের সঙ্গে দেখা করতে, এরা সকলে মিলে করায় এটা সম্ভব হয়েছিল।

অক্সফোর্ডে থাকার সময় আমি কিউইএইচ-এ আমার গবেষণার দায়িত্বের প্রতি সুবিচার করেছিলাম এমন দাবি করব না। বেশিরভাগ সময় দেশের কাজে বাইরে থেকেছি এবং যখন কিউইএইচে আমার অফিসে থেকেছি, লন্ডনে প্রচার চালাতে গিয়ে বাংলাদেশিদের সঙ্গে যোগাযোগ বজায় রাখা অথবা মুক্তিযুদ্ধ সম্পর্কে নিবন্ধ লেখায় সময় কেটেছে। তখন নাফফিল্ড কলেজে ভিজিটিং ফেলো এআর খান স্বাধীন বাংলাদেশের ভবিষ্যতের সম্ভাব্য কর্মকৌশল আলোচনার সুযোগ দিয়েছিলেন আমাকে।

ঘরের বাইরে পৌঁছানো

ইংল্যান্ডে থাকার সময় আমার মূল মিশন ছিল বাংলাদেশের অনুকূলে জনমত গড়ে তোলা। সুতরাং পাকিস্তানকে সাহায্য বন্ধ করার কাজে লন্ডন থেকে যুক্তরাষ্ট্র যাওয়ার আগে যেখানে শেষ করেছিলাম সেখান থেকেই শুরু করতে হল। মে মাসের শেষে দেখলাম জনমতের হাওয়া আরও জোরদারভাবে বাংলাদেশের দিকে ঘুরে গেছে। আমি আবার জুডিথ হার্টের সঙ্গে দেখা করলাম। জুডিথ বৈদেশিক সাহায্যের উপর লেবার দলের প্রথম সারির মুখপাত্র ছিল, পরে পরবর্তী লেবার সরকারের বৈদেশিকউন্নয়ন (Overseas Development) মন্ত্রী হয়। আমাদের মিটিংয়ের পর জুডিথ হাউস অফ কমনসে জোরালো বক্তব্য রাখে, যেখানে বিরোধী লেবার দলের হয়ে সে দাবি জানায় যুক্তরাজ্য থেকে পাকিস্তানকে সাহায্য দান মুলতবি রাখতে হবে, এবং বাংলাদেশের উপর চালানো গণহত্যা বন্ধ না করা অবধি ও বাংলাদেশের নির্বাচিত নেতাদের সঙ্গে

আলোচনা শুরু না করা পর্যন্ত পাকিস্তানকে আর কোনোরকম সাহায্য দেওয়ার প্রতিশ্রুতি যুক্তরাজ্য সরকার দেবে না।

বেশকিছু টোরি ও লেবার এমপি-দের আমার মতামত জানানোর এবং নিকোলাস ব্যারিংটনের সঙ্গে আমার পরিচিতি ব্যবহার করে আমাদের মতামত স্যার অ্যালেক ডগলাস হিউস-কে পৌঁছে দেবার সুযোগ পেয়েছিলাম, যেহেতু স্যার হোম তখনও আমার সঙ্গে বসে আমার কথা শুনতে রাজি হননি। অবশ্য কনসরটিয়ামের প্যারিস মিটিংয়ে আসা ব্রিটিশ প্রতিনিধিদলের মিনিস্ট্রি অফ ওভারসিজ ডেভেলপমেন্ট-এর কিছু কর্মকর্তার সঙ্গে কথা বলতে পেরেছিলাম এবং পাকিস্তানকে সাহায্য বন্ধ করার জন্য তাদের স্মারকপত্র দিই। উচ্চপর্যায়ে কোনো বাংলাদেশি মুখপাত্রকে স্বাগত জানাতে যুক্তরাষ্ট্রের মতো যুক্তরাজ্য সরকারের অনীহা পুষিয়ে দিয়েছিল জনতার সদর্থক প্রতিক্রিয়া, যেটা নিশ্চিতভাবে বাংলাদেশের পক্ষে যাচ্ছিল।

পাকিস্তানকে সাহায্য বন্ধ করার যে যুক্তি আমরা ওয়াশিংটনে ম্যাকনামারাকে এবং মার্কিন কংগ্রেসকে দিয়েছি, যুক্তরাজ্যের বাঙালি সম্প্রদায়ের প্রচারের মূল থিম সেই একই যুক্তি। প্রবাসী বাঙালি সম্প্রদায়ের সবচেয়ে বড়ো সংখ্যক যুক্তরাজ্যের বাঙালিরা সক্রিয় হয়েছে অর্থ সংগ্রহে এবং পাকিস্তানকে সাহায্য দেবার বিরুদ্ধে জনমত সংগঠিত করতে। বিচারপতি আবু সাঈদ চৌধুরীকে তখন আনুষ্ঠানিকভাবে বাংলাদেশের মুখপাত্র নিযুক্ত করা হয়েছে, এবং এই আন্দোলনের জন্য পূর্ব লন্ডনের কাছে লিভারপুল স্ট্রিট স্টেশনে তিনি অফিস খুলেছেন। আমি থাকার সময় ট্রাফালগার স্কোয়ারে এক অতিকায় সমাবেশে হাজির হই যেখানে তার ভাষণে বাংলাদেশের লক্ষ্যের চমৎকার ব্যাখ্যা দিয়েছিলেন বিচারপতি চৌধুরী।

আমার যুক্তরাজ্যে অবস্থানের সুযোগ নিয়ে বাংলাদেশ ইস্যুতে আরও কিছু লেখালিখি করি। বামপন্থী সাপ্তাহিক দ্যা নিউ স্টেটসম্যান-এর সঙ্গে পুরনো যোগাযোগ পুনর্নবীকরণ করি, এবং বাংলাদেশের গণহত্যা ও ইয়াহিয়া সরকারকে টিকিয়ে রাখতে বিদেশি সাহায্যের ভূমিকা সম্পর্কে তাদের একটি নিবন্ধ দিই। দ্যা স্টেটসম্যান-এর সম্পাদক শেষ পর্যন্ত ঠিক করেন পাকিস্তানকে যুক্তরাজ্য থেকে আসা সমস্ত সাহায্য বন্ধের দাবিতে তার সাপ্তাহিকের প্রথম পাতার সম্পাদকীয়তে আমার নিবন্ধের উপাদান ব্যবহার করবেন। সম্পাদকের অনুরোধে সাউথ এশিয়ান রিভিউ কাগজের জন্য একটা লেখা লিখি যেটায় সামরিক বাহিনীর আক্রমণের আগের আলোচনার পূর্ণাঙ্গ বিবরণ প্রথম নথিবদ্ধ হয়।

আমার সফরের সময় অক্সফোর্ড ইউনিভার্সিটি ইউনিয়নে আকবর নোমান ও তারিক আবদুল্লা, দুই সমবেদী পাকিস্তানি আয়োজিত একটা ঘরোয়া সভায় অংশ নিয়েছিলাম যেখানে প্রচুর জনসমাবেশ হয়েছিল। সভায় বক্তব্য রাখেন অধ্যাপক ড্যানিয়েল থর্নার যিনি ঢাকায় পিআইডিই-র সঙ্গে পাকিস্তানি সেনার

গণহত্যা প্রত্যক্ষ করেন এবং প্যারিসের সরবোর্নে ফিরে গিয়ে বাংলাদেশের অগ্রণী মুখপাত্র হয়েছিলেন। ড্যানিয়েল ছাড়া এআর খানও অন্যান্য বক্তার সঙ্গে বক্তব্য রাখেন। এর মধ্যে তাহিরা ও মাজহার আলি খানের ছেলে তারিক আলিও ছিল যে পাকিস্তানি সেনাবাহিনীর ক্রিয়াকলাপের তীব্র সমালোচনা করে স্বাধীন বাংলাদেশের সমর্থনে বক্তব্য রাখে। তারিক অবশ্য কিছুটা কাল্পনিকভাবে এটাকে বৈপ্লবিক উত্থানের পূর্বাভাস - যার ফলে দুই বাংলা সংযুক্ত হয়ে এক সমাজবাদী রাষ্ট্র জন্ম নেবে - বলে অভিহিত করে। পাকিস্তানি সেনা সম্পর্কে তিক্ত মন্তব্য করার সময় শ্রোতা গ্যালারি থেকে একজন তাকে প্রশ্নবিদ্ধ করে। লোকটি সম্ভবত একজন পাকিস্তানি মিলিটারি ইন্টেলিজেন্স অফিসার ছিল। ভুট্টোর পিপলস পার্টির এক প্রতিনিধিও সভায় ভাষণ দেয়। প্রত্যাশিতভাবেই পাকিস্তানি বক্তব্য শোনার খুব বেশি দরদী শ্রোতা ছিল না। আমি ছিলাম শেষ বক্তা এবং শ্রোতাদের কাছ থেকে বেশ ভালো উৎসাহব্যঞ্জক প্রতিক্রিয়া পেয়েছিলাম। এ ধরনের সব জনসমাবেশেই সাধারণভাবে আমাদের একইরকম অভিজ্ঞতা হয়েছিল। পাকিস্তানি হিসেবে কিছুটা ঝুঁকি নিয়েই এরকম সম্ভাবনামূলক প্রকাশ্য বিদ্রোহী অনুষ্ঠান আয়োজন করেছিল আকবর নোমান এবং তারিক আবদুল্লাহ। এবং বাংলাদেশের জন্মের পরে করাচিতে তার পরিবারের সঙ্গে দেখা করতে গিয়ে বেশ কিছু সমস্যার মুখে পড়ে আকবর।

প্যারিস সঙ্ঘ (কনসরটিয়াম)

লন্ডন থেকে আমি প্যারিসে গেলাম পাকিস্তান এইড কনসরটিয়ামের জরুরি সভায় হাজির হতে, যেটা সম্ভবত ৭ জুন নির্ধারিত হয়েছিল। নতুন করে বেশি পরিমাণ সাহায্য পেতে এই বৈঠকের উপর ভরসা করছিল পাকিস্তানিরা, যেহেতু যুদ্ধের সময় পাট রপ্তানি বিপর্যস্ত হওয়ায় তাদের আমদানি ক্ষমতা বিপুলভাবে ক্ষতিগ্রস্ত হয়।

প্যারিসে আমার ভাই ফারুকের কাছে না থেকে আমি রুয় গাই দ্য লেব্রস-এ ড্যানিয়েল ও অ্যালিস থর্নারদের বাড়িতে ছিলাম। ফারুকের সঙ্গে মাঝেমাঝে দেখা করতাম যাতে সে আমাকে কনসরটিয়াম মিটিংয়ে পাকিস্তানের কৌশল সম্পর্কে বিস্তারিত বলতে পারে। মনে হয়েছিল সাহায্য প্রবাহ অব্যাহত রাখতে তারা খুব বেশি করে যুক্তরাষ্ট্রের উপর নির্ভর করছিল। থর্নারদের আর এক অতিথি ছিলেন ডক্টর হাসান ইমাম যিনি পিআইডিই-তে ছিলেন এবং ভারত হয়ে প্যারিসে আসেন। ড্যানিয়েল, হাসান এবং আমি ম্যাকনামারাকে লেখা আমার আসল মেমো-র ভিত্তিতে কনসরটিয়ামের জন্য একটা স্মারকপত্র তৈরি করি। বৈঠকের আগের রাতে ড্যানিয়েল তার ছোটো ভক্সওয়াগনে আমাকে ও হাসানকে চড়িয়ে যেসব হোটেলে কনসরটিয়ামের প্রতিনিধিরা

ছিলেন সেগুলোতে নিয়ে যায় আমাদের স্মারকপত্র কনসরটিয়ামের প্রত্যেক প্রতিনিধিদলের নেতার হাতে তুলে দিতে। আমরা সংশ্লিষ্ট প্রতিনিধি দলগুলোর সঙ্গে দেখা করার চেষ্টাও করি। কেউ কেউ আমাদের কথা শোনেন। অন্যদের নাগাল পাওয়া গেল না। বৈঠকের আগের রাতে বিশ্বব্যাংক প্রতিনিধিদলের এক আমেরিকান উপ-প্রধানের সঙ্গে দেখা করি। তিনি জানালেন যে কনসরটিয়ামের তরফে নতুন সাহায্যের প্রতিশ্রুতি দেবার সম্ভাবনা কম। বিশ্বব্যাংকের ভাইস প্রেসিডেন্ট পিটার কারগিলের সঙ্গে ফোনে কথা বললাম। তিনি সবে তখন পাকিস্তান থেকে ফিরেছেন। তিনি তার ডেপুটির মতের সঙ্গে সহমত হলেন, তবে বৈঠক শেষে আমাকে তার সঙ্গে দেখা করতে বললেন।

কনসরটিয়াম শেষ হবার পরের সকালে আমি পিটার কারগিলের সঙ্গে তার পাঁচতারা হোটেল রয়্যাল মনস্যু-তে বিলাসবহুল প্রাতঃরাশ খেতে খেতে কথা বলি। তিনি জানালেন বাংলাদেশে স্বাভাবিক অবস্থা ফিরে না আসা পর্যন্ত নতুন কোনো সাহায্যের প্রতিশ্রুতি দিতে অস্বীকার করেছে কনসরটিয়াম। কারগিলের ঢাকা এবং ইসলামাবাদ সফরের রিপোর্ট কনসরটিয়াম-কে প্রভাবিত করেছে। মিটিংয়ে পাকিস্তানের বর্তমান পরিস্থিতির চরম অস্থিরতার খবর সমর্থন করেন তিনি। অন্যান্য কিছু সদস্য আরও কড়া মতামত জানান। তবে পাকিস্তানি সেনার নির্যাতনের বিরুদ্ধে দেশের মানুষের বর্ধিত চাপে সাড়া দিয়ে বেশিরভাগ সদস্য পাকিস্তানের উন্নয়নের পক্ষে প্রাদুর্ভূত প্রতিকূল অবস্থার অজুহাত দেখিয়ে নতুন সাহায্য দানের আশ্বাস স্থগিত রাখার পক্ষে সওয়াল করেন। মার্কিন প্রতিনিধিরা কিছু সাহায্য পাকিস্তানকে দেবার মার্জিত আবেদন করেন বটে, তবে বিষয়টা নিয়ে খুব জোরালো তর্ক না করে কনসরটিয়ামে গৃহীত সিদ্ধান্ত মেনে নেন।

কনসরটিয়াম মিটিং পাকিস্তানের পক্ষে একটা বড়ো ধাক্কা এবং বাংলাদেশের মুক্তিযুদ্ধের সমর্থনে সারা বিশ্বে যে আন্তর্জাতিক সংহতি গড়ে উঠেছে তার একটা ছোটো জয় ছিল। যাই হোক, তাদের সিদ্ধান্তের অর্থ এই নয় যে পাকিস্তানকে দেওয়া যাবতীয় রকমের সাহায্য বন্ধ হয়ে গিয়েছিল। যে সাহায্য ইতিমধ্যে প্রতিশ্রুত এবং যেগুলো এর মাঝে পাঠানো শুরু হয়েছে সেগুলো পশ্চিম পাকিস্তান যাওয়া অব্যাহত থাকে। সাহায্যে কোনো ধরনের ঘাটতির বোঝা অবশ্যম্ভাবীভাবে বাংলাদেশই বহন করত, কিন্তু পাটের রপ্তানি বন্ধ হয়ে যাওয়ায় পশ্চিম পাকিস্তানের নিজস্ব অর্থনৈতিক অবস্থা অত্যন্ত সঙ্কটজনক এবং অস্থিতিশীল হয়ে পড়েছিল।

কনসরটিয়ামে আমাদের কাজ ছাড়াও প্রভাবশালী ফরাসি বুদ্ধিজীবীদের কাছে বাংলাদেশ নামক প্রভবটিকে উপস্থিত করতে প্যারিসে আমার উপস্থিতিকে কাজে লাগায় ড্যানিয়েল। কিছু সাংবাদিক এবং রাজনৈতিক দার্শনিক রেমন্ড অ্যারন; সামাজিক নৃবিজ্ঞানী ল্যুই দ্যুমঁ; এবং আরব বিশেষজ্ঞ ম্যাক্সিমা রডিনসন – প্রমুখ ফরাসি বুদ্ধিজীবী সংগঠনের অগ্রণী ব্যক্তিত্বের সঙ্গে কিছু

মূল্যবান বৈঠক করেছিলাম। সরবোর্ন-এ বাংলাদেশ ইস্যুতে একটা সেমিনারও করেছিলাম।

জানতে পারলাম যে, পাকিস্তানকে অস্ত্র জোগাবার একটা বড়ো উৎস ফরাসি সরকার। আমাদের লক্ষ্য হল এই বিক্রি স্থগিত রাখতে ফ্রান্সের কিছু প্রভাবশালী মত সংগঠিত করা। দেখা গেল কেনা অস্ত্রের দাম চুকাতে পাকিস্তান যে তাদের ঋণ পুনর্সঞ্চালনের আবেদন করে কথা খেলাপের চেষ্টা করেছে, সেটাই ফরাসি সরকারকে সবচেয়ে বেশি প্রভাবিত করেছিল। অবশেষে এটাই ফ্রান্স থেকে অস্ত্র সরবরাহ বন্ধ করে।

রোমান অবকাশ

প্যারিস থেকে আমি রোমে গেলাম। সেখানে অল্প সময়ের অবস্থানে ওয়ার্ল্ড ফুড প্রোগ্রাম-কে (ডব্লিউএফপি) একটা মেমো দিই এই মন্তব্য করে যে পাকিস্তানকে খাদ্য সাহায্য, যেটা বাহ্যত বাংলাদেশের জন্য দেওয়া, পশ্চিম পাকিস্তান ও তার সেনাদল যারা বাংলাদেশে গণহত্যা চালাচ্ছে তাদের খাওয়াতে অপচয় হবে। আমরা পরামর্শ দিলাম এই খাদ্য পরিবর্তে মুজিবনগর সরকারকে দেওয়া হোক যারা তা সরবরাহ করবে সীমান্ত পারের লাগোয়া এলাকাবাসীদের। ডব্লুএফপি আমার যুক্তির প্রশংসা করে তবে তাদের মনে হয় নি একটা আন্তর্জাতিক সংস্থার পক্ষে আমার পরামর্শ কার্যকর সম্ভব যাদের স্বীকৃত সার্বভৌম সরকারের মাধ্যমে কাজ করার বাধ্যবাধকতা আছে।

সাহায্য কূটনীতিতে আমার ভূমিকা ছাড়াও, আমি ইটালির তিন প্রধান রাজনৈতিক দল যথাক্রমে ক্রিশ্চিয়ান ডেমোক্র্যাটস, কমিউনিস্ট এবং সোশ্যালিস্টদের কর্মকর্তাদের সঙ্গে কথা বলি পাকিস্তানকে সাহায্য দান বন্ধ করতে তাদের সহযোগিতা প্রার্থনা করে। তবে এটা অনেকটাই সদিচ্ছাজ্ঞাপক ইঙ্গিত ছিল কারণ ইতালীয়রা কখনওই পাকিস্তান বা অন্য কোনো উন্নয়নশীল দেশকে বড়ো ধরনের সাহায্য দেয়নি। এই রাজনৈতিক সাক্ষাতকারগুলোর আমার জন্য ব্যবস্থা করেছিল ইভা কলোরনি, পরে অমর্ত্য সেনকে বিয়ে করে তার এক বোন। এছাড়া তার দিল্লি থাকার সময় আমাকে যথেষ্ট সাহায্য করেছিল ইভা। ইভার পরিবারের ইটালিতে গভীর রাজনৈতিক যোগাযোগ ছিল। ফলে আমি যে পর্যায়ের যোগাযোগ করার সুযোগ পেয়েছিলাম সেটা আমার একার পক্ষে করা সম্ভব হত না।

তাজউদ্দীনের কাছে রিপোর্ট পেশ

কলকাতা পুনরাবিষ্কার

জুলাইয়ের প্রথম দিকে রোম থেকে দিল্লি এসেছিলাম। খুব বেশি সময় সেখানে থাকিনি যেহেতু আমার অন্তিম গন্তব্য ছিল কলকাতা। এপ্রিলের প্রথম দিকে

দিল্লিতে একসঙ্গে থাকার সময় তাজউদ্দীন আহমদ যে মিশনে পাঠিয়েছিলেন আমাকে তার রিপোর্ট তাকে দিতে হবে। আমি আবার অশোক মিত্রের বাড়িতে থাকলাম এবং তার সঙ্গে কলকাতায় গেলাম।

কলকাতার দৃশ্যে একাত্ম হওয়ার বিষয়ে আমার কোনো চিন্তা ছিল না কারণ যাই হোক, এটা আমার জন্মস্থান। ভেবেছিলাম হয় আমার কেমব্রিজের বন্ধু দীপঙ্কর ঘোষের কাছে থাকব তাদের ল্যান্সডাউন রোডের বাড়িতে যেখানে বিয়ের আগের বছরগুলোয় অনেকদিন কাটিয়েছি, অথবা আমার সেন্ট পল'স-এর ঘনিষ্ঠ বন্ধু মনু পালচৌধুরীদের কলকাতা লেকের বাড়িতে থাকব।

অপ্রত্যাশিতভাবে দীপঙ্কর এবং মনু দু'জনেই শহরের বাইরে ছিল, তাই এই আশ্রয় তখনই পাওয়া গেল না। অশোক আমাকে নিয়ে গেলেন তার এক ঘনিষ্ঠ পারিবারিক বন্ধু অরূপ চৌধুরীর বাড়িতে। অরূপ ও তার স্ত্রী পারমিতা থাকত আলিপুরের বেল্ভেডর রোডের একটা অ্যাপার্টমেন্টে। বাড়িটা ছিল পুরনো শৈলীর ঔপনিবেশিক বাড়িগুলোর মতো; উঁচু সিলিং, লাল-পালিশ মেঝে। ১৯৪০-এর দশকে বাবা যখন ডিসি পোর্ট ছিলেন সে সময় বেল্ভেডর রোডের এরকম একটা বাড়িতেই আমি ছিলাম।

অরূপ আমার একেবারেই অপরিচিত ছিল, কিন্তু তার বাড়িতে অতুলনীয় উষ্ণ অভ্যর্থনা জানিয়েছিল আমাকে, এবং তার সদ্যোজাত কন্যা স্মিতাকে সম্প্রতি সাজানো তার ঘর থেকে বার করে আমার জন্য একেবারে আলাদা ঘরের ব্যবস্থা করে দিল, অরূপের অতিথি হয়ে প্রায় একমাস যেখানে আমি থেকে যাই। অত্যন্ত পরিশীলিত, মধুর স্বভাবের সদ্য তিরিশের কোঠায় পা দেওয়া ছেলে ছিল অরূপ, যে তার বাবার সঙ্গে কাজ করত। ইতিমধ্যেই সে বাংলাদেশের জন্য নিজেকে নিয়োজিত করে অর্থ সাহায্য দিয়েছে এবং আমি আসার আগে বহু বাংলাদেশিকে তার বাড়িতে আপ্যায়িত করেছে। তার স্ত্রী পারমিতা ছিল অতি সুন্দরী, বুদ্ধিমতী তরুণী যে সত্যজিত রায়ের "সীমাবদ্ধ" চলচ্চিত্রটিতে অভিনয় করেছিল।

অশোক পরিচয় করিয়ে দেবার সুবাদে অরূপ ও পারমিতা আমাকে তাদের পরিবারেরই একজন হিসেবে দেখেছে, সুতরাং কলকাতায় খুব স্বচ্ছন্দে দিন কাটিয়েছিলাম এবং এমনকি কলকাতা ময়দানে আমার প্রথম ফুটবল ম্যাচ দেখা হয়ে যায় অরূপ ও তার বাবার সৌজন্যে। ওরা আমাকে নিয়ে গেলেন মোহনবাগান বনাম ইস্টবেঙ্গল ম্যাচ দেখতে। আমি আসার পরের দিন অরূপ আমাকে মুজিবনগর সরকারের ১২ নম্বর থিয়েটার রোডের অফিসে গাড়ি করে পৌঁছে দিয়েছিল, এবং যেক'দিন ওর সঙ্গে থেকেছি প্রতিদিন সকালে গাড়ি চালিয়ে আমাকে সেখানে নিয়ে গেছে। মঈদুল হাসান, নুরুল কাদের খান এবং জামিল চৌধুরীর মতো মুক্তিযুদ্ধে জড়িত অনেকের সঙ্গে ইতিমধ্যেই আলাপ হয়েছিল অরূপের এবং আমার জন্য সে অনেক নৈশভোজের আয়োজন করে

যেখানে আমি মঈদুল হাসানদের দলটিকে প্রথম দেখি সেইসঙ্গে পরিচিত হই কলকাতার; বিভিন্ন ধরনের বুদ্ধিজীবীর সাথে যারা বাংলাদেশের জন্য সমর্পিত-মনা ছিলেন।

মুজিবনগরের সঙ্গে প্রথম পরিচয়

প্রথমবার থিয়েটার রোডে মুজিবনগর দেখতে যাওয়াটা খুব উৎসাহব্যঞ্জক হয় নি। তাজউদ্দীনের সঙ্গে আমার ঐতিহাসিক সাক্ষাতের পর মেঘনা দিয়ে অনেক পানি আর রক্ত বয়ে গেছে। ততদিনে আনুষ্ঠানিকভাবে গঠিত একটা সরকার কার্যভার নিয়েছে। সৈয়দ নজরুল ইসলাম অস্থায়ী প্রেসিডেন্ট, তাজউদ্দীন প্রধানমন্ত্রী, খন্দকার মোশতাক পররাষ্ট্রমন্ত্রী, কামরুজ্জামান ও মনসুর আলি বিভিন্ন মন্ত্রণালয়ের দায়িত্ব পেয়েছেন। কর্নেল ওসমানি মুক্তি বাহিনীর কমান্ডার-ইন-চীফ নিযুক্ত হয়েছেন।

এই নেতারা একটা তাৎক্ষণিক প্রশাসনের দায়িত্বে বহাল ছিলেন যার কর্ণধার ছিলেন অনেক আমলা যারা বীরের মতো বাংলাদেশের প্রতি তাদের আনুগত্যের শপথ নিয়েছিলেন। এদের বেশিরভাগ ছিলেন সীমান্ত জেলাগুলোতে নিযুক্ত কনিষ্ঠ সরকারি কর্মচারী মুক্তিযুদ্ধের শুরুতে যেই জায়গাগুলি মুক্তিযোদ্ধাদের দখলে ছিল। এই দলে ছিলেন আমার ছাত্র এইচ টি ইমাম, নুরুল কাদের খান, আবদুস সামাদ, আমার আর এক ছাত্র কামাল সিদ্দিকী এবং আকবর আলি খানের মতো উজ্জ্বল, নিষ্ঠাবান সিএসপি অফিসাররা। আমার আরও দুই ছাত্র সরকারি কর্মী তৌফিক ইলাহি চৌধুরী এবং পুলিশ সার্ভিসের মাহবুবউদ্দিন আহমেদ, মার্চ মাসে যে তাজউদ্দীনকে পাহারা দিয়ে সীমান্ত পার করিয়ে দিয়েছিল, এরা মুক্তি বাহিনীতে অফিসার পদে নিযুক্ত হয়েছিল। অফিসারদের মধ্যে বরিষ্ঠতম এইচ টি ইমাম এবং নুরুল কাদের ডিসি'র পদে কাজ করছিলেন, কিন্তু অন্যরা এডিসি অথবা এসডিও পদে ছিলেন। যেসব অফিসার বাংলাদেশের হয়ে কাজ করা বেছে নিয়েছিল সেই দলে আমার ছাত্রদের ভালোরকম উপস্থিতি একেবারেই কাকতালীয় ছিল, কিন্তু তা আমাকে শিহরিত করে এই ভাবনায় যে এরা আমার ক্লাস থেকে কেনেসীয় তত্ত্বের চেয়ে বেশি কিছুই আত্মস্থ করেছিল।

এই মন্ত্রী ও প্রশাসকদের দল একটা ঢিলেঢালা প্রশাসনের তদারকি করছিলেন যেখানে কে কী করছে অথবা কার কোন দায়বদ্ধতা সেসবের কোনোরকম সূত্র অনুসন্ধান কঠিন ছিল। অরূপ আমাকে ১২ থিয়েটার রোডে নামিয়ে দেওয়া মাত্র আমি চিনতে পারি ১৯৪৩ থেকে ১৯৪৫ অবধি আমার নানা খাজা নাজিমুদ্দিন যখন বাংলার মুখ্যমন্ত্রী পদে বহাল রয়েছেন তখন এটা তার নিবাস ছিল। আমি তার মেয়ে জাফরের বিয়েতে এখানে এসেছিলাম, এই

বাড়ির লনে ব্যাডমিন্টন খেলেছি এবং বর্তমানে যে ঘর বাংলাদেশের প্রথম প্রধানমন্ত্রীর অফিস ও শয়নকক্ষ সেখানেই নানার ছেলে সাইফুদ্দিনের সঙ্গে রাত কাটিয়েছি। মাঝের যে বড়ো থাকার ঘর যেখানে মুখ্যমন্ত্রী একদা তার সরকারি অভ্যাগতদের আপ্যায়ন করতেন সেটা এখন ফাইবার বোর্ড দিয়ে অনেকগুলো কুঠুরিতে পার্টিশান করা হয়েছে। মন্ত্রীদের অফিস হয়েছে এই মাঝের জায়গাটার লাগোয়া ঘরগুলো। তরুণ প্রশাসকরা একটা সচিবালয়ের শৃঙ্খলা বজায় রাখার আপ্রাণ চেষ্টা করছিল; কিন্তু যেখানে একটা বড়ো সংখ্যক মানুষ যারা সক্রিয় প্রশাসনে কাজ করার তুলনায় জেলা রাজনীতির প্রথায় বেড়ে উঠেছে, তাদের উপর শৃঙ্খলা আরোপের সমস্যা খুব চ্যালেঞ্জের ছিল।

আমি প্রথমেই তাজউদ্দীনকে খুঁজে বার করি যেহেতু তিনি আমার সংক্ষিপ্ত কূটনৈতিক কেরিয়ারের জন্মদাতা। অরূপের মাধ্যমে আমি ইতিমধ্যেই গড়িয়াহাটের রামকৃষ্ণ মিশন হোস্টেলে থাকা মুঈদের সঙ্গে যোগাযোগ করেছিলাম এবং আমার সঙ্গে থিয়েটার রোডে দেখা করতে সে রাজি হয়। আমাদের শেষবার দেখা হয়েছিল বেরাইদে এবং তখন আমাদের অনেক পথ চলা বাকি ছিল। পরিশেষে মঈদ আমাকে তাজউদ্দীনের কাছে নিয়ে গেল যার অফিসের প্রবেশ দরজা পাহারা দিচ্ছিল মেজর নুরুল ইসলাম শিশু, যে বেশ একটা জমকালো খেতাব পেয়েছিল প্রধানমন্ত্রীর সামরিক সচিব হিসেবে। আর এক সংলাপী ছিলেন বিশিষ্ট বিজ্ঞানী ডক্টর ফারুক আজিজ খান প্রধানমন্ত্রীর সচিব হিসেবে যাকে চিহ্নিত করা গিয়েছিল।

প্রধানমন্ত্রী স্বয়ং একটা বড়ো ঘর নিয়ে ছিলেন যেটা তখন বাংলাদেশের প্রধানমন্ত্রীর অফিস এবং আটপৌরে আবাসনের কাজ দিত। ঘরে একটা ছোটো টেবিল, একটা বিছানা এবং একটা জামাকাপড়ের র‍্যাকে প্রধানমন্ত্রীর নামমাত্র কিছু পোশাক রাখা ছিল। তাজউদ্দীনের সঙ্গে পুরনো কথাবার্তা বিনিময় হল এবং তার নিরাভরণ পরিবেশের বিষয়ে মন্তব্য করলাম। তিনি আমায় বললেন তার প্রত্যেক মন্ত্রীকে থাকার জন্য ছোটো কামরা দেওয়া হয়েছে। তিনি তার মন্ত্রীসভার সতীর্থদের বুঝিয়ে রাজি করিয়েছেন যে, এই ঘরগুলো কেবলমাত্র তাদের নিজ নিজ পরিবারের জন্য থাকবে কিন্তু মুক্তিযুদ্ধ চলাকালীন মন্ত্রীরা তাদের থিয়েটার রোডের অফিসে থাকার ঘর করে নেবেন। এই স্বার্থত্যাগী উদ্যোগে নেতৃত্ব দিয়েছিলেন তাজউদ্দীন, এবং সে কারণেই কলেজ ছাত্রের থাকার ঘরের মতো দেখতে এই ঘরে তিনি অবস্থান করছেন। তবে তিনি দুঃখ করে বলেন যে সতীর্থরা তার দৃষ্টান্ত অনুসরণ না করে প্রতি সন্ধ্যেয় নিজেদের অ্যাপার্টমেন্টে ফিরে যাচ্ছে যেখানে তাজউদ্দীন নিঃসন্দেহে দিনরাত তাঁর ডেস্কে বসে কাজ করছেন।

আমার মিশনের সংক্ষিপ্ত রিপোর্ট তাজউদ্দীনকে দিলাম। তিনি পরামর্শ দিলেন যেহেতু তার সরকারের পররাষ্ট্রনীতি বিষয়ক ভাবনার জন্য প্রয়োজনীয়

অনেক বিষয়ে রিপোর্ট করা প্রয়োজন, তাই আমাকে আরও বড়ো, তথ্যবহুল রিপোর্ট তৈরি করতে হবে যেটা মন্ত্রীসভায় পেশ করা যাবে। কলকাতায় থাকার প্রথম ভাগটা তাই এই রিপোর্ট তৈরির কাজ করি, যদিও মুজিবনগর সরকারের সীমিত প্রশাসনিক সংস্থানের কারণে এই রিপোর্ট তৈরিতে যা সময় লেগেছিল এটা বিলি করার জন্য টাইপ করতে প্রায় ততটাই সময় লেগে যায়। অনেক কষ্টে তৈরি আসল খসড়াটা মুক্তিযুদ্ধ সংগ্রহশালায় প্রদর্শিত বস্তু হিসেবে রাখা আছে।

তাজউদ্দীনের সঙ্গে দেখা করার পর নজরুল ইসলাম, কামরুজ্জামান এবং মনসুর আলির সঙ্গে আমি আনুষ্ঠানিক সৌজন্যমূলক সাক্ষাৎ করি। নজরুল ইসলামের সঙ্গে দেখা হলে তিনি জানালেন যে তিনি আমার আত্মীয়, যেহেতু তার স্ত্রী আমার খালু সাঈদুজ্জমানের ছোটো বোন। বাকি মন্ত্রী ছিলেন পররাষ্ট্রমন্ত্রী খন্দকার মোশতাক। তৎকালীন পররাষ্ট্রমন্ত্রীর অবস্থান ছিল পার্ক সার্কাসের আর একটি বাড়িতে যেটা একসময় কলকাতায় পাকিস্তানি ডেপুটি হাই কমিশনারের (ডিএইচসি) বাড়ি ও অফিস ছিল। হোসেন আলি নামের এই ডিএইচসি ও তার বাঙালি সতীর্থরা মুক্তিযুদ্ধের শুরুতেই বাংলাদেশের প্রতি আনুগত্যের শপথ নেয় এবং ডিএইচসি চত্বর দখল করে নেয়। অধিকৃত ডিএইচসি চত্বর ভারত সরকার পুনর্নির্মাণ করে অস্থায়ী বাংলাদেশ সরকারের হাতে তুলে দেয়।

আমি মোশতাকের সঙ্গে দেখা করিনি। কিছুদিন পরে সে সময় বাংলাদেশের প্রথম পররাষ্ট্র সচিব নিযুক্ত হওয়া মাহবুব উল আলম চাষীর সঙ্গে দেখা হল। তাকে এবং তাহেরুদ্দিন ঠাকুরকে মোশতাকের গ্যাং বলে চিহ্নিত করা হয়েছিল। সে সময় পার্ক সার্কাস এবং থিয়েটার রোডের মধ্যে গড়ে ওঠা চক্রান্তের বিষয়ে আমার কোনো ধারণাই হয়নি, যুদ্ধের শেষপর্বে যেটা গুরুতর রাজনৈতিক আকার নিয়েছিল। ১৫ই আগস্ট ১৯৭৫-এর আগে পর্যন্ত এই লড়াইয়ের শেষ অঙ্ক রূপায়িত হয় নি। সেই শেষ অংকে মোশতাক, চাষী এবং ঠাকুর সেনাবাহিনীর মেজরদের সঙ্গে মিলিতভাবে বঙ্গবন্ধুকে হত্যার চক্রান্ত করে, যার পরে ১৫ বছর সামরিক শাসন বহাল ছিল বাংলাদেশে।

পুরনো বন্ধুদের সঙ্গে নতুন সংযোগ

আমার আনুষ্ঠানিক কর্তব্য মিটিয়ে, সকালের অধিকাংশ সময় মুঈদের সঙ্গে কাটিয়ে পরে দু'জন পার্ক স্ট্রিটের স্কাইরুমে লাঞ্চ খেতাম যে রেস্তোরাঁ আমার ব্যাচেলর জীবনে খুব প্রিয় ছিল। তাজউদ্দীনের প্রধানমন্ত্রী হওয়া নিয়ে মুজিবনগর সরকারের ভিতরে চাপা উত্তেজক পরিস্থিতির খবর আমাকে সরবরাহ করত মুঈদ। আমিও বিপরীতে মুঈদকে অবহিত করি সেই পরিস্থিতির পেছনে আমার যৎসামান্য অবদানের বিষয়ে। মুঈদ বুদ্ধিমানের মত পরামর্শ দেয় যেহেতু

তাজউদ্দীনকে প্রধানমন্ত্রীর পদ নিতে আমিই উৎসাহিত করেছি, তাই কেবল মন্ত্রীসভার বাকি সদস্যদের সঙ্গে শত্রুতা বাড়াতে নয়, উপরন্তু তাজউদ্দীনের যোগ্যতা চ্যালেঞ্জ করা ফজলুল হক মনির নেতৃত্বে তরুণ তুর্কিদের যদি আমার বিরুদ্ধে খেপিয়ে না তুলতে চাই তবে যেন একথা সকলের সামনে না বলি।

রিপোর্টের খসড়া তৈরি করতে স্থির হয়ে বসার আগে আমি আমার বন্ধু মুশাররফ, সারওয়ার মুরশিদ, আনিসুজ্জামান এবং স্বদেশ বোসের খোঁজ করি, খবর অনুযায়ী যারা সকলেই তখন কলকাতায় রয়েছে। প্রথম লক্ষ্য ছিল মুশাররফ, যে আমার অত্যন্ত ঘনিষ্ঠ বন্ধুদের একজন। পার্ক সার্কাসে তুলনায় কম স্বাস্থ্যকর একটা জায়গায় তার বাড়ি খুঁজে বের করতে বেশ অসুবিধাই হয়েছিল। আমি না জানিয়ে হাজির হয়েছিলাম। দেখি গেঞ্জি আর লুঙ্গি পরা মুশাররফ, ইনারি ও তার দুই ছেলেকে নিয়ে এক চিলতে ঘরের চাটাই (বাঁশের তৈরি মেঝের মাদুর) ঢাকা মেঝেয় বসে রয়েছে। ঘরটা দেখে স্পষ্ট মনে হল ওই অ্যাপার্টমেন্ট গৃহকর্মীদের ঘর। মুশাররফ এবং ইনারি আমার অপ্রত্যাশিত আবির্ভাবে খুশি এবং অবাক হয়।

বিকেলটা কাটল আমাদের যুদ্ধের সময়ের স্মৃতি রোমন্থনে। সেনা আক্রমণ শুরু হওয়ার বেশ কিছু বাদে পাকিস্তানি সেনাবাহিনী এগিয়ে আসার মুহূর্তে রাজশাহী বিশ্ববিদ্যালয় ক্যাম্পাস থেকে মুশাররফের পালানোর ঘটনা এর মধ্যে পড়ে। ক্যাম্পাসে যারা মুক্তিযুদ্ধের বিরোধিতা করছিল তাদের চোখে পাকিস্তানি সেনাবাহিনীর কাছে ধরিয়ে দেওয়ার মতো নিশ্চিত টার্গেট ছিল মার্চ ১৯৭১-এ ক্যাম্পাসে বিশিষ্ট ভূমিকা নেওয়া মুশাররফ। প্রায় মাসখানেক সে ও তার পরিবার রাজশাহীর গ্রামে গ্রামে ঘুরে বেড়িয়ে অবশেষে ঠিক করে গঙ্গার চর পেরিয়ে, আমার পৈতৃক ভিটে ভারতের মুর্শিদাবাদে চলে আসবে। রাস্তায় তারা ডাকাতের খপ্পরে পড়ে বাংলাদেশ মুক্তিযুদ্ধের উন্মোচিত নাটকে কোনো আগ্রহ ছিল না, এবং মুশাররফ ও তার বিদেশি বউকে বেশ ভালো শিকার মনে করেছিল তারা। মুশাররফ তাদের অপদার্থ ব্যবহারের জন্য এত চেঁচিয়ে ধমকায় যে তারা লজ্জা পেয়ে তাদের ছেড়ে দেয়, এবং সীমান্ত পর্যন্ত এগিয়ে দিয়ে যায়।

নতুন বাংলাদেশের জন্য পরিকল্পনা করা

কলকাতায় আসার পর নতুন প্রতিষ্ঠিত মুজিবনগর সরকারের কেউই মুশাররফের দিকে তাকায় নি। ফিনল্যান্ড থেকে ইনারির পরিবারের পাঠানো কিছু আর্থিক সহায়তার উপর নির্ভর করে সে ছোট্টো ঘর বেঁধেছে। মুশাররফ বলে, তাকে ও তার মতো অন্যান্য কর্মজীবিদের অলস বসিয়ে রেখে কাগজে যুদ্ধের খবর পড়া আর কলকাতায় অগণিত বন্ধুবান্ধবের সঙ্গে আড্ডা মারতে না দিয়ে

কাজে লাগানো উচিত মুজিবনগর সরকারের। আমি মুশাররফের কথা মঈদকে জানাই, কাজের সুবাদে তাজউদ্দীনের সঙ্গে যার ভালো সম্পর্ক হয়েছে। বিষয়টা নিয়ে আমরা আলোচনা করি এবং সে আমাকে সমর্থন জানিয়ে বলে যে তার সহপাঠী স্বদেশ বোসের মতো আরও অনেকে এই উদ্বেগ প্রকাশ করেছে।

তাজউদ্দীনের সঙ্গে আমাদের পরবর্তী বৈঠকে প্রসঙ্গটা উত্থাপন করে আমি পরামর্শ দিলাম কলকাতায় থাকা বাংলাদেশি পেশাদার প্রতিভাদের নিয়ে সরকার একটা প্ল্যানিং বোর্ড গঠন করুক। প্ল্যানিং বোর্ডের যুগ্ম দায়িত্ব হবে সীমান্ত পেরিয়ে বাড়তে থাকা শরণার্থী ঢলের সমস্যা কীভাবে মোকাবিলা করা যায় তার পরামর্শ দেওয়া এবং একই সাথে স্বাধীনতা-উত্তর বাংলাদেশে যে বিবিধ সমস্যার মুখোমুখি হতে হবে সেসব সমাধানের পরিকল্পনা তৈরি রাখা। তাজউদ্দীন এই বোর্ডের বিষয়ে প্রস্তাব তৈরির পরামর্শ দিলেন আমাকে যা তিনি ক্যাবিনেট মিটিংয়ে পেশ করবেন। কলকাতায় আমার দ্বিতীয় নির্ধারিত কর্তব্য হল এই প্রস্তাব তৈরি, যা করতে গিয়ে এই ইস্যুতে মুঈদের একটা পূর্ববর্তী নোট এবং মুশাররফের পরামর্শ কাজে লেগেছিল।

প্ল্যানিং বোর্ড গঠনের জন্য আমার তৈরি প্রস্তাব অবশেষে ক্যাবিনেটে পেশ হয় এবং অনুমোদন পায়। মুশাররফ, সারওয়ার মুরশিদ, আনিসুজ্জামান, স্বদেশ বোস এবং আমি এর সদস্য মনোনীত হলাম। আমি যেহেতু তখন আনুষ্ঠানিকভাবে বিশেষ দূত নিযুক্ত হয়েছি যাকে বিদেশে পাঠানো হয়েছিল পাকিস্তানকে সাহায্য দানের বিপক্ষে প্রচারের জন্য, তাই প্রস্তাব দিলাম বোর্ডের অস্থায়ী চেয়ারম্যান হোক মুশাররফ। রাজশাহীতে থাকার জন্য আওয়ামী লীগ নেতাদের কাছে সুপরিচিত ছিল না মুশাররফ, সুতরাং তার গ্রহণযোগ্যতা নিশ্চিত করতে আমাকে বেশ ভালোরকম বিপণন করতে হল। মুজিবনগর সরকার সম্পর্কে মুশাররফের নিন্দাবাদ আমি ক্যাবিনেটে জানাইনি। মানব-ব্যবস্থাপনায় এতটাই দক্ষ ছিল মুশাররফ যে অল্পদিনের মধ্যেই ক্যাবিনেটের সঙ্গে তার বন্ধুত্ব হয়ে যায়, বিশেষ করে তার জেলার লোক হেনা মিঁয়া নামে পরিচিত কামরুজ্জামানের সঙ্গে।

অন্যান্য বিভাগের দায়িত্বপ্রাপ্ত মুরশিদ এবং আনিসের পরিকল্পনা প্রক্রিয়ায় অবদান ছিল সামান্য। নগণ্য পরিমাণ বাজেট ও প্রশাসনিক সাহায্য এবং বোর্ডের কাজের সম্পর্কে ক্যাবিনেটের কম আগ্রহ - এসব সামলে বোর্ড চালাবার দায়ভার এসে পড়ে মুশাররফের উপর। পিআইডিই-তে নুরুল ইসলামের সঙ্গে কাজ করা কিউকে আহমেদের মতো তরুণ কনিষ্ঠ অর্থনীতিক সতীর্থরা মুশাররফকে সাহায্য করেছিল।

সারওয়ার মুরশিদ ও তার পরিবারকেও আমি খুঁজে বের করি। নুরজাহান মুরশিদ আওয়ামী লীগের নির্বাচিত এমপি হবার কারণে মুশাররফের থেকে সে বেশি গুরুত্ব পেত। কিন্তু এতে মুজিবনগরে সরকার পরিচালনার হালচালে

তার আস্থা বাড়ে নি। আনিস এবং মুরশিদ দু'জনে আলাদাভাবে কলকাতার সাংস্কৃতিক ভ্রাতৃত্বে বাংলাদেশের বন্ধু খুঁজে বেড়াচ্ছিল। তারা দু'জনেই তাদের পরিবারের সঙ্গে অনাড়ম্বরভাবে থাকত, এবং কিছুটা বিদ্রুপপ্রবণ হলেও এই রাজনৈতিক সংগঠন সম্পর্কে আশাবাদী ছিল।

আমাদের মুক্তিযোদ্ধাদের সঙ্গে সাক্ষাৎকার

আমার কলকাতা অবস্থানের সময় তাজউদ্দীন ১২ থিয়েটার রোডে ন'জন সেক্টর কমান্ডারের প্রথম মিটিং ডাকলেন মুক্তিযুদ্ধের অভিমুখ, কৌশল এবং সংগঠন সম্পর্কে আলোচনার জন্য। এই প্রথম সব সেক্টর কমান্ডার এক ছাদের নীচে জড়ো হল, কেউ কেউ তাদের সতীর্থদের প্রথমবার দেখল। এরা প্রত্যেকে স্বতঃস্ফূর্তভাবে নিজ নিজ ছিটমহলে যুদ্ধ করছিল, যদিও সফিউল্লাহ, খালেদ মোশাররফ এবং জিয়াউর রহমানের মতো বেঙ্গল রেজিমেন্টের মেজররা যুদ্ধের বিভিন্ন সেক্টরে যৌথ অপারেশন চালিয়েছে। এই বিখ্যাত গুপ্ত আলোচনাচক্র অন্যত্র বিস্তারিত আলোচিত হয়েছে যেমন আলোচনা হয়েছে যুদ্ধের পরিচালনার ধরণ ও তার গতিপ্রকৃতি বিষয়ে, সুতরাং আমি ব্যক্তিগতভাবে এ ঘটনা সম্পর্কে যেটুকু জেনেছি তার বাইরে কিছু বলব না।

সেক্টর কমান্ডারদের মধ্যে প্রথম যাকে আমি খুঁজে বের করি সে ছিল খালেদ মোশাররফ, আমার তেলিয়াপাড়ার কমরেড। আমি তাকে দেখাই যে স্বাধীন বাংলাদেশের সেনাবাহিনীতে তাদের নিয়োগ করতে আমার মাধ্যমে মুজিবনগর সরকারকে যে বার্তা সে পাঠিয়েছিল সেটা তাজউদ্দীনের ১৪ এপ্রিলের ঘোষণায় যথাযথভাবে লিপিবদ্ধ করা হয়েছে। যুদ্ধ পরিচালনা সম্পর্কে তার কিছু উদ্বেগের কথা খালেদ আমাকে জানায়, কিন্তু আগের মতোই তাকে প্রফুল্ল এবং জয়ের ব্যাপারে প্রত্যয়ী দেখাচ্ছিল। সে বেলোনিয়া যুদ্ধের বৃত্তান্ত শোনায় যেখানে তার ও জিয়াউর রহমানের সেনাবিন্যাস কুমিল্লা থেকে ত্রিপুরার দিকে ঢুকে পড়া বেলোনিয়া স্ফীতি থেকে পাকিস্তানি সেনাবাহিনীকে হটে যেতে বাধ্য করেছিল। এ ঘটনায় তার সাক্ষী ছিল ব্রিটিশ টেলিভিশন সাংবাদিক ভানিয়া কিউলি, লণ্ডনে থাকার সময় যাকে আমি পরামর্শ দিয়েছিলাম অ্যাকশান দেখতে চাইলে সে যেন মুশাররফের সঙ্গে দেখা করে। সুদর্শন খালেদকে দেখে অভিভূত হয় ভানিয়া যাকে তার রোম্যান্টিক হিরো মনে হয়েছিল, এবং পরে লন্ডনে আমাদের আবার দেখা হলে এই বীরোচিত চরিত্রের প্রতি তার আকর্ষণের কথা আমাকে ব্যক্ত করেছিল ভানিয়া।

এই পরিদর্শনে আর এক সেক্টর কমান্ডার মেজর জিয়াউর রহমানকে আমি প্রথমবার দেখি। জিয়ার সঙ্গে স্কাই রুমে আমার মধ্যাহ্নভোজের ব্যবস্থা করেছিল মুঈদ। জিয়া তখন খালেদের তুলনায় অনেক বেশি অন্তর্মুখী চরিত্র, তবে অন্যের মতামত বের করে আনতে তার খুব আগ্রহ লক্ষ করেছিলাম।

সে যখন বাংলাদেশ সেনাবাহিনীর ডেপুটি চিফ অফ দ্য স্টাফ, ১৯৭২ থেকে '৭৫ এই সময়টায় ঢাকায় আমাদের মাঝেমধ্যে সাক্ষাৎকারে তার চরিত্রের এই দিকটা সম্পর্কে সুনিশ্চিত হয়েছিলাম। জিয়ার কাছে তার চট্টগ্রাম যুদ্ধের বর্ণনা এবং বর্তমান যুদ্ধের বিশ্লেষণ শুনেছিলাম।

মুক্তিবাহিনীর কমান্ডার-ইন-চীফ জেনারেল ওসমানি এবং ডেপুটি চীফ-অফ-স্টাফ গ্রুপ ক্যাপ্টেন একে খন্দকারের সঙ্গেও দেখা করেছিলাম আমি। মুঈদ এবং খন্দকারের সঙ্গে সদর স্ট্রিটের এক হোটেলে তার ঘরে বসে যুদ্ধের আলোচনায় দীর্ঘ বিকেল কাটিয়েছিলাম। এইসব সাক্ষাৎকার থেকে আমি বুঝেছিলাম যুদ্ধের নেতৃত্ব নিয়ে অনেক উদ্বেগ রয়েছে এবং কোনো সেক্টর কমান্ডারই ওসমানির নেতৃত্ব গুণাবলীকে খুব সম্মান করত না। তারা বিশ্বাস করত সেনা পরিচালনায় ওসমানির গতানুগতিক, সেকেলে ধারণা গেরিলা যুদ্ধের পক্ষে একেবারেই অচল।

মুক্তিবাহিনীর যাদের সঙ্গে পরিচয় হয়েছিল তারা সকলেই প্রতিরোধে যোগ দিতে দলে দলে আসা যুবকদের আকর্ষণীয় সমাবেশের উল্লেখ করেছিল। যেভাবে যুদ্ধ পরিচালিত হচ্ছিল সে সম্পর্কে তাদের অস্বস্তির কথা মেজররা আমাকে জানায়। তারা সমস্বরে অভিযোগ করে অস্ত্রের পরিমাণ এবং আধুনিকতার অভাব এই দুটোই প্রতিরোধ লড়াইয়ের প্রধান অন্তরায়। পরে যেটা আমি জেনেছিলাম, আগস্ট মাসে মুক্তিবাহিনীর বিধ্বংসী ক্ষমতা বাড়াতে তাদের আরও অস্ত্র সরবরাহের নীতিগত সিদ্ধান্ত নেয় ভারত সরকার। যাই হোক, এই অন্তর্বর্তী সময়ে সেক্টর কমান্ডার ও তাদের ভারতীয় মিত্রদের মধ্যে মুক্তিবাহিনীর কাছে অপর্যাপ্ত অস্ত্র সরবরাহ নিয়ে কিছু উদ্বেগ তৈরি হয়েছিল।

পার্ক সার্কাস ষড়যন্ত্র

রিপোর্ট তৈরির সময় আমি থিয়েটার রোডে বেশ কিছু সময় কাটাই। বুঝতে পেরেছিলাম সেখানকার রাজনৈতিক খেলোয়াড়দের মধ্যে সম্পর্ক স্বাভাবিক নয়। সরকার মনোনীত দূত হিসেবে কাজ করতে গিয়ে মনে হয়েছিল আমার উচিত পার্ক সার্কাসের পররাষ্ট্র মন্ত্রণালয়ের কাছে রিপোর্ট করা এবং তাদের কাছ থেকে কিছু পথনির্দেশ নেওয়া। এই ধারণায় খুব উৎসাহিত হলেন না তাজউদ্দীন। শেষে মোশতাকের সঙ্গে দেখা করতে গিয়ে প্রথম দেখা করি বাঙালি কর্মকর্তাদের মধ্যে লড়াইয়ে যোগ দেওয়া প্রবীণতম মাহবুব উল আলম চাষীর সঙ্গে, যিনি কয়েক বছর আগে পিএফএস থেকে পদত্যাগ করেন। চাষীর সাথে দেখা হতে অনুভব করলাম পার্ক সার্কাস এবং থিয়েটার রোডের মধ্যে বেশ দূরত্ব রয়েছে। আমাদের সাক্ষাতে মোশতাক আরও বেশি সতর্ক থাকে। বঙ্গবন্ধুকে ছয় দফা সম্পর্কে আপোসহীন মনোভাব নিতে উৎসাহ দেওয়া

অর্থনীতিকদের দলের একজন হিসেবে সে আমাকে কিছুটা সন্দেহের চোখে দেখছিল, এবং সে কারণেই সে অনুমান করে যে আমি তাজউদ্দীনের অনুগত এবং বাংলাদেশের পূর্ণ স্বাধীনতায় প্রতিজ্ঞাবদ্ধ।

মোশতাকের সাথে দেখা করার সময় আমার কোনো ধারণা ছিল না যে সে হেনরি কিসিঞ্জারের পৃষ্ঠপোষকতায় ষড়যন্ত্রে নামতে চলেছে। রাঘবন তার ১৯৭১-এর বইয়ে স্টেট ডিপার্টমেন্টের ফাইল থেকে আওয়ামী লীগ এমপি, মোশতাকের কাছের লোক, কাজী জহিরুল কাইয়ুম এবং কলকাতার মার্কিন দূতাবাসের পলিটিক্যাল অফিসার জর্জ গ্রিফিনের আলোচনার রিপোর্ট উদ্ধৃত করেন। বাংলাদেশকে পূর্ণ স্বাধীনতা না দিয়ে পাকিস্তানের সঙ্গে রাজনৈতিক সমঝোতা ছিল আলোচনার বিষয়বস্তু। ভাগ্যক্রমে এই আলোচনার কথা ফাঁস হয় এবং তাজউদ্দীনের কাছে রিপোর্ট পৌঁছায়। তিনি এই প্রক্রিয়া ব্যর্থ করেন। কাইয়ূমের সাথে গ্রিফিনের প্রথম যোগাযোগ হয় ৩০ জুলাই। তখন আমি কলকাতায়, কিন্তু পার্ক সার্কাস এবং মার্কিন দূতাবাসের এই মিথস্ক্রিয়া আমার একেবারে অজানা ছিল। ঘটনার এত বছর বাদে এখন আমার কাছে পরিষ্কার যে কেন এত আশঙ্কাময় হয়েছিল পার্ক সার্কাস আর থিয়েটার রোডের সম্পর্ক, এবং কেন আমার মুখোমুখি এত সতর্ক ছিল মোশতাক।

জুলাইয়ের শেষে বিদেশে প্রচারের কাজে যাব আশা করেছিলাম। যাইহোক, মুজিবনগর সরকারের কাজের ব্যস্ততা এত বেশি ছিল যে আমার সাগরপাড়ির মিশন এবং প্ল্যানিং বোর্ডের বিবরণ আগস্টের শুরুর আগে দেওয়ার সময় করতে পারি নি। আমি রিপোর্ট পেশ করার পরে আমার প্রস্তাবিত লাইনেই প্ল্যানিং বোর্ড তৈরির সিদ্ধান্ত নিয়েছিল ক্যাবিনেট।

মুশাররফ তার পার্ক সার্কাসের নির্জনবাস থেকে চলে এসে বোর্ড-কে সর্বশক্তি নিয়োগ করে। আওয়ামী লীগের অত্যন্ত শ্রদ্ধাভাজন মুজাফফর আহমেদ চৌধুরী শেষ পর্যন্ত অক্টোবরে কলকাতায় আবির্ভূত হলে তাকে বোর্ড চেয়ারম্যান করা হল। যাই হোক, মোশাররফ বাস্তবে বোর্ডের নেতৃত্ব দান অব্যাহত রেখেছিল ১৬ ডিসেম্বর বাংলাদেশ স্বাধীন হওয়ার আগ পর্যন্ত। স্বাধীনতা আসন্ন হলে সে কামরুজ্জামানের সঙ্গে এক কোটি মানুষের পুনর্বাসনের পরিকল্পনা তৈরি করতে, কাজ করে যাদের যুদ্ধবিধ্বস্ত বাংলাদেশে ঘরে ফেরার কথা।

ক্যাবিনেটের সঙ্গে আমার মিটিংয়ের আর এক পরিণতি হল 'অর্থনৈতিক বিষয়ে ভারপ্রাপ্ত বিশেষ দূত' পদে আমার আনুষ্ঠানিক নিয়োগ। কূটনীতির কাজে একেবারে অযোগ্য আমি ইতিমধ্যে তাজউদ্দীনের জন্য যে ভূমিকা পালন করেছি এক বিশেষ রাষ্ট্রদূত হিসেবে, এটা আমার সেই অনিয়মিত ভূমিকা থেকে পদোন্নতি।

১৭

পূর্ণতা: বাংলাদেশের স্বাধীনতা

পাকিস্তানকে দেওয়া সাহায্য বন্ধের জন্য প্রচার

স্যাক্সবি-চার্চ সংশোধনী: মার্কিন রাজনীতি সম্পর্কে শিক্ষা

আগস্ট মাসে লন্ডন ফিরে এসে দেখলাম স্থানীয় বাঙালিদের আন্দোলনে ভরা জোয়ার লেগেছে। ট্রাফালগার স্কোয়ারে তারা একটা বিশাল সমাবেশের আয়োজন করেছে। সংবাদমাধ্যমের সমর্থন জোরদার হয়েছে, ব্রিটিশ রাজনৈতিক দলগুলোর মুখপাত্র পার্লামেন্টে পাকিস্তানকে সাহায্য দেওয়ার বিরুদ্ধে সরব হয়েছে, এবং নতুন সাহায্যের অঙ্গীকার দিতে তাদের অসম্মতি জানাতে বাধ্য হয়েছে টোরি সরকার।

এর আগে লন্ডনের চ্যাথাম হাউসে রয়্যাল ইনস্টিটিউট অফ ইন্টারন্যাশনাল অ্যাফেয়ারস আয়োজিত এক সভায় ভাষণ দিতে আমন্ত্রিত হয়েছিলাম। যুক্তরাজ্যের পররাষ্ট্রনীতি গঠনে যুক্ত অভিজ্ঞ নামী-দামী ব্যক্তিদের সামনে বাংলাদেশের ঘটনা পেশ করতে এই সভায় সুযোগ পেয়েছিলাম। সময়মতো ফিরে কথা রাখা হয়ে ওঠেনি আমার, যার ফলে আমার হয়ে বক্তব্য রাখে সালমা, সঙ্গে ছিল লেবার এমপি আর্থার বটমলি। বাংলাদেশের পরিস্থিতির রিপোর্ট দিতে প্রেরিত ব্রিটিশ পার্লামেন্টের প্রতিনিধিদলের নেতা হিসেবে সবেমাত্র পাকিস্তান সফর থেকে ফিরেছিল আর্থার। পরিস্থিতির খুব মর্মস্পর্শী বিবরণ দিয়েছিল সালমা, সেইসঙ্গে ছিল বটমলি-র প্রত্যক্ষদর্শী রিপোর্ট; বাংলাদেশের জন্য খুব উপযোগী ফোরাম হয়েছিল অনুষ্ঠানটি। পরে অক্টোবর মাসে আমাকে বক্তব্য রাখতে আমন্ত্রণ জানায় চ্যাথাম হাউস।

যুক্তরাজ্য থেকে আমি ফিরি ওয়াশিংটনে। আগস্ট নাগাদ জাতিসংঘ এবং ওয়াশিংটনের দূতাবাসগুলোর পুরো বাঙালি সম্প্রদায় অবশেষে বাংলাদেশ সরকারের প্রতি তাদের আনুগত্য ঘোষণা করে। এটা একটা মস্ত কূটনৈতিক অভ্যুত্থান, কারণ তারা দলে ভারী ছিল এবং তাদের মধ্যে ছিল পাকিস্তান ফরেন ও সিভিল সার্ভিসের সবচেয়ে দক্ষ অফিসাররা। তাদের প্রবীণতম সদস্য জাতিসংঘে পাকিস্তানি মিশনের উপ-স্থায়ী প্রতিনিধি (Deputy Permanent Representative)

এস এ করিম নিউ ইয়র্ক থেকে এসে দলে যোগ দেন প্রচুর মানুষ জড়ো হওয়া সাংবাদিক সম্মেলনে, যেখানে মিশন অফিসাররা তাদের আনুগত্য বদলের সিদ্ধান্ত ঘোষণা করে। দুর্ভাগ্যবশত মারাত্মক হৃদরোগে আক্রান্ত হয়ে হাসপাতালে ভরতি হয়েছিলেন এনায়েত করিম, তাই অনুষ্ঠানে তিনি থাকতে পারেন নি; তবে রোগশয্যা থেকে সতীর্থদের সঙ্গে তার একাত্মতার কথা ঘোষণা করেছিলেন।

সেপ্টেম্বরের গোড়ায় নিউ ইয়র্ক ফিরে দেখলাম আয়েশা এবং করিমও ম্যানহাটনের আপার ইস্ট নাইনটিস-এর তেমন কেতাদুরস্ত নয়, এমন একটা ছোটো অ্যাপার্টমেন্টে উঠে এসেছে। শেষে যখন ওয়াশিংটন যাই তখন ভেবেছিলাম আবার হারুনের কাছে উঠব। কিন্তু গিয়ে দেখি সে তার জার্মান স্ত্রী মার্লিন ও তাদের চার ছেলেকে জার্মানি ফেরত পাঠিয়ে দিয়েছে, এবং নিজের ভবিষ্যৎ নিয়ে অনিশ্চয়তার মধ্যে আছে। পরে সে ম্যাকলিনে তার শহরতলির ঘর ছেড়ে দিয়ে ওয়াশিংটন শহরের কেন্দ্রে মার্কিন পররাষ্ট্র দপ্তরের উল্টোদিকের একটা ছোটো অ্যাপার্টমেন্টে চলে যায়। আমি যখন ওয়াশিংটন পৌঁছালাম, হারুন তখন বিদেশ সফর করছে। সুতরাং আমার থাকার জায়গার দরকার হল। আমি পৌঁছালে মুহিত আমাকে স্বাগত জানিয়েছিল, সে-ই আমাকে মার্কিন কংগ্রেসের কাছে কিছুটা সস্তা দরের পাড়ায় টম ডাইনের বাড়িতে নিয়ে যায়। সহৃদয় ডাইন পরিবার হারুন ফিরে না আসা অবধি আমাকে থাকতে দিতে রাজি হয়। ওদের থাকার জায়গা কম হওয়ার জন্য বসার ঘরে ক্যাম্প খাটে ঘুমোতাম, যেটা রাতের আড্ডা শেষে আমার জন্য পেতে দেওয়া হত। তুলনামূলকভাবে অপরিচিত একজনের প্রতি এই উদারতা খুবই ব্যতিক্রমী। আমরা ভালো বন্ধু হয়ে যাই এবং আমি তাদের কন্যা অ্যামি-র প্রথম জন্মদিনের পার্টিতে যোগ দেই। অ্যামি পরে বাংলাদেশের স্বার্থের কনিষ্ঠতম প্রচারক ও মিডিয়া সেলিব্রিটি হয়েছিল। তার মা জোন তাকে প্যারাম্বুলেটরে চাপিয়ে একটা ছোটো বিক্ষোভ প্রদর্শনে শামিল হতে নিয়ে যায়, যে দলটি হোটেল শেরাটনে অনুষ্ঠিত বিশ্বব্যাংক ও আন্তর্জাতিক মুদ্রা তহবিলের মধ্যকার বার্ষিক সভাকে ঘেরাও করেছিল, পাকিস্তানকে দেওয়া সকল সাহায্য বন্ধের দাবিতে।

যেহেতু ইতিমধ্যে প্যারিস কনসরটিয়াম তাদের প্যারিস সভায় পাকিস্তানকে নতুন সাহায্যের প্রতিশ্রুতি না দেওয়ার সিদ্ধান্ত নিয়েছে; কাজেই আমাদের মূল লক্ষ্য ছিল নিক্সন প্রশাসনকে এই সিদ্ধান্তের পক্ষে দাঁড় করিয়ে পাকিস্তানকে সামরিক সাহায্য দেওয়া বন্ধ করতে রাজি করানো। যেহেতু পাকিস্তান ও যুক্তরাষ্ট্রের মধ্যে একটা বিশেষ সম্পর্ক বিদ্যমান, যেটি কিনা কিসিঞ্জারের ইসলামাবাদ হয়ে গোপনে বেইজিং সফরের মধ্য দিয়ে আরও ঘনীভূত হয়, তাই আশংকা ছিল সেটি যুক্তরাষ্ট্রকে কনসরটিয়ামের সিদ্ধান্ত এড়িয়ে যেতে বাধ্য করতে পারে। এজন্য ক্যাপিটাল হিল (দ্যা হিল)-এ টম ডাইন ও বাংলাদেশের অন্যান্য সহযোগী বন্ধু কংগ্রেসে বিশেষ বিল এনে নিক্সন

প্রশাসনকে পাকিস্তানকে সাহায্য দেওয়া বন্ধ করতে বাধ্য করার পরিকল্পনা করে। একটি বিল পেশ হয় ফ্র্যাঙ্ক চার্চ এবং যিনি আমাকে লাঞ্চ খাইয়েছিলেন সেই সিনেটর উইলিয়াম স্যাক্সবির নামে।

ভাগ্যক্রমে কংগ্রেসে যখন এ বিল পেশ হয় সেই সময়ের মধ্যে যুক্তরাষ্ট্রে তদবির (লবি) করার চেষ্টায় বাংলাদেশকেন্দ্রিক আন্দোলন অনেক সংগঠিত হয়ে গিয়েছিল। একাধিক নিবেদিতপ্রাণ ও আদর্শবাদী আমেরিকানদের উদ্যোগে গঠিত স্বেচ্ছাসেবী সংগঠন মার্কিনী জনসমর্থন আদায় করতে সক্ষম হয়ে উঠেছিল। এইসব স্বেচ্ছাসেবীর দলগুলোর মধ্যে সবচেয়ে কার্যকরীদের একটি ছিল ওয়াশিংটন থেকে কাজ করা বাংলাদেশ তথ্য কেন্দ্র (বিআইসি)। এই তথ্য কেন্দ্রটি স্যাক্সবি-চার্চ সংশোধনীর তদবির প্রচেষ্টা সংগঠিত করার দায়িত্ব নিয়েছিল।

ওয়াশিংটনে স্যাক্সবি-চার্চ সংশোধনীর তদবির প্রচেষ্টার কেন্দ্রবিন্দু ছিল নবগঠিত বাংলাদেশ কূটনৈতিক মিশন এবং বিআইসি। সংশোধনীটি মার্কিন বৈদেশিক সাহায্য বিলের উপর একটা শর্ত আরোপ করতে চেয়েছিল যে পাকিস্তানকে মার্কিন সাহায্যের সবরকম প্রতিশ্রুতি বাতিল করতে হবে যতদিন না পাকিস্তান তাদের গণহত্যা বন্ধ করে এবং বাংলাদেশের নির্বাচিত প্রতিনিধিদের সঙ্গে আলোচনা আবার শুরু করে। একজন পদাধিকারী রিপাবলিকান (স্যাক্সবি) ও একজন ডেমোক্র্যাটের (চার্চ) নেতৃত্বে এই দ্বিপাক্ষিক গ্রুপের প্রচেষ্টার প্রতি ইতিমধ্যেই সিনেটে বড়ো সংখ্যক সমর্থক আকৃষ্ট হয়েছিল।

এই আন্দোলনের রাজনৈতিক উদ্দেশ্য ছিল সিনেটে সংশোধনীর পক্ষে সংখ্যাগরিষ্ঠ ভোট পাওয়া। সংশোধনীটি সংখ্যাগরিষ্ঠের সমর্থন আদায় করলেও এর সমর্থকদের মার্কিন প্রশাসনের শক্ত পাল্টা-চাপের মোকাবিলা করতে হত। মার্কিন প্রশাসন ইয়াহিয়াকে তাদের সমর্থনের পক্ষে এই অজুহাত দিচ্ছিল যে তারা ইয়াহিয়া সরকারের উপর নিয়ন্ত্রণ বজায় রাখতে চায়, এবং সাহায্য বন্ধের যেকোনো চেষ্টা হলে সেটা তাদের পাকিস্তানকে প্রভাবিত করার চেষ্টার পরিপন্থী হবে। এই যুক্তিতে তারা পাকিস্তানকে অস্ত্র এবং যন্ত্রাংশ সরবরাহ বজায় রাখে, সিনেটর কেনেডি যার কথা সিনেটে ফাঁস করে দেন। পাকিস্তানের জন্য অস্ত্র বোঝাই করতে বাল্টিমোর বন্দরে নোঙ্গর করা একটা জাহাজকে নৌকা দিয়ে অবরোধ করার যে উদ্ভাবনী প্রচেষ্টা চালিয়েছিল বাংলাদেশের পক্ষে একদল আমেরিকান সমর্থক, সেটা বহু মানুষের দৃষ্টি আকর্ষণ করে।

ওয়াশিংটন ফিরে আমার ব্যক্তিগত প্রচেষ্টা তাই ছিল স্যাক্সবি-চার্চ সংশোধনীর সমর্থক জোগাড়ে কংগ্রেসে, যাকে সংক্ষেপে হিল বলা হয়ে থাকে, সেখানে কাজ করা। এই কাজ বাংলাদেশ মিশন এবং বিআইসি-র সঙ্গে একযোগে করি। তদবির (লবি) চালানোর কাজ ভাগ করে দিচ্ছিল বিআইসি। এর মধ্যে ছিল প্রত্যেক কংগ্রেস সদস্য সম্পর্কে সু-গবেষিত ফাইল ইনডেক্স বানানো যেগুলো তাদের প্রত্যেকের রাজনৈতিক অবস্থান এবং বিতৃষ্ণা বিশদ ব্যাখ্যা

করবে। তৈরি করা হয় লবির স্পষ্ট নির্দেশনামা সম্বলিত কিট। ওয়াশিংটন ও দেশের অন্যান্য অঞ্চলের বাঙালি এবং সমব্যথী আমেরিকানদের বোঝানো হল ওয়াশিংটনে এসে তদবির করার কাজে কিছু সময় দিতে। এই কাজে অনেকে যোগ দিয়েছিল। লবি করতে কাজ থেকে ছুটি নিয়ে ওয়াশিংটনে এসে কিছুদিন কাটিয়ে গেছে অনেক মানুষ। আমেরিকানদের পাঠানো হত তাদের নিজ নিজ রাজ্যের সিনেটরদের কাছে, অপরপক্ষে প্রত্যেক বাঙালিকে সিনেটের কিছু নির্দিষ্ট সদস্যের কাছে যাওয়ার দায়িত্ব দেওয়া হত।

এই লবি বা তদবিরের প্রক্রিয়ায় ঘনিষ্ঠভাবে যুক্ত হয়ে মার্কিন রাজনীতির মারপ্যাঁচ এবং কীভাবে যুক্তরাষ্ট্রে রাজনৈতিক মত সংগঠিত হয় সে বিষয়ে কিছু অন্তর্দৃষ্টি লাভ করি আমি। গ্রুপের কিছু আমেরিকান বন্ধু এবং হিল-এর কর্মীদের মধ্যে আমাদের বাড়তে থাকা বন্ধুমহল যে আন্তরিকতার সঙ্গে বাংলাদেশের স্বার্থে কাজ করেছিল সেটা স্মৃতিতে চিরস্থায়ী হয়ে থাকবে। আমি বিশেষ করে মনে করি জোন ডাইন এবং ডেভিড উইজব্রড-এর কথা যারা বিআইসি-র অফিস চালানোর কাজে নিবেদিত ছিল। তরুণ স্নাতক ছাত্র উইজব্রড বিআইসি-র পূর্ণকালীন সেক্রেটারি হিসেবে কাজ করেছিল। তাদের সাহায্য করত আর এক তরুণ বাঙালি কায়সার হক, অফিসের কাজ যে ভালো সামলাত।

ডেভিড উইজব্রড তখন অল্পবয়সী লম্বাচুলো, একজন পিস কর্পস-এর প্রাক্তনী (অ্যালামনাই) এবং প্রগতিশীল মতাদর্শ পোষণকারী। সাধারণত হিলে আমার বহু হঠাৎ বিচরণের সঙ্গী হত উইজব্রড এবং বিচিত্র রাজনৈতিক প্রবর্তনার কংগ্রেস সদস্যদের সংশোধনীতে ভোট দেওয়ার জন্য বুঝিয়ে রাজি করাতে চেষ্টা করতাম আমরা। প্রত্যেক কংগ্রেস সদস্যের জন্য রাজনৈতিকভাবে সংশোধিত তদবির কৌশল উদ্ভাবন করতে হয়েছে আমাদের, যার ফলে এই অভিযান শেষে মার্কিন রাজনীতিকদের বৈশিষ্ট্য সম্পর্কে বড়ো সাইজের ফাইল আমি পেয়ে যাই। কাজটি নিশ্চয়ই খুব দক্ষতার সঙ্গে করেছিলাম কারণ অনেক বছর বাদে দেখা হওয়া ঘাড়ে ও পাশে ছোটো করে ছাঁটা চুলের, জে পি মরগ্যান-এর সিনিয়র ভাইস-প্রেসিডেন্ট ডেভিড উইজব্রড আমার প্রচেষ্টা বেশ শ্রদ্ধার সঙ্গে মনে রেখেছে মনে হল। কংগ্রেসের বাইরে বিভিন্ন মিডিয়ার মানুষ ও জনপ্রিয় ব্যক্তিত্বের সঙ্গে দেখা করতে গেলে ডেভিড আমার সঙ্গে থেকেছে। সম্প্রতি বাংলাদেশ সরকার ডেভিড, টম এবং জোন ডাইন-কে মুক্তিযুদ্ধে তাদের অবদানের জন্য সম্মানিত করলে আমি খুব আনন্দিত হয়েছিলাম।

টম ডাইন, জেরি টিঙ্কার এবং ডেল ডিহান প্রমুখ আমাদের হিল-এর বন্ধুদের সঙ্গে যোগ দিয়েছিল সিনেটর স্যাক্সবির সচিব মাইক গার্টনার। মে মাসে আমার জন্য লাঞ্চের আয়োজন করার পর থেকে বাংলাদেশের স্বার্থের একজন গোঁড়া সমর্থক হয়েছিলেন সিনেটর স্যাক্সবি, যেটা বোঝা গিয়েছিল তার নিজের প্রশাসনের বৈদেশিক সাহায্যের উপরে একটি সংশোধনীর সহ-পৃষ্ঠপোষকতা

করার জন্য তার ইচ্ছে দেখে। তার সংকল্পের প্রতি আনুগত্য বজায় রাখতে হোয়াইট হাউসের অনেক চাপের মোকাবিলা তাকে করতে হয়েছিল। এই সময়ে অক্লান্ত পরামর্শ ও সহায়তার উৎস হয়েছে তার সচিব মাইক গার্টনার।

আমাদের তদবিরের প্রয়াসের আর এক লক্ষ্য ছিল আক্রমণাত্মক মেজাজের ডেমোক্র্যাট সিনেটর জ্যাকসন যিনি সিনেট ডিফেন্স কমিটির সভাপতিত্ব করেন। ইসরায়েলের খুব গোঁড়া সমর্থক হিসেবে তার সুখ্যাতি ছিল। টম ডাইন আমাকে তার মুখ্য সচিব রিচার্ড পার্ল-এর কাছে পাঠিয়েছিল সিনেটর জ্যাকসনকে বুঝিয়ে রাজি করাতে সিনেট কমিটির নেতা হিসেবে তিনি যেন ক্ষমতা প্রয়োগ করে পাকিস্তানকে মার্কিন অস্ত্র সাহায্যের চলমান প্রক্রিয়া বন্ধ করেন। অতি দক্ষিণপন্থী, ইসরায়েল-সমর্থক রিপাব্লিকান মতাদর্শে বিশ্বাসী হিসেবে কুখ্যাতি কুড়িয়েছিল পার্ল, এবং পরে রিগ্যানের আমলে অ্যাসিস্ট্যান্ট সেক্রেটারি অফ স্টেট হয়। ইসরায়েলি দূতাবাসের সঙ্গে যোগাযোগ করে আমাদের লড়াইয়ের জন্য অস্ত্র চাইতে আমাকে বুঝিয়ে রাজি করানোর চেষ্টা করেছিল পার্ল। আমি নিজের বিচারবুদ্ধি কাজে লাগিয়ে তার এই অত্যন্ত বিষাক্ত পরামর্শ প্রত্যাখ্যান করেছিলাম। আমার মনে নেই জ্যাকসন সংশোধনীর পক্ষে ভোট দিয়েছিল কিনা।

স্যাক্সবি-চার্চ সংশোধনীর পিছনে তদবিরের প্রয়াস চূড়ান্ত পর্যায়ে পৌঁছেছিল নভেম্বরের শেষে সিনেটের এক বিতর্কে। সেখানে একটা বিচিত্র কোয়ালিশন হয়েছিল ফ্র্যাঙ্ক চার্চ এবং কেনেডির মতো উদারপন্থী (লিবারেল) সিনেটর এবং দক্ষিণের রক্ষণশীল (কনজারভেটিভ) সিনেটরদের মধ্যে। লিবারেলরা বলে, বাংলাদেশে ইয়াহিয়া বাহিনীর গণহত্যা সমর্থন করে মার্কিন সাহায্যের অপব্যয় হচ্ছে। বস্তুত সংশোধনীর সমর্থক সমস্ত লিবারেলরা একই সুরে কথা বলেছিল। এবার তাদের সঙ্গে যোগ দেয় কনজারভেটিভরা, যারা সে সময়ে জাতিসংঘের সাধারণ পরিষদে চীনের অন্তর্ভুক্তি নিয়ে তৃতীয় বিশ্বের কিছু দেশের উদ্দীপনা প্রকাশের কারণে ক্ষুব্ধ ছিল। ১৯৭১ সালে কমিউনিস্ট বিপ্লবের ২২ বছর বাদে কমিউনিস্ট চীন তাইওয়ানকে জাতিসংঘের সদস্যপদ থেকে সরিয়ে দেয়। পুরো ঘটনাটা রক্ষণশীল কংগ্রেস সদস্যদের তিতিবিরক্ত করেছিল যারা এটাকে মার্কিন সাহায্য-নির্ভর তৃতীয় বিশ্বের বহু দেশের রাজনৈতিক অকৃতজ্ঞতা হিসেবে দেখেছিল। সাহায্য বন্ধ করে ওই দেশগুলোকে বিদ্ধ করতে চাইছিল তারা।

আমি সিনেট গ্যালারিতে বসে বেশ মজায় শুনছিলাম বৈদেশিক সাহায্যের বিরুদ্ধে কিছু দক্ষিণী সিনেটরের বিস্ফোরণ, এবং বুঝতে পারছিলাম বৈদেশিক সাহায্য বিলের (এইড বিল) ভবিষ্যত অন্ধকার। এটা স্পষ্ট হয়ে গেল যখন স্যাক্সবি-চার্চ সংশোধনী পাস করার প্রত্যাশা ছাপিয়ে পুরো এইড বিল সিনেটে পরাস্ত হল। বাকি বিশ্বের ক্ষেত্রে এর দূরপ্রসারী প্রভাব পড়েছিল। আর এটা বাংলাদেশের তদবির করার প্রচেষ্টার বিজয় হিসেবে কাজ করে, কারণ এর ফলে পাকিস্তানকে মার্কিন সাহায্যের সমস্ত নতুন প্রতিশ্রুতি দান বাতিল হয়ে যায়।

অবশ্য মার্কিন প্রশাসনের অন্য কোন ছিদ্র অন্বেষণের মাধ্যমে পাকিস্তানকে সাহায্য দান বন্ধ করার পক্ষে যথেষ্ট ছিল না এই বিজয়। ইতিমধ্যে নর্থ অ্যাটলান্টিক ট্রিটি অরগানাইজেশন (ন্যাটো)-এর মিত্রদের মধ্যে ইয়াহিয়া প্রশাসনকে সাহায্য দেওয়ার একমাত্র রক্ষক হয়ে দাঁড়ায় নিক্সন প্রশাসন। সুতরাং পাকিস্তানি জান্তার প্রতি তাদের প্রতিশ্রুতি পালনে অন্তত মার্কিন প্রশাসনের বাড়াবাড়ি নিয়ন্ত্রিত রাখার যে পরিকল্পনা আমাদের ছিল, কংগ্রেসে এবং মার্কিন জনগণের মধ্যে তদবির চালানোর প্রচেষ্টা বহাল রাখা তার অপরিহার্য অঙ্গ হয়েছিল। পাকিস্তানকে সাহায্য দিতে নিক্সনের বাধ্যবাধকতা এবং এসব বিপত্তির কারণে ইয়াহিয়াকে সাহায্য দিতে না পারায় তার হতাশার কথা ব্যক্ত করেছে গ্যারি ব্যাসের বই।

বিশ্ব অর্থব্যবস্থার মুখোমুখি

ওয়াশিংটনে তদবির চালানো জারি থাকাকালীন তখনও একটা প্রভাবশালী সংগঠন হিসেবে রয়ে গেছে পাকিস্তানকে সাহায্যদাতাদের সঙ্ঘ। ১৯৭১-এর অক্টোবরে ওয়াশিংটনের শেরাটন হোটেলে অনুষ্ঠিত বিশ্বব্যাংক-আইএমএফ-এর বার্ষিক মিটিং আমাদের লবির আর একটা নিশানা হয়েছিল। যদিও পাকিস্তানকে সাহায্য দান মিটিংয়ের এজেন্ডার মধ্যে ছিল না, ব্যাংকে কর্মরত আমাদের বন্ধুরা পরামর্শ দেয় যে পাকিস্তান এই সুযোগে কনসরটিয়ামের সঙ্গে দেখা করে তার ঋণ পরিষেবা পুন:তফসিলীকরণের চেষ্টা করবে এবং আবার নতুন প্রতিশ্রুতি আদায়ের চেষ্টা করবে। মুহিত এবং আমি দু'জনে নতুন দলিল তৈরি করি যাতে পাকিস্তানের পরিস্থিতি বিশদ ব্যাখ্যা করা হয়, এবং যখন চরম অবস্থায় পৌঁছেছে বাংলাদেশের মুক্তিযুদ্ধ সে সময় পাকিস্তানকে কোনো নতুন সাহায্য দেওয়া থেকে বিরত থাকার কথা বলা হয়।

মিটিংয়ে উপস্থিত সঙ্ঘভুক্ত দেশগুলোর বিভিন্ন প্রতিনিধিদলকে সামলাই আমরা দু'জন। তাদেরকে আমাদের প্রচার পুস্তিকা দিই এবং কথা বলি। মিটিংয়ের ভিতরে কাজ করার চেষ্টায় একদিন সাহায্য করেন নিজ কর্মক্ষেত্র ইয়েল থেকে আসা অধ্যাপক নুরুল ইসলাম। শেরাটন হোটেলের বাইরে বিআইসি একটা ছোটো বিক্ষোভের আয়োজন করেছিল। একদিন মুহিত হোটেলের বাইরের বিক্ষোভের সঙ্গে জড়িয়ে পড়ে। শেরাটন চত্বর থেকে তাকে বের করে দেয় নিরাপত্তা রক্ষীরা। ভাগ্যবশত আমি এইসব ঘটনার জায়গা থেকে একটু দূরে ছিলাম এবং মুহিতের কাছ থেকে প্রচারপত্রের বান্ডিল উদ্ধার করে হোটেলের ভিতরে আমাদের তদবির প্রচারণা শুরু করি।

প্রতিনিধিদের হোটেলের ঘরে এবং লবিতে পাকড়াও করে আমাদের বক্তব্য শোনানো চ্যালেঞ্জের কাজ ছিল। কেউ কেউ আমাদের কথা শুনলেও, কেউ কেউ এড়িয়ে গিয়েছিল। বেশকিছু অদ্ভুত মোকাবিলা হয়েছিল আমাদের। এরকম ক'বার

আমার কেমব্রিজের পুরনো সহপাঠী শাহপুর সিরাজীর সঙ্গে দেখা হয়ে গেল ১৮ বছর বাদে। সে তখন ইরানের ব্যাংক মারকাজি-র গভর্নর। শাহপুরকে মনে ছিল সেন্ট জন'স কলেজের পার্টি-প্রিয় প্লেবয় হিসেবে। তার এই বিশিষ্ট সেন্ট্রাল ব্যাংক চীফ বনে যাওয়া বেশ আমূল বদল। যাই হোক, কেমব্রিজের দিনগুলোর মতোই মিশুকে থেকে গিয়েছিল শাহপুর। আমি যখন তার কাছে ইরানের শাহ'র পাকিস্তানকে সামরিক সাহায্য দানের বিষয়ে জানতে চাই, শাহপুর দাবি করে যে ইরানের শাহ নাকি বঙ্গবন্ধুকে হত্যা করা থেকে নিবৃত্ত করে ইয়াহিয়াকে। তবে তার এই বক্তব্যের সত্যতা যাচাইয়ের কোনো উপায় আমার নেই।

কেমব্রিজের আর এক বন্ধু লাল জয়বর্ধনের সঙ্গেও দেখা হল যে তখন শ্রীলংকা সরকারের অর্থনৈতিক বিষয়ের সচিব। শ্রীলঙ্কার ট্রটস্কিপন্থী অর্থমন্ত্রী এন এম পেরেরার সঙ্গে অধ্যাপক নুরুল ইসলাম ও আমার বৈঠকের ব্যবস্থা করে দেয় লাল। অস্ত্রশস্ত্র ও সৈন্য বাংলাদেশে নিয়ে যেতে পিআইএ এবং পাক বিমানবহরকে শ্রীলঙ্কা সরকার অবতরণের অনুমতি দেবার জন্য আমরা পেরেরাকে ভৎর্সনা করি। পেরেরা কতক অবিশ্বাসের ঢঙে কথাটা অস্বীকার করে আশ্বাস দেয়, অবতরণের অধিকারের এরকম অপব্যবহার যাতে না হয় সে সেটা দেখবে। প্রতিজ্ঞা রাখতে সে কতটা সমর্থ হয়েছিল সে বিষয়ে আমি সাক্ষ্য দিতে অপারগ।

পাকিস্তানকে অস্ত্র সাহায্য বন্ধ করা: চূড়ান্ত পর্যায়

আবার প্যারিসে

পাকিস্তানকে নতুন সাহায্যের প্রতিশ্রুতি যাতে না দেওয়া হয় এটা খেয়াল রাখতে শেষ পর্যন্ত দাতাদের সঙ্গে আমাদের যোগাযোগ বজায় রাখতে হয়েছিল। এর জন্য নভেম্বরের প্রথমে আমাকে শেষবারের মতো প্যারিসে যেতে হয় পাকিস্তান কনসরটিয়ামের বৈঠকে হাজির থাকতে। যুক্তরাষ্ট্র থেকে আমি লন্ডনে যাই চ্যাথাম হাউসে বাংলাদেশের মুক্তিযুদ্ধের বিষয়ে ভাষণ দিতে। প্যারিস যাওয়ার আগে অক্সফোর্ডে আমার পরিবারের সঙ্গে সময় কাটাই। মিটিংয়ের পরের সকালে রয়্যাল মনস্যু হোটেলে আবার একপ্রস্থ বিলাসবহুল প্রাতঃরাশে আমাকে আপ্যায়িত করেন কারগিল। এবারে তিনি জানালেন, যুক্তরাষ্ট্রের তরফ থেকে কিছু চাপ থাকা সত্ত্বেও কনসরটিয়াম সদস্যরা পাকিস্তানকে সাহায্যের নতুন প্রতিশ্রুতি দিতে অথবা পাকিস্তানের ঋণ পরিষেবা পুন:তফসিলীকরণ করতে আগ্রহী নয়। এই অবস্থান নেওয়ায় পাকিস্তান তাদের ঋণ পরিশোধ দায়বদ্ধতার একপাক্ষিক খেলাপি ঘোষণা করার হুমকি দিয়েছে। এরকম পরিস্থিতিতে জাপানের মতো দেশ - খেলাপির হুমকি সম্পর্কে যাদের সাংবিধানিক বাধা রয়েছে - তারা অবশ্যই তৎক্ষণাৎ পাইপলাইনে থাকা সমস্ত সাহায্য বন্ধ করত।

এই পর্যায়ে বিশ্বব্যাংক অনুভব করে তারা বাড়াবাড়ি করে ফেলছে, এবং বেগতিক বুঝে পাকিস্তান ও কনসরটিয়ামের মধ্যে একটা সমঝোতাসূত্র বের করতে সচেষ্ট হয়ে ওঠে, যেটা পাকিস্তানের যেকোনো ধরনের প্রত্যক্ষ খেলাপি (overt default) প্রতিহত করতে পারে।

পাকিস্তানকে সাহায্য দেওয়া বন্ধ করতে দাতাদের রাজি করানোর প্রচারে বাংলাদেশের মাঝারিমানের লাভ হয়েছিল বলা যায়। মে মাসে আমরা কয়েকজন এই প্রচার চালু করার পর থেকে ১৬ ডিসেম্বর ১৯৭১-এ বাংলাদেশ স্বাধীন হওয়া পর্যন্ত কনসরটিয়ামের কোনো সদস্যই পাকিস্তানকে সাহায্য দেওয়ার নতুন প্রতিশ্রুতি দেয় নি। অবশ্য দাতারা বাংলাদেশে দুর্ভিক্ষ এড়াতে মানবিকতার কারণে খাদ্য এবং পরিবহণ উপকরণ ধরনের সাহায্য দিত। বস্তুত পাকিস্তানের জন্য পাইপলাইনে প্রচুর সাহায্য ছিল। বাংলাদেশ অঞ্চলে আমদানি কর্মসূচি প্রচুর হ্রাস পাওয়ায় পাকিস্তানের বৈদেশিক মুদ্রা সঞ্চয় ক্ষয় হচ্ছিল, এবং প্রত্যক্ষ খেলাপির (overt default) হুমকি দেওয়ার আগে থেকেই তার ঋণ পরিশোধ পরিমাণের গতি হ্রাস পায়। এইধরনের উপযোগী ব্যবস্থা গ্রহণের পর স্পষ্ট বোঝা যাচ্ছিল না দাতারা তাদের সাহায্য সরবরাহ প্রবাহ বন্ধ না করা এবং নতুন সাহায্যের প্রতিশ্রুতি প্রত্যাহার না করা পর্যন্ত এমন একটা পর্যায়ে পাকিস্তান তখন অবধি পৌঁছেছে কিনা, যেখানে অন্তত পশ্চিম পাকিস্তানে তাদের সমকালীন আমদানি ও ব্যয়ের সমতা বজায় রাখার ক্ষমতা সঙ্কটগ্রস্ত। তবে ইতিমধ্যে প্রতিশ্রুত সাহায্য বন্ধ করতে দাতাদেরকে আমাদের বোঝাবার চেষ্টা কম সফল হয়েছিল, কারণ কিছু দাতা দাবি করছিল যে এটা করতে গেলে সম্ভাব্য সরবরাহকারীকে নানা আইনি সমস্যায় পড়তে হবে।

সুতরাং পাকিস্তানের উপর আমাদের প্রচারের প্রভাব তাদের কার্যবিধির উপর বাস্তব নিয়ন্ত্রণ আরোপ করার চেয়ে অনেকটাই রাজনৈতিক এবং মনস্তাত্ত্বিক হয়েছিল। তবে তাদের অর্থনীতির উপর টানা কড়া নিয়ন্ত্রণ জারি ছিল, এবং আর কোনো নতুন সাহায্যের প্রতিশ্রুতি না আসায় যত দিন যাচ্ছিল ততই তাদের গলায় ফাঁস চেপে বসছিল। মুক্তিযুদ্ধ আরও দীর্ঘস্থায়ী হলে পাকিস্তান যে কঠিন সম্পদ সঙ্কোচনের মুখে পড়ত এবং সেটা যে পশ্চিম পাকিস্তানের অর্থনীতি ও জনগণের উপর সরাসরি প্রভাব ফেলত সে বিষয়ে কোনো সন্দেহ নেই।

এক বিশাল ব্যক্তিত্বের সঙ্গে দেখা

পুরনো পাকিস্তানের মেরামতিতে কনসরটিয়ামের চূড়ান্ত মিটিং পর্যবেক্ষণে নভেম্বরে শেষবার প্যারিস সফরে বিশিষ্ট ফরাসি নোবেলজয়ী আঁদ্রে মালরো-র সঙ্গে দেখা করার সুযোগ হয়েছিল আমার। এর আগে কাগজে পড়েছিলাম যে মালরো বাংলাদেশের প্রতি তার সমর্থন খোলাখুলিভাবে জানিয়েছেন। তিনি কথা দেন যে, জার্মানদের বিরুদ্ধে ফরাসি প্রতিরোধের যুদ্ধে অংশ নেওয়া তার

কিছু প্রাক্তন সতীর্থকে তিনি জড়ো করবেন মুক্তিবাহিনীকে সহায়তা দেবার জন্য। মালরোর নিজের বয়স তখন সত্তর ছাড়িয়েছে এবং তার স্বাস্থ্যও ভালো যাচ্ছিল না। সুতরাং, এই প্রস্তাব বাস্তবায়ন আদৌ সম্ভব কিনা সেটা বোঝা যাচ্ছিল না। কিন্তু ড্যানিয়েল থর্নারের মনে হয়েছিল যে, বাংলাদেশ সরকারের সরকারি প্রতিনিধি হিসাবে আমার উচিত অন্তত তার সঙ্গে দেখা করে এই মনোভাব ব্যক্ত করার জন্য তাকে আমাদের ধন্যবাদ জানানো।

ড্যানিয়েল আমাকে প্যারিসের উপকণ্ঠে মালরো-র বাড়িতে নিয়ে গেল যেখানে এই মহৎ ব্যক্তিত্বের সঙ্গে প্রথম পরিচিত হবার সৌভাগ্য আমার হয়েছিল। খুব আবেগ দিয়ে কথা বলছিলেন তিনি। তিনি জানালেন স্প্যানিশ গৃহযুদ্ধের পর – যে যুদ্ধে তিনি স্প্যানিশ রিপাবলিকের বৈমানিক ছিলেন – একমাত্র নিজের দেশ ছাড়া আর কখনও অন্য কোনো দেশের ঘটনা তাকে এত গভীরভাবে নাড়া দেয়নি। বাংলাদেশের স্বার্থের ন্যায়বিচারে তিনি এতটাই নিবেদিত বোধ করছেন যে বয়স ও অসুস্থতা সত্ত্বেও তিনি সেইসব প্রাক্তন প্রতিরোধ যোদ্ধাদের (resistance fighters) সাহায্য নিতে ইচ্ছুক যারা তার সঙ্গে বাংলাদেশের জন্য যুদ্ধ করতে সম্মত হয়েছেন। তিনি বলেন বিস্ফোরক ও যোগাযোগব্যবস্থা বিষয়ে তারা মূল্যবান কারিগরি জোগাতে পারেন, যেকোনো গেরিলা যুদ্ধে যেটা খুব জরুরি। মুক্তিবাহিনীতে কাজ করার জন্য বিস্ফোরক এবং যোগাযোগ ব্যবস্থার সবধরনের যন্ত্রপাতি সজ্জিত এরকম একটা দল তিনি নিয়ে যেতে পারেন। এরপর তিনি এই ক্ষেত্রে মুক্তিবাহিনীর প্রয়োজন সম্পর্কে গভীর বাস্তবমুখী ও কারিগরি আলোচনা শুরু করলেন আমার সঙ্গে। দুঃখের বিষয় এ সম্পর্কে তাকে পরামর্শ দেওয়ার তেমন যোগ্যতা আমার ছিল না। আমি তাকে তার মনোভাবের জন্য বাংলাদেশের মানুষ ও সরকারের আন্তরিক কৃতজ্ঞতা জানালাম, এবং তার দায়বদ্ধতার কথা বাংলাদেশ সরকারকে জানানোর প্রতিশ্রুতি দিলাম।

সরাসরি হস্তক্ষেপের ইচ্ছা প্রকাশ ছাড়াও ফ্রান্স যাতে আর পাকিস্তানকে অস্ত্র সরবরাহ না করে তা সুনিশ্চিত করতে দ্যা গল মন্ত্রীসভায় তার প্রাক্তন সতীর্থদের প্রভাবিত করার আশ্বাসও দেন মালরো। সেটা ইতিমধ্যেই বন্ধ হয়েছে পাকিস্তান ঋণ পরিশোধ করতে না পারায়। অস্ত্র বিক্রির ব্যাপারে রাজনৈতিক বা নীতিগত কারণের চেয়ে মানিব্যাগের উপর চাপের ফলে অনেক বেশি প্রভাবিত হওয়ার সম্ভাবনা ছিল ফরাসিদের।

আমার মালরো-র কাছে যাওয়াটা ততটা প্রচার করার ইচ্ছা না থাকলেও "প্যারিস ম্যাচ" নামের দৈনিকের ১৩ নভেম্বর সংখ্যায় সেটি প্রকাশিত হয়েছিল। খবরে লেখা হয়: "গত সপ্তাহে অত্যন্ত গোপনীয়তা রক্ষা করে আঁদ্রে মালরো তার বাড়িতে বাংলাদেশের বিশেষ দূত রেহমান সোবহানকে আমন্ত্রিত করেন। মালরো বাংলাদেশ প্রতিনিধিকে চলতি মাস শেষ হওয়ার আগে কলকাতা যাওয়ার সিদ্ধান্তের কথা জানিয়ে দিয়েছেন" (ফরাসি থেকে অনুদিত)।

স্বাধীনতা পরবর্তী সময়ে আমাদের দেশের স্বার্থে তার অঙ্গীকারের স্বীকৃতিতে বঙ্গবন্ধু মালরোকে বাংলাদেশে আমন্ত্রণ জানান। তার সফরের সময় রাজশাহী বিশ্ববিদ্যালয়ের তৎকালীন উপাচার্য অধ্যাপক সারওয়ার মুরশিদ মালরো-কে সাম্মানিক ডক্টরেট ডিগ্রিতে ভূষিত করেন। কামাল হোসেন তার জন্য রাষ্ট্রীয় অতিথিনিবাসে প্রীতি নৈশভোজের আয়োজন করে যেখানে আমরা দু'জন ছাড়াও সালমা এবং হামিদা উপস্থিত ছিল। ইংরেজি খুব ভালো জানতেন না মালরো। তিনি তাই কথোপকথনে ফরাসিই বেছে নিয়েছিলেন। আমাদের মধ্যে সালমা একমাত্র যেহেতু ফরাসি জানত তাই আমাদের আলাপচারিতায় সে গুরুত্বপূর্ণ ভূমিকা নেয়। আমি মালরোর কাছে জানতে চেয়েছিলাম মুক্ত হওয়ার পর প্যারিসের পরিবেশ সম্পর্কে তার বিশেষ কোনো কিছু নিয়ে স্মৃতি আছে কিনা। তিনি রহস্য করে উত্তর দিলেন – "মিথ্যেগুলো।" তিনি বহু বিখ্যাত ফরাসি ব্যক্তিত্বের প্রসঙ্গে ইঙ্গিত করছিলেন যারা হয় ফ্রান্স দখলে জার্মানদের সহযোগিতা করেছিল অথবা প্রতিরোধ আন্দোলন থেকে দূরে সরে ছিল, অথচ পরে নিজেদের প্রতিরোধ আন্দোলনের শরিক বলে দাবি করে। ফরাসিদের সম্পর্কে মালরো-র পর্যবেক্ষণ স্বাধীনতা পরবর্তী পর্বের বাংলাদেশে আমাদের অভিজ্ঞতার সঙ্গে মিলে যাচ্ছিল।

জাতিসংঘে প্রচার

জাতিসংঘ প্রতিনিধি হিসেবে অ্যাডভেঞ্চার

১৯৭১ সালে আর যে গুরুত্বপূর্ণ প্রয়াসে আমি শামিল হয়েছিলাম সেটা ছিল জাতিসংঘে প্রচার চালানো। ১৯৭১-এর অক্টোবরে জাতিসংঘের সাধারণ অধিবেশনে পাঠাতে বাংলাদেশ সরকার একটি প্রতিনিধিদল মনোনীত করে, প্রথমে যার নেতা নির্বাচিত হয় বাংলাদেশের প্রথম পররাষ্ট্রমন্ত্রী খন্দকার মোশতাক আহমেদ। যাইহোক, সাধারণ পরিষদে মিলিত হওয়ার আগে নিক্সন প্রশাসনের সঙ্গে যোগাযোগ তৈরির যে রাজনৈতিক ষড়যন্ত্র পার্ক সার্কাস করছিল, সেটা ভারতীয় গোয়েন্দা সংস্থার নজরে আসে এবং তারা সেটা তাজউদ্দীনকে জানিয়ে দেয়। তাজউদ্দীনের আশঙ্কা ছিল জাতিসংঘে তার এই মিশনের সুযোগে পাকিস্তানের সঙ্গে একটা রফা করতে মার্কিন প্রশাসনের সঙ্গে যোগাযোগের চেষ্টা করবে মোশতাক। সে কারণে তিনি জাতিসংঘ প্রতিনিধিদলের নেতৃত্ব দিলেন বিচারপতি আবু সাঈদ চৌধুরীকে যিনি এই উদ্দেশ্যে লন্ডন থেকে নিউ ইয়র্কের ফ্লাইট ধরেন।

এই সঙ্কটের পরিণতিতে, বাংলাদেশের স্বাধীনতার আগে, মোশতাককে সরিয়ে পররাষ্ট্রমন্ত্রীর পদে আবদুস সামাদ আজাদকে নিযুক্ত করেন তাজউদ্দীন। তার পদাবনতির জন্য তাজউদ্দিনকে কখনও ক্ষমা করেনি মোশতাক, এবং

স্বাধীনতার পর বহু চেষ্টা করেছে বঙ্গবন্ধু ও তাজউদ্দীনের মধ্যে বিভেদের বীজ বুনতে। মোশতাকের অন্তিম প্রতিহিংসা চরিতার্থ হল ৩ নভেম্বর ১৯৭৫, যেদিন ঢাকা সেন্ট্রাল জেলবন্দী তাজউদ্দীন ও মুক্তিযুদ্ধে তার আরও তিন সতীর্থকে খুন করতে বঙ্গভবন থেকে পাঠানো মোসলেম উদ্দিন ও অন্যান্য ঘাতকদের ঘাতক মিশন চালানোর জন্য প্রবেশ অনুমতি দিতে ঢাকা সেন্ট্রাল জেল সুপারিন্টেডেন্টকে মোশতাক নিজে ফোনে আদেশ দেয়। ভাগ্যের আশ্চর্য পরিহাসে বন্দী আবদুস সামাদ আজাদ রক্ষা পান কিন্তু তার পাশের সেলে বন্দী বন্ধু তাজউদ্দিনের মরণ আর্তনাদ তাকে শুনতে হয়। পরিশেষে রোগশয্যায় অবমাননাকর মৃত্যু হয়েছিল মোশতাকের। তার জীবনকালে আজাদ বঙ্গবন্ধু-কন্যার মন্ত্রীসভায় ১৯৯৬-২০০১ সময়কালে আবার পররাষ্ট্রমন্ত্রী হয়েছিলেন।

আমি জাতিসংঘ প্রতিনিধিদলের সদস্য নির্বাচিত হই। দলের অন্যান্য ছিলেন এস এ করিম; ম্যানিলা থেকে দলত্যাগী রাষ্ট্রদূত কে কে পন্নি; ইরাক থেকে দলত্যাগ করা রাষ্ট্রদূত এ ফতেহ; এবং চট্টগ্রাম বিশ্ববিদ্যালয়ের উপাচার্য ডক্টর এ আর মল্লিক, যিনি কলকাতা থেকে এসে প্রতিনিধিদলে যোগ দেন, এরকম আরও কয়েকজন প্রতিনিধি। জাতিসংঘের তদবির প্রচেষ্টা কিছুটা হতাশজনক হয়েছিল। আমাদের তাৎক্ষণিক লক্ষ্য ছিল সাধারণ অধিবেশনে বাংলাদেশে গণহত্যা বন্ধের দাবিতে একটি প্রস্তাবের সমর্থন জোগাড় করা। এই ইস্যুতে হয়ত অ্যাসেমব্লি ফ্লোরে এবং কয়েকটি কমিটিতে আমাদের সমর্থনে কিছু ভাষণ পাওয়া গিয়েছিল, কিন্তু এর বেশিকিছু প্রাপ্তি হয়নি যেহেতু অধিকাংশ সদস্য এমন কিছুর বিরুদ্ধে প্রতিবাদী হতে রাজি ছিল না যেটা একটা সদস্য দেশের সার্বভৌমত্বে নাক গলানো মনে হতে পারে। যেহেতু তখন পর্যন্ত ভেটো দেবার অধিকারী কোনো রাষ্ট্রই প্রকাশ্যে বাংলাদেশকে সমর্থন জানাবার চেষ্টা করেনি, অধিবেশনের এই প্রারম্ভিক পর্বে তদবির করার চেষ্টায় লাভ হয় নি।

আজকের দুনিয়ায় পশ্চিমা শক্তিগুলো কৌশলগত কারণে যেসব সরকারকে বিপজ্জনক মনে করে তাদের বিরুদ্ধে এমনকি বিভিন্ন বিচ্ছিন্নতাবাদী সংগঠনের সামরিক অভিযানকেও মদত করছে। এর পাশাপাশি বাংলাদেশ মুক্তিযুদ্ধের জন্য জাতিসংঘে ঈষদুষ্ণ সমর্থন একেবারেই আলাদা ছিল। আফগানিস্তান, যুগোস্লাভিয়া, সুদান, লিবিয়া এবং বর্তমানে সিরিয়াতে ক্ষমতাসীন সরকারকে চ্যালেঞ্জ করা অথবা বিচ্ছিন্নতাবাদী এজেন্ডাধারী এধরনের অভ্যুত্থানকে দেওয়া পশ্চিমা শক্তিগুলোর সমর্থন দেখিয়ে দেয় বাংলাদেশের উত্থান পরবর্তী বিশ্ব-বিন্যাস কতটা পরিবর্তিত হয়েছে তার প্রকাশ্য নমুনাকে।

বাংলাদেশের অ্যাডভোকেট

বাংলাদেশের হয়ে এ সময়ে বহু মানুষের সঙ্গে কথা বলেছি। এর মধ্যে ছিল ফিলাডেলফিয়া বিশ্ববিদ্যালয়ে একটা ভালো জনাকীর্ণ সভা, এবারও সেটির

আয়োজক ছিলেন সুলতানা আলম; সিরাকিউজ বিশ্ববিদ্যালয়ের সভা; আর একটা ছিল এমআইটি-তে বিচারপতি আবু সাঈদ চৌধুরী ও ড. মহীউদ্দিন আলমগীরের সঙ্গে একসঙ্গে করা সভা; উইলিয়ামস কলেজের সভার আয়োজক ছিলেন ওখানে থাকা অধ্যাপক আনিসুর রহমান; অধ্যাপক নুরুল ইসলাম আরও একটা সভার আয়োজন করেন ইয়েলে। এই অনুষ্ঠানগুলোর অধিকাংশতেই মাঝে মাঝে একদল পাকিস্তানি হাজির হত হয়ত কটু মন্তব্য করার উদ্দেশ্যে, কিন্তু শেষ অবধি বিষণ্ন স্বরে কিছু প্রশ্ন করত যেগুলোতে রাগের চেয়ে দুঃখ প্রকাশ পেত।

আমি কিছু টিভি অনুষ্ঠানও করি, এবং পাক্ষিকগুলোতেও মাঝে মাঝে লিখি। বাংলাদেশের বিষয়ে আমার লেখা নিবন্ধ ছাপে দ্যা নিউ রিপাবলিক এবং নিউ ইয়র্কে অধিষ্ঠিত বামপন্থী কাগজ দ্যা নেশন। আমার সফরের শেষ দিকে দুটো খুব মজাদার টিভি অনুষ্ঠান করেছিলাম। এর প্রথমটা ছিল বোস্টনে একটা পাবলিক টেলিভিশনে। অ্যাডভোকেটস নামের এই অনুষ্ঠান হত খুব সাম্প্রতিক সাধারণ সমস্যাভিত্তিক একটা কোর্ট কেস নিয়ে যেখানে দু'জন আইনজীবী বাদী ও বিবাদী পক্ষের কৌঁসুলি হত। প্রত্যেককে তাদের বক্তব্যের সমর্থনে তিনজন সাক্ষী হাজির করার অনুমতি দেওয়া হত। যদি সঠিক মনে করতে পারি তবে সেবারের ইস্যু ছিল বাংলাদেশের জন্য মার্কিন সমর্থনের মামলা নিয়ে আলোচনা। কে আমাদের পক্ষের উকিল ছিল ভুলে গিয়েছি। তবে বিরোধীপক্ষের নেতৃত্বে ছিল উইলিয়াম রাশার, যুক্তরাষ্ট্রের গোঁড়া সাপ্তাহিক পত্রিকারগুলোর একটা ন্যাশনাল রিভিউ-র মালিক, যার সম্পাদক ছিল খ্যাত দক্ষিণপন্থী ব্যক্তিত্ব উইলিয়াম এফ বাকলি জুনিয়র। রাশার ছিল বাকলির চেয়েও দক্ষিণপন্থী এবং সম্ভবত হুন আত্তিলার চেয়েও দক্ষিণপন্থী। উপমহাদেশ সম্পর্কে তার ধারণা জমাট বেঁধেছিল জন ফস্টার ডালাসের সময়ে। ইন্দিরা গান্ধীর ভারত আর তার বাবার আমলের ১৯৫০ সালের ভারতের ফারাক করতে তার দৃশ্যত অসুবিধা হচ্ছিল এবং সম্ভবত তখনও তার ধারণা ছিল কৃষ্ণ মেনন ভারতের পররাষ্ট্রমন্ত্রী।

খুব বেশিসংখ্যক টিভি দর্শক না থাকলেও এই অনুষ্ঠান আকর্ষণীয় ছিল, কারণ এর মাধ্যমে বাংলাদেশের পক্ষে ও বিপক্ষে বিবিধ যুক্তি উঠে এসেছিল। রাশার তার কেসের জন্য পাকিস্তানে টেলিভিশন ক্রু পাঠিয়ে ভুট্টোর সাক্ষাৎকার নেয়। ভুট্টোর দেওয়া অত্যন্ত উদ্দেশ্যমূলক এবং ধান্দাবাজ সাক্ষ্য স্টুডিওতে আমাদের সামনে ভিডিও স্ক্রিনে দেখানো হচ্ছিল। রাশার আবার নিউ জার্সির কংগ্রেসম্যান, পাকিস্তানে প্রাক্তন মার্কিন দূত, পেপসি-কোলা ম্যাগনেট ফ্রেলিংহাইসেন-কে দলে রেখেছিল। বাংলাদেশের পক্ষে আমাদের অ্যাডভোকেট ছিলেন লেবার এমপি, ইংল্যান্ডে বাংলাদেশের সবচেয়ে বাগ্মী প্রচারকদের একজন জন স্টোনহাউস। বিশেষভাবে এই অনুষ্ঠানের জন্য লন্ডন

থেকে নিউ ইয়র্কে উড়িয়ে আনা হয়েছিল স্টোনহাউস-কে। এছাড়া ছিলেন দূত এম কে রাসগোত্র, যিনি তখন ওয়াশিংটনে ভারতীয় দূতাবাসে এল কে ঝা'র পরেই রয়েছেন, এবং পরে যিনি ভারত সরকারের পররাষ্ট্র সচিব হন। রাসগোত্র সক্রিয়ভাবে ওয়াশিংটনে বাংলাদেশের মামলা উপস্থাপন করছিলেন, যে কারণে আমি বহুবার তার সঙ্গে দেখা করেছিলাম এবং তার সঙ্গে ভালো বন্ধুত্ব হয়েছিল আমার। অনুষ্ঠানে একমাত্র বাংলাদেশি ছিলাম আমি। আমাদের সামনে স্টুডিও ভরতি শ্রোতারা ছিলেন এবং জানতে পারি ছোটো হলেও উৎসাহী টিভি দর্শক ছিল অনুষ্ঠানটির।

বিরাট সংখ্যক স্টুডিও শ্রোতাদের মধ্যে র‍্যাডক্লিফের এক অল্পবয়সী স্নাতকশ্রেণীর ছাত্রীর নাম ছিল বেনজির ভুট্টো। বহু বছর পরে পাকিস্তানের প্রধানমন্ত্রী হিসেবে আম্মান সফরের সময় সালমার বোন রাজকুমারী সারভাতের সঙ্গে সাক্ষাৎকারে তার পরিবার সম্পর্কে প্রশ্ন করলে বেনজিরকে সারভাত জানিয়েছিল যে তার বোনের বিয়ে হয়েছে বাংলাদেশের জনৈক রেহমান সোবহানের সঙ্গে। "দ্যা রেহমান সোবহান।" এই অভিব্যক্তিতে আমাকে সেরা সম্মান দিয়েছিল বেনজির।

আমার দ্বিতীয় টিভি অনুষ্ঠান হয়েছিল আরও এক ঐতিহাসিক মুহূর্তে। এর আগে, জাতিসংঘ প্রতিনিধিদলের আমরা সকলে ব্যস্ত হয়ে পড়ি কারণ ভারত-পাকিস্তানের মধ্যে সরাসরি সংঘর্ষ শুরু হওয়াতে অবেশেষে নিরাপত্তা পরিষদ এবং সাধারণ পরিষদে বাংলাদেশ প্রসঙ্গ উত্থাপিত হল। মুক্তিযুদ্ধের তীব্রতা বৃদ্ধি এবং ভারত ও পাকিস্তানের সামরিক বাহিনীর মধ্যে সংঘর্ষের ফলে সীমান্ত এলাকায় উত্তেজনা বৃদ্ধি চূড়ান্ত পর্যায়ে পৌঁছে যায় ৩ ডিসেম্বর, যখন ভারতের উত্তরাঞ্চলে পাকিস্তানের বিমানবাহিনী বোমাবর্ষণ করে। যে পাকিস্তান এতদিন জাতিসংঘ এজেন্ডা থেকে বাংলাদেশ প্রসঙ্গ সরিয়ে রাখতে পুরোমাত্রায় সচেষ্ট ছিল, তারা এবার মুক্তিযুদ্ধ না বলে বরং বিশ্বশান্তি ভঙ্গে ভারত-পাকিস্তানের হুমকি হিসেবে বিষয়টাকে আন্তর্জাতিক মাত্রা দিতে তৎপর হয়ে ওঠে। পরবর্তী পর্যায়ে বাংলাদেশে ভারতীয় সেনার সফল অগ্রগতি এবং পাকিস্তানি সৈন্যবাহিনী টুকরো হওয়ায় যুদ্ধবিরতি ও ভারতীয় সেনাকে সীমান্তে সরিয়ে আনার জন্য আন্তর্জাতিক সাহায্য প্রার্থনা করতে বাধ্য হয় পাকিস্তান। এই কাজে তাদের জোরদার সমর্থক ছিল যুক্তরাষ্ট্র এবং চীন। একমাস আগে জাতিসংঘভুক্ত হবার পর চীনের পয়লা নম্বর প্রত্যক্ষ কাজ হয়েছিল পাকিস্তানের হয়ে উমেদারি।

যুদ্ধবিরতি এবং সেনা প্রত্যাহার প্রস্তাব পাশ নিশ্চিত করার প্রয়াসের ব্যাপারটি নিরাপত্তা পরিষদ এবং সাধারণ পরিষদ উভয় জায়গাতেই অপ্রতিহত সমর্থন লাভ করে। এধরনের একটি সংকল্পের সমর্থনে অধিকাংশ সদস্যরাষ্ট্রকেই আপাতদৃষ্টিতে ঐক্যবদ্ধ করা যেত একটিমাত্র ভিত্তির উপর; সেই ভিত্তিটি ছিল তাদের মনে বিদ্যমান একটি আশঙ্কা – পাছে একদিন তাদেরকেও যুদ্ধের বোঝা

ঘাড়ে নিতে হয়। ফলে যুদ্ধবিরতি চেয়ে যুক্তরাষ্ট্র ও চীনের যৌথভাবে আনা সংশ্লিষ্ট প্রস্তাবটি নিরাপত্তা পরিষদে সুস্পষ্ট সংখ্যাগরিষ্ঠতা পায়। শুধু সোভিয়েত ভেটো এর গতিরুদ্ধ করেছিল।

এই ভেটো এড়াতে সাধারণ পরিষদেও অনুরূপ একটা প্রস্তাব আনা হয় যেখানে সদস্যরা এধরনের যুদ্ধবিরতি প্রস্তাব সমর্থনে আরও বেশি তৎপর। সুতরাং এরকম প্রস্তাব ব্যাপক সংখ্যাগরিষ্ঠতা পাবে এটাই নিশ্চিত ছিল। পরে এই বিতর্কে অ্যাসেমব্লি-র সদস্যদের ভাষণ বিশ্লেষণ করে আমি দেখেছিলাম যে প্রস্তাবের পক্ষে ভোট দেওয়া দেশগুলোর মধ্যে খুব কম দেশই পাকিস্তানকে সদর্থক সমর্থন জানিয়ে এটা করেছিল। বেশিরভাগ ভোট পড়েছিল আন্তর্জাতিক বিষয় পরিচালনার সাধারণ নীতি হিসেবে শান্তির সমর্থনে।

গ্যালারিতে বসা আমরা বাংলাদেশিরা জাতিসংঘের এই নাটকের দর্শক ছিলাম। জাতিসংঘের তদবির করার চেষ্টায় বাংলাদেশের জন্য অনেক ব্যক্তিগত সহানুভূতি আমরা পেয়েছিলাম, তবে অ্যাসেমব্লি ফ্লোরে সমর্থন সামান্যই মিলেছিল। সেখানে অধিকাংশ বক্তাই বাংলাদেশের মাটি ও মানুষের উপর পাকিস্তানি সেনার ন'মাসের নির্যাতন ও গণহত্যার কথা ভুলে আসন্ন ভারত-পাকিস্তান যুদ্ধে মনোনিবেশ করতে ব্যস্ত হয়ে পড়েছিল।

নিরাপত্তা পরিষদে প্রতিনিধিদের তদবির করার প্রচেষ্টায় অংশীদার হওয়া ছাড়াও আমাকে দ্বিতীয় একটি টিভি অনুষ্ঠানে অংশ নিতে আমন্ত্রণ জানায় এমন একটা পাবলিক টিভি চ্যানেল যাদের বিশেষত্ব ছিল একমাত্র তারাই জাতিসংঘ সাধারণ পরিষদ ও নিরাপত্তা পরিষদের কার্যবিবরণী প্রচার করত। জাতিসংঘ সাধারণ পরিষদে ভারত-পাকিস্তান-বাংলাদেশ যুদ্ধ নিয়ে বিতর্কের সঙ্গে তাল মিলিয়ে আমাদের অনুষ্ঠান আয়োজিত হয়েছিল। দুটো প্যানেল করা হয়েছিল; একটা ছিল আমেরিকানদের নিয়ে। সঠিক মনে করলে এই প্যানেলে ছিল টম ডাইন, নিউজ উইক পত্রিকার আর্নল্ড দ্য বর্চগ্রেভ এবং আর একজন বিখ্যাত চরিত্র। তাদের পরে ত্রিপাক্ষিক আলোচনায় অংশ নিয়েছিলেন নিউ ইয়র্কে পাকিস্তানি কনসাল জেনারেল নাজমুস সাকিব খান; ভারতীয় কনসাল জেনারেল বিষ্ণু আজুহা এবং বাংলাদেশের পক্ষে বক্তা ছিলাম আমি।

আমার সঙ্গে এক মঞ্চে থাকায় আপত্তি জানাতে পাকিস্তানি কনসাল জেনারেলকে নির্দেশ দিয়েছিল তার সরকার। ফলে তিনি এবং তার ভারতীয় কাউন্টারপার্ট আমার আগে পর্দায় হাজির হলেন। পর্দায় আমার আবির্ভাব একাকী হল। আশ্চর্য কাকতালীয় ব্যাপার, আমি যখন পর্দায় আবির্ভূত হলাম ঠিক সে সময় সাধারণ পরিষদের ভোটের ফলাফল ঘোষিত হচ্ছে। আমি বক্তব্য শুরু করতে যাব, ঠিক তখন ক্যামেরা স্টুডিও থেকে সাধারণ পরিষদে সরে গিয়ে আশু যুদ্ধবিরতি এবং সীমান্ত থেকে সেনা প্রত্যাহারের পক্ষে সেখানে বিপুল ভোট পড়ার খবর দিতে থাকে। ক্যামেরা তারপর আমার দিকে ঘুরে গিয়েছিল,

এবং সাক্ষাৎকারকারী এমন একটা বিষয়ে তাৎক্ষণিক প্রতিক্রিয়া দিতে আমায় আমন্ত্রণ করে যেটা বাংলাদেশকে স্বাধীন করতে কোনো কাজেই লাগবে না।

যতদূর মনে পড়ে খুব চটজলদি একটা উত্তর ভেবে নিয়ে আমি বলেছিলাম – "যে বাংলাদেশ পাকিস্তানি গণহত্যার কারণে যুদ্ধের কেন্দ্রবিন্দু হয়েছে, সাধারণ পরিষদের এই সভায় তার ডাক পড়ে নি। সুতরাং বাংলাদেশের জনগণ ও সরকার এই সিদ্ধান্তের ভাগীদার নয় এবং বাংলাদেশের মানুষের উপর পাকিস্তানের নির্যাতন বন্ধ না হওয়া অবধি আমরা আমাদের লড়াই চালিয়ে যাব।" আমার বিবৃতি এবং জাতিসংঘ বিতর্কের উপর উদ্ভুত পরিস্থিতি ও বাংলাদেশের অবস্থা সম্পর্কে পরবর্তী নিরীক্ষণ ভালোভাবেই গৃহীত হয়েছিল। কারণ টিভি পর্দায় হাজির হওয়ার কয়েকদিন বাদে এই অনুষ্ঠানের দর্শক – অপরিচিত মানুষেরা – নিউ ইয়র্কের রাস্তায় পথ চলতি আমাকে থামিয়ে সোজাসাপটা কথা বলার জন্য অভিনন্দন জানিয়েছিলেন।

জাতিসংঘে নাটক: শেষ খেলার সাক্ষী

টিভি তারকা হিসেবে আমার আয়ু স্বল্পস্থায়ী হয়েছিল। আসল নাটক চলছিল বাংলাদেশে এবং আরও প্রান্তিকভাবে জাতিসংঘে। আমরা জানতে পারলাম যে জুলফিকার আলী ভুট্টো, যাকে একেবারে শেষ লগ্নে মন্ত্রীসভায় অন্তর্ভুক্ত করেছে ইয়ায়াহিয়া খান, তিনি উপপ্রধানমন্ত্রী এবং পররাষ্ট্রমন্ত্রী হিসেবে নিরাপত্তা পরিষদে পাকিস্তানের হয়ে মামলায় সওয়াল করতে নিউ ইয়র্ক আসছেন। অবশ্য ভুট্টোর নিউ ইয়র্ক উড়াল দেওয়ার আগে বাংলাদেশের মাটিতে কিছু ঘটনা ঘটে গিয়েছিল। ভারতীয় ও বাংলাদেশি বাহিনীর চমকপ্রদ অগ্রগতি এবং পাকবাহিনীর প্রতিরক্ষা ব্যবস্থার আসন্ন বিপর্যয় – দুটোই জাতিসংঘে বিতর্ককে অনিবার্য করে তুলেছিল। একজন বাঙালি সঙ্কেত-পড়িয়ে করণিক যিনি আমাদের নির্দেশে পাকিস্তানি জাতিসংঘ প্রতিনিধিদলে থেকে গিয়েছিলেন, তার মারফৎ আমরা জানতে পারি ১০ ডিসেম্বর অত্যন্ত গোপন সঙ্কেত পাওয়া গেছে যে, জেনারেল নিয়াজি আগুয়ান বাহিনীর কাছে আত্মসমর্পণের অনুমতি চেয়েছে। আমরা আরও জানতে পারি ঢাকায় জাতিসংঘ প্রতিনিধি পল মার্ক হেনরি রাও ফরমান আলির কাছ থেকে মহাসচিবের উদ্দেশ্যে পাঠানো একটা বার্তা সম্প্রচার করেছে যেখানে বাংলাদেশ থেকে পাকিস্তানি সেনার নিরাপদ প্রত্যাহার নিশ্চিত করতে মহাসচিবের সাহায্য চাওয়া হয়েছে।

বিমানবন্দরে এই ভীতিকর খবর দেওয়া হল ভুট্টোকে। নিরাপত্তা পরিষদে ঘটনার নাটকীয় মোড় নেবে বলে যে প্রতিশ্রুতি করেছিল ভুট্টো, সেটা তৎক্ষণাৎ অসার হয়ে পড়ার আশঙ্কা দেখা দিল। এরকম পরিস্থিতির জন্য একেবারে অপ্রস্তুত ভুট্টো গা ঢাকা দিয়ে কয়েকদিন যুক্তরাষ্ট্রের জাতিসংঘ প্রতিনিধি জর্জ বুশ সিনিয়র, পরে যে যুক্তরাষ্ট্রের প্রেসিডেন্ট হয়, তার সঙ্গে এবং জাতিসংঘে

নবনির্বাচিত চীনা প্রতিনিধি হুয়াং হুয়াংয়ের সঙ্গে শলাপরামর্শ করে। এই গুপ্ত আলোচনায় কী আলোচিত হয়েছিল সেটা স্পষ্ট নয়, কিন্তু কিছু সময়ের জন্য আত্মসমর্পণের বিষয়ে আর কোনো খবর আমরা পেলাম না। মনে হয় ইসলামাবাদ নিয়াজী এবং ফরমান আলিকে অগ্রাহ্য করে, এবং তাদের বলা হয়েছিল নতুন সাহায্য আসছে। এটা বোঝায় যে উত্তর থেকে চীন এবং সমুদ্রপথে যুক্তরাষ্ট্র ইয়াহিয়া এবং ভুট্টোকে এধরনের কোনো হস্তক্ষেপের প্রতিশ্রুতি হয়ত দিয়ে থাকবে। হঠাৎ আমরা দেখলাম নিরাপত্তা পরিষদের আর একটা অধিবেশন ডাকা হয়েছে যেখানে বক্তব্য রাখবে ভুট্টো।

ফের এক দফা বাংলাদেশ জাতিসংঘ ডেলিগেশন দর্শক হয়ে নিরাপত্তা পরিষদের গ্যালারিতে বসে ভুট্টোর রঙ্গতামাশা দেখে। আমাদের সময় কাটে নিরাপত্তা পরিষদের সদস্য দেশগুলোর প্রতিনিধিদের অবস্থান পরিমার্জনের জন্য বোঝাতে তারা যাতে যুদ্ধবিরতির দাবি না করে এবং সেইসঙ্গে বাংলাদেশের অবশ্যম্ভাবিতার কথাও তাদেরকে বোঝাতে চাই। লবিতে অধিকাংশ প্রতিনিধি মেনে নেয় যে বাংলাদেশ একটা বাস্তব এবং সেরা সমাধান হল মিত্র শক্তির দ্রুত জয় লাভ, যেটা হলে পাকিস্তানি সেনা দ্রুত আত্মসমর্পণ করবে। তারা মেনে নেয় নিরাপত্তা পরিষদের সেই অধিবেশন আমেরিকান ও চীনাদের তৈরি একটা ছোটো তামাশা যার লক্ষ্য এই ধারণা তৈরি করা যে তারা তাদের বন্ধু ইয়াহিয়ার সমর্থনে যথাসাধ্য করছে।

এইসব বৈঠকে জাতিসংঘে জাপানি প্রতিনিধিদলে থাকা তাকিও এগুচি নিয়মিত আমার সঙ্গে দেখা করে নিরাপত্তা পরিষদের ভিতরকার মনোভাব এবং পরিস্থিতির খবর দিত। এগুচি অক্সফোর্ডে কায়সার মোর্শেদের সমসাময়িক, যার সঙ্গে অক্সফোর্ড সফরে আমার আলাপ হয়েছিল। পরে সে বাংলাদেশে জাপানের রাষ্ট্রদূত হয়ে আসে। আমার ছোটোবেলার এক ঘনিষ্ঠ বন্ধু শীল হাকসার। আমি যখন কেমব্রিজে, সে তখন অক্সফোর্ডে ছিল এবং সে সময় ভারতীয় প্রতিনিধিদলের ফাস্ট সেক্রেটারি। সে আমাকে জানায় তাদের আশ্বস্ত করা হয়েছে যে জাতিসংঘের কোনো উদ্যোগই ভারতীয় সেনার ঢাকা মার্চ রুখতে পারবে না, কারণ সোভিয়েত ইউনিয়ন জাতিসংঘে এরকম যেকোনো প্রস্তাবে ভেটো প্রয়োগের আশ্বাস দিয়েছে।

নিশ্চয়ই ভুট্টোর কাছে এটা পরিষ্কার হয়ে গিয়েছিল যে ঢাকায় পাকিস্তান সেনাবাহিনীর অবশ্যম্ভাবী আত্মসমর্পণ জাতিসংঘ কোনোভাবেই রুখতে পারবে না। খুব সম্ভবত সেও যুক্তরাষ্ট্র ও চীনের কাছে খবর পেয়ে থাকবে যে প্রকাশ্যে যত হাঁকডাকই তারা করুক, পাকিস্তানকে বাঁচাতে সামরিক হস্তক্ষেপ তারা করবে না। মুখ বাঁচাতে চূড়ান্ত দক্ষ অভিনয় করে নিরাপত্তা পরিষদের প্রস্তাব ছিঁড়ে ফেলে তার প্রতিনিধিদের নিয়ে হল ছেড়ে বেরিয়ে যায় ভুট্টো। যাওয়ার সময় আমোদিত পরিষদ সদস্যদের উদ্দেশ্যে বলে – “আমার দেশের মানুষ

আমাকে ডাকছে।” এই নাটক বোধহয় করা হয়েছিল যে মুহূর্তে বাংলাদেশে পাকিস্তান সেনাবাহিনীর আত্মসমর্পণ আসন্ন এই খবর তার কাছে পৌঁছায়, সুতরাং তার অভিনয়ের লক্ষ্য ছিল পাকিস্তানে তার নির্বাচনকেন্দ্র।

পাকিস্তানি সেনাদের আত্মসমর্পণের আগের দিন কাউন্সিলে অন্তিম বিতর্ক প্রত্যক্ষ করি। ভুট্টো যখন নিরাপত্তা পরিষদে নাটক করছে, তখন খবর আসে যে নিক্সন সপ্তম নৌবহরকে বঙ্গোপসাগরে ঢুকবার নির্দেশ দিয়েছে যার কারণ তখন পর্যন্ত অজানা। প্রেসিডেন্ট নিক্সনের নাছোড় চাপের কাছে নতি স্বীকার করে মার্কিন প্রশাসন আরও কঠোরভাবে ভারতের নিন্দাবাদ শুরু করেছিল এবং বাংলাদেশে পাকিস্তান বাহিনীর দ্রুত পতনশীল অবস্থানকে চাঙ্গা করতে যুক্তরাষ্ট্র শেষ মুহূর্তে হস্তক্ষেপ করবে এটা অভাবনীয় ছিল না। তাদের একটা ধারণা ছিল যে, নিয়াজি যদি আরেকটু বেশি সময় ধরে প্রতিরোধ চালিয়ে যেতে পারে, তাহলে এরকম একটা হস্তক্ষেপের মাধ্যমে চাপ দিয়ে যুদ্ধবিরতি আনা যাবে এবং পাকিস্তানের অখন্ডতা বজায় রাখতে একটা রফা করা যাবে। সুতরাং নিরাপত্তা পরিষদের নাটক আসলে বাংলাদেশকে ঘিরে বৃহত্তর নাটকের একটা পার্শ্বদৃশ্য মাত্র ছিল।

এখনও অজানা, জেনারেল নিয়াজির সেনা আরও বেশি সময় প্রতিরোধ করতে পারলে মার্কিন সপ্তম নৌবহর হস্তক্ষেপ করত কিনা, অথবা এটা নিক্সনের জনসংযোগের আর এক চাল ছিল কিনা পাকিস্তানকে বোঝানোর যে সে তাদের প্রকৃত বন্ধু। নিশ্চিত বলা যায় যে যুক্তরাষ্ট্রে এধরনের হস্তক্ষেপের অভ্যন্তরীণ রাজনৈতিক সমর্থন একেবারেই ছিল না। এ ব্যাপারে মিডিয়া অত্যন্ত সরব ছিল এবং জ্যাক এন্ডারসন ইতিমধ্যেই প্রকাশ করেছেন তার বহু-উদ্ধৃত জাতীয় নিরাপত্তা পরিষদের ফাঁস হওয়া বিবরণী যেখানে ভারতের বিরুদ্ধে কড়া পদক্ষেপ নিতে মার্কিন পররাষ্ট্র মন্ত্রণালয়কে দেওয়া নিক্সনের নির্দেশাবলী সম্পর্কে রিপোর্ট দিয়েছেন কিসিঞ্জার। চার্চ, কেনেডি এবং বাংলাদেশের অন্যান্য বন্ধুর নেতৃত্বে কংগ্রেসের সদস্যরা অবশ্য এরকম হস্তক্ষেপের বিরুদ্ধে কংগ্রেসের মতামত জোগাড় করতে সক্রিয় হয়েছিলেন। সুতরাং অনুমান করা যেতে পারে যে মার্কিন গণমাধ্যম এবং কংগ্রেসের মতামত যদি বাংলাদেশের লক্ষ্যের প্রতি কম দরদী হত অথবা একেবারেই তাকে উপেক্ষা করত, তবে পাকিস্তানকে সমর্থন দিতে আরও দূর এগোত নিক্সন প্রশাসন। এভাবে দেখলে, বেদরদী নিক্সন প্রশাসনের মাথার উপর দিয়ে আমেরিকার জনগণের কাছে পৌঁছুবার জন্য যে তীব্র প্রচার হয়েছিল বাংলাদেশের স্বার্থে, তার তাৎপর্য কম ছিল না।

ভারতের উত্তর-পূর্ব সেক্টরে চীনাদের হস্তক্ষেপ বা বিক্ষিপ্ত করার প্রয়াসও জেনারেল নিয়াজির অবরুদ্ধ সেনাবাহিনীর আর একটা সহায় হতে পারে ভাবা

হয়েছিল। আমরা শুনেছি ৫ নভেম্বর বেশকিছু প্রথম সারির জেনারেলদের নিয়ে ভুট্টো পিকিং উড়ে যায় এরকম হস্তক্ষেপ-প্রার্থী হয়ে। পাকিস্তানের হয়ে সরাসরি হস্তক্ষেপ করে ভারতের সঙ্গে যেকোনো সম্ভাব্য যুদ্ধে জড়াতে তাদের অনিচ্ছার কথা জানিয়ে দেয় চীনারা। এটা তাদের পূর্ববর্তী অবস্থান পুনর্নিশ্চিত করে, যেটার বিষয়ে অন্তত দু'মাস আগে আমার কিছু উপলব্ধি হয়েছিল।

আগস্টের শেষে কলকাতা থেকে নিউ ইয়র্ক ফেরার পথে যখন আমি অক্সফোর্ডে, সে সময় প্যারিস থেকে ফারুকের একটা বার্তা পাই যে চীনে পাকিস্তানের রাষ্ট্রদূত আমাদের চাচা কে এম কায়সার আমার সঙ্গে সত্বর দেখা করতে চান। কায়সার তখন ২৪-২৫ আগস্ট জেনেভায় আয়োজিত পাকিস্তানি রাষ্ট্রদূতদের একটা বৈঠকে হাজির ছিলেন, যে গুপ্ত বৈঠকে তিনি সমস্যাটা সম্পর্কে চীনের অবস্থান বিস্তারিত জানিয়েছিলেন। তিনি ইঙ্গিত দেন যে চীন আওয়ামী লীগের সঙ্গে রাজনৈতিক সমাধানের পরামর্শ দিয়েছে এবং ভারতের সঙ্গে যুদ্ধ হলে পাকিস্তানকে চীনা সামরিক সাহায্য দানের বিষয়ে সন্দেহ প্রকাশ করেছে। এই মিটিংয়ের পর কায়সার গোপনে প্যারিস চলে যান যেখানে ফারুকের বাড়িতে তিনি আমার সঙ্গে দেখা করেন, এবং সে কথাই পুনরায় জোর দিয়ে বলেন যা তিনি জেনেভায় তার সতীর্থদের জানিয়েছিলেন যে চীন অস্ত্র এবং কূটনৈতিক সাহায্য দেবে কিন্তু পাকিস্তানকে রক্ষা করতে সামরিক হস্তক্ষেপ করবে না।

খাজা কায়সার আমাকে পরামর্শ দেন এই জটিল তথ্য বাংলাদেশ সরকারকে জানিয়ে দিতে যেটা আমি যথাযথ পালন করি লন্ডনে ফিরে। পরে জানতে পারি একমাত্র আমিই চীনের এই অভিসন্ধি সম্পর্কে তথ্য জোগানের চ্যানেল ছিলাম না, কারণ ওবায়দুল্লাহ খানের নেতৃত্বে বেইজিংয়ে পাক দূতাবাসের কিছু বাঙালি এই খবর মুজিবনগর সরকারের কাছে পাঠাতে সমর্থ হয়েছিল। এই অঞ্চলের পরবর্তী সামরিক কৌশলগুলো কতটা এই তথ্যের ভিত্তিতে পরিকল্পিত হয়েছিল, আমি বলতে পারব না।

নিরাপত্তা পরিষদের ভিতরে-বাইরে যুক্তরাষ্ট্র, চীন ও পাকিস্তানের এইসব কৌশলের প্রেক্ষিতে উত্তেজনা কমানো নির্ভর করছিল পাকিস্তানি সেনাবাহিনীর দ্রুত আত্মসমর্পণ নিশ্চিত করতে মিত্রশক্তির সামর্থ্যের উপর। এটার দিন ধার্য হয় ১০ ডিসেম্বর নাগাদ, তবে বাইরের সব রণকৌশল নিঃশেষ হওয়া অবধি সময় নিতে ইসলামাবাদের আদেশে ওই তারিখ প্রত্যাহৃত হয়। যখন নিউ ইয়র্ক ছেড়ে লন্ডন হয়ে বাড়ি ফেরার পথ ধরলাম, পরিস্থিতি তখন প্রবল উত্তেজনাময়।

*Srinath Raghavan. 2013. *1971: A Global History of the Creation of Bangladesh.* Cambridge: Harvard University Press.

যাত্রার শেষ

আনন্দময় মুহূর্ত

১৫ ডিসেম্বর সন্ধ্যে সাতটায় নিরাপত্তা পরিষদের বৈঠক শেষে জাতিসংঘ আঙিনা ছেড়ে যাবার জন্য তৈরি হচ্ছি। লন্ডন যেতে জনএফ কেনেডি বিমানবন্দর (জেএফকে) যাওয়ার বাস ধরব। এমন সময় এস্ক্যালেটরে পা পিছলে পড়ে পায়ের লিগামেন্ট গেল ছিঁড়ে। কোনোমতে এয়ারপোর্ট পৌঁছুলাম এবং তারপর হিথরো থেকে অক্সফোর্ড পৌঁছালাম আধাপঙ্গু অবস্থায়। বাংলাদেশের স্বাধীনতা আসন্ন এই উল্লাস আমার ব্যথা ভুলিয়ে দিয়েছিল।

জেএফকেগামী আলো নেভানো এয়ারপোর্ট বাসে বসে ২৭ মার্চ সকালে বাড়ি ছাড়ার পর আমার দীর্ঘ পথচলার কথা ভাবছিলাম। আমার মন চলে গিয়েছিল মার্চের শেষে নৌকায় কাটানো সেই রাতে, যে নৌকা আমাদের ব্রাহ্মণবাড়িয়া নিয়ে যাচ্ছিল যখন আমার এবং বাংলাদেশের ভবিষ্যৎ ছিল অনিশ্চয়তায় ভরা। তবু এই ন'মাসের মধ্যে এইসব উত্তেজনা থিতিয়ে গিয়েছে, এবং আমি তখন স্বাধীন বাংলাদেশে ফেরার আশা করতে পারি। এই ভাবনা আমাকে এক আশ্চর্য তৃপ্তিতে ভরিয়ে দিয়েছিল যেটা আমার যন্ত্রণাক্লিষ্ট লিগামেন্টের আরামদায়ী মলমের মতো কাজ করছিল।

আমার কাছেই কেউ একটা ট্রানজিস্টর খুলেছিল যেটায় অপ্রতিরোধ্য আরেথা ফ্র্যাঙ্কলিনের গাওয়া ১৯৭১-এর হিট গান "স্প্যানিশ হারলেম" বাজছিল। যে ক'মাস যুক্তরাষ্ট্রে কাটিয়েছি এই গানের স্বতন্ত্র সুর হারুন, মুহিত, রজ্জাক খান এবং বিভিন্ন ট্যাক্সি চালকদের গাড়ির রেডিওতে বাজতে শুনেছি যখনই ওয়াশিংটনের বিভিন্ন অ্যাপয়েন্টমেন্ট রাখার জন্য তারা আমাকে তাদের গাড়িতে করে নিয়ে গেছে। সেই থেকে ১৯৭১-এর সুর হয়ে স্প্যানিশ হারলেম আমার মনে অনপনেয়রূপে রয়ে গেছে। গানটা শেষ হয়ে মিলিয়ে যেতে আমার মনে হল এ যেন ১৯৭১ সাল এবং আমার জীবনের এক মহাকাব্যিক পর্বের যথাযথ শেষ অংশটুকু রেখে দিয়ে গেল।

১৬ ডিসেম্বর সকালে হিথরো-তে নেমে কষ্ট করে অক্সফোর্ড পৌঁছুতে পেরেছিলাম। ঠিক সময়ে বাড়িতে ঢুকলাম যখন আমি এবং সালমার টেলিভিশনে ঢাকা রেসকোর্স ময়দানে ভারত-বাংলাদেশের যৌথ বাহিনীর কাছে পাকিস্তানি সেনাবাহিনীর আত্মসমর্পণের উল্লাসময় দৃশ্য প্রত্যক্ষ করতে পারলাম।

গণহত্যার সহযোগী এবং অপরাধীরা

এই ঐতিহাসিক মুহূর্তে মেঘাচ্ছন্ন হল আত্মসমর্পণের আগের দিন আমার ঢাকা বিশ্ববিদ্যালয়ের কিছু সহকর্মীর বিকৃত মৃতদেহ আবিষ্কারে। মৃতদের তালিকায় আমার বিশেষ পরিচিতদের মধ্যে ছিলেন বাংলাদেশের বিখ্যাত সাহিত্যিক

মুনীর চৌধুরী; ইতিহাসের এক অত্যন্ত পছন্দের শিক্ষক গিয়াসউদ্দিন আহমেদ; ইংরেজি বিভাগের ড. রাশিদুল হাসান যিনি ফোরাম-এ লিখতেন; এবং আমার ভালো বন্ধু সাংবাদিক ও লেখক শহীদুল্লাহ কায়সার। প্রগতিশীল চিন্তা, ধর্মনিরপেক্ষ দৃষ্টিভঙ্গির জন্য খ্যাত এই বুদ্ধিজীবিদের তাদের বাড়ি থেকে অপহরণ করে জামাত-ই-ইসলামের ক্যাডাররা, এবং তাদের ঢাকার উপকণ্ঠে রায়েরবাজারে একটা ইটভাটায় নিয়ে গিয়ে নৃশংসভাবে খুন করা হয়। এই ভয়ঙ্কর কাজ এইজন্য আরও ঘৃণ্য ছিল কারণ খুনিরাও বাঙালিই ছিল। আবার আমাদের মনে করিয়ে দেওয়া হল যে আমাদের নাগরিকদের একটা ক্ষুদ্র অংশ পাকিস্তানি সেনাবাহিনীর সঙ্গে সহযোগিতা করেছে, চরের কাজ করেছে এবং সেনাবাহিনীর চাপিয়ে দেওয়া গণহত্যায় সক্রিয়ভাবে অংশ নিয়েছে।

আমার মনে আছে যুদ্ধ চলাকালীন খবরের কাগজে যখনই এধরনের কাজে বাঙালিদের সহযোগিতার বিবরণ পড়তাম কীরকম ক্ষিপ্ত হতাম। ফজলুল কাদের চৌধুরী, হামিদুল হক চৌধুরী, সবুর খান, শাহ আজিজুর রহমান, আবদুল সালাম খান, ফরিদ আহমেদ, মাহমুদ আলি – একদা যিনি বাম নেতা ছিলেন, এবং জামাত নেতা গোলাম আজম প্রমুখ ব্যক্তিরা পাকিস্তানের সমর্থনে দেওয়া বিবৃতি পড়ে বিশেষভাবে ক্ষিপ্ত হতাম। পাকিস্তানের এই বাঙালি সাগরেদগুলোর এধরনের বিবৃতির উদ্দেশ্য ছিল বিশ্বের শ্রোতাদের কাছে একটা বিভ্রম বজায় রাখা যে আর এক বিকল্প বাঙালি গোষ্ঠী আছে যারা পাকিস্তানের অখন্ডতা রক্ষায় লড়ছে এবং এইভাবে তৎকালীন পাকিস্তানি বাহিনীর নির্মমতা সমর্থন করছে। কোনো অংশে কম ক্ষুব্ধ হইনি আমরা যখন দেখেছি অধ্যাপক সৈয়দ সাজ্জাদ হোসেন-এর মতো ঢাকা বিশ্ববিদ্যালয়ের ইংরেজি বিভাগের অত্যন্ত শ্রদ্ধেয় প্রফেসর এবং আরও কিছু শিক্ষক কেবল মুক্তিযুদ্ধের বিরোধিতা করেই ক্ষান্ত হন নি, তারা এমনকি বিদেশে গেছেন পাকিস্তানের গণহত্যাকারীদের সমর্থক হয়ে। অধিকাংশ বাঙালি তখন ভেবেছে যে এধরনের আঁতাতকারীদের বিরুদ্ধে সবচেয়ে চরম ব্যবস্থা নেওয়া উচিত। কেউ চোখের পানিও ফেলে নি যখন আমরা জানলাম মোনেম খান, যে ছিল আইয়ুব সরকারের অনুগত, তার বনানী বাসভবনে মুক্তিবাহিনীর সদস্যদের হাতে খুন হয়েছে।

আমার মনে আছে এরকম একজন পাকিস্তানি রাজভক্ত শাহ আজিজুর রহমানকে জাতিসংঘ করিডোরে পা টিপে টিপে হাঁটতে দেখেছিলাম, সেখানে তাদের পাঠানো হয়েছিল পাকিস্তানি প্রতিনিধিদলের সদস্য হিসেবে আমাদের লবি করার চেষ্টার পালটা জবাব দিতে। শাহ আজিজ এবং পাকিস্তানের সমর্থনে কাজ করা অন্যান্য বাঙালি সহযোগীকে অত্যন্ত লজ্জিত দেখাত এবং তারা আমাদের সঙ্গে বাক্যালাপ এড়িয়ে যেত। এরকম অন্য আঁতাতকারীরা জাতিসংঘের বাইরে খুব সামান্যই ভদ্র ব্যবহার পেত। যুক্তরাষ্ট্রে পাকিস্তানি সেনার সহযোগীরা এরকম একটা সাধারণ অনুষ্ঠানে ভাষণ দিচ্ছিল। শোনা

গেল সেখানে এক উত্তেজিত বাঙালি মহিলা মাহমুদ আলীর মুখে জুতোর বাড়ি মারেন।

জামাতীদের কুচক্রী সহযোগিতা যেটা যুদ্ধের শেষ দিনগুলোয় বুদ্ধিজীবি হত্যার মধ্য দিয়ে প্রকটরূপে প্রকাশ পায়, তা আমাকে খুব অবাক করে নি, কারণ জামাতরা খুব স্পষ্টত পাকিস্তানি সেনাবাহিনীর সঙ্গে খোলাখুলি যোগাযোগ রাখত। খুনে বাহিনী হিসেবে কাজে লাগাতে পাকিস্তানি সেনার সামরিক প্রশিক্ষণে প্রশিক্ষিত জামাত ক্যাডাররা নিয়োজিত ছিল যারা আল বদর, আল শামস ইত্যাদি নামে পরিচিত ছিল। এই ছোটো দলগুলো ইতিমধ্যেই পাকিস্তান সেনাবাহিনীর সহযোগী হিসেবে সক্রিয় ছিল। খবর পাওয়া গিয়েছিল যে বাংলাদেশের স্বাধীনতা আসন্ন হলে একজন পাকিস্তানি জেনারেল, যে স্বাধীন বাংলাদেশ রাষ্ট্রের বিদায়ি উত্তরাধিকার হিসেবে মুখ্য বাঙালি বুদ্ধিজীবিদের নির্মূল করার জন্য একটা তালিকা তৈরি করেছিল, সে-ই এইসব খুনে বাহিনীকে তাদের জঘন্য কাজ করতে পাঠায়। বুদ্ধিজীবিদের হত্যা বাঙালিদের মধ্যে প্রায় বিশ্বজনীন বিশ্বাস আবার বলবৎ করে যে এই বাঙালি জল্লাদদের বিচার এবং শাস্তি দিতে হবে কেবল তাদের সাগরেদগিরির জন্য নয়, উপরন্তু এ কারণে যে তারা গণহত্যার এজেন্ট ছিল।

স্বাধীন দেশে ঘরে ফেরা

পাকিস্তানি বাহিনীর আত্মসমর্পণের পরবর্তী দিনগুলো আমার ও সালমার পক্ষে বিশেষ আনন্দঘন মুহূর্ত ছিল। আমরা আবার এক পরিবার হিসেবে মিলিত হয়েছিলাম কেবল তাই নয়; যে বিপজ্জনক ও অনিশ্চিত যাত্রা ২৭ মার্চ সকালে গুলশানের বাড়ি ছেড়ে আমরা শুরু করেছিলাম সেটা শেষ হয়ে এসেছে বোঝা যাচ্ছিল। এখন বাংলাদেশ এক মুক্ত স্বাধীন দেশ যেখানে একটা পরিবার হিসেবে আমরা ফিরে যেতে পারব। ২৭ মার্চ এরকম কোনো সম্ভাবনার পূর্বাভাস ছিল না। অক্সফোর্ডে তখন ছিল শীতকাল; মাটিতে পড়া ছিল যখন কিছু তুষার, আর আমাদের ঘরের চুল্লিতে জ্বলছিল এক চিলতে আগুন। এই মূল্যবান মুহূর্তগুলো দীর্ঘায়িত করার বাসনা প্রবল ছিল। উল্‌ভারকোটে একটা আরামদায়ক ছোটো ঘর বানিয়েছিল সালমা। শিক্ষকতা ছিল তার নিয়মিত খন্ডকালীন পেশা, এবং আমাদের সীমিত বিত্ত সত্ত্বেও, পড়ানোর পেশার দাবি, মায়ের দায়িত্ব এবং সংসার চালানো, ইত্যাদি সব সামলে পরিবারের জন্যে যুক্তিযুক্তভাবে একটা নিরাপদ জীবন গড়ে তুলেছিল সে। কিউইএইচ-এ আমার নিয়মিত গবেষণার চাকরি ছিল এবং সেটা চালিয়ে যেতে পারতাম যা দিয়ে অতি আরামদায়ক না হলেও আগামী ছয় থেকে নয় মাস আরও নিশ্চিত পারিবারিক জীবন হত আমাদের। সালমা তাই খুব চাইছিল যেন আমি অক্সফোর্ডে থেকে কিউইএইচ-এ আমার দায়িত্ব শেষ করি বাংলাদেশের

অভ্যুদয় নিয়ে একটা বই লিখে, যেটার জন্য ইতিমধ্যেই পেঙ্গুইন বুকস আমার সঙ্গে যোগাযোগ করেছে।

সালমার পরামর্শ আমাকে মোহিত করে। বিগত আট থেকে সাড়ে আট মাস আমি অবিশ্রান্তভাবে সক্রিয় থেকেছি এবং বিশ্রামের খুবই দরকার ছিল আমার। কিন্তু যাইহোক, বাংলাদেশ এখন একটা স্বাধীন জাতি। আমরা যারা পদাতিক হিসেবে এর সৃষ্টিতে অংশ নিয়েছি তারা এখন বেঁচে রয়েছি একটা স্বপ্নের পূর্ণতাপ্রাপ্তি প্রত্যক্ষ করতে। একজনের জীবনে সেরা আকাঙ্ক্ষা-পূর্তি তার জীবদ্দশায় সচরাচর হয় না। যদিও আমরা আশা করেছি এরকম একদিন আসবে; ন'মাস আগে অঝোরধারা রক্তে যখন আমাদের মাটি ও নদীস্রোত ভেসে যাচ্ছিল, কেউ তখন ভাবতে পারেনি এত তাড়াতাড়ি শেষ হবে আমাদের অগ্নিপরীক্ষা। যেটা সালমার জন্য মুক্তি ছিল – একইভাবে তা ছিল আমার উল্লাস।

পরিশেষে স্বাধীন বাংলাদেশে ফিরবার অধীরতা এই কয়েকটা মাস আমার পরিবারের সঙ্গে শান্তিতে কাটাবার বাসনাকে ছাপিয়ে ওঠে, সুতরাং যেমন করে ১৯৬৯ সালে এলএসই-তে পিএইচডি করা ছেড়ে আইয়ুব-পরবর্তী পাকিস্তানে ফিরেছিলাম, তেমনই আরও একবার সালমাকে হতাশ করে ঢাকায় ফিরে যাই আমি। আপোস হিসাবে আমি সালমাকে প্রস্তাব দিলাম যে, যতদিন না ঢাকার পরিস্থিতি কেবল আমার জন্য নয় গোটা দেশের পক্ষে স্বাভাবিক হচ্ছে ততদিন সে ছেলেদের নিয়ে অক্সফোর্ডে থাকবে।

ডিসেম্বরের শেষে আমি দিল্লি যাই এবং সেখান থেকে কলকাতা। আমি মুশাররফকে খুঁজে বার করি। এককোটি শরণার্থী যারা ইতিমধ্যে বাংলাদেশে ফিরে যাওয়া শুরু করেছিল তাদের পুনর্বাসনের জন্য একটা পরিকল্পনা বানাতে মন্ত্রী কামরুজ্জামানের সঙ্গে সে কঠিন পরিশ্রম করেছে। এই বিশাল পুনর্বাসন কাজে বাংলাদেশ সরকারকে আর্থিক ও অন্যান্য সহায়তা দিতে অঙ্গীকারাবদ্ধ ভারত সরকারের সঙ্গে আলোচনার ভিত্তি হিসেবে প্ল্যানিং বোর্ডের রিপোর্ট ব্যবহার করা হয়েছিল। তাজউদ্দীনকে সঙ্গ দেওয়া বাংলাদেশি কর্মকর্তাদের প্রথম দলের সঙ্গে ঢাকায় ফিরে গিয়েছিল মুশাররফ। পুনর্বাসন প্রক্রিয়া আলোচনার জন্য ঢাকা সফরকারী ভারতীয় দলকে আতিথ্য দেবার কথা ছিল এই দলের। ঢাকায় ভারতীয় দলের সঙ্গে দেখা করে কলকাতায় ফিরে এসেছিল মুশাররফ তার পরিবারের দেশে ফেরার বাঁধাছাঁদায় ইনারিকে সাহায্য করতে।

পার্ক সার্কাসে তার ঘুপচি ঘরে যখন মুশাররফের সঙ্গে দেখা করলাম, সে বলল ৩১ ডিসেম্বর সে ঢাকা ফেরার বন্দোবস্ত করেছে এবং আমাকে তার সঙ্গে ঢাকা যেতে পরামর্শ দিল। পুরনো একটা ডাকোটা বিমানের বিশেষ ব্যবস্থা হয়েছিল কামরুজ্জামান ও তার পরিবার এবং সেইসঙ্গে জোহরা তাজউদ্দীন ও তার বাচ্চাদের নিয়ে যাওয়ার জন্য যেখানে সে আমাদের দুটো সিটের ব্যবস্থা করেছিল। বাংলাদেশে আমাদের জন্য কোন ভবিষ্যৎ অপেক্ষা করছে

এই চিন্তায় ঢাকায় ফিরে আমার থেকে বেশি সংশয়বাদী হয়ে পড়েছিল মুশাররফ। পাকিস্তানে বঙ্গবন্ধুর কী পরিণতি হতে যাচ্ছে সেটা তখনও অজানা। মুশাররফের আশঙ্কা ছিল বঙ্গবন্ধুর অনুপস্থিতিতে মুজিবনগরের শরিকি লড়াই স্বাধীনতা-উত্তর বাংলাদেশে গুরুতর সমস্যা তৈরি করবে। আমি দু'একদিন কাটাই বন্ধু মনু পাল চৌধুরী, দীপঙ্কর ঘোষ ইতিমধ্যে যারা কলকাতায় ফিরেছে তাদের সঙ্গে যোগাযোগ করে। ওরা আমার অ্যাডভেঞ্চারের গল্প শুনে মুগ্ধ হয়, আমাদের দার্জিলিং ও কেমব্রিজের নিরুদ্বিগ্ন মুহূর্তগুলো থেকে যেগুলো বিস্তর দূরের মনে হয়।

ভারতীয় বিমানবহরের বেশ পুরনো ডাকোটা বিমানের উড্ডয়নযোগ্যতা বিষয়ে কিছু ভীতি-সঞ্চার হয়েছিল আমার মনে। যাইহোক, যাত্রাপথে আমাদের উচ্ছ্বল প্রাণশক্তিই যেন এক অর্থে জ্বালানির মত কাজ করে, এবং ৩১ ডিসেম্বরে ঠান্ডা অথচ রৌদ্রোজ্জ্বল সকালে আমরা নিরাপদেই ঢাকা অবতরণ করি। তাজউদ্দীন এসেছিলেন তার পরিবারকে নিয়ে যেতে। আমাদের কুশল বিনিময় হল, বুঝলাম মনে অনেক সমস্যা পাক দিচ্ছে তাজউদ্দীনের। তিনি বললেন আমি থিতু হয়ে বসার পর তার সরকারের অফিস বঙ্গভবনে তার সঙ্গে যেন দেখা করি। নতুন দেশে নতুন বছরে নতুন জীবন উন্মোচিত হতে চলেছে আমাদের জন্য, এবং আমি অন্তত পরিপূর্ণ আশাবাদী ছিলাম।

আমরা ছেড়ে চলে আসার পর গুলশানের বাড়ির কী হয়েছে তার কোনো ধারণা যেহেতু ছিল না, মুশাররফ ও আমি তাই ঠিক করলাম প্রথমে ধানমন্ডিতে আমাদের উভয়ের বন্ধু জিয়াউল হক টুলুর কাছে যাব। টুলু আমাদের দেখে অভিভূত হয়ে যায়। ন'মাস আগে বেরাইদে আমাদের শেষবার দেখা হয়েছিল, স্বাধীন বাংলাদেশের জন্য আমার অনিশ্চিত দীর্ঘ যাত্রা শুরুর আগে। সে তখনই তার সাথে আমাকে গুলশানে যেতে বলে যেহেতু খবর ছিল যে পাকিস্তানি সেনারা আমার বাড়ি লুট করেছে এবং তা পরিত্যক্ত পড়ে আছে। মুশাররফ তার ওয়ারির বাড়িতে ফিরে যাবার সিদ্ধান্ত নেয়।

সে রাতে টুলু তার প্রথম বিখ্যাত নববর্ষের আগমন উপলক্ষে পার্টির আয়োজন করেছিল, যেটা পরে একটা রীতি হয়ে গিয়েছিল ১৯৯৭ সালে সে মারা যাবার আগে পর্যন্ত। সেই প্রথম উদযাপনটা খুবই বিশিষ্ট হয়ে উঠেছিল। অবারিত ছিল সেদিন বাড়ির দরজা; শুধু বন্ধু নয়, বন্ধুর বন্ধুরা এসেছিল আমাদের উল্লাস ভাগ করে নিতে। নতুন বছরকে স্বাগত জানাতে তাদের মধ্যে কে বেঁচে রইবে এই অজানা শঙ্কায় বিগত ন'মাস কাটিয়েছে অধিকাংশরা। কান্না-হাসি আমাদের অর্ঘ্যের স্বাদ বৃদ্ধি করেছিল। আমরা পরস্পরকে বুকে জড়িয়ে ধরেছিলাম আশা ও সংহতির অনুভবে। তখন কেউ আগামীর নিষ্ঠুর বিভেদ সৃষ্টিকারী দিনগুলো পূর্বানুমান করতে পারেনি।

সংযোজন*

ডিক্ল্যাসিফায়েড

অথরিটি ইউএনডি ৩২৯৪০

গোপনীয়

এনইএ - মি: ভ্যান হলেন　　　　　　　　　　　　　　মে ১৪, ১৯৭১

এনইএ/আইএনসি - অ্যান্টনি সি ই ক্যুইনটন

বাংলাদেশি অধ্যাপক রেহমান সোবহানের সঙ্গে সাক্ষাৎকার

সিনেটর চার্চ-এর অফিসের টম ডাইন-এর পরামর্শে, আমি ঢাকা বিশ্ববিদ্যালয়ের অধ্যাপক রেহমান সোবহানের সঙ্গে মধ্যাহ্নভোজ সারি। সোবহানের সঙ্গে শেষবার অল্প সময়ের জন্য দেখা হয়েছিল পাঁচ থেকে ছ'বছর আগে পেশোয়ারে পাকিস্তান ইকোনমিকস অ্যাসোসিয়েশন-এর মিটিংয়ে যেখানে পূর্ব ও পশ্চিম পাকিস্তানের মধ্যে অর্থনৈতিক বৈষম্যের বিষয়ে একটা উত্তেজক লেখা পাঠ করেন সোবহান।

শুরুতেই সোবহান খুব জোর দিয়ে বলেন যে, মার্কিন পররাষ্ট্র দপ্তর (স্টেট ডিপার্টমেন্ট) পরিস্থিতির বাস্তবতাগুলো জানে না, কারণ কনসাল জেনারেল ব্লাড-এর রিপোর্ট ইসলামাবাদের দূতাবাসের প্ররোচনায় চেপে যাওয়া হয়েছে। আমি তাকে বলি এই অভিযোগ সম্পূর্ণ মিথ্যা, এবং ঢাকার অকুস্থল থেকে পাঠানো সমস্ত রিপোর্ট এখানে এসেছে আর সেগুলো খুঁটিয়ে পড়া হয়েছে। আমরা খুব ভালোই জানি মার্চ মাসে কী হয়েছিল, বিশেষ করে ঢাকায়, এবং ওইসব ঘটনার সম্পর্কে কোনোরকম বিভ্রান্তি আমাদের নেই। এভাবে আশ্বস্ত করার পরেও সোবহান বলেন প্রেক্ষাপট সম্পর্কে বাড়তি কিছু তথ্য তিনি আমাকে দিতে চান বিশেষত তিনি যখন বুঝতে পারছেন যে এম এম আহমেদ কিছু মিথ্যে গল্প দাঁড়া করাচ্ছে। সোবহান বলেন ২৫ মার্চের আগে আইন-শৃঙ্খলা পরিস্থিতি ভেঙে পড়েনি, এবং বস্তুত রাজনৈতিক আলোচনাও অব্যাহত ছিল। তিনি এবং অন্যান্যদের সঙ্গে এম এম আহমেদ ছয় দফার বিষয়ে

*প্রথম আলো-র যুগ্ম সম্পাদক মিজানুর রহমান এই নথির ছবি তোলেন ২৬ ডিসেম্বর, ২০১২।

সহমত হন, এবং মুদ্রাব্যবস্থা ও ব্যাংকিং সম্পর্কে এম এম আহমেদের দেওয়া পরামর্শ অনুযায়ী অনেকগুলো সুনির্দিষ্ট পরিবর্তন মেনে নিয়েছিল আওয়ামী লীগ। ক্ষমতা হস্তান্তর এবং সামরিক শাসন অবসানের শর্তাবলীর বিষয়ে সম্পূর্ণ ঐকমত্যে পৌঁছুনো যায় নি।

আমি সোবহানকে ২৫ মার্চের সাম্প্রদায়িক অশান্তি সম্পর্কে প্রশ্ন করেছিলাম। তিনি বলেন একমাত্র সাম্প্রদায়িক অশান্তির ঘটনা ঘটেছিল চট্টগ্রামে পহেলা ও দোসরা মার্চ, যে ঘটনাগুলোতে ১৫০ বিহারিকে খুন করা হয় এবং এর বদলা হিসেবে প্রায় ২০০ বাঙালি নিহত হয়েছিল। মুজিব তখনই ব্যবস্থা নেন যাতে এধরনের ঘটনার পুনরাবৃত্তি না ঘটে। সোবহান স্বীকার করেন যে সামরিক বাহিনীর বিরুদ্ধে একটা বেসামরিক বিক্ষোভ আন্দোলন হয়েছিল, এবং কোনোরকম খাদ্য সরবরাহ হচ্ছিল না। অসহযোগ প্ররোচনামূলক ছিল বলে তার মনে হয় নি, যদিও তার মনে হয়েছে যে বন্দরকর্মীদের ধর্মঘটের সময় চট্টগ্রামে গোলাবারুদ খালাসের চেষ্টা করে সরাসরি সংঘর্ষ উস্কে দেয় ইয়াহিয়া। মুজিব ইয়াহিয়াকে বলেছিলেন যে, রাজনৈতিক সমঝোতায় পৌঁছানো-মাত্র আন্দোলন তুলে নেওয়া হবে।

সোবহান বলেন, মুজিব সবসময়ই শান্তিপূর্ণ পন্থা নিয়েছেন যার সাক্ষ্য দেবে তার ৭ই মার্চের ভাষণ। বাংলার গণতন্ত্র এবং পূর্ব পাকিস্তান সমস্যার শান্তিপূর্ণ ও গণতান্ত্রিক সমাধানে নিজেকে একমাত্র ভরসা মনে করেছেন মুজিব। 'নাও বা ছেড়ে দাও' – প্রায় এরকম একটা মনোভাবে ইয়াহিয়ার কাছে এ যুক্তি পেশ করেন মুজিব। সোবহানের মতে ১৯৩০ সালে ভারতের স্বাধীনতা সংগ্রামে গান্ধী প্রদর্শিত অহিংসা ও নাগরিক অসহযোগের পথই বেছে নিয়েছিল আওয়ামী লীগ। এই প্রজন্মের তারাই শেষ প্রতিনিধি, এবং তারা যখন থাকবেন না আরও আক্রমণাত্মক, চরমপন্থী নতুন নেতৃত্ব উঠে আসবে আওয়ামী লীগে। তার ধারণা আওয়ামী লীগের বর্তমান নেতৃত্ব আন্দাজ ছ'মাস টিকবে এবং তাদের জায়গায় অন্যরা আসবে।

আমি সোবহানকে জিজ্ঞাসা করি আওয়ামী লীগকে ভারতের হাতিয়ার হিসেবে বদনাম দেওয়ার চেষ্টা সফল হবে বলে তিনি মনে করেন কিনা। তিনি বলেন, বিগত নির্বাচনে ফরিদ আহমেদের মতো ডানপন্থী বাঙালি রাজনীতিকরা এই চেষ্টা করেছিল। এই রাজনীতিকরা অভিযোগ এনেছিল যে মুজিব ভারতের বেতনভুক্ত এবং এরা আগরতলা ষড়যন্ত্রের প্রসঙ্গ তুলেছিল। নির্বাচনী ফলাফল দেখিয়েছে অভিযোগগুলো কতখানি ফলপ্রসু হয়েছে। এতদিনে তাদের প্রভাব

আরও কমে গিয়ে থাকবে। বস্তুত, তিনি বলেন, পূর্ববঙ্গের অনেকেই বুঝতে পারেনা ভারত কেন তাদের জন্য প্রায় কিছুই করল না।

জাতীয় পরিষদের বৈঠক দুই কমিটিতে হোক এমন দাবি মুজিব করেছেন এই অভিযোগের বিষয়ে সোবহান বিস্তারিত বলেন যে অভিযোগটি সম্পূর্ণ মিথ্যা। পশ্চিম পাকিস্তানে নিজের ক্ষমতা জোরদার করতে দুই কমিটির দাবি জানিয়েছিল ভুট্টো। পশ্চিম পাকিস্তানের ছোটো প্রদেশগুলোর বহু রাজনীতিক এই প্রস্তাব সমর্থন করার জন্য আওয়ামী লীগের উপর অত্যন্ত চটে যায়, কারণ তাদের মনে হয়েছিল যে এর অর্থ হচ্ছে তাদেরকে ভুট্টোর হাতে তুলে দেওয়া। ভবিষ্যৎ প্রসঙ্গে অনিশ্চিত ছিলেন সোবহান। তিনি বলেন ভবিষ্যৎ নির্ভর করছে যুক্তরাষ্ট্র পাকিস্তানকে নতুন করে আর্থিক সহায়তা দেবে কিনা তার উপর। আমি আগাগোড়া বলেছি বিষয়টা ততটা সোজা নয়, এ খেলায় আমরা মাত্র এক পক্ষ এবং পূর্ব ও পশ্চিম পাকিস্তানে সাহায্য বন্ধের অর্থনৈতিক এবং রাজনৈতিক প্রতিক্রিয়া কী হবে সেটাও আমাদের ভাবতে হচ্ছে।

উত্তেজনা বৃদ্ধি এবং চীনের হস্তক্ষেপের সম্ভাবনার উল্লেখও আমি করি। তিনি বলেন, এ সম্ভাবনা আদপেই নেই এবং সেই সঙ্গে যোগ করেন যে বাঙালিরা বুঝতে পারে না এত জোরালো পাকিস্তান-পন্থী অবস্থান কেন নিয়েছে চীন। আমি বলি পাকিস্তানে রাজনৈতিক, অর্থনৈতিক এবং বিমান চলাচল সংক্রান্ত গুরুত্বপূর্ণ স্বার্থ রয়েছে চীনের যেটা তারা রক্ষা করতে চায়। সোবহান বলেন, স্বাধীন বাংলাদেশের সঙ্গে সেসব স্বার্থ তারা বজায় রাখতে পারত। নিরস্ত্র বাংলাদেশ সমস্ত বৃহৎ শক্তি বিশেষ করে ভারত ও চীনের সঙ্গে সুসম্পর্ক বজায় রেখে চলতে চাইবে।

সোবহান ঠিক তার স্বাভাবিক উচ্ছ্বসিত মেজাজে ছিলেন না। সরকারি আমেরিকান কর্মকর্তাদের সঙ্গে দেখা করতে না পেরে তিনি কিছুটা ক্ষুব্ধ ছিলেন, এবং উল্লেখ করেন যে মার্কিন সরকারের আমিই প্রথম প্রতিনিধি যার সঙ্গে তিনি দেখা করতে পারলেন। ইয়াহিয়া সরকারের অপপ্রচার সামলে বাংলাদেশের কাহিনি কীভাবে এ দেশের উচ্চপর্যায় পর্যন্ত পৌঁছে দেবেন সে ব্যাপারে তাঁকে বিমূঢ় দেখাচ্ছিল। তিনি ইঙ্গিত করেন, তাঁর আশা স্টেট ডিপার্টমেন্টের কর্মী পর্যায়ের অন্যদের সঙ্গেও তাঁর দেখা হবে। আগামী চার-পাঁচদিন সময়টা খুব গুরুত্বপূর্ণ হতে যাচ্ছে, এবং সব বড়ো সিদ্ধান্তগুলো এই সময়ের মধ্যে নেওয়া হবে বলে তাঁর মনে হয়েছে। তখন আমি তাঁকে বললাম, আমার মনে হয় প্রক্রিয়াটা আরও দীর্ঘায়িত হবে। কোনো বড়ো সিদ্ধান্ত না নিয়ে সাত সপ্তাহ আমরা অপেক্ষা

করেছি, এবং আমার অনুমান ভবিষ্যৎ সিদ্ধান্তগুলোর মাঝে সময়ের বেশ দীর্ঘ ব্যবধান থাকবে। ওইসব সিদ্ধান্তের ভিত্তিতে আমাদের নীতির বিচার করতে হবে তাকে।

তাঁর বক্তব্যের সারমর্ম ছিল পরিচিত। লড়াই চলবে; রাজনৈতিক প্রক্রিয়া আরও চরমপন্থী হবে; সংযুক্ত পাকিস্তানের কাঠামোয় কোনো সমাধান কখনও হবে না; এবং বাংলাদেশ না হওয়া অবধি সংশ্লিষ্ট এলাকায় যে শান্তি ও স্থিতিস্থাপকতা মার্কিন যুক্তরাষ্ট্র চাইছে সেটা সে অর্জন করতে পারবে না। (তাঁর ব্যক্তিগত পক্ষপাত এবং তার উপস্থাপনের অলঙ্করণ বাদ দিলে এই বিশ্লেষণ খুবই সঠিক মনে হয়।)

এনইএ/আইএন সি: ACEOusinton/ইএমজি

সিসি: এনইএ/পিএএফ - মিস্টার ব্যাকস্টার
এআইডি/এনইএসএ - মিস্টার সোয়াজি
আইএনআর - মিস্টার ককরান
এনএসসি - মিস্টার হসকিনসন

লেখক পরিচিতি

রেহমান সোবহান একজন বিশিষ্ট বাঙালি অর্থনীতিক, এবং স্বাধীনতা সংগ্রামী যিনি বাঙালি জাতীয়তাবাদী আন্দোলনে সক্রিয় ভূমিকা নিয়েছিলেন। বর্তমানে তিনি বাংলাদেশের ঢাকায় সেন্টার ফর পলিসি ডায়লগ (সিপিডি)-এর চেয়ারম্যান। তার পড়াশোনা সেন্ট পল'স স্কুল, দার্জিলিং; এইচেসন কলেজ, লাহোর; এবং কেমব্রিজ বিশ্ববিদ্যালয়ে। সোবহান সেইসব অর্থনীতিকদের একজন যাদের ভাবনা শেখ মুজিবুর রহমানের ছয় দফা কর্মসূচিকে প্রভাবিত করে, যে কর্মসূচি বাংলাদেশের স্বায়ত্তশাসন সংগ্রামের ভিত্তি হয়েছিল। ঢাকা বিশ্ববিদ্যালয়ের অর্থনীতি বিভাগের প্রাক্তন অধ্যাপক তিনি বিভিন্ন উন্নয়ন বিষয়ক বহু বই ও প্রবন্ধের রচয়িতা। সাম্প্রতিকতম বই "চ্যালেঞ্জিং দ্য ইনজাস্টিস অফ পোভার্টি: এজেন্ডাস ফর ইনক্লুসিভ ডেভেলপমেন্ট ইন সাউথ এশিয়া" ২০১০ সালে সেজ প্রকাশনী প্রকাশ করে।

১৯৭১-এর মুক্তিযুদ্ধের সময় অর্থনৈতিক বিষয়ে বিশেষ দায়িত্বপ্রাপ্ত দূত হিসেবে তিনি প্রথম বাংলাদেশ সরকারের কার্যনির্বাহ করেন। তিনি প্রথম বাংলাদেশ প্ল্যানিং কমিশন-এর সদস্য হন, এবং ১৯৮০-র দশকে বাংলাদেশের প্রধান উন্নয়ন গবেষণা সংস্থা বাংলাদেশ ইন্সটিটিউট অফ ডেভেলপমেন্ট স্টাডিজ (বিআইডিএস)-এর নেতৃত্ব দেন। ১৯৯০-৯১ সময়কালে তিনি বাংলাদেশের রাষ্ট্রপতির উপদেষ্টা পরিষদের সদস্য হিসেবে পরিকল্পনা মন্ত্রণালয় এবং অর্থনৈতিক সম্পর্ক বিভাগের (ইআরডি) দায়িত্ব পালন করেন। ১৯৯৩ সালে তিনি বাংলাদেশের অন্যতম মর্যাদাপূর্ণ চিন্তক গবেষণা প্রতিষ্ঠান সিপিডি প্রতিষ্ঠা করেন এবং তার চেয়ারম্যান হন। ২০০০ থেকে ২০০৫ সালে দক্ষিণ এশিয়ায় আঞ্চলিক সহযোগিতা বৃদ্ধির জন্য গঠিত অগ্রণী চিন্তক গবেষণা সংগঠন সাউথ এশিয়া সেন্টার ফর পলিসি স্টাডিজ (সাসেপস)-এর প্রধান পদেও ছিলেন সোবহান।

Made in the USA
Middletown, DE
19 April 2022